LAS MAESTRANZAS DE CABALLERÍA EN ESPAÑA E HISPANOAMÉRICA (1572-1808)

LAS MAESTRANZAS DE CABALLERÍA EN ESPAÑA E HISPANOAMÉRICA (1572-1808)

REINHARD LIEHR

Traducción de KLAUS WAGNER y REINHARD LIEHR

REAL MAESTRANZA DE CABALLERÍA DE RONDA - EDITORIAL PRE-TEXTOS

Diseño y maquetación: Pre-Textos (S.G.E.)
Ilustración de la cubierta: Justa de las Reales Maestranzas, en las funciones reales, celebrada en la plaza de toros de Madrid en la tarde del día 24 de junio de 1833. Litografía de Pharamond Blanchard, en *Colección de cinco estampas que representan las principales funciones públicas celebradas en esta corte en el mes de junio de 1833 con el fausto motivo de la jura de la reina nuestra señora doña Isabel II como princesa heredera.* Madrid, 1834. Colección Real Maestranza de Caballería de Ronda.

Primera edición: junio de 2024

PRE-TEXTOS, 2024
Luis Santángel, 10
46005 Valencia
www.pre-textos.com

en coedición con

ISBN: 978-84-19633-76-7
Depósito legal: V-1504-2024

Impreso en España - Printed in Spain

Impreso en GraphyCems

ÍNDICE

Prefacio, de Fernando Bouza 11
Índice de las abreviaturas 27

INTRODUCCIÓN 31

I. EL ORIGEN DE LAS MAESTRANZAS DE CABALLERÍA 65

1. El resurgimiento de las cofradías de caballería en España en 1572 67
2. La fundación de las maestranzas de caballería 76
3. Concesiones de privilegios a las maestranzas de caballería por parte de la Corona 90
4. Las maestranzas de caballería en Hispanoamérica 110

II. LOS PROCEDIMIENTOS DE ADMISIÓN EN LAS MAESTRANZAS DE CABALLERÍA 137

III. LA POSICIÓN SOCIAL DE LOS CABALLEROS MAESTRANTES 205

IV. LA ORGANIZACIÓN DE LAS MAESTRANZAS DE CABALLERÍA 245

1. Cargos y funciones 247
2. Las sesiones de la Junta General y de la Junta de Gobierno 263

V. LAS ACTIVIDADES DE LAS MAESTRANZAS DE CABALLERÍA 277

1. Las fiestas eclesiásticas y civiles de las maestranzas 279
2. Las actividades ecuestres y los comienzos de una cría de caballos propia 290
3. Las corridas de toros y la construcción de plazas de toros 296
4. El fomento de la educación noble 306

VI. LAS FINANZAS DE LAS MAESTRANZAS DE CABALLERÍA 319

1. Los ingresos 323
2. Los gastos 341

VII. EL ABSOLUTISMO REFORMISTA Y LAS MAESTRANZAS DE CABALLERÍA 363

RESUMEN 387

APÉNDICES 393

Apéndice I 395
Apéndice II 397
Apéndice III 399
Apéndice IV 400
Apéndice V 402

Bibliografía 405

"Nuevas investigaciones sobre las Reales Maestranzas de Caballería (1981-2021)", de Juan Cartaya Baños 467

PREFACIO

RONDA 1572
EL EJERCICIO ECUESTRE ENTRE EL SERVICIO REAL Y LA AUTORIDAD DEL ESTAMENTO NOBILIARIO

FRENTE a lo que sucedió en otras ciudades y villas andaluzas o castellanas, Ronda respondió afirmativamente a la requisitoria de Felipe II de establecer "algunas cofradías, compañía u orden" con el objeto de que los caballeros y hombres principales y de calidad de esos mismos lugares "se exercitasen, pusiesen y estubiesen armados y encabalgados y prevenidos", como se puede leer en la real cédula de 6 de septiembre de 1572.[1] Es bien sabido que la aceptación del regio llamamiento está en el origen de la Cofradía del Espíritu Santo, notificado al monarca apenas un año más tarde, primera figuración de la Real Maestranza de Caballería de Ronda, convertida, así, en la más antigua de las existentes en España hoy en día.[2]

En esta monografía de Reinhard Liehr, cuya versión española iniciada por Klaus Wagner ha sido largamente esperada, los lectores interesados podrán encontrar una sugerente síntesis interpretativa de las reales maestranzas de caballería entre los siglos XVI y XIX, y esto tanto para España como para Hispanoamérica. Su pormenorizado análisis ofrece un contexto social e institucional que permite a su autor mostrar las maestranzas tanto enraizadas en el mundo corporativo altomoderno, como su posterior evolución en consonancia con las nuevas exigencias monárquicas e imperiales.

Sin duda, el fenómeno de las corporaciones vinculadas a la nobleza y caballería desde fines de la Edad Media se ha hecho merecedor de la atención de la historiografía actual. Lejos ya de la perspectiva que consideraba a la nobleza una fuerza retardataria en lo social y económico, anclada en una tradición cultural casi fosilizada, hoy ha pasado a reconocerse su cosmopolitismo transnacional, su continua reinvención a través de la distinción o, incluso, su innovación en la gestión económica de sus estados y posesiones.

Entre esos motivos que explican la renovada atención historiográfica que merece se encuentra el hecho de que el estamento dio muestras de una innegable actividad asociativa a lo largo de toda la alta Edad Moderna. Así se deja ver en la fundación de cofradías y hermandades, hospitales o patronatos dotales, sin olvidar su participación en academias o colegios.

Por ejemplo, el mismo año de 1572, Pío V concedió un breve pontificio para la constitución del Hospital de Santiago de los Caballeros de la villa de Madrid, que atendía a los pobres peregrinos en el Hospital de San Ginés.[3] En su origen se encontraba la cofradía de Santiago, creada en 1557 a iniciativa de los caballeros y personas del hábito militar y que se reunía en la madrileña iglesia de San Salvador.

Dominado durante décadas por la omnipresencia del poder monárquico, hoy el debate sobre las cuestiones asistenciales en el largo siglo XVI ha terminado por conceder un indudable protagonismo a la iniciativa nobiliaria en la creación de hospitales y, lo que es significativo, en su renovación o reforma. Muy recientemente, por ejemplo, se ha estudiado su papel insustituible y específico en la circulación de modelos de hospital entre Italia y España, dedicando especial atención a las iniciativas de los Fernández de Velasco o los Téllez Girón.[4]

Atendiendo a un debate como este, resulta interesante reparar en qué entidades o grupos eran los llamados a movilizarse por Felipe II mediante su ya mencionada real cédula de 1572 con la pretensión de favorecer los ejercicios ecuestres y, de este modo, garantizar la seguridad y la defensa de la Monarquía.

Por un lado, se trataba de los corregidores, primeros representantes de la potestad regia, mediadores principales entre la corte y el gobierno local cuyas múltiples atribuciones iban de lo militar a los festejos públicos. Por el otro, la real cédula interpelaba directamente a los cabildos o regimientos municipales, por medio de los que, idealmente, hablarían las comunidades y que, además, eran responsables del uso de las sustanciosas rentas o bienes locales. Por último, Felipe II convocaba expresamente el concurso de los miembros del estamento privilegiado de nobleza y caballeros.

Puesto que su "propio oficio, ministerio y ocupación" no era otro que "el uso y exercicio de las armas y de estar muy dispuestos y aparejados para las ocasiones de nuestro servicio, de la causa y público",[5] resulta obvio que se solicitase su participación. De hecho, la cédula real no esconde la situación, cuando menos, lamentable en la que se encontraba buena parte del estamento en su relación con los ejercicios que eran definitorios de su *officium*. Por ello, se comprende que la real cédula insistiese en que había que buscarle "remedio" a su relativa quiebra y disminución, en aras de los intereses de la Monarquía, sin duda, pero también de los propios del estamento nobiliario que estaría quedando desdibujado, valga la expresión, en sus funciones. El llamamiento regio se hacía entonces, también a los "Cavalleros celosos de nuestro servicio y del bien y beneficio público, y del honor y autoridad de su Estado".[6]

De forma similar al amor, el celo –*zelus*– suele aparecer vinculado a Dios y a la fe (*zelus Domini atque fidei*), a la vida propia (*zelus salutis*) o a la justicia (*zelus iustitiae*), del que se derivaría un celo o interés por la comunidad pública, aquí como *zelus patriae* o *zelus reipublicae*. En este último sentido, el "celo" se convierte en una categoría propia de la política de las pasiones o emociones[7] que anima a los enardecidos "celosos" a priorizar por delante de su propio bien el servicio al rey y el beneficio público, pero también el "honor y [la] autoridad de su Estado", es decir de su estamento.

Estos caballeros "celosos" parecen haberse movido con plena conciencia de cuál era la situación en la que se encontraban no ya su casa o linaje, sino el grupo social del que formaban parte. Hay testimonios elocuentes de dicha actitud. Por ejemplo, en 1542, Diego López de Zúñiga Velasco, conde de Nieva, escribió a Juan de Vega una evocadora carta "sobre la Corredera de San Pablo en Valladolid"[8] en la que representaba el malestar que le causaba ver que aquel espacio urbano, netamente nobiliario, había pasado a estar ocupado por licenciados y bachilleres y abandonado por los caballeros "sin aver quien les diga mal hazes".[9]

La implacable y secular lucha política por quién debía aconsejar al rey en la dirección de la Monarquía que mantenían nobles y caballeros con letrados u otros grupos emergentes de perfil mercantil resuena aquí con fuerza. Dicha lucha fue también perceptible en la escala local de los cabildos y regimientos de ciudades y villas, pudiendo ayudar a explicar la aceptación o no de las iniciativas propuestas de creación de cofradías nobiliarias en 1572.[10]

De nuevo en Valladolid es cierto que los torneos y justas no tardaron en regresar a su corredera, donde apenas poco después de escrita esa carta de 1542 se celebraba un impresionante torneo a caballo en honor de la princesa María Manuel de Portugal.[11] No obstante, lo importante es que el conde de Nieva revela que es consciente, como lo sería su corresponsal señor de Grajal, del avance de los grupos letrados –licenciados y bachilleres– en detrimento, con la real cédula de 1572, del honor y autoridad de su estado. Por cierto, merece la pena recordar que, en el cabildo rondeño de 22 de septiembre de 1572, en el que fue leída la cédula regia, se tomó el significativo acuerdo de que "se repare e limpie la carrera pública de esta Ciudad en la Plaza del Pozo".[12] Se ratificaba así, o se recuperaba, un espacio urbano para los usos caballerescos en el dédalo de la ciudad.

En términos generales, la coyuntura histórica en la que se encontraba la Monarquía de Felipe II no era ciertamente la mejor cuando el soberano llamó a la creación de las cofradías de caballeros en 1572. En el Atlántico, las guerras de religión francesas se recrudecían con la Noche de San Bartolomé y en Flandes se asistía al éxito de los mendigos del mar y al consiguiente declive del duque de Alba. Por su parte, en el Mediterráneo, pese al capital simbólico derivado de la reciente victoria de Lepanto, los motivos de inquietud no eran tampoco menores.[13] La amenaza otomana estaba lejos de desaparecer en el Magreb, sin olvidar que la guerra de las Alpujarras apenas había concluido, lo que dio paso a la expulsión de los moriscos del Reino de Granada.

Varias podían ser las iniciativas destinadas a garantizar la seguridad y defensa de la Monarquía, como se decía expresamente en la real cédula de septiembre de 1572. Frente a imágenes estereotipadas, lo cierto es que se era plenamente consciente de la necesidad de asegurar la defensa metropolitana en el caso de sufrir posibles ataques externos. En ese sentido, la posibilidad de conseguir una "Península Cerrada" fue valorada como una de las mayores utilidades de la agregación de Portugal a la Monarquía Hispánica tras la muerte de Sebastián I en Alcazarquivir (1578), porque dominar las costas lusitanas privaría a franceses, holandeses o ingleses de una plataforma de desembarco que los conduciría fácilmente a Castilla.

Por otro lado, también se temía el surgimiento de alteraciones internas, a la manera de la de los moriscos granadinos, pero no sólo. Como acertó a evocar Américo Castro en su clásico de 1948 "Por qué los españoles no quisieron a Felipe II", la década de 1570 fue especialmente crítica para la reputación del soberano entre sus propios vasallos, incluidos los hidalgos.[14]

Por tanto, la cuestión de la defensa y la seguridad internas constituía un debate crucial y sobre ella se generó un corpus textual muy interesante, del que forman parte los anónimos *Apuntamientos sobre la militia quando se trataba dello*, que es posible fechar en la década de 1560, acaso hacia su mitad.[15] El anónimo autor habría sido requerido por el propio Felipe II "a que le diese su parecer en Madrid" y dictamina, casi diagnostica, que "la luenga paz en España a traýdo tanto descuido en lo que toca a las armas quanto a todos es notorio", lo que nos coloca en un escenario semejante al descrito en el preámbulo de la real cédula de 1572.

Los *Apuntamientos* muestran su conformidad con que se pusiesen medios de promover la capacidad defensiva, lo que era imperiosamente necesario, pero lo que se critica es que hubiera sido oportuno formar milicias hechas "gente baxa" y "popular" porque tal cosa suponía poner las armas "en poder del pueblo". [16] Aunque era una fórmula ampliamente extendida en el panorama europeo, al estilo de las *ordenanças* portuguesas reguladas por Sebastián I en 1570,[17] al autor de los *Apuntamientos* le parecía de todo punto inconveniente una extendida milicia general porque podría generar revueltas y desórdenes o, incluso, movimientos armados de "moriscos y marranos [judíos]", pero también de protestantes, como, asegura, había sucedido en Francia con las milicias creadas por Francisco I.

Siendo descartable a su juicio una milicia "popular" a escala territorial, lo que los *Apuntamientos* le proponen a Felipe II no es otra cosa que una renovada promoción de la caballería, porque:

> […] por todas las vías del mundo se procure hazer gran número de cauallería porque esta es la verdadera fuerça de un príncipe y la más segura porque la mayor parte o toda consta de gente noble y hidalgos o tenidos por tales y quanto a la fidelidad más se ha de confiar deste género de gente que de la otra, donde ay las calidades que tengo dicho.

La defensa y seguridad de la Monarquía también justificaba la existencia de los llamados caballeros de cuantía o cuantiosos de Andalucía y Murcia, cuya aparición se remontaba al siglo XIV, y que disfrutaban de la condición hidalga siempre que, gracias a sus rentas, mantuviesen caballo y armas que deberían poner al servicio regio.[18] Fue este un colectivo del que Felipe II también se ocupó a partir de 1562 y, precisamente en 1572, el rey volvía a instar al cumplimiento de las provisiones y cartas reales que diez años antes había remitido a corregidores y titulados para que le informasen de su número o estado de sus caballerías y armas, así como si realizaban los preceptivos alardes a los que estaban obligados.[19]

En la comunicación hecha a Luis Cristóbal Ponce de León, duque de Arcos y conde de Casares, fechada en Madrid el 24 de agosto de 1572, le instaba a que hiciese listas de los cuantiosos y les urgiese al cumplimiento de las obligaciones de los que vivían en sus dominios "para que tengan sus armas y cauallos" preparados, porque era cosa importante "a nuestro seruicio y benefiçio destos reynos y buena guarda y defensa dellos".[20] Resulta esclarecedor, por otra parte, considerar cuáles eran algunas de las obligaciones exigidas a estos cuantiosos.[21]

Entre ellas se encontraba que:

> · El cauallero de quantía no pueda vender el cauallo sin intervención de la justicia […] y se obligue a comprar otro dentro de 60 días después que lo vendiere […]

· En lo de las armas con que an de seruir es nuestra voluntad que sean ginetes o cauallos ligeros [...]

· El cauallero quantioso sea de hedad de xx a lx años y pasado de los lx goze de las preminencias teniendo armas y cauallo aunque sea exento de yr a la guerra. [...]

· Tengan los caualleros todo el año armas y cauallo [...]

· Los cauallos que lleuaren sean suios propios e que sean de xxx meses [...]

1572 fue también el año en el que Felipe II, como ha señalado David García Hernán, "mandaba una cédula real a las ciudades, titulares de señoríos de la Iglesia y a los señores laicos de vasallos instándoles a que le comunicaran las armas y hombres de guerra que hay y que pudieran servir con ocasión de movimientos militares y peligro de invasión".[22] Se trataba de cartas reales fechadas en agosto y septiembre de 1572, es decir, en paralelo a la real cédula del 6 de septiembre que está en el origen de la Real Maestranza de Caballería de Ronda y también insistían en la creación de "cofradías o hermandades de hijosdalgo".[23] Las respuestas señoriales tampoco parecen haber sido demasiado entusiastas.

En el caso de Pedro de Zúñiga, conde de Miranda, se responde desde Peñaranda del Duero que para que "no se desagan [sus vasallos] de las armas que tienen y de que las aumenten" les ordenaría que hagan "algunas fiestas para que de ordinario se junten y exerciten a pie y a caballo".[24] He aquí la entrada en el palenque de la fiesta ecuestre en la crucial coyuntura de 1572.

En su respuesta a la cédula real de septiembre de ese año, un corregimiento pequeño como el gallego de Vivero apenas señaló que se había acordado que a los hidalgos locales se les "manda que en las fiestas se exerciten con las dichas armas".[25] En cambio, Valladolid elevó una propuesta mucho más amplia, variada e, incluso, sonoramente musical:

[...] sería bien que V. magd. fuera seruido mandar se dé licencia a esta Villa para que abiendo algún Cauallero que quiera manthener

> justa, ora sea mantenida o partida, la Villa a costa de los propios ponga tela y dé lanças y música de tronpetas y atauales, bestida, y si fuere torneo el canpo dél se adereçe de palenque y balla y se den picas, pífaros y atanbores, bestidos, y si fuere juego de cañas la misma música y menestriles y si fuere sortija se adereze la calle o plaza do se ubiere de correr y se dé la mesma música y para la sortija y otros regocijos de a cauallo sería necesario, siendo v.md. seruido, se diese licencia para que se pueda salir a ellos con máxcara [...].[26]

Como se sabe y analiza Reinhard Liehr, Ronda mostró su aceptación a incrementar el número de festejos, haciendo, además, la siguiente observación sobre los premios para los caballeros más galanes y diestros:

> Y en lo que toca a la brida si v. mgd. seruido fuere que aya exercicio della como cossa que se a de ynistituir conuendrá prouer de armeros y que se le dé salario y que se le den a los caualleros lanças y se pongan algunos premios para el más galán y diestro y para el exercicio podrá aver dos fiestas una pasqua de rreyes y otra carnestoliendas.[27]

En suma, las respuestas concejiles y señoriales ilustran sobre la extensión de la cultura caballeresca a escala local, testimoniando sus modalidades, sus espacios, su ciclo anual, su paisaje sonoro o, a la postre, su ideal de galanura.

Como ha estudiado Pedro Cátedra en su pionero *El sueño caballeresco*,[28] la fiesta era un ejercicio definitorio del estamento nobiliario entre la realidad de las prácticas y los modelos literarios de corte y caballería que terminan conduciendo al Ingenioso Hidalgo Don Quijote.[29] La fiesta, especialmente la ecuestre, era una ocasión en la que exhibir el lucimiento, es decir, una forma de distinción en acción, que se mostraba tanto en la persona del caballero, capaz de controlar sus emociones y su fuerza –así como la de los caballos sometidos a su voluntad–, como en la calidad material de los jaeces y distintas armas que debían portarse en cañas, justas, sortijas o torneos. Por supuesto, también abría la posibilidad de dorarse de noble, aparentándose que se era en lo exterior.

Pero, además, contra lo que quiere el tópico extendido, esas fiestas caballerescas no eran una suerte de ejercicio de aparato, un recuerdo algo nostálgico de la antigua caballería, limitado a una mera forma de representación estamental. Como muestra su vinculación a la defensa y seguridad de la Monarquía en 1572, los festejos ecuestres eran considerados una forma de ejercicio práctico y, si se permite la expresión, útil para el aprendizaje militar de la caballería.

En suma, la cédula de 6 de septiembre de 1572 que señala el origen de la Real Maestranza de Caballería de Ronda se comprende mejor si se enmarca en el contexto de otras cartas y mandamientos reales con los que, al menos desde 1562, se intentaba remediar el mal estado de la caballería en aras de la defensa y la seguridad de la Monarquía. A las medidas sobre una milicia general o la situación de los cuantiosos habría que añadir el impulso a la crianza caballar renovado también en 1562[30] y que se plasma de forma señera en las instrucciones de las caballerizas reales de Córdoba de 1572.[31]

En un esfuerzo enorme por recabar noticias y ayudas, la Monarquía de Felipe II realizó ese preciso año una suerte de información o relación general para conocer el estado real de la milicia y, en concreto, de la caballería. Para ello, convocó a prelados, señores civiles y cabildos municipales, a los que emplazó a informarle del estado de armas, caballos y cuantiosos, sin olvidar que, al mismo tiempo, les proponía la creación de cofradías o hermandades de caballeros y principales. El recurso a la fiesta ecuestre fue entendido como un medio para hacer visibles los avances en la preparación de los jinetes destinados a la defensa militar.

Como se muestra en el libro de Reinhard Liehr, un buen número de respuestas fueron dilatorias o negativas. No terminó por ser así en el caso de Ronda, acaso porque el equilibrio del cabildo municipal se inclinaba del lado de la facción de los caballeros. Estos dieron muestra de ser "celosos" del servicio al rey y al bien público, pero también, e importa destacarlo, al honor y autoridad de su propio estamento. Sin esa disposición nobiliaria a remediar su "estado" parece imposible que el llamamiento de Felipe II hubiera salido adelante en la ciudad andaluza.

La historia de la Cofradía del Espíritu Santo y de la consiguiente Real Maestranza de Caballería de Ronda se ofrece a continuación con todo lujo de detalles institucionales y sociales en un marco general que permite explicarlas. Queden estas páginas apenas como prefacio que llama la atención sobre la especial coyuntura de 1572 en la que se mezclaron los designios monárquicos con el protagonismo nobiliario.

Fernando Bouza
Universidad Complutense de Madrid

[1] Cito la real cédula de Madrid, 6 de septiembre de 1572, por la copia del Archivo de la Real Maestranza de Caballería de Ronda [ARMCR], Fondo propio, legajo 262-C6, fols. 5r.-7v. Esta investigación se ha beneficiado de la financiación del Ministerio de Ciencia e Innovación a través del proyecto PID2020-113906GB-I00, "Las prácticas culturales de las aristocracias ibéricas del Siglo de Oro: en los orígenes del cosmopolitismo altomoderno (siglos XVI-XVII)", en cuyo marco se inscribe.

[2] *Por la Real Maestranza de Caballería de Ronda. Impugnación documentada al memorial que al Excelentísimo Ministro de Estado dirige la Real Maestranza de Caballería de Sevilla y a las comunicaciones de real orden dirigidas por el la Subsecretaría del ministerio a su cargo al Teniente de Hermano Mayor* [D. Rafael de Atienza y Tello] *de la Real Maestranza de Caballería de Ronda*, Establecimiento Tipográfico de Fortanet, Madrid, 1920; Cipriano Muñoz y Manzano, Conde de la Viñaza, Julio Puyol y Vicente Castañeda, "[Informes oficiales]. Prioridad de la Real Maestranza de Ronda en su antigüedad sobre la de Sevilla", *Boletín de la Real Academia de la Historia*, LXXX, II, 1920, pp. 97-166 [pero, 106].

[3] Teresa Huguet Termes, "Madrid hospitals and welfare in the context of the Hapsburg Empire", *Medical History*, 53, 29, 2009, pp. 64-85.

[4] Raúl Villagrasa-Elías, "El viaje de lo escrito para el gobierno de la caridad: nobleza y modelos hospitalarios en la Corona de Castilla de los siglos XV y XVI", *Cuadernos de Historia Moderna*, 48 (1), 2023, pp. 9-36.

[5] ARMCR, fondo propio, legajo 262-C6, fol. 5v. [Real cédula, Madrid, 6 de septiembre de 1572].

[6] ARMCR, fondo propio, legajo 262-C6, fol. 7r. [Real cédula, Madrid, 6 de septiembre de 1572].

[7] Pedro Almeida Cardim, "Amor e amizade na cultura política dos séculos XVI e XVII", *Lusitania Sacra*, 2.ª serie, 11, 1999, pp. 21-57.

[8] Valladolid, 15 de noviembre de 1542, Biblioteca Nacional de España, Madrid [BNE], Mss. 18638-21. La carta empezaba: "Yo vine aquí a Valladolid a ver la hermosura destos señores del Consejo [Real] y a dezilles ciertas palabras de amor. No sé lo que me aprovechará".

[9] Sobre la misiva, Fernando Bouza, *Palabra, imagen y mirada en la corte del Siglo de Oro. Historia cultural de la prácticas orales y visuales de la nobleza*, Abada Editores, Madrid, 2020, p. 191. Sobre el espacio y sus usos nobiliarios, Javier Pérez Gil, *Un gentil pedazo de villa. La Corredera de San Pablo de Valladolid en el siglo* XVI, Diputación de Valladolid, Valladolid, 2009.

[10] Para el caso sevillano, por ejemplo, remitimos a Ruth Pike, "The Sevillian nobility and trade with the New World in the Sixteenth Century", *The Business History Review*, 39, 4, 1965, pp. 439-465, en especial p. 444.

[11] *Domingo a dos de março año del señor de mil y quinientos y quarenta y quatro se hizo en la corredera dela muy noble villa de Valladolid vn torneo de acauallo que se auía concertado para el día de año nueuo passado, y por la indispusición de su alteza se ha dilatado hasta agora, el qual se hizo de la manera que aquí se dirá*, s.l., n.i., [1544].

[12] ARMCR, fondo propio, legajo 262-C6, fol. 17 r. [Acuerdo del cabildo, Ronda, 22 de septiembre de 1572].

[13] Fernando Rodríguez Mediano, "Iberia, North Africa, and the Mediterranean", en F. Bouza, P. Cardim y A. Feros (eds.), *The Iberian World, 1450-1820*, Routledge, Londres-Nueva York, 2020, pp. 106-125.

[14] Américo Castro, "Por qué los españoles no quisieron a Felipe II", en *España en su historia. Cristianos, moros y judíos* [Buenos Aires, 1948], Crítica, Barcelona, 1983, Apéndice III, pp. 613-616.

[15] BNE, Mss. 1752, fols. 279r.-281r. Sobre milicias y reclutamiento, remitimos al clásico Irving A. Anthony Thompson, *Guerra y decadencia. Gobierno y administración en la España de los Austrias, 1560-1620*, Crítica, Barcelona, 1981; y, sobre el fenómeno global de las milicias, José

Javier Ruiz Ibáñez (coord.), *Las milicias del rey de España. Sociedad, política e identidad en las monarquías ibéricas*, Fondo de Cultura Económica, Madrid, 2009.

[16] No hay referencia interna que permita fechar los *Apuntamientos* con seguridad, salvo una referencia *post quem* en la que se menciona a Agustín Cazalla, quien fue ejecutado en 1559. Como se refiere a que la decisión de la creación de milicias ya está tomada, podría considerarse posterior a 1562, cuando se organizaron con fecha de 21 de mayo. *Memoria sobre la organización militar de España en 1871 redactada por el Depósito de la Guerra*, Imprenta del Depósito de la Guerra, Madrid, 1871, I, p. 184.

[17] La decisión regia está en el origen *del Regimento dos Capitães-mores e mais capitães, e officiais das companhias de gente de cavallo e de pé: e da ordem que teram em se exercitarem*, Francisco Correa, Lisboa, 1574.

[18] Sobre los cuantiosos, véase Johann Hellwege, *Zur Geschichte der Spanischen Reitermilizen. Die Caballería de Cuantía unter Phillip II. und Phillip III. (1562-1619)*, Franz Steiner Verlag, Wiesbaden, 1972.

[19] Sobre el interés de Felipe II por los cuantiosos, Manuel Amador González Fuertes y Rosario González Fuertes, "La reforma de los caballeros de cuantía de 1562. Un intento fracasado de crear una milicia ciudadana", en Enrique Martínez Ruiz (coord.), *Madrid, Felipe II y las ciudades de la Monarquía*, Actas, Madrid, 2000, I, pp. 129-141.

[20] Archivo Histórico de la Nobleza, Toledo, [AHNo], Osuna, legajo 153, 8, hoy C.153, D. 70.

[21] AHNo, Osuna, legajo 153,10, hoy C.153, D. 71. Extraídas de una requisitoria real al corregidor de Jerez de la Frontera (Monzón, 21 de septiembre de 1563).

[22] David García Hernán, "Felipe II y el levantamiento de tropas señoriales", en José Martínez Millán (dir.), *Felipe II (1527-1598). Europa y la Monarquía Católica*, Parteluz, Madrid, 1998, II, pp. 333-344, la cita en p. 335. Sobre los señores eclesiásticos, Enrique Martínez Ruiz, "Felipe II, los prelados y la defensa de la Monarquía", en *Felipe II (1527-1598). Europa y la Monarquía...*, pp. 291-302.

[23] Archivo General de Simancas [AGS], Cámara de Castilla, Diversos 25, 2, "Respuestas de los Grandes y Señores del Reino a la orden circular de S.M. sobre la formación de cofradías o hermandades de hijosdalgo para el ejercicio de las armas, fomento de la caballería y defensa del Reino".

[24] AGS, Cámara de Castilla, Diversos 25, 2, Peñaranda del Duero, 13 de octubre de 1572. García Hernán, "Felipe II y el levantamiento...", p. 338.

[25] AGS, Cámara de Castilla, Diversos 25, 2, Cillero, 25 de octubre de 1572.

[26] AGS, Cámara de Castilla, Diversos 25, 2, Valladolid, 15 de noviembre de 1572.

[27] AGS, Cámara de Castilla, Diversos 25, 2, Ronda, 15 de octubre de 1572.

[28] Pedro Cátedra, *El sueño caballeresco. De la caballería de papel al sueño real de Don Quijote*, Abada, Madrid, 2007. Sobre las iniciativas de 1572, pp. 100-110.

[29] Merece la pena recordar que José Luis Martín vinculó las iniciativas de 1572 con ese pasaje de la segunda parte de *Don Quijote* en el que Alonso Quijano dice: "¿Hay más sino mandar Su Majestad por público pregón que se junten en la corte para un día señalado todos los caballeros andantes que vagan por España, que aunque no viniesen sino media docena, tal podría venir entre ellos, que solo bastase a destruir toda la potestad del Turco? Esténme vuestras mercedes atentos y vayan conmigo". José Luis Martín, "Cofradías de caballeros en la Castilla del Quinientos. El caso de Ávila", *Espacio, tiempo y forma. Historia Moderna*, 7, 1994, pp. 409-434, la referencia quijotesca en p. 409.

[30] Remitimos a la extensa documentación conservada en AGS, Cámara de Castilla, Diversos, 18 y 19, aunque hay documentación sobre la cría de caballos en otros partes de la misma serie.

[31] María Isabel García Cano, "Caballerizas reales. El gran proyecto de Felipe II para Córdoba", *Boletín de la Real Academia de Córdoba*, 166, 2017, pp. 53-82.

ÍNDICE DE LAS ABREVIATURAS

AGI	Archivo General de Indias, Sevilla
AGNM	Archivo General de la Nación, México D. F.
AGPS	Archivo General de Protocolos, Sevilla
AGS	Archivo General de Simancas, Simancas/Valladolid
AHN	Archivo Histórico Nacional, Madrid
AMS	Archivo Municipal, Sevilla
ARCG	Archivo de la Real Chancillería de Granada, Granada
ARMCG	Archivo de la Real Maestranza de Caballería de Granada, Granada
ARMCR	Archivo de la Real Maestranza de Caballería de Ronda
ARMCS	Archivo de la Real Maestranza de Caballería de Sevilla, Sevilla
ARMCV	Archivo de la Real Maestranza de Caballería de Valencia, Valencia
art(s).	artículo(s)
ARV	Archivo del Reino, Valencia
arzob.	arzobispo
Autos Acordados	*Nueva recopilación. - Autos acordados. Ordenanzas de Bilbao. (Los códigos españoles concordados y anotados,* vol. 12), 2.ª ed., Madrid, 1873. La cifra romana indica cada vez el libro, la primera cifra arábica el título y la segunda el auto.
BN (Madrid)	Biblioteca Nacional, Madrid
cap(s).	Capítulo(s)
cfr.	confiérase
col(s).	columna(s)
Cont.	Continuación
CSP	*Código de las siete partidas.* (*Los códigos españoles concordados y anotados*), vols. 2-5, 2.ª ed., Madrid, 1872. La cifra romana indica cada vez la partida, la primera cifra arábica el título y la segunda la ley.
ed.	edición, editorial
ed(s).	editor(es)
est.	estante
exp.	expediente
f(s).	folio(s), foja(s), hoja(s)
id.	*idem*
ibid.	*ibidem*
L(s).	Libro(s)
leg(s).	legajo(s)

LNR	*Leyes de la nueva recopilación que no han sido comprendidas en la novísima.* (*Los códigos españoles concordados y anotados*, vol. II, 2.ª ed., Madrid, 1873. La cifra romana indica cada vez el libro, la primera cifra arábica el título y la segunda la ley.
lug. cit.	lugar citado
Ms.	Manuscrito(s)
NRE	*Novísima recopilación de las leyes de España*, vols. 1-4, Madrid, 1805. La cifra romana indica cada vez el libro, la primera cifra arábica el título y la segunda la ley.
n(s).	número(s)
ob.	obispo
p(p).	página(s)
r.	recto
RAH	Real Academia de la Historia, Madrid
sig(s).	siguiente(s)
s. a.	sin año
s. f.	sin foliación
s. l.	sin lugar
trad.	traducción
t(s).	tomo(s)
v.	verso
vol(s).	volumen(es)

INTRODUCCIÓN

EL presente trabajo ofrece una contribución a la historia social de la nobleza española e hispanoamericana, basada en la historia comparativa de diversas corporaciones nobiliarias. Por ello se analizan al mismo tiempo varias asociaciones similares –en este caso concreto, las maestranzas de caballería– y otros tipos de asociaciones parecidos. La sociedad española e hispanoamericana en la Edad Moderna y, en consecuencia, también la nobleza en aquel período, se contemplan fundamentalmente como un conjunto de grupos sociales (por ejemplo, gremios, colegios, cofradías, órdenes religiosas y corporaciones). Estas asociaciones de carácter voluntario, basadas en sus intereses y acciones comunes, se encontraban incluidas, a su vez, en estrechas relaciones funcionales más amplias, tanto en el sentido horizontal como vertical, con otros sistemas sociales. Estas interrelaciones y redes formaron, ordenaron y agilizaron el mundo social jerárquicamente constituido de la España de aquella época.

Por "maestranzas de caballería" se conocen en España a determinadas asociaciones nobiliarias que se dedicaban, conforme a su rango, sobre todo a ejercitarse en el manejo de la equitación y las armas, a la organización de fiestas eclesiásticas y civiles, y a la de festejos tanto ecuestres como taurinos. Fueron surgiendo con este nombre a partir de la segunda mitad del siglo XVII hasta los comienzos del XIX, principalmente en Andalucía, siguiendo la tradición de las cofradías de caballería de carácter local y nobiliario. Con el fin de favorecer a la acaudalada nobleza que las integraba, la Corona les otorgó considerables privilegios. Puesto que las maestranzas admitían, en medida creciente, miembros forasteros y por exigir, además, cualificaciones de nobleza menos severas que las órdenes militares españolas, se convertirían pronto en corporaciones de carácter suprarregional, cuyo prestigio social se acercaba cada vez más al de las órdenes militares con las que competían. En los dos últimos decenios del siglo XVIII lograron incluso superarlas en lo que al número de admisiones se refiere. En una España no excesivamente marcada por el feudalismo europeo, las maestranzas, como asociaciones nobiliarias nuevas, aseguraban, junto a las cofradías nobiliarias, la posición social dominante de las élites de prestigio[1] no gubernamentales, sobre todo, en las capitales de provincia.

Hasta 1981, cuando este volumen apareció en alemán, la investigación histórica se había ocupado poco del desarrollo de las maestranzas de caballería en la Edad Moderna. Los estudios anteriores que se les han dedicado, por lo general, son exposiciones acríticas y apologéticas, concebidas con frecuencia como efemérides en las que hermanos de una corporación rinden homenaje a la historia de la misma. En la mayoría de estos trabajos se publican, a menudo, documentos procedentes tanto de los archivos de las maestranzas de caballería como de archivos particulares, por lo que se convierten, más que en análisis históricos, en colecciones de fuentes. A esta categoría pertenecen las extensas monografías, sumamente útiles, de los maestrantes Pedro de León y Manjón sobre la Maestranza de Sevilla de 1909[2] y de Máximo Pascual de Quinto sobre la de Zaragoza de 1916.[3] Con anterioridad, entre 1856-1863, el literato e historiador Francisco Piferrer publicó unas primeras reseñas históricas de las cinco Reales Maestranzas de Caballería de España escritas por el secretario u otro miembro de cada corporación.[4] Por las mismas fechas, Benito Vicens y Gil escribió un primer resumen, aunque con errores y sin notas, sobre la historia de todas las maestranzas de España.[5] Los citados historiógrafos de las maestranzas comienzan su relato, en un esfuerzo mítico, con la caballería de los tiempos de la Reconquista, para continuarlo hasta su propia época.

Otro tipo de publicaciones sobre algunas actividades específicas de las maestranzas se recogen en unos corporación libros de maestrantes como el del marqués de Cruilles, sobre los festejos de equitación de la valenciana de 1890[6] y el de Ricardo de Rojas y Solís, marqués de

Tablantes, sobre las corridas de toros organizadas por la de Sevilla de 1917, así como el reciente sobre la plaza de toros y las dinastías toreras de Ronda de Francisco y Antonio Garrido de 1988.[7] De las relaciones de la Maestranza de Sevilla con una cofradía radicada en uno de los conventos dominicos de la ciudad trata el libro del dominico Jesús Sagredo de 1923.[8] Una serie de tratados polémicos, publicaciones de fuentes, de pareceres y dictámenes salieron a la luz con motivo del pleito suscitado en torno al problema de la mayor antigüedad entre las corporaciones de Sevilla y Ronda.[9] Numerosos artículos, en su mayoría poco documentados, sobre las maestranzas, particularmente andaluzas, que tuvieron corta vida, se publicaron también en la *Revista de Historia y de Genealogía Española* (1912-1918).[10] En esta línea de investigación limitada se halla el libro de reciente aparición de Pilar de Olea y Sanz que repite los escasos datos y los errores de los trabajos anteriores.[11] Tengo que destacar que en este análisis historiográfico y en todo el volumen lamentablemente no puedo incluir los estudios de historia del arte sobre las maestranzas de caballería y sus plazas de toros. Sin embargo, la historia de la hermandad de Jerez de la Frontera y sobre todo la de la Maestranza de Ronda fueron investigadas en competentes estudios de 1960 por Hipólito Sancho de Sopranis y de 1960 por Antonio Rumeu de Armas. Y en las últimas décadas aparecieron los estudios históricos muy profundos de Inmaculada Arias de Saavedra Alías sobre la Maestranza de Granada en el siglo XVIII de 1988, el de Juan Cartaya Baños sobre la fundación y los fundadores de la de Sevilla de 2012 y también el de Francisco Núñez Roldán sobre la misma corporación (hasta el año de 1990) de 2007.[12] José Manuel Ximeno y, recientemente, Dagmar Salcines de Blanco Losada, Alfonso de Ceballos-Escalera Gila y, sobre todo, Inmaculada Arias de Saavedra Alías han estudiado la fundación de la Maestranza de Caballería de La Habana,[13] por su parte, Manuel Romero de Terreros y ahora, de manera excelente, Benjamín Flores Hernández y también la misma Inmaculada Arias de Saavedra Alías el intento fallido de crear la de México.[14]

Las descripciones erróneas de las maestranzas de Caballería que encontramos en obras de mayor edad como las de G. Desdevises du

Desert[15] o de José María de Cossío[16] se deben a que estos se basan en trabajos en su mayoría antiguos y poco precisos; incluso interpretaciones más recientes de las corporaciones, como la que ofrece Gonzalo Anes a nivel de manual, dada la situación socioeconómica de Andalucía y el Reino de Valencia, no resultan demasiado sólidas. En efecto, apoyándose en el concepto tradicional de la llamada reacción nobiliaria en Francia, pretende ver en las maestranzas un "síntoma de la reacción de la nobleza ante la creciente preponderancia de ciertos miembros del estado llano en las ciudades".[17]

Frente a esta última línea historiográfica, el presente trabajo investiga las maestranzas de caballería en España e Hispanoamérica en un intento de integrarlas en su entorno histórico. En el primer capítulo se analiza bajo qué constelaciones políticas, sociales y económicas nacieron estas nuevas asociaciones; los privilegios que obtuvieron en comparación con otros grupos de las élites más antiguos, en un tiempo marcado fundamentalmente por la desigualdad ante la ley, en el que los privilegios determinaban de una manera sensible el rango social de las corporaciones y de sus miembros; además, la fundación de las maestranzas de caballería en las sociedades duales de las colonias de Ultramar y la función que pudieran tener en el marco de la "situación colonial" (G. Balandier) como corporaciones elitistas, teniendo en cuenta la tendencia a la igualdad dentro de la población dominante minoritaria de los blancos frente a la mayoría de los indígenas conquistados.

En el segundo capítulo se analizan las cualificaciones que exigían las maestranzas, a diferencia de otras corporaciones en competencia con ellas, para la admisión de miembros y, en consecuencia, los sectores y grupos definidos por la situación jurídica, social y económica de la que estos últimos provenían. Para el siglo XVIII se investiga el número de los miembros que las constituían, así como el lugar de su procedencia. En el capítulo tercero se estudia la posición social de los miembros locales, regionales y suprarregionales en cada uno de los centros de origen de las maestranzas y la posible relación entre las curvas de las admisiones anuales y otros movimientos a largo plazo; también entre ellos el desarrollo económico coyuntural del siglo. En el capítulo cuarto se examinan las formas de organización y autogestión de las diferentes corporaciones.

La función social que tenían las actividades de las maestranzas, sobre todo en el ámbito de las funciones eclesiásticas y civiles, de los festejos de equitación y de las corridas de toros se estudian en el capítulo quinto, y en el sexto, la infraestructura económica de las maestranzas y la distribución de sus gastos. Por último, el papel de las maestranzas en la Monarquía de la época del absolutismo reformista,[18] tanto respecto a los intereses de sus miembros como a los intereses políticos de la Corona, se plantea en el capítulo séptimo.

El trabajo se inicia así con el estudio de las cofradías nobles de caballería del siglo XVI y, sobre todo, con la fundación de la Maestranza de Sevilla en 1670, para seguir el desarrollo de las corporaciones hasta el primer tercio del siglo XIX, en especial hasta el comienzo de la invasión napoleónica de 1808.

Hasta 1981 disponíamos solo de una escasa y no siempre fiable información sobre las maestranzas de caballería. Por ello el presente trabajo tuvo que realizarse con la ayuda de unos conceptos teóricos relacionados con las teorías de los grupos, por no ser posible efectuarlo siguiendo una amplia teoría general. Así fueron de principal interés teorías sobre el comportamiento de grupos sociales pequeños dentro de grandes sociedades; además, la función de la moda, especialmente con respecto a los grupos elitistas, así como el papel de las élites de prestigio en el Antiguo Régimen preindustrial.

* * *

Las maestranzas de caballería, como corporaciones, ocuparon, en su fase privilegiada, una posición intermedia entre las cofradías de la nobleza y las órdenes militares suprarregionales. Con el fin de poder establecer comparaciones se describen al principio los rasgos fundamentales de las cofradías nobiliarias, en especial, las de caballería, y los de las órdenes militares de ámbito nacional. Sin embargo, no puede ser objeto de este trabajo analizar exhaustivamente ambas formas de las asociaciones nobiliarias españolas.

Las cofradías[19] eran asociaciones cooperativas locales de carácter voluntario, de personas de diferentes grupos y estratos de la población, fundadas principalmente con el fin del socorro mutuo de los miembros y sus familias, pero también para actividades religiosas y sociales, así como ocuparse de asuntos públicos como la defensa militar y, posteriormente, también de tareas de administración local y otras todavía no reservadas al "Estado". Las cofradías surgieron en la Península Ibérica de forma cada vez más creciente, en la Reconquista, a partir de finales del siglo XI, debido a la necesidad de la población de socorrerse mutuamente, sobre todo en épocas de turbulencias constantes en las que la sociedad guerrera y los deficientes órganos de los jóvenes reinos de la Reconquista no desarrollaron, o no pudieron desarrollar, instituciones suficientes de protección y de asistencia. Las cofradías, lo mismo que los gremios, colegios, órdenes religiosas y las corporaciones, pertenecían a los grupos que estructuraban el espacio social, como unidades de intereses y de acciones interrelacionadas, organizados, más o menos, por libre decisión; y basados en su mayoría en privilegios por encima de la familia y por debajo o fuera del conjunto "estatal", en el nivel local, regional y nacional. Los grupos sociales de la tardía Edad Media y de la Edad Moderna ocuparon en España, así como en otros países europeos, un amplio sector que el incipiente Estado Moderno no supo controlar con instituciones intermedias u otros mecanismos. Es significativo que estas unidades sociales que proliferaban, incontroladas en gran medida, entraran en conflicto con el creciente Estado absolutista en la Edad Moderna, y en especial durante la segunda mitad del siglo XVIII, ya que fueron limitadas o prohibidas por el mismo. La política de signo liberal del absolutismo reformista condujo en gran parte en España ya a la supresión, ya a la reducción o a la reorganización funcional de las cofradías. La necesidad y la función de unidades sociales intermedias dentro del marco de sistemas sociales más amplios fue creciendo o menguando según el grado de la presencia o ausencia de instituciones equivalentes estatales o semi-estatales.

Las cofradías se formaron a partir del siglo XI en todos los territorios de la posterior España bajo el amparo de parroquias y monasterios que servían de centros de reunión. Los miembros fundadores de una cofradía solían darse unas ordenanzas, por lo general, con ayuda de un clérigo o de un letrado, que debían ser aprobadas por las autoridades eclesiásticas y reales. Veneraban, en particular, como patrono, a un santo determinado de la Iglesia o a un misterio religioso central, cuya historia era característica o señalada y vinculada para con su actividad profesional. Administraban sus propios asuntos por uno, dos o tres presidentes elegidos, llamados prebostes, alcaldes, mayordomos, priores, prohombres o mayorales[20] y otros cargos elegidos que, junto con los presidentes, formaban la Junta de Gobierno, y finalmente por el Cabildo o Junta General de todos los cofrades. El Cabildo general al que pertenecían todos los miembros de la cofradía solo se convocaba de tarde en tarde para decidir sobre problemas generales, controlar la gestión de la junta elegida y, finalmente, para elegir nuevos presidentes y a la junta misma. La admisión de nuevos miembros fue adquiriendo formas bastante dispares en las diferentes cofradías. Vivían de las cuotas, donaciones y trabajos de sus miembros, así como de los beneficios del capital acumulado y colocado en rentas o en bienes inmuebles rústicos o urbanos. En casos de necesidad, de enfermedad o de muerte, los cofrades se asistían mutuamente. Con frecuencia, los cofrades mantenían hospitales propios, en los cuales los miembros y sus familiares recibían la atención médica entonces posible. En la vida de una cofradía, durante el año, el momento culminante era la fiesta del patrono, celebrada con especial solemnidad, además de las otras fiestas eclesiásticas.

A partir de finales del siglo XVI surgieron en Madrid y también en otros lugares, cofradías que se dedicaban preferentemente a la asistencia social y al cuidado de enfermos y necesitados. Por lo general no se denominaban cofradías, sino hermandades: hermandades de socorro o hermandades de caridad. En un principio, la organización de las hermandades era la misma que la de las cofradías. Cambiaron tan solo los nombres de los diferentes cargos. Al frente de una hermandad estaba el hermano mayor o varios mayordomos o diputados. Los demás cargos, que conjuntamente con los anteriores formaban la Junta de Gobierno, eran el secretario, el tesorero, el contador, y, según las actividades de la hermandad, podía haber otros diputados. Los miembros de la Junta de Gobierno salían elegidos, por lo general por mayoría, por el Cabildo o Junta General de los hermanos. Sin embargo, los estatutos de las hermandades solían ser más detallados y más amplios que los de las cofradías. Contenían disposiciones exactas respecto a la administración de la hermandad, los derechos y obligaciones de los hermanos y de sus familiares, sobre todo en lo que se refiere a casos de enfermedad y muerte. El objetivo principal de las hermandades de socorro y de las hermandades de caridad era la asistencia social y médica a determinados grupos de personas necesitadas, como ancianos, enfermos, huérfanos y niños expósitos, mendigos, peregrinos, forasteros y presos.[21]

De acuerdo con un amplio censo, desgraciadamente no completo, que se llevó a cabo de 1770 a 1775 en Castilla y Aragón, las cofradías y hermandades alcanzaron en esta época la cifra extraordinariamente alta de 25.581. Sus gastos anuales ascendieron, según el citado censo, al importe total de 11.687.861 reales de vellón. Mencionaremos que, en comparación, la Real Hacienda de aquella época gastaba unos 5 millones de reales para el ejército de reserva de las milicias provinciales y unos 70-80 millones para la casa real en Madrid y sus alrededores.[22] Las diferentes cofradías y hermandades se distinguían, por un parte, por el campo de sus actividades: unas se dedicaban preferentemente a funciones religiosas; otras a labores sociales. La mayoría de ellas, sin embargo, a ambas actividades a la vez. Por la otra, había diferencias entre las distintas cofradías debido a la procedencia de sus miembros. La gran mayoría solo admitía a gente de determinadas profesiones, grupos profesionales y artesanales o de sus gremios específicos. Había, además, otras en las que se reunieron personas procedentes de las mismas regiones y, en ocasiones, de determinados grupos étnicos (como los negros); otras de la nobleza hereditaria y, finalmente, algunas de libre acceso que no exigían de sus miembros ninguna condición de carácter estamental, profesional, étnico, ni de procedencia regional.[23] En el caso de las profesiones que no lograron ninguna organización gremial, como los cocheros o mendigos, la cofradía era la única forma social a favor de sus miembros y de la defensa de sus intereses colectivos frente a otros grupos. Hay que mencionar que hubo algunas a las que solo podían pertenecer hombres, y otras, en cambio, que admitían también a mujeres o, por lo menos, a las esposas y viudas de los cofrades. Por último, con respecto al número de los miembros, las cofradías o no conocían limitaciones o eran limitadas y cerradas. En una cofradía cerrada, casi siempre considerada de gran prestigio, únicamente se podía admitir a un nuevo miembro cuando había fallecido uno de los cofrades.[24]

Las cofradías nobiliarias[25] se distinguían de las demás, sobre todo, por el origen de sus miembros y por los objetivos marcados mayoritariamente por los intereses de su estamento. Para ingresar en una cofradía nobiliaria local se requería del candidato que acreditase la hidalguía de la propia persona, la del padre y la del abuelo,[26] y, en casos poco frecuentes, también la de los antepasados correspondientes de la línea materna, en la forma que prescribían las ordenanzas.[27] A menudo había que demostrar de manera fidedigna la descendencia de cristianos viejos y la limpieza de sangre. La limpieza de sangre significaba que una persona descendía de cristianos viejos y no de moros, sobre todo no de judíos, ni tampoco de cristianos nuevos de procedencia judía (los llamados conversos), ni tenía entre sus antepasados a nadie que fuese penitenciado y condenado por el Santo Oficio de la Inquisición.[28] Con frecuencia se añadían otras condiciones para la admisión en una cofradía nobiliaria, como la prueba del nacimiento legítimo, una edad mínima requerida o la condición de ser vecino de la ciudad o localidad, si bien se hacían excepciones cuando se trataba de personalidades de calidad. Con el fin de aumentar la exclusividad social de los posibles candidatos, a menudo se precisaba que ni el candidato, ni sus padres y abuelos tuviesen una profesión artesanal, ni tampoco ninguna otra tenida por baja.[29] El número de los miembros de una cofradía nobiliaria estaba, a menudo, restringido para subrayar así su carácter elitista.[30]

Algunas cofradías nobiliarias distinguidas se destacaron por el honor de contar entre sus miembros con individuos de la familia real e incluso el propio monarca, o de estar patrocinadas por el mismo.[31] Por lo general pertenecían a una cofradía nobiliaria, además

Felipe III el Bueno, duque de Borgoña. Copia de taller de original perdido de Rogier van der Weyden. Óleo sobre tabla, h. 1450. Museo de Bellas Artes de Dijon.

de hermanos legos, uno o más clérigos locales, pero no necesariamente nobles que como capellanes estaban encargados de las funciones y ceremonias religiosas. Al lado de las cofradías exclusiva o predominantemente nobiliarias existían otras que recibían tanto a personas de la nobleza como del estado llano[32] y, entre estas últimas, algunas procedentes de la burguesía acaudalada que gozaban de ciertos privilegios.[33]

Las cofradías nobiliarias rendían culto a un santo como patrón y se dedicaban a determinados actos de carácter religioso y social prescritos por las ordenanzas. Además, no era eso lo que consideraban por lo general como finalidad única; más bien cumplían tareas de servicio de socorro social y asistencial, tales como la participación personal y la ayuda económica en los entierros o en los enlaces matrimoniales de los hijos de algún cofrade, así como el mantenimiento de hospitales, distribución de alimentos a los pobres, dotes a muchachas sin medios económicos para su casamiento y otras.[34] No obstante, en las cofradías nobiliarias la asistencia social a los necesitados y enfermos ocupaba un segundo plano, si las comparamos con las cofradías de tipo gremial. Una serie de cofradías nobiliarias se consagraban a funciones que desde siglos atrás eran consideradas como propias de la nobleza. Con el expreso apoyo de la Corona se ocupaban de la defensa militar y con este fin celebraban festejos y ejercicios de equitación para el adiestramiento de sus miembros. Durante la Reconquista existieron en las ciudades y castillos cristianos de la Península Ibérica cofradías de caballería especializadas en el ataque y en la defensa de las fronteras. En el transcurso de las diferentes fases de la Reconquista, estas unidades locales y regionales compuestas por nobles y labradores armados, tenían, junto con las tropas de los señores feudales, determinadas funciones militares. El movimiento de las cofradías de caballería, a pesar de existir con anterioridad, tuvo su momento de auge con la fundación de las órdenes militares al agravarse los conflictos bélicos. Terminada la Reconquista, este movimiento se prolongó en circunstancias diferentes, en la forma de cofradías cuyo objetivo era el de mantener la distinción y el rango de los nobles.

Cofradías de caballería que no consiguieron la importancia de las grandes órdenes militares posteriores fueron las de Monreal, Uncastillo, Belchite y Barbastro, fundadas en la primera mitad del siglo XII.[35] Al término de la Reconquista subsistían en numerosas ciudades españolas cofradías de caballería de carácter exclusivo o mayoritariamente nobiliario que, además de tareas propias de la cofradía y actividades asistenciales, se dedicaban menos al servicio militar activo que a festejos y ejercicios de equitación tenidos por conformes a su rango. Con la creciente disminución de las actividades militares exigieron de sus miembros pruebas cada vez más severas de cualificación y de nobleza.

Entre estas cofradías se encuentran las de San Jorge en los Reinos de la Corona de Aragón, la Cofradía de Santiago de la Fuente de Burgos, el Cabildo de Guisados de a Caballo de Cuenca, y otras parecidas en las ciudades meridionales de Alcaraz, Úbeda, Baeza y Jaén.[36] La Compañía de Doscientos Ballesteros del Apóstol Santiago, de Baeza, era, por ejemplo, una cofradía nobiliaria de carácter militar formada durante la Reconquista por los conquistadores de la ciudad y por sus descendientes para la defensa de la frontera, que solo en 1757 fue disuelta a favor de las milicias provinciales.[37] Otra hermandad nobiliaria de signo militar fue la Cofradía del Señor Santiago de Ciudad Real que, fundada probablemente en el reinado de Alfonso XI en apoyo de la Reconquista andaluza, subsistió, como puede comprobarse, hasta el siglo XVIII.[38] Un lugar no menos destacado ocupa el Cabildo de Caballeros de Molina de Aragón, que en sus comienzos se compuso de caballeros populares y solo a partir de las ordenanzas de 1580 exigía de los caballeros aspirantes la prueba de hidalguía y de limpieza de sangre como condición para la admisión a la cofradía.[39]

Otro campo de actividad importante de las cofradías nobiliarias se centraba en la administración municipal. Durante la Reconquista, y de norte a sur, la nobleza había ido estableciéndose en las ciudades, adquiriendo en el transcurso de los siglos una amplia influencia sobre la administración local.

Los privilegios de los hidalgos de Castilla en la Edad Moderna consistían en estar exentos de pagar los llamados pechos, unos impuestos directos no demasiado elevados que, a pesar de muchas excepciones, tenían que pagar por lo general todos los súbditos burgueses que no fuesen clérigos. Los diferentes pechos señalaban simbólicamente, en el prejuicio de las gentes, el escalón inferior social de los no privilegiados. Por esta razón, la introducción de impuestos personales directos encontró en Castilla siempre una resistencia tenaz. Las prerrogativas de los hidalgos consistían, además, en numerosos privilegios con respecto a la justicia ordinaria. Así, estaba prohibido imponer a los hidalgos castigos tenidos por deshonrosos, como el de ser azotados o de servir en las galeras. Con excepciones, no podían ser sometidos a tortura y en caso de condenas de muerte no se les podía ejecutar por la horca, sino decapitándolos. No podían ser encarcelados por deudas ni se les podía embargar, por esa razón, sus casas, caballos, mulas y armas personales. Las propiedades vinculadas a sus mayorazgos tampoco podían ser confiscadas para satisfacer sus deudas. Si se encarcelaba a un hidalgo le correspondía una cárcel especial y separada de la de las gentes llanas. Con frecuencia quedaban simplemente confinados en su propia casa, en un castillo o en la ciudad donde residían. Otro privilegio de los hidalgos fue el de llevar armas conforme a su estamento. Además, tanto la nobleza como el clero podían disfrutar de la tenencia de coche que, como símbolo de su rango, estaba vedado a muchas de las profesiones burguesas y artesanales. Entre las profesiones a las que estaba prohibido el uso del coche figuran las de los alguaciles de corte, los escribanos, notarios, procuradores, agentes de pleitos y de negocios, arrendadores, mercaderes con tienda abierta y de lonja, plateros, maestros de obras, receptores de Madrid, obligados de abasto y, finalmente, los maestros y oficiales de los diferentes oficios artesanales. En lo que a gastos de consumo y ostentación se refiere había, por lo demás, menos restricciones establecidas por las leyes suntuarias para los nobles y el clero, si los comparamos con los gastos que pudieran tener los artesanos.[40] Los hidalgos castellanos estaban asimismo, en gran parte, exentos del reclutamiento forzoso para el servicio militar y otras cargas como el alojamiento o el transporte.[41] En Castilla disfrutaban además de numerosos privilegios locales como, por ejemplo, el derecho de comprar carne en carnicerías especiales sin pagar impuestos,[42] o que recuperaban del ayuntamiento, transcurrido algún tiempo, el habitual impuesto de la sisa de la *blanca*, llamada así por la moneda de cobre con la que se pagaba dicho impuesto.[43] En la mayoría de las poblaciones de Castilla, los nobles y los clérigos tuvieron, frente a los no privilegiados, derechos especiales concernientes a la caza, como el de salir a cazar con escobeta y perros.[44]

En la mayoría de las ciudades y municipios de Castilla era costumbre, durante los siglos XVII y XVIII, que la totalidad de los nobles residentes, es decir, el estado noble, ocupase *la mitad de los oficios del concejo*. En algunas ciudades grandes y medianas, como Sevilla, Madrid, Toledo, Toro, Córdoba, Granada, Málaga, Úbeda y Jerez de la Frontera, incluso todos los del ayuntamiento tenían que ser hidalgos de sangre. En otras, los nobles se aseguraron el dominio del lugar mediante la compra de los cargos.[45] Debido a que el *estado noble*, a menudo, no formaba ninguna corporación propia, los nobles salvaguardaban los derechos de su estamento a través de las cofradías. Una o más de las cofradías de un lugar defendían los intereses del estado noble.[46] Así, en 1572 los nobles de la ciudad de Cuenca, incluidas las viudas de los miembros fallecidos, estaban agrupados en el Cabildo del Estado de Caballeros Hijosdalgo. Esta cofradía nobiliaria para la defensa de los intereses del estamento nobiliario del lugar elegía, conjuntamente con la mencionada cofradía de caballería del Cabildo de Guisados de a Caballo, a un miembro capitular procurador del Ayuntamiento, así como los procuradores de corte.[47] En Zamora, la cofradía nobiliaria de San Ildefonso estaba bastante vinculada al Estado Noble de Caballeros Hijosdalgo, que allí, sin embargo, tenía su organización propia.[48] También en Burgos los miembros nobles del Ayuntamiento se reunían en los siglos XVI y XVII en la cofradía de San Pedro y Santiago, y en otra hermandad similar.[49] Conviene destacar que la conciencia de grupo, así como la dinámica política y social de las cofradías nobiliarias, variaban mucho según la proporción numérica de los nobles en el conjunto de la población de una región. En el sur, en las provincias de Andalucía, dada su menor proporción en el conjunto de la población, la importancia de la nobleza era sensiblemente mayor que en las provincias del norte, que fueron la tierra propiamente dicha del origen de la nobleza castellana, y donde en los años 1768-1769, casi la totalidad de los habitantes eran hidalgos de nacimiento, como, por ejemplo, en el Obispado de Santander.[50]

Desde que en las Cortes de Toledo de 1538 los nobles se opusieron, de una manera poco perspicaz, a impuestos generales sobre el consumo, no se volvió a convocar al estado noble a las Cortes, que fueron perdiendo cada vez más poder dentro del proceso político general, pues en Castilla la Corona podía compensar en parte la insuficiente votación de impuestos por las Cortes mediante la confiscación de remesas de plata, propiedad de personas particulares, procedentes de América y mediante otros ingresos indirectos derivados de las colonias americanas.[51] Con la excepción de las órdenes militares controladas por la Corona y de las maestranzas de caballería, la nobleza castellana no dispondría desde entonces de ninguna organización corporativa a nivel de reino. Por ello hay que considerar las cofradías nobiliarias locales como la forma más importante y extendida de la organización cooperativa de la nobleza castellana.

Las maestranzas de caballería tuvieron en la segunda mitad del siglo XVIII también cierta afinidad con las órdenes militares españolas cuyas características principales trataremos en los párrafos siguientes. Las órdenes militares de Calatrava, Santiago, Alcántara y Montesa que subsistieron en España en la Época Moderna, se formaron desde el siglo XII siguiendo el modelo de las grandes órdenes de caballería internacionales y, en sus funciones, el de instituciones árabes semejantes. En los reinos cristianos de la Península Ibérica, en vías de expansión, sirvieron a los reyes durante la Reconquista de vanguardia y protección de las fronteras de los territorios centrales y meridionales en la lucha contra los reinos taifas de los moros. Los reyes recompensaron los éxitos militares de las órdenes con donaciones de vastas tierras en el sur de la Península, poco pobladas, que incluían también jurisdicción señorial, de modo que los caballeros no solo pudieron adquirir gran prestigio como soldados, sino también como señores feudales y pobladores, así como criadores de caballos, de ganado vacuno y lanar. Como corporaciones religiosas de individuos que eran monjes y caballeros a la vez, las órdenes militares representaban dos ideales de la vida medieval que servían de estímulo a la población, en particular a los nobles, para ser piadosos y devotos, estar dispuestos a ingresar en las órdenes y hacer generosas donaciones. A finales de la Edad Media las órdenes militares poseían vastas tierras, explotadas sobre todo para la ganadería, que producían considerables beneficios. Con la conquista del Reino de Granada, el último de los reinos moros de la Península, las órdenes perdieron la función militar que les era propia. Desde tiempos atrás, los ricos ingresos de las órdenes se encontraban en manos de las familias aristocráticas más destacadas, que de esta forma constituían para la Corona un peligro político interior. Por ello los Reyes Católicos siguieron la política de hacerse cargo de los maestrazgos de las órdenes, que incorporaron uno tras otro a la Corona con el fin de controlarlas de una manera más eficaz. Después de la muerte de la reina Isabel, Fernando el Católico reunió en su persona y de por vida los maestrazgos de Calatrava, Santiago y Alcántara. De acuerdo con lo dispuesto en una bula papal del 4 de mayo de 1523 –reinando Carlos I– estas tres órdenes castellanas quedaron unidas para siempre a la Corona de Castilla, así como la de Montesa, por bula del 15 de marzo de 1587, a la de Aragón –bajo el reinado de

Felipe II–. En tanto que la fuerza económica y financiera de las órdenes, basada en las cuantiosas rentas de los maestrazgos y encomiendas, beneficiaba sobre todo a la monarquía absoluta, las órdenes desempeñaron otra función desde el punto de vista social. Con la creciente pérdida de sus funciones militares aumentó el rigor de las condiciones de ingreso en las mismas a partir de la segunda mitad del siglo XIII y, sobre todo en los siglos XV y XVI, por lo que sus miembros llegaron a representar el modelo generalmente reconocido de la pureza de la nobleza de sangre terrateniente y acaudalada. Al incorporarse los maestrazgos en la Corona, la verdadera tarea de las órdenes militares consistía en distinguir y conservar la nobleza aristocrática hereditaria en el marco de una sociedad española jerárquicamente estructurada.[52]

En los siglos XVII y XVIII, las condiciones para la admisión de nuevos miembros eran casi las mismas en las cuatro órdenes, salvando algunas diferencias de poca importancia. Quien quería entrar como caballero en una de las órdenes tenía que someter a su persona y a su familia a un severo proceso de investigación por su parte. En el mismo se examinaba, a base de documentos certificados y mediante la declaración de testigos independientes y jurados, si el candidato cumplía la edad mínima requerida, si él, sus padres y abuelos por línea paterna y materna no eran ilegítimos y si poseían, de acuerdo con el derecho español, la hidalguía de sangre. Además, se averiguaba si las personas mencionadas eran cristianos viejos y tenían la limpieza de sangre, es decir, si el postulante no tenía antepasados, por muy lejanos que fueran, judíos, moros o conversos, y si algún antepasado hasta el cuarto grado había sido condenado por la Inquisición en materia de fe. Asimismo, se investigaba si el candidato, su padre y sus dos abuelos habían sido, incluso a través de sus empleados, mercaderes, prestamistas, cambiadores, logreros o arrendadores. Tampoco debían haber practicado algún oficio artesanal ni otro de los oficios bajos, viles y mecánicos. Por tales eran tenidos plateros, pintores, bordadores, canteros, mesoneros, taberneros, escribanos (con excepción de los secretarios del rey y de los miembros de la familia real), escribanos de la justicia alta y baja, procuradores públicos, sastres y otras ocupaciones inferiores, que son las de las personas que viven del trabajo y de sus manos.

Además, había que probar que el futuro caballero poseía un caballo y que sabía montar. Finalmente, no debía haber estado mezclado en duelos ni en otros asuntos deshonrosos para los nobles.

Por lo general, la investigación se llevaba a cabo por dos diputados del Consejo Real de las órdenes, un caballero y un religioso de la orden en cuestión. Junto con la solicitud y el árbol genealógico documentado, el aspirante tenía que entregar al Consejo una determinada cantidad de dinero destinada a cubrir los elevados gastos de la investigación. Para averiguar si el futuro caballero de la orden cumplía realmente las condiciones, la investigación genealógica afectaba a su persona, la de sus padres, abuelos y, casi siempre, también a sus bisabuelos. Si el Consejo aprobaba el resultado de la investigación, el postulante era admitido por orden del rey en la orden deseada y revestido con el hábito adornado con una determinada cruz de tela. A continuación, el joven caballero iniciaba su noviciado, que duraba aproximadamente un año. Solo después del noviciado hacía los votos monásticos e ingresaba definitivamente en la orden.[53] El hecho de pertenecer a una de las órdenes militares no podía transmitirse, por vía de sucesión o herencia, a otros miembros posteriores de la familia. Además de los caballeros, pertenecían a las órdenes militares españolas religiosos que vivían en monasterios o se dedicaban a la cura de almas, así como religiosas y monjas cuya vida se desarrollaba en conventos más o menos independientes. Por lo general, eran menos severas las condiciones para la admisión de clérigos, aunque no así para las monjas de los conventos agregados, que las exigidas para los caballeros.[54]

En los siglos XVII y XVIII las cuatro órdenes militares habían perdido casi totalmente su carácter monástico, si bien en teoría no dejaron de ser órdenes religiosas. Solo una minoría de sus miembros, los religiosos, seguían viviendo en los pocos monasterios de las órdenes bajo la estrecha observancia de las reglas de San Benito o de San Agustín. La gran mayoría de los caballeros, sin embargo, llevaba una vida que apenas se diferenciaba de la de otros nobles acaudalados. Aunque al ingreso en las órdenes militares los caballeros hicieran los votos de obediencia, castidad y pobreza, en la vida práctica poco importaban estos votos. El voto de obediencia significaba tan solo que los caballeros sometían su voluntad a la del maestre, esto es, al rey. Después de que varias bulas papales les permitieran casarse, el voto de castidad de los caballeros podía interpretarse como el de la castidad conyugal establecida como precepto común en aquella época. El voto de la pobreza de los caballeros quedaba limitado a la obligación de presentar cada año al maestre un inventario general y no detallado de todos los bienes y rentas que seguían manteniendo. Con este acto simbólico se pretendía expresar que los caballeros ponían a disposición del maestre sus propiedades, y que solo los administraban con el permiso y en nombre de este. Las oraciones canónicas se reducían principalmente a varios padrenuestros, además de la asistencia diaria a la misa y la obligación de confesarse y comulgar al menos cuatro o cinco veces al año, lo que correspondía, por lo demás, a la religiosidad popular de la época. Durante el año del noviciado, después de recibir el hábito y antes de profesar, los jóvenes caballeros debían residir cierto tiempo en algún monasterio de su orden para introducirse en la vida religiosa. Se esperaba además que antes de la profesión sirviesen durante seis meses en las galeras reales para adquirir experiencia en el campo militar. Sin embargo, se concedían con frecuencia dispensas de ambas obligaciones, sobre todo, de la de servir en las galeras. La edad mínima requerida para el ingreso en las órdenes ya no quedó fijada en dieciséis años, como se prescribió por las reglas primitivas, sino en los diez o incluso en los siete años. De esta manera, los votos monásticos de las órdenes militares quedaron convertidos casi por completo en letra muerta. Por ello el Consejo de Castilla les privó en 1684 de ciertas exenciones fiscales concedidas a las órdenes monásticas de observancia severa.[55]

El hábito de la orden, adornado con la cruz, representaba no tanto un signo externo de la vida monástica como el símbolo del alto rango social. Se había convertido en un signo codiciado sobre todo por las capas medias de la nobleza, que así acreditaban de manera general e incuestionable no solo la nobleza hereditaria, sino también, la limpieza de sangre y la descendencia de cristianos viejos del caballero y de sus antepasados. Los hábitos se codiciaban de tal

Órdenes militares (Santiago, Calatrava, Alcántara y Montesa). Litografía a partir de dibujo de Eusebio Zarza, en *Historia de las órdenes de caballería y de las condecoraciones españolas. Madrid, 1864-1865*. Biblioteca Real Maestranza de Caballería de Ronda.

manera que numerosos hidalgos adinerados soportaban voluntariamente los costos y las complicaciones que comportaban la solicitud de ingreso y los largos y molestos procesos de investigación. Hasta qué punto se ambicionaban los hábitos, lo demuestra el hecho de que en el siglo XVIII la Corona, debido a dificultades económicas, pudo venderlos a cambio de unos pagos adicionales de dinero. En 1625 la Orden de Santiago contaba con 975 miembros, la de Calatrava con 305 y la de Alcántara con 197. Así, en aquel año, las tres órdenes mencionadas comprendían el considerable número de 1459 caballeros.[56]

Ser miembro de una de las tres órdenes militares, además del hábito y el alto prestigio social, comportaba otra serie de privilegios codiciados. El hábito ofrecía a no pocos caballeros la oportunidad de ser nombrados comendadores y de ser recompensados al mismo tiempo con el disfrute del usufructo de las encomiendas, generalmente, lucrativas. Las encomiendas eran en España señoríos feudales tanto jurisdiccionales como territoriales cuyas rentas procedentes de propiedades, derechos señoriales y diezmos, servían para el sustento de los comendadores.[57] En el año de 1712 la Orden de Santiago poseía ochenta y ocho, la de Calatrava, cincuenta y seis y la de Alcántara, treinta y ocho encomiendas. Los ingresos netos de las diferentes encomiendas de las tres órdenes ascendían por lo general, por término medio, a 1.390 ducados al año.[58] Las rentas vitalicias, congeladas y devaluadas en gran parte por la inflación, que se destinaban al sustento de todos los demás caballeros –llamados por ello paniaguados–, ya no se libraron a partir de mediados del siglo XVII, empleándolas la Corona directamente para fines de defensa, aunque no pocos caballeros siguieron reclamándolas, incluso ante notario.[59]

En lo que se refiere a la jurisdicción, los caballeros poseían su propio fuero privilegiado. En litigios civiles estaban sometidos a la justicia ordinaria. Sin embargo, los delitos que cometieran entraban en primera instancia en la competencia del Consejo Real de las Órdenes. Existía la posibilidad de recurrir las sentencias de este tribunal ante otro, llamado Junta de Comisiones, compuesto por dos miembros del Consejo Real de las Órdenes y dos del Consejo Real de Castilla, y, en tercera y última instancia, ante un tribunal especial convocado por el rey.[60]

Las órdenes militares conservaban, aún después de la incorporación de los maestrazgos a la Corona, algo de su autonomía administrativa. De tiempo en tiempo, los comendadores, los demás caballeros y los clérigos de las diferentes órdenes eran convocados por el maestre para constituir el Capítulo General. Los Capítulos fueron presididos generalmente por el maestre, es decir, por el rey. Le asistía el Consejo de la orden, compuesto por dignatarios nombrados, en gran parte, por el propio Capítulo. En los Capítulos Generales se deliberaba sobre cuestiones de la regla, la administración de los territorios, visitas de los mismos y también sobre el comportamiento equivocado de algunos miembros. La administración eclesiástica y civil de los territorios de las órdenes estaba organizada en prioratos, provincias, partidos, encomiendas, ciudades o lugares, monasterios, colegios universitarios, parroquias, iglesias, capillas, hospitales y otras instituciones. A partir de 1566 el Consejo Real de las Órdenes –que existía ya desde finales del siglo XV–, constituirá el máximo y único órgano administrativo y tribunal supremo en cuanto a este ámbito. Este Consejo se ocupaba, en nombre del rey, de los negocios y de la administración de

Retrato de Carlos III, Rey de España e Indias, con el Toisón de Oro. Ilustración miniada, en *Creación, antigüedad y privilegios de los títulos de Castilla.* Valencia, 1769. Ejemplar con ex libris de la reina María Cristina de Borbón. Biblioteca de la Real Maestranza de Ronda.

la justicia, tanto civil como eclesiástica, en asuntos de las órdenes militares castellanas. La Orden de Montesa, después de su incorporación a la Corona quedó al principio sujeta al Consejo de Aragón y, a diferencia de las otras órdenes militares incorporadas, hasta 1739 no se sometió al Consejo Real de las Órdenes.[61]

En comparación con las cuatro órdenes militares nacionales, la Orden de Malta (Orden de San Juan de Jerusalén), cuyas condiciones de admisión eran parecidas, ejerció poco atractivo sobre la nobleza española en los siglos XVII y XVIII.[62] No obstante, el número de las encomiendas de esta orden en España superaba en el siglo XVIII, con más de cien, las de la opulenta Orden de Santiago.[63] La riqueza de los caballeros de San Juan indujo a Carlos IV a incorporar a la Corona en 1802 la administración civil de las provincias españolas y la dignidad del gran maestre con todos los ingresos de la orden.[64]

De entre las órdenes de caballería seculares en la España de aquella época, la del Toisón de Oro cobró menos importancia social que la orden de mérito de Carlos III, ya que el número de sus miembros en España era muy limitado y servía a otros fines, sobre todo a propósitos de política exterior.[65] La Real y Distinguida Orden Española de Carlos III, en cambio, se fundó en 1771, en primer lugar, como orden de mérito para la nobleza cortesana y militar. Sus condiciones de admisión eran, a partir de 1804 y con algunas diferencias de poca importancia, las mismas que las de las órdenes militares y la de San Juan de Jerusalén. A partir de entonces, se reconocían por equivalentes las pruebas de los nuevos miembros con las de las órdenes militares, y al revés. Los miembros de la orden se dividían en dos clases; la de los caballeros grandes cruces y la de los caballeros pensionistas. A la primera clase pertenecían el rey como gran maestre, los miembros de la familia real, el gran canciller, cuatro prelados y otros cincuenta y cinco caballeros grandes cruces. La segunda clase la formaron el maestro de ceremonias, el secretario y el tesorero de la orden. A ellos y al gran canciller se les llamaba también ministros. Entraban además doscientos caballeros pensionistas de los cuales veinte eran clérigos. A partir de 1783 pertenecía a esta clase también un número no limitado de caballeros supernumerarios que no disfrutaban de ninguna pensión. La orden se administraba de manera autónoma por los Capítulos Generales y por las Asambleas mensuales, compuestas al principio por los cuatro ministros, tres caballeros grandes cruces y tres caballeros pensionistas. El nombramiento de los ministros y de los demás caballeros le correspondía al rey en su calidad de gran maestre. La orden veneraba como patrona a la Virgen María en el misterio de su Inmaculada Concepción. Para el pago de las pensiones la Hacienda Real habilitaba al año un millón y medio y hasta dos millones de reales. Aparte del uniforme especial, las pensiones y numerosas mercedes eclesiásticas, los miembros de la orden, a diferencia de los caballeros de las órdenes militares, no tenían un fuero privilegiado.[66]

La Corona veía en la Orden de Carlos III un medio apropiado y poco costoso para distinguir nobles de gran mérito y unirlos más estrechamente a la persona del rey. En la España de la segunda mitad del siglo XVIII aún no resultaba concebible una orden de mérito no nobiliaria. Al igual que el hecho de pertenecer a la Orden de Carlos III, los hábitos de las órdenes militares servían para distinguir sobre todo a los miembros de la capa media de la nobleza y fortalecer sus convicciones monárquicas. La Corona aprovechaba y favorecía conscientemente las corporaciones nobiliarias considerándolas como eslabones de soporte del Estado, como "pouvoirs intermédiaires" (Montesquieu)[67] entre el rey y una nobleza bastante heterogénea que, sin embargo, en su conjunto sostenía la monarquía.

Al parecer, en el siglo XVIII se recibieron en las órdenes militares mayoritariamente a individuos de los ejércitos, en tanto que en la Orden de Carlos III ingresaron sobre todo altos funcionarios y, en especial, personas de la corte.[68] Las capas medias de la nobleza en las capitales y ciudades de provincia, en cambio, encontraban, además de sus actividades en los ayuntamientos y las cofradías, unas ocupaciones conforme a su rango y la distinción social ambicionada en otras corporaciones: las maestranzas de caballería.

[1] Por élite de prestigio (Wertelite) comprendemos una élite tradicional, es decir, un estrato social elevado que integraba valores altamente respetados por la sociedad. Manifestaba su posición social destacada frente a los estratos sociales más bajos por medio de privilegios y un lujo ostentoso. No era una abierta élite funcional que descollaba por funciones políticas, económicas, morales o intelectuales. Cfr. Wilhelm Bernsdorf, *Wörterbuch der Soziologie*, 2.ª ed. corregida y aumentada, 3 vols., vol. 1, Francfort del Meno, Fischer Taschenbuch Verlag, 1972, entrada "Elite und Elitenbildung", pp. 180-182; Salvador Giner *et al.*, eds., *Diccionario de Sociología*, 2.ª ed., Madrid, Alianza Editorial, 2013, entrada "élite", p. 271; así como Elena Postigo Castellanos, *Honor y privilegio en la Corona de Castilla. El Consejo de las Órdenes y los caballeros de hábito en el s. XVII*, Valladolid, Junta de Castilla y León, Consejería de Cultura y Bienestar Social, 1988, pp. 65-66 y 111-113.

[2] Pedro de León y Manjón, "Historial de Fiestas y Donativos de la Real Maestranza de Caballería de Sevilla", en *Noticias para la Historia de la Real Maestranza de Caballería de Sevilla. Publicadas a expensas de esta Real Corporación, por acuerdo de su Junta General*, Sevilla, Real Maestranza de Caballería de Sevilla, 1959, pp. 11-196. Esta 2ª ed. es la que uso. Hoy tenemos acceso a la 1ª ed.: *Historial de Fiestas y Donativos de la Real Maestranza de Caballería de Sevilla*, Madrid, José Blas y Cía., 1909, ed. facsímil, Sevilla, Real Maestranza de Caballería de Sevilla, 1989. El análisis historiográfico en este párrafo y los siguientes, así como todos los textos y citas bibliográficas del presente volumen son los de la edición alemana de 1981. Fueron modernizados y completados solo por importantes títulos recientes de monografías y artículos. Para más información, véase Juan Cartaya Baños, "Nuevas Investigaciones sobre las Reales Maestranzas de Caballería (1981-2022)", al final de este volumen.

[3] Máximo Pascual de Quinto, *La Nobleza de Aragón. Historia de la Real Maestranza de Caballería de Zaragoza*, Zaragoza, 1916. Véanse también el resumen por José Pasqual de Quinto y de los Ríos (un descendiente del autor), *La Real Maestranza de Caballería de Zaragoza*, Zaragoza, IberCaja, 1989, en especial, pp. 65-70, y Javier Cañada Sauras, "Real Maestranza de Caballería de Zaragoza", en *Hidalguía*, vol. 28, ns. 160-161, Madrid, 1980, pp. 465-485.

[4] Francisco Piferrer, *Nobiliario de los reinos y señoríos de España*, 6 vols., Madrid, En la Redacción, 1856-1860. Las breves reseñas históricas sobre las diferentes Reales Maestranzas de Caballería son las siguientes: Sevilla, vol. 2, 1856, pp. 5-7; Ronda, vol. 3, 1857, pp. 3-10; Granada, vol. 4, 1858, pp. 3-7; Zaragoza, vol. 5, 1859, pp. 3-10; Valencia, vol. 6, 1860, pp. 3-10; y del mismo Francisco Piferrer, *Archivo heráldico. Armas, timbres y blasones de nuestra ilustre nobleza española. Apéndice a todos los nobiliarios españoles, antiguos y modernos*, vol. 1, Madrid, En casa del autor, 1863, "Reseña histórica de la Real Maestranza de Caballería de Valencia", pp. 3-12.

[5] Benito Vicens y Gil de Tejada, "Reales Maestranzas de Caballería", en José Gil Dorregaray, ed., *Historia de las órdenes de caballería y de las condecoraciones españolas*, vol. 2, 2.ª parte, Madrid, 1864, pp. 613-666. En el apéndice del mismo vol. 2, 2.ª parte, Madrid, Imp. de Tomás Rey, 1865, pp. 141-157, se encuentra otro resumen poco documentado de la historia de la corporación sevillana con el título "Real Maestranza de Sevilla" de la pluma del maestrante Fernando de Gabriel y Ruiz de Apodaca.

[6] Marqués de Cruilles, *Las funciones ecuestres de la Real Maestranza de Caballería de Valencia reseñadas por su ex-secretario El Marqués de Cruilles por acuerdo de la misma Real Maestranza*, Valencia, Imprenta de N. Ruis Monfort, 1890.

[7] Ricardo de Rojas y Solís (marqués de Tablantes, conde del Sacro Imperio), *Anales de la plaza de toros de Sevilla 1730-1835*, Sevilla, Real Maestranza de Caballería de Sevilla, 1917; existe una nueva ed. facsímil de la de 1917, Sevilla, Real Maestranza de Caballería de Sevilla. Además, Francisco y Antonio Garrido, *II centenario de la plaza de toros de la Real Maestranza de Caballería de Ronda, 1785-1985*, Sevilla, Gráficas Aries, 1988. Véanse también los volúmenes colectivos de fotografías excelentes *Plaza de Toros de Ronda. 225 años*, Ronda, Real Maestranza de Caballería

de Ronda, 2010, y *Plaza de Toros*, Ronda, Real Maestranza de Caballería de Ronda, y Madrid, Ediciones Aldeasa, 2009.

[8] Jesús Sagredo, *La Hermandad del Rosario del Convento de Regina-Angelorum del Orden de Predicadores y la Real Maestranza de Cavallería de Sevilla*, Sevilla, 1923. Un ejemplar de este raro impreso privado se encuentra en el ARMCG.

[9] Ricardo de Rojas y Solís (marqués de Tablantes), *Memorial que al Excmo. Señor Ministro de Estado, dirige la Real Maestranza de Caballería de Sevilla*, Sevilla, 1919, reimpreso en: *Noticias para la Historia...*, pp. 249-263; *Por la Real Maestranza de Caballería de Ronda. Impugnación documentada al memorial que al Excelentísimo Ministro de Estado dirige la Real Maestranza de Caballería de Sevilla, y a las comunicaciones, de real orden dirigidas por la subsecretaría del ministerio de su cargo al Teniente de Hermano Mayor de la Real Maestranza de Caballería de Ronda*, Madrid, Establecimiento Tipográfico de Fortanet, 1920; Ricardo de Rojas y Solís (marqués de Tablantes), *Memorial y Documentos presentados al Excmo. Señor Ministro de Estado por la Real Maestranza de Caballería de Sevilla*, Sevilla, 1921, reimpreso en: *Noticias para la Historia...*, pp. 265-366; y conde de la Viñaza *et al.*, "Prioridad de la Real Maestranza de Ronda en su antigüedad sobre la de Sevilla", en *Boletín de la Real Academia de la Historia*, vol. 80, n. 2, Madrid, 1922, pp. 97-106.

[10] Los más útiles de estos artículos se citarán en las notas 42, 54 y 102 (cap. I) y 47 (cap. II).

[11] Pilar de Olea y Sanz, "Maestranzas de Caballería suprimidas", en *Hidalguía*, vol. 27, n. 157, Madrid, 1979, pp. 841-855. Véanse también los recientes artículos citados en las notas 55 y 57 (cap. I).

[12] Hipólito Sancho de Sopranis, *Juegos de toros y cañas en Jerez de la Frontera*, Publicaciones del Centro de Estudios Históricos Jerezanos, 2.ª serie, n. 11, Jerez de la Frontera, 1960, en especial cap. 5, pp. 57-75; Antonio Rumeu de Armas, "La ciudad de Ronda en las postrimerías del Viejo Régimen. La Real Maestranza de Caballería", en *Hispania*, vol. 42, Madrid, 1982, pp. 261-327; muy útil para todos los trabajos posteriores fue la publicación de Joaquín Atienza Peñalver, *Real Maestranza de Caballería de Ronda. Datos históricos*, Ronda, Real Maestranza de Caballería de Ronda, 1971; véanse, además, Inmaculada Arias de Saavedra, *La Real Maestranza de Caballería de Granada en el siglo XVIII*, Granada, Universidad de Granada, 1988; y Juan Cartaya Baños, *"Para ejercitar la maestría de los caballos". La nobleza sevillana y la fundación de la Real Maestranza de Caballería en 1670*, Sevilla, Diputación de Sevilla, 2012 (basado en su tesis de doctorado todavía más extensa). Estos dos autores publicaron también una serie de artículos importantes sobre las maestranzas de caballería, en primer lugar, sobre la de Granada y la de Sevilla, las indicaciones bibliográficas se encuentran en Juan Cartaya Baños, "Nuevas Investigaciones..." y en la Bibliografía al final de este volumen. Junto al estudio exhaustivo de Juan Cartaya Baños sobre los fundadores de la Maestranza de Sevilla, contamos con otra monografía reciente sobre la misma corporación de Francisco Núñez Roldán, *La Real Maestranza de Caballería de Sevilla (1670-1990). De los juegos ecuestres a la fiesta de los toros*, Sevilla, Secretariado de Publicaciones de la Universidad de Sevilla, 2007.

[13] José Manuel de Ximeno, "Los Caballeros Maestrantes de La Habana", en *Revista de la Biblioteca Nacional*, vol. 4, n. 4, La Habana, 1953, pp. 111-127. Las otras indicaciones bibliográficas están en la nota 139 (cap. I).

[14] Manuel Romero de Terreros, "La Real Maestranza de la Nueva España", en *Anales del Museo Nacional de Arqueología, Historia y Etnografía*, 4.ª época, vol. 5, n. 2, México, D.F., 1928, pp. 516-521; Benjamín Flores Hernández, "La Real Maestranza de Caballería de México, una institución frustrada", en *Caleidoscopio*, vol. 8, n. 15, Aguascalientes, 2004, pp. 29-53; e Inmaculada Arias de Saavedra Alías, "La Real Maestranza de Caballería de Sevilla y las maestranzas indianas (Cuba y México)", en R. Serrera Contreras, ed., *Aspectos históricos y artísticos de la Real Maestranza de Caballería de Sevilla*, Sevilla, Real Maestranza de Caballería de Sevilla, 2014, pp. 99-117.

[15] Georges Desdevises du Dezert, *L'Espagne de l'ancien régime. La société*, París, Soc. Française d'Impr. et de Libr. Lecène et Cie., 1897, pp. 141-143.

[16] José María de Cossío, *Los toros. Tratado técnico e histórico*, 4 vols., vol. 4, Madrid, Espasa Calpe, 1961, pp. 847-850.

[17] Gonzalo Anes, *El Antiguo Régimen. Los Borbones*, Historia de España Alfaguara, vol. 4, Madrid, Alianza Editorial, Alfaguara, 1975, pp. 53 y sig. Bastante más acertada, en cambio, resulta la sucinta caracterización de las maestranzas de caballería de Francisco Aguilar Piñal, *Siglo XVIII. Historia de Sevilla*, vol. 4, 2, 2.ª ed. corregida y aumentada, Sevilla, 1982, p. 121.

[18] Véase sobre este término Christian Windler, *Élites locales, señores, reformistas. Redes clientelares y Monarquía hacia fines del Antiguo Régimen*, trad. de Antonio Sáez Arance, Sevilla, Universidad de Sevilla, 1997, pp. 26-31, así como el cap. VII de este volumen.

[19] Sobre las cofradías españolas véase el trabajo fundamental de Antonio Rumeu de Armas, *Historia de la previsión social en España. Cofradías – Gremios – Hermandades – Montepíos*, Madrid, Ed. Revista de Derecho Privado, 1944; cfr. el artículo "Cofradías" en Germán Bleiberg, ed., *Diccionario de historia de España*, 2.ª ed. corregida y aumentada, 3 vols., Madrid, Revista de Occidente, 1968-69, vol. 1, pp. 862 y sig.; George M. Foster, "Cofradía and Compadrazgo in Spain and Spanish America", en *Southwestern Journal of Anthropology*, vol. 9, n. 1, Albuquerque, N. M., 1953, pp. 1-28, en especial pp. 10-17. Tanto el autor del artículo en Bleiberg como Foster se limitan a referir resumidos los resultados de la investigación de Rumeu de Armas. La política del absolutismo reformista frente a las cofradías se trata en Farid Abbad, "La confrérie condamnée ou une spontanéité festive confisquée. Un autre aspect de l'Espagne à la fin de l'Ancien Régime", en *Mélanges de la Casa de Velázquez*, vol. 13, París, 1977, pp. 361-384. Un excelente estudio local se debe a Marie-Claude Gerbet, "Les confréries religieuses à Cáceres de 1467 à 1523", en *Mélanges de la Casa de Velázquez*, vol. 7, París, 1971, pp. 75-113. Un sugestivo estudio que se ocupa más de las cofradías actuales que de las históricas es el trabajo de Isidoro Moreno Navarro, *Las hermandades andaluzas. Una aproximación desde la Antropología*, 2.ª ed. ampliada, Sevilla, Universidad de Sevilla, 1999. Las principales leyes de la abolición, reducción o reforma de las cofradías se contienen en NRE, 1, 2, ley 6 y XII, 12, leyes 12 y 13. Sobre el alcance de las cofradías en Europa, fuera de España, véase Gabriel Le Bras, "Les confréries chrétiennes. Problèmes et propositions", en *Revue Historique de Droit FranVais et Étranger*, 4.ª serie, año 19-20, París, 1940-1941, pp. 310-363; así como H. Durand, el artículo "Confrérie", en *Dictionnaire de Droit Canonique*, vol. 6, París, Letouzey et Ané, 1949, cols. 128-176.

[20] Estos nombres, a los cuales se podrían añadir otros, variaban según las regiones. Cfr. Antonio Rumeu de Armas, *Historia de la previsión social...*, p. 120.

[21] Antonio Rumeu de Armas, *Historia de la previsión social...*, pp. 206-274; y María Jiménez Salas, *Historia de la asistencia social en España en la Edad Moderna*, Madrid, C.S.I.C., Instituto Balmes de Sociología, 1958, pp. 237-243 y 177-179; *id.*, "Beneficencia eclesiástica", en Quintín Aldea Vaquero *et al.*, eds., *Diccionario de historia eclesiástica de España* (5 vols.), vol. 1, Madrid, 1972, pp. 228-230. A William J. Callahan, *La Santa y Real Hermandad del Refugio y Piedad de Madrid 1618-1832*, Madrid, Instituto de Estudios Madrileños, 1980, se debe una excelente monografía de historia social sobre una hermandad de caridad. Las hermandades de socorro o hermandades de caridad, que se dedicaban mayormente al cuidado asistencial y que eran, al igual que las cofradías, asociaciones locales de personas singulares, no se les debe confundir con hermandades entre varias instituciones que en la tardía Edad Media existían en Castilla-León y también en los territorios de la Corona de Aragón. Estas hermandades podían constituir en aquella época alianzas defensivas y de interés entre instituciones civiles y eclesiásticas, en especial entre ciudades y sus ayuntamientos, o entre corporaciones eclesiásticas, como cabildos catedralicios, monasterios y órdenes religiosas. Pero también podían ser alianzas entre varios estamentos, en ocasiones entre gremios y corporaciones de un mismo lugar, de una región o de un

reino, con el fin de defender sus intereses políticos y sociales frente a la Corona impotente. Cfr. Luís G. de Valdeavellano, *Curso de historia de las instituciones españolas. De los orígenes al final de la Edad Media*, 2.ª ed. corregida y aumentada, Madrid, Revista de Occidente, 1970, pp. 419-422 y 511-514; Antonio Álvarez de Morales, *Las hermandades. Expresión del movimiento comunitario en España,* Valladolid, Universidad, Departamento de Historia Medieval, 1974; Luís Suárez Fernández, "Evolución histórica de las hermandades castellanas", en *Cuadernos de Historia de España*, vol. 16, Buenos Aires, 1951, pp. 4-45; y Joseph F. O'Callaghan, *The Spanish Military Order of Calatrava and its Affiliates. Collected Studies,* Londres, 1975, parte 5.

[22] Cfr. Antonio Rumeu de Armas, *Historia de la previsión social...*, pp. 371 y sig. y 405 y sig.; Farid Abbad, *La confrérie...*, pp. 384 señala la situación incompleta del resultado del censo, contando un total de 24.112 cofradías cuyos gastos anuales ascendían a 11.513.117 reales de vellón. Cfr. también Johann Hellwege, *Die spanischen Provinzialmilizen im 18. Jahrhundert. (Militärgeschichtliche Studien, vol. 9),* Boppard am Rhein, Harald Boldt, 1969, p. 269; y José de Canga Argüelles, *Diccionario de Hacienda*, ed. de Ángel de Huarte y Jáuregui, vol. 1, Madrid, Atlas, 1968, p. 258.

[23] La clasificación que se apoya en Rumeu de Armas, solo tiene carácter provisional, dada la abundancia de las fuentes impresas y de archivo no exploradas acerca de la historia de las cofradías españolas. Cfr. Antonio Rumeu de Armas, *Historia de la previsión social...*, pp. 204-212.

[24] Antonio Rumeu de Armas, *Historia de la previsión social...*, 121; y Antonio Domínguez Ortiz, "Aspectos sociales de las cofradías sevillanas. Un Memorial de la Cofradía de las Tres Caídas, de San Isidoro, en defensa de los cocheros", en *Archivo Hispalense*, vol. 30, ns. 93-94, Sevilla, 1959, pp. 167-170; y María Jiménez Salas, *Historia...*, pp. 42 y sig.

[25] Sobre las cofradías nobiliarias en España, véase los siguientes trabajos: Dalmiro de la Válgoma y Díaz-Varela, "Las viejas cofradías nobiliarias", en *Hidalguía*, vol. 10, n. 50, Madrid, 1962, pp. 41-48; Ramón de Ascanio y Montemayor, "Antiguas cofradías nobiliarias", en *Revista de Historia*, vol. 8, n. 57, La Laguna de Tenerife, 1942, pp. 14-29; marqués del Saltillo, *Historia nobiliaria española (Contribución a su estudio)*, vol. 1, Madrid, Ed. Maestre, 1951, pp. 46-50; Enrique Fernández-Prieto Domínguez y Losada, *Nobleza de Zamora*, Madrid, C.S.I.C., Instituto Jerónimo Zurita, 1953, pp. 365-568; Antonio Domínguez Ortiz, *La sociedad española en el siglo XVII*, vol. 1, Madrid, C.S.I.C., Instituto Balmes de Sociología, 1963, pp. 185-188. Además de los trabajos referidos existen numerosas noticias, artículos y monografías sobre algunas cofradías nobiliarias locales que no pueden citarse aquí en particular.

[26] La hidalguía castellana se heredaba solo del padre y del padre de éste, no de la madre. Si en Castilla un ayuntamiento se negaba a reconocer la hidalguía de una persona y los privilegios que ésta conllevaba, entonces se podía comprobar esta calidad por primera vez legalmente mediante un proceso de probanza ante la Sala de los Hijosdalgo de la Chancillería competente. Las investigaciones, conformes a lo dispuesto por las leyes, se extendían a la persona del candidato, del padre y del abuelo paterno. Si todos los tres eran tenidos por hidalgos en sus respectivos lugares durante por lo menos 20 años sucesivos, se le entregaba al candidato, al término de la investigación y por sentencia, un documento llamado carta ejecutoria, por el que se le reconocía oficialmente la hidalguía. En cambio, si tan solo se podía probar que él y su padre eran hidalgos, sus privilegios quedaban limitados a su propio lugar de residencia. Estas disposiciones fundamentales acerca de la nobleza inferior de Castilla, confirmadas en Córdoba por la Pragmática de los Reyes Católicos de 30 de mayo de 1492, estuvieron en vigor hasta la primera mitad del siglo XIX. La nobleza plena se denominaba también hidalguía de sangre o hidalguía de linaje, para distinguirla de la nobleza/hidalguía de privilegio que únicamente en generaciones posteriores podía elevarse a la hidalguía de sangre. Cfr. NRE, XI, 27, leyes 1-24, en especial Ley 4, y los Autos Acordados, II, 11, autos 5 y 6 así como CSP, II, 21, leyes 2 y 3. Una excelente introducción en la historia de las cualificaciones del hidalgo ofrece Marie-Claude Gerbet, *La*

noblesse dans le Royaume de Castille à l'époque moderne (1621-1746), Genf, 1979, pp. 185-205. Cfr. además I. A. A. Thompson, "Neo-noble Nobility. Concepts of *Hidalguía* in Early Modern Castile", en *European History Quaterly*, vol. 15, Londres, 1985, pp. 379-406, así como (Vicente de Cadenas y Vicent), "De la posesión y propiedad de la hidalguía", en *Hidalguía*, vol. 14, n. 75, Madrid, 1966, pp. 147-150.

[27] Así la cofradía nobiliaria de San Ildefonso de Zamora exigía la prueba de la hidalguía de los cuatro apellidos o de los cuatro costados, es decir, la de los dos abuelos por línea paterna y materna, cfr. Enrique Fernández-Prieto Domínguez y Losada, *Nobleza de Zamora*, pp. 431 y 547 y sig. La cofradía nobiliaria de Campo Sagrado de León procedía de la misma manera, cfr. Enrique de Ocerín, "La nobleza leonesa en la Cofradía de Campo Sagrado", en *Hidalguía*, vol. 1, n. 2, Madrid, 1953, pp. 259 y sig.

[28] En los procesos de probanza para la admisión en la cofradía nobiliaria de San Ildefonso de Zamora se requería incluso que nuevos miembros fueran "Cristianos viejos, limpios de toda macula de Moros, Indios, Conversos, Luteranos ni de otra mala raza y que no han sido, ni fueron penitenciados ni castigados por el Santo Oficio de la Inquisicion, en publico ni en secreto". Cfr. "Modelo de las preguntas que se hacían en la información testifical para la admisión de los Caballeros cofrades de San Ildefonso, de Zamora", en Enrique Fernández-Prieto Domínguez y Losada, *Nobleza de Zamora*, p. 548. Acerca del problema de la limpieza de sangre en la historia moderna de España, véanse las publicaciones siguientes: Nikolaus Böttcher, Bernd Hausberger y Max S. Hering, eds., *El peso de la sangre. Limpios, mestizos y nobles en el mundo hispánico*, México, D. F., El Colegio de México, 2011; Albert A. Sicroff, *Los estatutos de Limpieza de Sangre. Controversias entre los siglos XV y XVII*, trad. de Mauro Armiño, Madrid, Taurus, 1985; Antonio Domínguez Ortiz, *La clase social de los conversos en Castilla en la Edad Moderna*, Madrid, C.S.I.C., Instituto Balmes de Sociología, 1955, ed. facsímil, Granada, Universidad de Granada, 1991; y del mismo autor, *Los Judeoconversos en España y América*, Madrid, Ediciones ISTMO, 1971.

[29] Cfr. "Las ordenanzas de la cofradía nobiliaria de San Ildefonso de Zamora de 1503 y 1536", en Enrique Fernández-Prieto Domínguez y Losada, *Nobleza de Zamora*, pp. 431, 513, 528 y sig. y 548.

[30] Las Cofradías cuyo número de miembros era limitado se describen en Dalmiro de la Válgoma y Díaz-Varela, *Las viejas cofradías nobiliarias*, p. 45; Enrique Fernández-Prieto Domínguez y Losada, *Nobleza de Zamora*, pp. 366, 372-374, 377, 383, 418, 447, 512 y 528; así como José Antonio Delgado y Orellana, "Los caballeros veinticuatro de la ilustre archicofradía del Santísimo Sacramento del Puerto de Santa María (Cádiz)", en *Hidalguía*, vol. 23, n. 130, Madrid, 1975, p. 410.

[31] El rey y la reina pertenecían por tradición a la cofradía nobiliaria del Hospital de Santa María de Esgueva de Valladolid. Cfr. Dalmiro de la Válgoma y Díaz-Varela, *Las viejas cofradías nobiliarias*, p. 43. Felipe III era miembro de la cofradía nobiliaria de San Ildefonso y San Atilano de Zamora. Cfr. Enrique Fernández-Prieto Domínguez, ed., *Actas de visitas reales y otras realizadas por acontecimientos extraordinarios a los cuerpos santos de San Ildefonso y San Atilano*, Zamora, Cofradía de Caballeros Cubicularios, 1973, p. 12.

[32] Así la cofradía de Jesús Nazareno de Granada se componía no solo de hidalgos sino también de pecheros. Su Hermano Mayor, no obstante, debía ser siempre un noble. Parecido es el caso de la cofradía de Nuestra Señora de la Merced de Andújar, limitada en el número de sus miembros, de los cuales 15 eran nobles y 15 pecheros. Cfr. Dalmiro de la Válgoma y Díaz-Varela, *Las viejas cofradías nobiliarias*, pp. 43 y 46.

[33] En Cataluña pertenecían a las cofradías nobiliarias personas tanto de la nobleza hereditaria, que conformaban el estado noble o brazo militar, como también los patricios, los llamados ciudadanos honrados, que eran casi pariguales de los nobles y que vivían mayoritaria o

exclusivamente de sus rentas. Cfr. los trabajos sobre la cofradía de San Jorge de la ciudad de Gerona de Pelayo Negre Pastell, "La cofradía de San Jorge y la nobleza gerundense", en *Anales del Instituto de Estudios Gerundenses*, vol. 6, Gerona, 1951, pp. 289-300; y de Manuel Montoto y Valero, "La cofradía de San Jorge de la ciudad de Gerona", en *Hidalguía*, vol. 11, n. 60, Madrid, 1963, p. 597. Véase también la monografía sobre la cofradía de Sant Jordi de Barcelona de Agustí Duran i Sanpere, *Els cavallers de Sant Jordi*, Barcelona, 1964, pp. 50-52. Un resumen de la historia de los ciudadanos honrados en Cataluña lo ofrece José María de Palacio y de Palacio (marqués de Villarreal de Álava), "Contribución al estudio de los burgueses y ciudadanos honrados de Cataluña", en *Hidalguía*, vol. 5, Madrid, 1957, pp. 305-320 y pp. 661-700; así como Henry Kamen, *Spain in the Later Seventeenth Century, 1665-1700*, Londres, Longman, 1980, pp. 251-253; ed. española, *id.*, *La España de Carlos II,* trad. de Josep M. Banadas, Barcelona Ed. Crítica, 1981; y James Stephen Amelang, *Historias paralelas. Judeoconversos y moriscos en la España moderna,* Madrid, Ediciones Akal, 2011.

[34] Cfr. el estudio de la cofradía nobiliaria de San Nicolás de Zamora y el texto de sus ordenanzas de 1538 en Enrique Fernández-Prieto Domínguez y Losada, *Nobleza de Zamora*, pp. 377-399.

[35] Antonio Ubieto Arteta, "La creación de la cofradía militar de Belchite", en *Estudios de la Edad Media de la Corona de Aragón,* vol. 5, Barcelona, 1952, pp. 427-434.

[36] Sobre las cofradías de San Jorge de Cataluña, véase la bibliografía citada en la nota 32 de esta introducción y las ordenanzas de una de estas cofradías publicadas por Luis Mas y Gil, "La orden militar de San Jorge de Alfama, sus maestres y la cofradía de Mossén Sant Jordi", en *Hidalguía*, vol. 11, n. 57, Madrid, 1963, pp. 253 y sig.; y también Antonio Domínguez Ortiz, *Los judeoconversos...*, pp. 80-82; así como el informe del corregidor de Cuenca y Huete dirigido a Felipe II, Cuenca, 20 de noviembre de 1572, AGS, Cámara de Castilla, Diversos de Castilla, leg. 25, exp. 1. Sobre las cofradías de caballería en las ciudades castellanas de la época de Felipe II, véase el capítulo I del presente trabajo, pp. 65 y sigs.

[37] Cfr. Johann Hellwege, *Die spanischen Provinzialmilizen...*, pp. 392-397.

[38] Cfr. Isabel Pérez Valera, ed., *Ciudad Real en el siglo XVIII*, Ciudad Real, 1955, p. 64.

[39] Cfr. Luis Díaz Milián, *Reseña histórica del extinguido Cabildo de Caballeros de Molina de Aragón continuada con la de la ilustre cofradía Orden Militar de Monte Carmelo instituida en la misma ciudad,* Guadalajara, Imprenta y Encuadernación Provincial, 1886.

[40] Cfr. NRE, VI, 2, leyes 1-20; VI, 13, ley 1, art. 15; VI, 14, ley 14; XII, 29, leyes 2-3; XII, 40, ley 7 y XII, 19, ley 19. Cfr. también Antonio Domínguez Ortiz, *La sociedad... XVII*, vol. 1, pp. 180 y sig.; e *id.*, *El Antiguo Régimen. Los Reyes Católicos y los Austrias* (Historia de España Alfaguara, vol. 3), Madrid, Alianza, Alfaguara, 1973, pp. 105 y sig.

[41] Cfr. Johann Hellwege, *Die spanischen Provinzialmilizen...*, pp. 145-174. Además, cfr. NRE, VI, 6, ley 14, art. IV y XXXV.

[42] Tiendas especiales, en las que la nobleza y otras personas exentas podían adquirir carne sin pagar la blanca había en Madrid y, antes de 1608, también en Zamora. Cfr. Antonio Domínguez Ortiz, *La sociedad... XVII*, vol. 1, p. 174; *id.*, *La sociedad española en el siglo XVIII*, Madrid, C.S.I.C., Instituto Balmes de Sociología, 1955, p. 104; así como Enrique Fernández-Prieto Domínguez y Losada, *Nobleza de Zamora*, pp. 183 y sig.

[43] En algunas ciudades andaluzas, como Sevilla y el Puerto de Santa María, se devolvía la blanca de la carne a solicitud en plazos determinados. El grupo de personas privilegiadas que estaban exentas de este impuesto sobre el consumo comprendía hidalgos, algunos clérigos, miembros de instituciones eclesiásticas y otras personas exentas reconocidas como tales por el consejo. Cfr. AMS, Sección II, Carpetas 75-78, Blancas de Carne (1641-1818). Cfr. también Santiago Montoto, *Sevilla en el imperio. (Siglo XVI),* Sevilla, Vda. de Carlos García, 1938, pp. 210-213; José Abdón Díaz de Noriega y Pubul, *La blanca de la carne en Sevilla*, vol. 1, Madrid,

Hidalguía, 1975, pp. 20-44, y vol. 4, 1977, pp. 180-189; y Hipólito Sancho de Sopranis y José Antonio de Jaques, "Las blancas de carne en Andalucía (Puerto de Santa María. Años 1596-1696)", en *Hidalguía*, vol. 4, n. 16, Madrid, 1956, p. 385-388.

[44] NRE VII, 30, ley 11 y Antonio Domínguez Ortiz, *El Antiguo Régimen...*, p. 106.

[45] Cfr. los trabajos de Antonio Domínguez Ortiz, *La sociedad... XVII*, vol. 1, p. 253-263; *id.*, *Sociedad y estado en el siglo* XVIII *español*, Barcelona, Ariel, 1976, pp. 458-461. Cfr. también NRE, VII, 4, ley 9 y XII, 35, ley 1.

[46] Cfr. Antonio Domínguez Ortiz, *La sociedad... XVII*, vol. 1, pp. 185-188; *id.*, *La sociedad... XVIII*, pp. 103 y sig.

[47] *Informe del corregidor de Cuenca y Huete a Felipe II*, Cuenca, 20 de noviembre de 1572, AGS, Cámara de Castilla, Diversos de Castilla, leg. 25, exp. 1.

[48] Cfr. las listas de los miembros de ambas corporaciones en Enrique Fernández-Prieto Domínguez y Losada, *Nobleza de Zamora*, pp. 230-249 y 480-488.

[49] Cfr. Ismael García Rámila, "Evocación histórica e interpretación paleográfica de las tres sucesivas 'Reglas' por las que regió su vida corporativa la famosa cofradía titulada 'Del Santísimo y Santiago Apóstol', de la ciudad de Burgos", en *Boletín de la Institución Fernán González*, vol. 48, n. 174, Burgos, pp. 1-41.

[50] *Censo español executado de órden del rey comunicada por el Excelentísimo Señor Conde de Floridablanca, primer Secretario de Estado y del Despacho, en el año de 1787*, Madrid, Imprenta Real, s. a., plan núm. 1.

[51] Cfr. John H. Elliott, *Imperial Spain 1469-1716*, Londres, Edward Arnold, 1963, pp. 195-198.

[52] Véanse los trabajos de Elena Postigo Castellanos, *Honor...*, *passim*; *id.*, "Las órdenes militares castellanas en la historiografía de los siglos XVI al XX", en *Hidalguía*, vol. 35, n. 201, 1987, sobre todo pp. 368-371; Juan de A. Gijón Granados, *La casa de Borbón y las órdenes militares españolas durante el siglo* XVIII *(1700-1809)*, tesis de doctorado, Madrid, Universidad Complutense, Facultad de Geografía e Historia, 2009; además, L. P. Wright, "The Military Orders in Sixteenth and Seventeenth Century Spanish Society. The Institutional Embodiment of a Historical Tradition", en *Past and Present*, n. 43, Oxford, 1969, pp. 34-70 (versión española en John H. Elliott, ed., *Poder y sociedad en la España de los Austrias*, Barcelona, Ed. Crítica, 1982, pp. 15-55); *Las Órdenes Militares en el Mediterráneo occidental (s. XII-XVIII). Coloquio celebrado los días 4, 5, 6 de mayo de 1983*, Madrid, Casa de Velázquez, 1989, las contribuciones sobre la historia moderna, pp. 181 y sigs. Antonio Domínguez Ortiz, "Valoración social de los hábitos de las órdenes militares", en Jerónimo López-Salazar Pérez, ed., *Las órdenes militares en la Península Ibérica*, vol. 2, Edad Moderna, Cuenca, Universidad de Castilla-La Mancha, 2000, pp. 1157-1176. Antonio Domínguez Ortiz, *La sociedad... XVII*, vol. 1, pp. 197-209; Hermann Kellenbenz, *Die Fuggersche Maestrazgopacht (1525-1542). Zur Geschichte der spanischen Ritterorden im 16. Jahrhundert*, Tübingen, 1967; Francis Gutton, *La Chevalerie Militaire en Espagne. L'Ordre d'Alcantara*, París, Lethielleux, 1975, sobre todo pp. 131-154; Joseph F. O'Callaghan, *The Spanish Military Order of Calatrava and its Affiliates. Collected Studies*, Londres, 1975; Alfonso de Figueroa y Melgar, "La orden de caballería de Santiago", en *Hidalguía*, vol. 15, n. 85, Madrid, 1967, pp. 785-808. Cfr. también los trabajos más antiguos de Ángel Álvarez de Araujo y Cuéllar, *Las órdenes militares de Santiago, Calatrava, Alcántara y Montesa. Su origen, organización y estado actual*, Madrid, Fernando Cao y Domingo de Val, 1891; *id.*, *Recopilación histórica de las cuatro órdenes militares de Santiago, Calatrava, Alcántara y Montesa*, Madrid, R. Vicente, 1866.

[53] *Regla, y establecimientos nuevos de la Orden, y Cavalleria del glorioso apostol Santiago, conforme lo acordado por el Capitulo General, que se celebrò en esta Corte el año de mil y seiscientos y cinquenta y tres. Confirmados por la Magestad del Catolico Rey Don Felipe Quarto, el Grande, nuestro Señor. Compuestos y ordenados de su real mandado, por el licenciado Don Francisco Ruiz de Vergara Alava,*

Cavallero de el Orden de Santiago, y Consejero en el Real y Supremo Consejo de las Ordenes Militares, nueva ed. Madrid, Imprenta Real, 1702, pp. 99-112 y 116-134; *Difiniciones de la orden, y cavalleria de Calatrava, conforme al capitulo general celebrado en Madrid Año 1652,* Madrid, Imprenta del Mercurio, 1661, pp. 321-328 y 333-339; *Difiniciones y establecimientos de la orden y cavalleria de Alcántara,* Madrid, Luis Sánchez, 1609, pp. 138-146. Cfr. la prueba de José Sarmiento de Valladares, año 1673, AHN, OM-Caballeros, Santiago, exp. 7675, así como la de Adrián Jácome de Linden, año 1669, AHN, OM-Calatrava, exp. 1307. Cfr. también Juan de A. Gijón Granados, *La casa...,* pp. 280-283; Elena Postigo Castellanos, *Honor...,* pp. 133-144; L. P. Wright, *The Military Orders...,* pp. 50-69; Ángel Álvarez de Araujo y Cuéllar, *Las órdenes militares...,* pp. 160 y p. 165; Guillermo Lohmann Villena, *Los americanos en las órdenes nobiliarias (1529-1900),* vol. 1, Madrid, C.S.I.C., Instituto Gonzalo Fernández de Oviedo, 1947, pp. LV-LXXXIII; Vicente de Cadenas y Vicent, *Caballeros de la Orden de Santiago. Siglo XVIII,* vol. 1, Madrid, Hidalguía, 1977, pp. 11-24; La voz "Órdenes Militares" en *Enciclopedia universal ilustrada europeo-americana,* vol. 40, Madrid, Espasa Calpe, 1958, pp. 165-169; marqués de Selva Nevada, "La tramitación de expedientes en las órdenes militares", en *Hidalguía,* vol. 12, n. 64, Madrid, 1964, pp. 303-310; cfr. también los estudios genealógicos de José Pérez Balsera, *Los caballeros de Santiago,* vols. 1-7, Madrid, 1932-1936; y de Valentín Dávila Jalón, *Nobiliario de la ciudad de Burgos,* vol. 2, *Los caballeros de las órdenes militares de Calatrava, Alcántara, Montesa y de San Juan de Jerusalén (Malta),* Madrid, Talleres Prensa Española, 1955. Sobre un caso concreto de instrucción y vicisitudes de un expediente, Juan Cartaya Baños, *La Pasión de don Fernando de Añasco. Limpieza de sangre y conflicto social en la Sevilla de los Siglos de Oro.* Sevilla, Universidad, 2014.

[54] Cfr. Elena Postigo Castellanos, *Honor...,* p. 65; Hermann Kellenbenz, *Die Fuggersche Maestrazgopacht...,* pp. 55-59, 71-73 y pp. 79 y sig.; *Regla, y establecimientos nuevos de... Santiago...,* pp. 112-115; *Difiniciones... de Calatrava,* pp. 235-289, 322, 328-333 y 494-495, así como *Difiniciones... de Alcántara,* pp. 59-91, 99-105 y 120-138.

[55] Juan de A. Gijón Granados, *La casa...,* pp. 283-286; L. P. Wright, *The Military Orders...,* pp. 42 y sig. y 52; Antonio Domínguez Ortiz, *La sociedad... XVII,* vol. 1, pp. 198 y sig.; *Regla, y establecimientos nuevos de... Santiago...,* pp. 102, 125-140 y 151-154; *Difiniciones... de Calatrava,* pp. 308-315, 339-344, 350, 477-478, 489-493, 495-504 y 541-544; así como *Difiniciones... de Alcántara,* pp. 108-110, 139, 146-166, 197-212 y 343-349.

[56] L.P. Wright, *The Military Orders...,* pp. 43 y sig. y 55.

[57] Cfr. Salvador de Moxó, "Los señoríos. En torno a una problemática para el estudio del régimen señorial", en *Hispania,* vol. 24, n. 94, Madrid, 1964, pp. 219-222; *id., La disolución del régimen señorial en España,* Madrid, C.S.I.C., Escuela de Historia Moderna, 1965, pp. 45 y sig.; Hermann Kellenbenz, *Die Fuggersche Maestrazgopacht (1525-1542),* p. 4; así como *Regla, y establecimientos nuevos de..., Santiago...,* pp. 245-274.

[58] *Relacion de las encomiendas de las órdenes, su valor, cargas y lo que queda liquido a quien las posee (1712),* BNE (Madrid), Raros/23.888-6. Sobre el número y valor de las encomiendas de las órdenes militares, véanse también L. P. Wright, *The Military Orders...,* pp. 46 y sig.; y Antonio Domínguez Ortiz, *La sociedad... XVII,* vol. 1, pp. 200 y sig.

[59] L.P. Wright, *The Military Orders...,* p. 45.

[60] NRE, II, 8, ley 1, art. 5 y leyes 6-12, así como NRE, VI, 3, ley 9; *Regla y establecimientos nuevos de... Santiago...,* pp. 335-341. Cfr. también Elena Postigo Castellanos, *Honor...,* pp. 61-64 y 215-254.

[61] Cfr. Elena Postigo Castellanos, *Honor...,* pp. 62-64 y 31-48; Ángel Álvarez de Araujo y Cuéllar, *Las órdenes militares...,* pp. 175 y 208-211; José Gómez Centurión, *Jovellanos y las órdenes militares. Colección de documentos interesantes, en su casi totalidad inéditos, con notas y comentarios, precedida de un informe aprobado en sesión de la Real Academia de la Historia,* Madrid, Establecimiento Tip. de Fortanet, 1912, *passim; Regla, y establecimientos nuevos de... Santiago...,* pp. 167-219;

Difiniciones... de Calatrava, pp. 155-194, 206-235, 289-307, 316-320, 346-376, 481-487, 508-522; *Difiniciones... de Alcántara*, pp. 31-57, 91-99, 105-108, 110-120, 166-196, 212-328, 336-343, 349-362; L. P. Wright, *The Military Orders...*, pp. 42 y sig.; y, por último, el subcapítulo "Consejo de las Órdenes Militares", en *Enciclopedia universal ilustrada europeo-americana,* vol. 14, Madrid, 1912, pp. 1390 y sig.

[62] Juan de A. Gijón Granados, *La casa...*, p. 64; Aurea L. Javierre Mur, *Pruebas de ingreso en la Orden de San Juan de Jerusalén. Catálogo de las series de caballeros, religiosos y sirvientes de armas existentes en el Archivo Histórico Nacional,* Madrid, 1948, pp. 16-20 y *passim*; Valentín Dávila Jalón, *Nobiliario de la ciudad de Burgos*, vol. 2, *passim*; y Enrique Fernández-Prieto Domínguez Losada, *Nobleza de Zamora*, pp. 303-336.

[63] En 1690 la Orden de San Juan administraba en España 104 encomiendas. Véanse los datos referidos por Juan de A. Gijón Granados, *La casa...*, pp. 62, n. 100, y 520-526; Agustín Coy Cotonat, *Historia de la ínclita y soberana Orden Militar de San Juan de Jerusalén o de Malta,* Madrid, Establecimiento Tip. Juan Pérez Torres, 1913, pp. 115 y sig.; Aurea Javierre Mur y Consuelo G. del Arroyo, *Guía de la sección de órdenes militares*, Madrid, Archivo Histórico Nacional, Patronato Nacional de Archivos Históricos, circa 1949, pp. 86-104; y Antonio Domínguez Ortiz, *La sociedad... XVII*, vol. 1, p. 200.

[64] NRE, VI, 3, ley 14. Véase también Juan de A. Gijón Granados, *La casa...*, pp. 78-80.

[65] Cfr. Juan de A. Gijón Granados, *La casa...*, p. 158-169. Véase ahora también Joaquín de Azcárraga Servert, *La insigne orden del Toisón de Oro*, Madrid, Universidad Nacional de Educación a Distancia, 2001.

[66] NRE, VI, 3, ley 12; *Constituciones de la Real y Distinguida Orden Española de Carlos Tercero, instituida por el augusto padre del rey nuestro señor á 19 de septiembre de 1771, en celebridad del felicisimo nacimiento del infante*, Madrid, Imprenta Real, 1804; y ante todo *Instrucción á que han de arreglarse las pruebas de los sugetos que han de ser admitidos por caballeros de la Real Orden de Carlos Tercero, aprobada y mandada observar por el rey nuestro señor,* Madrid, Imprenta Real, 1804. Véanse además Juan de A. Gijón Granados, *La casa...*, p. 175-188; Dalmiro de la Válgoma y Díaz-Varela, *La nobleza de León en la Orden de Carlos III,* Madrid, C.S.I.C., Instituto Jerónimo Zurita, 1946, pp. 18-28; y Antonio Ferrer del Río, "Orden de Carlos Tercero", en José Gil Dorregaray, ed., *Historia de las órdenes de caballería y de las condecoraciones españolas*, vol. 2, parte 1, Madrid, Imp. de Tomás Rey, 1864, pp. 49-129. En la presente introducción no podemos ocuparnos de otras corporaciones nobiliarias como la Orden Real de las Damas Nobles de María Luisa, órdenes de caballería profanas de carácter local o regional, órdenes de mérito posteriores que poco tienen que ver con las maestranzas de caballería.

[67] Cfr. Montesquieu (Charles de Secondat, baron de la Brède et de), *De l'esprit des loix*, ed. de Jean Brethe de la Gressaye, vol. 1, libro 2, cap. 4, París, 1950, pp. 34 y 45.

[68] Cfr. Juan de A. Gijón Granados, *La casa...*, p. 185; así como los datos referentes a las personas de los miembros de la Orden en José Pérez Balsera, *Los caballeros de Santiago*, vols. 1-7, *passim*; véanse también Dalmiro de la Válgoma y Díaz-Varela, *La nobleza de León..., passim*; y Jordi Moreta i Munujos, "Los caballeros de Carlos III. Aproximación social", en *Hispania*, vol. 41, n. 148, Madrid, 1981, pp. 409-420. Según las disposiciones contenidas en las reales órdenes circulares de Carlos III y Carlos IV de 30 de octubre de 1773 y de 6 de septiembre de 1791 respectivamente, el hecho de servir durante 8 años ininterrumpidos en los ejércitos favorecía la admisión en una orden militar española, cfr. NRE, VI, 3, ley 9, nota 8.

Retrato del rey Felipe II. Su Real Cédula de 6 de septiembre de 1572 fue la causa de que se fundara en Ronda la Hermandad o Cofradía de Caballeros del Espíritu Santo, antecedente directo de la Real Maestranza de Caballería de dicha ciudad. Atribuido a Antonio Ricci (c. 1565-c. 1635). Óleo sobre lienzo. Colección Real Maestranza de Caballería de Ronda.

Retrato de Miguel Jerónimo de Cervantes y Altamirano de Velasco. Marqués de Salvatierra de Peralta, maestrante de Ronda. José María Uriarte, siglo XIX. Óleo sobre lienzo. Colección particular, Ciudad de México.

Retrato del virrey Antonio María de Bucareli y Ursúa. Maestrante de Sevilla. Francisco Antonio Vallejo, 1772. Óleo sobre lienzo. Museo Nacional de Historia, Castillo de Chapultepec, Ciudad de México.

Retrato del virrey Joaquín de Montserrat y Cruillas. Marqués de Cruillas, maestrante de Valencia. Pedro de Martínez, 1761. Óleo sobre lienzo. Museo Nacional de Historia, Castillo de Chapultepec, Ciudad de México.

Alegoría del escudo de Carlos III. Grabado calcográfico de José María Ramos y de la Vega a partir de dibujo de José Rivero, en Ordenanzas de la Real Maestranza de la M.N. y L. ciudad de Ronda. Madrid, 1817. Biblioteca Real Maestranza de Caballería de Ronda.

Plaza de Toros de la Real Maestranza de Caballería de Ronda. Fotografía: José Morón. Archivo Real Maestranza de Caballería de Ronda.

Portada de la Plaza de Toros de la Real Maestranza de Caballería de Sevilla. Fotografía: José Morón. Colección Real Maestranza de Caballería de Sevilla.

Granada, vista tomada desde encima de la plaza de toros. Litografía iluminada de Alfred Guesdon, en *L'Espagne a vol d'oiseau*. Paris, ca. 1855. Biblioteca Nacional de España.

Portada del palacio de los marqueses de Villapanés, Sevilla, antiguo palacio urbano de la familia López Pintado, maestrantes de Sevilla. Colección Hotel Palacio de Villapanés.

Portada del palacio urbano de la familia Maza y Ulloa, Granada, marqueses de Casablanca, maestrantes de Granada. Fotografía: Carlos González, rinconesdegranada.com.

Casa de la familia Salvatierra, maestrantes de Ronda. Fotografía: Juan Jesús Pan. Archivo Real Maestranza de Caballería de Ronda.

Portada del Palacio de Dos Aguas, Valencia, 1740-1744, antiguo palacio urbano de la familia Rabassa de Perellós, marqueses de Dos Aguas, maestrantes de Valencia. Ignacio Vergara e Hipólito Rovira. Museo Nacional de Cerámica "González Martí".

Juego del estafermo. Escuela madrileña, siglo XVII. Óleo sobre lienzo. Colección Real Maestranza de Caballería de Ronda.

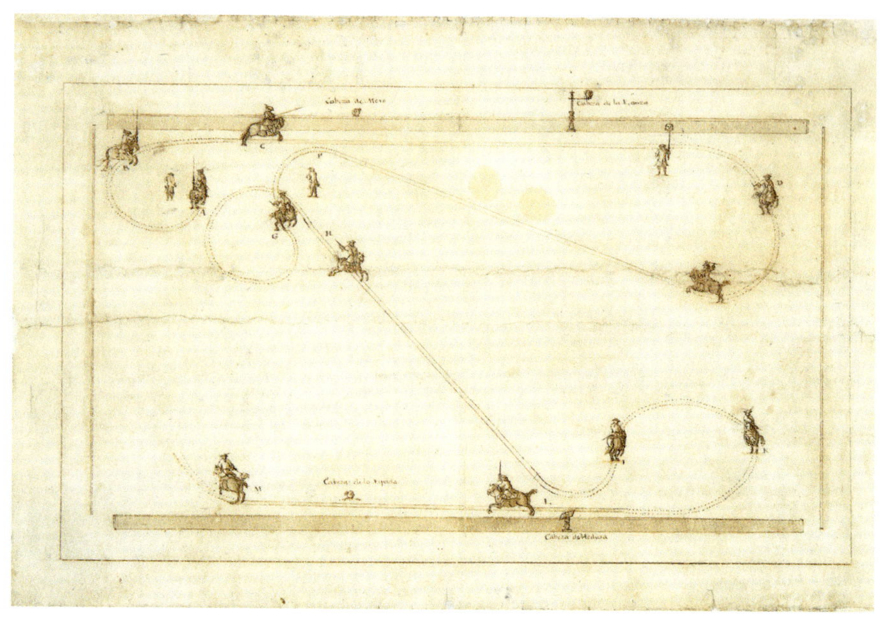

Mapa del juego de cabezas. 1730. Tinta ferrogálica sobre papel. Colección Real Maestranza de Caballería de Sevilla.

Seis cavalleiros correndo lanças decontoadas para a direita. Grabado calcográfico iluminado de Gaspar Fróis Machado a partir de dibujo de Joaquim Carneiro da Silva, en *Luz da liberal, e nobre arte da cavallaria*. Lisboa, 1790. Biblioteca Real Maestranza de Caballería de Ronda.

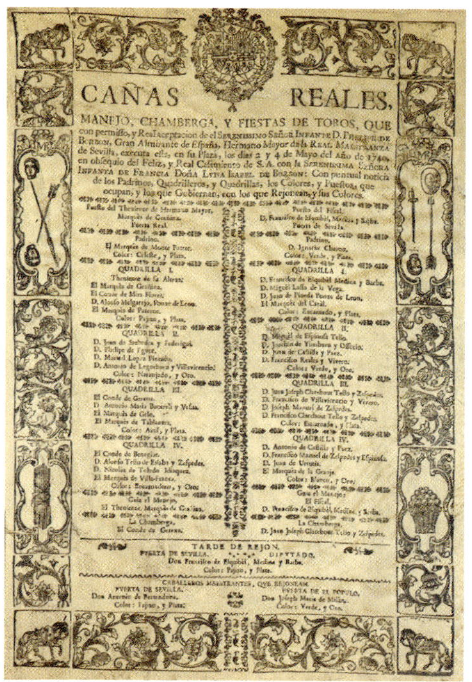

CAÑAS REALES,

MANEJO, CHAMBERGA, Y FIESTAS DE TOROS, QUE con permisso, y Real aceptacion de el Serenissimo Señor Infante D. Phelipe de Borbon, Gran Almirante de España, Hermano Mayor de la Real Maestranza de Sevilla, executa esta, en su Plaza, los dias 2 y 4 de Mayo del año de 1740, en obsequio del Feliz, y Real Casamiento de S.A. con la Serenissima Señora Infanta de Francia Doña Luisa Isabel de Borbon: Con puntual noticia de los Padrinos, Quadrilleros, y Quadrillas, los Colores, y Puestos, que ocupan, y los que Gobiernan, con los que Rejonean, y sus Colores.

Puesto del Theniente de Hermano Mayor,
Marquès de Grañina.
Puerta Real.

Padrino.
El Marquès de Monte Fuerte.
Color: Celeste, y Plata.

QUADRILLA I.
Theniente de su Alteza:
El Marquès de Grañina.
El Conde de Mira Flores.
D. Alonso Melgarejo, Ponce de Leon.
El Marquès de Paterna.
Color: Pajizo, y Plata.

QUADRILLA II.
D. Juan de [illegible] y [illegible].
D. Phelipe de [illegible].
D. Manuel Lopez [illegible].
D. Antonio de [illegible] y Villavicencio.
Color: Naranjado, y Oro.

QUADRILLA III.
El Conde de Gerena.
D. Antonio Maria Bucareli y Ursua.
El Marquès de Gelo.
El Marquès de Tablantes.
Color: Azul, y Plata.

QUADRILLA IV.
El Conde de Benagiar.
D. Alonso Tello de Eslaba y Zespedes.
D. Nicolas de Toledo [illegible].
El Marquès de Villa-Franca.
Color: [illegible], y Oro.

Guia el Manejo,
El Theniente, Marquès de Grañina.

La Chamberga,
El Conde de Gerena.

Puesto del Fiscal.
D. Francisco de Elquibel, Medina y Barba.
Puerta de Sevilla.

Padrino.
D. Ignacio Chacon.
Color: Verde, y Plata.

QUADRILLA I.
D. Francisco de Elquibel Medina y Barba.
D. Miguel Lasso de la Vega.
D. Juan de Pineda Ponce de Leon.
El Marquès del Casal.
Color: Encarnado, y Plata.

QUADRILLA II.
D. Miguel de Espinosa Tello.
D. Joachin de [illegible] y [illegible].
D. Juan de Casaüs y Paez.
D. Francisco Reales y Vivero.
Color: Verde, y Oro.

QUADRILLA III.
D. Juan Joseph Clarebout Tello y Zespedes.
D. Francisco de Villavicencio y Vivero.
D. Joseph Manuel de Zespedes.
D. Francisco Clarebout Tello y Zespedes.
Color: Encarnado, y Plata.

QUADRILLA IV.
D. Antonio de Casaüs y Paez.
D. Francisco Manuel de Zespedes y Espinosa.
D. Juan de Urrutia.
El Marquès de la Granja.
Color: Blanco, y Oro.

Guia el Manejo:
El Fiscal,
D. Francisco de Elquibel, Medina, y Barba.

La Chamberga,
D. Juan Joseph Clarebout Tello y Zespedes.

TARDE DE REJON.

PUERTA DE SEVILLA. DIPUTADO.
Don Francisco de Elquibel, Medina y Barba.
Color: Pajizo, y Plata.

CABALLEROS MAESTRANTES, QUE REJONEAN

PUERTA DE SEVILLA.
Don Antonio de [illegible].
Color: Pajizo, y Plata.

PUERTA DE EL POPULO.
Don Joseph Maria de [illegible].
Color: Verde, y Oro.

Programa de juego de Cañas Reales, con motivo del casamiento del Infante Don Felipe de Borbón con la Infanta Luisa Isabel de Borbón. Sevilla, 1740. Seda. Colección Real Maestranza de Caballería de Sevilla.

OBSEQUIOSO
REGOZIJO,
CON QUE
LA REAL MAESTRANZA
DE VALENCIA
SOLEMNIZò ALBOROZADA
EL FELIZ ALEGRE DIA
DE LOS AñOS DE LA REYNA
NUESTRA SEñORA
EL MIERCOLES A 4. DE DECIEMBRE
DE ESTE PRESENTE AñO 1754.

CON LICENCIA:
En Valencia, por Joſeph Thomàs Lucas, Impreſſor del Iluſtriſsimo Señor Obiſpo Inquiſidor General, en la Plaza de la Olivera.

Obsequioso regozijo, con que la Real Maestranza de Valencia solemnizó alborozada el feliz alegre día de los años de la Reyna nuestra señora […]. Valencia, 1754. Biblioteca Valenciana Digital.

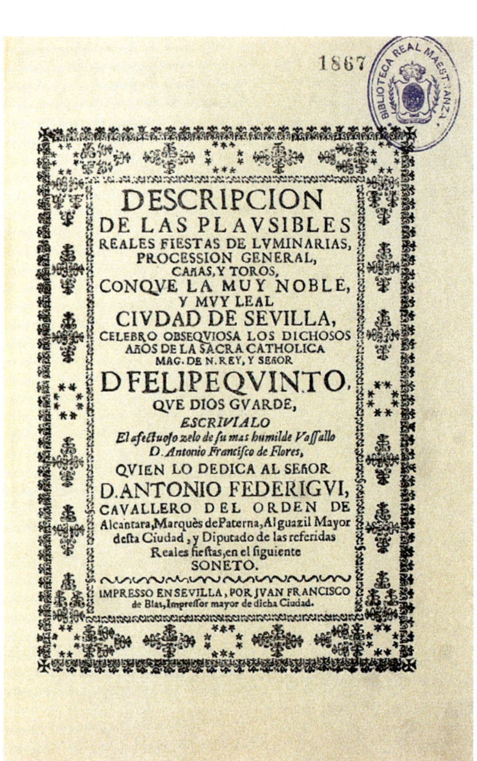

DESCRIPCION
DE LAS PLAVSIBLES
REALES FIESTAS DE LVMINARIAS,
PROCESSION GENERAL,
CAÑAS, Y TOROS,
CONQVE LA MUY NOBLE,
Y MVY LEAL
CIVDAD DE SEVILLA,
CELEBRO OBSEQVIOSA LOS DICHOSOS
AÑOS DE LA SACRA CATHOLICA
MAG. DE N. REY, Y SEÑOR
D FELIPE QVINTO,
QVE DIOS GVARDE,
ESCRIVIALO
El afectuoso zelo de su mas humilde Vassallo
D. Antonio Francisco de Flores,
QVIEN LO DEDICA AL SEÑOR
D. ANTONIO FEDERIGVI,
CAVALLERO DEL ORDEN DE
Alcantara, Marquès de Paterna, Alguazil Mayor
desta Ciudad, y Diputado de las referidas
Reales fiestas, en el siguiente
SONETO.

IMPRESSO EN SEVILLA, POR JVAN FRANCISCO
de Blas, Impressor mayor de dicha Ciudad.

Descripción de las plausibles Reales Fiestas de […] cañas, y toros, conque la […] ciudad de Sevilla, celebro […] los dichosos años de […] N. Rey, y Señor D. Felipe Quinto. Sevilla, 1729. Colección Real Maestranza de Caballería de Sevilla.

DESCRIPCION

DE LOS FESTEJOS

CON QUE

la Real Maestranza de Caballería

de Granada

HA CELEBRADO

en los dias 5 y 6 de Enero

EL AUGUSTO ENLACE

del Sr. D. Fernando 7.º

con la

Señora Doña María Cristina

DE BORBON.

CON LICENCIA.

GRANADA: *Imprenta de* ALONSO *y* COMPAÑÍA.

1830.

Descripción de los festejos con que la Real Maestranza de Caballería de Granada ha celebrado [...] el augusto enlace del Sr. D. Fernando 7º con la Sra. Doña María Cristina de Borbón. Granada, 1830. Biblioteca digital Universidad de Granada.

Caballeros en plaza poniendo rejoncillos, en las funciones reales celebradas en la plaza mayor de Madrid el día 22 de junio de 1833. Litografía de Pharamond Blanchard, en *Colección de cinco estampas que representan las principales funciones públicas celebradas en esta corte en el mes de junio de 1833 con el fausto motivo de la jura de la reina nuestra señora doña Isabel II como princesa heredera*. Madrid, 1834. Colección Real Maestranza de Caballería de Ronda.

MANIFIESTO
DE LOS SERVICIOS HECHOS
POR
LA REAL MAESTRANZA
DE RONDA
EN DEFENSA DE LA NACION ESPAÑOLA,
y fiestas practicadas en celebridad de la feliz restauracion de nuestro Rey y Señor D. FERNANDO VII. al Trono de sus mayores.

MADRID.
IMPRENTA DE D. FERMIN VILLALPANDO.
AÑO DE 1814.

Manifiesto de los servicios hechos por la Real Maestranza de Ronda en defensa de la nación española, y fiestas practicadas en celebridad de la feliz restauración de nuestro Rey y Señor D. Fernando VII al Trono de sus mayores. Madrid, 1814. Biblioteca Real Maestranza de Caballería de Ronda.

MANIFIESTO

DE LOS SERVICIOS HECHOS A LA PATRIA

POR EL REAL CUERPO

DE LA

MAESTRANZA DE VALENCIA

EN LAS GRANDES OCURRENCIAS

DE LA NACION

DESDE 23. DE MAYO DE 1808.

VALENCIA:

EN LA IMPRENTA DE D. BENITO MONFORT,

AÑO 1809.

Manifiesto de los servicios hechos a la patria por el Real Cuerpo de la Maestranza de Valencia en las grandes ocurrencias de la nación desde 23 de mayo de 1808. Valencia, 1809. Depósito Académico Digital Universidad de Navarra.

Verdadero retrato de San Jorge Mártir Patrón de Aragón, como se venera en su Real Sala de la Antigua Diputación de este Reyno. A expensas de su Ilustre Cofradía año de 1790. Grabado calcográfico de Mateo González. Biblioteca Real Maestranza de Caballería de Ronda.

Registro General de Ganado Yeguar que ha establecido la Real Maestranza de Ronda. 1804-1809. Manuscrito iluminado. Archivo Real Maestranza de Caballería de Ronda.

Registro de los Caballos de la Real Maestranza de Caballería de Sevilla. 1739-1745. Manuscrito, tinta sobre papel. Colección Real Maestranza de Caballería de Sevilla.

Picadero de la Escuela de Equitación de la Real Maestranza de Caballería de Ronda, anexo a la Plaza de Toros. Fotografía: Juan Jesús Pan. Archivo Real Maestranza de Caballería de Ronda.

El toro después de haber recibido un golpe de garrocha acomete el costado derecho del caballo. Litografía iluminada de Victor Adam, en *Combat du taureau, donze sujets dessinés d'après nature. París*, 1830. Colección Real Maestranza de Caballería de Ronda.

EN LAS CORRIDAS DE TOROS

QUE EN VIRTUD DE REALES PRIVILEGIOS

EXECUTARÁ

LA REAL MAESTRANZA DE CABALLERIA

DE ESTA CIUDAD DE SEVILLA,

Y TIENE PUBLICADAS PARA LOS DIAS 5. 7. 16. Y 18. DE OCTUBRE DE 1799, se lidiarán (si el tiempo lo permite) los Toros de las mas acreditadas Castas con las divisas siguientes.

De D. Antonio Maestre.......... *Verde.*
De D. Francisco Resinas.......... *Pajiza y Blanca.*
De D. Miguel de Sayas, del Arahal.......... *Encarnada y Negra.*
De D. Manuel Maraver.......... *Encarnada y Verde.*
De D. Vicente Vazquez.......... *Morada y Blanca.*
De D. Manuel Caraza Ximenez.......... *Pajiza, Blanca y Verde.*
De D. Antonio Berni.......... *Encarnada.*
De D. Fernando Freyre, de Alcalá del Rio. *Pajiza y Encarnada.*
De D. Luis Herrera Gil, de la Rinconada. *Pajiza y Verde.*
De D. Francisco Xavier Gil.......... *Pajiza y Negra.*
De D. Antonio Rodriguez.......... *Azul y Encarnada.*
De D. Francisco Perez, de la Puebla.......... *Celeste y Blanca.*
De D. Manuel Ramos.......... *Blanca.*
De Manuel de Guzman.......... *Plateada.*
De Francisco Garcés.......... *Verde y Negra.*

PICADORES SERAN:

Antonio Parra, de Villanueva del Ariscal: Juan Muñoz, de las Cabezas: Christobal Ortiz, de Medina-Sidonia: Francisco Rivillas, de Xerez de la Frontera; y en clase de supernumerario Francisco Rodriguez, de Sevilla.

MATADORES:

Francisco Garcés, de Sevilla, y Joseph Romero, de Ronda, los que alternarán con sus correspondientes quadrillas de Banderilleros, y servirá de media espada Joseph Ximenez, de Cadiz.

Se previene, que por particular y Real permiso que el Rey N. S. (Q. D. G.) se ha dignado conceder á dicho Real Cuerpo de Maestranza para que en su Plaza de Toros se hagan FUEGOS ARTIFICIALES; los famosos Maestros Polvoristas Francisco y Juan Lorenzo Muñoz procurarán por las tardes executar las mas agradables, vistosas y extraordinarias invenciones; y quando ocurra motivo que lo impida, se avisará por carteles.

Se prohibe que ninguna persona baxe entre Barreras, ni á la Plaza hasta que se haya concluido el último Toro.

POR LA MAÑANA SE EMPEZARá A LAS 10, Y POR LA TARDE A LAS 3.

EN SEVILLA: Por D. Diego y D. Joseph de San Roman y Codina, compañia, calle de las Armas, junto á San Antonio Abad.

Cartel de la Plaza de Toros de Sevilla. Cuatro corridas de toros. 5, 7, 16 y 18 de octubre de 1799. Archivo Real Maestranza de Caballería de Ronda.

AVISO AL PUBLICO.

EL REAL CUERPO DE MAESTRANZA DE CABALLERIA
DE L. M. N. Y M. L. CIUDAD DE RONDA,

EN VIRTUD DE LOS REALES PRIVILEGIOS QUE LE ESTAN CONCEDIDOS: CELEBRARÁ DOS CORRIDAS DE TOROS DE MUERTE, EN LOS DIAS 19 Y 21 DEL PRESENTE MES DE MAYO, EN SU PLAZA PROPIA, COMPUESTA DE SEIS TOROS CADA UNA.

MANDARÁ Y PRESIDIRÁ LA PLAZA EL Sr. D. ANTONIO DE AVILES, CASCO Y CASTRO, BRIGADIER DE LOS REALES Egércitos, Coronel del Regimiento Provincial de dicha Ciudad y Teniente de S. A. R. el Serenísimo Sr. Infante D. Carlos María Isidro.

SIENDO DIPUTADOS: LOS SRES. D. JOSÉ MONDRAGON Y QUEVEDO Y D. JOSÉ MARIA HOLGADO Y MOTEZUMA, CABALLEROS INDIVIDUOS DEL ESPRESADO RL. CUERPO.

LOS DOCE TOROS QUE SE CORRERAN, SERAN DE LAS MAS ACREDITADAS VACADAS Y CON LAS DIVISAS SIGUIENTES.

Seis del Sr. D. Pedro José de Lesaca, vecino de Sevilla, que anteriormente eran del Conde de Vista Hermosa, con divisa Celeste y Blanca.

Seis del Sr. D. Juan Zapata. vecino de Arcos de la frontera, con divisa Encarnada.

Picarán de vara larga: Los diestros, Juan Mateos Castaños de Vejer, Juan Pinto de Utrera, y Francisco Hormigo de Jerez, quedando ademas de reserva un Sobresaliente.

Matarán: Los nunca bien aplaudidos Lucas Blanco y Antonio Nieves de Sevilla, con su correspondiente cuadrilla de Bonderilleros.

NOTA: Es prevencion que si Juan Mateos ó Francisco Hormigo, tuviesen alguna desgracia en las corridas que tienen contratadas, por lo que no puedan venir á ésta, vendrán en su lugar, otros de los mejores que se conozcan.

Se prohibe á los concurrentes de órden del Gobierno, el arrojar á la Plaza cosa alguna por leve que sea, y por ningun pretesto bajar á ella, ni estar entre barreras, hasta despues de muerto el último Toro de cada funcion.

A LAS CUATRO DE LA TARDE.

Ronda. Imprenta de Contilló. Año 1830.

Cartel de la Plaza de Toros de Ronda. Dos corridas de seis toros cada una. 19 y 21 de mayo de 1830. Archivo Real Maestranza de Caballería de Ronda.

Cartel de la Plaza de Toros de Granada. Corrida de seis toros. 29 de septiembre de 1839. Archivo Real Maestranza de Caballería de Ronda.

Vista de la plaza de toros de madera de Sevilla. Anónimo, c. 1733. Grabado, talla dulce, buril y aguafuerte. Colección Real Maestranza de Caballería de Sevilla.

Cartel de la Plaza de Toros de Ronda. Gran corrida de diez toros. 20 de mayo de 1887. Litografía atribuida a Daniel Perea. Colección Real Maestranza de Caballería de Ronda.

I.
EL ORIGEN DE LAS MAESTRANZAS DE CABALLERÍA

Página anterior: Reales Maestranzas de Caballería (Ronda, Sevilla, Granada, Valencia, Zaragoza). Litografía de Teófilo Ruffle a partir de dibujo de Eusebio Zarza, en *Historia de las órdenes de caballería y de las condecoraciones españolas*. Madrid, 1864-1865. Biblioteca Real Maestranza de Caballería de Ronda.

1. El resurgimiento de las cofradías de caballería en España en 1572

Las maestranzas de caballería surgieron de las cofradías nobiliarias de caballería. Estas cofradías eran, como ya se adelantó en la introducción, asociaciones de intereses y acciones comunes de carácter voluntario, religioso y nobiliario de carácter local y regional. Se dedicaron en especial al fomento de las costumbres caballerescas. Se fundaron durante la Reconquista frecuentemente con el apoyo de la Corona, para fines de la defensa militar. Por ello llevaban a cabo, entre otras actividades, manifestaciones y ejercicios de equitación para el adiestramiento físico de los cofrades.

A lo largo del Antiguo Régimen, los nobles fundamentaron sus privilegios en la sociedad con el argumento de los méritos militares de sus antepasados, cuyas virtudes y logros pretendían haber heredado. Durante la Reconquista, destacados méritos militares eran a menudo el motivo para que los soberanos otorgasen privilegios nobiliarios a determinados súbditos. Por ello consideraban que la nobleza era la parte de la población destinada a ocuparse de la defensa militar, aceptando el servicio de las armas como una obligación propia de su estado. Con la conquista de Granada en 1492 se recuperó el último de los reinos de la Península en propiedad de los musulmanes, aquí finalizó el movimiento de la Reconquista. A partir de entonces, a los nobles raras veces se les brindaba la oportunidad de cumplir con su obligación tradicional de servicio militar. Debido a la formación de ejércitos regulares en el pujante Estado absolutista, la nobleza perdía cada vez más la tradicional función de su estamento como encargado de la defensa militar. Los nobles, sobre todo los segundones de las familias aristocráticas, seguían constituyendo los cuadros de los famosos tercios que luchaban en el extranjero, en Europa, por los objetivos imperiales. Al lado de las milicias locales y regionales, en la Península no existían sino unas cofradías de caballería, generalmente nobiliarias, que podían movilizarse para garantizar la seguridad interna. Durante la Reconquista dichas cofradías militares, especializadas en el ataque y en la defensa de las fronteras, habían ido creciendo en número, hasta convertirse en un amplio movimiento. Sin embargo, a partir de finales del siglo XVI, los nobles de Castilla, reino central del Imperio español, acusaban, de forma creciente, un cansancio de la guerra que corría paralelo a la desmilitarización de la nobleza en otros países europeos, debido al exiguo sueldo que percibían como soldados nobles, y a la devaluación y disminución de las fortunas nobiliarias. Esto explica que los hidalgos, similares a los nobles de otras monarquías europeas, estuviesen cada vez menos dispuestos a escoger la carrera de las armas.[1] Al mismo tiempo entraron en decadencia las cofradías de caballería nobiliarias en numerosas ciudades castellanas. La mayoría de los jóvenes hidalgos, en la edad de servir, ya no cumplían la tradicional obligación de su estado de tener dispuestos caballo y armas para un caso de emergencia militar, ni practicaban la equitación con el fin de fortalecer su capacidad de combate. Esto se debió, de un lado, a la larga época de paz, anterior a 1568 y, del otro, a la circunstancia de que muchos hidalgos, por su situación económica, no estaban en condiciones de sufragar la manutención de caballo y armas.[2]

La debilidad militar interna de Castilla se puso de manifiesto sobre todo durante la sublevación de los moriscos del Reino de Granada en los años 1568-1571. No es este el lugar para entrar en la problemática de los moriscos ni en las causas de su rebelión, únicamente queremos significar que las tradicionales milicias locales y regionales no bastaron para sujetar a los rebeldes moriscos. La rebelión solo pudo ser sofocada en el transcurso de una larga campaña con tropas regulares que tuvieron que ser trasladadas desde Italia.[3] Esta evidente vulnerabilidad interna de Castilla fue motivo suficiente para que la Corona invitara,

Retrato de Felipe II con la orden de la Jarretera, h. 1554. Jooris van der Straaten, Jorge de la Rúa (act. 1556-1578). Óleo sobre lienzo. Inscripción: "Philip 2nd of Spain" (ángulo inferior derecho). Colección Abelló.

en 1572, a los ayuntamientos de las ciudades y villas a que fundaran cofradías de caballería nobiliarias.

La reanimación de las cofradías de caballería nobiliarias estaba encuadrada en los esfuerzos de la Corona por reorganizar las milicias con el fin de potenciar la seguridad interna en la Península. Por real pragmática de Felipe II, del 17 de junio de 1563, se renovó la obligación del servicio militar de los caballeros de cuantía que formaban una milicia de caballería regional de vecinos acaudalados y distinguidos no necesariamente nobles, en Andalucía y el Reino de Murcia. Paralelamente la Corona, desde el reinado de los Reyes Católicos, especialmente bajo la regencia del Cardenal Cisneros y durante el reinado de Felipe II, se esforzaba también por crear un sistema de milicia suprarregional y supraprovincial, particularmente a través de las leyes del 12 de mayo de 1562 y del 25 de enero de 1598. Sin embargo, solo después de la muerte de Felipe II se logró levantar una milicia general con un número considerable de soldados, sobre la base de las Instrucciones de 1598. Las múltiples dificultades que encontró esta milicia que, por lo demás, no subsistió mucho tiempo, se deben probablemente a la resistencia que ofrecieron los grupos dirigentes de la nobleza y el clero.[4] Las gestiones para reformar el sistema de milicias en relación con la política exterior no pueden ser tratadas en el marco de este trabajo.

La real cédula de Felipe II, del 6 de septiembre de 1572, para la fundación de nuevas cofradías de caballería,[5] estaba dirigida a los ayuntamientos, caballeros, oficiales y hombres buenos de las ciudades castellanas.[6] Al recibir la real cédula cada uno de los concejos debía convocar una junta a la que asistiesen tanto sus miembros como algunos otros caballeros destacados e interesados en los asuntos propuestos por esta ley.[7] Se trataba de adoptar decisiones respecto a las ordenanzas y sus condiciones, el nombre del santo patrón, las posibilidades de equipamiento de las cofradías y las mercedes reales que pretendían. Los regidores y los caballeros reunidos debían señalar qué clase de ejercicios de equitación, qué fiestas y en qué días se podrían introducir en las diferentes ciudades y villas, y en qué medida se podrían aplicar para ello ayudas públicas e ingresos municipales. Además, se planteó la cuestión de si en la ciudad, aparte de la cofradía proyectada y sus actividades, había otros medios apropiados para que caballeros y nobles mantuviesen armas y caballos, y se ejercitasen en su manejo. El rey requirió a cada uno de los ayuntamientos para que, tras detenida deliberación, le enviasen un informe muy detallado como base de ulteriores medidas. En la real cédula se exhortaba indirectamente también a los corregidores, que dirigían las sesiones de los ayuntamientos en las capitales de sus distritos, a que vigilasen el puntual cumplimiento de estas órdenes.

La real cédula del 6 de septiembre de 1572 se envió probablemente a todos los ayuntamientos castellanos, aunque solo 88 contestaron a la Administración real. Entre estos 88 se encontraban los ayuntamientos de 15 ciudades notables, pertenecientes al señorío del Marquesado de Villena, en el sudeste del país.[8] El Ayuntamiento de Oviedo mandó redactar una contestación importante en comparación con las de los anteriores, ya que actuaba en nombre de las demás ciudades y lugares del Principado de Asturias. De ello se desprende que la importancia de los ayuntamientos que remitieron su respuesta a la real cédula del 6 de septiembre de 1572, varió en cada caso. Sin embargo, las respuestas conservadas contienen testimonios representativos acerca de determinadas situaciones socioeconómicas del país, ya que casi todos los concejos de las capitales de corregimientos cumplían lo dispuesto por la ley.[9]

Las respuestas de los ayuntamientos castellanos fueron, por lo general, resultado de largas deliberaciones a las que se invitaron también, conforme a la ley, a algunos caballeros y hombres notables. En parte, las exposiciones de los ayuntamientos de las grandes ciudades y de sus corregimientos se complementan de una manera muy instructiva con las cartas de los corregidores que las acompañan. En relación con las cuestiones planteadas, los pareceres en su conjunto ponen de manifiesto los problemas específicos de las distintas regiones del país. Sin embargo, las contestaciones eran demasiado diferentes en lo que a cumplimiento, extensión y claridad se refiere, como para poder reducirlas a un denominador común. Por ello, en los párrafos siguientes trataremos de analizar de manera descriptiva las reacciones producidas por esta ley para la fundación de nuevas cofradías de caballería.

Anticipando el resultado de los pareceres, queremos destacar que la invitación de crear nuevas cofradías de caballería, por vía legal, encontró una fuerte oposición en la mayoría de las ciudades de Castilla. De los 88 ayuntamientos que remitieron su respuesta, solo un tercio informa al rey de que se proyecta la cofradía de caballería que se manda hacer, se ha procedido a su creación o se ha realizado en gran parte. En lo que se refiere a los estatutos de las cofradías, 20 ayuntamientos propusieron como patrono a un determinado santo de la Iglesia, 13 de ellos a Santiago,[10] que lo era de España desde los tiempos de la secular lucha contra el islam. Los restantes se decidieron por algún santo de importancia local.[11] Algunos ayuntamientos hicieron al rey otras propuestas referentes a los estatutos. Además de sugerencias de carácter organizativo, pidieron que a los miembros de las nuevas cofradías de caballería se les otorgaran privilegios especiales de alto prestigio social. Así el Ayuntamiento de la ciudad de Badajoz solicita: que los caballeros de la futura hermandad, que sin excepción debían proceder de la nobleza de sangre, pudieran llevar en cada momento armas ofensivas y defensivas; que contra su voluntad no pudieran estar obligados a alojar soldados o personas de la corte; que no se les embargaran sus bienes personales ni los de sus esposas, ni sus caballos ni sus armas, por razón de deudas, inclusive las mantenidas para con el fisco; que, en caso de cometer un delito, no fuesen penados con castigos deshonrosos, y en el de detención les correspondiese una cárcel especial reservada a los nobles. En relación con los privilegios nobiliarios generales, el Ayuntamiento exigía, además, que los miembros de la cofradía de caballería pudiesen cazar y pescar durante todo el año, incluso durante los meses de veda, y obtener el derecho de poder cortar cada semana dos cargas de leña cada uno en los montes de la ciudad.[12]

Ocho ayuntamientos mencionaron que en sus ciudades existían ya una o incluso más cofradías de caballería nobiliarias.[13] La mayoría de estas había elegido como patrono a Santiago. Los ocho ayuntamientos propusieron transformar las cofradías existentes en la manera deseada o, en caso de haber varias en un mismo lugar, fundirlas en una única cofradía nueva, si tal reforma no encontrase oposición. Merece destacarse que en casi la mitad de las ciudades que remitieron su respuesta, había personas acaudaladas, en su mayoría nobles, que mantenían caballos y armas, sobre todo, para realizar juegos ecuestres durante las fiestas. La mayoría de estas ciudades se encontraba en Andalucía y en el Reino de Murcia.[14]

Varias son las causas por las que la real cédula de creación de nuevas cofradías de caballería encontró oposición en las ciudades y villas de Castilla. Los ayuntamientos de muchas villas pequeñas señalaron que para fundar una cofradía de caballería no había suficientes vecinos distinguidos y acaudalados, ni tampoco nobles, que pudiesen mantener caballos y armas, por los escasos recursos económicos de los lugares y sus comarcas y, en consecuencia, los insuficientes ingresos de los vecinos principales. Son sobre todo las pequeñas villas del Marquesado de Villena las que se quejan de que no hubiese suficientes personas acaudaladas para formar las cofradías de caballería debido a las condiciones especialmente pobres de su agricultura.[15] Después de sofocarse la rebelión de los moriscos, varios concejos del Reino de Granada informaron de la despoblación y dificultades económicas de sus lugares, como hiciera el de Baza.[16] También se oponían a la creación de cofradías de caballería la mayoría de las ciudades portuarias por las adversas condiciones socioeconómicas, bien distintas en comparación con las circunstancias de las ciudades del interior. Los problemas específicos de la navegación, la pesca, el comercio de ultramar y la defensa de las costas no permitían mantener caballos y realizar ejercicios ecuestres. Por ello los ayuntamientos de las ciudades de La Coruña, San Vicente de la Barquera, Santander, Laredo, Cádiz y Almería indican que en sus municipios resultaba extraordinariamente difícil y costoso mantener caballos y que sus vecinos, por lo general, no cultivaban la tradición de los ejercicios ecuestres.[17]

La posibilidad de conseguir caballos de silla en las inmediaciones de las ciudades o de introducirlos de otras regiones a buen precio era una de las condiciones esenciales para la fundación de cofradías de caballería. En la Península Ibérica se criaban excelentes caballos, sobre todo en Andalucía.[18] Las respuestas a la real cédula del 6 de septiembre de 1572 demuestran que en la segunda mitad del siglo XVI se criaban también caballos en otras regiones de Castilla, como en la Sierra de Alcaraz[19] y, particularmente para las necesidades locales, en los alrededores de Alfaro, Toro, Guadalajara y Madrid.[20] Sin embargo, en la mayoría de los casos era imprescindible conseguir yeguas y potros de Andalucía, centro principal de la cría caballar española. La mayoría de los ayuntamientos que emitieron su parecer acerca de la cuestión de la cría de caballos informaba que en sus municipios era necesario importar caballos. Estas ciudades se encontraban sobre todo en el norte, particularmente en la costa cantábrica y en los dominios del señorío del Marquesado de Villena en el sureste de Castilla.[21] Los caballos introducidos procedían mayoritariamente de Andalucía. Incluso lugares en el extremo norte, como La Coruña y Betanzos en Galicia o Burgos y Calahorra, solían comprar buenos caballos en Andalucía.[22]

La real cédula del 6 de septiembre de 1572 exhortaba a los ayuntamientos para que, entre otras, presentasen propuestas acerca de la subvención económica a las nuevas cofradías de caballería. La posibilidad, mencionada en la real cédula, de emplear también para ello medios que no fueran estatales no tuvo buena acogida. En cambio, de los 88 concejos que remitieron sus respuestas 40 daban a conocer que sus ingresos municipales no eran suficientes para ayudar económicamente a las cofradías que se debían fundar.[23] Por ello, casi la mitad de dichos concejos propuso al rey, de una manera muy concreta, en qué medida y de qué manera se deberían emplear fondos municipales e impuestos reales para dotar las cofradías de caballería.[24] Otras ciudades bastante ricas y las que se opusieron totalmente a las nuevas cofradías de caballería aprovecharon la oportunidad para solicitar ingresos adicionales para la celebración de festejos ecuestres.[25] Cerca de un tercio de los ayuntamientos que mandaron sus pareceres a la corte suplicaron al rey que interviniera ante la Santa Sede para que esta levantara la prohibición de celebrar corridas de toros. Las corridas eran extraordinariamente populares en las ciudades, y su celebración producía considerables ingresos. Muchos ayuntamientos alegaban, en apoyo de su solicitud, que la necesidad de caballos para el desarrollo de la corrida de toros favorecería eficazmente la cría de caballos y la equitación.[26]

Además de la falta de vecinos cualificados y de los escasos recursos económicos había otra causa que provocó el rechazo de las proyectadas cofradías de caballería. La mayoría de los ayuntamientos de Andalucía y del Reino de Murcia desestimaron la creación de las nuevas cofradías de caballería porque temieron que pusieran en peligro la paz social de sus ciudades.[27] Como ya sabemos en 1563 se había renovado en estas provincias el servicio obligatorio de los caballeros de cuantía (una milicia de caballería compuesta por vecinos acaudalados que no eran nobles), lo que suscitó tensiones considerables en las ciudades entre las familias de abolengo locales y los vecinos no nobles adinerados.[28] La real cédula del 6 de septiembre de 1572 no delimitaba de una manera muy clara la pertenencia de la nobleza de sangre a las nuevas cofradías de caballería, sino que se dirigía de una forma poco diferenciada a los miembros de los ayuntamientos y a los "caballeros, escuderos, oficiales y hombres buenos" de las diferentes ciudades.[29] Lo que la Corona pretendía con esta ley era, en primer lugar, aprovechar la utilidad del valor militar de las nuevas cofradías de caballería. En vista de las considerables diversidades regionales debidas a las diferencias sociales existentes en la población de Castilla, la real cédula se dirigió a los destinatarios de una manera general y poco precisa en lo que a su situación social se refiere. Algunos ayuntamientos, como el de Alfaro en el norte de Castilla la Vieja, trataron de enmendar esa deficiencia, exigiendo para la recepción en las nuevas cofradías, entre otras condiciones, la de la probanza rigurosa de la hidalguía de sangre de acuerdo con el derecho español.[30] La mayoría de los ayuntamientos de Andalucía y del Reino de Murcia temieron que muchos caballeros de cuantía entraran en las nuevas cofradías de caballería a pesar de no ser reconocidos por iguales por las antiguas familias de linaje noble. Así, el Ayuntamiento de Córdoba objetó que "si se hiciese [la cofradía,] se siguiria grandes y notables ynconbinientes de personas que pretenderian entrar sin tener las calidades q[ue] los demas caualleros hijosdalgo de [e]sta ciudad tienen y su mag[esta]t no seria tanbien seruido aviendo disension y discordia en esta ciudad como estando pacificos y cada uno en el lugar q[ue] merece y conuiene [...]".[31] De manera parecida expuso su temor el Ayuntamiento de Lorca, manifestando que "sea considerado que podrian resultar grandes ynconvinientes[,] escándalos y tumultos principalmente en la elec[c]ion de los que pretendiesen entrar [...]".[32]

Desgraciadamente no se ha podido averiguar la reacción de la Administración central de la Corona en relación con las respuestas de los ayuntamientos. Se puede constatar, no obstante, que, por lo general, la real cédula de 1572 fracasó en su objetivo de crear en las ciudades y villas de Castilla nuevas cofradías de caballería y así mejorar la seguridad militar en el interior del país. Fue precisamente en Andalucía, el centro de la cría de caballos en España, donde la ley encontró mayor oposición debido a la existencia de tensiones sociales de carácter regional.

Por razones de seguridad interna y de la defensa, el Consejo Real de Castilla, en nombre de Felipe III, se vio obligado el 12 de agosto de 1614 a reiterar la mayoría de las disposiciones de la cédula de 1572 en forma de una real provisión de parecido contenido, dirigida a todos los corregidores de Castilla. En la real provisión se daban instrucciones a los corregidores para que informasen al Consejo de Castilla, tras detenidas deliberaciones en los ayuntamientos de las capitales de sus distritos, acerca de los ejercicios ecuestres que existían o podrían introducirse en sus ciudades. Debían comunicar si a ellos acudían caballeros y hombres diestros en la equitación y en qué días, además, si se disponía de un maestro de equitación y, en caso afirmativo, de dónde provenía su sueldo y a qué cantidad ascendía. En el caso de que en sus ciudades los ejercicios hubiesen quedado olvidados, los corregidores deberían señalar las causas de este inconveniente. Sobre todo, se les requería, en tanto que les fuera posible, recomendar al Consejo de Castilla medidas que tuviesen por apropiadas para establecer nuevamente en las ciudades de su distrito ejercicios de equitación o ayudas para favorecerlos en mayor grado. Es de suponer que tampoco la real provisión del 12 de agosto de 1614 lograría aumentar la seguridad interna de Castilla por medio de la creación de nuevas unidades o cofradías de caballería.[33]

2. La fundación de las maestranzas de caballería

En algunas ciudades, particularmente en Andalucía, la tradición de las cofradías de caballería nobiliarias culminó con la creación de las maestranzas de caballería. Las asociaciones nobiliarias que se dieron este nombre nuevo se constituyeron en el Reino de Castilla en Sevilla (1670), Granada (1686), Lora (probablemente en 1691), Ronda (1707), Carmona (1726) y en Jerez de la Frontera presumiblemente (1739). También hubo otros intentos iniciales en algunas ciudades más. Las maestranzas de caballería no quedaron limitadas a Andalucía; surgieron también en capitales de los reinos de la Corona de Aragón, así como en Valencia (1690) y, en el primer cuarto del siglo XIX, en Zaragoza (1824) (véase mapa 1). A continuación, se analizará la génesis de las maestranzas de caballería castellanas y aragonesas.

En Sevilla, los miembros nobles del Ayuntamiento[34] rechazaron de pleno en su respuesta a la real cédula de 1572 la formación de

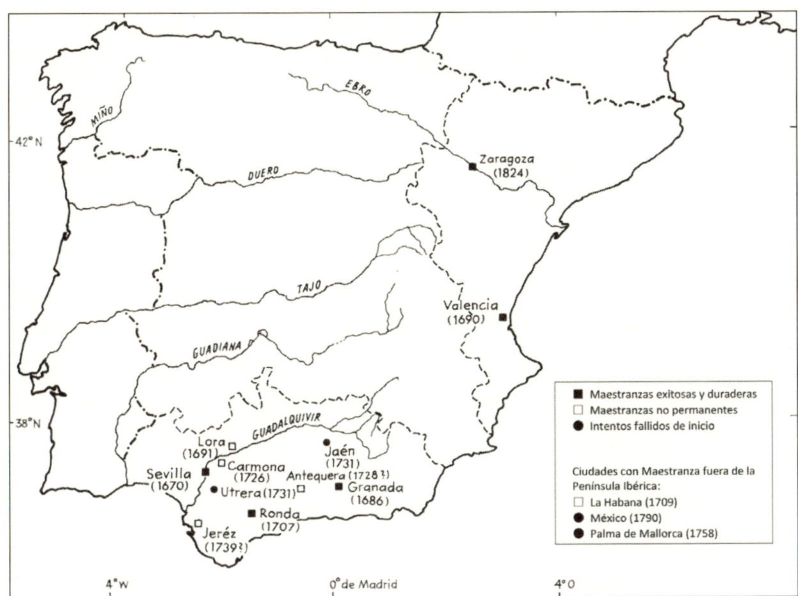

Mapa 1: Fundaciones de Maestranzas de Caballería, 1670-1824.

una cofradía de caballería nobiliaria. Eran del parecer de que "de la dicha cofradia podrian Resultar algunos inconvenientes que fuesen en deserui[ci]o de V. m[agesta]t y daño de esta Republica y de la quietud y pacificacion della [...]".[35] En vano intentó el asistente (como se denominaba en la ciudad al corregidor), que por entonces se encontraba en la corte, granjearse la voluntad de los ediles sevillanos en favor de la proyectada cofradía.[36] Sin embargo, en 1573 un grupo de nobles pertenecientes a las familias más destacadas y antiguas de la ciudad trató de aprovechar la tensa situación política local en su favor, confederándose para renovar la cofradía de caballería nobiliaria de San Hermenegildo, que se remontaba a los tiempos de la Reconquista y que había caído en el olvido y precisaba de reformas. El Ayuntamiento protestó. En una carta dirigida al Consejo Real de Castilla se pronunció enérgicamente en contra de esta nueva creación, solicitando que se denegase otorgar la necesaria aprobación real para esta cofradía nobiliaria. Los regidores basaban su protesta en el argumento de que los futuros miembros de la cofradía querían restringir la participación en los concursos ecuestres y otras actividades pertenecientes a las costumbres caballerescas excluyendo a personas extrañas a su círculo. En particular se opusieron a que la admisión de los nuevos miembros de esta asociación nobiliaria estuviese sometida a un procedimiento de votación secreta e incontrolable. Temieron que cualquier caballero hidalgo rechazado, e incluso el que no tuviere la intención de ingresar, inspirase en la opinión pública de la ciudad la sospecha de no ser de linaje nobiliario intachable; y, por el contrario, que, una vez admitidos los miembros de la nueva cofradía nobiliaria –de los cuales algunos, según decían, ni siquiera eran hidalgos–, pudiesen certificar los unos a los otros, a sus hijos y nietos, la condición de nobleza inmemorial.

La proyectada renovación de la cofradía nobiliaria de San Hermenegildo suscitaba el peligro de que un pequeño grupo de miembros de algunas antiguas familias nobles de Sevilla se convirtiese en árbitro del reconocimiento público de la apreciada cualificación de hidalguía, lo que necesariamente ponía en peligro la paz social de la ciudad. Es de suponer que la Corona cediese ante las protestas de la oligarquía municipal bajo la presidencia del asistente como representante del poder real, de manera que la pretendida nueva fundación no obtuvo confirmación oficial. No obstante, la antigua cofradía nobiliaria subsistía en su forma tradicional tomando incluso nuevos impulsos a raíz de la disputa. Los fuertes ataques, en parte exagerados, contenidos en el escrito de protesta del Ayuntamiento, hacen suponer que en los años 1572-1573 los más destacados representantes de la nobleza sevillana estaban fraccionados en dos campos: la oligarquía municipal, noble, aunque más bien de origen reciente, y el grupo de la antigua nobleza empeñada en reanimar la cofradía nobiliaria de San Hermenegildo.[37] Puede afirmarse que el Ayuntamiento de la ciudad no respondió a los mandatos de la real cédula de 1572, ni tampoco a los de la de 1614[38] para complacer a la Corona con la pretendida creación o continuación de una cofradía de caballería para el fomento de la caballería y la cría de caballos.

Finalmente, en 1670, un grupo de señores nobles, pertenecientes en su mayoría a antiguas y destacadas familias nobles de Sevilla, fundó una cofradía de caballería y escuela de equitación, dándose el nombre, hasta entonces desacostumbrado, de Maestranza de Caballería. La tarea principal de esta hermandad nobiliaria había de ser la enseñanza y la práctica de la equitación, es decir, cada hermano tenía el deber de ejercitarse y perfeccionarse en sus habilidades ecuestres para alcanzar la maestría o maestranza de caballería, como corresponde a la nobleza. Frente a los intentos anteriores promovidos por la Corona en 1572 y 1614, que fracasaron en Sevilla, la nueva cofradía de caballería sevillana surgió por la iniciativa privada de sus fundadores nobles. Los magnates e hidalgos que formaron la maestranza de caballería elaboraron unos estatutos propios que, una vez aprobados por las autoridades reales y eclesiásticas, se imprimieron por vez primera en Zaragoza en 1683. Las primeras ordenanzas de la Hermandad de la Maestranza, como se llamaba también al principio la cofradía de caballería, por su forma y contenido, pertenecen al tipo de las ordenanzas detalladas de las hermandades españolas de los siglos XVII y XVIII (véase Tabla 1). Hay que destacar que los maestrantes no eligieron como patrón para su fundación a San Hermenegildo, que era el de la cofradía de caballería nobiliaria ya mencionada, sino que, rompiendo con la tradición local, escogieron como patrona a la Siempre Virgen María Nuestra Señora del Rosario.[39]

De modo similar a lo sucedido en Sevilla, el Ayuntamiento y los nobles de mayor importancia de Granada tampoco se mostraron dispuestos a fundar una nueva cofradía de caballería nobiliaria o continuar una ya existente, de acuerdo con el requerimiento contenido en la real cédula del 6 de septiembre de 1572. En su respuesta, el Ayuntamiento señaló que los nobles y los demás vecinos de Granada eran excelentes jinetes e infantes por su participación personal en la defensa de la costa y en la represión de los moriscos rebeldes, pero que, después de la rebelión y expulsión de estos, se encontraban en grandes dificultades económicas, teniendo que contentarse con rentas más bajas que antes. Los miembros del Ayuntamiento, en nombre de los nobles y los demás vecinos, se declararon únicamente dispuestos a servir al rey siempre que fuera necesario. Destacaron, además, que las prácticas ecuestres y de armas que se realizaban con regularidad se

Tabla 1: Cuadro sinóptico de la vigencia de las ordenanzas de las Maestranzas de Caballería.

Clase de Ordenanzas	**Sevilla**	**Granada**
Ordenanzas tempranas, pertenecientes a la fase de hermandades, con indicaciones del lugar y fecha de la primera impresión	Zaragoza, 1683 ↓	Granada, 1687 ↓
Ordenanzas aprobadas por el rey con indicación de la fecha de la aprobación, así como del lugar y año de la primera im-presión	1 diciem-bre1731 / Sevilla, (1732) ↓ 19 agosto1794 / Madrid,1794 ↓	27 enero 1764 / Madrid, 1764 ↓ ↓
Ordenanzas vigentes en 1976	12 julio1913 / Sevilla,1913	

Fuentes: Cfr. notas de cap. I, parte 2.

Valencia	Ronda	Zaragoza
Valencia, 1697 ↓	No hay indicios de ordenanzas propias	
Versión reformada, no impresa de las primeras Constituciones, aprobada por la Corona el12.1.1754, AGS, Secretaría de Guerra, Guerra Moderna, leg.6023 ↓	A partir de la real cédula de1753 rigen las Ordenanzas de Sevilla de1731-32 y las de Granada de1764. ↓	
27 diciem-bre1775 / Valencia,1776 ↓	7 febrero 1817 / Madrid, 1817 ↓	12 septiembre1824 / Zaragoza, 1825 ↓
		13 enero1916 / (Zaragoza), 1922

llevarían a cabo con más empeño, si se permitiesen nuevamente las populares corridas de toros. En su respuesta no se menciona ninguna cofradía de caballería nobiliaria existente o para fundarse.[40] Tampoco hay indicio concreto alguno de que la nobleza granadina crease una cofradía de caballería nobiliaria después de la real provisión del 12 de agosto de 1614.

Una hermandad de caballería nobiliaria, que se denominó Maestranza de Caballería, se constituyó en Granada solo el 12 de enero de 1686, siguiendo el modelo de la asociación sevillana del mismo nombre. Esta fundación se debió a la iniciativa de algunos nobles granadinos de relieve y se llevó a cabo tras la aprobación del corregidor y del Ayuntamiento de la ciudad. La nueva asociación se proponía fomentar la habilidad de montar a caballo, sobre todo, con miras a la educación deportiva y militar de la juventud noble. El mismo día de la fundación, los primeros miembros de la Maestranza eligieron como patrona a Nuestra Señora con el título del Triunfo bajo el patrocinio de la Inmaculada Concepción y designaron a algunos de ellos para ocupar los cargos de su hermandad. Finalmente, elaboraron sus propias ordenanzas, que podemos vincular a otras ordenanzas de hermandades españolas de los siglos XVII y XVIII y se asemejaban en muchos artículos a las de la asociación sevillana. Estas ordenanzas de la Hermandad de la Maestranza de Granada se publicaron en la ciudad en 1687, después de su aprobación por la Real Chancillería en la ciudad.[41]

Todo parece indicar que también se produjo la fundación de una maestranza de caballería en la villa de Lora del Río, cerca de Sevilla. Ignoramos de qué forma respondería esta villa a la real cédula de 1572 y a la real provisión de 1614 referentes a la reanimación de las cofradías de caballería nobiliarias. Únicamente se sabe que el Ayuntamiento de Lora tomó, probablemente en 1691, la decisión de fundar una maestranza de Caballería. A esta hermandad de caballería nobiliaria de carácter local deberían pertenecer todos los caballeros hidalgos capaces de portar armas, para llevar a cabo de manera regular ejercicios de monta, escaramuzas y otras actividades. El acuerdo del Ayuntamiento se debió a una real orden del Consejo de Castilla y del arzobispo de Zaragoza de organizar en la villa ejercicios militares. Después de que el Ayuntamiento levantara, basándose en esta real orden, un padrón de todos los vecinos capaces de llevar armas, los hidalgos solicitaron que se les exceptuara de los alardes generales, probablemente con el fin de evitar diferencias sociales y otros conflictos. Por ello el Ayuntamiento decidió crear una unidad militar propia para los caballeros hidalgos que, siguiendo posiblemente el modelo de la asociación nobiliaria sevillana, debería llamarse Maestranza de Caballería. En el mismo cabildo, los regidores presentes eligieron a uno de ellos Hermano Mayor de la nueva maestranza. Es de suponer que la hermandad de caballería nobiliaria se otorgara unas ordenanzas del tipo de las hermandades españolas de la época. Probablemente la Maestranza de Lora tuvo una corta existencia y, al parecer, no obtuvo privilegios especiales.[42]

En Ronda, la real cédula del 6 de septiembre de 1572 fue recibida en un principio con reservas por el Concejo y los caballeros invitados a las deliberaciones. En su respuesta del 15 de octubre de 1572, el Ayuntamiento señaló que los caballeros de la ciudad eran excelentes jinetes, usando siempre la silla jineta como en tiempos pasados, y que estaban dispuestos a servir a la Corona en todo lo que pudieran, de acuerdo con las posibilidades de sus propiedades agrarias. No obstante, había que tener en cuenta que "las haciendas de la tierra" de los nobles habían sufrido económicamente por la represión de la rebelión y la deportación de los moriscos del Reino de Granada. El Ayuntamiento destacó que en Ronda se celebraba por institución de los Reyes Católicos cada año en el segundo día de Pascua del Espíritu Santo, en que se ganó la ciudad, una fiesta de juegos de cañas y corridas de toros. Esta, no obstante, debería fomentarse y extenderse a otras dos fiestas anuales de otros juegos hípicos, manteniendo una armería con armeros a sueldo, reparto gratuito de lanzas a los caballeros interesados, la entrega de algunos premios y unas ayudas adicionales necesarias para las fiestas por el importe de 200 ducados anuales a cargo del Ayuntamiento y la Corona. Los regidores recomendaron, asimismo, que en el futuro no se nombrara corregidor de Ronda a ningún letrado, sino que el cargo recayera siempre en un caballero de capa y espada con iniciativa y diestro en el arte de la equitación. Con estas recomendaciones y otras órdenes que la Corona tenga, los regidores "estan prontos de [...] cumplir" para establecer una cofradía de caballería.[43]

No obstante, en 1573 todos los caballeros de Ronda, tanto los que pertenecían al Ayuntamiento, como los que no formaban parte del mismo, con la colaboración y el beneplácito del corregidor, se agruparon en una hermandad de caballería para cumplir así la orden contenida en la real cédula de 1572 y aumentar la defensa militar de la región y de la cercana costa mediterránea de Marbella. En recuerdo del día de la liberación de Ronda del dominio de los moros, los miembros fundadores llamaron a su asociación Hermandad del Espíritu Santo. Decidieron elegir por patrona a Nuestra Señora de Gracia, y elaboraron unas ordenanzas que incluían ejercicios ecuestres semanales de los jóvenes caballeros y diversos festejos de equitación en determinados días de fiesta durante el año.[44] Esta hermandad de caballería, de carácter nobiliario, que en su forma de organización tenía muchos puntos en común con otras hermandades españolas de la época, subsistió, aunque con interrupciones al menos hasta 1616, y presumiblemente durante más tiempo aún.[45] Sin embargo, fue decayendo durante el siglo XVII y principios del XVIII, de modo que hubo de reorganizarse nuevamente en octubre de 1707, por iniciativa de algunos nobles destacados y con el apoyo del Ayuntamiento, con el nuevo nombre de Maestranza de Caballería, siguiendo el modelo de la hermandad sevillana. En la junta constitutiva del 16 de octubre de 1707, los nobles confirmaron el patronazgo de Nuestra Señora de Gracia, en cuya iglesia estaban, y eligieron, no se sabe en virtud de qué ordenanzas, los cargos de la junta directiva.[46] Como puede verse, la Maestranza de Caballería de Ronda, restablecida en 1707, tenía por predecesora directa la Hermandad del Espíritu Santo constituida ya en 1573 y veneraba, como esta, a la misma patrona. En el transcurso del siglo XVIII no se regía por sus propias ordenanzas, sino por las de las Maestranzas de Sevilla y Granada. La real cédula del 24 de noviembre de 1753 dispuso expresamente que la Maestranza de Ronda debía gobernarse conforme a las ordenanzas de las corporaciones de

Sevilla y Granada. Solo a partir de 1817 la Maestranza de Ronda poseería ordenanzas propias.[47]

Según el ejemplo de las mencionadas se fundaron también maestranzas de caballería en otras ciudades del sur de España. En Carmona el Ayuntamiento había rechazado en 1572 la fundación de una hermandad de caballería, porque era de suponer que esta "[...] cofradia o compañia seria ocasion de no seguirse Buen Efecto [...]", dadas las tensiones sociales existentes entre los caballeros hidalgos y los caballeros de cuantía.[48] No obstante, los nobles destacados de Carmona, impulsados por la probabilidad de conseguir privilegios que aumentaran su prestigio, se unieron formando una maestranza de caballería, después de que la de Sevilla desarrollara en 1724 una mayor actividad, tras largo tiempo de decadencia, y obtuviera de la Corona en 1725 el privilegio de que sus miembros pudiesen llevar pistolas de arzón como complemento de sus trajes de caballero, lo que, al parecer, resultó una motivación irresistible. En 1726, en varias juntas constitutivas, en las que participó el corregidor de la ciudad, los miembros fundadores decidieron elegir patrona de su hermandad a Nuestra Señora de Gracia. Además, designaron los cargos de la junta directiva de su asociación y acordaron implantar ejercicios semanales de equitación. Por mediación del corregidor solicitaron del rey el codiciado privilegio de poder usar también pistolas de arzón a caballo como complemento de sus sillas y trajes,[49] al igual que los maestrantes sevillanos, lo que, por recomendación de la Junta de Caballería del Reino, establecido en 1725, les otorgó la Corona en 1727. Según el argumento de la Junta, este privilegio debía fomentar tanto la cría y casta de caballos como la educación de la juventud noble de montar.[50] Las ordenanzas que se dieron los caballeros maestrantes de Carmona en 1728, impresas en Sevilla en el mismo año, seguían conscientemente y en la medida de lo posible, las de la maestranza sevillana de 1683. Resulta curioso que la edición impresa de estas ordenanzas no contuviera las habituales aprobaciones de las autoridades censoras reales y eclesiásticas competentes.[51] Por ello no es seguro que las ordenanzas de la Maestranza de Carmona entraran oficialmente en vigor. Se puede suponer con gran probabilidad, que la Maestranza de Carmona perduró poco tiempo, aunque no hemos podido averiguar cuándo se disolvió definitivamente.[52]

De una manera similar a Carmona, el Ayuntamiento de Antequera se había negado en 1572 a crear una hermandad nobiliaria de caballería, ya que la misma ponía en peligro la paz social y el orden establecido y, en general, el servicio para con la Corona.[53] No obstante, algunos nobles destacados de la ciudad, que celebraban cada año festejos de equitación, consiguieron de la Corona en 1728 el preciado y reiterado privilegio de llevar durante sus ejercicios ecuestres las pistolas de arzón. La Junta de Caballería del Reino, que era la institución competente de la Corona, justificaba el otorgamiento de este privilegio concedido a los nobles de Antequera, como en el caso de la concesión hecha a los maestrantes de Carmona, argumentando que de esta forma tomarían nuevos impulsos tanto la educación deportiva y militar de la juventud noble, como la restauración de la cría y casta de caballos, arruinada en gran medida.[54] La asociación nobiliaria existente, ampliada por unas personas más, adoptó el nombre de Maestranza de Caballería; siguiendo el modelo de la hermandad de caballería de Sevilla, eligió por patrona a Nuestra Señora de los Remedios, que era la de su Ayuntamiento, y elaboró sus propias ordenanzas, que en lo fundamental eran las de la Maestranza de Sevilla de 1683. Es probable que ni la fundación de la Maestranza de Antequera ni las ordenanzas elaboradas obtuviesen la aprobación necesaria de la Corona. Se puede presumir que la equiparación jurídica de la Maestranza de Antequera con la de Sevilla, recomendada en un parecer del 1° de mayo de 1744 por el fiscal, les pareciera a los funcionarios de la Junta de Caballería del Reino un privilegio inútilmente concedido a un pequeño grupo de nobles de provincia no demasiado activos.[55]

El proceso se repitió literalmente en Jaén, en agosto de 1731.[56] La Junta de Caballería del Reino, en una consulta dirigida al rey el 2 de octubre de 1732, rechazó la solicitud con el argumento de que el número de nobles de la pequeña ciudad andaluza de Jaén no era suficiente para crear una maestranza, porque "[...] no puede resultar de ella vtilidad alguna [...]". La Junta temía que la proyectada asociación nobiliaria "[...] acaso dara motivo a frequentes embarazos con las exempciones que pretenderan sus individuos a título de Maestrantes."[57]

Los nobles de la villa de Utrera presentaron, por propia iniciativa, en diciembre de 1731, una solicitud parecida al rey, pasada a la Junta de Caballería del Reino, pidiendo autorización para crear una maestranza de caballería según el modelo de las maestranzas aprobadas y con los mismos privilegios. Sin embargo, su solicitud se postergó y probablemente se denegó por las mismas razones antes señaladas.[58]

En Jerez de la Frontera, uno de los centros más importantes de la cría de caballos en Andalucía, el Ayuntamiento se negó igualmente en 1572 a instituir una cofradía de caballería nobiliaria, porque esta innovación solo causaría inconvenientes, como se lee en la respuesta dirigida a Felipe II.[59] El corregidor de la ciudad explicó en una carta posterior el comportamiento de los nobles más destacados que el requerimiento de fundar una cofradía de caballería "[...] se les hizo muy aspero que fuese por via de cofradía [...]".[60] Probablemente eran también las tensiones existentes entre los caballeros hidalgos y los caballeros de cuantía las que constituían el mayor obstáculo. No obstante, el 12 de octubre de 1738 un grupo de caballeros pertenecientes a la nobleza nueva y en parte de origen extranjero elevó una petición para fundar una maestranza según el ejemplo de Sevilla. La Corona accedió a las recomendaciones favorables de la Junta de Caballería del Reino en forma de varias reales órdenes de julio y agosto de 1739. Se supone que no tardaría en aprobar la creación de la maestranza, llevada a cabo por cuarenta y cinco primeros miembros (que eligieron Hermano Mayor al promotor de la misma) con el mismo privilegio de usar pistolas de arzón, celebrar corridas de toros y, probablemente, otros más. Parece que los funcionarios de la Junta de Caballería del Reino esperaban que, a diferencia de otras en pequeñas ciudades andaluzas, en el caso de la Maestranza de Jerez se pudiese fomentar la decaída cría de caballos. La Maestranza de Jerez no subsistió, sin embargo, más allá del año 1739. La nueva corporación fracasó, presumiblemente, por la resistencia de las antiguas y renombradas familias nobles, la falta de apoyo del Ayuntamiento dominado por ellas y la escasez de recursos de la mayoría de los nobles de la ciudad.[61]

Las maestranzas en España no quedaron limitadas a las ciudades andaluzas, sino que se extendieron también a algunos centros de los reinos de la Corona de Aragón. En Valencia, algunos nobles destacados se asociaron, probablemente en 1690, formando por iniciativa propia una maestranza de caballería según el modelo de las hermandades de Sevilla y Granada. Los miembros de esta hermandad de caballería nobiliaria eligieron patrona a Nuestra Señora de la Inmaculada Concepción, dándose sus propias ordenanzas, que en lo esencial se parecían a las de la Maestranza de Sevilla de 1683.[62]

Los privilegios obtenidos de la Corona por los maestrantes de Valencia en 1754 inducirían, probablemente en mayo de 1758, a algunos nobles de Palma de Mallorca y de sus alrededores a pretender una maestranza de caballería propia. Entre ellos, designaron una comisión de cinco miembros encargándola de redactar las ordenanzas conforme al modelo de las de las maestranzas de Sevilla y Valencia. En las ordenanzas que elaboraron, se decidió elegir como patrón a San Jorge. A continuación los futuros miembros dieron poder a un noble oriundo de Reino de Mallorca, que vivía en la corte, para recabar la autorización pertinente de la Corona.[63] En la petición para la sanción no se mencionaba la cría de caballos. La Junta de Caballería del Reino, como autoridad competente de la Corona, aprobó la petición y en lo esencial también las ordenanzas adjuntas en un parecer que presumiblemente contaba con el consentimiento del rey. Sin embargo, no sabemos si tras la pretendida aprobación por la Corona, la Maestranza de Palma de Mallorca se fundó realmente y si, después de su creación, subsistió por algún tiempo.[64]

En Zaragoza, la capital del Reino de Aragón, la nobleza hereditaria estaba organizada desde 1505 en una cofradía de caballería que veneraba como santo titular a San Jorge, patrón del Reino. Impulsados por el prestigio social de las Maestranzas de Caballería de las ciudades andaluzas y de Valencia, y estimulados por el ejemplo de los nobles mallorquines, los nobles zaragozanos ambicionaron, a principios del siglo XIX, convertir y elevar su cofradía de caballería en honor de San Jorge en una corporación nobiliaria privilegiada.[65] En agosto de 1816 el capítulo general de la cofradía solicitó, en una petición dirigida al rey, que elevase la Cofradía de San Jorge al rango de una corporación real, que nombrase de por vida protector y clavero presidente a un miembro de la familia real y que otorgase a los miembros el privilegio de llevar uniformes especiales y de vistosos coloridos.[66] Durante tres años, las autoridades reales trataron la solicitud dando largas al asunto. Esta resistencia tampoco pudo ser salvada por una petición directa dirigida por el capítulo general al infante don Carlos María, Hermano Mayor de la Real Maestranza de Ronda. Sobre todo, los dictámenes del fiscal del Consejo Real y del fiscal de la Real Audiencia de Zaragoza, que eran liberales, no permitían esperar una resolución positiva de la solicitud.[67] Por ello, la cofradía decidió, en capítulo general del 10 de octubre de 1819, no proseguir con la solicitud, que evidentemente había tomado su curso por conductos administrativos desfavorables, y dirigir una nueva petición a la Corona. Con la misma suplicó la erección de la cofradía de San Jorge en maestranza, "en los mismos términos y con las mismas ordenanzas que tiene [...] la de Valencia", es decir, con los mismos privilegios de esta y sobre todo con la concesión de un uniforme especial para sus miembros. El presidente de la cofradía envió la petición directamente al rey, evitando las tramitaciones oficiales, entregándola por la vía reservada al ministro de Hacienda, un duque que era, además, miembro de la Maestranza de Valencia.[68] Gracias a su intervención, Fernando VII otorgó, a unas pocas semanas, a los nobles destacados de Zaragoza el privilegio de erigir la Cofradía de San Jorge en maestranza de caballería siguiendo el ejemplo y con los mismos derechos de las demás existentes. Los nobles congregados en la Cofradía de San Jorge fueron requeridos para elaborar unas ordenanzas propias y remitir directamente al rey por la vía reservada un ejemplar de las mismas para su aprobación.[69]

En el mismo año Fernando VII nombró Hermano Mayor de la Maestranza de Zaragoza a su hermano, el infante Francisco de Paula Antonio.[70] Debido a la revolución liberal y antiaristocrática de 1820, o por culpa del "gobierno llamado constitucional", como lo expresaron algunos nobles de la futura maestranza, la aprobación real de las ordenanzas se retrasó hasta 1824, lo mismo que la fundación efectiva de la Maestranza de Caballería de Zaragoza.[71] Las ordenanzas, que en lo esencial se asemejaban a las de las Maestranzas de Ronda de 1817 y de Sevilla de 1794, se imprimieron en Zaragoza en 1825.[72]

3. Concesiones de privilegios a las maestranzas de caballería por parte de la Corona

En León y Castilla, donde a diferencia de los territorios centrales del antiguo Imperio carolingio el feudalismo no experimentó un pleno desarrollo en el transcurso de la Reconquista, la nobleza no se destacaba durante el Antiguo Régimen como una aristocracia jurídica y políticamente delimitada y corporativamente unida a nivel del Reino frente al pueblo. Al contrario, habría que caracterizar a Castilla, según una confrontación de tipos ideales expuesta por Otto Hintze, no como "Estado feudal" sino como "Estado de privilegios",[73] en el cual los nobles se diferenciaban de los demás vasallos por una desigualdad jurídica basada en privilegios. Antonio Xavier Pérez y López, un jurista de ideas reformistas y atento a las cuestiones sociales, caracterizó en 1781 el fenómeno de la nobleza en España como "un conjunto de privilegios y prerrogativas".[74] Estos privilegios podían haberse adquirido, bien por el hecho de pertenecer a corporaciones estamentales, bien por la posesión de determinadas tierras o de oficios privilegiados. Los privilegios otorgados por la Corona constituían, además de las circunstancias sociales y económicas de los poseedores, hitos esenciales que ponían de manifiesto, de manera evidente y diferenciada, la posición y el prestigio de los nobles como estamento. Señalaban, además, la posición social y la estimación de las cuales disfrutaban los diferentes estratos, corporaciones y grupos de la nobleza hereditaria en la población. Las maestranzas de Caballería como hermandades obtuvieron de la Corona en el transcurso del siglo XVIII una serie de privilegios que favorecían su prestigio y elevaban a sus miembros por encima de los simples caballeros hidalgos, dándoles una consideración que se aproximaba a la de los caballeros de las cuatro grandes órdenes militares españolas. ¿Cuáles eran estos privilegios y qué razones o qué motivos impulsaron a la Corona a otorgárselos?

Caballero portando pistolas de arzón en la parte delantera de su montura. Grabado calcográfico iluminado, en *Regoli militari del Cavalier Melzo sopra il governo e servitio della cavalleria.* Amberes, 1611. Biblioteca de la Real Maestranza de Ronda.

El primer privilegio otorgado a los miembros de las maestranzas de caballería fue el uso de las pistolas de arzón durante los ejercicios ecuestres. Por las reales cédulas del 27 de octubre de 1663 y del 10 de enero de 1687 se habían prohibido las pistolas, los arcabuces pequeños y carabinas, así como otras armas de fuego cortas para el uso particular. Todos los súbditos, cualquiera fuese su estado privilegiado –los nobles incluidos–, eran castigados severamente si contravenían estas disposiciones legales. La prohibición de las armas de fuego mencionadas, así como las prohibiciones de las peligrosas armas blancas, tuvieron que ser repetidas en 1691 y una vez más, con todo rigor, al término de la guerra de Sucesión, en 1713, con el fin de conseguir una mayor seguridad en el interior de los reinos de la Corona española.[75] Muchos nobles, especialmente también los miembros de las maestranzas de caballería, se dolían de la prohibición de las armas y, en particular, de la de las pistolas de arzón, consideradas imprescindibles a la hora de montar a caballo, ya que se consideraba que tal prohibición suponía una limitación de su estilo de vida y, por lo tanto, una degradación social.

La Maestranza de Caballería de Sevilla, que existía desde 1670, decayó en la época que va desde el comienzo de la guerra de Sucesión hasta el año 1724. En este período apenas se realizarían los ejercicios ecuestres (en picaderos) prescritos por las ordenanzas, ni tampoco se reunirían los Cabildos Generales ni las Juntas Secretas. Durante los veintiún años transcurridos desde febrero de 1704 hasta noviembre de 1725, probablemente no se recibieron sino cuatro nuevos miembros en la corporación.[76] El impulso de reactivar la hermandad no partió de sus integrantes, sino del conde de Ripalda, que era a la sazón asistente e intendente de provincia y ejército. El asistente animó en 1724 a algunos nobles influyentes, que habían pertenecido hasta entonces a la Maestranza, a volver a reunir los Cabildos Generales prometiéndoles su ayuda, en la medida de lo posible, para reorganizar la hermandad. En su calidad de corregidor del distrito, el asistente estaba obligado por disposiciones legales a fomentar en su jurisdicción la cría de caballos, que era también uno de los objetivos de la Maestranza.[77] Tras largo tiempo los miembros de la Maestranza que habían quedado decidieron reunirse en Cabildo General, el 23 de octubre de 1724. Aplazaron la elección de los cargos, a excepción de la del Hermano Mayor, con el fin de presentar entretanto una petición a la Corona para que se les otorgase el codiciado privilegio de usar las pistolas de arzón.[78] Gracias a la mediación y el apoyo del asistente, que remitió en su nombre la petición a la Corona, basándose en una consulta de la Junta de Caballería del Reino (institución establecida recientemente, el 4 de marzo de 1725), el rey concedió este privilegio por real orden del 12 de junio de 1725, limitado, sin embargo, a los ejercicios ecuestres oficiales de la corporación.[79] Los caballeros maestrantes sevillanos, en cambio, no estaban dispuestos a aceptar de buena gana las restricciones en el uso de las pistolas. Por ello, el asistente, en su nombre, remitió una nueva petición a la Corona, que fue apoyada por consultas de la Junta de Caballería del Reino y del Consejo de Castilla, de manera que el rey, por otra real orden del 30 de octubre de 1725, otorgó a los miembros de la

Maestranza de Sevilla el privilegio ilimitado de salir a montar a caballo portando en todo tiempo pistolas de arzón, en tanto que llevasen la habitual vestimenta de caballero conforme a su estado.[80]

Podemos presumir las razones que inducirían a las autoridades reales a otorgar este privilegio. En las consideraciones de los funcionarios reales estaría en primer lugar la decadencia de la cría de caballos en Andalucía, que amenazaba los intereses militares de la Corona. En la primera de sus peticiones, del 6 de marzo de 1725 dirigida a la Corona, el asistente significó que la práctica de la equitación en las ciudades de Andalucía había quedado relegada en gran medida a un segundo término. Que en el picadero de la maestranza sevillana, por lo general, no se veían sino muy pocos caballos, mientras que en épocas anteriores el número de caballos era considerable en cuatro o cinco lugares diferentes. El visitante apenas veía caballos maestros en la ciudad; en cambio, antes se exportaban a todas partes. Los miembros de la maestranza opinaban que la causa de la decadencia de la práctica de equitación civil se debía sobre todo a la prohibición de las pistolas de arzón, puesto que tras la prohibición de estos adornos, muchos caballeros conscientes de su estado se sentían "desairados".[81] Además de los argumentos señalados, hay que destacar que se había escogido cuidadosamente el momento de presentar la primera petición a la Corona por parte del asistente de Sevilla, el 6 de marzo de 1725. Tan solo dos días antes, el rey Felipe V había firmado un real decreto que, juntamente con un segundo del 9 de mayo de 1726, condujo al restablecimiento de la Junta de Caballería del Reino, instituida anteriormente bajo Felipe IV, pero posteriormente disuelta. La Junta se componía del gobernador y del ministro decano del Consejo de Castilla, del caballerizo mayor y del asesor de las caballerizas reales, así como de los ministros de capa y espada del Consejo de Guerra y de un secretario designado por el rey. Este elevó la Junta al rango de institución permanente con la obligación de dedicarse, con inhibición de otros consejos y tribunales –con cualesquiera que fueran sus medidas– al fomento de la cría de caballos, en gran medida decaída en los reinos de la Corona española, sobre todo en Andalucía, en el Reino de Murcia y en la provincia de Extremadura. La Junta debía aumentar

Retrato de Felipe V, 1709. Miguel Jacinto Meléndez (1679-1734). Óleo sobre cobre. Firmado con monograma y fechado: "DMGELZ F. 1709" (en el reverso). Colección Abelló.

la cría de caballos, conservar las castas, proteger los privilegios de los criadores e impedir en lo posible la merma de este sector de la economía.[82] Se comprende que las autoridades de la Corona favoreciesen sobre todo a las maestranzas que se dedicaban al cultivo del arte noble de la equitación y, en consecuencia, al fomento de la cría de caballos.

El privilegio de usar las pistolas de arzón, generalmente prohibidas, con la sola condición de que montasen a caballo y llevasen la vestimenta de caballero, conforme a su estado, se otorgó también a imitación de la sevillana, a los nobles de otras maestranzas de caballería, como se ha visto en páginas anteriores.[83] El carácter distintivo del privilegio se perdió en gran parte en 1761, cuando el derecho de usar a caballo las pistolas de arzón se concedió, con la reserva de no afectar la seguridad pública, a todos los caballeros e hidalgos de España, incluidos los de Mallorca. En el texto de la ley se decía que con ello el rey quería manifestar entre otras cosas su "Real confianza en la Nobleza".[84] No obstante, las pistolas de arzón seguirían siendo parte reglamentaria del equipo de montar a caballo de las diferentes maestranzas.

***

Los miembros de las maestranzas de caballería obtuvieron también el privilegio de usar uniformes otorgados únicamente a ellos. La sociología de la moda ha demostrado que en Europa las vestimentas especiales, más o menos prescritas, y no en último lugar por leyes suntuarias y prohibiciones de lujo en la sociedad preindustrial, contribuyeron, a partir de la Edad Media, a separar exteriormente a las personas, caracterizando su pertenencia a determinados estamentos. Sin embargo, los vestidos específicos no solo eran un medio de distinguir un estado del otro. En la sociedad estructurada por estamentos, cada vez más diferenciada, de la tardía Edad Media y sobre todo del Antiguo Régimen, la suntuosidad de la vestimenta especial tenía además la función de distinguir y destacar visiblemente los diferentes grupos y corporaciones rivales dentro de las capas superiores y, en especial, dentro de la nobleza.[85] Los uniformes de gala otorgados por ley, lo mismo que las pistolas de arzón eran partes demostrativas del estatus de vida y de consumo propio de los miembros de determinadas corporaciones dentro del estamento supremo de la sociedad.

En los años que van de 1729 a 1733, la corte española residió en Sevilla. La estancia de la corte en la ciudad brindó a los nobles de la maestranza sevillana la oportunidad de conseguir algunos privilegios significativos, entre otros, la prerrogativa de un uniforme oficialmente reconocido, especial y de vistoso colorido. Por real orden del 24 de mayo de 1729 se les otorgó exclusivamente y con las mismas condiciones que a los oficiales del Ejército, un uniforme propio de color grana con galones, chupas y vueltas de glasé de plata para festividades oficiales y uso privado. Disposiciones contrarias en las existentes leyes suntuarias y prohibiciones sobre el lujo quedaron derogadas por este privilegio. En las alegaciones de la real orden se dice que el rey lo otorgaba, además de por otras demostraciones de su benevolencia, para favorecer y conservar las maestranzas que trabajaban por la educación ecuestre de la juventud noble y, en consecuencia, por la cría de caballos, y en especial, por premiar a los miembros de la Maestranza de Sevilla recompensándolos por los radiantes festejos y los grandes gastos con los que les habían agasajado a él y a toda la corte con motivo de las bodas del príncipe de Asturias.[86]

Con argumentos parecidos, se otorgó también un uniforme particular y de vistosos colores a los miembros de las Maestranzas de Granada en 1739,[87] Ronda en 1753,[88] Valencia en 1754[89] y Zaragoza en 1824.[90] Los nobles de Granada y Zaragoza recibieron únicamente una guerrera azul y roja con diferentes adornos. Sin embargo, los uniformes tenían que modificarse en repetidas ocasiones con el permiso de la Corona, de acuerdo con el cambio de la moda que afectaba al diseño, corte y color, y en lo posible también en lo que se refería a los distintivos, para conservar de esta manera al carácter de prerrogativa. Así, la Corona concedió, después de algún tiempo, a los miembros de las Maestranzas de Sevilla, Granada, Ronda, y en 1824 también a los de la de Zaragoza, un uniforme de gala especialmente vistoso para solemnidades eclesiásticas y reales, así como para festividades de la propia corporación, y un uniforme de diario para las demás ocasiones. Análogo a los uniformes de los miembros nobles, el personal de servicio de las maestranzas, los porteros, alguaciles mayores, cobradores, escribanos, cirujanos, herradores, albéitares, armeros, picadores y músicos podían llevar sus propios uniformes, aunque estos eran bastante más sencillos. La descripción de los uniformes específicos para las diferentes fiestas, así como los adornos correspondientes, incluso los de los caballos, ocuparon un lugar importante en las ordenanzas posteriores de las maestranzas. Alrededor de 1800 los miembros de las maestranzas que ostentaban al mismo tiempo un cargo de regidor en la administración municipal, al igual que con anterioridad los oficiales del Ejército, de la Armada y de los cuerpos de las Milicias Provinciales, obtuvieron la prerrogativa de asistir a todas las reuniones oficiales del Ayuntamiento vistiendo sus uniformes especiales. Con ello se ponía de manifiesto el rango superior de sus corporaciones nobiliarias, lo mismo que el de los ejércitos reales frente al cuerpo de la administración local.[91] En 1802 la Corona ordenó que los miembros de las maestranzas, así como los oficiales y soldados del Ejército y de la Armada pudiesen adornar su sombrero con una escarapela encarnada a modo de distinción, que era la misma de las personas de servicio de la casa real.[92] Al otorgárseles este distintivo de sus uniformes, los nobles de las maestranzas quedaron equiparados de manera patente a los militares y a los cortesanos de la casa real. Los uniformes de los maestrantes de Sevilla se asemejaron por lo demás, según se destaca expresamente en la Real Orden de 1763, a los uniformes de los miembros de las Reales Guardias Españolas, en lo que se refiere a la disposición de los galones aunque los colores eran distintos.[93]

***

Otro privilegio distintivo de las maestranzas de caballería consistía en que sus Hermanos Mayores fuesen siempre infantes de la familia real (véase Tabla 2). Los infantes eran nombrados para estos cargos honoríficos por el rey. A las maestranzas les correspondió desde entonces el nombre ampliado de "Reales Maestranzas de Caballería". Dentro de las tensiones existentes en la sociedad jerárquicamente estructurada del Antiguo Régimen, la relación de las Maestranzas, por medio de sus Hermanos Mayores reales, con la corte, que culminaba en la familia y en la persona del rey, resultaba ser una alta distinción, provechosa para aumentar el prestigio de sus miembros en la provincia. Además, la relación con la corte brindaba la oportunidad de ganarse, por medio de sus amigos dentro de la nobleza, a los infantes para que estos se afanasen en conseguir nuevos privilegios y otras ventajas a favor de las corporaciones que presidían y de algunos de sus miembros. Por medio de tales privilegios de prestigio, que no le causaban gastos, la Corona trató evidentemente de conservar y apoyar los círculos dirigentes de la nobleza en las provincias periféricas de la Península por ser elementos sustentadores de la Monarquía. Los caballeros maestrantes, a su vez, necesitaban distinciones de esta clase tanto para diferenciarse de las organizaciones de las capas y grupos de la población más bajos, como para destacarse, en la lucha competitiva, de otras corporaciones del mismo estatus o próximas en el rango. En las ordenanzas de la Maestranza de Granada de 1764 se lee con respecto al privilegio de tener un Hermano Mayor de sangre real, que esta "apreciabilísima circunstancia [...] eleva á nuestro Cuerpo, y sus Individuos á un grado superior de honrosa estimacion, y aprecio sobre las demás Congregaciones Ilustres de estos Reynos [...]".[94]

Tabla 2: Infantes y reyes como Hermanos Mayores de las Maestranzas de Caballería en los siglos XVIII y XIX.

Maestranzas	Infantes y reyes	
Sevilla	D. Felipe de Borbón, duque de Parma (1730-1765);	D. Luis de Borbón (1765-1785);
Granada	D. Felipe de Borbón, duque de Parma (1741-1765);	D. Gabriel de Borbón (1765-1788);
Ronda	D. Gabriel de Borbón (1763-1788);	D. Pedro Carlos de Borbón y Portugal (1789-1812);
Valencia		D. Antonio de Borbón (1767-1817);
Zaragoza		

Fuentes: Notas 97, 98, 101 y 102 de este capítulo.

La Maestranza de Sevilla fue la primera en obtener el privilegio de que su Hermano Mayor fuese siempre un infante de la familia real designado por el rey. Esta disposición, conjuntamente con la concesión de un uniforme propio, le fue otorgada en 1729 coincidiendo con la estancia de la corte en la metrópoli andaluza. Un año más tarde fue nombrado primer Hermano Mayor de la Maestranza de Sevilla el infante don Felipe, duque de Parma, que ostentó el cargo hasta su muerte en 1765. Dado que el infante residía, por lo general, en la corte, un caballero maestrante, vecino de la ciudad, elegido por un tiempo determinado, se ocupaba, como teniente de Hermano Mayor, de la dirección de la corporación.[95] El mismo privilegio de que en el futuro el Hermano Mayor de la hermandad de caballería debía ser siempre un hijo del rey, le fue otorgado por la Corona en

D. Fernando de Borbón, príncipe de Asturias, Fernando VII (1786-1833);	Isabel II (1834-1874);	Alfonso XII (1875-1885)
D. Carlos María Isidro de Borbón (1789-1833); Reina regente D.ª María Cristina (1833-18??)	Isabel II (1834-1874);	Alfonso XII (1875-1885)
D. Carlos María Isidro de Borbón (1814-1833);	Isabel II (1834-1874);	Alfonso XII (1875-1885)
Fernando VII (1817-1833);	Isabel II (1834-1874);	Alfonso XII (1875-1885)
D. Francisco de Paula Antonio de Borbón (1819-1865);	Príncipe consorte el rey d. Francisco de Asís María de Borbón (1866-1902);	

1741 también a la Maestranza de Granada. El primero en ocupar este cargo fue el mismo infante don Felipe.[96] La hermandad de caballería de Ronda obtuvo en 1763 la misma distinción,[97] al igual que en 1767 la de Valencia[98] y en 1819 la de Zaragoza.[99] La hermandad valenciana ostentaba ya desde 1754 el título de corporación real, después de haber obtenido, en relación con su reconstitución, el privilegio de gozar de la especial protección del rey.[100]

En 1786, Carlos III nombró Hermano Mayor de la Maestranza de Sevilla a su nieto Fernando, hijo mayor del Príncipe de Asturias. Tras la abdicación forzada de su padre Carlos IV, subió al trono como Fernando VII, en 1808, y mantuvo su cargo honorífico de Sevilla, de manera que la Maestranza sevillana pudo preciarse de ser la primera en tener al mismo rey por Hermano Mayor. A partir de entonces el

Retrato del infante don Gabriel de Borbón, Hermano Mayor de la Real Maestranza de Caballería de Ronda de 1763 a 1788. Joaquín Inza (1736-1811). Óleo sobre lienzo. Colección Real Maestranza de Caballería de Ronda.

monarca presidía siempre la corporación nobiliaria sevillana.[101] En el transcurso del siglo XIX los reyes españoles se nombrarán Hermanos Mayores también de las demás Maestranzas de Caballería de la Península.[102]

***

Un privilegio de excepcional importancia de las maestranzas, que les dio gran prestigio social, fue su fuero privilegiado, es decir, su jurisdicción propia. En la España del Antiguo Régimen "fuero" significaba, entre otras cosas, "jurisdicción", dividida esta en jurisdicción real (fuero real ordinario) y en una serie de jurisdicciones especiales (fueros privilegiados). Un fuero privilegiado no significaba, con frecuencia, un derecho especial, sino el acceso a un tribunal especial o a instancias especiales en caso de recurso, que estaban separados de la jurisdicción ordinaria. Fueros privilegiados, como el de los militares, el de los comerciantes y el de los clérigos, se fundamentaban en un principio basado en las funciones específicas de estos grupos y de sus corporaciones. La realidad de que en el siglo XVIII los fueros privilegiados fueran tan codiciados se explica por el hecho de que los propios tribunales específicos de los estamentos, de las profesiones, etc., ofrecían una mejor protección que los tribunales ordinarios. Por ello las jurisdicciones especiales adquirían cada vez más el carácter de privilegios que contribuyeron a determinar el rango de corporaciones, estratos y estamentos dentro de una sociedad desigual ante la ley y jerárquicamente estructurada.[103]

A partir de 1729, las diferentes maestranzas recibieron el privilegio de disponer de un fuero privilegiado: la primera (en 1729) fue la de Sevilla;[104] le siguió, en 1739, la de Granada;[105] en 1753, la de Ronda;[106] en 1760, la de Valencia,[107] y en 1824, la de Zaragoza.[108]

El presidente o juez conservador de este tribunal especial era, por su cargo, el corregidor y máximo representante del rey en la ciudad de origen de la maestranza. Este funcionario era en Sevilla el asistente, en Granada y Ronda, el corregidor (en Granada, a partir de 1749, el intendente-corregidor, y a partir de 1773 el intendente) y en Valencia, el capitán general. Por lo general, el presidente del tribunal no era versado en leyes, por lo que le asistía como subdelegado o asesor un oidor experimentado de la Real Audiencia o de la Real Chancillería de la ciudad. Solo en Ronda asistía al presidente del tribunal el alcalde mayor. En Sevilla el subdelegado era nombrado por el Hermano Mayor, y el de Granada, de por vida, por el mismo rey. La maestranza remitía para cada nombramiento una terna, que debía votarse secretamente en la Junta General como en el caso del nombramiento del teniente. A partir de 1760, el subdelegado de Valencia era nombrado por la propia corporación, lo mismo que el de Ronda a partir de 1784. En el caso de que el cargo de subdelegado estuviera vacante temporalmente, el presidente del tribunal podía nombrar un juez interino.

Formaba parte de cada tribunal de las maestranzas un escribano nombrado por el juez conservador –solo en Sevilla por el subdelegado– entre los escribanos de la Audiencia o de la Chancillería del lugar de la maestranza. Este escribano estaba obligado a trabajar en el tribunal, así como en la administración de la corporación. Las maestranzas tenían, además, uno o varios abogados para defender los intereses de la corporación ante el propio tribunal especial, ante otros tribunales y en todas las demás cuestiones jurídicas. Las corporaciones de Valencia, Ronda y Zaragoza estaban expresamente obligadas a tener un procurador que se hiciera cargo de los asuntos jurídicos de la corporación.[109]

Los tribunales especiales de las Maestranzas de Sevilla y Granada fueron, hasta 1748, de forma general, los únicos competentes con exclusión de todos los demás tribunales. La instancia de apelación para ambos tribunales fue primero, hasta 1746, la Junta de Caballería del Reino, un organismo para el fomento de la cría caballar, y después el Consejo de Guerra por medio del secretario de Guerra.

Antes de 1748, en la práctica existían múltiples problemas concretos en la competencia de los tribunales especiales de las Maestranzas de Sevilla y Granada. Por ello, la Corona se vio obligada en 1748 a precisar las competencias de ambos tribunales,[110] aprovechando, al mismo tiempo, la ocasión para restringirlas. En adelante, los tribunales de las Maestranzas de Sevilla y Granada eran únicamente competentes en procesos en los cuales la corporación defendía sus intereses, sea como acusada, sea como demandante (fuero activo y pasivo). Le incumbía al tribunal ocuparse de todos los procesos civiles y criminales en los que se acusaban a miembros activos de las maestranzas, residentes en la ciudad o en un radio de cinco leguas, y a los empleados de la corporación (fuero pasivo en causas civiles y criminales). Sin embargo, no se permitía aumentar el número de los empleados fijos que podrían tener derecho al fuero privilegiado. Este debía ajustarse a las disposiciones y reglamentaciones excepcionales del fuero militar. Esta alusión poco concreta al fuero militar se refería al fuero pasivo de los maestrantes y de los empleados fijos, que correspondía a los oficiales del ejército acusados en procesos civiles y criminales.[111] Apoyándose en el fuero militar, el tribunal especial de las maestranzas también era competente si se procesaba a un criado de un caballero maestrante (fuero pasivo en causas criminales). En adelante se podía recurrir directamente al rey, es decir al Consejo de Guerra por la vía reservada del secretario de Guerra contra las sentencias del tribunal especial, ya que la segunda instancia competente hasta entonces, la Junta de Caballería del Reino, había quedado disuelta en 1746.

Con el otorgamiento del fuero privilegiado a la Maestranza de Valencia en 1760, la Corona dio otro paso para precisar y restringir la jurisdicción especial de esta corporación nobiliaria.[112] En su forma restringida, el fuero privilegiado de la maestranza fue transferido en 1784 a las corporaciones de Sevilla y Granada;[113] en 1786, a la de Ronda,[114] y en 1824, a la de Zaragoza.[115] De acuerdo con las disposiciones de la real cédula de 1760, las corporaciones mismas conservaban el fuero pasivo y activo. En cambio, el fuero pasivo en lo civil como en lo criminal, que correspondía únicamente a los maestrantes residentes en la ciudad, se aplicó desde este momento en procesos en que estos fueran acusados personalmente de faltas criminales y civiles. El fuero de los miembros de la corporación ya no incluía litigios sobre divisiones de herencias, mayorazgos, concursos de acreedores, cesiones de bienes, esperas o casos semejantes en los que estuvieran implicados varios demandantes. Un maestrante en su calidad de demandante debía dirigirse al tribunal competente, que era, por lo general, el fuero de la persona demandada o del asunto en litigio.

En esta forma restringida, la competencia del fuero privilegiado de las maestranzas comprendía no solo a los miembros, sino también a sus esposas, y, en causas criminales, también al presidente y al subdelegado del tribunal. En adelante, el fuero pasivo al que los empleados fijos de la corporación tenían derecho solo valdría en lo criminal cuando se tratase de casos delictivos cometidos en el ejercicio de sus funciones y no por razones personales. Según la real cédula, la instancia de recurso ya no era un tribunal especial convocado por el rey, sino la Real Audiencia o la Real Chancillería correspondiente. Los conflictos de competencia relacionados con el fuero privilegiado de una maestranza debían decidirse por el regente y el decano de la Audiencia o de la Chancillería asistiendo también el subdelegado, que tenía derecho a voto. Con las precisiones y restricciones del fuero privilegiado de las maestranzas, la Corona dio un paso más en la secular evolución de fortalecer la jurisdicción ordinaria, cuyo garante eran las Reales Chancillerías y las Reales Audiencias, en detrimento de los fueros privilegiados.

Salvo excepciones, los tribunales especiales de las maestranzas se componían en la práctica conforme a lo dispuesto en los estatutos y las reales órdenes. Las corporaciones de Sevilla y Granada no podían influir en el nombramiento del subdelegado de sus propios tribunales, dado que tenían que presentar para este fin una terna de candidatos. Para nombrar las personas de la terna tenían que tener en cuenta el rango y la antigüedad de los candidatos que eran oidores de la Audiencia o de la Chancillería, por lo que se debían recabar previamente informaciones de las instituciones en cuestión. Si una maestranza no tenía en consideración la antigüedad de los oidores, el tribunal afectado elevaba sus protestas al monarca, como ocurrió en 1732 en Sevilla, cuando la Maestranza prefirió candidatos más jóvenes y convenientes a otros con mayor antigüedad. En su petición dirigida a Felipe V, los oidores de la Audiencia de Sevilla argumentaron indignados que tales irregularidades perjudicarían la independencia que la imparcialidad del tribunal especial y el prestigio de los jueces.[116] No hemos podido averiguar, en base de los documentos conservados, si estos intentos de influir en la composición del tribunal especial fueron frecuentes en Sevilla y Granada, ni si estos propósitos tuvieron éxito. En las Maestranzas de Valencia y Ronda no se dieron estas posibilidades debido a la política más prudente y restrictiva de la Corona en cuestión de privilegios.

Desde que las diferentes maestranzas dispusieron de mayores ingresos regulares, pagaron a los miembros de sus tribunales especiales unos salarios fijos. En Sevilla[117] y Granada[118] percibieron de esta manera un sueldo el subdelegado o asesor y el escribano, y en Granada, además, el juez conservador. Como ya se indicó, las corporaciones encargaron la defensa de sus intereses a procuradores y abogados remunerados. No se ha podido averiguar si los sueldos pagados a los jueces y a sus colaboradores coartaban la independencia de los tribunales especiales de las maestranzas.

Los tribunales especiales y las instancias de apelación desarrollaban su labor siguiendo las mismas disposiciones procesales de los demás tribunales forales y ordinarios. A pesar de que el presidente de los tribunales especiales de las maestranzas, por lo general, no fuera jurista, debía tomar las decisiones él mismo, aunque se apoyara en las recomendaciones o pareceres de su asesor letrado. Únicamente en Sevilla, y en el período de 1732-1790, el subdelegado ejerció las facultades decisorias en calidad de juez independiente.[119] Los tribunales de las maestranzas disponían de cárceles especiales, que no eran las mismas que las de los tribunales ordinarios. En Granada, por ejemplo, los reos privilegiados condenados a pena de cárcel, quedaban detenidos en la Alcazaba de la Alhambra.[120]

El fuero privilegiado de las maestranzas, lo mismo que el fuero militar, no implicaba que se administrara una justicia particular. Únicamente permitía el acceso a tribunales e instancias de recurso especiales que operaban, sin embargo, conforme a la misma ley, siguiendo los mismos trámites procesales que la justicia ordinaria o los demás tribunales especiales.[121]

Como ya mencionamos, el fuero privilegiado de las maestranzas condujo a innumerables conflictos con los tribunales de diferentes fueros. Estos conflictos de competencia surgían sobre todo por la cuestión de si las personas involucradas sometidas a diferentes fueros, entre ellos el de las maestranzas, deberían juzgarse por el tribunal de la corporación o por los tribunales ordinarios. Hemos podido comprobar que en conflictos de este tipo intervinieron los tribunales de la Maestranza de Sevilla a partir de 1739, de Granada a partir de 1755 y de Valencia a partir de 1765.[122]

La frecuencia de los conflictos de competencia en los cuales participaban los tribunales de las maestranzas aumentaba debido a las definiciones poco claras de los que significaba el fuero privilegiado de la corporación. Los privilegios otorgados a la Maestranza de Sevilla en 1729 y a la de Granada en 1739 contemplaban de manera poco precisa "todas las causas de los maestrantes".[123] Los tenientes de Hermano Mayor de la corporación sevillana interpretaban esta fórmula en el sentido de que el fuero de las maestranzas, al igual que el fuero militar, comprendía todos los litigios civiles y procesos criminales en los que se acusara a miembros de la corporación.[124] En cambio, la Audiencia de Sevilla y la Chancillería de Granada interpretaron de manera restrictiva el alcance del fuero, considerándolo simplemente como un fuero criminal que solo entraba en función si un miembro de las maestranzas era acusado en un proceso criminal.[125] No obstante, las maestranzas de ambas ciudades tuvieron que aceptar la interpretación restrictiva de su fuero dada por las máximas instituciones de la justicia y de la administración provincial. Quedaron sin efecto varias peticiones de la corporación sevillana dirigidas al secretario del infante y Hermano Mayor en la corte con el ruego de ampliar el fuero en el sentido de un pleno fuero civil y criminal.[126]

Las maestranzas no solo se afanaban en conseguir una mayor amplitud de su fuero, sino también en aumentar el número de las personas que podían beneficiarse del mismo. En 1734, la Maestranza de Sevilla solicitó, en una petición remitida al secretario del Hermano Mayor, que se aplicara el fuero también a los empleados necesarios de la corporación.[127] Después de conseguir en 1748 el fuero pasivo en causas civiles y criminales para un número determinado de empleados, las corporaciones de Sevilla y Granada reclamaron en repetidas ocasiones que se aplicaran los derechos del fuero privilegiado a cada vez más empleados.[128] En 1748 el grupo de maestrantes que tenían derecho al pleno fuero privilegiado había quedado restringido a los caballeros residentes en ciudades con sede de las maestranzas y a los que vivían en un radio de cinco leguas (27,9 km). En los años siguientes, tanto algunos maestrantes forasteros como también algunas corporaciones, como la de Valencia, solicitaron que se diera el pleno fuero también a los miembros forasteros.[129] Todas las peticiones referidas encontraron la decidida oposición de los altos funcionarios de la Corona y no tuvieron éxito. La Corona las tramitó con dilaciones o las rechazó abiertamente.

En 1795, las Maestranzas de Granada y Ronda solicitaron que sus empleados fijos y el primer lacayo de cada uno de los maestrantes residentes no entrasen en quinta, como era usual hasta entonces, ya que estas personas podrían ampararse en el fuero militar. En la España del siglo XVIII, la quinta era el procedimiento para la leva y el reclutamiento del Ejército regular y de las Milicias Provinciales. La Corona eximió en 1795 únicamente a los empleados fijos, pero no a los criados de las maestranzas. Los miembros de las corporaciones podían librar a sus lacayos de las quintas únicamente si ponían un sustituto a su costa.[130] Los mismos caballeros maestrantes, siendo nobles acaudalados, estaban exentos de las quintas de sus lugares.

Los fueros privilegiados han sido criticados en los siglos pasados una y otra vez por considerarlos perniciosos para la política interior del país. Las Cortes de Castilla exigían repetidas veces que no se otorgaran por más tiempo estos fueros privilegiados perjudiciales. En el siglo XVIII fueron los altos funcionarios de la Corona de mentalidad ilustrada y los jueces, quienes siguieron criticando severamente en las Audiencias y Cancillerías, en el Consejo y en la Cámara de Castilla, así como en los ministerios, los fueros privilegiados con excepción del fuero eclesiástico. Las razones que se esgrimieron en contra de los fueros privilegiados, como el de las maestranzas, se pueden resumir de la manera siguiente: los fueros privilegiados conducirían a innumerables y largos conflictos entre tribunales de fueros diferentes, sobre todo, entre los tribunales forales y los ordinarios. Debido a ello se originarían costos adicionales para las partes en litigio y un aumento innecesario de trabajo para los tribunales. La demora de los procesos dificultaría las pesquisas y favorecería la defensa del acusado. Por ello los tribunales especiales, a diferencia de la justicia ordinaria, fallarían con frecuencia sentencias menos severas e incluso la impunidad del reo. De ello se resentiría el prestigio de la justicia ordinaria, en tanto que los fueros privilegiados se consideraban como privilegios codiciados. Además de estas razones jurisdiccionales contra el fuero privilegiado de las maestranzas, había otros argumentos de carácter general contra la concesión de privilegios sin las correspondientes compensaciones, que se analizarán en el capítulo VII. Por ello la Cámara de Castilla se pronunció en 1774 abiertamente a favor de la abolición del fuero privilegiado de las maestranzas, aunque no encontró la aprobación del rey, que insistió en mantenerlo basándose en "su poder real absoluto".[131]

El fuero privilegiado de la corporación de Zaragoza, otorgado en 1824, no tuvo ningún efecto inmediato y solo llegó a ser realidad en 1829, cuando se les otorgó el pleno fuero militar a los miembros de esta corporación y a los de las otras, a sus esposas, viudas y criados.

Con ello, la Corona anuló, en gran medida, las restricciones que había impuesto durante el siglo XVIII al fuero privilegiado de las maestranzas.[132] No obstante, el 21 de mayo de 1842 quedó abolido el fuero militar de los miembros de las maestranzas en favor de la justicia ordinaria.[133]

El estado actual de la investigación no permite establecer un juicio definitivo sobre el fuero privilegiado de las maestranzas, ya que no se han conservado sino unos pocos documentos de la actividad de los tribunales especiales de estas corporaciones e incluso estos, por lo general, no son más que fragmentos de los conflictos de jurisdicción antes referidos. Además, disponemos de pocos estudios sobre los fueros privilegiados en la España del siglo XVIII y también de pocos sobre la justicia ordinaria, que podrían aprovecharse para una comparación adecuada. Por otra parte, el fuero privilegiado de las maestranzas no debe considerarse exclusivamente como un problema de la historia del derecho. Antes bien, hay que contemplarlo como un problema de la historia social en relación con la política de la Corona respecto a la nobleza, el otorgamiento de privilegios a las maestranzas como corporaciones nobiliarias y el afán de estas corporaciones por distinguirse y separarse de otros grupos.

***

En lo que se refiere a las finanzas, el privilegio más importante de algunas maestranzas era poder realizar cada año un determinado número de corridas de toros. Estas eran muy populares, por lo que su celebración producía considerables beneficios de manera que constituían una de las mejores fuentes de ingresos de las maestranzas.[134] Por su importancia dedicaremos a este tema el capítulo VI de este libro.

***

Por último, la Corona confirmó en el marco de las aprobaciones de las diferentes ordenanzas, a partir de mediados del siglo XVIII, el derecho de las maestranzas a que cada corporación pudiese ostentar su propio blasón de armas en los membretes, sellos, banderas y pendones, así como en los uniformes de sus miembros y de las personas a su servicio. De la misma manera, las maestranzas obtuvieron el derecho al barroco tratamiento de "Vuestra Señoría Ilustrísima", en su forma abreviada "V. S. I.". Este tratamiento correspondía, con propiedad, tan solo al arzobispo de Toledo, a los presidentes de los Consejos Reales de Castilla y de Aragón, y al inquisidor general.[135]

Hay que señalar que, de las maestranzas de caballería que se fundaron a partir de la tradición de las cofradías y hermandades, solo unas pocas subsistieron con el paso del tiempo, siendo distinguidas con privilegios por el rey. En el orden cronológico se sucedieron las de Sevilla, Granada, Valencia y Ronda, a las que se unió en el primer cuarto del siglo XIX la de Zaragoza. Llama la atención que la Maestranza de Sevilla fuese siempre la primera en ser distinguida, a modo de adelantada de las nuevas corporaciones nobiliarias, por la concesión de privilegios por parte de la Corona.

Debido a los privilegios que obtuvieron en el transcurso del siglo XVIII, las maestranzas de caballería se aproximaban, en lo que se refiere a prestigio social, al rango de las grandes órdenes militares nacionales. Como se verá más adelante,[136] al igual que estas, admitieron tan solo nobles destacados y acaudalados de su ciudad y luego también de toda España, que podían probar su intachable nobleza hereditaria. Como los caballeros de las órdenes militares, sus miembros obtuvieron la prerrogativa de llevar uniformes especiales. Al frente de las mismas se encontraba, al igual que en las órdenes militares, un miembro de la familia real, y en el siglo XIX el mismo rey. Por lo tanto, cada una de las cinco maestranzas tenía el título de Real. Lo mismo que las órdenes militares, las maestranzas de caballería tenían su propio fuero privilegiado desempeñado por tribunales especiales. Y, por último, disponían de ingresos propios, que no procedían, como en el caso de las órdenes militares, de encomiendas, sino de la organización de corridas de toros. Los numerosos privilegios de las maestranzas de caballería se fundamentaron, como anteriormente ocurrió con las órdenes militares, sobre todo, en la utilidad militar para la Corona. No obstante, tanto las maestranzas de caballería como las órdenes militares se convirtieron con el paso del tiempo cada vez más en instituciones de distinción social dentro de la aristocracia española. Por otra parte, no hay que olvidar que tanto unas como otras tuvieron su origen en las cofradías nobiliarias relativamente insignificantes y de carácter local.

4. Las maestranzas de caballería en Hispanoamérica

En el transcurso del siglo XVIII no solo hubo maestranzas de caballería en la metrópoli, sino que se iniciaron también en los territorios de la Corona española en ultramar. En 1709 se creó la de La Habana, y en 1789-1790 hubo un intento de fundar una maestranza en la ciudad de México denegado por la Corona. Sin embargo, las nuevas hermandades de caballería nobiliarias en ultramar, a diferencia de las de la Península Ibérica, no tuvieron gran éxito. Para comprender mejor la poca difusión de las maestranzas en el Nuevo Mundo, conviene describir brevemente las diferentes condiciones políticas, económicas y sociales, con las que se encontraban en las colonias la nobleza española y sus corporaciones.

Frente a los estratos sociales inferiores de indígenas, mestizos, mulatos y negros, los colonos blancos en las colonias de ultramar tuvieron la misma posición privilegiada que correspondía a los nobles en la metrópoli europea. Alejandro de Humboldt escribe de su viaje por el Virreinato de la Nueva España en los años 1803-1804: "Un blanco, aunque monte descalzo a caballo, se imagina ser de la nobleza del país". Porque a diferencia de la metrópoli, "[...] en América, la piel, más o menos blanca, decide el rango que ocupa el hombre en la sociedad".[137] Ante esta "situación colonial" de Hispanoamérica, dicotómica o dual tanto en lo político y lo económico como en lo étnico y lo cultural, se perdían las diferencias sociales entre los blancos de origen noble y burgués.

Además, desde los inicios de la conquista, la Corona se opuso con éxito a las tendencias de formar una nobleza feudal poderosa. En contra de los intereses de los conquistadores y colonos, impidió, gracias al

Retrato del virrey Agustín de Ahumada. Marqués de las Amarillas, maestrante de Ronda. Juan Patricio Morlete Ruiz, 1756. Óleo sobre lienzo. Museo Nacional de Historia, Castillo de Chapultepec, Ciudad de México.

fuerte poder central y al aparato administrativo de ultramar, que Hispanoamérica fuese colonizada y marcada por señoríos feudales, en lo que a la política, sociedad y economía se refiere. Como después de la conquista, controlada por el Estado, todas las tierras sin dueño pertenecían de principio a la Corona, esta procuraba repartirlas entre los colonos, a ser posible, solo en pequeñas parcelas. No obstante, la política de la Corona no tendía a suprimir totalmente a la nobleza en el Nuevo Mundo. Como premios de prestigio se otorgaron títulos de nobleza, sobre todo cartas de hidalguía, y, en ocasiones, también títulos de Castilla, tanto a conquistadores con ambiciones de escalar mejores situaciones sociales, como a los primeros colonos. A partir del siglo XVII, la Corona supo aprovechar, además, la ambición social de muchos españoles en ultramar que habían hecho fortuna, vendiéndoles cartas de hidalguía y títulos de condes y marqueses. De esta manera se consiguió unir más estrechamente la persona del rey a los súbditos así distinguidos y fortalecer al mismo tiempo la monarquía en ultramar, además de mejorar la Real Hacienda, crónicamente deficitaria, cobrando determinados servicios pecuniarios.

La nobleza colonial que en el siglo XVIII residía sobre todo en las capitales del Nuevo Mundo no era, por lo tanto, una nobleza feudal, sino una burguesía ennoblecida que había hecho fortuna en el comercio, la explotación minera, la agricultura o el servicio de la Corona. Para consagrar su posición económica y social adquirieron títulos de nobleza, unas veces heredados de los antepasados, otras otorgados por la Corona o por corporaciones nobiliarias a cambio del pago de dinero o en compensación de méritos extraordinarios. Los títulos de nobleza así adquiridos no comportaban privilegios económicos ni políticos. No eran sino un adorno social, a menudo costoso, de personalidades destacadas por sus bienes o sus cargos dentro de la sociedad colonial. En el siglo XVIII, la nobleza hispanoamericana se componía, además de numerosos hidalgos, de títulos de Castilla y, en cierta medida, de miembros de las órdenes militares y, en no pocos casos, de miembros de las maestranzas de caballería. Como en la metrópoli, se requería la probanza de hidalguía de sangre para obtener el otorgamiento de los títulos nobiliarios mencionados.[138]

La Maestranza de Caballería de La Habana se fundó en 1709 durante la guerra de Sucesión por un grupo de vecinos nobles y destacados de la ciudad, probablemente por iniciativa del capitán general y gobernador de la isla. En varias reuniones, los miembros fundadores elaboraron sus ordenanzas propias, que, en gran medida, se parecían a las de la Maestranza de Sevilla, si bien con algunos cambios debidos a las necesidades locales de La Habana. Eligieron los cargos de la Junta Directiva de su asociación, cuyo primer acto oficial consistió en enviar, en nombre de todos los miembros, las ordenanzas elaboradas y una petición al Ayuntamiento. En la petición manifestaron que, junto con otros diferentes vecinos patricios, probablemente recién ennoblecidos o burgueses, habían acordado reunirse formando una hermandad que honraría su querida patria, que se habían comprometido a no emprender nada en detrimento del real servicio y que estaban dispuestos, como leales vasallos de Felipe V, a servirle con ciega obediencia para mayor gloria del monarca. En caso de una invasión, las armas, caballos y medios económicos de los miembros quedarían a disposición de la Corona, como en tiempos pasados. Por último, solicitaron que el rey aprobase la fundación llevada a cabo, las ordenanzas elaboradas, así como la confirmación de las elecciones realizadas.

El Ayuntamiento de La Habana, en su sesión del 29 de noviembre de 1709, acordó haber recibido por presentadas a las personas de los fundadores de la hermandad, el texto de las ordenanzas previstas y el resultado de la elección de los cargos. El Ayuntamiento votó, además, agradecer al capitán general y demás señores de su grupo la iniciativa tomada en favor de la fundación de la hermandad, así como informar a su majestad sobre la petición de la nueva maestranza de caballería. En sesión del 27 de octubre de 1714 los capitulares reunidos quedaron informados de que la Corona, por real cédula del 26 de agosto de 1713, había aprobado el texto de las ordenanzas y la elección de los cargos, y le otorgaba a la Maestranza de Caballería de La Habana los mismos privilegios que a la hermandad de caballería de Sevilla.[139]

La Maestranza de La Habana veneraba por patrona a la Virgen María en la advocación de los Remedios bajo el patrocinio de la Inmaculada Concepción, similar a la Maestranza de Sevilla y a la mayoría de las otras maestranzas andaluzas. Como estas, organizaba, además de los ejercicios regulares de equitación, en días específicos numerosas funciones religiosas y civiles, en las cuales se realizaban fastuosos festejos ecuestres y carreras de caballos. Los estatutos de Sevilla quedaron modificados en el sentido de que algunos cargos de la Junta de Gobierno tuvieron asignadas otras tareas o incluso cometidos adicionales. Así, a diferencia de las maestranzas andaluzas, la hermandad de caballería de La Habana debía cumplir una importante función militar. En los estatutos se disponía que, en caso de alarma del Cuerpo de Guardia Principal, todos los maestrantes con sus armas y caballos tenían la obligación de reunirse en un lugar determinado, y quedaban sometidos al mando del capitán general en su calidad de comandante militar supremo de la isla. Por último, las ordenanzas de la Maestranza de La Habana variaron, además, en las condiciones para la admisión de nuevos miembros. Aparte de la hidalguía de sangre y riqueza, que eran cualificaciones que se requerían en Sevilla, el futuro maestrante de La Habana debía poseer también la "notoriedad distinguida" como vecino. Por otra parte, el número de miembros en La Habana quedó limitado a 30, pudiéndose recibir otros miembros tan solo si pagaban la alta cuota de admisión de 500 pesos. Sobre la admisión de nuevos miembros decidía la Junta Directiva, compuesta por nueve miembros elegidos por dos años.[140] Las mismas condiciones restrictivas para la admisión hubiesen conducido en Andalucía, probablemente, a tensiones sociales dentro de la nobleza urbana, puesto que los fundadores de la hermandad nobiliaria podían proporcionarse a sí mismos de forma ilimitada ventajas sociales, a la par que estaban en condiciones de excluir a extraños de estas ventajas. El hecho de que las mencionadas condiciones de admisión no produjeran protestas por parte de los estratos pudientes de La Habana hace suponer que la distinción social basada en la probanza de hidalguía y en la pertenencia a corporaciones nobiliarias no gozaría de demasiado prestigio dentro de la alta sociedad de esta ciudad portuaria y comercial, a diferencia de las circunstancias en Andalucía.

¿Cuáles eran entonces los motivos para fundar la Maestranza de Caballería de La Habana, si no era la perspectiva de ganar distinción social y prestigio? Según las actas capitulares del 29 de noviembre de 1709, la iniciativa de crear la maestranza probablemente partió del capitán general y gobernador de la isla, que residía en la ciudad capital. Don Laureano de Torres Ayala y Quadros era caballero de la Orden de Santiago, distinguido por el rey en 1709 con el título de marqués de Casa Torres, siendo el primer poseedor del mismo. Nacido en Sevilla en 1649, había escogido la carrera de las armas. Durante los ochenta del siglo xvii, como maestre de un barco, se habia dedicado al comercio entre Canarias e Hispanoamérica acumulando dinero que invertiría en honores y oficios vendibles de la administración colonial. En 1708, llegó a ocupar el cargo de capitán general y gobernador de Cuba en el rango de maestre de campo. En virtud de su cargo administrativo de gobernador presidía también el Cabildo de la capital de la isla. Mantenía relaciones de amistad y de parentesco con muchas familias dirigentes y con la mayoría de los capitulares de la ciudad por medio de su esposa oriunda de La Habana, la de su hermano, nacida igualmente en Cuba, y de su hija casada allí mismo. En 1708 tomó posesión de su cargo un nuevo teniente de gobernador y auditor de Guerra, nombrado por el rey, que era persona enérgica e imparcial. La oligarquía de terratenientes representada en el Ayuntamiento pronto empezó a protestar contra el incómodo asesor letrado y funcionario real. Para aclarar los cargos, Torres, que probablemente actuó de acuerdo con los regidores, dictó sin más el arresto de su teniente. Es de suponer que el capitán general y gobernador, en esta situación precaria de enfrentamientos y tensiones, trataría de reunir en torno a su persona otros aliados de la clase dirigente de la isla, creando la maestranza de caballería, que podía parecer una milicia nobiliaria independiente. En efecto, tres de los nueve cargos elegidos de la hermandad de caballería eran miembros del Ayuntamiento, otros eran amigos de ellos y otros tres, parientes cercanos de Torres. Junto con la maestranza, el capitán general creó, además, una unidad de milicia leal, disponible en caso de alarma y sujeta a su mando.[141]

Cuando Felipe V aprobó su fundación en la época de la guerra de Sucesión, el interés de la Corona se centraría en asegurar militar y políticamente las posesiones de ultramar y, en especial, un puerto tan importante y vulnerable como el de La Habana, posponiendo por el momento las diferencias sociales y las tensiones del interior. No cabe duda de que por medio de la hermandad de caballería nobiliaria se pretendía fomentar entre los jóvenes nobles el deporte ecuestre como requisito del estilo de vida aristocrático, así como la cría de caballos en la isla.

La Maestranza de Caballería de La Habana subsistió poco tiempo, cayendo en el olvido probablemente tras la muerte de su promotor Torres en 1716 y de los miembros fundadores. Ya no estaba en funciones en 1725, como lo verificó la Junta de Caballería del Reino establecida en este año. En 1783 dos vecinos nobles, Gabriel Peñalver y José Eusebio de la Luz, en nombre de otros vecinos nobles, se esforzaron para reconstituir la maestranza. De ello informan en una carta, pero su proyecto no tuvo ningún éxito.[142] Diez años más tarde, unos vecinos nobles de la ciudad se dirigieron, por mediación de un noble sevillano, al teniente de Hermano Mayor de la Maestranza de Sevilla, pidiendo les mandase unos ejemplares de las ordenanzas sevillanas que, con algunas adiciones, también deberían ser válidas para la Maestranza de La Habana y que allí, evidentemente, no estaban disponibles. Aunque se mandaron en 1793 diez ejemplares de los estatutos sevillanos a La Habana,[143] no tuvo éxito este segundo intento de reactivar la Maestranza de Caballería de La Habana. Este intento para reestablecer la hermandad con sus reglas originales de 1713 y el nombramiento de un miembro de la familia real como Hermano Mayor encontró la oposición del Consejo de Guerra. Aconsejó al rey, en su dictamen de noviembre de 1789, que aceptase el restablecimiento solo bajo dos condiciones: que todos los miembros deberían estar bajo el mando del capitán general como teniente de Hermano Mayor y que ningún noble pudiera ser maestrante sin servir en uno de los cuerpos militares del puerto. Dado que el grupo de los nobles interesados no quiso aceptar la segunda condición frente al nuevo capitán general encargado en el asunto y al secretario de Guerra en la corte, la Maestranza de Caballería de La Habana finalmente, en 1794, no llegó a ser reestablecida.[144] La época de la independencia de los Estados Unidos, de la Revolución francesa y las guerras napoleónicas no fue favorable a las maestranzas de caballería en ultramar.

En enero de 1784 y de nuevo en agosto de 1785, el Ayuntamiento de la Ciudad de México, capital del Virreinato de Nueva España, solicitó a los dos virreyes, Matías y su hijo Bernardo de Gálvez, el establecimiento de una corporación de maestranza de caballería, propuesto y favorecido por ellos mismos. Sin embargo, las dos peticiones no llegaron a la corte en España, sobre todo por la muerte de ambos y la de su poderoso hermano y tío José de Gálvez, ministro universal de Indias.[145]

Con el fin de engalanar las festividades con motivo de la proclamación de Carlos IV en 1789, los nobles de la ciudad de México realizaron un manejo de caballos o torneo de carácter caballeresco histórico en la plaza pública. Para poder organizar en ultramar tales festejos ecuestres, como actividad propia de la nobleza, treinta nobles muy influyentes de la ciudad solicitaron en una petición al rey que les permitiese establecer en la ciudad de México una maestranza de caballería según el modelo de las corporaciones nobiliarias de Sevilla, Granada, Valencia y Ronda. Los peticionarios dijeron actuar en nombre y en representación de todos los hidalgos del Virreinato de Nueva España, tanto de los americanos como de los de la metrópoli.

Solicitaron que a su futura corporación nobiliaria pudiesen pertenecer nobles de origen americano, lo mismo que los procedentes de Europa. Pedían, además, que la Corona otorgase a su corporación, a ser posible, los mismos privilegios que poseían las maestranzas españolas, destacado entre estos privilegios el de un uniforme distinguido de vistoso colorido, jurisdicción especial y separada de la ordinaria y, finalmente, el honor de que un infante de sangre real fuese su Hermano Mayor perpetuo, cuyas funciones podrían desempeñar el virrey como su teniente, dadas las grandes distancias de la corte. En tanto que no se hubiesen elaborado ordenanzas propias y fuesen aprobadas por la Corona, se solicitaba que el virrey aprobase los primeros miembros y sus nuevos uniformes. Los peticionarios razonaban la proyectada maestranza de caballería, alegando que, siendo una escuela ecuestre de carácter nobiliario, podría dedicarse de modo especialmente eficaz a la educación física y espiritual de la juventud noble americana. Además, estaría capacitada para fomentar la cría de caballos en el Virreinato, particularmente en vista de las ventajosas razas caballares, abundantes pastos de todo tipo y los ganaderos adecuados.[146]

En su carta al ministro competente, el virrey, conde de Revillagigedo, apoyó sin reservas la petición de los nobles mexicanos. En la misma escribe que una maestranza de caballería facilitaría la mejora muy necesaria de la cría de caballos, promovería de manera decisiva la educación hasta entonces descuidada de la juventud noble y fortalecería el vínculo de fidelidad de las casas nobiliarias más principales al rey. De esta manera, tal corporación nobiliaria, influyendo sobre ella de modo discreto, podría aumentar la defensa de los reinos de ultramar y afianzar la obediencia de los súbditos americanos a su monarca. El virrey solicitó del ministro que impetrase la aprobación del rey para la fundación de la Maestranza de Caballería de la ciudad de México.[147]

Sin embargo, el Consejo de Indias, requerido para que emitiese su parecer, en su consulta, que obtuvo también el beneplácito de Carlos IV, rechazó el proyecto de establecimiento de una maestranza en la ciudad de México en los términos propuestos por "no creer[lo] necesario, conveniente ni útil". En su opinión, los nobles mexicanos no necesitaban "las exenciones y distracción" de su proyecto porque tenían suficientes posibilidades de entrar al servicio de la Corona, sobre todo, en los nuevos regimientos de infantería y de caballería, tanto de línea como de milicias, y también en los ramos de la administración civil. Por lo demás, los caballeros y los demás vecinos honrados de América eran libres de ir a la metrópoli para "entrar en todas sus carreras, honores y seminarios".[148] La decisión negativa de la Corona fue transmitida al virrey, conde de Revillagigedo, por real cédula del 30 de noviembre de 1790.[149]

El fiscal del Consejo de Indias destacó en su dictamen decisivo el hecho de que en España no había maestranza de caballería en la mayoría de las capitales de provincia, a pesar del crecido número de nobles en la población. En ellas la noble juventud podía dedicarse, sin la erección de una corporación privilegiada, en cualquier picadero al manejo de los caballos y otros ejercicios peculiares de su estamento preparándose, sobre todo, a servir en los reales ejércitos. Entre los privilegios que la proyectada Maestranza de México obtendría de acuerdo con los modelos españoles, era el uniforme distinto de los demás y, sobre todo, el fuero militar que por las experiencias habidas conduciría a frecuentes diferencias de competencia entre las autoridades judiciales, que resultarían desfavorables para las personas afectadas. El fiscal se opuso también a las condiciones de admisión presentadas, por las cuales únicamente se admitirían como nuevos miembros a caballeros de muy notoria y distinguida nobleza y de caudales suficientes. Esta limitación produciría en Hispanoamérica varias tensiones y disputas entre los vecinos nobles y los que no lo eran, "por ser indubitable que se reputa en aquellos Reinos por noble a cualquier español que pasa a ellos, siempre que no se dedica a ningún oficio indecoroso y adquiera algunos fondos". Por último, el fiscal era del parecer de que el rey no necesitaba en absoluto ninguna maestranza de caballería en la Nueva España para seguir algún beneficio público particular, ni afianzar la seguridad y la lealtad de aquellos habitantes. Además, una corporación, junta o colegio de esta índole en Hispanoamérica, sea de españoles, indios, negros, mulatos u otros sujetos, podría controlarse difícilmente, debido a las grandes distancias, suscitando graves perjuicios políticos y daños apenas evitables.[150]

La única maestranza de caballería fundada en la América española con la aprobación de la Corona, la de La Habana, subsistió por poco tiempo. La creación proyectada de tal corporación nobiliaria en México fue prohibida por la Corona por temor a posibles dificultades políticas. La política de la Corona frente a la nobleza y a las corporaciones nobiliarias impidió, por lo tanto, en gran medida, la existencia de maestranzas de caballería en ultramar. No obstante, hubo numerosos hidalgos en Hispanoamérica que pertenecieron efectivamente a una de la maestranzas españolas, en particular a la de Ronda, no por ambiciones políticas, sino por intereses de prestigio social.[151]

[1] Sin embargo, el Consejo de Indias, requerido para que emitiese su parecer, en su consulta, que obtuvo también el beneplácito de Carlos IV, rechazó el proyecto de establecimiento de una maestranza en la ciudad de México en los términos propuestos por "no creer[lo] necesario, conveniente ni útil". En su opinión, los nobles mexicanos no necesitaban "las exenciones y distracción" de su proyecto porque tenían suficientes posibilidades de entrar al servicio de la Corona, sobre todo, en los nuevos regimientos de infantería y de caballería, tanto de línea como de milicias, y también en los ramos de la administración civil. Por lo demás, los caballeros y los demás vecinos honrados de América eran libres de ir a la metrópoli para "entrar en todas sus carreras, honores y seminarios".[1] La decisión negativa de la Corona fue transmitida al virrey, conde de Revillagigedo, por real cédula del 30 de noviembre de 1790.[1]

El fiscal del Consejo de Indias destacó en su dictamen decisivo el hecho de que en España no había maestranza de caballería en la mayoría de las capitales de provincia, a pesar del crecido número de nobles en la población. En ellas la noble juventud podía dedicarse, sin la erección de una corporación privilegiada, en cualquier picadero al manejo de los caballos y otros ejercicios peculiares de su estamento preparándose, sobre todo, a servir en los reales ejércitos. Entre los privilegios que la proyectada Maestranza de México obtendría de acuerdo con los modelos españoles, era el uniforme distinto de los demás y, sobre todo, el fuero militar que por las experiencias habidas conduciría a frecuentes diferencias de competencia entre las autoridades judiciales, que resultarían desfavorables para las personas afectadas. El fiscal se opuso también a las condiciones de admisión presentadas, por las cuales únicamente se admitirían como nuevos miembros a caballeros de muy notoria y distinguida nobleza y de caudales suficientes. Esta limitación produciría en Hispanoamérica varias tensiones y disputas entre los vecinos nobles y los que no lo eran, "por ser indubitable que se reputa en aquellos Reinos por noble a cualquier español que pasa a ellos, siempre que no se dedica a ningún oficio indecoroso y adquiera algunos fondos". Por último, el fiscal era del parecer de que el rey no necesitaba en absoluto ninguna maestranza de caballería en la Nueva España para seguir algún beneficio público particular, ni afianzar la seguridad y la lealtad de aquellos habitantes. Además, una corporación, junta o colegio de esta índole en Hispanoamérica, sea de españoles, indios, negros, mulatos u otros sujetos, podría controlarse difícilmente, debido a las grandes distancias, suscitando graves perjuicios políticos y daños apenas evitables.[1]

La única maestranza de caballería fundada en la América española con la aprobación de la Corona, la de La Habana, subsistió por poco tiempo. La creación proyectada de tal corporación nobiliaria en México fue prohibida por la Corona por temor a posibles dificultades políticas. La política de la Corona frente a la nobleza y a las corporaciones nobiliarias impidió, por lo tanto, en gran medida, la existencia de maestranzas de caballería en ultramar. No obstante, hubo numerosos hidalgos en Hispanoamérica que pertenecieron efectivamente a una de la maestranzas españolas, en particular a la de Ronda, no por ambiciones políticas, sino por intereses de prestigio social.[1]

Cfr. Antonio Domínguez Ortiz, "La movilización de la nobleza castellana en 1640", en *Anuario de Historia del Derecho Español*, vol. 25, Madrid, 1955, pp. 799-800, y Núria Sales de Bohigas, "La desaparición del soldado gentilhombre", artículo de 1971, reimpreso en Núria Sales de Bohigas, *Sobre esclavos, reclutas y mercaderes de quintos*, Colección Ariel Quincenal, n. 106, Esplugues de Llobregat, Barcelona, 1974, pp. 7-56.

[2] Real cédula de Felipe II a los ayuntamientos de las ciudades y villas de Castilla, Madrid, 6 de septiembre de 1572, AGS, Cámara de Castilla, Diversos de Castilla, leg. 25, exp. 1, publicado varias veces, también por Pedro de León y Manjón, "Historial de Fiestas y Donativos de la Real Maestranza de Caballería de Sevilla" (Madrid, José Blas y Cía., 1909), reimpreso en *Noticias para la Historia de la Real Maestranza de Caballería de Sevilla,* Sevilla, Real Maestranza de Caballería, 1959, pp. (11-196) 99 y sig.

[3] Cfr. conde de Clonard, *Historia orgánica de las armas de infantería y caballería españolas desde la creación del ejército permanente hasta el día*, vol. 3, Madrid, Imprenta de Francisco del Castillo, 1853, p. 435, e I.A.A. Thompson, *Guerra y decadencia. Gobierno y administración en la España de los Austrias, 1560-1620*. Barcelona, Crítica, 1981, p. 29.

[4] Cfr. los trabajos de Johann Hellwege, *Die spanischen Provinzialmilizen im 18. Jahrhundert*. (Militärgeschichtliche Studien, vol. 9), Boppard am Rhein, Harald Boldt, 1969, pp. 11-26 e *id.*, *Zur Geschichte der spanischen Reitermilizen. Die Caballería de Cuantía unter Philipp II. und Philipp III.*, Wiesbaden, Franz Steiner, 1972. Cfr. además LNR, VI, 1, leyes 11-14 y 18, así como NRE, VI, 3 ley 1.

[5] Real cédula de Felipe II a los ayuntamientos de las ciudades y villas de Castilla, Madrid, 6 de septiembre de 1572, AGS, Cámara de Castilla, Diversos de Castilla, leg. 25, exp. 1.

[6] Respetando la grafía de la época, la real cédula dirigida al Concejo y caballeros de Cádiz dice así: "[...] Concejo Justicia rregidores Cavalleros escuderos oficiales y hombres buenos de la cibdad de cadiz [...]", AGS, Cámara de Castilla, Diversos de Castilla, leg. 25, exp. 1.

[7] En la misma copia se dice: "[...] algunos otros caballeros zelosos De nuesto servicio e del bien e beneficio publico[s] e del honor y abtoridad de su estado [...]", AGS, Cámara de Castilla, Diversos de Castilla, leg. 25, exp. 1.

[8] Las respuestas de los ochenta y ocho ayuntamientos de Castilla se encuentran en la siguiente sucesión en AGS, Cámara de Castilla, Diversos de Castilla, leg. 25, exp. 1: Villa de Agreda, Ciudad de Alcalá la Real, Ciudad de Alcaraz, Villa de Alfaro, Ciudad de Alhama, Ciudad de Almería, Ciudad de Andújar, Ciudad de Antequera, Villa de Aranda, Villa de Arévalo, Ciudad de Ávila, (obispo de Ávila, en Olmedo), Ciudad de Badajoz, (ob. de Bajadoz), Ciudad de Baeza, Ciudad de Baza, Villa de Becerril, Ciudad de Betanzos, Ciudad de Burgos, Villa de Cáceres, Ciudad de Cádiz, (ob. de Cádiz), Ciudad de Calahorra, Villa de Carmona, Villa de Carrión, (ob. de Cartagena), Ciudad Real, Ciudad Rodrigo, (ob. de Ciudad Rodrigo), Ciudad de Córdoba, Ciudad de La Coruña, Ciudad de Cuenca, (ob. de Cuenca), Ciudad de Gibraltar, ciudad de Granada, (ob. de Granada), Ciudad de Guadalajara, Ciudad de Guadix, (ob. de Guadix), Ciudad de Jaén, (ob. de Jaén, en Baeza), Ciudad de Jerez de la Frontera, Villa de La Guardia, Villa de Laredo, Ciudad de León, (ob. de León), Ciudad de Logroño, Ciudad de Loja, Ciudad de Lorca, Villa de Madrid, Villa de Madrigal, Ciudad de Málaga, (ob. de Málaga), Ciudad de Marbella, Villa de Medina del Campo, Villa de Molina, Ciudad de Murcia, Villa de Olmedo, (ob. de Orense), Ciudad de Oviedo, (ob. de Oviedo), Ciudad de Palencia, (ob. de Palencia), Ciudad de Plasencia, (ob. de Plasencia), Villa de Ponferrada, Ciudad de Purchena, Villa de Requena, Ciudad de Ronda, Villa de Sahagún, Ciudad de Salamanca, Villa de San Vicente de la Barquera, Villa de Santander, (ob. de Santiago), Ciudad de Santo Domingo de la Calzada, (ob. de Segovia), Ciudad de Segovia, Villa de Sepúlveda, Ciudad de Sevilla, Ciudad de Soria, Ciudad de Toledo (arzob. de Toledo), Villa de Tordesillas, Ciudad de Toro, Ciudad de Trujillo (ob. de Tuy), Ciudad de Úbeda, Villa de Valladolid, Ciudad de Vélez, *Villa de Las Pedroneras, Ciudad de Villena, Villa de Tobarra, Villa de Albacete, Villa de Quintanar, Villa de Barchín, Villa de El Peral, Villa de Motilla, Villa de Villanueva de la Jara, Villa de Almansa, Villa de Sax, Villa de Ves, Villa de Alpera, Villa de Campillo, Villa de Iniesta*, Ciudad de Vitoria, Villa de Vivero, Ciudad de Zamora, (deán de Zamora).

En el mismo expediente se contienen las respuestas de algunos obispos acerca de problemas semejantes, como el del estado de defensa de los obispados. Estas se incluyen en la lista entre paréntesis. Sin embargo, el contenido de las respuestas no ha podido tenerse en cuenta para el presente análisis.

Los nombres de las quince ciudades del Marquesado de Villena se señalan con letra en cursiva. El Marquesado de Villena era uno de los más grandes e importantes señoríos castellanos. Su territorio comprendió, en la época de los Reyes Católicos, casi por completo las actuales provincias de Albacete y partes de las de Murcia, Cuenca, Valencia y Alicante. Cfr. Juan Torres Fontes, "La conquista del Marquesado de Villena en el reinado de los Reyes Católicos", en *Hispania*, vol. 13, n. 50, Madrid, 1953, pp. 37-155.

[9] Cfr. las listas de los corregimientos de Castilla en 1515 y 1575 en Benjamín González Alonso, *El corregidor castellano (1348-1808)*, Madrid, Instituto de Estudios Administrativos, 1970, pp. 38 y sig.

[10] Se trata de los ayuntamientos de Agreda, Alcaraz, Arévalo, Ávila, Badajoz, Oviedo, Ponferrada, Requena, Salamanca, Soria, Pedroneras, Villena y Zamora, AGS, Cámara de Castilla, Diversos de Castilla, leg. 25, exp. 1.

[11] Los siete concejos propusieron los siguientes patronos: Alfaro: Jesús; Ciudad Rodrigo: Nuestra Señora de la Asunción; Cuenca: San Mateo, San Julián, San Bernabé y otros; León: San Isidro; Olmedo: Nuestra Señora de la Asunción; Santo Domingo de la Calzada: Santo Domingo; Segovia: Nuestra Señora de la Asunción. AGS, Cámara de Castilla, Diversos de Castilla, leg. 25, exp. 1.

[12] Copias de las actas capitulares del Ayuntamiento de Badajoz del 19 y 26 de septiembre y 26 de octubre de 1572, así como la carta del Ayuntamiento dirigida a Felipe II, Badajoz, 10 de noviembre de 1572, AGS, Cámara de Castilla, Diversos de Castilla, leg. 25, exp. 1.

[13] Entre ellas, las de Agreda, Aranda, Ciudad Rodrigo, Cuenca, Madrigal, Plasencia, Requena y Salamanca, AGS, Cámara de Castilla, Diversos de Castilla, leg. 25, exp. 1.

[14] Se trata de las ciudades de Alcalá la Real, Alhama, Almería, Andújar, Antequera, Baeza, Baza, Carmona, Córdoba, Gibraltar, Granada, Guadix, Jaén, Jerez de la Frontera, Loja, Lorca, Málaga, Marbella, Murcia, Ronda, Sevilla y Úbeda, AGS, Cámara de Castilla, Diversos de Castilla, leg. 25, exp. 1.

[15] Contamos con las respuestas de las quince villas del Marquesado de Villena. Los ayuntamientos de Villena, Tobarra, Quintanar, Barchín, El Peral, Motilla, Villanueva de la Jara, Almansa, Sax, Ves, Alpera, Campillo e Iniesta informan que en sus lugares no había nobles que pudieran mantener caballos y armas. Únicamente los ayuntamientos de Las Pedroneras, Albacete y Villena estaban dispuestos a promover la fundación de cofradías de caballería, a pesar de sus dificultades económicas. AGS, Cámara de Castilla, Diversos de Castilla, leg. 25, exp. 1.

[16] "[...] se podra esperar que se poblara lo que esta tan despoblado y desierto después que se echaron los moriscos y que lo que mas conviene a su Real serv[ici]o es mandar dar el horden que convenga para poblar lo que asi esta despoblado y se rrestrauran los daños que el alçami[ent]o de los moros causaron que fueron muy notables como a su mag[esta]d es notorio [...]". Copia del acta capitular sin fecha y carta del Ayuntamiento de Baza a Felipe II, Baza, 25 de diciembre de 1572, AGS, Cámara de Castilla, Diversos de Castilla, leg. 25, exp. 1.

[17] Cfr. las respuestas de los ayuntamientos a Felipe II de 1572, AGS, Cámara de Castilla, Diversos de Castilla, leg. 25, exp. 1.

[18] Véase sobre los problemas fundamentales de la cría de caballos también el capítulo V, pp. 290 y sig.

[19] En una carta no fechada de Tomás Porta, en nombre de la cofradía de caballería de Santiago de Requena, a Felipe II de 1572 se lee la queja siguiente de que "[...] en la d[ic]ha villa [Requena] y su comarca no se crian caballos ni es tierra comoda para ello y por fuerça los [h]an de yr a conprar a la sierra de alcaraz y andalucía y a otras partes [...]". AGS, Cámara de Castilla, Diversos de Castilla, leg. 25, exp. 1.

[20] Cfr. las respuestas de estos concejos a Felipe II en: AGS, Cámara de Castilla, Diversos de Castilla, leg. 25, exp. 1.

[21] Cfr. las respuestas de los Ayuntamientos de Almería, Becerril, Cádiz, Ciudad Rodrigo, Laredo, Oviedo (Principado de Asturias), Ponferrada, San Vicente de la Barquera, Santander, El Peral, Almansa, Sax, Ves, Alpera, Campillo, Vitoria y Zamora a Felipe II de 1572, AGS, Cámara de Castilla, Diversos de Castilla, leg. 25, exp. 1.

[22] Los Ayuntamientos de Betanzos, Burgos, Calahorra, La Coruña y Madrid mencionan expresamente que sus municipios tenían que importar de Andalucía buenos caballos, sobre todo, caballos de casta, AGS, Cámara de Castilla, Diversos de Castilla, leg. 25, exp. 1.

[23] Se trata de los ayuntamientos de las siguientes ciudades y villas: *Ágreda*, Alhama, Aranda, Arévalo, Ávila, Baza, *Betanzos, Cáceres, Cádiz*, Calahorra, *Carrión, Ciudad Real, La Coruña, Cuenca*, La Guardia, *Laredo, León*, Logroño, Madrigal, Marbella, *Olmedo, Oviedo, (Principado de Asturias), Ponferrada*, Purchena, *Ronda*, Sahagún, Salamanca, *Santo Domingo de la Calzada, Segovia, Sepúlveda*, Tordesillas, *Toro*, Albacete, El Peral, *Villanueva de la Jara*, Ves, Alpera, Campillo, Iniesta y Vitoria, AGS, Cámara de Castilla, Diversos de Castilla, leg. 25, exp. 1.

[24] Se trata de los ayuntamientos que en la nota 23 se señalan con letra cursiva.

[25] Entre ellas, figuran las ciudades de Alcalá la Real, Alcaraz, Alfaro, Badajoz, Burgos, Ciudad Rodrigo, Córdoba, Guadalajara, Madrid, Medina del Campo, Molina, Palencia, Plasencia, Murcia, Requena, Toledo, Trujillo, Valladolid y Zamora, AGS, Cámara de Castilla, Diversos de Castilla, leg. 25, exp. 1.

[26] Los ayuntamientos de las siguientes ciudades se declararon en favor de que se permitieran nuevamente las corridas de toros: Arévalo, Ávila, Badajoz, Burgos, Cáceres, Carmona, Carrión, Ciudad Real, Ciudad Rodrigo, Córdoba, Granada, Guadix, Jerez de la Frontera, Madrid, Madrigal, Málaga, Medina del Campo, Plasencia, Murcia, Ronda, Salamanca, Segovia, Sevilla, Toledo, Toro, Trujillo, Valladolid y Zamora, AGS, Cámara de Castilla, Diversos de Castilla, leg. 25, exp. 1.

[27] Entre ellos, figuran los de Alcalá la Real, Andújar, Antequera, Baeza, Carmona, Córdoba, Jaén, Jerez de la Frontera, Loja, Lorca, Murcia, Sevilla, Úbeda y, probablemente, los de otras ciudades que esquivaron hábilmente las respuestas.

[28] Cfr. la nota 4 de este cap.

[29] Cfr. las notas 6 y 7 de este cap.

[30] Según el acta capitular del 25 de noviembre de 1572 el Ayuntamiento de Alfaro requería de los miembros de la nueva cofradía de caballería las siguientes cualificaciones: "[...] que demas de ser hijosdalgo notorio a el vso y fuero de España sean y [h]ayan sido de buena vida y costu[m]bres, no tengan ni hayan tenido officio mecanico, ni vaxo, ellos ni sus padres, ni mezcla de judios y moros ni sean mancos, ni lisiados, ni tengan otro impedimento [...]", AGS, Cámara de Castilla, Diversos de Castilla, leg. 25, exp. 1.

[31] Copia del acta capitular del Ayuntamiento de Córdoba del 19 de septiembre de 1572, AGS, Cámara de Castilla, Diversos de Castilla, leg. 25, exp. 1.

[32] Respuesta del Ayuntamiento de Lorca a Felipe II, Lorca, 14 de noviembre de 1572, AGS, Cámara de Castilla, Diversos de Castilla, leg. 25, exp. 1.

[33] Cfr. real provisión del Consejo Real de Castilla al corregidor de Ronda, Madrid, 12 de agosto de 1614, y acuerdos del Ayuntamiento de Ronda del 5 de septiembre de 1614 y del 30 de junio de 1616, publicados en el libro pequeño *Por la Real Maestranza de Caballería de Ronda. Impugnación documentada al memorial que al excelentísimo ministro de Estado dirige la Real Maestranza de Caballería de Sevilla, y a las comunicaciones, de real orden dirigidas por la subsecretaría del Ministerio de su cargo al Teniente de Hermano Mayor de la Real Maestranza de Caballería de Ronda*. Madrid, Establecimiento Tipográfico de Fortanet, 1920, pp. 47-50. Cfr. también *Regla de la Ilustrissima Maestranza de la Muy Ilustre, y siempre Muy Noble, y Leal ciudad de Sevilla. Tomando por abogada a la siempre Virgen Maria Nuestra Señora de El Rosario. Dirigida al Señor D. Alvaro de Portugal y Castro, Hermano Mayor de dicha Maestranza* (1683), nueva ed. (la que cito), Granada, Francisco de Ochoa, 1698. Cfr. también el acuerdo del Ayuntamiento de Sevilla del 25 de agosto de 1614 (AMS, Actas Capitulares, vol. 98), impreso en Ricardo de Rojas y Solís (marqués de Tablantes), *Memorial y Documentos presentados al Excmo. Señor Ministro de Estado por la Real Maestranza de Caballería de Sevilla,* Sevilla, 1921, reimpreso en *Noticias para la Historia...*, pp. (265-366) 309 y sig.

[34] Cfr. Antonio Muro Orejón, "El Ayuntamiento de Sevilla, modelo de los municipios americanos", en *Anales de la Universidad Hispalense*, vol. 20, Sevilla, 1960, pp. 75 y sig.

[35] Respuesta del Ayuntamiento de Sevilla a Felipe II, Sevilla, 27 de noviembre de 1572, AGS, Cámara de Castilla, Diversos de Castilla, leg. 25, exp. 1. Cfr. también el libro fundamental (basado en su tesis de doctorado) de Juan Cartaya Baños, *"Para ejercitar la maestría de los caballos". La nobleza sevillana y la fundación de la Real Maestranza de Caballería en 1670*, Sevilla, Diputación de Sevilla, 2012, pp. 115-117.

[36] Cartas del conde de Barajas a Felipe II y a su secretario de Cámara, Joan Vázquez de Salazar, ambas en Sevilla, 28 de noviembre de 1572, AGS, Cámara de Castilla, Diversos de Castilla, leg. 25, exp. 1.

[37] Cfr. Petición del grupo de nobles sevillanos próximo a Rui López de Rivera, Pedro Ortiz de Sandoval y otros, dirigida a Felipe II, Sevilla, 28 de septiembre de 1573, y protesta del Ayuntamiento de Sevilla al Consejo de Castilla, Sevilla, sin fecha (1574?), publicadas por Manuel de Solís y Desmaisières (marqués de Valencina), *Noticias de la Real Maestranza de Sevilla. Relación de noticias curiosas y datos de interés para la historia de la Real Maestranza de Caballería de Sevilla reunidos por el caballero archivero de la misma D... (después Marqués de Valencina)*, en: *Noticias para la Historia...*, pp. 222 y sig.; y por Ricardo de Rojas y Solís (marqués de Tablantes), *Anales de la Plaza de Toros de Sevilla 1730-1835*, Sevilla, ed. privada, 1917, pp. 41-50, sobre todo pp. 41-45. Véase también Diego Ortiz de Zúñiga, *Anales eclesiásticos y seculares de la muy noble y muy leal ciudad de Sevilla,... ilustrados y corregidos por D. Antonio María Espinosa y Carzel*, vol. 4, Madrid, 1796, p. 62; también *Por la Real Maestranza de Caballería de Ronda*, pp. 28 y sig.; también la introducción de los primeros estatutos de la Maestranza de Sevilla: *Regla... de Sevilla...* (1683), Granada, 1698, "Introducción", así como la buena interpretación en Ramón de Ascanio y Montemayor, "Antiguas cofradías nobiliarias", en *Revista de Historia*, vol. 8, n. 57, La Laguna de Tenerife, 1942, pp. 19-22. Cfr. ahora también Juan Cartaya Baños, *"Para ejercitar..."*, pp. 118 y sig.

[38] Acta capitular del Ayuntamiento de Sevilla del 25 de agosto de 1614, publicado en sus partes esenciales por Ricardo de Rojas y Solís (marqués de Tablantes), *Memorial y Documentos...*, en *Noticias para la Historia...*, pp. 309 y sig.; *Regla... de Sevilla...* (1683), Granada, 1698, y sobre todo Juan Cartaya Baños, *"Para ejercitar..."*, pp. 119 y sig.

[39] Los primeros estatutos de la Maestranza de Caballería de Sevilla los he utilizado en la mencionada 2.ª ed. de la *Regla... de Sevilla...* (1683), Granada, 1698; cfr. especialmente el resumen histórico de la Introducción. Véanse acerca de las hermandades las pp. 37-46 del presente trabajo.

[40] Respuesta del Ayuntamiento de Granada a Felipe II, Granada, 18 de octubre de 1572, AGS, Cámara de Castilla, Diversos de Castilla, leg. 25, exp. 1. Una versión ligeramente acortada se encuentra en Ramón de Ascanio y Montemayor, "Antiguas cofradías nobiliarias", p. 23.

[41] *Reglas, y Estatutos de la Illma. Hermandad de la Maestrãça de la ciudad de Granada. Consagrada al patrocinio de N. Señora de la Concepción, debaxo del Titulo de El Triunfo*, Granada, Imprenta Real, 1687, pp. 3 y 7-9. Cfr. ahora sobre todo la excelente monografía de Inmaculada Arias de Saavedra, *La Real Maestranza de Caballería de Granada en el siglo* XVIII, Granada, Universidad de Granada, 1988, pp. 27-36 y 136-180.

[42] Copia del acuerdo del Ayuntamiento de Lora, probablemente de 1691, publicado por José María Márquez de la Plata, "Maestranzas de Caballería suprimidas. Maestranza de Lora", en *Revista de Historia y de Genealogía Española*, vol. 2, Madrid, 1913, pp. 369-371.

[43] Respuesta del Ayuntamiento de Ronda a Felipe II, Ronda, 15 de octubre de 1572, AGS, Cámara de Castilla, Diversos de Castilla, leg. 25, exp. 1. Una versión abreviada se encuentra en Ramón de Ascanio y Montemayor, "Antiguas cofradías nobiliarias", pp. 26-28. Véase también la copia en ARMCR (Fondo Propio), leg. 262-C6, Manual que contiene... Privilegios, y

Cedulas Reales conzedidas à las Maestranzas, Pensamientos del Consejo de Guerra y sus Fiscales... En Madrid año de 1795, fs. 19r.-20v.

[44] Acta capitular del Ayuntamiento de Ronda del 3 de agosto de 1573, publicado en el libro pequeño *Por la Real Maestranza de Caballería de Ronda*, p. 46. Los días de fiesta eran "el dia segundo de Pascua del Espiritu Santo, el de San Juan y San Pedro, las Carnestolendas y Pascua de Resureccion y todos los jueves monten los caualleros mozos en la plaza del Pozo, que es en [honor de] Nuestra Señora de Gracia, a quien nombran por patrona". Entre las personas que participan en la puesta en marcha de la cofradía están: Gaspar de Castroverde, Juan de Luzón, Cosme de Toro Morejón, Jorge Morejón, Íñigo Morejón, Juan de Mesa Altamirano, Gutierre de Escalante, Gregorio de Padilla, Juan de Valenzuela, Rodrigo de Espinosa, Alonso de Ahumada, Pedro Ponce de León, Francisco de Toro Morejón, Gaspar de Alarcón, Francisco de Ahumada, Juan de Escobedo de Santander y Lázaro Moreno de León. El manuscrito de las copias de las actas capitulares del Ayuntamiento de Ronda de 1572, 1573, 1614 y 1616, copiadas por el escribano de cabildo en 1762, publicado en el pequeño libro citado, se encuentra en AHN, Estado, leg. 7653, exp. 2, Real Maestranza de Ronda, 1760-1793. Antecedentes de sus ordenanzas. Véase también la copia en ARMCR (Fondo Propio), leg. 262-C6, Manual que contiene..., fs. 20v.-22v.

[45] Actas capitulares del Ayuntamiento de Ronda del 5 de septiembre de 1614 y del 3 de junio de 1616 en *Por la Real Maestranza de Caballería de Ronda*, pp. 47-50. Véase también conde de la Viñaza y otros, "Prioridad de la Real Maestranza de Ronda en su antigüedad sobre la de Sevilla", en *Boletín de la Real Academia de la Historia*, vol. 80, n. 2, Madrid, 1922, pp. 100 y sig.

[46] ARMCR (Fondo Propio), leg. 234, Libro Indice general de los Acuerdos tomados por el Ylustre y Real Cuerpo de Maestranza de Caballería de esta Muy Noble y Muy Leal Ciudad de Ronda según constan en el Libro primero habierto en 16 de Octubre de 1707, y terminado el 19 de Diciembre de 1782... Esta copia de 1878 del índice de las juntas comienza (f. 1r.): "Junta General de 16 de octubre de 1707: Certifico original del Acuerdo del Ylustre Ayuntamiento sobre la reorganización de la Real Maestranza por petición de varios Caballeros pertenecientes a la principal Nobleza. Junta General de 16 de octubre de 1707: Acta de reorganización del Y[lus]tre Cuerpo de Maestranza celebrada en Nuestra Señora de Gracia y elección de los oficios de Mesa". El texto del acuerdo fue publicado por Ricardo de Rojas y Solís (marqués de Tablantes), *Memorial y Documentos...*, en *Noticias para la Historia...*, pp. 317-318.

[47] *Ordenanzas de la Real Maestranza de la M. N. y L. ciudad de Ronda aprobadas por el rei nuestro señor, siendo hermano mayor de este real cuerpo el Serenísimo Señor Infante Don Cárlos María.* Madrid, Imprenta de D. Fermín Villalpando, 1817. Cfr. también ARMCR (Fondo Propio), leg. 234, Libro Indice general de los Acuerdos tomados por el Ylustre y Real Cuerpo de Maestranza de Caballería de esta Muy Noble y Muy Leal Ciudad de Ronda, según constan en el Libro primero habierto en 16 de Octubre de 1707, y terminado el 19 de Diciembre de 1782... (Copia de 1878), passim; además, cédula de Fernando VI, San Lorenzo El Real, 24 de noviembre de 1753, publicada en *Por la Real Maestranza de Caballería de Ronda*, p. 52; una copia certificada del original se encuentra en AHN, Estado, leg. 7653, exp. 2, Real Maestranza de Ronda, 1760-1793. Antecedentes de sus ordenanzas. Cfr. también real provisión de Carlos III, El Pardo, 25 de marzo de 1764 y carta del teniente de Hermano Mayor de la Maestranza de Ronda, Manuel de Justiz y Zayas, a Miguel Cuber, Ronda, 20 de noviembre de 1788, AGS, Secretaría de Guerra, Guerra Moderna, leg. 6025.

[48] Respuesta del Ayuntamiento de la Villa de Carmona a Felipe II, Carmona, 12 de diciembre de 1572, AGS, Cámara de Castilla, Diversos de Castilla, leg. 25, exp. 1.

[49] *Estatutos, i ordenanzas de la mui ilustre hermandad de la Maestranza de la mui noble, i leal ciudad de Carmona, dedicados a la siempre virgen Maria nuestra señora de Gracia, su patrona*, Sevilla, Joseph Antoniode Hermosilla, 1728, pp. 4-12.

[50] Real orden del substituto del secretario de la Junta de Caballería del Reino, Manuel Ignacio Montoto, al corregidor de Carmona, Diego Luis de Arriaga y San Martín, Madrid, 16 de diciembre de 1727, publicada en: *Estatutos,... de Carmona,...* (1728), pp. 12-14.

[51] Cfr. *Estatutos,... de Carmona,...* (1728), pp. 19-40, y *Regla... de Sevilla...* (1683), Granada, 1698, pp. 1-44.

[52] El ingreso de algunos miembros fundadores de la Maestranza de Carmona de 1726 en la de Sevilla indica claramente el rápido decaimiento de aquella hermandad. La Junta General de la de Sevilla recibió a los fundadores de la Maestranza de Carmona Juan de Briones y Saavedra (en 17 de octubre de 1727), Diego Luis de Rueda y Barrientos (6 de abril de 1729) y Joseph Caro y Briones (7 de septiembre de 1733). ARMCS, Libro 1° entradas de los caballeros maestrantes..., fs. 47r., 60r. y 66r. Cfr. la nota 76 de este cap.

[53] Respuesta del Ayuntamiento de Antequera a Felipe II, Antequera, 10 de octubre de 1572, AGS, Cámara de Castilla, Diversos de Castilla, leg. 25, exp. 1.

[54] Carta del substituto del secretario de la Junta de Caballería del Reino, Manuel Ignacio Montero, al corregidor de Antequera, Juan Pacheco Padilla, Madrid, 28 de enero de 1728, publicada por Juan Moreno de Guerra, "Maestranzas de Caballería suprimidas", en *Revista de Historia y de Genealogía Española*, vol. 1, Madrid, 1912, pp. 160 y sig.

[55] Sobre los comienzos de la Maestranza de Antequera véase la documentación que ofrece el conde de la Camorra, Real Maestranza que existió en Antequera (Antequera, 1863), cuyo manuscrito sin publicar se encuentra en ARMCS. También Juan Moreno de Guerra, "Maestranzas de Caballería suprimidas", pp. 161 y sig. Véanse, además, las interpretaciones recientes, no convincentes de Alfonso Ceballos-Escalera Gila, "Nuevas noticias de la Maestranza de Caballería de Antequera establecida en 1728", en *Cuadernos de Ayala*, n. 32, Madrid, 2007, pp. 8-10, y de José Escalante Jiménez, "La Real Maestranza de Caballería de Antequera", en *id.*, *Miscelánea histórica de Antequera*, Antequera, Fundación Municipal de Cultura, 2004, pp. 72-74.

[56] Respuesta del Ayuntamiento de Jaén a Felipe II, Jaén, 3 de octubre de 1572, en la que se deniega la fundación de una cofradía de caballería, AGS, Cámara de Castilla, Diversos de Castilla, leg. 25, exp. 1. No obstante, algunos nobles distinguidos de la ciudad, impulsados por la posibilidad de conseguir privilegios, solicitaron en agosto de 1731 poder constituirse en una Maestranza de Caballería.

[57] Cfr. la consulta de la Junta de Caballería del Reino, Madrid, 2 de octubre de 1732, publicada por Ricardo de Rojas y Solís (marqués de Tablantes), *Memorial que al Excmo. Señor Ministro de Estado, dirige la Real Maestranza de Caballería de Sevilla,* Sevilla, 1919, reimpreso en *Noticias para la Historia...*, pp. 360 y sig.; Juan Moreno de Guerra ("Maestranzas de Caballería suprimidas", p. 162) cita partes de la consulta, fechándola el 20 de noviembre de 1732. Lamentablemente ambos autores no indican de dónde tomaron el documento. Véase también Manuel López Pérez, "La frustrada Real Maestranza de Caballería de Jaén", en *id.*, *El cambio dinástico y sus repercusiones en la España del siglo XVIII*, Jaén, Universidad y Diputación Provincial, 2001, pp. 343-354.

[58] Cfr. Juan Moreno de Guerra, "Maestranzas de Caballería suprimidas", pp. 162 y sig.

[59] Respuesta del Ayuntamiento de Jerez de la Frontera a Felipe II, Jerez de Frontera, 29 de octubre de 1572, AGS, Cámara de Castilla, Diversos de Castilla, leg. 25, exp. 1.

[60] Juan de Busto a Felipe II, Jerez de la Frontera, 24 de noviembre de 1572, AGS, Cámara de Castilla, Diversos de Castilla, leg. 25, exp. 1.

[61] Juan Moreno de Guerra, "Maestranzas de Caballería suprimidas", p. 163, e Hipólito Sancho de Sopranis, *Juegos de toros y cañas en Jerez de la Frontera.* (Publicaciones del Centro de Estudios Históricos Jerezanos, 2.ª serie, n. 11), Jerez de la Frontera, 1960, pp. 57-75 y pp. 108-119.

[62] *Constituciones de la ilustre Maestranza de Valencia*, con licencia, Valencia, Imprenta de Iayme de Bordazar y Artazu, 1697, párrafo "A la ilustre Maestranza de la Ciudad de Valencia,

representada en este año de 1697, en su Iunta Particular por los Señores:...", así como pp. 1 y sig. Cfr. también *Reseña histórica de la Real Maestranza de Caballería de Valencia, redactada por acuerdo de la misma corporación en el año 1859*, Valencia, Tip. Moderna, 1859. Este impreso fue distribuido a miembros y amigos de la corporación valenciana, cfr. ARMCV, Cataleg-Arxiu-RMCV.pdf, 011/010/00 (1860-61); 0011/023/00 (1867); y 0012/004/00 (1882).

[63] Poder otorgado por once nobles de la ciudad de Palma y del Reino de Mallorca a favor de Juan Despuig y Dameto ante el notario José Bernad, Palma de Mallorca, 28 de octubre de 1758, publicado por Ricardo de Rojas y Solís (marqués de Tablantes), *Memorial que al Excmo. Señor Ministro de Estado...*, reimpreso en *Noticias para la Historia...*, pp. 354 y sig.

[64] Juan Moreno de Guerra, "Maestranzas de Caballería suprimidas", pp. 163-167.

[65] Máximo Pascual de Quinto, *La Nobleza de Aragón. Historia de la Real Maestranza de Caballería de Zaragoza,* Zaragoza, 1916, pp. 21 y 73 y sig. Un descendiente directo del autor publicó un resumen de este trabajo extenso: José Pasqual de Quinto y de los Ríos, *La Real Maestranza de Caballería de Zaragoza*, Zaragoza, IberCaja, 1989, véanse sobre todo los párrafos sobre la fundación de la Maestranza de Zaragoza, pp. 65-70. Cfr. también Javier Cañada Sauras, "Real Maestranza de Caballería de Zaragoza", en *Hidalguía*, vol. 28, ns. 160-161, Madrid, 1980, pp. 465-485.

[66] Petición del Capítulo General de la Cofradía de San Jorge a Fernando VII, Zaragoza, 7 de agosto de 1816, publicado por Máximo Pascual de Quinto, *La Nobleza de Aragón*, pp. 74-76.

[67] Cfr. el dictamen del fiscal del Consejo Real, Madrid, 1818 (sin indicación del día ni del mes), publicado por Máximo Pascual de Quinto, *La Nobleza de Aragón*, pp. 82 y sig., y los pareceres del fiscal de la Real Audiencia de Zaragoza, 28 de abril y 9 de agosto de 1819, *ibid.*, pp. 87-89 y 91-96.

[68] Petición del Capítulo General de la Cofradía de San Jorge de Zaragoza a Fernando VII, Zaragoza, 10 de octubre de 1819, publicado por Máximo Pascual de Quinto, *La Nobleza de Aragón*, pp. 97-99. El original de este documento se encuentra en AHN, Estado, leg. 7657, exp. Real Maestranza de Zaragoza, año 1819 (2). Don Joaquín Melgarejo y Saurín, duque de San Fernando de Quiroga, grande de España de primera clase, caballero del Toisón de Oro, caballero de la Orden de Santiago y miembro de la Real Maestranza de Valencia fue nombrado ministro de Hacienda por Fernando VII en septiembre de 1819. La Maestranza de Zaragoza le recibió como miembro el 31 de octubre de 1819 probablemente en testimonio de gratitud por haber apoyado en la corte el consentimiento de la Corona de fundar esta corporación nobiliaria. Cfr. Julio de Atienza, *Nobiliario español. Diccionario heráldico de apellidos españoles y de títulos nobiliarios*, 3.ª ed. corregida, Madrid, Aguilar, 1959, p. 959; Germán Bleiberg, *Diccionario de Historia de España*, 2.ª ed. corregida y aumentada, vol. 3, p. 560, y Máximo Pascual de Quinto, *La Nobleza de Aragón*, p. 1160.

[69] Real orden del duque de San Fernando de Quiroga al secretario de la Cofradía de San Jorge, Madrid, 25 de octubre de 1819, en Máximo Pascual de Quinto, *La Nobleza de Aragón*, pp. 219 y sig. Una copia está en AHN, Estado, leg. 7657, exp. Real Maestranza de Zaragoza, año 1819 (2).

[70] Real orden del duque de San Fernando de Quiroga al secretario de la Junta preparatoria para la fundación de la Real Maestranza de Caballería de Zaragoza, Madrid, 20 de diciembre de 1819, en Máximo Pascual de Quinto, *La Nobleza de Aragón*, pp. 221 y sig.

[71] Según Máximo Pascual de Quinto, *La Nobleza de Aragón*, p. 227. Cfr. también lug. cit., pp. 227-230, y *Ordenanzas de la Real Maestranza de Caballería de la ciudad de Zaragoza,* con licencia, Zaragoza, Francisco Magallón, 1825.

[72] Cfr. *Ordenanzas... de Ronda...*, 1817, y *Ordenanzas de la Real Maestranza de Caballería de la ciudad de Sevilla* (1794), nueva ed. (la que cito), Sevilla, Mariano Caro, 1834.

[73] Cfr. Otto Hintze, "Weltgeschichtliche Bedingungen der Repräsentativverfassung", en Otto Hintze, *Staat und Verfassung. Gesammelte Abhandlungen zur allgemeinen Verfassungsgeschichte,*

ed. de Gerhard Oestreich, 3.ª ed. revisada y aumentada, Gotinga, 1970, p. 171 (ed. española, Otto Hintze, *Historia de las formas políticas*, Madrid, Revista de Occidente, 1968).

[74] Cfr. Antonio Xavier Pérez y López, "Discurso sobre la honra y deshonra legal (Madrid, 1781)", publicado por Antonio Elorza, ed., "La polémica sobre los oficios viles en la España del siglo XVIII", en *Revista de Trabajo*, n. 22, Madrid, 1968, pp. (93-136) 106, n. 36.

[75] NRE, XII, 19 (Del uso de armas prohibidas), leyes 8-11.

[76] Libro 1° entradas de los caballeros maestrantes. Libro donde se asientan las entradas de los Caualleros que entran Por Hermanos En la Mui Ylustrissima Hermandad De la Maestranza De esta Mui Noble Y mui Leal Ziudad de Seuilla sacadas del Libro biejo que se trasuntó bien i fielmente de Acuerdo de dicha Ylustrissima Hermandad siendo su Hermano Mayor el S[eño]r D. Antonio Henrriquez de Esquiuel, Y Archiuista el S[eño]r D. Pedro Jacome de Linden Alcalde M[ay]or del Ca[bil]do Y Rejimiento De esta Mui Noble y Muy Leal Ziu[da]d de Seuilla. Ano de MDCXCIX. ARMCS. En este índice de los nuevos miembros dispuesto por orden cronológico se encuentra, entre el 3 de febrero de 1704 y el 12 de noviembre de 1725, la siguiente nota, en el f. 47r.: "Por averse perdido algunos libros de la Maestranza y en ellos las entradas de algunos Cavalleros Maestrantes q[ue] [h]oi viven como son D[o]n Diego Gil de Cordova, D[o]n Pedro de Pineda, y Salinas, D[o]n Geronimo Manuel de Cespedes, y Federigui Conde de Villanueva se pusieron sin fecha en el libro donde estan sentados todos los Cavalleros Maestrantes. Y D[o]n Antt[oni]o Lasso de la Vega y Porres." No se conservan las actas de la Maestranza de Sevilla del tiempo comprendido entre febrero de 1704 a noviembre de 1725.

[77] Reales órdenes del 26 de octubre de 1671 y del 11 de agosto de 1695 reunidos en Autos Acordados, VI, 17, auto 2.

[78] Acta del Cabildo General de la Maestranza de Caballería de Sevilla del 12 de noviembre de 1725, publicado por Pedro de León y Manjón, "Historial de Fiestas...", reimpreso en *Noticias para la Historia...*, pp. 75-83. Una copia manuscrita de la misma, que es probablemente la que usó León y Manjón, se encuentra en AMS, Sección XI, Colección del Conde del Águila, vol. 41 (en folio) n. 58.

[79] Real orden del secretario de la Junta de Caballería del Reino, Francisco de Velasco, al asistente de Sevilla, conde de Ripalda, Madrid, 12 de junio de 1725, AMS, Sección XI, Colección del Conde del Águila, vol. 41 (en folio), n. 75.

[80] Cfr. real orden de Francisco de Velasco al conde de Ripalda, Madrid, 30 de octubre de 1725, y real orden del secretario del Consejo Real de Castilla, Balthasar de San Pedro, al conde de Ripalda, Madrid, 30 de octubre de 1725, así como carta adjunta del conde de Ripalda al Hermano Mayor de la Maestranza de Sevilla, marqués de Paradas, Sevilla, 6 de noviembre de 1725, todas publicadas por Pedro de León y Manjón, "Historial de Fiestas...", reimpreso en *Noticias para la Historia...*, pp. 79 y sig. Copias manuscritas de estas reales órdenes se encuentran también en AGS, Secretaría de Guerra, Guerra Moderna, leg. 4260.

[81] Cfr. el resumen de la petición del asistente de Sevilla, conde de Ripalda, del 6 de marzo de 1725, en real orden del secretario de la Junta de Caballería del Reino, Francisco de Velasco, al conde de Ripalda, Madrid, 12 de junio de 1725, AMS, Sección XI, Colección Conde del Águila, vol.41 (en folio), n. 75.

[82] Autos Acordados, VI, 17, auto 4, y NRE, VI, 5, nota 13. La Junta existió hasta el mes de mayo de 1746, después sus competencias fueron asumidas por la Secretaría del Despacho de la Guerra. Sobre las atribuciones detalladas de la Junta de Caballería, cfr. la real provisión de Felipe V, Madrid, 5 de enero de 1726, y sobre la disolución de esta institución, véase el real decreto de Felipe V al marqués de Ustáriz, Aranjuez, 24 de mayo de 1746, en Joseph Antonio Portugués, *Colección general de las ordenanzas militares, sus innovaciones, y aditamientos* (10 vols., Madrid, 1764-1765), vol. 2 (1764), pp. 647-667, y vol. 4 (1764), pp. 302 y sig. Con el nombre de Junta Suprema de Caballería, la mencionada institución fue reconstituida en 1796, siendo su

composición algo distinta. En 1802 fue incorporada al Consejo de Guerra, cfr. NRE, VI, 5, leyes 7-9, y notas 13-15 y 20-21. Cfr. también Joaquín Escriche, *Diccionario razonado de legislación y jurisprudencia,* 2.ª ed. corregida y aumentada, 3 vols., Madrid, Imp. Colegio Nacional de Sordo-Mudos, 1838-1845, vol. 2 (1839), la voz "Junta Suprema de Caballería", pp. 731 y sig.

[83] En el año de 1726 a los nobles de la Maestranza de Granada: cfr. real cédula de Felipe V, San Ildefonso, 24 de septiembre de 1746, AMS, Sección V, 1.ª Escribanía, Siglo XVIII, vol. 227, n. 3, f. 4r. – 4v.; 1727 a los de la de Carmona: real orden del substituto del secretario de la Junta de Caballería del Reino, Manuel Ignacio Montoto, al corregidor de Carmona, Diego Luis de Arriaga y San Martín, Madrid, 16 de diciembre de 1727, publicado en: *Estatutos,... de Carmona,...* (1728), pp. 12-14; cfr. también cap. V, pp. 294-296; 1728 a los de la de Antequera: cfr. nota 54 de este cap.; 1753 a los de la de Ronda: real cédula de Fernando VI, San Lorenzo El Real, 24 de noviembre de 1753, publicado en *Por la Real Maestranza de Caballería de Ronda,* p. 52; una copia certificada del original se encuentra en AHN, Estado, leg. 7653, exp. 2, Real Maestranza de Ronda, 1760-1793. Antecedentes de sus ordenanzas; 1760 a los de la de Valencia: real cédula de Carlos III al gobernador capitán general, al regente y los oidores de la Audiencia de Valencia y a los demás funcionarios, Buen Retiro, 5 de marzo de 1760, ARMCV, C-0001-013, publicado en: *Ordenanzas de la Real Maestranza de caballeros de la ciudad de Valencia año de MDCCLXXV*, Valencia, Oficina de Benito Montfort, 1776, nueva ed. (la que cito), Valencia, Imprenta de Nicasio Rius, 1880, pp. 5-9; y probablemente alrededor de 1740 a los de la de Jerez de la Frontera: cfr. Juan Moreno de Guerra, "Maestranzas de Caballería suprimidas", p. 163.

[84] Cfr. real pragmática sanción de Carlos III, Aranjuez, 26 de abril de 1761, reproducida en NRE, XII, 19, ley 19.

[85] Cfr. René König, *Kleider und Leute. Zur Soziologie der Mode*, Frankfort del Meno, 1967, Fischer Bücherei, n. 822, en especial, los caps. 10-13 y 15, pp. 55-74 y pp. 80-83 (ed. española, *id.*, *Sociología de la moda*, Barcelona, A. Redondo, 1972).

[86] Real orden del secretario de Estado y del Despacho, marqués de la Paz, al Hermano Mayor de la Maestranza de Sevilla, marqués de las Torres, Sevilla, 24 de mayo de 1729, AMS, Sección XI, Colección Conde del Águila, vol. 41 (en folio), n. 62. Se repite en la real cédula de Felipe V al asistente de Sevilla, conde de Ripalda, El Soto de Roma, 2 de junio de 1730, ARMCS, Libro de Actas, 7, fs. 85r.-90v. El texto de esta real cédula es idéntico a la posterior de Felipe V al asistente de Sevilla, conde de Ripalda, Cazalla, 18 de junio de 1730, AGS, Secretaría de Guerra, Guerra Moderna. leg. 4260. Cfr. también el acta de la Junta de Mesa, del 20 de febrero de 1729, ARMCS, Libro de Actas, 1, s. f., y las *Ordenanzas...de Sevilla* (1794), Sevilla, 1834, pp. 32-37.

[87] Real cédula de Felipe V al corregidor y a otros funcionarios de Granada, El Pardo, 19 de febrero de 1739, AMS, Sección V, 1.ª Escribanía, siglo XVIII, vol. 227, n. 3, fs. 5v.-6v., y también *Estatutos y ordenanzas de la Real Maestranza de la ciudad de Granada tomando por patrona á María Santísima en el misterio de su Purísima Concepción erigida bajo la real protección del rey nuestro señor (q. d. g.) y logrando el honor de tener por Hermano Mayor al serenísimo señor don Felipe infante de España, duque de Parma, Plasencia y Guastala, etc.* (1764), nueva ed. (la que cito), Granada, Tipografía de López Guevara, 1906, pp. 14-16.

[88] Real cédula de Fernando VI, San Lorenzo El Real, 24 de noviembre de 1753, publicada en *Por la Real Maestranza de Caballería de Ronda*, p. 52; en forma abreviada en NRE, VI, 3 ley 5. Una copia certificada del original se encuentra en AHN, Estado, leg. 7653, exp. 2, Real Maestranza de Ronda, 1760-1793. Antecedentes de sus ordenanzas. Cfr. lo dispuesto acerca de los uniformes en *Ordenanzas... de Ronda...*, 1817, pp. 9-12.

[89] Cfr. las reformadas "Constituciones Generales de la Maestranza de Valencia" (cap. 9: "De los Vestidos, Ad[e]rezos, y Tocados") aprobadas por real orden del primer ministro D. José de Carvajal y Lancaster al gobernador y capitán general de Valencia, duque de Caylus, Buen

Retiro, 12 de enero de 1754, AGS, Secretaría de Guerra, Guerra Moderna, leg. 6023. Las Constituciones Generales reformadas fueron aprobadas igualmente por la real provisión de Fernando VI a favor de la Maestranza de Valencia, Buen Retiro, 2 de abril de 1754, ARMCV, 0060-003. Existe un ejemplar también en ARV, Real Acuerdo, libro 49 (año de 1754), f. 360 r.-375r. Cfr. también *Ordenanzas... de Valencia...* (1776), Valencia, 1880, pp. 23-28.

[90] *Ordenanzas... de Zaragoza*, 1825, pp. 59-63, y reales órdenes del duque de San Fernando de Quiroga al secretario de la Cofradía de San Jorge, Madrid, 25 de octubre de 1819, y de Juan Dusmet al marqués de Ayerve y los demás miembros de la Real Maestranza de Zaragoza, San Ildefonso, 4 de septiembre de 1824, *ibid.*, introducción. Cfr. también Máximo Pascual de Quinto, *La Nobleza de Aragón*, pp. 449-469.

[91] Cfr. NRE, VI, 3, notas 2-5; VII, 2, leyes 10 y 11, así como real provisión de Carlos IV a favor de los caballeros maestrantes de Sevilla, Madrid, 28 de marzo de 1803, y real orden de Bartolomé Muñoz al Teniente de Hermano Mayor de la Real Maestranza de Caballería de Sevilla, Madrid, 22 de mayo de 1804, ARMCS, Archivo Histórico, vol. 11 (1802-1804). Cfr. también *Ordenanzas... de Ronda...*, 1817, p. 15.

[92] Real orden del secretario de Estado, Pedro Ceballos, al teniente de Hermano Mayor de la Real Maestranza de Sevilla, Barcelona, 5 de octubre de 1802, ARMCS, Archivo Histórico, vol. 11 (1802-1804), y NRE, VI, 13, ley 23.

[93] Cfr. real orden de Carlos III, Buen Retiro, 24 de junio de 1763, resumido en *Ordenanzas... de Sevilla* (1794), Sevilla, 1834, p. 33.

[94] Cfr. *Estatutos... de Granada...* (1764), Granada, 1906, p. 21.

[95] Real orden del secretario de Estado, marqués de la Paz, al Hermano Mayor de la Maestranza de Sevilla, marqués de las Torres, Sevilla, 24 de mayo de 1729, AMS, Sección XI, Colección Conde del Águila, vol. 41 (en folio), n. 62, y real cédula de Felipe V al asistente de Sevilla, conde de Ripalda, El Soto de Roma, 2 de junio de 1730, ARMCS, Libro de Actas, 7, fs. 86v.-90v. El texto de esta última ley se repite literalmente en la real cédula de Felipe V al asistente de Sevilla, conde de Ripalda, Cazalla, 18 de junio de 1730, AGS, Secretaría de Guerra, Guerra Moderna, leg. 4260.

[96] Real provisión de Felipe V, San Ildefonso, 4 de septiembre de 1741, AMS, Sección X, 1.ª Escribanía, siglo XVIII, vol. 227, n. 3, fs. 8r.-9v.

[97] Real orden del secretario de Guerra al duque de Béjar, Buen Retiro, 9 de diciembre de 1763, AHN, Estado, leg. 7653, exp. 1, Real Maestranza de Ronda, Documentos importantes del siglo XVIII, además, real provisión de Carlos III, El Pardo, 25 de marzo de 1764, AGS, Secretaría de Guerra, Guerra Moderna, leg. 6025; cfr. también NRE, VI, 3, nota 1; *Ordenanzas... de Ronda...*, 1817, pp. 16 y sig., así como Joaquín Atienza Peñalver, *Real Maestranza de Caballería de Ronda. Datos históricos,* Ronda, Real Maestranza de Caballería, 1971, p. 7. Véase también la biografía de Juan Martínez Cuesta, *Don Gabriel de Borbón y Sajonia. Mecenas ilustrado en la España de Carlos III,* Valencia, Pre-Textos, 2003.

[98] Real cédula de Carlos III, El Pardo, 19 de febrero de 1767, por la que nombra al infante don Antonio Hermano Mayor de la Real Maestranza de Valencia, ARMCV, 0060-005.

[99] Real orden del duque de San Fernando de Quiroga al secretario de la Junta preparatoria para la constitución de la Real Maestranza de Zaragoza, Madrid, 20 de diciembre de 1819, publicada por Máximo Pascual de Quinto, *La Nobleza de Aragón*, pp. 221 y sig.

[100] "[...] reziuida y admitida bajo mi Real protección [...]", real provisión de Fernando VI a favor de la Real Maestranza de Valencia, Buen Retiro, 2 de abril de 1754, ARMCV, 0060-003, así como ARV, Real Acuerdo, libro 49 (año de 1754), fs. 360r.-375r. Cfr. también NRE, VI, 3, ley 6.

[101] Real orden del conde de Floridablanca a favor de la Real Maestranza de Sevilla, El Pardo, 3 de marzo de 1786, reproducida en parte por Pedro de León y Manjón, "Historial de Fiestas...", reimpreso en: *Noticias para la Historia...*, p. 126.

[102] Cfr. las fuentes indicadas en las notas 69, 94 y 95 de este cap. Véanse también AGS, Secretaría de Guerra, Guerra Moderna, legs. 4264, 6023 y 6026, y ARCG, cabina 321, leg. 4369, pieza 35, así como *Relación de Hermanos Mayores[,] Tenientes y Secretarios e Índice Alfabético de los Caballeros que han pertenecido a la Real Maestranza de Caballería de Sevilla desde 1670 hasta 1970*, Sevilla, Real Maestranza de Caballería, 1970, esta es la ed. que uso, p. 24; marqués de Hermosilla, "Las Reales Maestranzas de Caballería", en: *Revista de Historia y de Genealogía Española*, vol. 6, Madrid, 1917, p. 124; Pedro de León y Manjón, "Historial de Fiestas...", reimpreso en: *Noticias para la Historia...*, p. 106; *Ordenanzas... de Valencia...* (1776), Valencia, 1880, p. 3; Francisco Piferrer, *Archivo heráldico. Armas, timbres y blasones de nuestra ilustre nobleza española. Apéndice á todos los nobiliarios españoles, antiguos y modernos*, vol. 1, Madrid, En casa del autor, 1863, pp. 5 y sig.; Joaquín Atienza Peñalver, *Real Maestranza... Datos históricos*, pp. 7, 9, 13 y 16; Antonio Rumeu de Armas, "La ciudad de Ronda en las postrimerías del Viejo Régimen. La Maestranza de Caballería", en *Hispania*, vol. 42, n. 151, Madrid, 1982, pp. 291-296; Máximo Pascual de Quinto, *La Nobleza de Aragón*, pp. 257-271 y, finalmente, *Enciclopedia universal ilustrada europeo-americana*, Bilbao-Madrid-Barcelona, Espasa Calpe, s. a., vol. 28, 2.ª parte, p. 2023 (Isabel II), y vol. 31, p. 615 (Luis Antonio de Borbón).

[103] Cfr. Lyle N. McAlister, *The "Fuero Militar" in New Spain 1764-1800*, Gainesville, Fla., University of Florida Press, 1957, pp. 5 y sig. y p. 13; Johann Hellwege, *Die spanischen Provinzialmilizen...*, pp. 280-302, y Joaquín Escriche, *Diccionario razonado de legislación y jurisprudencia*, vol. 2, 2ª ed. corregida y ampliada, Madrid, 1839, véase la voz "Fuero", pp. 198-200.

[104] Real orden del secretario de Estado, marqués de la Paz, al Hermano Mayor de la Maestranza de Sevilla, marqués de las Torres, Sevilla, 24 de mayo de 1729, AMS, Sección XI, Colección Conde del Águila, vol. 41 (en folio), n. 62, y las idénticas reales cédulas de Felipe V al asistente de Sevilla, conde de Ripalda, El Soto de Roma, 2 de junio de 1730, ARMCS, Libro de Actas, 7, fs. 86v.-90v., así como Cazalla, 18 junio de 1730, AGS, Secretaría de Guerra, Guerra Moderna, leg. 4260. El texto de las reales cédulas se recoge en NRE, VI, 3, ley 2.

[105] Real cédula de Felipe V al corregidor y demás funcionarios reales de Granada, El Pardo, 19 de febrero de 1739, AMS, Sección V, 1ª Escribanía, Siglo XVIII, vol. 227, n. 3, fs. 5v.-6v. El texto de esta real cédula se encuentra resumido en NRE, VI, 3, ley 3.

[106] Real cédula de Fernando VI, San Lorenzo El Real, 24 de noviembre de 1753, publicada en el libelo *Por la Real Maestranza de Caballería de Ronda*, p. 52; una versión resumida se encuentra en NRE, VI, 3, ley 5. Una copia certificada del original está en AHN, Estado, leg. 7653, exp. 2, Real Maestranza de Ronda, 1760-1793. Antecedentes de sus ordenanzas.

[107] Real cédula de Carlos III a favor de la Maestranza de Valencia, Buen Retiro, 5 de marzo de 1760, publicada en *Ordenanzas... de Valencia...* (1776), Valencia, 1880, pp. 5-9, ligeramente abreviada en NRE, VI, 3, ley 7. El original está en ARMCV, 0001-013. Véase también la correspondencia sobre el fuero privilegiado de los miembros de la Maestranza de Valencia, 1765-1823, ARMCV, 0001-016.

[108] *Ordenanzas... de Zaragoza*, 1825, pp. 71 y sig.

[109] Cfr. las leyes citadas en las notas 104-107 de este cap. Cfr. lo dispuesto en los estatutos de las diferentes Maestranzas: *Regla de la Real Maestranza de la Mui Ilustre, y siempre Mui Noble, y Leal ciudad de Sevilla, tomando por patrona, y abogada a la siempre Virgen Maria Nuestra Señora del Rosario. Dedicada al Serenissimo Sr. Infante Don Phelipe, Hermano Mayor de dicha Real Maestranza*, Sevilla, Juan Francisco Blas de Quesada, (1732), pp. 39 y sig.; *Estatutos... de Granada... (1764)*, Granada, 1906, pp. 23 y sig. y 81-87; *Ordenanzas... de Valencia... (1776)*, Valencia, 1880, pp. 19 y 64-67; *Ordenanzas... de Sevilla... (1794)*, Sevilla, 1834, pp. 22 y 90-93, así como *Ordenanzas... de Ronda...*, 1817, pp. 18 y sig. y 63-66. Cfr. también NRE, VI, 3, nota 7. El secretario de Guerra, conde de Ricla, en la real orden al intendente de Granada, Ignacio Vermúdez, Madrid, 4 de abril de 1773, dispuso que después de separarse los cargos de intendente y de corregidor

de aquella ciudad, el intendente debía ser presidente del tribunal especial de la Maestranza, AGS, Secretaría de Guerra, Guerra Moderna, leg. 4270.

[110] Real cédula de Fernando VI a la Real Chancillería y al corregidor de Granada, así como a la Real Audiencia y al asistente de Sevilla, Buen Retiro, 13 de octubre de 1748, AGS, Secretaría de Guerra, Guerra Moderna, leg. 4260, recogida en NRE, VI, 3, ley 4. Cfr. también *Estatutos... de Granada...* (1764), Granada, 1906, pp. 21-23.

[111] Sobre el fuero militar en España, cfr. los trabajos de Lyle N. McAlister, *The "Fuero Militar"...*, pp. 6-10; Johann Hellwege, *Die spanischen Provinzialmilizen...*, pp. 273 y 280-302; Joaquín Escriche, *Diccionario razonado...*, vol. 2, 2ª ed. corregida y ampliada, Madrid, 1839, véanse las voces "Jurisdicción militar" y "Jurisdicción militar ordinaria", pp. 824-828, y Félix Colón y Larriátgui Ximénez de Embún, *Juzgados militares de España y sus Indias*, vols. 1-4, Madrid, Viuda de Ibarra, Hijos y Cía., 1788-1789. En las obras citadas se encuentra una plétora de textos y colecciones de leyes. En la real orden remitida a la Maestranza de Granada, s. l., 14 de diciembre de 1775 (AGS, Secretaría de Guerra, Guerra Moderna, leg. 4270), el secretario de Guerra, conde de Ricla, insiste en que los miembros de la Maestranza y los empleados fijos de la misma tenían derecho al fuero militar completo, conforme a la real cédula del 13 de octubre de 1748.

[112] Cfr. la real cédula citada en la nota 107 de este cap. Cfr. también *Ordenanzas... de Valencia...* (1776), Valencia, 1880, pp. 18 y sig.

[113] Real provisión de Carlos III, El Pardo, 4 de marzo de 1784, ARMCR, leg.17-C7, resumida en NRE VI, 3, ley 8 y nota 6.

[114] Real orden del secretario de Estado, conde de Floridablanca, al Secretario del Hermano Mayor de la Maestranza de Ronda, Miguel Cuber, El Pardo, 3 de marzo de 1786, AHN, Estado, leg. 7653, exp. 1, Real Maestranza de Ronda, Documentos importantes del siglo XVIII. Cfr. también *Ordenanzas...de Ronda...*, 1817, pp. 17-19.

[115] *Ordenanzas... de Zaragoza*, 1825, pp. 71 y sig.

[116] Solicitud del Real Acuerdo de la Real Audiencia de Sevilla, dirigida a Felipe V, Sevilla, 23 de junio de 1732, AGS, Secretaría de Guerra, Guerra Moderna, leg. 4263. No hemos podido encontrar la respuesta de la Corona a esta petición.

[117] Cfr. el cap. VI, pp. 319 y sig.

[118] Libro de quenta, y razon de lo que annualmente se paga, sobre la Plaza de toros, por razon de zenso del agua; y tambien de los salarios de Juez, Picadores y demas dependientes, del Real Cuerpo de Maestranza desta Ciudad..., ARMCG, libro n. 1310, fs. 3r.-4v. y 26r.-31r.

[119] Expediente de la petición del asistente de Sevilla, Joseph de Ábalos, dirigida al secretario de Estado, conde de Floridablanca, Sevilla, 20 de enero de 1790, y real orden no fechada en respuesta de ésta a Ábalos, AGS, Secretaría de Guerra, Guerra Moderna, leg. 6927.

[120] Instrucciones de Joseph de Orcasitas al alcaide de la Alhambra, Luis de Castañeda, Málaga, 7 de junio de 1755, publicadas en *Reales cédulas, y privilegios de el real cuerpo de la Maestranza de Granada* (Granada, impreso privado, 1771), p. 45. Una copia de esta colección impresa se encuentra en ARMCG.

[121] Así el dictamen del fiscal de la Real Chancillería de Granada, Aparicio, sobre el fuero privilegiado de la Maestranza granadina, Granada, 12 de marzo de 1739, ARCG, cabina 321, leg. 4369, pieza 39.

[122] Cfr. los numerosos expedientes relacionados con los conflictos entre los tribunales especiales de las Maestranzas y los de la justicia ordinaria que se conservan en AGS, Secretaría de Guerra, Guerra Moderna, legs. 4260, 4263, 4264, 4267, 4269, 4270, 4271, 6023, 6025 y 6028. Cfr. también *Reales cédulas, y privilegios de el real cuerpo de la Maestranza de Granada* (Granada, impreso privado, 1771, ARMCG), pp. 39-41 y pp. 45-47. Sin embargo, no hemos podido encontrar ningún caso de que el tribunal de la Real Maestranza de Ronda estuviera involucrado en conflictos de competencia con otros tribunales.

[123] Cfr. los textos legales citados en las notas 104 y 105 de este cap.

[124] Cartas de los tenientes en funciones de la Maestranza de Sevilla al secretario del Hermano Mayor: conde de Benajiar al marqués de Surco, Sevilla, 30 de marzo de 1734, AGS, Secretaría de Guerra, Guerra Moderna, leg. 4260, y marqués de Grañina a Miguel Herrero de Ezpeleta, Sevilla, 7 de febrero de 1741, AGS, Secretaría de Guerra, Guerra Moderna, leg. 4263.

[125] Petición del teniente de la Maestranza de Sevilla, conde de Benajiar, al secretario del Hermano Mayor, marqués de Surco, Sevilla, 30 de marzo de 1734, AGS, Secretaría de Guerra, Guerra Moderna, leg. 4260, y dictamen del fiscal de la Chancillería de Granada, Aparicio, sobre el fuero privilegiado de la corporación granadina, Granada, 12 de marzo de 1739, ARCG, cabina 321, leg. 4369, pieza 39.

[126] Peticiones de los tenientes de la corporación sevillana al secretario del Hermano Mayor: el conde de Benajiar al marqués de Surco, Sevilla, 30 de marzo de 1734, y el marqués de Villafranca a Miguel Herrero de Ezpeleta, Sevilla, 7 de mayo de 1737, AGS, Secretaría de Guerra, Guerra Moderna, leg. 4260. El secretario rechazó la primera de las peticiones por razones formales, pues no se remitió al destinatario en la forma correcta. En su respuesta confidencial a la segunda, sugiere al teniente de Sevilla que presente argumentos más convincentes para solicitar una ampliación del fuero, ya que, de la otra manera, se provocaría la fuerte oposición de la administración de la Corona.

[127] Petición del teniente de la Maestranza de Sevilla, conde de Benajiar, dirigida al secretario del Hermano Mayor, marqués de Surco, Sevilla, 30 de marzo de 1734, AGS, Secretaría de Guerra, Guerra Moderna, leg. 4260.

[128] Petición del teniente de la Maestranza de Sevilla, marqués de Castilleja, al Hermano Mayor, Sevilla, 2 de marzo de 1782, AGS Secretaría de Guerra, Guerra Moderna, leg. 4267, y petición de la corporación granadina, de 1791, AGS Secretaría de Guerra, Guerra Moderna, leg. 6026.

[129] Petición del gran castellán de Amposta, frey Manuel de Sada y Antillón, teniente de la corporación valenciana, al secretario de Estado, Ricardo Wall, Valencia, 26 de septiembre de 1760, AGS, Secretaría de Guerra, Guerra Moderna, leg. 6023; petición del agente de la Maestranza de Valencia, marqués de Belgida, dirigida a Carlos III, Madrid, octubre de 1767, AGS, Secretaría de Guerra, Guerra Moderna, leg. 4269, así como petición del maestrante forastero Joseph Ignacio de Araoz Flores Manrrique y carta adjunta del teniente de Sevilla, marqués de las Torres, dirigidas al secretario de Guerra, Juan Gregorio Muniáin, Sevilla, 6 de junio de 1770, AGS, Secretaría de Guerra, Guerra Moderna, leg. 4264.

[130] Real orden del secretario de Guerra, conde de Campo de Alange, al marqués de Uztáriz, 20 de abril de 1795, y real orden del duque de Alcudia al teniente de la Maestranza de Sevilla, Aranjuez, 28 de abril de 1795, ambas en forma de copias impresas en ARMCS, Archivo Histórico, vol.7 (1794-1796), así como expediente titulado: Ronda y Granada. Sobre exceptuar de Quintas á sus Individuos subalternos y Criados, AGS, Secretaría de Guerra, Guerra Moderna, leg. 6026. Las mismas reales órdenes dirigidas al teniente de la Maestranza de Valencia se encuentran en el ARMCV, 0001-015-02. Cfr. también Johann Hellwege, *Die spanischen Provinzialmilizen...*, pp. 128-144 y 170-172.

[131] Dictamen del capitán general de Valencia, duque de Caylus, remitido al secretario de Estado, Ricardo Wall, Valencia, 3 de diciembre de 1755, AGS, Secretaría de Guerra, Guerra Moderna, leg. 6023; consulta de la Cámara de Castilla, Madrid, 22 de octubre de 1774, AGS, Secretaría de Guerra, Guerra Moderna, leg. 4271, y la real provisión correspondiente de Carlos III a favor de la Maestranza de Valencia, Madrid, 27 de diciembre de 1775, publicada en *Ordenanzas... de Valencia...* (1776), Valencia, 1880, pp. 5-96. Por esta real provisión se aprobaron los estatutos de la corporación valenciana de 1775-1776. Cfr. también Johann Hellwege, *Die spanischen Provinzialmilizen...*, pp. 299-302.

[132] Cfr. Máximo Pascual de Quinto, *La Nobleza de Aragón*, pp. 559-590; Joaquín Atienza Peñalver, *Real Maestranza... Datos históricos*, p. 15, y Francisco Piferrer, *Archivo heráldico*, vol. 1, p. 7. Cfr. también *Real Maestranza de Caballería de Granada. Instrucción que debe servir de gobierno á los caballeros de este Real Cuerpo para el goce del fuero Militar que S. M. se ha dignado concederles en real orden de 20 de Noviembre de 1829*... Una copia de esta relación impresa compuesta por el secretario de la Maestranza, conde de Torre Marín, Granada, 15 de marzo de 1830, se encuentra en ARMCG, leg. 142.

[133] Cfr. Joaquín Escriche, *Diccionario razonado*..., vol.2, 2ª ed. corregida y aumentada, Madrid, 1839, véase la voz "Jurisdicción militar ordinaria", p. 825.

[134] Cfr. cap. V, pp. 296-306 y cap. VI, pp. 319-361.

[135] *Estatutos... de Granada*... (1764), Granada, 1906, pp. 17 y 25; *Ordenanzas... de Valencia*... (1776), Valencia, 1880, pp. 17 y sig. y p. 20; *Ordenanzas... de Sevilla* (1794), Sevilla, 1834, pp. 18-20 y 23; *Ordenanzas...de Ronda*..., 1817, pp. 12 y sig. y p. 20, así como *Ordenanzas... de Zaragoza*, 1825, pp. 73 y sig. Sobre la jerarquía de los diferentes tratamientos en España, véase NRE, VI, 12, leyes 1-14.

[136] Cfr. el cap. II, pp. 137-204.

[137] Cfr. Alejandro de Humboldt, *Ensayo político sobre el Reino de la Nueva España*. Introducción y edición de Juan A. Ortega y Medina, México, D.F., Porrúa, 1966, p. 90.

[138] Sobre la nobleza en Hispanoamérica, cfr. los trabajos de Richard Konetzke, "La formación de la nobleza en Indias", en *Estudios Americanos*, vol. 3, n. 10, Sevilla, 1951, pp. 329-357; Guillermo Lohmann Villena, *Los americanos en las órdenes nobiliarias (1529-1900)*, vol. 1, Madrid, CSIC, 1947, pp. IX-LXXIX; Verónica Zárate Toscano, *Los nobles ante la muerte en México. Actitudes, ceremonias y memoria, 1750-1850*, México, D.F., El Colegio de México, 2000, pp. 53-78; Doris M. Ladd, *La nobleza mexicana en la época de la Independencia 1780-1826*, trad. de Marita Martínez del Río de Redo, México, D. F., Fondo de Cultura Económica, 1984, passim. Cfr. también el sugestivo artículo de Georges Balandier, "La Situation Coloniale. Approche Théorique", en *Cahiers Internationaux de Sociologie*, vol. 11, París, Presses Universitaires de France, 1951, pp. 44-79. Según Balandier, la "situación colonial" significó una sociedad dual que se divide desde su origen entre una minoría de conquistadores y colonos blancos por un lado y una mayoría de indígenas conquistados por el otro.

[139] José Manuel de Ximeno, "Los Caballeros Maestrantes de La Habana", en *Revista de la Biblioteca Nacional*, vol. 4, n. 4, La Habana, 1953, pp. 119-123; Guillermo Lohmann Villena, *Los americanos*..., vol. 1, p. XXX; Dagmar Salcines de Blanco Losada, "La Real Maestranza de Caballería de La Habana", en *XXV años de la Escuela de Genealogía, Heráldica y Nobiliaria*, Madrid, Hidalguía, 1985, pp. 554-561; Alfonso de Ceballos-Escalera Gila, "Algo más sobre la Maestranza de Caballería de La Habana (1709-1716)", en *Cuadernos de Ayala*, n. 30, Madrid, 2007, pp. 9-10, y sobre todo Inmaculada Arias de Saavedra Alías, "La Real Maestranza de Caballería de Sevilla y las maestranzas indianas (Cuba y México)", en R. Serrera Contreras, ed., *Aspectos históricos y artísticos de la Real Maestranza de Caballería de Sevilla*, Sevilla, Real Maestranza de Caballería de Sevilla, 2014, pp. 89-94. Ximeno y (basándose en su artículo) Inmaculada Arias, Ceballos-Escalera y también Salcines se equivocaron en la fecha del Cabildo de La Habana que acordó de aceptar la presentación de la solicitud de los fundadores de la Maestranza. Fue el 29 y no el 25 de noviembre de 1709, cfr. Archivo Histórico de la Oficina del Historiador de La Habana (AHOHH), Actas Capitulares del Ayuntamiento de La Habana trasuntadas, vol. 19 (años 1702-1711), fols. 504 v.-509r., y vol. 19, original, fols.712r.-715v. Véase también las actas del Cabildo de La Habana del 27 de octubre de 1714 con el texto de la real cédula de Felipe V al gobernador y capitán general de Cuba y al Ayuntamiento de La Habana, Madrid, 26 de agosto de 1713, AHOHH, Actas Capitulares del Ayuntamiento de La Habana, trasuntadas, vol. 20 (años 1711-1717), fols. 258v.-264v., y vol. 20, original, fols. 320v.-327r. Agradezco a César Alonso Sansón (La Habana) por haberme facilitado estos documentos.

[140] Cfr. los trece artículos de las ordenanzas previstas de la hermandad de caballería, AHOHH, Actas Capitulares del Ayuntamiento de La Habana, trasuntadas, vol. 19 (años 1702-1711), fol. 506v. y vol. 19, original, fol. 714r. Véase también Manuel Ximeno, "Los Caballeros...", pp. 120 y sigs.

[141] Inmaculada Arias de Saavedra Alías, "La Real Maestranza...", pp. 94-97; José Manuel Ximeno, "Los Caballeros...", pp. 115-118 y pp. 122 y sig.; María del Mar Felices de la Fuente, *Condes, marqueses y duques. Biografías de nobles titulados durante el reinado de Felipe V*, Madrid, Ed. Doce Calles, 2013, pp. 87-88; Julio de Atienza, *Nobiliario español*, p. 836, y Rafael Nieto y Cortadellas, *Dignidades nobiliarias en Cuba*, Madrid, Ediciones Cultura Hispánica, 1954, pp. 178 y sig.

[142] Alfonso de Ceballos-Escalera Gila, "Algo más...", pp. 9-10, y Guillermo Lohmann Villena, *Los americanos...*, vol. 1, p. XXX. Se trata de la carta de ambos señores a Manuel Pineda, La Habana, 23 de febrero de 1783, British Library, Add MS 20986, fs. 271 y sig.

[143] Juan de Araoz al teniente de Hermano Mayor de la Maestranza de Sevilla, marqués de Rivas, La Habana, 31 de octubre de 1793 y 9 de abril de 1794, ARMCS, Archivo Histórico, vol. V (1792-1793) y vol. VI (1794).

[144] Véanse las descripciones más detalladas de Alfonso de Ceballos-Escalera Gila, "Algo más...", pp. 9-10, e Inmaculada Arias de Saavedra Alías, "La Real Maestranza...", pp. 97-99. Los documentos originales de este segundo intento se encuentran en AGS, Guerra Moderna, leg. 6844, documento 9, fs. 42-45, y documento 140, fs. 573-574.

[145] Véase el excelente estudio de Benjamín Flores Hernández, "La Real Maestranza de Caballería de México, una institución frustrada", en *Caleidoscopio*, vol. 8, n. 15, Aguascalientes, 2004, pp. 38-42, así como los documentos originales en AGNM, Ayuntamientos, vol. 194, exp. 128, fs. 1r.-4r.

[146] Petición de 30 nobles mexicanos dirigida a Carlos IV, México, 3 de febrero de 1790, publicada por Manuel Romero de Terreros, "La Real Maestranza de la Nueva España", en *Anales del Museo Nacional de Arqueología, Historia, y Etnografía*, 4ª época, vol. 5, n. 2, México, D.F., 1928, pp. 517-520. Cfr. también Benjamín Flores Hernández, "La Real Maestranza de Caballería de México...", p. 30, nota 3, y pp. 42-46 y 51-53.

[147] El virrey, conde de Revilla Gigedo, a Antonio Valdés y Bazán, n. 299, México, 6 de febrero de 1790, en: Manuel Romero de Terreros, "La Real Maestranza...", p. 520. También Benjamín Flores Hernández, "La Real Maestranza de Caballería de México...", pp. 42 y 50 y sig.

[148] Consulta del Consejo de Indias, Madrid, 22 de septiembre de 1790, AGI, Audiencia de México, leg. 1293, publicada por Richard Konetzke, *Colección de Documentos para la Historia de la Formación Social de Hispanoamérica 1493-1810*, vol. 3, 2.ª parte, Madrid, C.S.I.C., 1962, n. 318, pp. 677-680, citas de las pp. 679-680. Konetzke se equivocó en la indicación del número del legajo. Véase también Benjamín Flores Hernández, "La Real Maestranza de Caballería de México...", pp. 29 y 49 y sig.

[149] Real cédula de Carlos IV al virrey de Nueva España, San Lorenzo, 30 de noviembre de 1790, AGNM, Reales Cédulas (originales), vol. 147, exps. 186 y 187, fs. 308r.-311r.

[150] Dictamen del fiscal del Consejo de Indias, Madrid, 4 de agosto de 1790, publicado por Richard Konetzke, *Colección de Documentos...*, vol. 3, 2.ª parte, n. 318, pp. 680-682, cita de la p. 681. También Benjamín Flores Hernández, "La Real Maestranza de Caballería de México...", pp. 46-49.

[151] Cfr. el cap. II, p. 184.

II.
LOS PROCEDIMIENTOS DE ADMISIÓN EN LAS MAESTRANZAS DE CABALLERÍA

Página anterior: Ejecutoria de hidalguía a favor de Antonio Doro Campo, vecino y alférez mayor de Carrión de los Condes. 1579. Manuscrito iluminado. Archivo Real Maestranza de Caballería de Ronda.

EL hecho de que las Maestranzas de Caballería estuviesen en posesión de codiciados privilegios hacía que los nobles aspirasen a hacerse miembros de las nuevas corporaciones. Esta circunstancia facilitó que las maestranzas impusieran difíciles condiciones de tipo personal para el ingreso de nuevos miembros, complicando y alargando, además, los procesos de admisión. Debido a ello, su prestigio se fortalecía de manera indirecta. De acuerdo con la evolución de las maestranzas que, surgiendo de cofradías de caballería nobiliarias locales, se convirtieron en corporaciones nobiliarias suprarregionales, privilegiadas y de alta estimación, sus ordenanzas pudieron desarrollarse, con respecto a los procedimientos de admisión, de forma más singularizada y más amplia. Se diferenciaban claramente las ordenanzas primitivas de las hermandades de caballería nobiliarias de Sevilla (1683),[1] Granada (1687)[2] y Valencia (1697)[3] de las posteriores que se iniciaron a imitación de las ordenanzas de la corporación sevillana de 1732.[4]

Si un joven pretendiente con las cualificaciones personales requeridas deseaba ingresar en una maestranza de caballería, entonces dirigía por escrito su petición al Hermano Mayor de la corporación con el ruego de ser admitido como caballero maestrante. Las primeras ordenanzas de las hermandades de caballería de Sevilla y Granada prescribían palabra por palabra el texto de la petición que se debía dirigir al Hermano Mayor. El candidato afirmaba en su petición que sabía andar a caballo y conocía el arte de la jineta con la misma perfección que los caballeros maestrantes y que poseía un caballo con todos los pertrechos que se pedían en las ordenanzas, pudiéndolo presentar en su momento para la oportuna inspección. En los primeros tiempos de las Maestranzas de Sevilla, Granada y Valencia era la Junta General la que por votación secreta decidía sobre la solicitud. En tanto que en Sevilla y Granada era suficiente la mayoría simple de los votos para la admisión de nuevos miembros, en Valencia se requería la mayoría de los dos tercios de los votos. Las ordenanzas de Valencia señalaban, además, que si un noble abandonaba la maestranza, podía ser admitido nuevamente solo por decisión unánime de la Junta General. En Sevilla y en Granada únicamente se podía decidir sobre nuevas admisiones en Juntas Generales ordinarias y en sesiones extraordinarias especialmente convocadas para este fin. La elección solo debía comenzar después de que todos los miembros con derecho a voto hubiesen conocido el nombre del candidato y que el secretario de la hermandad hubiese leído en voz alta y clara la petición. Una vez admitido el peticionario como nuevo miembro, el Hermano Mayor nombraba a dos maestrantes entendidos como diputados para examinar los aderezos y pertrechos necesarios del nuevo caballero. Según lo dispuesto en las primeras ordenanzas de las hermandades de Sevilla y Granada, el equipo de un caballero maestrante debía consistir en un caballo adiestrado para la monta a la jineta, adarga, penacho, petral, borceguíes y espuelas árabes de un solo acicate. Tal y como lo determinaban las ordenanzas, la inspección se realizaba en casa del pretendiente por los dos hermanos diputados nombrados por el Hermano Mayor juntamente con el secretario, el portero, el herrador y los picadores de la hermandad. El secretario tenía la misión de anotar sobre la petición el resultado positivo de la inspección llevada a cabo cuidadosamente. Solo entonces el nuevo caballero podía participar en todas las actividades de la hermandad y ser recibido con solemnidad dentro de la comunidad en la siguiente Junta General. En caso de que el nuevo miembro residiera fuera de Sevilla, el Hermano Mayor procuraba que maestrantes del mismo lugar realizasen la inspección.[5]

Como ya se advirtió, las nuevas ordenanzas de la hermandad sevillana de 1731-1732 dificultaron el procedimiento de admisión de nuevos miembros. Sus reglas exigieron la creación de una comisión especial para las admisiones, llamada Junta de Recibimientos, que posteriormente, entró también en las ordenanzas de la mayoría de las otras maestranzas. La formación de esta nueva comisión se fundamentó en el argumento de que esta se ocuparía de una de las tareas principales de la corporación consistente en distinguir a los nobles más ilustres y destacados de la nobleza en general, elevándolos con justicia a maestrantes, y conservar e incluso acrecentar su posición social.[6] En ordenanzas posteriores se planteó el problema de que, en ocasiones, personas no cualificadas e indignas, estimuladas por los muchos y codiciados privilegios de las maestranzas, pudiesen solicitar su ingreso en estas corporaciones nobiliarias. Las Juntas de Recibimientos, en cambio, ofrecían la garantía de que rechazarían a tales candidatos tras el cuidadoso examen de sus peticiones. Además, las Juntas evitarían que peticiones justificadamente rechazadas causaran perjuicios al candidato y a las mismas maestranzas en lo que a la estimación social se refiere.[7]

Las Juntas de Recibimientos se componían de doce caballeros maestrantes y, además, por oficio, del teniente de Hermano Mayor, del secretario y del fiscal, llamado también Maestro Fiscal o simplemente Maestro. Los doce caballeros maestrantes se elegían de por vida por la Junta General. Debían distinguirse por su mayor experiencia y prudencia, rectitud, desinterés, equidad y justicia, valor y celo por defender el crecimiento, el bien y el honor de toda la corporación. Los doce caballeros maestrantes se designaban por la Junta General mediante votación secreta, concentrando el voto final y público del teniente de Hermano Mayor un tercio del total de los votos emitidos. Debía elegirse un sucesor por ausencia que excediera dos años o tras la muerte de alguno de los doce miembros de la Junta de Recibimientos. A diferencia de las otras maestranzas de caballería, la corporación de Zaragoza no tenía ninguna comisión especial que tratase de las admisiones. Era la Junta Particular quien decidía en un primer paso la admisión de nuevos miembros, votación confirmada después en la Junta General. En la corporación sevillana, a partir de 1794, el secretario no pertenecía ya de oficio a la comisión de admisiones, como en otras maestranzas. A partir de este año, al mismo tiempo que se eligieron a los doce miembros de la comisión por la Junta General, se designó a uno de ellos secretario vitalicio de la Junta de Recibimientos.[8]

Si un joven caballero deseaba ingresar a una maestranza de caballería después de la reforma de las ordenanzas llevada a cabo en el transcurso del siglo XVIII, comenzando con la reelaboración de las de Sevilla, debía dirigir entonces su petición al Hermano Mayor, de sangre real. Sin embargo, el candidato no remitía su solicitud al infante que residía en la corte, sino al teniente de Hermano Mayor de la maestranza de su ciudad. Como antes, el texto de su petición estaba prescrito palabra por palabra.

Con el fin de examinar la petición, el teniente de Hermano Mayor solía convocar la Junta de Recibimientos de forma confidencial, guardándose el secreto del lugar y de la hora. Presidía las sesiones secretas sustituyéndole en su ausencia el fiscal o, en su lugar, el miembro más antiguo. El *quorum* de cada Junta estaba fijado en los dos tercios de los miembros. En las sesiones secretas se debía deliberar abiertamente y dentro de un tiempo razonable sobre cada una de las peticiones, aceptándolas por votación –también secreta– por mayoría simple, o rechazándolas si el candidato no reunía las cualificaciones personales que se requerían. En el caso de que un miembro o su esposa estuviesen emparentados con el candidato hasta en el cuarto grado, debía abandonar la sala por el tiempo que duraba la votación. En las votaciones, el presidente de las Juntas tenía un solo voto como los demás miembros. No disponía de un tercio de todos los votos emitidos como en las votaciones secretas en las Juntas Generales. Los estatutos de la Maestranza de Sevilla de 1794 dificultaban aún más la admisión de nuevos miembros, ya que a diferencia de las ordenanzas anteriores y de las otras maestranzas, requerían una mayoría de dos tercios de los presentes para la necesaria aprobación por la Junta de Recibimientos.[9]

Aparte de las sesiones confidenciales, la labor desarrollada por las Juntas de Recibimientos quedaba aún más protegida por otras medidas para mantener el secreto. Las Juntas podían tramitar las peticiones por tiempo ilimitado, sin estar sujetas a ningún plazo fijo. Tampoco estaban obligadas a informar ni al candidato, ni a los miembros de la maestranza, ni a la corporación misma acerca de la situación del proceso en curso. Si se denegaba una petición de admisión, el candidato no recibía ninguna comunicación oficial, ni

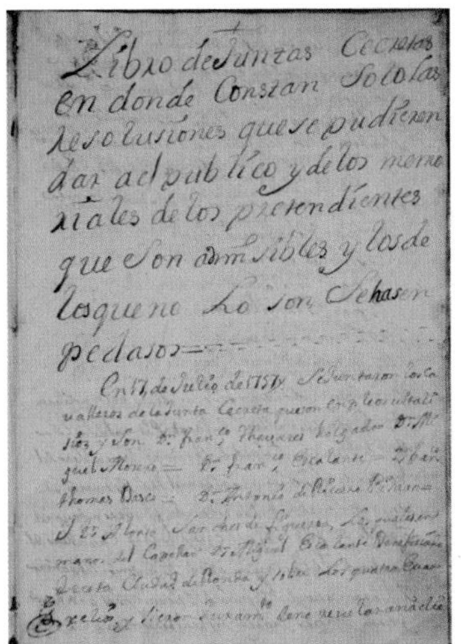

Libro de Juntas Secretas en donde Constan Solo las resoluciones que se pudieren dar al publico y de los memoriales de los pretendientes que son admisibles y los de losque no lo son se hasen pedasos

Libro de las Juntas Secretas de la Real Maestranza de la Caballería de Ronda. 1757-1819. Manuscrito. Archivo Real Maestranza de Caballería de Ronda.

tampoco información alguna acerca de las causas. No tenía posibilidad de recurrir contra la denegación de su petición ante ningún tribunal ordinario o extraordinario para conocer las razones. Esta independencia en la tramitación de las peticiones de admisión, que rayaba en la arbitrariedad y que causó no pocos disgustos a muchos peticionarios, se celebraba como "lo grande de esta Junta" en los estatutos sevillanos de 1731-1732.[10] Los miembros de las comisiones debían jurar, además, antes de ocupar sus cargos, guardar silencio de las deliberaciones, resoluciones y acuerdos de la Junta frente a extraños. En las comisiones de la mayoría de las maestranzas existía también la norma de que todos los miembros participantes de la Junta firmasen el acta final, con el fin de que después no se pudiese averiguar quiénes de los miembros habían votado a favor y quiénes en contra. Todos los papeles, actas y expedientes de admisión de las Juntas se guardaban, por último, en un arca especialmente segura. Se trata del "arca de tres llaves" que se guardaba en casa del teniente. Solo tenían acceso a esta arca de forma conjunta el teniente, el Fiscal o Maestro y el miembro más antiguo de la comisión, cada uno de los cuales disponía de una llave diferente. En la mayoría de las comisiones, los tres claveros estaban obligados a sacar del arca los expedientes de los nobles cuya petición de admisión había sido rechazada y quemarlos después de la muerte de los peticionarios. Con ello se pretendía evitar que los parientes y los descendientes de los candidatos rechazados fuesen difamados en sociedad y menospreciados por ser considerados inferiores.[11]

El secretario de cada Junta de Recibimientos tenía que anotar las resoluciones de las nuevas admisiones en cada una de las peticiones. Una vez que la comisión llegaba a la conclusión de aceptar a un candidato, el secretario comunicaba esta decisión a la Junta General en su próxima reunión y, a continuación, el teniente encargaba –en la misma Junta– a dos caballeros maestrantes en calidad de examinadores o visitadores, o únicamente al fiscal o maestro, el examen e inspección que ya conocemos del caballo y el equipo del futuro miembro.

El secretario de la maestranza comunicaba el resultado del examen en la Junta General a todos los miembros. Después de que el candidato hubiese presentado el equipo completo, era recibido en una sesión solemne de la Junta General como nuevo miembro de la comunidad de maestrantes. En este acto debía prometer, e incluso jurar a finales del siglo XVIII, cumplir en adelante con las obligaciones de maestrante. Además, debía rendir pleito homenaje al teniente manifestando obedecer siempre y en todos los aspectos como fiel vasallo al monarca y de la misma manera al infante en su calidad de Hermano Mayor y al teniente como su representante, guardar las ordenanzas y defender el alto honor y el aumento y esplendor de la corporación. El secretario inscribía al nuevo caballero en el libro de los miembros de la corporación, entregándole, en la mayoría de los casos, un ejemplar impreso de las ordenanzas y un documento que acreditaba su pertenencia a la maestranza. Después de la solemne recepción, al nuevo miembro le correspondía el último e inferior de los asientos; y dependía jerárquicamente de su antigüedad en la pertenencia a la maestranza, hasta que se eligieran otros nuevos miembros. Las ordenanzas de las Maestranzas de Valencia (1775-1776) y de Sevilla (1794) permitían que los nuevos miembros residentes fuera de Valencia o del Reino de Sevilla pudiesen hacerse representar por poderes por un maestrante vecino de Valencia o de Sevilla en la solemne ceremonia de recepción.[12]

Las primeras ordenanzas de la Maestranza de Zaragoza no contemplaron ninguna comisión para la admisión de nuevos miembros. Esta tarea correspondía a la Junta Particular dirigente, sin embargo, el procedimiento y la tramitación de las peticiones de admisión no variaron más que de forma insignificante con relación a las demás maestranzas. Al presentarse una petición de admisión, la Junta Particular conseguía informes secretos acerca de la persona del peticionario y encargaba a un hombre de confianza examinar el caballo y el equipo del candidato. A continuación, la Junta Particular sometía la petición a una votación secreta de mayoría simple. A diferencia de otras maestranzas, expresaba una única recomendación. Si en la Junta Particular se encontraba una mayoría a favor de la admisión, se comunicaba esta recomendación a la Junta General, y solo esta decidía definitivamente en una votación secreta la admisión del candidato. Las decisiones sobre nuevas admisiones debían, en todo caso, ser aprobadas por el infante en su calidad de Hermano Mayor, y no solamente si el peticionario residía fuera del reino, como se procedía en Sevilla en este caso. Por último, tenía lugar la recepción y jura del nuevo miembro en el transcurso de una solemne sesión de la Junta General, como se acostumbraba en otras maestranzas.[13]

A diferencia de muchas celosas cofradías nobiliarias locales de su propia posición social, las maestranzas procuraron tener un número ilimitado de miembros, lo cual podían producir un efecto más representativo, sobre todo, con ocasión de la mayor asistencia a actos públicos. Por ello no se preocuparon por contener la excesiva afluencia de nuevos miembros cualificados poniendo trabas en lo que al número de componentes se refiere. Los miembros no tenían que estar necesariamente domiciliados en la ciudad donde radicaba la maestranza,[14] y así se admitieron también forasteros que tenían su residencia fuera de la ciudad, en algún lugar de la provincia o en otros reinos de la Corona española. Las ordenanzas de la corporación sevillana de 1731-1732 exigían, no obstante, que el teniente recabase la aprobación del Hermano Mayor, es decir, del infante, después de la admisión de un candidato forastero por la Junta de Recibimientos y antes de su solemne toma de posesión. A partir de los estatutos de 1794 esta disposición solo se aplicaba en el caso de los forasteros residentes fuera del Reino de Sevilla. De acuerdo con las ordenanzas reformadas de 1764, 1794 y 1817, las Maestranzas de Granada, Sevilla y Ronda, a diferencia de otras corporaciones, exigieron que los miembros forasteros asistiesen por principio a las actividades porque se juzgaba necesaria su presencia. Más adelante se examinará hasta qué punto estas normas influyeron o limitaron la pertenencia de forasteros a las mencionadas corporaciones.[15] La admisión de extranjeros en las diferentes maestranzas no estaba expresamente vedada. Sin embargo, no entraron, salvo raras excepciones. Resumiendo, podemos decir que las ordenanzas de las maestranzas no conocieron ningún número determinado en lo que a sus miembros se refiere, ni tampoco, en su mayoría, limitaciones de carácter local o regional.

La persona que quería ingresar en una maestranza de caballería debía ser varón, llevar una vida ejemplar y ser joven o, al menos, tener una edad que le permitiera cierta agilidad corporal. Los primeros estatutos de la Maestranza de Valencia restringieron la participación activa de los miembros jóvenes, por cuanto estos no podían ejercer su derecho a voto en tanto no cumpliesen dieciséis años. De forma parecida, en Ronda y Zaragoza, los jóvenes no se admitían como miembros de pleno derecho hasta que no alcanzaban los dieciséis años. Sin embargo, la edad mínima requerida quedó reducida a los diez años para los hijos y nietos de antiguos miembros de la Maestranza de Zaragoza, en tanto que en Ronda los hijos menores de edad y los sobrinos carnales primogénitos podían llevar el pequeño uniforme antes de su admisión efectiva y a petición especial de sus parientes. Por lo demás, en la mayoría de las ordenanzas se prohibieron expresamente otras facilidades que no fueran las mencionadas para la admisión de parientes de los maestrantes. Es más, los candidatos debían pasar los procedimientos de admisión prescritos independientemente de sus relaciones de parentesco con los miembros de la corporación.

La cualificación personal más importante que el candidato debía probar era su intachable nobleza hereditaria de acuerdo con la definición legal castellana de la hidalguía de sangre[16] o de su equivalente. Sin embargo, los diferentes estatutos no describieron la condición de la ascendencia noble del candidato con términos jurídicos, sino con cualificaciones poco precisas pero altisonantes como "ilustre", "de entre la misma nobleza la más ilustre" o "de... ilustre sangre".[17] En la primera regla de la Maestranza de Sevilla se hablaba de "las calidades acostumbradas, así hereditarias en el esplendor de la nobleza ilustre",[18] y, de acuerdo con las ordenanzas de Valencia de 1775-1776, "el maestrante debe ser caballero de muy notoria y distinguida nobleza".[19] Solo los estatutos de la Maestranza de Zaragoza concretaban las cualificaciones de nobleza necesarias para admitir nuevos miembros.[20] Conforme a ello, el candidato podía probar su nobleza demostrando, de manera fidedigna, ser hijo o nieto, por parte del padre, de un cofrade de la antigua Cofradía de San Jorge, que era la corporación predecesora de la Maestranza de Zaragoza. Los otros podían probar su nobleza de sangre en Zaragoza poseyendo títulos nobiliarios como duque, marqués, conde o vizconde, por pertenecer al estamento aragonés de los nobles[21] o por ser caballero de una de las cuatro órdenes militares, de la Orden de San Juan o de la Orden de Carlos III.[22] Las mencionadas probanzas equivalían en Zaragoza a la carta ejecutoria de hidalguía de sangre, según el derecho castellano, del peticionario, de su padre y de su abuelo paterno. Unas normas adicionales para el ingreso en la Maestranza de Zaragoza exigían además la probanza de nobleza de la familia de la madre y, en el caso de estar casado, la de la esposa del candidato. Las ordenanzas de todas las otras maestranzas no requerían estas probanzas de nobleza para la familia de la madre y, dado el caso, de la de la esposa del pretendiente. A diferencia de la mayoría de las órdenes militares y de la Orden de Carlos III, que exigían la hidalguía de sangre tanto del candidato como de sus padres y de sus abuelos por la línea paterna y materna, los estatutos de las maestranzas, con excepción de la de Zaragoza, reducían, al parecer, la cualificación de nobleza solo a la hidalguía de la persona del pretendiente. Frente a las normas detalladas en los estatutos de las órdenes militares, la mayoría de las ordenanzas de las maestranzas no se refieren a la naturaleza de las pruebas que se

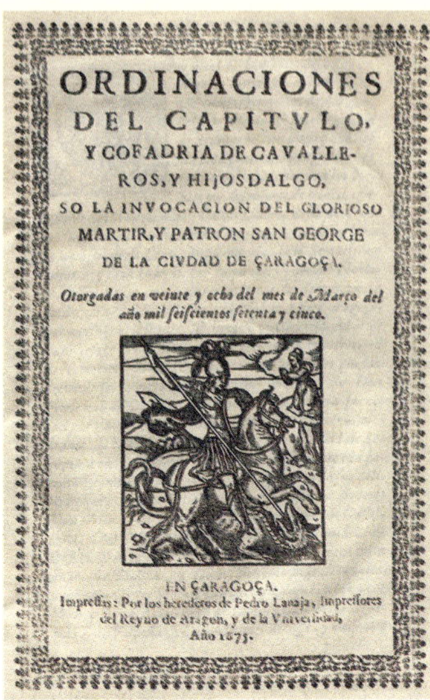
ORDINACIONES
DEL CAPITVLO,
Y COFADRIA DE CAVALLE-
ROS, Y HIJOSDALGO,
SO LA INVOCACION DEL GLORIOSO
MARTIR, Y PATRON SAN GEORGE
DE LA CIVDAD DE ÇARAGOÇA.

Otorgadas en veinte y ocho del mes de Março del año mil seiscientos setenta y cinco.

EN ÇARAGOÇA.
Impressas: Por los herederos de Pedro Lanaja, Impressores del Reyno de Aragon, y de la Vniversidad, Año 1675.

Ordinaciones del capítulo y cofradía de caballeros, y hijosdalgo, so la invocación del glorioso mártir, y patrón san George de la ciudad de Zaragoza. Zaragoza, 1675. Biblioteca Real Maestranza de Caballería de Ronda.

debían presentar ni a la clase de información secreta que había de recabarse si fuera necesario. Únicamente en Zaragoza se dejó a criterio de la Junta Particular pedir informes secretos con el fin de conocer mejor la personalidad del candidato.[23] De esta manera, los estatutos de las maestranzas dejaron mano libre, en gran medida, a las Juntas de Recibimientos para examinar a su criterio las necesarias cualificaciones de nobleza de los aspirantes, juzgándolas a discreción. A diferencia también de las condiciones más antiguas y más severas para el ingreso en las órdenes militares, los estatutos de las maestranzas tampoco requerían la limpieza de sangre del candidato ni la prueba de su filiación legítima.[24] Con excepciones, la integración particularmente de conversos en la España del siglo XVIII había progresado hasta tal punto que esta minoría histórica no suscitaba problemas sociales agudos.

Por ahora podemos resumir que un joven español que pretendiera entrar en una maestranza de caballería debía pertenecer a una intachable nobleza hereditaria, llevar una vida ejemplar y tener, a menudo, una determinada edad mínima. Como corporación de caballeros, las maestranzas exigieron de los aspirantes, además, que supieran montar a la perfección, que tuvieran los equipos de montar y el uniforme prescritos. Los estatutos posteriores a los de la hermandad granadina de 1764 señalaban además que los candidatos tuviesen, en todo caso, la necesaria agilidad para poder probar su eficacia como miembros útiles, tanto en las actividades regulares de equitación como en el desempeño de los cargos administrativos.[25]

Aparte de poseer una intachable nobleza hereditaria y de ser deportivo y ágil, cualquier pretendiente que quería ser admitido en una maestranza tenía que acreditar como tercera e importante cualificación la de poseer un patrimonio suficiente. En tanto que las primitivas ordenanzas suponían que la condición de la "nobleza más ilustre" comprendía indirectamente la riqueza propia del estamento noble, las ordenanzas posteriores a las de la Maestranza de Granada de 1764 requerían expresamente que el candidato dispusiera de suficientes medios económicos. Los ingresos asegurados tenían la finalidad de hacer posible que el candidato llevase una vida ostentosa propia de un noble y ponerle en condiciones de poder hacer frente a las obligaciones sociales y económicas de las maestranzas. El aspirante no solo había de ser para la corporación un miembro digno de su rango, sino también envidiable para sus compañeros.[26] Las primeras ordenanzas de la Maestranza de Zaragoza puntualizaron en 1824 que los ingresos necesarios debían proceder de rentas cuyo importe debía fijar el Hermano Mayor por recomendación de la Junta. A partir de 1825 las rentas anuales necesarias para ser admitido ascendieron en Zaragoza a 1000 ducados.[27] La mayoría de los estatutos de las maestranzas no hacen referencia expresa a impedimentos que un candidato pudiera tener por ejercer una profesión tenida por deshonrosa o baja, supuestamente incompatible con la nobleza. Únicamente las ordenanzas de Zaragoza, que se elaboraron en la época de la reacción conservadora de Fernando VII, establecieron que ni el candidato, ni su padre, ni su abuelo tuviesen una profesión deshonrosa o practicasen un oficio vil y mecánico, ni mucho menos que tuviesen una tienda pública. En otro lugar del presente trabajo habrá que dilucidar la postura de las maestranzas frente al problema socioeconómico de los oficios bajos, viles y mecánicos.[28]

Las ordenanzas posteriores a las de la corporación granadina de 1764 incluyeron la posibilidad de que un candidato cuya petición había sido rechazada, pudiese presentar, después de algún tiempo, una segunda solicitud si creía poder cumplir las condiciones requeridas. En este caso, no debía perjudicarle la primera petición rechazada por las razones que fueran. Sin embargo, aquel que hubiese causado baja de la Maestranza de Valencia y, a partir de 1794, también de la de Sevilla, solo podía ser admitido nuevamente por decisión unánime de la Junta de Recibimientos.[29]

Después de haberse descrito las normas de los estatutos de las maestranzas referentes a la admisión de nuevos miembros, examinaremos en adelante, a título de complemento y de forma comparativa, la práctica observada en las admisiones, tanto en lo que se refiere a los procedimientos de las comisiones encargadas, como también en lo que respecta a las cualificaciones personales que se requerían de los candidatos.

En lo que se refiere a los procedimientos de admisión fijados con bastantes detalles por la mayoría de las ordenanzas, sobre todo por las posteriores, hubo, al parecer, menos excepciones en lo que respecta a la apreciación de las cualificaciones personales. No obstante, el procedimiento previsto ofrecía evidentemente un defecto, por cuanto no regulaba ni se normalizaba lo suficiente la forma de probar la cualificación personal del candidato. Las ordenanzas no le imponían de forma concreta la obligación de probar su intachable nobleza hereditaria ni su situación económica conforme a la misma. Algunos candidatos, en particular forasteros, redactaron extensas peticiones, porque conocían con probabilidad el procedimiento real y las condiciones de admisión insuficientemente contempladas en los estatutos, y las remitieron a la maestranza de su elección. Tales peticiones detalladas podían contener, además del nombre, edad, lugar de nacimiento y residencia del aspirante, datos referentes a su calidad noble y a sus títulos nobiliarios, los de sus padres, parientes y también los de la familia de su esposa, así como informes sobre cargos honoríficos o la profesión del candidato y de su padre y, no en último lugar, referencias a su situación económica o a la de sus padres, si vivía en casa de estos.[30] Otros, sobre todo candidatos forasteros, adjuntaron al texto de la petición, prescrito o voluntariamente ampliado, documentos legalizados, en parte voluminosos, para probar su ascendencia noble y, generalmente también, declaraciones juradas de sus ingresos o de los de sus padres.[31] En vista de que tanto las peticiones detalladas como las pruebas oficiales y las declaraciones personales no representaban sino informaciones voluntariamente ofrecidas por el candidato, estos testimonios no podían servir de base a las Juntas de Recibimientos para decidir la admisión o la no admisión de los pretendientes, sobre todo de los forasteros, generalmente desconocidos. Tan solo datos fidedignos y normalizados en lo posible, en los cuales se podía basar la admisión de nuevos miembros, podían contribuir a alejar a aspirantes no cualificados y mantener así el prestigio y el rango social de las maestranzas.

Por ello no debe extrañarnos que las Juntas de Recibimientos de las maestranzas recabasen informes secretos acerca de la situación personal de candidatos desconocidos. La mejor documentación acerca de la práctica de los informes secretos es la que se conserva de la corporación de Ronda en torno a 1800 (véase tabla 3). El teniente de Hermano Mayor, en su calidad de presidente de la Junta de Recibimientos, solía encargar los informes secretos a miembros de confianza de la corporación y, preferentemente, a aquellos que vivían en el mismo lugar y conocían al aspirante. Los informes secretos debían proporcionar información fiable de la nobleza hereditaria del candidato, sus cargos honoríficos y sus actividades conformes a su calidad, la situación de sus ingresos y, no en último lugar, de la posición social de sus parientes. En las actas de la Junta de Recibimientos que se conservan a partir de 1819 se destaca de manera invariable que, entre las mencionadas cualificaciones personales, las más importantes condiciones para ser admitido eran la "hidalguía notoria" y "pingües y abundantes rentas suficientes a sostener el lustre a que aspiraba". El carácter positivo o negativo de un informe secreto dependía sobre todo de estos dos criterios referentes a la situación personal que el informante debía recabar. Cuando se trataba de un candidato forastero y desconocido, por lo general, se requerían tres informes secretos que debían facilitar la decisión si contenían resultados diferentes. En el caso de hijos, nietos o hermanos de antiguos miembros, la Junta consideraba que los informes secretos sobraban, reduciendo el número a un solo informe si se trataba de examinar la ascendencia y el importe de las rentas. En Ronda, la Junta invitaba a veces a los candidatos a que ellos mismos remitiesen documentos legalizados para probar su hidalguía, en tanto que esta prueba no fuese ya adjuntada a la petición o no se desprendiese de forma incontestable de otros documentos.[32] Como puede comprobarse, los informes secretos formaban parte del expediente de admisión de candidatos forasteros no solo en Ronda, sino también en las corporaciones de Granada y Zaragoza.[33] La similitud practicada en la autogestión, en gran parte ordenada por la Corona y realizada diligentemente por las diferentes maestranzas, hace suponer que los informes secretos fueron habituales también en las corporaciones de Sevilla y Valencia. Las decisiones de las Juntas de Recibimientos no se basaban en las pruebas remitidas por el candidato, sino más bien en los datos contenidos en los informes secretos que se consideraban más fiables.[34]

En los procedimientos de admisión no hubo más conflictos que los producidos por la amplia independencia de las Juntas de Recibimientos. En ocasiones, esta independencia llegaba a tal punto que peticiones discutibles quedaban pendientes durante años, sin que se informase al candidato hasta que se lograse una decisión definitiva. En el caso de que una petición no se aprobase por la Junta de Recibimientos competente, el candidato no tenía ningún derecho a que le comunicasen que su petición se había desestimado, ni mucho menos a que conociera las razones. Por ello, antes de ser rechazados y, sobre todo después de desestimarse sus peticiones, los candidatos afectados se dirigían con frecuencia al rey, sea por mediación de personalidades influyentes, sea por medio de corporaciones distinguidas, rogando que sus peticiones fuesen acogidas favorablemente. Con el fin de poder examinar la petición, el rey convocaba por medio del secretario del Despacho Universal de Estado competente en los asuntos de las maestranzas a las corporaciones para que estas explicasen las circunstancias y razones de sus posturas negativas o dilatorias. En la mayoría de los casos las Juntas de Recibimientos estuvieron dispuestas a

Tabla 3: Admisiones aprobadas por la Junta de Recibimientos de la Maestranza de Ronda (1819-1822).

Fecha de las juntas	Candidatos: F = forastero (vecino de/ provincia de)	Número de informes secretos	Parentesco de los candidatos con un antiguo miembro
2.3.1819	F (La Habana/Cuba)	3	
	F (La Habana/Cuba)		-
	F (Puebla de los		-
	Ángeles/Nueva	2	-
	España)		
30.3.1819	F (Jerez de la Frontera/Sevilla)	3	-
8.6.1819	F (Bilbao/Vizcaya)		
	F (Barcelona/	-	Hijo
	Cataluña)	-	Hijo
	F (México/Nueva	1	-
	España)	3	-
	F (La Habana/Cuba)		
5.8.1819	F (residencia:		
	Madrid)	-	Hijo y nieto
	F (residencia:	-	Hijo y nieto
	Madrid)	-	Hijo y nieto
	F (desconocido)		
15.10.1819	F (Lugo/Galicia)	-	Hijo
	F (Lumbreras/Soria)	3	-
	F (Barcelona/ Cataluña)	3	-
20.1.1820	F {Barcelona/ Cataluña)	3	-
	F (Puebla de los Ángeles/Nueva España)	3	-
18.6.1820	F (La Habana/Cuba)	-	Hijo

Fecha de las juntas	Candidatos: F = forastero (vecino de/ provincia de)	Número de informes secretos	Parentesco de los candidatos con un antiguo miembro
7.8.1820	F (Valle de Villaverde/ Santander) (residencia: Madrid)	-	Hijo
	F (Laujar/Granada)	2	-
	F (Arcos de la Frontera/Sevilla) (residencia: Ceuta)	2	-
	F (*ibid.*)		-
	F (Torres de Albánchez/Segura de la Sierra/Murcia)	2	-
15.11.1820	F (Écija/Sevilla)	3	-
29.12.1820	F (Torres de Albánchez/Segura de la Sierra/Murcia)	-	Hijo
3.2.1821	F (Arcos de la Frontera/Sevilla)	-	Hijo
2.4.1821	F (Valle de Buelva/ Santander) (residencia: Madrid)	-	Hijo y hermano
3.5.1821	F (desconocido) F (desconocido)	Varios	- -
12.7.1821	F (Córdoba)	5	-
27.9.1821	F (Córdoba)	3	-
25.3.1822	F (Arcos de la Frontera/Sevilla)	2	-

Fuente: Nota 34, cap. II.

justificar por escrito las razones por las cuales rechazaron a los candidatos en cuestión.[35]

Únicamente la Junta de la Maestranza de Sevilla negó, en 1805 y 1807, en varias cartas dirigidas al secretario de Estado Pedro Cevallos, las razones de haber rechazado a dos candidatos. En su calidad de presidente de la Junta, el teniente manifestó, en varias cartas al ministro, su obediencia al rey, pero no consintió indicar detalles acerca de las razones de las dos denegaciones, escudándose con el argumento de que los miembros de la Junta, conforme a las ordenanzas aprobadas por el rey mismo, habían jurado mantener el estricto secreto de sus actividades. Cuando el ministro le significó que el juramento de mantener el secreto no era válido para con el rey, el nuevo teniente contestó, al producirse la segunda denegación en 1807, con la argumentación formal de que no podía explicar el reparto y peso de los votos, ya que la votación secreta se había llevado a cabo con bolas blancas y negras, y que, por lo demás, las decisiones tomadas en ambos casos se habían producido antes de asumir su cargo.[36] En consecuencia, el ministro ordenó al asistente de Sevilla que leyese a los miembros de la Junta en su despacho en el Alcázar una real orden, por la cual les comunicaba que habían incurrido en el "real desagrado" y que acatasen sin tardanza sus órdenes anteriores, indicando las razones para ambas denegaciones. En cartas del teniente al ministro y de la Junta al rey, la Maestranza calificó su insubordinación frente al soberano como un malentendido. En su carta, el teniente indicó, por fin, las razones por las cuales se habían rechazado a los dos candidatos y, no obstante la polémica habida, el ministro aprobó la recusación de los dos candidatos.[37] Ya con anterioridad, la independencia de las decisiones de la Junta de Recibimientos sevillana había sido respetada por la Corona de una manera más discreta. La petición del regidor sevillano Joseph María del Rey, acompañada de extensas pruebas de su hidalguía, que había sido rechazada por la Maestranza en 1789, ni siquiera llegó a manos del monarca. Al contrario, fue apostillada, probablemente por indicación del ministro competente con la nota lapidaria de: "No se da curso a esta especie de Quejas porque la maestranza tiene facultad de admitir o desechar a los pretendientes a maestranzas".[38]

Tabla 4: Juntas celebradas por la Junta de Recibimientos de la Real Maestranza de Ronda (1819-1822).

Fecha de las juntas	Participantes	Número total de miembros
2.3.1819	5	10
30.3.1819	5	10
8.6.1819	6	10
5.8.1819	6	10
15.10.1819	4	10
20.1.1820	7	10
18.6.1820	5	10
7.8.1820	5	10
15.11.1820	5	10
29.12.1820	5	10
3.2.1821	4	10
2.4.1821	5	10
3.5.1821	6	10
4.7.1821	5	10
12.7.1821	6	10
27.9.1821	5	10
25.3.1822	5	10

Fuente: Nota 41, cap. II.

En la mayoría de los casos en los que algunos nobles se dirigieron a la Corona para protestar por no haber sido admitidos en las maestranzas, las Juntas requeridas encontraron con sus argumentos, en gran parte, la plena comprensión del ministro competente.[39] Las decisiones negativas tomadas por las Juntas, frente a los candidatos no aceptados por ser inferiores, se mantenían en firme, incluso después de que hubiesen presentado sus quejas. Únicamente tuvo éxito una petición a favor de un noble de Cieza de nombre Manuel Marín, cuya solicitud había sido denegada en 1802 por la Maestranza de Granada. El secretario de Estado consideraba infundada la justificación de la Junta aceptando por suficiente la cualificación personal de Marín. Por ello remitió una real orden por la cual Marín fue recibido en enero de 1803 por la Maestranza de Granada.[40]

Cada Junta de Recibimientos decidió en sus sesiones sobre la futura composición de la corporación en su conjunto. Se podría suponer que la participación fuese alta en reuniones de esta importancia, ya que el número de los miembros de cada Junta estaba limitado a unas pocas personas de confianza. Sin embargo, en el caso de la Junta de la Maestranza de Ronda se puede observar (véase tabla 4) que en las diecisiete sesiones habidas entre el 2 de marzo de 1819 y el 25 de marzo de 1822, por lo general, a las deliberaciones asistió solo la mitad de los diez miembros efectivos.[41] La frecuencia en la participación a las Juntas de otras maestranzas probablemente no sería mayor. La escasa participación se debió, al parecer, al hecho de que los miembros de estas Juntas, que eran de interés fundamental para las corporaciones, se habían elegido de por vida, y que en el ejercicio de sus cargos sufrieron con frecuencia enfermedades y los achaques de la vejez. Otra causa de la escasa participación radicaba probablemente en la circunstancia de que los miembros de las Juntas de Recibimientos no se ocuparon de sus cargos con una ética de tipo profesional, sino que consideraron esta actividad como un pasatiempo conforme a su situación de notables y de nobles acomodados.

Acabamos de comentar la realidad práctica del procedimiento observado en la admisión de nuevos miembros en relación con las disposiciones contenidas en las ordenanzas. En adelante examinaremos las cualificaciones personales de los pretendientes que se consideraban imprescindibles. *Conditio sine qua non* para el ingreso en una maestranza de caballería era el que el candidato tuviese la hidalguía de sangre, al menos de la calidad fijada en Castilla por la ley.[42] Las ordenanzas dejaron a la discreción de las Juntas de Recibimientos la libertad de decidir hasta qué punto debía probarse la nobleza hereditaria de un candidato. Hemos podido examinar de cerca la práctica de las pruebas de nobleza gracias a la situación relativamente favorable de la documentación que se conserva de la Junta de Recibimientos de Ronda.

Las actas de la Junta a partir de 1819 mencionan constantemente la hidalguía notoria, es decir, la nobleza de nacimiento reconocida general e incontestablemente por el Ayuntamiento y los vecinos, de acuerdo con el concepto jurídico castellano de la hidalguía.[43] Basándonos en algunos expedientes de ingreso, al parecer completos,[44] que comienzan alrededor de 1790, hemos podido observar que se requería, además de la hidalguía de la propia persona, la del padre y del abuelo por parte del padre y, por regla general, también la del abuelo por parte de la madre. A diferencia de las órdenes militares nacionales, las pruebas en los casos mencionados no se extendieron a la nobleza de las familias de las dos abuelas, es decir, a los cuatro apellidos, sino tan solo a los dos. Si un candidato estaba casado, encontramos en los documentos también la probanza de la nobleza hereditaria de su esposa.

Parece ser que los ya mencionados candidatos que pretendieron entrar en la Maestranza de Ronda a partir de 1790, adjuntaron las pruebas de su hidalguía a sus peticiones. En estos casos se trata, sin excepción, de certificaciones oficiales de los ayuntamientos en cuestión, basadas en su mayoría en padrones locales, actas capitulares o testimonios de testigos e, incluso, en sentencias de la Sala de los Hijosdalgo de la Chancillería competente. Las certificaciones se extendieron a petición del candidato por orden del alcalde local de primera instancia, por un escribano público y con la aprobación del procurador síndico general competente en estas cuestiones de rango y estado social. Constituían una excepción las probanzas de nobleza de los candidatos que tenían algún familiar, como padre, abuelo o hermano, que era miembro de la maestranza. En su caso bastaba, por lo general, con el testimonio de su parentesco que podía ser el extracto legalizado del libro de bautizos para probar su nacimiento noble.[45] Tales preferencias de familiares de miembros anteriormente admitidos, en lo que respecta a la prueba de la hidalguía de sangre, no existieron en las órdenes militares nacionales ni en la Orden de San Juan. En vista de que la Maestranza de Ronda seguía el modelo de las corporaciones de Sevilla y Granada,[46] se puede suponer que, hacia finales del siglo XVIII, la práctica de las pruebas de nobleza en las demás corporaciones se parecería más o menos a la de Ronda. Por consiguiente, la propia hidalguía de sangre era la mínima cualificación de nobleza que debía tener un candidato que pretendía ser admitido en una maestranza de caballería, hasta el primer cuarto del siglo XIX.[47] La probanza del origen noble del pretendiente por encima de la hidalguía quedaba en gran parte a la discreción de las diferentes Juntas de Recibimientos.

Los criterios internos de las probanzas de nobleza estaban muy poco normalizados en las maestranzas de finales de siglo XVIII, y por ello, el volumen y la estimación de los documentos remitidos dependían, aparte de la norma de la hidalguía, de la benevolencia de los diferentes miembros de las Juntas de Recibimientos. Así lo demuestran las preferencias dispensadas a familiares de miembros ya admitidos, pero también al hecho de que la Maestranza de Valencia rechazara en 1802 a Mariano Guinart y Torán. Hijo único y heredero universal de sus padres, Guinart era un joven bastante acaudalado. Pertenecía al Ayuntamiento de su ciudad natal de Valencia en su calidad de regidor noble, y a la Junta Particular de Comercio por ser caballero hacendado. Además, la Maestranza de Caballería de Ronda le había recibido por maestrante. Su petición de ser admitido por la Maestranza de Valencia no tuvo éxito, y ni siquiera una súplica dirigida al rey en 1802 pudo cambiar la situación. En un escrito de justificación al ministro competente, la Junta rechazó la admisión de Guinart, sobre todo con el argumento de que no tenía "la más acendrada nobleza", aun cuando pertenecía ya a otras corporaciones nobiliarias, que exigían cualificaciones menos distinguidas. Otra razón para rechazar a Guinart era, según la afirmación global y poco probada, que no poseía sino una fortuna bastante insuficiente. Sin embargo, la Corona no estuvo dispuesta a examinar los cargos, que se debían posiblemente a intrigas contra Guinart y, en fin, este no fue recibido por la Maestranza de Valencia.[48]

El reconocimiento de la hidalguía y de la limpieza de sangre de una persona[49] podían realizarse mediante pruebas de la categoría de los llamados "actos positivos" por medio de un pleito ante el tribunal de la Sala de los Hijosdalgo de una Cancillería. En estos casos, el tribunal atribuía a la cualificación de hidalgo y a la limpieza de un antepasado la misma validez de una sentencia judicial, si se podían presentar para este antepasado tres de los mencionados "actos positivos". Un "acto positivo" era una certificación oficial de que un antepasado había tenido algún cargo honorífico de la Inquisición o había sido miembro del Consejo de las Órdenes, de la Orden de San Juan, de la catedral de Toledo o estudiante, en su juventud, en uno de los pocos colegios mayores cuyo carácter nobiliario había sido reconocido por la Corona.[50] Las maestranzas ya no dieron importancia a los testimonios de la limpieza de sangre para recibir a un nuevo miembro, ni tampoco trataron en la práctica con demasiado rigor la probanza de nobleza. Por ello, una real orden remitida a la corporación granadina, en 1753, negaba que cualquier certificado de pertenecer a la maestranza tuviera la fuerza probatoria de un "acto positivo" ante un tribunal, cualificando estas certificaciones, y la prueba de nobleza que conllevaban, únicamente de "[...] honorífico o adminículo, y realce de Nobleza [...]".[51] Por último, tampoco las órdenes militares aceptaron la pertenencia a las maestranzas como prueba de hidalguía y de limpieza de sangre, exigida en sus estatutos para la admisión de nuevos miembros. Las órdenes militares consideraron el hecho de pertenecer a una maestranza solo como prueba auxiliar de la hidalguía de una persona.[52]

La función social de las pruebas de hidalguía radicaba por lo general en la distinción y conservación de la aristocracia española con el fin de mantener las capas altas de la nobleza tanto en su función social dirigente como, en la medida de lo posible, en su homogeneidad como estamento. Las cualificaciones mínimas de nobleza exigidas por las maestranzas hasta el primer cuarto del siglo XIX, de menor categoría que las de las órdenes militares, hacen suponer que de esta manera se trataba, entre otras cosas, de facilitar a nuevos sectores de la nobleza, hasta entonces excluidos, el desarrollo de una distinción corporativa más elevada. Teniendo en cuenta que en Castilla, debido a la secular Reconquista, el estamento noble fue creciendo en mayores proporciones que en otros países europeos, se puede suponer que esta apertura, además de otras condiciones, brindara a muchos nobles la posibilidad de un ascenso social y, en consecuencia, de una mayor movilidad social.

De hecho, las órdenes militares no reconocieron como equivalentes las pruebas de nobleza requeridas por las maestranzas. Asimismo, la Maestranza de Valencia rechazó a un miembro de la corporación de Ronda[53] y a un caballero de la distinguida Orden de Carlos III por no tener la misma cualificación nobiliaria,[54] y la de Sevilla no admitió, por indigno, al hijo primogénito y heredero de un miembro de la corporación de Granada, que además tenía un título de Castilla.[55] Todos estos sucesos podrían explicarse desde el punto de vista de la ética individual como intrigas y arbitrariedades de algunas personas o de grupos. Sin embargo, vistos de forma estructural y funcional, estos fenómenos radicaban, más bien, en la postura competitiva de las diferentes corporaciones nobiliarias dentro de la aristocracia española, que tendían, frente a las "otras" corporaciones, a un mayor prestigio social. La sociología de la moda ha puesto de manifiesto que los diferentes grupos y corporaciones de las capas altas, estamentos superiores o aristocracias en Europa, especialmente en el Antiguo Régimen, rivalizaban de forma acusada los unos con los otros en busca de prestigio dentro de su marcado estilo de vida y consumo, sea en la moda, en fiestas o en ceremonias, a lo que se podría añadir el rango de la cualificación personal de noble por medio del uso de insignias y uniformes.[56]

La opulencia de un candidato, al igual que su condición de noble, era uno de los requisitos más importantes para ser admitido en una maestranza. Por ello, los candidatos desconocidos para las Juntas de Recibimientos y los que no tuvieran parientes próximos en la corporación, solían declarar su situación económica en sus peticiones, con mucha frecuencia, en la forma de una declaración jurada. Los expedientes de ingresos de Ronda de alrededor de 1790 demuestran que estas relaciones detallaban los ingresos del candidato y, dado el caso, los de su esposa y las rentas de los padres, si los candidatos eran jóvenes solteros que vivían en la casa paterna.[57] En las actas de la Junta de Recibimientos de Ronda a partir de 1819 se hace hincapié continuamente en "las pingües y abundantes rentas suficientes" de los miembros recibidos, además de su ascendencia noble. Pues, de acuerdo con estas actas, los ingresos tenían la finalidad de destacar el esplendor y la dignidad de los nuevos miembros.[58]

Hacia 1800, el mínimo de los ingresos anuales necesarios para entrar en una maestranza era de unos miles de ducados. A este respecto resulta ilustrativa la admisión de Manuel Marín por la Maestranza de Granada. La Junta de Recibimientos granadina se negó en 1802 a recibir a Marín, un vecino noble de Cieza, porque era segundón de su familia y como tal, no disponía de ingresos suficientes. En una petición al rey, Marín se quejó de haber sido rechazado, señalando que recibía 2.000 ducados procedentes de mayorazgos, además de unos 1.000 ducados anuales de sus propiedades libres y no vinculadas. Además de estos 3.000 ducados esperaba otros ingresos por la herencia que recibiría después de la muerte de su anciana madre. La Corona estimaba que el estado de la fortuna de Marín era suficiente, ordenando a la corporación granadina que recibiese al candidato rechazado, por una real orden obedecida de enero de 1803.[59]

En 1782, la Junta de Recibimientos de Ronda admitió a dos vecinos nobles de la villa de Alhama. Uno de ellos, Juan Pedro Ximénez, tenía unos ingresos anuales de apenas más de 1.000 ducados, lo cuales se consideraban suficientes para llevar en el pequeño lugar un tenor de vida conforme a su calidad de noble. Las rentas anuales del otro, Miguel Nabas Ximénez, no pasaban de los 400-500 ducados. Sin embargo, recibía considerables ayudas económicas de sus hermanos que eran altos dignatarios de la Iglesia, de forma que podía ostentar un estilo de vida y consumo que correspondía a 4.000 ducados de renta anuales.[60] De ello se puede deducir que la Junta de Recibimientos de Ronda, y probablemente también las Juntas de las demás corporaciones, tuvieron en cuenta las diferentes situaciones socioeconómicas de los lugares de residencia de los candidatos, así como las condiciones de su vida, a la hora de valorar su posición económica. Los miembros de las maestranzas que eran hidalgos modestos tuvieron a finales del siglo XVIII, por lo general, algunos miles de ducados de renta. En cambio, los herederos de los títulos de Castilla disponían, en su mayoría, de unos 10.000 y más ducados de renta anual.[61]

Los ingresos de los miembros de las maestranzas eran principalmente ingresos de rentas que formaban parte de la fortuna de los padres, de los bienes personales propios o de la dote de la esposa. A partir de la tardía Edad Media, en Castilla las propiedades de las familias nobles consistentes sobre todo en bienes raíces se mantenían unidas por la institución legal del mayorazgo. Con un mayorazgo, el usufructo de la totalidad de los bienes así vinculados se transfirió de generación en generación siguiendo un orden fijo de sucesión en una sola persona, generalmente del hijo mayor de la familia. Por eso, los candidatos que pretendían entrar en una maestranza mencionaban en sus peticiones y en sus relaciones juradas adjuntas el hecho de ser primogénitos, así como los mayorazgos que heredaron y los que esperaban heredar, para subrayar de esta forma la opulencia de sus personas. De los treinta y cuatro nuevos miembros admitidos por la Junta de Recibimientos de Ronda entre el 2 de marzo de 1819 y el 25 de marzo de 1822, siete eran hijos primogénitos y seis poseedores o herederos de mayorazgos, tratándose en su mayoría de las mismas personas.[62]

Las rentas de los miembros de las maestranzas procedían, con gran probabilidad, de bienes raíces rurales y, en menor medida, de bienes inmuebles urbanos. Solo en casos excepcionales sus ingresos se devengaban de una actividad profesional. Hasta entrado el siglo XIX era la norma que en Castilla los nobles distinguidos y ricos se dedicasen al ocio y no a una actividad económicamente útil. En tanto que no emigraban a las Indias, los jóvenes de las familias ilustres pudieron escoger solo entre la carrera militar, la jurídica o la eclesiástica, lo que hicieron sobre todo los segundones. En las mencionadas carreras, de las armas y de las letras, se enfrentaron en no pocas ocasiones en el transcurso del siglo XVIII con la competencia de personas no nobles. Además, existían normas sociales desarrolladas durante siglos y más o menos reconocidas, por las que se consideraban las profesiones de los mercaderes, así como los oficios bajos, viles y mecánicos, como incompatibles con la honra de un caballero hidalgo. Por supuesto, hubo excepciones de este concepto ideal debido a circunstancias regionales y locales. No obstante, los nobles que se dedicaron a las mencionadas actividades corrían el peligro de no ser reconocidos como tales por sus compañeros.

A diferencia del resto de Europa, la sociedad que se desarrolló en el transcurso de la secular Reconquista, brindó en Castilla a amplios sectores de la población la posibilidad del ascenso social. Pequeños campesinos y labradores libres, después de conformar la caballería, se convirtieron en la nobleza terrateniente urbana que dominaba en gran medida la vida política, social y económica de las ciudades. Este proceso impidió, al final de la Edad Media y en la Época Moderna, la formación de ideales civiles y burgueses, así como el desarrollo de una burguesía urbana consciente de sí misma, pero decantada en favor de valores predominantemente caballerescos de orgullo, honor, dignidad y fama, en unión de virtudes militares y de un estilo de vida ocioso, suntuoso y ritualizado. Vecinos activos de las ciudades intentaron la escalada social no por medio de un movimiento colectivo que hubiera podido tener por meta una mayor valoración de su capa social, sino emprendiendo la huida individual de sus propias circunstancias, tenidas por inferiores, hacia la realización del ideal de una vida noble reconocida por todos. Este carácter generalizado de una aspiración común hacia las normas e ideales aristocráticos, tanto por parte de la nobleza como de amplios sectores no nobles de la población, explica, entre otras razones, por qué las élites nobiliarias en España supieron mantener y defender sus privilegios durante la Época Moderna y hasta entrado el siglo XIX sin que cumpliesen unas funciones y méritos adecuados a los cambios de los tiempos.[63] Al principio, las leyes de la tardía Edad Media consideraron como oficios viles tan solo las actividades de los alcahuetes, juglares y cómicos, lidiadores de bestias bravas, usureros, verdugos y pregoneros, que no gozaban de buena fama.[64] Otras leyes de la época tardía de la Reconquista establecieron que, por razones primordialmente militares, eran oficios bajos y viles incompatibles con el ejercicio de la caballería, los de los sastres, tundidores, barberos, pellejeros, carpinteros, pedreros, herreros y zapateros, así como las actividades de los especieros y regatones.[65] Al término de la Reconquista, la masa de los hidalgos y muchos nobles de la nobleza mediana debían resentirse de la competencia social de los vecinos acaudalados de las ciudades, pero que no eran nobles, en tanto que experimentaban un creciente empobrecimiento y se vieron cada vez más apartados de sus funciones militares. Es natural que tratasen de proteger su posición social privilegiada, insistiendo en una separación social cada vez más acusada frente a las personas no nobles. Al mismo tiempo tenía que aumentar el deseo de los vecinos llanos que habían adquirido riquezas, por emprender la escalada social adquiriendo privilegios y signos de nobleza o casi nobiliarios. El afán de la población por conseguir honores y nobleza discriminaba en muchas regiones, de forma creciente, oficios útiles considerándolos deshonrosos y viles, tales como las ocupaciones inestables de los buhoneros, arrieros, mesoneros y taberneros, así como los oficios de los matarifes, castradores, curtidores, caldereros, molineros, hortelanos, cardadores, en parte también los tejedores, y de otros hombres que realizaban trabajos corporales duros.[66] Por estas razones fueron precisamente las cofradías nobiliarias y las corporaciones privilegiadas, ante todo, las influyentes órdenes militares y también las maestranzas, así como los ayuntamientos y otras instituciones, los que excluyeron, en la medida de lo posible, a los representantes de los llamados oficios bajos y viles, los del pequeño comercio y de la banca, en sus personas y en las de sus descendientes.

La Orden de Santiago rechazó la admisión de nobles si estos o sus padres y abuelos habían practicado un oficio vil o mecánico o si habían sido mercaderes o cambiadores. Los estatutos de la Orden cualificaban de mercader a una persona, si ella misma o por medio de empleados se dedicaba en una tienda al menudeo de mercancías de cualquier género. Según la regla de la Orden, el cambiador era un banquero que poseía un banco público y prestaba dinero en forma de letras de cambio, realizando las operaciones él mismo o por medio de sus factores. Entre los oficios viles o mecánicos figuran expresamente los plateros, pintores, bordadores, canteros, mesoneros, taberneros, escribanos, con la excepción de los secretarios del rey y de los miembros de la familia real, procuradores públicos y semejantes profesiones bajas o aún más bajas que estas, como la de los sastres y otras personas que vivían del trabajo de sus manos.[67] Estas normas no afectaban a las actividades de los grandes comerciantes.

Los representantes del despotismo ilustrado trataron de reformar estas normas sociales nefastas para la economía. Por real cédula del 18 de marzo de 1783, elaborada en sus partes esenciales por el primer fiscal del Consejo de Castilla, conde de Campomanes, la Corona declaró hábil y compatible con la hidalguía y los cargos municipales el ejercicio activo –y solo el activo– de determinados oficios tenidos por deshonrosos hasta entonces. Entre ellos, figuran los curtidores, herreros, sastres, zapateros, carpinteros y otros semejantes. A empresarios que, en la tercera generación, se dedicaban a la explotación del comercio o fábricas en beneficio del Estado, se les brindaba la oportunidad de ser recompensados con distinciones correspondientes, inclusive la de la nobleza de privilegio. Los funcionarios y las autoridades reales recibieron la orden de insistir en el puntual cumplimiento de esta cédula. Por la misma se derogaron las disposiciones contrarias de las leyes más antiguas y de los estatutos de los gremios, cofradías, congregaciones, colegios y otras corporaciones.[68]

Basándonos en casos singulares podemos suponer que la real cédula del 18 de marzo de 1783 no tuvo el éxito deseado dentro de la sociedad jerárquica del Antiguo Régimen. La Corona misma otorgaba escasamente cartas de nobleza de privilegio y distinciones cuasi nobiliarias a comerciantes y empresarios de fábricas ejemplares. Por lo demás, las normas sociales predominantes, en particular el desprecio del trabajo manual, estaban estrechamente unidas a la tradicional sociedad de estamentos y al papel dirigente de las élites nobiliarias de prestigio. Un cambio de los valores sociales hubiese supuesto una revolución social que debía sacudir también la monarquía absoluta en sus fundamentos, lo cual no podían permitir los Borbones españoles del siglo XVIII a pesar de sus reformas racionalistas bienintencionadas. Muchos, sobre todo los pequeños municipios como la villa de Horche, cerca de Guadalajara, se negaron, después de 1783, a recibir entre sus filas a artesanos –tenidos hasta entonces por viles– como regidores de igual rango. La junta del Estado de Caballeros Hijosdalgo de Madrid se negó a admitir a un constructor noble de carruajes, a pesar de lo dispuesto por la cédula de 1783.[69] Las distinguidas órdenes militares mantuvieron sus estatutos con la expresa aprobación de la Corona, ya que se basaban en los sólidos principios de la necesidad de conservar el lustre de la nobleza, según se expresa en una real orden de 1803; la cédula de 1783 había declarado honrados todos los oficios bajos, pero no pretendía promoverlos al máximo grado de honor ni equipararlos a las ocupaciones y empleos superiores. Semejante igualdad, aun entre los mismos oficios bajos, podría parecer quimérica dadas las diferencias entre la sociedad estamental y los fines políticos del Estado.[70]

También las maestranzas de caballería siguieron después de 1783 con la costumbre de rechazar por no cualificados a los candidatos, si ellos mismos o sus parientes practicaban algún oficio bajo. A este respecto resulta característica la no admisión de Bernardo de Vibanco García por la Maestranza de Ronda, hacia 1800. Vibanco, que vivía como médico en Cartagena, pudo probar su intachable hidalguía y también unos ingresos suficientes. Para que tampoco le perjudicara su condición de médico, fue precisa la enérgica intervención de la Corona. Sin embargo, en su escrito de justificación dirigido al primer ministro, la Junta de Recibimientos de Ronda fundaba su actitud negativa en el argumento de que unos parientes próximos del candidato practicaban oficios bajos: el padre, así dijo un informe secreto, transportaba con su carro de una mula todo lo que salía; un hermano de su madre se ganaba la vida siendo alguacil del arsenal militar de Cádiz y la esposa de Vibanco era hija de un sastre, cuya prima tenía, además, un baratillo de aguardientes. A pesar de repetidas quejas dirigidas al monarca por parte del candidato y de sus compañeros de profesión, que en sus extensas alegaciones se apoyaban en la real cédula de 1783, la Corona aprobó la no admisión de Vibanco por la conservadora Maestranza de Ronda.[71] Otro caso significativo es el de la Maestranza de Sevilla, que en los años 1806-1807 se negó a recibir como nuevo miembro a Bernardo Sergeant y Vilardell. Don Bernardo, el hijo primogénito y heredero del segundo marqués de Monteflorido, miembro de la Maestranza de Granada, servía de cadete de las Guardias Valonas en la corte de Madrid. Su padre había sido rechazado unos años antes por la corporación sevillana. No obstante, y a pesar de ser vecino de Sevilla, logró entrar en la Maestranza de Granada. Su abuelo, don Felipe Sergeant, había sido un mercader noble de origen flamenco residente en Sevilla y, después de amasar una fortuna, entre 1770 y 1771, había comprado el título nobiliario castellano de marqués de Monteflorido. El abuelo había logrado casarse con una mujer que pertenecía a una familia muy distinguida de la nobleza sevillana. No obstante, el teniente de la maestranza argumentó en su escrito de justificación al primer ministro, que los parientes de la esposa del abuelo desaprobaron el enlace con este mercader porque no era de su rango, interrumpiendo toda clase de relaciones con ella. El abuelo materno del candidato era un noble de Cataluña sin recursos, de nombre Vilardell, que había trabajado de sastre en Barcelona y después en Cádiz, donde había embarcado para marcharse a Lima. Después de hacer cierta fortuna en las Indias había regresado a Cádiz, donde fundó una casa comercial, ocupándose de la misma hasta su muerte. Según el teniente de la maestranza, el hecho de que en la familia del candidato hubiera quien se dedicaba a actividades bajas era la causa de no admitir a Bernardo Sergeant y Vilardell. La Corona toleró la no admisión, considerándola justificada y dejó sin contestar la petición que el padre había cursado a favor de su hijo.[72]

Después de 1783 no cambiaron los estatutos de las maestranzas, que se pronunciaron tan solo de manera indirecta en la cuestión de las ocupaciones bajas y deshonrosas y el obstáculo que suponían para la admisión de nuevos miembros. Todavía en 1824, la Corona aprobó, a pesar de las recomendaciones contrarias de algunos funcionarios liberales, las ordenanzas de la Maestranza de Zaragoza que se opusieran a la admisión de candidatos que practicaban, ellos mismos o sus padres o abuelos, oficios bajos, viles y mecánicos o que tenían una tienda abierta o una botica.[73]

Hay que señalar que la difamación social de las actividades productivas de los oficios artesanales, del pequeño comercio, de la banca, y con ello, el desprecio de las virtudes burguesas, como la del ahorro, contribuyeron esencialmente a que se retrasara el proceso de desarrollo socioeconómico de España, si lo comparamos con otros países de la Europa Occidental. Las normas sociales predominantes frenaron la formación de una clase empresarial pujante, así como la de un mercado de trabajo homogéneo y de un mercado de bienes y de capitales.

Las maestranzas de caballería constituían, junto con las órdenes militares y otras corporaciones de las élites nobiliarias de prestigio, las fuerzas civiles y conservadoras que por defender su posición dirigente social y económica mantenían y continuaban de manera fija y ritualizada las normas de la caballería medieval de la Reconquista, que frenaban el desarrollo social. Las corporaciones de las élites nobiliarias defendían tanto más su campo de función social, orientado hacia privilegios y prestigios, cuanto más quedaba limitado por la monarquía absoluta en lo que a la política de poder se refiere, y amenazado en lo económico por la escalada de la burguesía que ambicionaba un estilo de vida noble.

Los estatutos de las diferentes maestranzas no concedían, además de las excepciones ya mencionadas, ningún tipo de facilidades a los familiares de sus miembros para entrar en las corporaciones. No obstante, el hecho de ser pariente de antiguos miembros aportaba considerables ventajas. Ya se mencionó que la Junta de Recibimientos de Ronda consideraba innecesario recabar informes secretos en el caso de hijos, nietos y hermanos de los miembros, en tanto que exigía, por lo menos, tres si se trataba de candidatos forasteros.[74] En no pocos casos, las maestranzas no tuvieron en cuenta la edad mínima ni la capacidad de montar a caballo, cuando se trataba de parientes de sus miembros. Llama la atención que la Maestranza de Sevilla admitiera en la época de su reconstitución en los años 1724-1725 a muchos parientes de antiguos miembros –en el Cabildo General de 12 de noviembre de 1725 incluso a cuarenta y dos– sin haber examinado previamente sus conocimientos de equitación. Las admisiones en masa no tenían otro motivo que el de proporcionar un cuerpo de miembros considerable para las actividades públicas.[75] No obstante, la corporación sevillana erró el objetivo en su práctica de admisiones. En el Cabildo General del 11 de junio de 1729 el Hermano Mayor se lamentaba de que hasta la fecha se habían admitido sin más a los hijos y nietos de miembros, con tal que lo solicitaran. Sin embargo, muchos de los nuevos maestrantes no sabían montar bien a caballo y por ello no podían participar en los festejos hípicos a la vista del público de la ciudad. El Cabildo decidió en consecuencia no admitir en adelante candidatos que no tuviesen la cualificación de jinete prescrita.[76] Otras ventajas que beneficiaban a los parientes de miembros eran las cuotas reducidas de entrada. En Granada, los hijos y nietos de maestrantes pagaron, a partir de 1777, solo 10 pesos, mientras que los otros nobles residentes en la ciudad debían abonar 25 doblones, es decir, 10 veces más. A diferencia de forasteros desconocidos, los hijos y nietos de miembros forasteros pagaban solo 50 doblones, la mitad de la cuota. Las demás corporaciones no concedieron ninguna reducción de esa tasa a los parientes directos de los miembros.[77]

Llegados a este punto, se nos plantea la cuestión de cuántos parientes de miembros de las diferentes maestranzas fueron admitidos por las mismas.

La corporación nobiliaria de Granada es la que permite mejor recoger su número en forma de estadística (véase tabla 5). El libro de los miembros de la corporación granadina menciona siempre a los parientes de estos, particularmente a los hijos, nietos y hermanos, y también a los sobrinos y yernos, aunque con menor frecuencia. De los 612 nobles que pertenecieron a la Maestranza de Granada en los años de 1686 a 1804, 150, es decir, uno de cada cuatro, fueron parientes de antiguos miembros. En lo que se refiere al parentesco, entre los maestrantes de Granada se pueden observar tres fases en la evolución de la corporación: la fase inicial, desde los maestrantes fundadores y los primeros miembros de 1686 hasta alrededor de 1705. Le sigue una segunda fase de los hijos y nietos de estos miembros, de 1706 hasta 1775. De los 307 nuevos miembros que se recibieron en esta época, 133, es decir, uno de cada dos contaba con algún familiar y setenta y siete de los 133 tenían incluso dos o más parientes en la corporación. A la fase inicial y a la segunda de los hijos y nietos, en la que los miembros de la maestranza procedían de la ciudad y de los alrededores de Granada, sigue una tercera fase de miembros forasteros, como se verá en los siguientes párrafos.[78]

Es de suponer que en las otras maestranzas andaluzas la evolución era semejante en lo que a sus miembros se refiere. En la de Sevilla se recibieron, entre el 1 de enero de 1738 y el 14 de septiembre de 1739, a doce nuevos miembros. Ocho de ellos eran, como puede comprobarse,

Tabla 5: Admisión de parientes por la Maestranza de Granada (1691-1804).

Años	Total de admisiones	Parientes de miembros	Porcentaje
1686-1690	59	0	0,0 %
1691-1695	23	1	4,3 %
1696-1700	12	2	16,7 %
1701-1705	5	0	0,0 %
1706-1710	17	6	35,3 %
1711-1715	5	1	20,0 %
1716-1720 1721-1725	19	11	57,9 %
1726-1730	34	9	26,5 %
1731-1735	15	8	53,3 %
1736-1740	21	12	57,1 %
1741-1745	24	14	58,3 %
1746-1750	25	17	68,0 %
1751-1755	27	15	55,6 %
1756-1760	13	8	61,5 %
1761-1765	15	3	20,0 %
1766-1770	42	18	42,9 %
1771-1775	50	11	22,0 %
1776-1780	33	3	9,1 %
1781-1785	28	1	3,6 %
1786-1790	32	2	6,3 %
1791-1795	28	5	17,9 %
1796-1800	35	0	0,0 %
1801-1804	50	3	6,0 %
1686-1804	612	150	24,5 %
1686-1705	99	3	3,0 %
1706-1775	307	133	43,3 %
1776-1804	206	14	6,8 %

Fuente: Nota 78, cap. II.

vecinos de Sevilla; cinco estaban emparentados directamente con antiguos miembros, mientras que solo dos tenían su residencia en otra ciudad. La Maestranza de Sevilla se encontraba, por lo tanto, al igual que la de Granada, marcada en la segunda fase por su pertenencia a ella de los nobles de la ciudad, emparentados en gran medida los unos con los otros.[79] La Maestranza de Ronda recibió entre el 2 de marzo de 1819 y el 25 de marzo de 1822 un total de treinta y cuatro nobles: todos, sin excepción, eran naturales de otros lugares. Incluso once de ellos tenían parientes cercanos en la misma corporación. La presencia particularmente de forasteros en la Maestranza de Ronda, a principios del siglo XIX, indica claramente que en aquella época esta corporación se encontraba en la tercera fase de su evolución, en lo que respecta a la procedencia de sus miembros.[80]

La entrada de miembros forasteros era otro problema en la práctica de las admisiones que, en su complejidad, no se evidencia por los estatutos de las maestranzas. Las diferentes ordenanzas determinaban que se podían recibir a miembros forasteros que tenían su residencia fuera de la ciudad de la sede de la maestranza, en la provincia o en otros reinos de la Corona española, respetando ciertas condiciones y estipulaciones.[81]

Cuantos más privilegios obtuvieron las maestranzas en el transcurso del siglo XVIII, tanto más nobles forasteros aspiraban a entrar en las mismas. Sin embargo, los grupos de maestrantes locales trataron de cerrar sus corporaciones a extraños, debido a una postura colectiva de defensa y un sentir corporativo, sobre todo en la segunda fase, cuando las maestranzas estaban dominadas por los hijos y nietos de los fundadores. La tendencia defensiva de las maestranzas de limitarse, durante la segunda fase, a la admisión de nuevos miembros relacionados por lazos familiares con los primeros o antiguos maestrantes experimentaba de esta forma su equivalente funcional en el rechazo de los forasteros. Ambos patrones de comportamiento, el de la simpatía a los miembros del propio grupo cerrado y a sus parientes más próximos y el de la antipatía a los extraños, que pueden observarse en las maestranzas, ocupan un lugar central en la teoría sociológica de los grupos.[82]

A partir de 1735, la Junta de Recibimientos de la Maestranza de Sevilla se negaba a recibir candidatos forasteros. En su justificación dada al Hermano Mayor, de marzo de 1738, la Junta razonó su actitud alegando que los estatutos la facultaban a elegir con independencia entre los candidatos nobles únicamente a los más selectos, y que el propio infante había aprobado, indirectamente, su postura negativa frente a los forasteros. La Junta insistió en que en el futuro solo admitiría vecinos de Sevilla que hubiesen hecho sus prácticas de equitación durante un año en el picadero propiedad de la corporación, y que estuvieran en condiciones de participar en todos los festejos hípicos. Por lo general, los forasteros no podían cumplir con estas condiciones y, además, no aspiraban sino al honor o, en términos modernos, al prestigio que conllevaba el hecho de pertenecer a la gran corporación sevillana. La Junta estimaba que era necesario procurar que los privilegios otorgados por el rey, que no se concedieron a muchas cofradías nobiliarias de otras ciudades, continuasen siendo excepcionales y codiciados.[83]

No obstante, una minoría de la Junta de Recibimientos de Sevilla abogaba por la admisión de forasteros. Estos nobles argumentaban que sería útil para el prestigio de la corporación contar con miembros residentes en otros lugares, ya que estos maestrantes podrían ser de ayuda en la compra de caballos y en otros encargos. Además, los estatutos establecían expresamente la posibilidad de recibir a forasteros. Por último, era costumbre de la corporación sevillana admitir a candidatos forasteros.[84]

Por una lista de los miembros, preparada por el motivo del problema de la admisión de forasteros, sabemos que el 15 de julio de 1735 la Maestranza de Sevilla contaba con 167 miembros, de los cuales setenta y ocho habían nacido y vivían en la ciudad, otros tres residentes en la ciudad eran naturales de otros lugares, cincuenta y seis maestrantes nacidos en Sevilla tenían su residencia fuera de la metrópoli andaluza y treinta (la mayoría de ellos de la corte real) no solo no habían nacido en Sevilla, sino que vivían fuera de la ciudad, en la mayoría de los casos en el lugar de residencia de la corte o en Madrid. Como se puede apreciar, había frente a una mayoría de 137 nobles nacidos en

Sevilla o residentes en la ciudad (82 %) una minoría pequeña de treinta maestrantes que no habían nacido en la ciudad ni residían en ella (18 %). Entre ellos hubo un gran número de personas pertenecientes a la corte que fueron recibidos cuando esta residía en Sevilla en los años 1729-1733.[85]

Sobre la base de las cifras referidas, los argumentos de la Junta de Recibimientos de Sevilla pueden interpretarse con ayuda de la teoría de los grupos como sigue: ni las ordenanzas ni la práctica observada en los comienzos de la maestranza se opusieron a la admisión de candidatos forasteros. No obstante, un grupo activo de miembros sevillanos se afanaba por impedir, en un momento dado, nuevas admisiones de forasteros, que con motivo de la presencia de la corte en la ciudad habían sobrepasado las cuotas habituales. Los forasteros contribuían poco a la labor diaria de la corporación; sin embargo, disfrutaban de los privilegios y del prestigio de la misma.

Resulta característico del interés propio del grupo sevillano, que tres forasteros admitidos –a pesar del pretendido veto–, entre el 1 de enero de 1738 y el 31 de agosto de 1739, tuvieran estrechos lazos familiares con antiguos miembros.[86] Al mismo interés corresponde el hecho de que en las listas de miembros e ingresos de aquellos años se distinguiese entre los forasteros nacidos en la ciudad y forasteros naturales de otros lugares.[87] Parece evidente que los miembros de las familias distinguidas de Sevilla deseaban eximir a sus parientes que vivían fuera de la ciudad de la pretendida prohibición de admitir a forasteros.

A las presiones del Hermano Mayor, la Maestranza de Sevilla tuvo que ceder y cumplir, a partir de la segunda mitad de 1739, las ordenanzas y admitir a candidatos forasteros sin más impedimentos.[88] En la misma época, los forasteros tampoco tuvieron dificultades especiales en las Maestranzas de Granada, Ronda y, después de su reconstitución en 1747, de Valencia.[89]

En la segunda mitad del siglo XVIII, volvieron a manifestarse en las Maestranzas de Sevilla y Granada tendencias por reducir el número de los miembros forasteros. En una carta dirigida al Hermano Mayor en agosto de 1783, el teniente de la corporación sevillana expresó el ruego de la misma de que se tomara la resolución de admitir a candidatos forasteros únicamente si residían dentro de 6 leguas (unos 33,4 km), en el contorno de la ciudad, excepto aquellos que eran hijos de Grandes de España y otras personalidades de alto rango. Pues solo eran de utilidad para la corporación aquellos miembros que residían en la ciudad o en su proximidad.[90] También en el seno de la Maestranza de Granada se pensó, en 1777, limitar los forasteros a algunos grandes y miembros de las primeras familias aristocráticas.[91] No obstante estos intentos, que correspondían a los intereses de los miembros locales, no tuvieron éxito. Únicamente se permitió a la Maestranza de Sevilla, en 1783, suspender por algún tiempo la admisión de forasteros que vivían fuera de 6 leguas en el contorno de la ciudad.[92] Se recibieron a grandes de España y ministros del rey que vivían en la corte, con el fin de que los caballeros maestrantes pudiesen manifestar, una y otra vez, su paridad con estas personalidades de alto rango y, de esta forma, mejorar su propio prestigio social.

Frente a los candidatos del lugar, los forasteros que querían entrar en una maestranza se encontraban con una serie de condiciones y restricciones que dificultaban su admisión. Según las ordenanzas de Sevilla, el teniente estaba obligado a recabar el permiso especial del Hermano Mayor antes de recibir definitivamente a un candidato forastero que había sido admitido por la Junta de Recibimientos. A partir de 1792 se requerían tales "dispensas de forastería" únicamente si el candidato vivía fuera del antiguo Reino de Sevilla. En la segunda mitad del siglo XVIII, las dispensas que extendía el secretario del Hermano Mayor en nombre de este eran por lo general meras formalidades, pues el Hermano Mayor de la corporación sevillana no tenía posibilidades serias de oponerse a la admisión de forasteros en aquella época.[93] Siguiendo la práctica observada en Sevilla, el teniente de la Maestranza de Ronda se limitaba, a finales del siglo XVIII, a comunicar a su Hermano Mayor la admisión de forasteros para la aprobación formalizada y siempre concedida sin dificultades, sin llegar a solicitar en muchos casos el permiso especial pertinente. Los tenientes de las corporaciones de Granada y Valencia, por el contrario, no tuvieron necesidad de anunciar a su Hermano Mayor la admisión de un forastero, ya que sus estatutos no lo prescribieron.[94] Este modo de proceder en la admisión de candidatos forasteros se mantuvo en las diferentes maestranzas hasta comienzos del siglo XIX.[95]

La Maestranzas de Granada, Valencia y Zaragoza perjudicaron a los candidatos forasteros al exigirles, a finales del siglo XVIII, cuotas de admisión más altas de las que pagaban los candidatos residentes.[96] A diferencia de los miembros que tenían su residencia dentro de 5 leguas (27,9 km), los forasteros no disfrutaron, a partir de 1748, del fuero privilegiado.[97] A partir de este año, a los forasteros no les quedaba otra prerrogativa que la de llevar el uniforme especial de la corporación, aparte del prestigio social y las relaciones personales que suponía el hecho de pertenecer a una Maestranza.

La participación numérica de los forasteros en las diferentes maestranzas se ha podido recoger de dos maneras: 1) como parte del total de los miembros recibidos durante largos espacios de tiempo, siempre que los libros de ingresos estuvieran suficientemente completos y continuados para poder analizarlos; 2) como parte del total de los miembros vivos en determinados años, en tanto que existan listas de los miembros que, entre otros datos, indican sus residencias.

En la segunda mitad del siglo XVIII, la Maestranza de Ronda registraba la mayor participación de forasteros, a la que seguían las corporaciones de Sevilla, Granada y Valencia.

Basándonos en el primer libro de los miembros de la corporación de Ronda, podemos constatar lo siguiente (véase tabla 6): la Maestranza de esta pequeña ciudad andaluza recibió, entre 1776 y 1808, 1013 nuevos miembros, de los cuales 950 eran forasteros (93,8 %). La participación de estos pasó del 18,2 %, entre 1756 y 1760, a un 98,0 % entre 1806 y 1808.[98] A partir de 1777 se admitieron de diez a veinte anualmente, y a partir de 1782 alrededor de cuarenta, en su mayoría forasteros.[99] En 1793, el número de nuevos miembros alcanzó la cifra de sesenta y nueve, de los cuales sesenta y seis eran forasteros.[100] Según la única lista de los miembros del siglo XVIII que se conserva, la corporación contó, a finales de 1783, con un total de 251 maestrantes, de los cuales 180 (71,7 %) vivían fuera de la ciudad.[101]

Tabla 6: Admisión de miembros forasteros por la Maestranza de Ronda (1726-1808).

Años	Total de admisiones	Forasteros	Porcentaje
1726-1730	1	1	100,0 %
1731-1735	-	-	-
1736-1740	35	2	5,7 %
1741-1745	-	-	-
1746-1750	9	2	22,2 %
1751-1755	3	2	66,7 %
1756-1760	11	2	18,2 %
1761-1765	8	5	62,5 %
1766-1770	19	12	63,2 %
1771-1775	17	13	76,5 %
1776-1780	60	48	80,0 %
1781-1785	213	197	92,5 %
1786-1790	124	114	91,9 %
1791-1795	130	119	91,5 %
1796-1800	247	238	96,4 %
1801-1805	189	185	97,9 %
1806-1808	50	49	98,0 %
1726-1808	1.116	989	88,6 %
1776-1808	1.013	950	93,8 %

Fuente: Nota 98, cap. II.

La admisión de forasteros en la Maestranza de Sevilla experimentó una evolución parecida. Del primer libro de los miembros de la corporación sevillana se desprende (véase tabla 7) que, de 347 miembros recibidos entre 1776-1809, al menos 273 (78,7 %) residían fuera de la ciudad.[102] De los 167 maestrantes, en 1737, 86 (51,5 %) eran forasteros.[103] Su número se incrementó en la segunda mitad del siglo XVIII, llegando en 1789 a la cifra de 180 forasteros de los 286 maestrantes (63,0 %).[104]

Tabla 7: Admisión de miembros forasteros por la Maestranza de Sevilla (1776-1809).

Años	Total de admisiones	Forasteros	Porcentaje
1776-1780	55	43	78,2 %
1781-1785	78	60	76,9 %
1786-1790	73	65	89,0 %
1791-1795	38	28	73,7 %
1796-1800	15	10	66,7 %
1801-1805	52	37	71,2 %
1806-1809	36	30	83,3 %
1776-1809	347	273	78,7 %

Fuente: Nota 102, cap. II.

Tabla 8: Admisión de miembros forasteros por la Maestranza de Granada (1771-1804).

Años	Total de admisiones	Forasteros	Porcentaje
1771-1775	50	37	74,0 %
1776-1780	33	24	72,7 %
1781-1785	28	19	67,9 %
1786-1790	32	22	68,8 %
1791-1795	28	23	82,1 %
1796-1800	35	31	88,6 %
1801-1804	50	41	82,0 %
1771-1804	256	197	77,0 %

Fuente: Notas 78 y 105, cap. II.

Tabla 9: Admisión de miembros forasteros por la Maestranza de Valencia (1747-1808).

Años	Total de admisiones	Forasteros	Porcentaje
1747-1750	67	-	0,0 %
1751-1755	24	9	37,5 %
1756-1760	43	30	69,8 %
1761-1765	13	8	61,5 %
1766-1770	12	10	83,3 %
1771-1775	17	13	76,5 %
1776-1780	31	21	67,7 %
1781-1785	16	13	81,3 %
1786-1790	23	13	56,5 %
1791-1795	15	9	60,0 %
1796-1800	20	15	75,0 %
1801-1805	30	20	66,7 %
1806-1808	22	13	59,1 %
1747-1808	333	174	52,3 %
1756-1808	242	165	68,2 %

Fuente: Nota 107, cap. II.

En las Maestranzas de Granada y Valencia la admisión de miembros forasteros no alcanzó las cuotas de las corporaciones de Ronda y Sevilla. La de Granada (véase tabla 8) recibió, entre 1771 y 1804, un total de 256 miembros, de los cuales 197 vivían fuera de la ciudad (77,0 %).[105] En 1777, 101 de los 150 miembros de la maestranza vivían fuera de Granada (67,3 %).[106] En lo que se refiere a la participación de los forasteros en la Maestranza de Valencia (véase tabla 9) hemos podido averiguar que, de los 333 miembros que se admitieron entre 1747 y 1808, 174, es decir, el 52,3 %, eran de fuera. Como se recordará, la Maestranza de Valencia había sido reconstituida en 1747, tras su total decadencia durante la guerra de Sucesión. Si no tenemos en cuenta los primeros

Tabla 10: Lugares de residencia de los miembros forasteros de las Maestranzas andaluzas en los años 1737, 1777, 1783 y 1789.

	Sevilla 1737	Sevilla 1789	Ronda 1783	Granada 1777
Número total de miembros	167 100,0 %	286 100,0 %	251 100,0 %	150 100,0 %
Miembros locales en relación con la totalidad	81 48,5 %	102 35,6 %	42 16,7 %	49 32,7 %
Número de forasteros	86 100,0 %	180 100,0 %	180 100,0 %	101 100,0 %
Forasteros residentes en la provincia de Sevilla (en la de Granada)	17 19,7 %	81 45,0 %	15 8,3 %	6 5,6 %
En el resto de Andalucía y en la provincia de Murcia	5 5,8 %	37 20,6 %	79 43,9 %	37 36,6 %
En las demás provincias de Castilla	19 22,1 %	49 27,2 %	82 45,6 %	43 42,6 %
En las provincias de la Corona de Aragón	- -	4 2,2 %	2 1,1 %	1 1,0 %
En Hispanoamérica	1 1,2 %	5 2,8 %	2 1,1 %	- -
En Europa fuera de España	8 9,4 %	2 1,1 %	- -	- -
Forasteros al servicio de las armas reales	36 41,8 %	- -	- -	12 11,9 %
Forasteros con lugares de residencia no localizables	- -	2 1,1 %	- -	2 2,0 %

	Sevilla 1737	Sevilla 1789	Ronda 1783	Granada 1777
Miembros con residencia desconocida en relación con la totalidad	- -	4 1,4 %	29 11,6 %	- -
Miembros locales y residentes en el sur de España en relación con el total	103 61,7 %	220 76,9 %	137 54,6 %	92 61,3 %

Fuentes: Notas 85, 101, 104, 106 y 108-111, cap. II.

años después de la reconstitución, durante los cuales prevalecieron los nobles locales, la proporción de los forasteros era considerablemente mayor, pues, entre 1756 y 1808, con 165 de 242 individuos, constituían el 68,2 % de la totalidad de los maestrantes.[107]

¿Dónde tenían su residencia los miembros forasteros de las diferentes maestranzas? En la tabla 10 y en los mapas 2, 3 y 4 se recogen los lugares de residencia de los forasteros de las tres corporaciones andaluzas de Sevilla en los años 1737[108] y 1789,[109] Ronda en 1783[110] y Granada en 1777,[111] agrupados en las siguientes regiones geográficas: provincia o Reino donde radicaba la maestranza (Sevilla o Granada, respectivamente), el resto de Andalucía y Reino de Murcia, las demás provincias de Castilla, las de la Corona de Aragón, las de Hispanoamérica y, por último, de Europa fuera de España. No obstante, hay que tener en cuenta que las cifras referentes a los forasteros de la corporación de Sevilla en 1737 resultan de poco valor informativo en el conjunto de la distribución regional, puesto que entre los forasteros hubo numerosos militares con residencia desconocida (41,8 %) y muchas personalidades de Madrid pertenecientes a la corte, que durante varios años residían en la ciudad.

Del resumen estadístico de la tabla 10 se desprende claramente que, a finales del siglo xviii, los miembros forasteros de las tres maestranzas andaluzas tenían sus residencias principalmente en Andalucía

Mapa 2 . Lugares de residencia de los miembros forasteros de la Maestranza de Sevilla 1789.

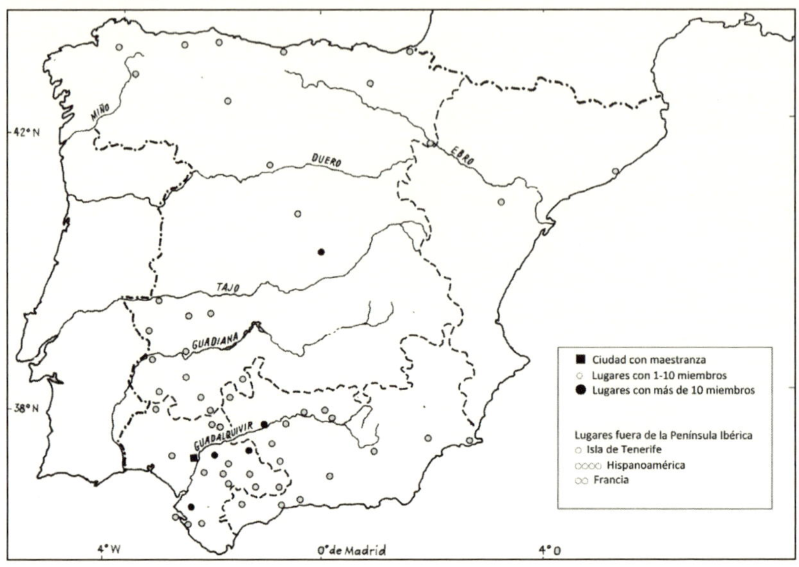

Mapa 3 . Lugares de residencia de los miembros forasteros de la Maestranza de Ronda 1783.

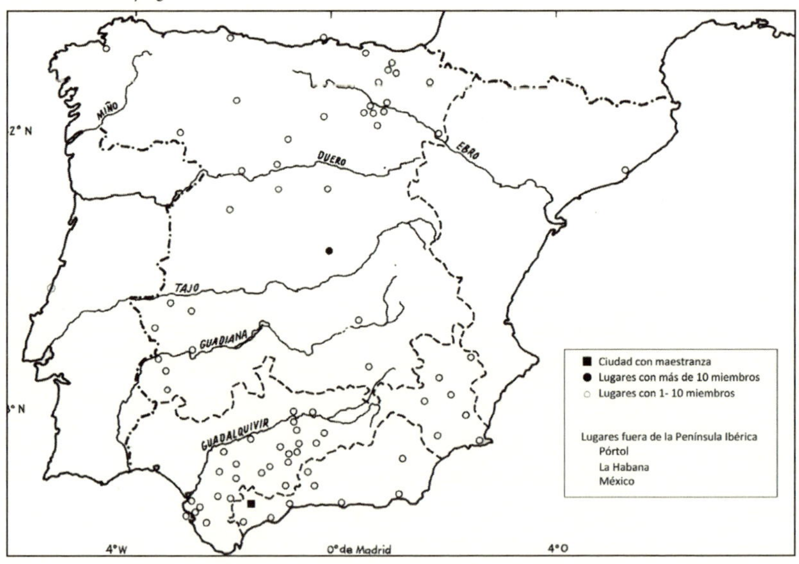

Mapa 4 . Lugares de residencia de los miembros forasteros de la Maestranza de Granada 1777 .

y el Reino de Murcia, seguidas, con bastante diferencia, por las demás provincias de Castilla. Los nobles que vivían en el sur de España y residían en los centros de las maestranzas constituían dos tercios en Sevilla y en Granada, y en la pequeña y poco poblada ciudad de Ronda, más de la mitad de los miembros. La composición regional de las maestranzas andaluzas seguía teniendo, a finales del siglo XVIII, un carácter predominantemente meridional y andaluz. En el caso de la corporación sevillana se manifiesta, de manera más evidente, el predominio de los miembros forasteros procedentes de Andalucía y Murcia (sobre todo, del Reino de Sevilla), que suman dos tercios, frente al tercio que representan los procedentes del resto de Castilla. En las Maestranzas de Ronda y Granada, en cambio, la mitad de los forasteros, a finales del siglo XVIII, residía en las provincias del sur y la otra mitad en las del norte de Castilla. Llama la atención que en aquella época apenas hubo nobles residentes en las provincias de la Corona de Aragón que pertenecieran a las maestranzas andaluzas. Es evidente que las interrelaciones corporativas y de parentesco de la nobleza andaluza seguían concentrándose, a finales del siglo XVIII, en la España del sur y las provincias septentrionales de Castilla, en tanto que, solo excepcionalmente, llegaban hasta los territorios de la Corona de Aragón.

También fue bastante escasa la participación de los maestrantes residentes en Hispanoamérica. Las razones para ello podrían ser las grandes distancias y, en gran medida, la estructura social diferente en las colonias. La corporación de Ronda fue, en el siglo XVIII, la que más miembros tuvo en la América española. De los 1164 caballeros maestrantes recibidos entre 1707 y 1808, sesenta y cinco residían en Hispanoamérica. A partir de un artículo, publicado en la *Gaceta de México*, el 3 de septiembre de 1808, sabemos que solo en las principales ciudades del Virreinato de la Nueva España (México) vivieron en aquella época diecinueve miembros de la Maestranza de Ronda.[112]

Solo en casos excepcionales se admitieron durante el siglo XVIII a caballeros de Europa fuera de España, tratándose además, en su mayoría, de hidalgos españoles.

No se conservan listas de los miembros de la Maestranza de Valencia, correspondientes a un año concreto correspondiente a la segunda mitad del siglo XVIII. Por ello tuvimos que contentarnos con averiguar las residencias permanentes de los 174 forasteros entre los 333 miembros recibidos de 1747 a 1808. En el momento de su admisión, setenta y dos (41,4 %) vivían en el antiguo Reino de Valencia, veinticuatro (13,8 %) en las demás provincias aragonesas, setenta y tres en Castilla (41,9 %) y cinco (2,9 %) en Hispanoamérica. Más de la mitad de los forasteros (55,2 %) residían, por lo tanto, en los territorios españoles de la Corona de Aragón. Por su parte, los nobles residentes en la ciudad de Valencia (152) junto a los del conjunto del territorio aragonés (72+24) representaban tres cuartas partes (248 de 333 = 74,5 %) de la totalidad de los miembros admitidos. Llama la atención que casi la mitad de los forasteros (41,9 %) tuvieron su residencia fija en Castilla.[113] Las estrechas relaciones de los maestrantes de Valencia con Castilla, que era el centro de gravitación de la política en la Península Ibérica, hacen suponer una agilidad y apertura relativamente grandes de esta élite asentada en la periferia oriental de España.

Basándonos en los registros de los libros de ingresos que se conservan hemos podido examinar el desarrollo de las admisiones durante los siglos XVII y XVIII, referente a las Maestranzas de Sevilla,[114] Granada,[115] Valencia[116] y Ronda.[117] Con 1164 miembros en 102 años que van de 1707 a 1808, la de Ronda registró con mucho la mayor afluencia, con más de once candidatos al año. Le seguían la Maestranza de Sevilla con 912 miembros en 140 años (1670-1809), o sea, con más de seis nuevos miembros al año, la de Granada con 612 miembros en 119 años (1686-1804), que suponen unas cinco nuevas admisiones al año, y la corporación de Valencia con 333 miembros en 62 años (1747-1808), o sea, también cinco admisiones al año. Por lo general hay que tener en cuenta que, en el caso de la Maestranza de Granada, y aún más en el de la corporación de Valencia, el diagrama de la curva de admisiones (véase Gráfica 1) es más uniforme y continuo. La Maestranza de Sevilla se destacó por el hecho de que los ingresos se produjeron a gran escala y de forma irregular a lo largo de los años.

Sin contar las admisiones en los años de la fundación de las diferentes maestranzas, se puede observar que el número de los ingresos descendería pronto en la de Granada, en tanto que aumentó hacia finales del siglo XVII en la de Sevilla. En los años de la guerra de Sucesión no se produjeron prácticamente ingresos: ninguno en la corporación sevillana después de 1704, en el caso de la granadina ninguno después de 1710, con la excepción de un año y la de Ronda (después de su reconstitución en 1707) no tuvo ingresos desde 1711. Durante toda la guerra no se produjo ningún ingreso en la de Valencia. Tampoco después de la guerra se admitieron durante algún tiempo nuevos miembros en ninguna de las maestranzas. Solo a partir de la reconstitución de las corporaciones de Sevilla, Granada y Valencia, en los años 1724, 1725 y 1747, el número de nuevas admisiones creció rápidamente. La afluencia de candidatos en las tres corporaciones seguía manteniéndose relativamente fuerte, después de que les fueran otorgados los privilegios que conocemos (Sevilla 1725 y 1729; Granada 1726, 1739 y 1741; y Valencia 1754, 1760 y 1767). En el caso de Sevilla, la presencia de la corte y su séquito en la ciudad contribuyó considerablemente a que se produjeran nuevas admisiones. No

Gráfica 1: Admisión de miembros por las Maestranzas de Sevilla, Granada, Valencia y Ronda, 1670-1808.

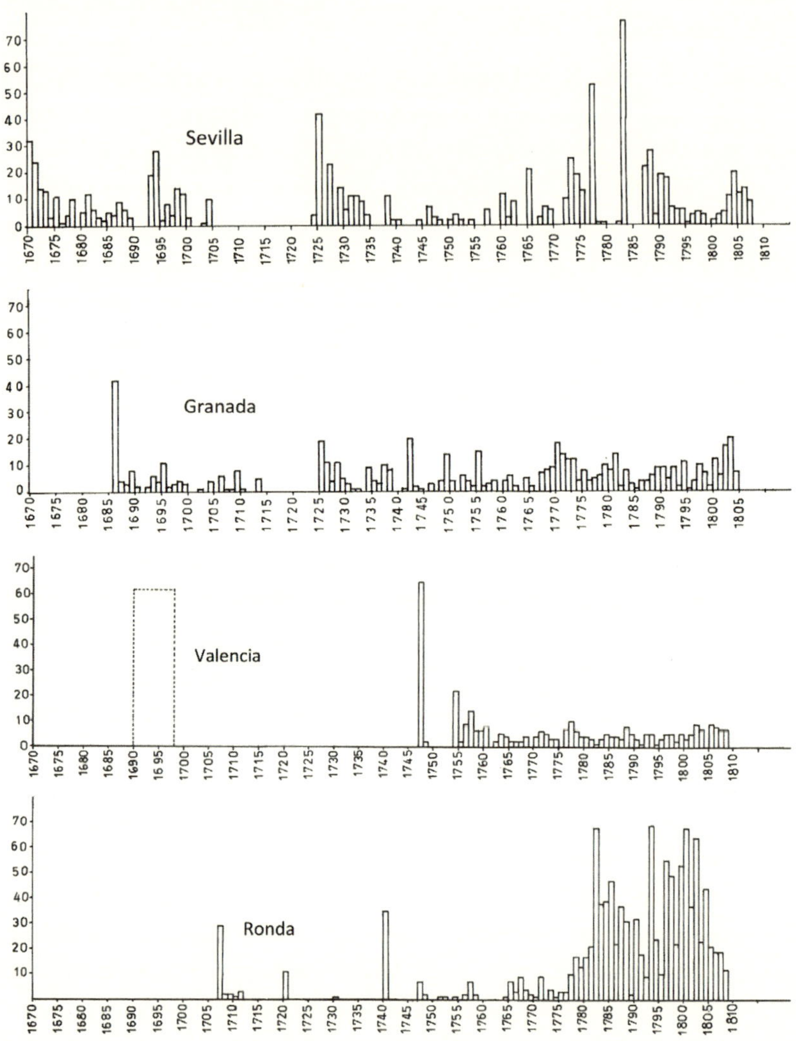

obstante, en los años 1735-1759, el número de ingresos resulta extraordinariamente bajo, con dos nuevas admisiones en promedio al año. En cambio, en la misma época, las admisiones en las Maestranzas de Granada y Valencia seguían un ritmo más numeroso, continuo y regular. La de Ronda recibió muy pocos nuevos maestrantes hasta 1764 y los años siguientes. Las admisiones se sucedieron a consecuencia de los privilegios otorgados a la vecina Maestranza de Granada en 1740, y de los concedidos a la propia corporación después de 1753 y, sobre todo, después de 1764. Parece que la afluencia de nuevos miembros dependía, en todas las maestranzas, del otorgamiento de los privilegios que se suceden en épocas diferentes, circunstancia que se pone de manifiesto particularmente en el caso de las Maestranzas de Granada, después de 1741, y de Valencia, después de 1754.

El crecimiento de las cuatro maestranzas, en lo que respecta al número de sus miembros, alcanzó su momento culminante en la segunda mitad del siglo XVIII. La de Ronda acusaba en esta época la mayor afluencia de miembros, seguida de las corporaciones de Sevilla, Granada y Valencia. Una comparación del número de ingresos en la primera y en la segunda mitad del siglo XVIII arroja las siguientes cifras: la Maestranza de Ronda tuvo, entre 1707 y 1765, un promedio de dos, y entre 1766 y 1808, más de veinticuatro nuevos miembros al año; la de Sevilla, entre 1670 y 1759, cinco, y, entre 1760 y 1794, más de diez; la de Granada, entre 1686 y 1766, casi cuatro y, entre 1767 y 1804, casi ocho; la de Valencia admitió, entre 1754 y 1808, a unos cinco nuevos miembros al año.

La entrada masiva de nuevos miembros en las maestranzas durante la segunda mitad del siglo XVIII se debía sin duda al aumento del número de forasteros, un desarrollo que tuvo sus comienzos en la corporación de Sevilla durante la estancia de la corte en la ciudad. A los forasteros les atrajeron las condiciones de admisión (más fáciles que las de las órdenes militares), el privilegio de llevar un uniforme, así como el prestigio y las relaciones que comportaba el hecho de pertenecer a una maestranza. Una razón especial de índole económica que explica el aumento numérico de los miembros de las maestranzas en la segunda mitad del siglo XVIII parece haber sido el aumento de las rentas agrarias de la nobleza española en esta época. De ello trataremos con más detalle en el capítulo tercero.

***

En el marco de la solemne recepción por la Junta General, cada nuevo miembro tenía que rendir pleito homenaje al teniente de Hermano Mayor nombrado a su vez por el rey, jurándole obediencia para cumplir y hacer cumplir las ordenanzas. Las actitudes y el modo de pensar a que por este acto se comprometían los miembros tenían, desde el punto de vista de la sociología de los grupos, la función de fortalecer y asegurar el control social, así como las relaciones y la cohesión entre los miembros.

¿Cuáles eran las obligaciones que el pleito homenaje comportaba directa o indirectamente a cada uno de los caballeros maestrantes? De acuerdo con los estatutos, la primera obligación de cada miembro[118] era obedecer incondicionalmente las ordenanzas y decisiones de su maestranza, y acatar las órdenes del teniente y de las demás autoridades de la corporación. En Valencia cada nuevo miembro tenía que firmar, en la primera mitad del siglo XVIII, el texto de las ordenanzas para asegurar así su fidelidad. Los estatutos de las diferentes maestranzas disponían que sus miembros deberían asistir a todas las actividades a que fueran invitados. Solo podían quedar ausentes por razones importantes. Sin embargo, tenían que remitir al secretario de la maestranza la invitación y una carta de justificación. Si un maestrante de Sevilla no podía, por alguna causa legítima, asistir a los ejercicios regulares del picadero, debía mandar a un joven con su equipo para que le sustituyese, con el fin de no causar ningún menoscabo a la corporación. En Sevilla y, en la primera mitad del siglo XVIII, también en Granada, la Junta Secreta podía excluir a miembros que faltaban sin suficiente justificación durante un año a todas o a la mayoría de las actividades obligatorias, por considerarlos individuos inútiles e indignos del cuerpo activo. El teniente y el fiscal se encargaban de amonestar a los maestrantes que solo faltaban en algunas reuniones, señalándoles la pena en que incurrirían por semejantes omisiones. A partir de 1794, los forasteros de la Maestranza de Sevilla que vivían en lugares distantes hasta 15 leguas corrían peligro de ser excluidos a los dos años de no asistir a las actividades oficiales, a las que estaban obligados a concurrir al igual que los maestrantes residentes en la ciudad. Los forasteros que residían a más de 15 leguas solo tenían que venir a la ciudad para asistir a las fiestas reales extraordinarias. En Ronda y Zaragoza, a partir de los años de 1820, únicamente tenían que asistir a las principales fiestas aquellos forasteros residentes en un radio de 25 leguas o dentro de los límites del Reino de Aragón, respectivamente. Si quedaban ausentes, sin justificación suficiente, se les podían imponer severas penas; en Zaragoza incluso se les podía excluir de la corporación. En vista de las obligaciones mencionadas de asistencia y participación, se comprende que en las diferentes corporaciones cualquier miembro que quería ausentarse durante largo tiempo de su residencia, tenía que avisar a su teniente pidiéndole permiso y comunicándole su regreso. Este precepto valía tanto para los maestrantes que vivían en la ciudad, como para los forasteros. Si un maestrante quería correr toros en una plaza que no era de su corporación u organizar más festejos de equitación de los oficiales, necesitaba el permiso de su teniente y de la Junta Secreta.

Los miembros de las maestranzas estaban obligados, además, a tener dispuesto por lo menos un caballo de silla, el uniforme reglamentario y todo su equipo. Con sus caballos debían participar con la mayor frecuencia posible en los ejercicios regulares del picadero. Si un maestrante quería vender su caballo, debía ponerlo en conocimiento del teniente, quien cuidaría que el efectivo de caballos de la corporación se completase a la mayor brevedad. Estaba expresamente prohibido prestar o vender los uniformes o parte de ellos, o piezas del equipo a personas no autorizadas por no ser miembros de la corporación.

Debido a su origen como hermandades, sus miembros tenían también una serie de obligaciones con la finalidad de fortalecer el sentir comunitario de "un nosotros" y la comunidad entre los hermanos. En casi todas las maestranzas, los nuevos miembros tenían que prometer, y hasta jurar en épocas posteriores, creer personalmente en el misterio, aún no elevado a dogma, de la Inmaculada Concepción de la Virgen María, patrona de la mayoría de las corporaciones, profesarlo y defenderlo. Cada maestrante debía participar en las actividades religiosas de la corporación, sobre todo en la fiesta de su patrono y, a ser posible, comulgar en comunidad con los demás hermanos. En Valencia tenían la obligación de visitar a los cofrades que se encontraban en algún disgusto o apuro, ayudarlos en sus negocios y proyectos, asistiéndoles y favoreciéndoles. Siguiendo la tradición de las cofradías, los hermanos de la mayoría de las corporaciones tenían el honroso deber de asistir colectivamente a los entierros de los miembros fallecidos y de sus mujeres y viudas. En Zaragoza, la maestranza estaba obligada, además, a encargar misas para las almas de los maestrantes difuntos, con cargo a los ingresos ordinarios. Debido al privilegio del fuero militar que gozaban como los oficiales del ejército, todos los maestrantes que querían contraer matrimonio con una dama de la nobleza, tenían que recabar la licencia correspondiente del rey por medio de su teniente de Hermano Mayor.

Asimismo, formaba parte de las obligaciones de los maestrantes pagar la cuota de entrada, la mensualidad, las contribuciones extraordinarias y limosnas establecidas por los estatutos o acordadas expresamente por las Juntas Generales. Esto ocurría, por lo general, si los ingresos ordinarios concedidos por la Corona no eran suficientes para cubrir los gastos de la corporación. Las cuotas de entrada exigidas por las maestranzas a finales del siglo XVIII contribuyeron a alejar a nobles menos acaudalados y a mejorar los ingresos de las corporaciones.[119]

En realidad, las maestranzas raras veces excluyeron a algún miembro por no haber asistido durante un año, y sin permiso, a los actos oficiales. Solo en casos excepcionales se procedió a la exclusión, debida a faltas graves contra la moral que se llegasen a conocer públicamente, en perjuicio del prestigio de la corporación afectada. En cambio, no era infrecuente que algunos miembros se saliesen voluntariamente por razones personales, como por ejemplo, en el caso de ordenarse sacerdotes.[120]

Las disposiciones de las ordenanzas por las cuales un maestrante debía pedir permiso a su teniente antes de emprender un largo viaje se respetarían probablemente muy poco, sobre todo por los nobles residentes fuera de la ciudad. Incluso se convirtió en puro trámite la obligación de recabar la licencia del rey para contraer matrimonio. Este acto tuvo en un principio su razón de ser por la estructura familiar y patriarcal de la monarquía, en la que el rey actuaba como jefe de familia. Cuando en 1797 un noble y maestrante granadino contrajo matrimonio conforme a su rango, sin haber solicitado previamente la licencia del rey, se le obligó, por real orden del secretario de Estado, a dar personalmente una justificación explícita a las autoridades de su corporación. Ante la amenaza de perder los privilegios del uniforme especial y del fuero privilegiado, se apresuró a presentar sus excusas.[121]

Para terminar, conviene recordar que en tanto que los ingresos de nuevos miembros crecieron en las maestranzas durante el siglo XVIII, como ya hemos visto, en las órdenes militares experimentaron un considerable descenso a partir del siglo XVII hasta los comienzos del siglo XIX (véase apéndice V). La más numerosa de las órdenes militares, la de Santiago, que admitió ella sola casi siempre a más miembros que las otras tres juntas, recibió, entre 1670 y 1699, un promedio de sesenta y dos al año; entre 1760 y 1794 solo veintitrés anuales, y de 1795 a 1809 apenas trece nuevos miembros por año.[122] En el período que va de 1780 a 1799 las Maestranzas de Ronda, Sevilla, Granada y Valencia recibieron más miembros que todas las órdenes militares juntas. En este espacio de tiempo, la Orden de Santiago recibió solo a 448 (veintidós personas por término medio anual), en tanto que en las cuatro maestranzas ingresaron 1059, es decir, cincuenta y tres personas por término medio al año.[123] A partir de los dos últimos decenios del siglo XVIII las maestranzas se adelantaron a las órdenes militares, superándolas en lo que al número de admisiones se refiere, para subsistir en la actualidad como las corporaciones más numerosas de la nobleza española.

[1] Cfr. *Regla de la Ilustrissima Maestranza de la Muy Ilustre, y siempre Muy Noble, y Leal ciudad de Sevilla. Tomando por abogada a la siempre Virgen Maria Nuestra Señora de El Rosario. Dirigida al Señor D. Alvaro de Portugal y Castro, Hermano Mayor de dicha Maestranza* (1683), 2.ª ed. (la que cito), Granada, Francisco de Ochoa, 1698, pp. 6-8.

[2] *Reglas, y Estatutos de la Illma. Hermandad de la Maestrāça de la ciudad de Granada. Consagrada al patrocinio de N. Señora de la Concepción, debaxo del Titulo de El Triunfo,* Granada, Imprenta Real, 1687, pp. 10-20 y 26 y sig. Cfr. también la 2.ª ed. ampliada, Granada, Imprenta de Andrés Sánchez, 1727, pp. 11-14 y 32.

[3] *Constituciones de la ilustre Maestranza de Valencia,* Valencia, Imprenta de Iayme de Bordazar y Artazu, 1697, pp. 10 y 18. Sobre las ordenanzas de la Maestranza de Carmona, cfr. cap. I, pp. 85 y sig.

[4] *Regla de la Real Maestranza de la Muy Ilustre, y siempre Mui Noble y Leal ciudad de Sevilla, tomando por patrona, y abogada a la siempre Virgen Maria Nuestra Señora del Rosario. Dedicada al Serenissimo Sr. Infante Don Phelipe, Hermano Mayor de dicha Real Maestranza,* Sevilla, Juan Francisco Blas de Quesada, (1732), pp. 50-59. Entre los mencionados estatutos posteriores figuran los de las Maestranzas de Granada (1764), de Valencia (1776), de Sevilla (1794), de Ronda (1817) y de Zaragoza (1825); se utilizaron las siguientes ediciones: *Estatutos y ordenanzas de la Real Maestranza de la ciudad de Granada tomando por patrona á María santísima en el misterio de su Purísima Concepción erigida bajo la real protección del rey nuestro señor (q. d. g.) y logrando el honor de tener por Hermano Mayor al serenísimo señor don Felipe infante de España, duque de Parma, Plasencia y Guastala, etc.* (1764), nueva ed. (la que cito), Granada, Tipografía de López Guevara, 1906, pp. 62-72; *Ordenanzas de la Real Maestranza de caballeros de la ciudad de Valencia año de MDCCLXXV,* nueva ed. (la que cito), Valencia, Imprenta de Nicasio Rius, 1880, pp. 52-59; *Ordenanzas de la Real Maestranza de Caballería de la ciudad de Sevilla* (1794), nueva ed. (la que cito), Sevilla, Mariano Caro, 1834, pp. 70-81; *Ordenanzas de la Real Maestranza de la M. N. y L. ciudad de Ronda aprobadas por el rei nuestro señor, siendo hermano mayor de este real cuerpo el Serenísimo Señor Infante Don Cárlos María,* Madrid, Imprenta de D. Fermín Villalpando, 1817, pp. 47-55, y *Ordenanzas de la Real Maestranza de Caballería de la ciudad de Zaragoza,* Zaragoza, Francisco Magallón, 1825, pp. 44-48.

[5] *Regla... de Sevilla...* (1683), Granada, 1698, pp. 6-8; *Reglas... de Granada...* (1687), 2ª ed., Granada, 1727, pp. 12-14, así como *Constituciones... de Valencia* (1697), pp. 10 y 18.

[6] Cfr. *Regla... de Sevilla...* (1732), pp. 51 y sig.

[7] *Estatutos... de Granada...* (1764), Granada, 1906, p. 62; *Ordenanzas... de Valencia...* (1776), Valencia, 1880, pp. 52 y sig.; *Ordenanzas... de Sevilla* (1794), Sevilla, 1834, pp. 70 y sig.; *Ordenanzas... de Ronda...*, 1817, pp. 47 y sig.

[8] Cfr. Las indicaciones en la nota 4 de este cap. Sobre la Junta de Recibimientos de la Maestranza de Granada véase también la descripción de Inmaculada Arias de Saavedra, *La Real Maestranza de Caballería de Granada en el siglo XVIII,* Granada, Universidad de Granada, 1988, pp. 67-69.

[9] Cfr. los datos ofrecidos en la nota 4 del presente cap.

[10] Cfr. *Regla... de Sevilla...* (1732), p. 54. En todos los demás estatutos posteriores de las Maestranzas del siglo XVIII se decía con respecto a la independencia de cada Junta de Recibimientos, que consistía "en esto la más singular prerrogativa y recomendación de esta junta", así en los de Granada (1764), Valencia (1776), Sevilla (1794) y Ronda (1817), cfr. la nota 4 de este cap.

[11] Cfr. la nota 4 de este cap.

[12] Cfr. la nota 4 de este cap.

[13] *Ordenanzas... de Zaragoza,* 1825, pp. 44-48 y Máximo Pascual de Quinto, *La Nobleza de Aragón. Historia de la Real Maestranza de Caballería de Zaragoza,* Zaragoza, 1916, pp. 424-429.

[14] Sobre las condiciones personales de los candidatos, cfr. *Regla... de Sevilla...* (1683), Granada, 1698, pp. 5-8; *Reglas... de Granada...* (1687), 2.ª ed., Granada, 1727, pp. 11-14 y 32; *Constituciones de ... Valencia* (1697), pp. 10 y 17; *Regla... de Sevilla...* (1732), pp. 50-59; *Estatutos... de Granada...* (1764), Granada, 1906, pp. 12 y sig. y 65 y sig.; *Ordenanzas... de Valencia...* (1776), Valencia, 1880, pp. 20-23 y 52-58; *Ordenanzas... de Sevilla* (1794), Sevilla, 1834, pp. 23 y sig. y 74; *Ordenanzas... de Ronda...*, 1817, pp. 8, 48 y 50; *Ordenanzas... de Zaragoza*, 1825, pp. 1-3, así como Máximo Pascual de Quinto, *La Nobleza de Aragón*, pp. 424-429.

[15] Cfr. las pp. 170-184 y 187-190 de este cap.

[16] Sobre la hidalguía en Castilla, cfr. nota 26 de la introducción.

[17] Se utilizaban los siguientes términos: "de la nobleza más ilustre" o "ilustre sangre", cfr. *Regla... de Sevilla...* (1732), p. 51; *Estatutos... de Granada...* (1764), Granada, 1906, p. 12; *Ordenanzas... de Valencia...* (1776), Valencia, 1880, p. 52; *Ordenanzas... de Sevilla* (1794), Sevilla, 1834, p. 23; *Ordenanzas... de Ronda...*, 1817, pp. 8 y 48 y, finalmente, *Ordenanzas... de Zaragoza*, 1825, pp. 1 y sig.

[18] *Cfr. Regla... de Sevilla...* (1683), Granada, 1698, p. 6.

[19] Cfr. *Ordenanzas... de Valencia...* (1776), Valencia, 1880, p. 20.

[20] *Ordenanzas... de Zaragoza*, 1825, p. 2, e *Instrucción para los caballeros que quieren solicitar su ingreso en la Real Maestranza de Caballería de Zaragoza*, publicada por Máximo Pascual de Quinto, *La Nobleza de Aragón*, pp. 424-429.

[21] Sobre los nobles o ricos hombres de Aragón, cfr. Mariano Madramany y Calatayud, *Tratado de la nobleza de la corona de Aragón, especialmente del reyno de Valencia, comparada con la de Castilla, para ilustración de la real cedula del señor Don Luis I de 14 de agosto de 1724*, Valencia, Josef y Tomás de Orga, 1788, pp. 74-145. El marqués de Siete Iglesias señala, además, que las baronías de los reinos de la Corona de Aragón no pueden equipararse a los títulos de Castilla, cfr. marqués de Siete Iglesias, "Títulos y grandezas del reino. Segunda parte. Títulos de la corona de Aragón hasta la muerte de Fernando el Católico", en *Hidalguía*, vols. 6-7, Madrid, 1958-1959, vol. 6, pp. 321-336, 601-616, 953-958 y vol. 7, p. 17.

[22] Sobre las órdenes militares y la Orden de Carlos III, cfr. lo expuesto en la introducción, pp. 46-55.

[23] *Ordenanzas... de Zaragoza*, 1825, p. 45.

[24] Sobre la limpieza de sangre, véase la bibliografía ofrecida en la nota 28 de la introducción.

[25] Cfr. los datos que se señalan en la nota 14 de este cap.

[26] Cfr. las partes de los estatutos que se indican en la nota 14 de este cap., en especial los *Estatutos... de Granada...* (1764), Granada, 1906, pp. 13 y 65.

[27] *Ordenanzas... de Zaragoza*, 1825, p. 3, y Máximo Pascual de Quinto, *La Nobleza de Aragón*, p. 411.

[28] *Ordenanzas... de Zaragoza*, 1825, p. 2, así como pp. 162-169 de este cap.

[29] *Estatutos... de Granada...* (1764), Granada, 1906, p. 66; *Constituciones de ... Valencia* (1697), p. 18; *Ordenanzas... de Valencia...* (1776), Valencia, 1880, p. 55; *Ordenanzas... de Sevilla* (1794), Sevilla, 1834, p. 75; *Ordenanzas... de Ronda...*, 1817, p. 50, y *Ordenanzas... de Zaragoza*, 1825, p. 46.

[30] Cfr. las peticiones de candidatos aceptados por la Maestranza de Sevilla de la segunda mitad del siglo XVIII que se conservan, ARMCS, Expedientes de Ingreso de Caballeros Maestrantes, caja 1 (1730-1798), en especial ns. 38, 44, 208, 242 y 288. Cfr. también la solicitud denegada de Bernardo Sergeant y Vilardell al Hermano Mayor de la Maestranza de Sevilla, Sevilla, 14 de febrero de 1806, ARMCS, Archivo Histórico, vol. 12 (1804-1808), así como las peticiones dirigidas a la Maestranza de Ronda a finales del siglo XVIII por Gerónimo de Clavijo y Gamvoa 1798, leg. 162-C55; José María Castañeda 1793, leg. 159-C22; e Ignacio Simón de Castilla y Portugal 1796, leg. 161-C27, ARMCR (Fondo Propio), Expedientes de Ingreso.

[31] Además de las peticiones citadas en la nota anterior, véanse ARMCR (Fondo Propio), Expedientes de Ingreso, Saturnino Alaiza y Zuazo de Lara 1790, leg. 159-C12; Pedro Celestino de Arce y de la Riva 1792, leg. 159-C28; Pablo María de Aguilera y Aguilera 1795, leg. 161-C22; Francisco Armenteros y Zendoya 1797-1800, leg. 164-C35; Juan Manuel Pérez de Alderete 1795-1800, leg. 164-C37; Josèf Sainz de la Hoz 1791-92, leg. 229-C19; Antonio de Escobar y de la Cerda 1798, leg. 229-C22; José María y Miguel María de Cervantes y Velasco 1803-1807, leg. 229-C33; y Joaquín José de Orta y Oseguera 1799-1803, leg. 229-C36. Gracias a la ayuda del archivero pude examinar todos los documentos adjuntos a las peticiones que se conservan en la sección "Expedientes de Ingreso" del Archivo de la Maestranza de Ronda. Este archivo fue parcialmente destruido durante la Guerra Civil. La colección "Expedientes de Ingreso" comienza, con algunas excepciones, alrededor de 1790 y contiene una gran cantidad de expedientes de la Junta de Recibimientos, al parecer, completos. El procedimiento de admisión de los expedientes de ingreso de la Maestranza de Ronda resulta instructivo también para la práctica observada por las Maestranzas de Sevilla y Granada, ya que la corporación de Ronda, basándose en la real cédula del 24 de noviembre de 1753, organizó su administración propia siguiendo el modelo de aquellas maestranzas. Por ello se puede suponer que también las peticiones dirigidas a las mismas por pretendientes forasteros, incluirían documentos adicionales. No se conservan o no se abren los expedientes y las actas de las Juntas de Recibimientos de Sevilla, Granada y Valencia. La sección "Expedientes de Ingreso" de la Maestranza de Sevilla comprende únicamente las peticiones que llevan la nota "admitido".

[32] Cfr. las actas de la Junta de Recibimientos de Ronda del 2 de marzo de 1819-25 de marzo de 1822: ARMCR (Fondo Propio), Real Maestranza de Caballería de Ronda, Año de 1819. Libro de Juntas Secretas de Resevimientos, leg. 235. Se conservan por ejemplo informes secretos en los expedientes siguientes: ARMCR (Fondo Propio), Expedientes de Ingreso, José María Castañeda 1793, leg. 159-C22; e Ignacio Simón de Castilla y Portugal 1796, leg. 161-C27.

[33] Carta de justificación de la Junta de Recibimientos de la Real Maestranza de Caballería de Granada dirigida a Carlos IV, Granada, 11 de agosto de 1802, AGS, Secretaría de Guerra, Guerra Moderna, leg. 6028 y *Ordenanzas... de Zaragoza*, 1825, p. 45.

[34] La estadística se basa en las actas de la Junta de Recibimientos de Ronda, entre el 2 de marzo de 1819 y el 25 de marzo de 1822, ARMCR (Fondo Propio), Real Maestranza de Cavalleria de Ronda, Año 1819. Libro de Juntas Secretas de Resevimientos. La estadística no incluye a tres forasteros rechazados el 7 de agosto de 1820, ni tampoco el debate sobre la solicitud de un individuo de Córdoba en la sesión del 3 de mayo de 1821, que fue admitido por la Junta el 12 de julio del mismo año. Tampoco tiene en cuenta la sesión del 4 de julio de 1821, ya que en la misma no se trató de admisiones sino de la reducción de cuotas. En tres ocasiones dos hermanos solicitaron su admisión, siguiéndose un único proceso en cada caso. La cantidad de los informes secretos es señalada en estos casos con un corchete.

[35] Lo expuesto se basa en los expedientes de las peticiones dirigidas al rey por haberse rechazado la admisión en una de las Maestranzas de Caballería: Pedro Burgunyo y Juan, Maestranza de Valencia (1793), AGS, Secretaría de Guerra, Guerra Moderna, leg. 6023; Bernardo de Vibanco García, Maestranza de Ronda (1799-1802), *ibid.*, leg. 6025; Mariano Guinart y Torán, Maestranza de Valencia (1802); Manuel Marín, Maestranza de Granada (1802-1803) y Antonio Hubert y Muñoz, Maestranza de Ronda (1805), los tres *ibid.*, leg. 6028. Cfr. también la petición de Josef Angulo dirigida a Carlos IV, Madrid, 31 de octubre de 1805 y una colección de copias de cartas relacionadas con el asunto cuyo título es: Memoria; (o sea noticia) exacta y circunstanciada de lo ocurrido con la R[ea]l Maestranza de Caballeria de esta Ciudad desde 8. de Nob[iemb]re de 1805 hasta 16. de Sep[tiem]bre de 1807 en asunto tan delicado como se verà p[o]r la sencilla relacion que sigue de todos los [h]echos, ARMCS, Archivo Histórico, vol. 12 (1804-1808). Este expediente se complementa por reales órdenes y cartas con el título:

Expediente del Mar[qué]s de Monteflorido en solicitud de que aq[ue]lla [la Maestranza de Sevilla] admita à su hijo, AHN, Estado, leg. 7655.

[36] Cfr. las cartas de justificación del de la corporación sevillana, marqués de Nevares, al secretario de Estado, Pedro Cevallos, Sevilla, 19 de noviembre de 1805 y del Teniente, marqués de Gandul, a Pedro Cevallos, Sevilla, 29 de julio de 1807, así como la real orden de Pedro Cevallos al Teniente de la Maestranza de Sevilla, Madrid, 18 de julio de 1807, ARMCS, Archivo Histórico, vol. 12 (1804-1808).

[37] Real orden del secretario de Estado, Pedro Cevallos, al asistente de Sevilla, Madrid, 8 de agosto de 1807 y las respuestas de la Junta de Recibimientos de la Maestranza de Sevilla al rey y del Teniente, marqués de Gandul, a Pedro Cevallos, ambas Sevilla, 26 de agosto de 1807, así como real orden de Pedro Cevallos al Teniente de Sevilla, San Ildefonso, 7 de septiembre de 1807, Expediente del Marq[ués] de Monteflorido en solicitud de que aq[ue]lla [la Maestranza de Sevilla] admita à su hijo, AHN, Estado, leg. 7655.

[38] Expediente con el título de: Maestranza de Sevilla 1789. Recurso de D[o[n Joseph Maria del Rey Regidor de Sevilla por que aq[ue]lla Maestranza no le admite en su cuerpo, AGS, Secretaría de Guerra, Guerra Moderna, leg. 6027.

[39] En las cartas de justificación de las Juntas de Recibimientos, contenidas en los expedientes, se leen con frecuencia unas notas manuscritas del secretario de Estado, como las siguientes: "enterado", "Hace bien... la maestranza..." o "dígasele [al pretendiente] q[u]e no ha lugar". Véanse los expedientes de Pedro Burgunyo y Juan, Maestranza de Valencia (1793), AGS, Secretaría de Guerra, Guerra Moderna, leg. 6023; Bernardo de Vibanco García, Maestranza de Ronda (1799-1802), *ibid.*, leg. 6025; Mariano Guinart y Torán, Maestranza de Valencia (1802) y Antonio Hubert y Muñoz, Maestranza de Ronda (1805), *ibid.*, leg. 6028.

[40] Expediente de la petición en nombre de Manuel Marín a Carlos IV, por no haber sido admitido por la Maestranza de Granada (1802-1803), AGS, Secretaría de Guerra, Guerra Moderna, leg. 6028. Cfr. también ARMCG, Libro de todos los caballeros Maestrantes con Expresión de sus nombres..., f. 46r., nota referente a la admisión de Manuel Marín por la Junta de Recibimientos del 28 de enero de 1803.

[41] Los datos se basan en las actas de la Junta de Recibimientos de la Maestranza de Ronda, 2 de marzo de 1819-25 de marzo de1822, ARMCR, Real Maestranza Cavalleria de Ronda, Año de 1819. Libro de Juntas Secretas de Resevimientos, leg. 235. De acuerdo con las ordenanzas, la Junta de Recibimientos debía estar compuesta por doce miembros nombrados de por vida y, en el caso de que no figuraran ya entre los mismos, por el teniente, el fiscal y el secretario. No obstante, en los años referidos, la Junta contaba con solo diez vocales vitalicios, incluyendo los tres cargos.

[42] Sobre el concepto jurídico de la hidalguía castellana en la Edad Moderna, véase la nota 26 de la introducción.

[43] Cfr. las actas de la Junta de Recibimientos de Ronda, 2 de marzo de 1819-25 de marzo de 1822, ARMCR, Real Maestranza Cavalleria de Ronda, Año 1819, Libro de Juntas Secretas de Resevimientos. leg.235.

[44] Cfr. los siguientes expedientes de ingreso de la Maestranza de Ronda, ARMCR (Fondo Propio), Expedientes de Ingreso, Saturnino Alaiza y Zuazo de Lara 1790, leg. 159-C12; Pedro Celestino de Arce y de la Riva 1792, leg. 159-C28; Pablo María de Aguilera y Aguilera 1795, leg.161-C22; Ignacio Simón de Castilla y Portugal 1796, leg. 161-C27, y Gerónimo de Clavijo y Gamvoa 1798, leg. 162-C55. Cfr. también la probanza de hidalguía de Antonio María Gil y Santisso para su admisión en la Maestranza de Sevilla en 1802, AGS, Secretaría de Guerra, Guerra Moderna, leg. 6028.

[45] Cfr. por ejemplo el expediente de Saturnino Alaiza que en su solicitud señala que su difunto padre y su difunto hermano habían pertenecido a la Maestranza de Ronda, ARMCR (Fondo Propio), Expedientes de Ingreso, Saturnino Alaiza y Zuazo de Lara 1790, leg. 159-C12.

[46] Cfr. los datos referidos en la nota 31 de este cap.

[47] A la misma conclusión, probablemente debido a experiencias personales de antes de la guerra europea, llega el genealogista Francisco Fernández de Béthencourt, "Las corporaciones nobles en la actualidad", en *Revista de Historia y de Genealogía Española*, vol. 2, Madrid, 1913, p. 5.

[48] Expediente de Mariano Guinart y Torán, 1802, AGS, Secretaría de Guerra, Guerra Moderna, leg. 6028, especialmente la petición de Guinart dirigida a Carlos IV, Valencia, 12 de marzo de 1802, y la justificación de la Junta de Recibimientos de la Maestranza de Valencia al secretario de Estado, Pedro Cevallos, Valencia, 14 de mayo de 1802. La Junta no corroboró sus cargos contra Guinart con pruebas. En un parecer personal, escrito por orden del secretario de Estado (*ibid.*, Valencia, 27 de marzo de 1802), el barón de Benifayó, miembro de la Junta, llegó a la conclusión de que los cargos carecían de fundamento y que Guinart cumplía las condiciones en lo que se refiere a hidalguía, fortuna y matrimonio.

[49] Sobre la limpieza de sangre, cfr. la nota 27 de la introducción.

[50] Cfr. NRE, XI, 27, leyes 22-24. Sobre los colegios mayores, cfr. Richard L. Kagan, *Students and Society in Early Modern Spain*, Baltimore, Md. y Londres, Johns Hopkins University Press, 1974, pp. 66 y 109-158.

[51] Real orden del secretario de Guerra marqués de la Ensenada, al teniente y los miembros de la Real Maestranza de Granada, Madrid, 13 de febrero de 1753, en *Reales cedulas*, y privilegios de el real cuerpo de la Maestranza de Granada, Granada, impreso privado, 1771, pp. 41 y sig. En el ARMCG se encuentran varios ejemplares de esta colección impresa de privilegios. La real orden solo se expone de manera parcial en las ordenanzas de las Maestranzas: *Estatutos... de Granada...* (1764), Granada, 1906, p. 23; *Ordenanzas... de Valencia...* (1776), Valencia, 1880, p. 19; *Ordenanzas... de Sevilla* (1794), Sevilla, 1834, p. 22; *Ordenanzas... de Ronda...*, 1817, p. 18, y *Ordenanzas... de Zaragoza*, 1825, p. 73.

[52] Cfr. entrada "Órdenes de Caballería" en *Enciclopedia universal ilustrada europeo-americana*, 70 vols., vol. 40, Madrid, Espasa Calpe, s. a., p. 168.

[53] Cfr. la nota 48 de este cap.

[54] Expediente de la petición de Pedro Burgunyo y Juan dirigida a la Corona por haber sido rechazado por la Maestranza de Valencia, 1793, AGS, Secretaría de Guerra, Guerra Moderna, leg. 6023. Sobre la Orden de Carlos III, cfr. las pp. 53-55 de la introducción.

[55] Cfr. la nota 72 de este cap.

[56] Cfr. René König, *Kleider und Leute. Zur Soziologie der Mode,* Fischer Bücherei, n. 822, Francfort del Meno, 1967, en especial cap. 11, pp. 60-67.

[57] Cfr. las declaraciones juradas sobre circunstancias económicas personales contenidas en los siguientes expedientes de ingreso de la Maestranza de Ronda, ARMCR, Expedientes de Ingreso, Pedro Celestino de Arce y de la Riva 1792, leg. 159-C28; Pablo María de Aguilera y Aguilera 1795, leg. 161-C22, y Ignacio Simón de Castilla y Portugal 1796, leg.161-C27. Cfr. también la petición de Francisco Javier de Roxas y Roxas dirigida al Hermano Mayor de la Maestranza de Sevilla, Antequera, 15 de noviembre de 1797, ARMCS, Expedientes de Ingreso de Caballeros Maestrantes, caja 1 (1730-1798), n. 208.

[58] Cfr. las actas de la Junta de Recibimientos de Ronda, 2 de marzo de 1819-25 de marzo de 1822, ARMCR, Real Maestranza Cavalleria de Ronda, Año 1819. Libro de Juntas Secretas de Resevimientos, leg. 235.

[59] Expediente de la petición de Manuel Marín dirigida al rey por haber sido rechazado por la Maestranza de Granada, 1802-1803, AGS, Secretaría de Guerra, Guerra Moderna, leg. 6028. En los siglos XVII y XVIII el ducado no fue una moneda, sino una unidad monetaria cuyo valor era de 375 maravedís.

[60] Expediente de la admisión de Juan Pedro Ximénez y Miguel Nabas Ximénez por la Maestranza de Ronda, 1782, AGS, Secretaría de Guerra, Guerra Moderna, leg. 6024, así como

ARMCR (Fondo Propio), leg. 252-C4, Secretaría, Listado de Caballeros 1970. Listas por Orden Alfabético de Apellidos Sacadas de los dos Libros Maestros de este Cuerpo desde 1707 hasta nuestros días confeccionadas por el Caballero Secretario Don Joaquín Atienza Peñalver Año 1970, pp. 56 y 81.

[61] Cfr. los documentos indicados en la nota 57 de este cap.

[62] Actas de la Junta de Recibimientos de Ronda, 2 de marzo de 1819-25 de marzo de 1822, ARMCR, Real Maestranza Cavalleria de Ronda, Año de 1819. Libro de Juntas Secretas de Resevimientos, leg. 235.

[63] Cfr. William J. Callahan, *Honor, Commerce and Industry in Eighteenth-Century Spain,* Boston, Mass., Baker Library, Harvard Graduate School of Business Administration, 1972, pp. 1-2; Gonzalo Anes, *El Antiguo Régimen. Los Borbones.* Historia de España Alfaguara, vol. 4, Madrid, Alianza Editorial, Alfaguara, 1975, pp. 131-138; Claude Chauchadis, *Honneur, morale et société dans l'Espagne de Philipp II,* París, Editions du C.N.R.S., 1984, pp. 111-190; Luis Sánchez Agesta, *El pensamiento político del despotismo ilustrado,* 2.ª ed. ampliada, Sevilla, Secretariado de Publicaciones de la Universidad de Sevilla, 1979, pp. 139-142; y Marcelin Defourneaux, *Daily Life in Spain in the Golden Age,* traducida por Newton Branch, Londres, George Allen y Unwin, 1970, pp. 28-45 (ed. española, *id.*, *La vida cotidiana en la España del Siglo de Oro,* Barcelona, Editorial Argos Vergara, 1983); cfr. también Pedro de Corominas, *El sentimiento de la riqueza en Castilla,* Madrid, Fortanet, 1917, pp. 63-251; Alfonso García Valdecasas, "El hidalgo y el honor", en *Revista de Occidente,* año 1948, Madrid, 1948, pp. 183-229; Julio Caro Baroja, "Honour and Shame. A Historial Account of Several Conflicts", en J. G. Peristiany, ed., *Honour and Shame. The Values of Mediterranean Society,* Chicago, Ill., University of Chicago Press, 1966, pp. 114; y Javier Guillamón Álvarez, *Honor y honra en la España del siglo* XVIII, Madrid, Departamento de Historia Moderna, Facultad de Geografía e Historia, Universidad Complutense, 1981, sobre todo, pp. 21-27 y 143-146. No estoy de acuerdo con varias interpretaciones de Henry Kamen, *Spain in the Later Seventeenth Century, 1665-1700,* Londres, Longman, 1980, pp. 261-266, y de Alfonso de Figueroa y Melgar (duque de Tovar), "Los prejuicios nobiliarios contra el trabajo y el comercio en la España del Antiguo Régimen", en *Cuadernos de Investigación Histórica,* n. 3, Madrid, 1979, pp. 415-436. Desgraciadamente disponemos de pocas investigaciones monográficas para saber dónde y en qué época fueron discriminados los diferentes oficios. Una excelente excepción es Fernando Díez Rodríguez, *Viles y mecánicos. Trabajo y sociedad en la Valencia preindustrial,* Valencia, Editions Alfons el Magnànim, Institució Valenciana d'Estudis i Investigació, 1990.

[64] CSP, VII, 6, ley 4 y II, 21, ley 12. Cfr. Juan de Hevia Bolaños, *Curia Filipica,* París, Librería de Rosa y Bouret, 1853, tercera parte, párrafo XVI, ns. 15-16, pp. 247 y sig.

[65] LNR, VI, 1, leyes 2 y 3.

[66] Cfr. Antonio Domínguez Ortiz, "Notas sobre la consideración social del trabajo manual y el comercio en el Antiguo Régimen", en *Revista de Trabajo,* año 1945, Madrid, 1945, p. 676, y Gonzalo Anes, *El Antiguo Régimen. Los Borbones,* p. 135.

[67] *Regla, y establecimientos nuevos de la Orden, y Cavalleria del glorioso apostol Santiago conforme lo acordado por el Capitulo General, que se celebrò en esta Corte el año de mil y seiscientos y cinquenta y dos, y se feneciò en el de seiscientos y cinquenta y tres. Confirmados por la Magestad del Catolico Rey Don Felipe Quarto, el Grande, nuestro Señor. Compuestos, y ordenados de su real mandado, por el licenciado Don Francisco Ruiz de Vergara Alava, Cavallero de el Orden de Santiago, y Consejero en el Real, y Supremo Consejo de las Ordenes Militares,* nueva ed., Madrid, Imprenta Real, 1702, p. 101. Véase también Elena Postigo Castellanos, *Honor y privilegio en la Corona de Castilla. El Consejo de las Órdenes y los Caballeros de Hábito en el s.* XVII, Valladolid, Junta de Castilla y León, Consejería de Cultura y Bienestar Social, 1988, pp. 140 y sig.

[68] Real cédula de Carlos III, El Pardo, 18 de marzo de 1783, publicada por Antonio Elorza, en "La polémica sobre los oficios viles en la España del siglo XVIII", en *Revista de Trabajo,* n. 22,

Madrid, 1968, pp. 263-266. Un resumen de esta ley se encuentra también en NRE, VIII, 23, ley 8. Sobre las razones y circunstancias de esta ley, que no pueden ser tratadas en este lugar, cfr. la colección de textos contemporáneos publicada por Antonio Elorza, "La polémica...", pp. 69-283. Cfr. también los trabajos de William J. Callahan, "La estimación del trabajo manual en la España del siglo XVIII", en *Revista Chilena de Historia y Geografía*, vol. 132, Santiago de Chile, 1964, pp. 59-72, e *id.*, "Crown, Nobility and Industry in Eighteenth-Century Spain", en *International Review of Social History*, vol. 11, n. 3, Ámsterdam, 1966, pp. 444-464; así como *id.*, *Honor...*, pp. 45-53; Antonio Domínguez Ortiz, "Notas sobre la consideración social del trabajo manual...", pp. 673-681; Luis Sánchez Agesta, *El pensamiento político...*, pp. 142-155; Gonzalo Anes, *El Antiguo Régimen*, pp. 131-138, así como Javier Guillamón Álvarez, *Honor...*, pp. 113-146.

[69] La lista de estos ejemplos podría ampliarse. Cfr. William J. Callahan, "La estimación...", pp. 66-72; *id.*, "Crown, Nobility...", pp. 460-464; *id.*, *Honor...*, pp. 32-36, 53-55 y p. 72; Antonio Domínguez Ortiz, *Sociedad y estado en el siglo XVIII español*, Barcelona, Ariel, 1976, p. 345, y Francisco Javier Guillamón Álvarez, "El concepto de la honra legal durante el reinado de Carlos III", en *Cuadernos de Historia*, vol. 9, Madrid, 1978, pp. 457-491, y del mismo, *Honor...*, en especial pp. 130-142.

[70] Real orden del 4 de septiembre de 1803 contenida en la orden circular del Consejo de Castilla del 10 de enero de 1804, cuyo contenido se recoge en NRE, VIII, 23, ley 8, nota 6.

[71] Expediente de la petición de Bernardo de Vibanco García dirigida al rey por haber sido rechazado por la Maestranza de Ronda, 1799-1802, en especial la carta de justificación del teniente de Hermano Mayor, Josef Motezuma y Roxas, dirigida a Mariano Luis de Urquijo, Ronda, enero de 1800, AGS, Secretaría de Guerra, Guerra Moderna, leg. 6025.

[72] Expediente del Marq[ué]s de Monteflorido en solicitud de que aq[ue]lla [la Maestranza de Sevilla] admita à su hijo, en especial la petición del marqués de Monteflorido dirigida al rey en 1807 y la carta de justificación del Teniente de la Maestranza de Sevilla, marqués de Gandul, al secretario de Estado, Pedro Cevallos, Sevilla, 26 de agosto de 1807, AHN, Estado, leg. 7655. Véase también el caso similar de Josef Felipe Ortiz cuya solicitud de 1804 de ser recibido fue negada en 1807 por la Maestranza de Valencia, probablemente por ser su padre comerciante en la ciudad de Cádiz, AHN, Estado, leg. 7656, exp. Maestranza de Valencia, año 1807, así como ARMCV, 0059/039/00.

[73] *Ordenanzas... de Zaragoza*, 1825, p. 2, y Máximo Pascual de Quinto, *La Nobleza de Aragón*, pp. 89-235.

[74] Cfr. las pp. 146 y sig. y 151 y sig. de este cap.

[75] Cfr. el acta del Cabildo General de la Maestranza de Sevilla del 12 de noviembre de 1725, reproducido por Pedro de León y Manjón, "Historial de Fiestas y Donativos de la Real Maestranza de Caballería de Sevilla" (Madrid, 1909), en *Noticias para la Historia de la Real Maestranza de Caballería de Sevilla*, Sevilla, Real Maestranza de Caballería, 1959, pp. 80-82.

[76] Cfr. el acta del Cabildo General de la Maestranza de Sevilla del 11 de junio de 1729, ARMCS, Actas, libro 1 (1729-1730), sin foliación.

[77] Expediente de la petición de la Maestranza de Sevilla dirigida a Carlos IV, Sevilla, 27 de enero de 1790, con el ruego de poder cobrar tasas de admisión, AGS, Secretaría de Guerra, Guerra Moderna, leg. 6027. La tabla de equivalencias de la época es la siguiente:

10 pesos = 150 reales de vellón;

25 doblones = 1.500 reales de vellón;

50 doblones = 3.000 reales de vellón.

Cfr. también lo expuesto en el cap. V, pp. 323-325 acerca de las tasas de admisión.

[78] Lo expuesto y la estadística se basan en el primero de los libros de los miembros de la Maestranza de Granada que se conservan. Lleva por título: "Libro de todos los caballeros

Maestrantes con Expresion de sus nombres q[u]e se han receuido en esta R[ea]l Hermandad de la Maestranza de Granada desde su restablecim[ien]to q[u]e Fue el día 12 de Enero de 1686 hasta de presente. Anotados los días, y años de su[s] receuim[ien]tos. Hecho en el de 1749". El libro se encuentra en el ARMCG. Fue dispuesto en 1749 por el entonces secretario de la Maestranza y continuado por los secretarios sucesivos hasta mayo de 1804. En cada asiento se mencionan, por lo general, el nombre y los apellidos del miembro, sus títulos de nobleza, en parte también sus propiedades y señoríos, en el caso dado, sus cargos honoríficos y sus actividades profesionales y, a partir de 1771, si se trataba de un forastero, el lugar de su residencia y, finalmente, la fecha de ingreso y el número de miembro. Los asientos sucesivos y la numeración correlativa en el libro de los miembros se basan en la antigüedad que a su vez cuenta a partir del día de la publicación de la admisión por la Junta General. Al recibir a varios nuevos miembros a la vez, la antigüedad contaba por el orden en el que se daba lectura de sus nombres. Se mantiene la numeración incluso en el caso de que un maestrante rindiera su juramento y pleito homenaje años más tarde de su ingreso. A partir de 1749 la fecha de ingreso se refiere, al parecer, al día de la admisión por la Junta de Recibimientos. Hoy incluiría también la nueva publicación de Jorge Valverde Fraikin, *Catálogo general de Caballeros y Damas de la Real Maestranza de Caballería de Granada (1686-1995),* Granada, Ed. Comares, 1995, en especial pp. 43-170.

[79] Cfr. la lista de los miembros recibidos a partir del 1 de enero de 1738 por la Maestranza de Sevilla, Sevilla, 14 de septiembre de 1739, AGS, Secretaría de Guerra, Guerra Moderna, leg. 4262.

[80] Actas de la Junta de Recibimientos de Ronda, 2 de marzo de 1819-25 de marzo de 1822, ARMCR, leg. 235, Real Maestranza Cavalleria de Ronda, Año de 1819. Libro de Juntas Secretas de Resevimientos.

[81] Cfr. la p. 146 de este cap.

[82] Cfr. por ejemplo Wilhelm Bernsdorf, *Wörterbuch der Soziologie*, 2.ª ed. corregida y aumentada, 3 vols., Francfort del Meno, Fischer Taschenbuch Verlag, 1972, vol. 2, entrada "Gruppe", pp. 313-326, así como Salvador Giner, *et al.*, eds., *Diccionario de Sociología*, 2.ª ed., Madrid, Alianza Editorial, 2013, entradas "grupo social" y "grupos abiertos/cerrados", pp. 387-389.

[83] Cfr. carta de justificación de la Junta de Recibimientos dirigida al infante Felipe de Borbón, duque de Parma, Sevilla, 18 de marzo de 1738, AGS, Secretaría de Guerra, Guerra Moderna, leg. 4262.

[84] Cfr. "Reflexiones de D[o]n Miguel Herrero de Ezpeleta, sobre la Regla de la Maestranza de Sevilla, y dictamen de un Cavallero Maestrante sobre cada reflexion", en especial el párrafo "Recivir ô, no recivir Forasteros", así como una versión anterior de estas reflexiones de Herrero, secretario del Hermano Mayor de la corporación sevillana, que lleva por título "Maestranzas de Sevilla, y Granada. Sobre Recivimientos de Cavalleros Maestrantes Forasteros", AGS, Secretaría de Guerra, Guerra Moderna, leg. 4262.

[85] Lista de los miembros de la Maestranza de Sevilla, del 15 de julio de 1737, redactada sobre la base de los libros de los miembros por el secretario de la corporación, Rodrigo Antonio de Villavicensio y Vivero, AGS, Secretaría de Guerra, Guerra Moderna, leg. 4261.

[86] Se trata de Fernando de Espinosa y Prado, del marqués de Estepa y de Juan de Velasco y Pimienta. Contenido de una carta del marqués de Grañina al secretario del Hermano Mayor, Miguel Herrero de Ezpeleta, Sevilla, 15 de septiembre de 1739, AGS, Secretaría de Guerra, Guerra Moderna, leg. 4262.

[87] En AGS, Secretaría de Guerra, Guerra Moderna, leg. 4262, se encuentran varias listas de esta índole.

[88] El Hermano Mayor había aprobado, en contra de los intereses de la Maestranza de Sevilla, la admisión del marqués de Estepa y de Felipe de Egues, el 7 de julio y en noviembre de 1739 respectivamente, AGS, Secretaría de Guerra, Guerra Moderna, leg. 4262.

[89] Cfr. las "Reflexiones" de Miguel Herrero de Ezpeleta citadas en la nota 84 de este cap. En lo que se refiere a Valencia, cfr. la tabla 9 de la p. 179.

[90] Carta del Teniente sevillano, Antonio Lasso de la Vega, al infante Don Luis Antonio de Borbón, Sevilla, 6 de agosto de 1783, AGS, Secretaría de Guerra, Guerra Moderna, leg. 4267. 1 legua = 5,572 km.

[91] Informe del Secretario de la Maestranza de Granada, Luis de Mora Ybarburu, Granada, 31 de agosto de 1777, AGS, Secretaría de Guerra, Guerra Moderna, leg. 4265.

[92] Minuta de la respuesta del Secretario del Hermano Mayor a Antonio Lasso de la Vega, Arenas, 29 de agosto de 1783, AGS, Secretaría de Guerra, Guerra Moderna, leg. 4267.

[93] Informe de Juan Miguel de Aristía, Secretario del difunto infante Don Luis, al conde de Floridablanca, Madrid, 11 de julio de 1786, AGS, Secretaría de Guerra, Guerra Moderna, leg. 4267, y real orden del conde de Floridablanca al Teniente de la Maestranza de Sevilla, Madrid, 3 de enero de 1792, AGS, Secretaría de Guerra, Guerra Moderna, leg. 6027.

[94] Informe de Miguel Cuber, Secretario del infante Don Gabriel, al conde de Floridablanca, Aranjuez, 23 de mayo de 1787, así como el extracto no fechado de este expediente sobre dispensas especiales para la admisión de forasteros en las diferentes Maestranzas de Caballería, AGS, Secretaría de Guerra, Guerra Moderna, leg. 4267.

[95] Cfr. la avalancha de dispensas y aprobaciones de ingresos de forasteros en las Maestranzas de Sevilla y Ronda, AGS, Secretaría de Guerra, Guerra Moderna, legs. 4260, 4262, 4267 y 6024-6028.

[96] Cfr. cap. VI, pp. 323-325.

[97] Cfr. cap. I, p. 102.

[98] Las cifras se basan en el primero de los libros de los miembros de la Maestranza de Ronda. Se conserva en el ARMCR (Fondo Propio), leg. 234, con el título: Libro Maestro 1. En vista de que los caballeros maestrantes admitidos se registraban por sus nombres de pila, la corporación precisaba de un índice adicional por orden alfabético de apellidos. Este fue compuesto por Joaquín Atienza Peñalver y lleva el título: Listas por Orden Alfabético de Apellidos Sacadas de los dos Libros Maestros de este Cuerpo desde 1707 hasta nuestros días confeccionados por el Caballero Secretario... Maestranza de Caballería de Ronda Año 1970. Este índice se encuentra en el mismo archivo bajo ARMCR (Fondo Propio), leg. 252-C4, Secretaría, Listado de Caballeros 1970. Fue completado por su autor con nombres de miembros sacados de los expedientes de ingreso que se conservan. En él se registran los nombres y apellidos completos o los títulos nobiliarios de los miembros, sus lugares de residencia, a veces con la indicación de la provincia, la fecha del ingreso y la página correspondiente del Libro Maestro 1. Es posible que se hayan introducido asientos repetidos, como indica Atienza en la introducción. He analizado este último catálogo, al parecer, más completo, para la época de 1707-1808 con ayuda de un ordenador. Además de los 1164 miembros recibidos en este espacio de tiempo, aparecieron seis maestrantes cuya fecha exacta de admisión no se señaló. Entre los 1164 maestrantes hubo, en el año de su admisión, 166 residentes en Ronda y 989 que tuvieron su residencia fuera de Ronda (sesenta y cinco de ellos en Hispanoamérica). En el caso de nueve miembros recibidos entre 1707 y 1808 no se indicó el lugar de sus respectivas residencias. Véase también la cifra similar de sesenta y un miembros de la Maestranza de Ronda para los años de 1769-1817 en la Nueva España, publicada por José Ignacio Conde y Cervantes, *Los caballeros de las Reales Maestranzas de Caballería en la Nueva España,* Valencia, Pre-Textos y Real Maestranza de Caballería de Ronda, 2007, p. 54, así como la de diecisiete miembros para los años de 1765-1806 en Cuba, pp. 305-307.

[99] Cfr. la nota 98 de este cap. y también la correspondencia de la Real Maestranzas de Ronda con el Hermano Mayor sobre la aprobación de nuevas admisiones en los años 1780-1800, AGS, Secretaría de Guerra, Guerra Moderna, legs. 6024 y 6025.

[100] Cfr. la nota 98 de este cap. y la carta del Secretario de la Maestranza de Ronda Josef de Motezuma y Roxas, dirigida al Secretario del Hermano Mayor, duque de Alcudia, Ronda, 24 de diciembre de 1792, con una lista de nombres, AGS, Secretaría de Guerra, Guerra Moderna, leg. 6025.

[101] Lista de los Yndividuos de q[u]e se compone en este año de 1783 este R[ea]l Cuerpo de Maestranza, ARMCR (Fondo Propio), leg. 234, Libro Maestro 1, f. 364r.-369r. Esta lista pudimos analizarla, una vez completada con los datos contenidos en otro índice del mismo archivo particular bajo ARMCR (Fondo Propio), leg. 252-C4, Secretaría, Listado de Caballeros 1970. Joaquín Atienza Peñalver, Listas por Orden Alfabético de Apellidos Sacadas de los dos Libros Maestros de este Cuerpo desde 1707 hasta nuestros días confeccionados por el Caballero Secretario... Maestranza de Caballería de Ronda Año 1970. Las listas de Pedro Vela de Almazán, *Relación de los Caballeros Maestrantes de Ronda, Sevilla, Granada, Valencia y Zaragoza desde la creación de estos cuerpos hasta la fecha*, Úbeda, Estudio Tipográfico de la Loma, 1905, resultaron muy defectuosas, especialmente en lo que se refiere a la Maestranza de Ronda, e inservibles para un análisis estadístico. Un ejemplar de este libro de difícil acceso se encuentra en la biblioteca de la Maestranza de Ronda.

[102] Las cifras se basan en los asientos del primero de los libros de los miembros de la corporación sevillana que se conservan en ARMCS. Lleva por título: Libro 1° entradas de los caballeros maestrantes. Libro donde se asientan las entradas de los Caualleros que entran Por Hermanos En la Muy Ylustrissima Hermandad De la Maestranza De esta Mui Noble y mui Leal Ziudad de Seuilla sacadas del Libro biejo que se trasuntó bien i fielmente de Acuerdo de dicha Ylustrissima Hermandad siendo su Hermano Maior el S[eño]r D. Antonio Henriquez de Esquiuel, Y Archivista el S[eño]r D. Pedro Jacome de Linden Alcalde M[ay]or del Ca[bil]do Y Rejimiento De esta Mui Noble Y Mui L[e]al Ziu[da]d de Seuilla. Año De MDCCIX. Iniciado en 1709, fue continuado ininterrumpidamente a partir de entonces. Al parecer, el archivero de la corporación que lo dispuso copió un libro de miembros más antiguo. Por lo general, en las entradas solo se registraron la fecha del recibimiento por la Junta General, el nombre completo, así como los nombres de los informantes encargados de examinar el equipo del candidato. A partir de 1777 se indicó también el lugar de residencia de los miembros forasteros. En las segundas ordenanzas de la Maestranza sevillana, de 1731, se estableció la formación de una Junta de Recibimientos. En consecuencia, cambió el orden por el cual se inscribieron los nuevos miembros, con alguna demora, en mayo de 1746. Para la mayoría de las entradas fue decisiva la fecha de la sesión celebrada por la Junta General en la que ya no se decidía sobre las admisiones, como antes, sino en que se comunicaba únicamente las mismas por parte de la Junta de Recibimientos. El procedimiento de admisión concluía una vez examinado el equipo del candidato y realizada la solemne jura del nuevo maestrante. En el caso de forasteros se requería la aprobación del Hermano Mayor que se anotaba en el libro de entradas. A partir del 22 de octubre de 1768 los asientos varían, ya que se añadió tan solo la fecha de la sesión de la Junta de Recibimientos en la que el nuevo miembro fue recibido. No se mencionaban los nombres de los informantes. Una numeración correlativa de los asientos existió solo en los primeros años después de la fundación de la Maestranza, hasta el n. 97, del 30 de julio de 1675. En lo que se refiere a los lugares de residencia, hemos podido completar los asientos con los datos contenidos en las listas de los miembros de la corporación sevillana del 9 de mayo de 1789 y de noviembre de 1799 (ARMCS, Libros de Actas 12 y 17).

[103] Cfr. la nota 85 de este cap.

[104] Lista de los miembros de la Maestranza de Sevilla del 9 de mayo de 1789 compuesta por el secretario de la corporación, marqués de Valdehoyos, sobre la base del libro oficial de miembros, ARMCS, Libro de Actas 12. En algunos casos tuvimos que utilizar las referencias a los lugares de residencia contenidas en una lista parecida de noviembre de 1799, ARMCS, Libro de Actas 17.

[105] Cfr. las fuentes indicadas y lo expuesto en la nota 78 de este cap. Se contaron entre los forasteros no solo a los vecinos, sino también a los residentes de otras ciudades, además de los maestrantes cuyo lugar de nacimiento no era Granada y que probablemente tenían su residencia asimismo fuera de la ciudad. Si contamos únicamente entre los forasteros a los vecinos o residentes en lugares fuera de Granada, resulta que su participación en la totalidad de los miembros entre 1771 y 1804 solo era de un 66,8 % (171 de 256 miembros).

[106] Lista de los miembros de la Maestranza de Granada compuesta de acuerdo con los asientos del primer libro de los miembros por el secretario de la corporación, Luis de Mora Ybarburu, Granada, 18 de agosto de 1777, AGS, Secretaría de Guerra, Guerra Moderna, leg. 4265.

[107] Las cifras se basan en los datos contenidos en el *Catálogo General de los Caballeros de la Real Maestranza de Valencia. MDCXC-MCMXII*, Valencia, Real Maestranza de Caballería de Valencia, 1912, pp. 3-28. Doy las gracias a don José Antonio Tamarit y Enriquez de Navarra, marqués de San José (Valencia), por haberme facilitado una copia de este impreso raro. Los libros de los miembros, en los que se basa la referida publicación se perdieron cuando el archivo de la Maestranza de Valencia fue destruido en la Guerra Civil, como el archivero me dijo en mi primera visita. El *Catálogo General* impreso de 1912 indica el año de admisión, el nombre completo, los títulos nobiliarios y el lugar de residencia de los maestrantes. Las mismas listas cronológicas, sin mencionar el lugar de residencia, publicó también el mismo José Antonio Tamarit y Enríquez de Navarra, marqués de San José, *Escalafón general de la Real Maestranza de Caballería de Valencia (1690/97-1982)*, Valencia, Real Maestranza de Caballería de Valencia, 1983. El *Catálogo General* impreso de 1912 tiene muy pocas correcciones frente a una lista manuscrita de admisiones anterior que se encuentra en el ARMCV, 0060-037, Lista de miembros..., 1747-1857.

[108] Cfr. la nota 85 de este cap. En 1737 los miembros forasteros de la Maestranza sevillana residían en los siguientes lugares (entre paréntesis se indica el número de los maestrantes):

- reino de Sevilla: Antequera (1), Cádiz (3), Carmona (4), Écija (1), Jerez de la Frontera (3), Lebrija (1), Lora [del Río] (1), Osuna (1), Sanlúcar la Mayor (1), Utrera (1);
- resto de Andalucía y reino de Murcia: Córdoba (1), Granada (1), Linares (1), Málaga (1), Motril (1);
- resto de Castilla: Jerez de los Caballeros (2), Madrid (12), Mérida (1), Toledo (1), Vitoria (1), Zamora (2);
- Hispanoamérica: (1);
- Europa fuera de España: Malta (1), lugar desconocido en Italia (1), Génova (1), Nápoles (3), Lisboa (13), París (1).

En esta nota y en las siguientes se modernizó la grafía de las ciudades y lugares conforme al índice toponímico del *Atlas Nacional de España*, Madrid, Presidencia del Gobierno, Instituto Geográfico y Catastral, 1965. Los lugares se incluyen en las provincias históricas de acuerdo con el *Nomenclátor ó diccionario de las ciudades, villas, lugares, aldeas, granjas, cotos redondos, cortijos y despoblados de España, y sus islas adyacentes: con expresión de la provincia, partido y termino á que pertenecen, y la clase de justicias que hay en ellas: formado por las relaciones originales de los intendentes de las provincias del reyno, á quienes se pidieron de orden de su magestad por el Excelentisimo Señor Conde de Floridablanca, y su ministerio de Estado, en 22 de marzo de 1785*, Madrid, Imprenta Real, 1789. Los mapas históricos de las provincias de 1789 se dibujaron siguiendo el *Atlas Nacional de España*, lámina 91.

[109] Cfr. las fuentes indicadas en las notas 104 y 108 de este cap. En 1789 los miembros forasteros de la corporación sevillana residían en los siguientes lugares (entre paréntesis se indica el número de los maestrantes):

- provincia de Sevilla: Antequera (2), El Arahal (2), Aroche (1), Cádiz (5), Carmona (12), Cazalla [de la Sierra] (2), Constantina (1), Écija (17), Jerez de la Frontera (14), Isla de León (6), Manzanilla (1), Marchena (2), Medina-Sidonia (3), Morón [de la Frontera] (2), Osuna (6), Teba (1), Utrera (4);

- resto de Andalucía y provincia de Murcia: Andújar (2), Baza (1), Baeza (4), Bujalance (1), Cartagena (1), Córdoba (11), Fuente-Obejuna (1), Granada (1), Linares (1), Lorca (1), Lucena (6), Málaga (4), Montilla (1), Ronda (1), Vélez-Málaga (1);

- restantes provincias de Castilla: Alburquerque (2), Alcántara (1), Badajoz (1), Belalcázar (1), Cáceres (3), Cortes (1), Fuenterrabía (1), Guadalcanal (1), Jerez de los Caballeros (6), León (1), Llerena (2), Lugo (2), Madrid (12), Mérida (2), Noreña (1), San Vicente de la Barquera (1), Los Santos (2), Segovia (1), Isla Tenerife (1), Tineo (1), Trujillo (1), Valladolid (1), Villalba [de los Barros] (2), Vitoria (2);

- provincias de la Corona de Aragón: Alcañiz (1), Barcelona (3);

- Hispanoamérica: Buenos Aires (1), La Habana (1), Lima (1), México (2);

- Europa fuera de España: Francia (2).

[110] Cfr. las fuentes indicadas en las notas 101 y 108 de este cap. Los miembros forasteros de la corporación de Ronda residían en 1783 en los siguientes lugares (se indica el número de los maestrantes entre paréntesis):

- provincia de Granada: Alhama [de Granada] (4), Almería (3), Casares (1), Loja (1), Marbella (3), Málaga (1), Motril (1), Purchena (1);

- resto de Andalucía y provincia de Murcia: Aguilar [de la Frontera] (1), Alcaudete (1), Almansa (1), Andújar (3), Antequera (1), Baena (3), Bornos (1), Bujalance (1), Cabra (4), Cádiz (6), Cañete de las Torres (1), Caravaca (2), Carmona (1), Cartagena (1), Cieza (1), Doña Mencía (1), Estepa (1), Jaén (2), Jerez [de la Frontera] (5), Lorca (4), Lucena (5), Marchena (1), Medina-Sidonia (4), Montoro (3), Morón [de la Frontera] (7), Murcia (4), Osuna (5), Palma [del Río] (1), Puerto de Santa María (3), Sanlúcar de Barrameda (2), Tobarra (1), Utrera (1), Zahara (1);

- restantes provincias de Castilla: Aceuchal (1), Alburquerque (2), Badajoz (5), Betanzos (1), Bilbao (5), Briones (1), Brozas (2), Burgos (2), Cáceres (4), Campo de Criptana (1), El Ferrol [del Caudillo] (1), Gijón (1), Jerez de los Caballeros (1), León (3), Madrid (16), Mérida (3), Mondragón (2), Nájera (1), Olmedo (1), Ollauri (1), Oñate (1), Ortigosa (1), Palencia (2), Pamplona (1), Puebla de Sanabria (1), Salamanca (1), Santander (1), Santo Domingo [de la Calzada] (2), Sepúlveda (1), Toro (1), Tudela (2), Valladolid (7), Vergara (1), Viana (1), Villanueva de los Infantes (1), Vitoria (4);

- provincias de la Corona de Aragón: Barcelona (1), Pórtol (1);

- Hispanoamérica: La Habana (1), México (1).

[111] Cfr. las fuentes indicadas en las notas 106 y 108 de este cap. En 1777 los miembros forasteros de la Maestranza de Granada residían en los siguientes lugares (entre paréntesis se señala el número de maestrantes de cada lugar):

- provincia de Granada: Almería (1), Loja (3), Málaga (2);

- resto de Andalucía y provincia de Murcia: Alcalá la Real (1), Antequera (1), Baeza (2), Cabra (1), Cádiz (2), Cañete la Real (1), Cazorla (1), Córdoba (2), Écija (6), Jaén (3), Lorca (2), Martos (4), Murcia (4), Osuna (2), Priego [de Córdoba] (1), Puerto de Santa María (1), Úbeda (1), Villacarrillo (1), Cehegín (1);

- restantes provincias de Castilla: Almendralejo (1), Azpeitia (1), Bilbao (1), Burgos (1), Cáceres (3), Cangas [de Nárcea] (1), La Coruña (2), Ciudad Real (2), Fuenterrabía (1), Logroño (1), Madrid (14), Medina del Campo (1), Oviedo (2), Plasencia (1), Salamanca (1), Segovia (1), Sigüenza (1), [La] Solana (1), Soria (1), Talavera [de la Reina] (1), Trujillo (1), Valladolid (1), Vitoria (2), Zamora (1);

- provincias de la Corona de Aragón: Valencia (1).

[112] Cfr. la nota 98 de este cap. y (Manuel Romero de Terreros y Vinent) marqués de San Francisco, "Los Maestrantes de Ronda en Méjico", en *Revista de Historia y de Genealogía Española*, vol. 6, Madrid, 1917, pp. 60 y sig.

[113] Cfr. las fuentes señaladas en la nota 107 de este cap.

[114] Cfr. la nota 102 de este cap. y Apéndice I, pp. 395-396.

[115] Cfr. la nota 78 de este cap. y Apéndice II, pp. 397-398.

[116] Cfr. la nota 107 de este cap. y Apéndice III, p. 399.

[117] Cfr. la nota 98 de este cap. y Apéndice IV, pp. 400-401.

[118] Sobre las obligaciones y tareas de los caballeros maestrantes, cfr. *Regla... de Sevilla...* (1683), Granada, 1698, pp. 3-5, 28 y 41 y sig.; *Reglas... de Granada...* (1687), 2.ª ed., Granada, 1727, pp. 13 y sig. y 32; *Constituciones de... Valencia*, 1697, pp. 14-20; *Regla... de Sevilla...* (1732), pp. 4-6 y 78-81; *Estatutos... de Granada...* (1764), Granada, 1906, pp. 7-11, 18 y sig. y 31 y sig.; *Ordenanzas... de Valencia...* (1776), Valencia, 1880, pp. 14-16 y pp. 20-23; *Ordenanzas... de Sevilla* (1794), Sevilla, 1834, pp. 14-16 y 24-30; *Ordenanzas... de Ronda...*, 1817, pp. 6 y sig. y pp. 13-16 y, finalmente, *Ordenanzas... de Zaragoza*, 1825, pp. 49-58.

[119] Sobre las finanzas de las Maestranzas de Caballería, véase también lo expuesto en el cap. VI, pp. 323-325.

[120] ARMCS, Libro 1° entradas de los caballeros maestrantes..., fs. 80r., 86r., 89r., 96r., 115r. y 120r.; ARMCG, Libro de todos los caballeros maestrantes..., ns. 138, 150, 208, 220, 259 y 445; más detalles al respecto se encuentran en: Papeles respectivos p[ar]a dejar de ser Caballeros Maestrantes algunos S[eño]res p[o]r las razones que aparecen de d[ic]hos papeles, ARMCG, leg. 92. Cfr. también *Ordenanzas... de Ronda...*, 1817, pp. 15 y sig., y *Ordenanzas... de Zaragoza*, 1825, pp. 51 y sig.

[121] Actas de la Junta Secreta de la Maestranza de Granada, del 19 y 24 de agosto, así como del 19 de septiembre y del 26 de octubre de 1797, y los documentos incorporados, ARMCG, Actas sueltas, leg. 130. Véase también AHN, Estado, leg. 7652, exp. Maestranza de Granada, año 1807, así como exp. Maestranza de Granada, año 1810.

[122] Estos resultados y las cifras del Apéndice V se basan en un análisis digital de los asientos en la obra de Vicente Vignau y Francisco R. de Uhagón, *Índice de pruebas de los caballeros que han vestido el hábito de Santiago desde el año 1501 hasta la fecha*, Madrid, Viuda e Hijos de M. Tello, 1901. Hemos utilizado el ejemplar del referido *Índice* que se encontró en la sala de lectura del AHN en septiembre de 1972. Este ejemplar ha sido completado a mano por los archiveros del AHN, y nos pareció oportuno incluir estas noticias en nuestro análisis. Nuestros resultados consideraron como miembros solo a aquellos caballeros que recibieron el hábito. En la época de 1670-1809, el *Índice* citado incluye los nombres de 11 miembros que no obtuvieron el hábito. Los miembros de la Orden de Santiago procedieron sobre todo de España, así como de Hispanoamérica y, excepcionalmente, de países europeos fuera de España. Véase también las cifras similares para 1670-1699 en el libro de Elena Postigo Castellanos, *Honor...*, p. 200.

[123] Cfr. Apéndices I-V y pp. 395-403 de este trabajo.

III.
LA POSICIÓN SOCIAL DE LOS CABALLEROS MAESTRANTES

Página anterior: *Caballeros maestrantes de Ronda*. Anónimo, siglo XIX. Acuarela. Colección privada.

A continuación, se analizará la posición social de los miembros de las maestranzas atendiendo en particular a la corporación sevillana. Para evaluar el prestigio social de las diferentes maestranzas, comenzaremos por averiguar la participación de aquellos miembros que tenían títulos de Castilla o su equivalencia en Navarra y Aragón. La posesión de títulos nobiliarios implicaba opulencia: a partir del siglo XVII, la adquisición de un título de Castilla o su equivalencia se había convertido cada vez más en un asunto de tipo fiscal que coronaba el éxito económico de una persona y su familia, y no significaba tanto una compensación honorífica por sus méritos adquiridos en favor de la Monarquía y del bien común. Los títulos hereditarios de conde o marqués se podían comprar poseyendo la hidalguía y los medios económicos correspondientes. En el proceso de la concesión de un título de conde o marqués, a partir de 1631, el de vizconde tenía que ser expedido obligatoriamente con antelación. Desde finales del siglo XVII, el precio base de los títulos de conde o marqués era más o menos estable de unos 22.000 ducados oro o 30.000 ducados de vellón,[1] una cantidad al alcance de unos pocos, incluso entre los nobles. Además, había que desembolsar al fisco considerables sumas para el impuesto de la media anata y otros derechos que se causaban a la hora de comprar o heredar un título de Castilla o su equivalencia. Antes de adquirir el título, el comprador tenía que probar que poseía suficientes rentas para poder llevar en adelante un estilo de vida conforme a su nueva dignidad y rango y para poder abonar el derecho anual de lanzas que estaban obligados a pagar los grandes, los títulos y prelados.[2] Todos los títulos de Castilla, Navarra y Aragón estaban siempre vinculados (junto con una parte de las propiedades de la familia) a un mayorazgo y se transmitieron por herencia de acuerdo con las disposiciones así establecidas.[3]

Los poseedores de títulos de Castilla o de dignidades equivalentes en los otros reinos de España no solo disponían de riquezas más o menos antiguas, sino que sus rentas no procedentes del trabajo les brindaron la posibilidad económica de desempeñar cargos municipales vendibles y hereditarios en su calidad de aristócratas y notables residentes en las ciudades, o de entrar al servicio del rey como oficiales del Ejército y la Marina o funcionarios. Disfrutaban de una alta posición social que no solo se manifestaba en su estilo de vida personal o en los cargos y funciones que desempeñaban, sino también en el hecho de pertenecer a distinguidas cofradías y corporaciones nobiliarias. Su posición social ganaba prestigio por sus relaciones directas o indirectas con las instituciones de la Iglesia, al ocupar puestos honoríficos de la Inquisición, haciendo donaciones, siendo patronos de iglesias y capillas, o debido a que otros miembros de la familia pertenecían al clero de los monasterios y cabildos catedralicios, o a otras organizaciones eclesiásticas. Durante los siglos XVII y XVIII no tuvieron estrictamente asociadas funciones políticas y militares. El título comportaba únicamente el derecho de adornar el escudo nobiliario que lucían en sus casas, en sus carruajes, en las libreas de sus criados, en sus propias vestimentas y vajillas, así como la corona condal, la de marqués o de duque. También daba derecho a sus usuarios, esposas y herederos al tratamiento oficial de "Vuestra Señoría", abreviado "V.S.", que en el siglo XVII era el tratamiento de los grandes, obispos y embajadores.[4] En su calidad de grandes, los duques (titulados como "Excelencia") disfrutaban, en el marco del ceremonial barroco de la corte, de diversas prerrogativas que aumentaban su prestigio.

El hecho en sí de poseer dinero no aportaba prestigio social en la España del Antiguo Régimen. La solvencia de una persona solo generaba prestigio social si iba unida a cargos y a un estilo de vida noble.[5] Esta circunstancia, tantas veces descrita, explica por qué en Castilla los nobles emplearon bienes de una forma poco racional y económica, adquiriendo costosos títulos nobiliarios en beneficio de las finanzas de la Corona. Con todo, la posesión o no posesión de un título nobiliario representa un indicio bastante útil de la situación económica de los acaudalados nobles.

La comparación del número de títulos de Castilla entre los miembros fundadores de las diferentes maestranzas nos da el siguiente resultado: De los treinta y dos individuos que fundaron la Maestranza de Sevilla en 1670, trece (40,6 %) heredaron o compraron en el transcurso de su vida por lo menos un título de conde, vizconde o marqués.[6] En cambio, en Granada solo fueron cuatro (16,0 %) de los veinticinco miembros fundadores de 1686.[7] De los sesenta y dos miembros de la Maestranza de Valencia, diecinueve (30,7 %) tenían un título de Castilla en 1697, el octavo año de su existencia.[8] A la vista de que los miembros fundadores residían, sin excepción, en las ciudades sede de las maestranzas, las cifras hacen suponer que en Sevilla y Valencia, las ciudades de comercio y puerto más pobladas y económicamente más fuertes, con un *hinterland* fértil, la proporción de los nobles acaudalados entre los primeros maestrantes fue considerablemente mayor que en Granada, ciudad más pequeña, menos comunicada y encerrada en las estribaciones de la Sierra Nevada. Este resultado puede confirmarse por el siguiente análisis estadístico.

En determinados momentos o espacios de tiempo escogidos del siglo XVIII, la participación de los títulos de Castilla en comparación con el número total de los miembros de las diferentes Maestranzas fue el siguiente:

Sevilla	15-7-1737:	49 de un total de 167 (29,3 %)[9]
Sevilla	9-5-1789:	68 de un total de 286 (23,3 %)[10]
Granada	18-8-1777:	35 de un total de 150 (23,3 %)[11]
Ronda	31-12-1783:	32 de un total de 251 (12,8 %)[12]
Valencia	31-12-1808:	105 de un total de 333 admitidos (31,5 %).[13]

La participación de los títulos en las Maestranzas de Sevilla, Granada y Valencia se sitúa entre la cuarta y la tercera parte del conjunto de los miembros, en tanto que en Ronda no alcanza sino el 12,8 %. En los años referidos los forasteros constituían la mayoría de los miembros de las diferentes corporaciones, por lo que las cifras representan, por un lado, un indicio de la opulencia y la composición heterogénea de las mismas; por el otro, nos revelan la política seguida por las diferentes maestranzas en lo que a las admisiones se refiere. A juzgar por el criterio de la opulencia personal de los miembros, la Maestranza de Ronda parece haber seguido una política económicamente menos exigente que la de sus congéneres.

El análisis de los títulos de Castilla de los miembros fundadores en particular[14] nos brinda nuevos e interesantes detalles. Los trece condes y marqueses existentes entre los miembros fundadores de la Maestranza de Sevilla reunían hasta catorce títulos diferentes; tres de ellos consiguieron en el transcurso de su vida más de un título. Y resulta significativo que diez de los trece miembros adquiriesen directamente de la Corona su título único u otro adicional de conde o marqués, siendo este su primer título. Estos diez títulos se otorgaron entre 1679 y 1699, generalmente previo pago de los habituales 22.000 ducados oro. De los cuatro vizcondes, condes y marqueses existentes entre los miembros fundadores de la Maestranza de Granada, solo uno de ellos había comprado su título. Los demás poseían los suyos, en su mayoría más antiguos, por herencia. Ninguno tenía más de un título de Castilla. Los diecinueve condes y marqueses que pertenecían en 1687 a la Maestranza de Valencia, bien en calidad de fundadores, bien como primeros miembros, tenían un solo título de Castilla cada uno. Únicamente dos de ellos habían comprado el título; los demás lo habían heredado. De estos diecinueve títulos, tres habían sido otorgados en los siglos XV y XVI, diez en la época de Felipe III y Felipe IV (1598-1665) y seis en el reinado de Carlos II (1665-1700). De ello se desprende que un tercio de los fundadores de la Maestranza de Sevilla fueron nobles cuyo patrimonio presumiblemente solo procedía de pocas generaciones atrás, hasta que ellos mismos lo emplearon, en gran parte, en la compra de títulos nobiliarios, en la práctica de un estilo de vida aristocrático y en un modelo de consumo destinado a la ostentación. A diferencia de los nobles sevillanos, los títulos de Castilla en las corporaciones de Granada y Valencia se remontaron a una tradición familiar más antigua respecto a títulos y propiedades vinculadas. Ellos realizaron la conversión de partes del capital productivo en elementos propios de un consumo dirigido hacia la ostentación ya en años anteriores, particularmente en Valencia, hacia la primera mitad del siglo XVII.

Un examen más detallado de la composición social de la corporación sevillana podría ser instructivo con respecto al análisis de todo el movimiento de las maestranzas, pues en Sevilla se fundó la primera de estas corporaciones que luego se convirtió en modelo de las fundaciones siguientes. Fue también la corporación sevillana la primera que obtuvo privilegios otorgados por la Corona.

¿Qué clase de nobles fueron los que en 1670 se agruparon corporativamente en Sevilla?

La población de Sevilla crecía, disminuía o se estancaba según el desarrollo coyuntural de la economía de la ciudad. En una época de gran prosperidad, Sevilla debía de tener, en 1588, unos 120.000 habitantes. Con anterioridad a la desastrosa epidemia de 1649 la población era, según estimaciones, de unas 90.000 a 100.000 personas, decayendo posteriormente a unos 65.000 habitantes, para volver a unos 80.000 en el año de 1693. No obstante pequeñas oscilaciones, la densidad de población de la ciudad quedó estancada a partir de entonces: en 1769 alcanzó 80.288; en 1789, 76.463; y en 1799 probablemente 80.598 habitantes. El estancamiento de la población de Sevilla difería del crecimiento de la población total de España, que pasó de unos 7,5 millones de habitantes en 1712-1717 a 10,54 millones en 1797, lo que supuso un crecimiento del 40,6 %.[15]

En la segunda mitad del siglo XVIII, aproximadamente un 2 % de la población sevillana era noble. El registro de los cabezas de familia con motivo del catastro del marqués de la Ensenada en 1759 demuestra lo siguiente: de 15.991 cabezas de familia (vecinos y habitantes), 344 (2,2 %) eran nobles, de ellos 264 vecinos y ochenta habitantes. Entre los restantes, 15.647 cabezas de familia no nobles y pecheros (97,8 %), 1.396 (8,7 %) se registraron como habitantes y 2.198 (13,7 %) se decían jornaleros de campo, vecinos de la ciudad. Había 420 (2,6 %) pobres de solemnidad que por su pobreza no pagaban pechos.

Uniformes de gala y gran gala de la Real Maestranza de Caballería de Sevilla. Litografía, en *Historial de fiestas y donativos: índice de caballeros y reglamento de uniformidad de la Real Maestranza de Caballería de Sevilla*. Madrid, 1909. Biblioteca Real Maestranza de Caballería de Ronda.

Es de suponer que el número de los jornaleros y pobres entre los cabezas de familia sevillanos era considerablemente mayor. Además de las referidas 15.991 cabezas de familia, vivían en Sevilla, en 1759, 1.755 viudas empobrecidas cuya situación social se desconoce, y 1.420 clérigos.[16] El censo del conde de Aranda de 1769 comprendía 1.826 (2,3 %) hidalgos y otras 2.495 personas exentas del servicio militar de un total de 80.288 habitantes.[17] Según un censo realizado por razones militares en 1777, la población de Sevilla sumó 16.128 vecinos, de los cuales 320 (2,0 %) estuvieron exentos del servicio militar por ser nobles y 640 por otras razones.[18] El censo del conde de Floridablanca de 1787 registró 1.364 nobles (1,8 %) entre 76.463 habitantes.[19]

El resultado del censo de 1787 ofrece datos más útiles con respecto a la estructura social y profesional de la población de Sevilla: además de los referidos nobles vivían en la ciudad 3.977 miembros del clero secular y regular, tanto hombres como mujeres (5,2 %), a los cuales hay que añadir otros 1.508 (2,0 %) individuos procedentes de seminarios, congregaciones femeninas, hospitales o casas de reclusión de expósitos. Se registraron como empleados de instituciones eclesiásticas cuarenta y cuatro personas (0,1 %), 1.834 (2,4 %) como funcionarios de la Corona y soldados, 623 (0,8 %) como abogados, escribanos y procuradores y 1.109 (1,4 %) como estudiantes. Finalmente, el censo computó 689 (0,9 %) labradores, 1.394 (1,8 %) comerciantes, 591 (0,8 %) fabricantes, 6.455 (8,4 %) artesanos, 11.640 (15,2 %) jornaleros, la mayoría de los cuales trabajaba presumiblemente en la agricultura, y 5.401 (7,1 %) criados. Se registraron 39.834 (52,1 %) personas como mujeres y muchachas, en su mayoría sin empleo específico.

Si comparamos el número de los miembros de la Maestranza de Sevilla residentes en la ciudad en años próximos a los censados (1737: 81, 1763: 65, 1789: 102) con el porcentaje de nobles que arrojan los censos (alrededor del 2,0 %, como decimos) y teniendo en cuenta los obstáculos existentes en las admisiones de esta ambiciosa corporación, resulta que en el transcurso del siglo XVIII casi todas las familias nobles acaudaladas y distinguidas de la ciudad tenían, por lo menos, a un pariente cercano en la Maestranza. Los miembros locales de esta, constituían por tanto un grupo representativo de la nobleza de la metrópoli andaluza en el siglo XVIII.

En los siguientes párrafos se examinará en general la posición social de los treinta y dos miembros fundadores de la Maestranza de Sevilla de 1670 y, para determinados problemas, la de los ochenta y un maestrantes sevillanos de 1737 y también la de los sesenta y cinco miembros locales del año de 1763. Acerca del grupo fundacional de 1670, su composición social, sus relaciones, oficios y motivaciones, remitimos al lector a la completa monográfica obra de Cartaya Baños (2012), que ofrece sobradas noticias sobre aquel[20].

Los treinta y dos nobles locales que fundaron en 1670 la Maestranza de Sevilla heredaron sus propiedades en gran parte en forma de mayorazgos,[21] o las adquirieron por las dotes de sus esposas. Parece ser que las propiedades rurales constituían la parte más valiosa de los bienes vinculados de los miembros fundadores de la Maestranza de Sevilla. Según queda comprobado, los cortijos de los primeros miembros estuvieron situados, en gran parte, en el Reino de Sevilla. Se trataba en su mayoría de cortijos en los cuales se cultivaba trigo, haciendas que producían aceitunas y aceite y pequeñas propiedades de viñedos, con sus respectivas casas señoriales y edificios de explotación, a veces también con sus molinos de trigo o de aceite y sus lagares.

De acuerdo con el inventario realizado en 1681, Juan de Esquivel Medina y Barba era dueño de tres mayorazgos. Las propiedades rurales del primer mayorazgo comprendían varios cortijos con campos de trigo y una huerta de un total de 1.600 fanegas, situados en Burguillos, término jurisdiccional de Sevilla; al mismo mayorazgo pertenecía igualmente el cortijo de la Juliana con casas principales, olivares y otros terrenos, además de 400 fanegas de trigal y una dehesa en Bollullos, en el mismo distrito jurisdiccional. El segundo mayorazgo se formaba del cortijo del Campellar, en el partido de Cazalla de la Sierra en la Provincia de Sevilla, con edificios, bodegas, viñedos, trigales y colmenares. Del mismo formaban parte varias propiedades pequeñas con viñedos que comprendían edificios de bodegas con cubas, viñedos, huertas y otras instalaciones, un molino de trigo en cuyo edificio había una posada, un molino de aceite con sus correspondientes edificios e instalaciones, arboledas, un manantial, un colmenar con árboles y, no en último lugar, un castañar. Al segundo mayorazgo pertenecía, además, otro cortijo en las cercanías, que se llamaba Campellar Mayor, en los partidos de Cazalla de la Sierra y Constantina. Este cortijo tenía viñedos, lagares, tinajas para vino, trigales, bosques, un segundo molino harinero, otro molino de aceite con un pequeño olivar y un pequeño viñedo en el término de Cazalla de la Sierra. El tercer mayorazgo que poseía Juan de Esquivel Medina y Barba no estaba constituido por propiedades rurales.[22]

Juan de Saavedra Alvarado poseía varios mayorazgos, formados de olivares y otras tierras. Su esposa, Luisa Francisca de Neve, poseía otro mayorazgo con una dehesa llamada del Juncal Perruno en el término de Aznalcázar en la provincia de Sevilla.[23] Lorenzo Dávila y Medina heredó de su padre una hacienda vinculada a un mayorazgo situada cerca de Salteras, en el término jurisdiccional de Sevilla.[24] Mayorazgos con amplias propiedades agrarias poseían Pedro Andrés de Guzmán y Portocarrero, al que sucedió su hermano Agustín.[25] Juan de Córdoba y Laso de la Vega,[26] Pedro José de Guzmán Dávalos,[27] Adrián Jácome de Linden,[28] Francisco Marmolejo,[29] Bartolomé de Toledo y Ramírez de Arellano[30] y también los demás miembros fundadores eran dueños de grandes mayorazgos o de varios a la vez. Francisco Carrillo de Albornoz llegó a disfrutar de considerables dotes gracias a sus tres matrimonios.[31]

Ocho de los treinta y dos miembros fundadores practicaban, en el marco de sus mayorazgos, derechos señoriales sobre algunas villas y poblaciones situadas en su mayoría en la provincia de Sevilla. Dos tenían antepasados directos que adquirieron en la primera mitad del siglo XVI y en el transcurso del XVII sus señoríos directamente de la Corona.[32]

El valor económico y político de los señoríos en Andalucía no respondía al valor de su prestigio social. El derecho de nombrar a los jueces, alguaciles y, dado el caso, a los regidores, resultaba ser políticamente de poca importancia, considerando el control eficiente ejercido por la Real Audiencia o Chancillería. Los derechos señoriales y en parte los impuestos adquiridos de la Corona, que los habitantes pagaban a su señor, rara vez alcanzaban el importe de los gastos ocasionados por la administración. Mientras que los señoríos más antiguos, obtenidos en su mayoría en la Edad Media, comprendían unas propiedades territoriales más amplias, censos y derechos por el dominio útil de la tierra, la jurisdicción de primera instancia y, a veces, impuestos enajenados de la Corona. Los señoríos más recientes eran simplemente jurisdiccionales, en los cuales el señor, a menudo, no poseía ni siquiera alguna propiedad rural. Casi siempre que un noble conseguía, en los siglos XVI y XVII, cierta opulencia ganada en el comercio con América, lo que sucedía con frecuencia en Sevilla, este solía adquirir de la Corona algún señorío al que pertenecían por ejemplo una finca recreativa y representativa y, de ser posible, alguna antigua fortaleza. El escudo nobiliario de la familia solía ostentarse en la iglesia principal del pueblo, cuyo patrón era por lo general destacado en los asientos distinguidos del interior de la misma y también en la cripta. En "su" pueblo el señor recibía el respeto sumiso de "sus" habitantes al disfrutar del señorío. La adquisición de un señorío significaba, finalmente, el aprecio de los contemporáneos en los que al ascenso social como señor de vasallos se refiere. Esta posición representaba en el pensamiento tradicional de la época un peldaño para ser admitido entre los nobles de título. Entre los miembros fundadores de la Maestranza de Sevilla hubo

REAL CEDULA
DE S. M.
Y SEÑORES DEL CONSEJO,
POR LA QUAL SE MANDA GUARDAR y cumplir la expidida por la Cámara en cinco de Marzo de mil setecientos y sesenta; y la resolucion á su Consulta de veinte y dos de Octubre de mil setecientos setenta y quatro declarando el fuero que debian gozar los Individuos de la Real Maestranza de Valencia, y que fuese extensivo á las de Granada y Sevilla.
AÑO 1784
EN MADRID
EN LA IMPRENTA DE DON PEDRO MARIN.

Real cédula de S.M. y señores del Consejo [...] declarando el fuero que debían gozar los individuos de la Real Maestranza de Valencia, y que fuese extensivo a las de Granada y Sevilla. Madrid, 1784. Biblioteca Nacional de España.

cuatro que, siendo señores de los pueblos de Paterna, Rianzuela, Gelo y Moscoso, adquirieron en el transcurso de su vida el título de marqués del nombre respectivo, para poder llamarse marqueses de Paterna, de Rianzuela, de Gelo y del Moscoso.[33]

Entre los miembros fundadores no hemos podido encontrar a ninguno que practicara alguna profesión liberal, aunque sí administrativa (fundamentalmente en la administración colonial, en la milicia o en la armada). Es evidente que los primeros caballeros maestrantes, que disponían de suficientes rentas aseguradas por sus mayorazgos, no tenían necesidad de ganarse la vida escogiendo una carrera de letrado o clérigo. Esta posibilidad la dejaron a los segundones de sus familias, que no participaban plenamente de las herencias. Debido al crecimiento de la población y al aumento de los mayorazgos, los segundones, cada vez más numerosos también en Andalucía, constituían la masa de estudiantes en las universidades castellanas.[34]

Se comprende que entre los miembros fundadores de la Maestranza de Sevilla no hubiese ninguno que practicase un oficio artesanal, sin embargo varios de sus antepasados –u otros linajes cercanamente vinculados a ellos– sí poseyeron manufacturas, empresas bancarias o dedicadas al préstamo, e incluso negocios de comercio al por mayor, en general destinado a ultramar, un modelo de negocio donde sí aparecen numerosos miembros fundadores, aunque no dedicados a dicho comercio de manera personal y exclusiva, sino en general de forma indirecta y limitada. Algunos de los primeros miembros, tanto de antiguas familias sevillanas como de otras recién llegadas, tuvieron antepasados o parientes activos en el comercio al por mayor, que amasaron grandes fortunas sobre todo con el fin de fundar mayorazgos en favor de sus descendientes. Así, Juan de Saavedra Alvarado descendió de una rancia familia sevillana cuyos antepasados participaron en la Reconquista de la ciudad. En 1641 se casó con Luisa de Neve, hija única de un acaudalado mercader noble oriundo de Amberes. Los Neve eran en el siglo XVII unos de los más conocidos cargadores a Indias de Sevilla. El mayorazgo que Miguel de Neve fundó en 1637 con una renta anual de 71.101 reales y 27 maravedís en favor de su hija Luisa se basó en las ganancias procedentes del comercio con las Indias.[35] Juan de Saavedra Alvarado participó repetidas veces en las juntas del Consulado de los Mercaderes sevillano como cargador a Indias, y exportaba sus propios productos agrícolas a América.[36] También Juan Ponce de León y Contador Dalvo pertenecía a un antiguo linaje malagueño y posteriormente sevillano, cuyos miembros participaban en el comercio con América como mercaderes, armadores y comerciantes de esclavos.[37] Juan Francisco Ponce de León –a quien no se debe confundir con el miembro fundador de la Maestranza– fue incluso cónsul del consulado de Sevilla entre los años 1666 a 1670.[38] A las juntas del Consulado asistieron en los años 1648-1695 parientes de otros miembros fundadores cuyos apellidos eran igualmente Arauz, Córdoba Laso de la Vega, Dávila o Jácome de Linden, así como Pineda, todos interesados en el comercio con las Indias.[39] Entre los antepasados y parientes de los miembros fundadores, miembros conspicuos de linajes como los Arauz, Bazán, Dávila, Esquivel, Marmolejo, Medina, Mendoza, Mújica, Pineda, Ponce de León, Saavedra, Solís, Vargas y Vivero, durante los siglos XVI y XVII intervinieron en el comercio, particularmente americano.[40] Entre los miembros fundadores de la Maestranza mencionados, Juan de Córdoba y Laso de la Vega, Lorenzo Dávila y Medina, Fernando, Juan y Pablo de Esquivel,

Francisco Marmolejo, Juan de Mendoza Maté de Luna, Pedro de Pineda, Juan Ponce de León y Juan de Saavedra Alvarado, pertenecían a antiguas familias sevillanas,[41] en tanto que los antepasados de Francisco Bazán, Fernando de Solís y Barradas[42] y también de Francisco de Vargas Sotomayor y de Francisco de Vivero Galindo[43], se establecieron en la ciudad después del descubrimiento de América.

Tres miembros fundadores cuyos familiares se dedicaban al comercio con las Indias, tuvieron antepasados italianos o flamencos. Se trata de Juan y Antonio Federigui y Adrián Jácome de Linden. Luis Federigui Canigiani, un noble natural de Florencia, abuelo de los dos Federigui, emigró a la edad de once años a Andalucía Occidental, probablemente en 1575, para establecerse más tarde por razones de negocios en Sevilla. Allí se casó con Lucrecia Fantoni, hija de una familia noble de comerciantes florentinos igualmente inmigrante. A mediados del siglo XVI, los Fantoni, juntamente con sus socios sevillanos, tuvieron intensas relaciones comerciales con Santo Domingo, donde poseyeron considerables propiedades rurales y urbanas. Ya en el caso de los nietos de Luis Federigui, que fueron miembros fundadores de la Maestranza de Sevilla, la actividad comercial había desaparecido: una tendencia que había dado comienzo tras el asalto del populacho a las instalaciones comerciales propiedad de la familia durante la revuelta de la Feria de 1652.[44]

En lo que respecta a Adrián Jácome de Linden, también fue su abuelo, Adrian Jacobs, un mercader noble natural de Brujas, quien emigró a Sevilla por razones comerciales. A los veintitrés años se casó, en 1621, con Francisca de Linden y Back, que descendía, por parte de padre y madre, de emigrantes nobles flamencos llegados a la ciudad hacía pocas generaciones. Adrian Jacobs levantó en Sevilla un negocio al por mayor, importando desde Flandes y a gran escala tapicerías y otros tejidos, para exportarlos seguidamente a Hispanoamérica. A Flandes exportaba sobre todo lana, en parte procedente de sus propios rebaños de ovejas y de su lavadero de lana en Écija. En 1652 el abuelo había dividido el negocio para llevarlo adelante en forma de compañía con su hijo mayor, el padre de nuestro caballero maestrante, participando el abuelo con dos tercios y el padre con un tercio en las ganancias y pérdidas. Tras la muerte del abuelo, el padre, que hispanizó su nombre llamándose Adrián Jácome de Linden, continuó el negocio por su cuenta, ya que fue el hijo mayor y principal heredero. El abuelo dejó a sus herederos en 1657 una fortuna enorme que varios expertos estimaron entre 600.000 y 700.000 pesos. Adrián Jácome de Linden, el padre del maestrante, se casó en 1652 con Catalina María Bécquer y Bécquer, hija y nieta de mercaderes nobles oriundos de Flandes dedicados al comercio de la lana: entre otros negocios, poseyeron también un lavadero de lana en Écija. Por consiguiente, los antepasados de Adrián Jácome de Linden y Bécquer, miembro fundador de la Maestranza sevillana, sin excepción, fueron mercaderes nobles oriundos de Flandes cuyos ingresos procedieron particularmente del comercio de tejidos y de lana. Es evidente que la actividad comercial de la familia durante varias generaciones se mantuvo en la línea femenina, gracias a los casamientos con mercaderes jóvenes y espabilados que emigraron desde Flandes. Como se puede observar con frecuencia, Adrián Jácome, siendo nieto de emigrantes, perteneció a la tercera generación hispanizada e integrada en el ambiente noble. Se casó con una hija de la antigua familia nobiliaria de Esquivel, entró en la Orden de Calatrava, fue cofundador de la Maestranza de Sevilla, compró la hacienda de Tablantes en el Reino de Sevilla y, finalmente, el título de marqués de Tablantes. Una de sus hermanas se casó con el marqués de Nevares, y otra con el marqués de Paterna del Campo, cofundador con Jácome de la Maestranza. Don Adrián no continuó el comercio de su abuelo, sino que vivía, conforme a su rango, de rentas y de ingresos que le proporcionaba el mayorazgo. Antes de ser admitido en la Orden de Calatrava, varios testigos disculparon la actividad mercantil de su familia señalando a otras casas nobiliarias de Sevilla que también participaban en el comercio al por mayor, incluso citando a los archiconocidos Fúcares, que habían financiado a los Habsburgo desde los tiempos de Carlos V.[45]

A pesar de que en Castilla no se tenía el comercio al por mayor como una actividad ideal para la nobleza, fueron muchos los nobles que, precisamente en la metrópoli de Sevilla, lo aceptaron como un mal menor, inducidos por la posibilidad seductora de amasar de este modo grandes fortunas para transmitirlas, a ser posible, por medio de herencias

REALES CEDULAS,
Y PRIVILEGIOS
DE LA REAL HERMANDAD
DE LA MAESTRANZA
DE GRANADA.

Reales cédulas, y privilegios de la Real Hermandad de la Maestranza de Granada. Granada, 1749. Biblioteca Nacional de España.

o de casamientos por interés. Estimulados por los éxitos de los nobles italianos y flamencos, participaban en el comercio ultramarino de la Sevilla del siglo XVII hidalgos procedentes particularmente del norte de la Península, miembros de las órdenes militares, títulos de Castilla y grandes de España. Con respecto a los emigrantes del norte de España hay que señalar que en la costa de Cantabria y en Cataluña eran compatibles, por tradición, la nobleza y el comercio. Conviene destacar además, que también en la Baja Andalucía de los siglos XVI y XVII, el código de honor del hidalgo quedaba salvaguardado si un terrateniente noble vendía por su cuenta al por mayor los productos de sus fincas.[46] Este concepto de honor del hidalgo se atenía a las normas económicas de la escolástica de la tardía Edad Media. Conforme a las mismas, no eran tenidos por comerciantes los labradores, terratenientes e instituciones eclesiásticas que vendían los productos de sus propias tierras.[47]

Por los registros de los navíos despachados a América, así como por una lista de licencias otorgadas a cosecheros sevillanos en 1680, sabemos que entre los treinta y dos fundadores de la Maestranza de Sevilla hubo cinco, además de familiares con los mismos apellidos que la mayoría de los caballeros fundadores, que se dedicaron a la exportación de vinos y aceites de la producción de sus propias fincas.[48] De acuerdo con un padrón realizado en relación con el catastro del marqués de la Ensenada, hubo en 1762, cuarenta y cinco caballeros maestrantes que reclamaron, como cargadores a Indias, el correspondiente número de barriles para la exportación de los productos agrarios de sus haciendas situadas en los alrededores de Sevilla. Se trata, por consiguiente, del 45,9 % de los noventa y ocho miembros residentes en 1763 que habían nacido en la ciudad o descendieron de familias nobles de Sevilla. De los cuarenta y cinco maestrantes que fueron exportadores en el comercio con las Indias, treinta y siete pertenecían ya en 1763 a la Maestranza, mientras que ocho entraron en los años siguientes. De los treinta y siete exportadores y hacendados entre los maestrantes del año 1763, 33 eran vecinos de Sevilla, de manera que más de la mitad (50,8 %) de todos los maestrantes realmente residentes en Sevilla fueron a la vez cargadores hacendados. La participación de los cuarenta y cinco maestrantes en relación con la totalidad de los 229 cargadores hacendados activos de Sevilla en 1762 supone un 19,7 %. Además de los referidos cargadores a Indias, hubo tan solo un miembro de la corporación sevillana que no poseía ninguna propiedad rural en los alrededores de la ciudad. Estas cifras nos autorizan a concluir que a mediados del siglo XVIII no hubo entre los maestrantes sevillanos, si prescindimos de raras excepciones, simples mercaderes y exportadores en el comercio con las Indias; se pone de manifiesto la fuerte participación de los terratenientes nobles residentes en la ciudad y de los miembros de la Maestranza en el negocio de exportación con América. Finalmente, las cifras demuestran una vez más que la gran mayoría de los maestrantes eran terratenientes, teniendo en cuenta que en el padrón referido se registraban particularmente los productores de bienes agrarios, en especial de vino.[49] Los latifundios y los intereses agrarios de la mayoría de los caballeros maestrantes de Sevilla quedan patentes por el hecho de que en 1737, veinticuatro de los ochenta y un miembros locales de la corporación fueron ganaderos dedicados a la cría de toros y vacas, que vendieron, en la primera mitad del siglo XVIII, sus toros de lidia a la Maestranza.[50]

Si las actividades empresariales en el comercio al por mayor y en la manufactura no armonizaban con el ideal económico de las rentas, propio de la nobleza, sí hubo otras funciones económicas que se acercaban a este ideal. La adquisición y la posesión de impuestos reales o eclesiásticos, de censos o de juros prometían ingresos seguros a base de rentas. Las propiedades de la nobleza basadas en impuestos, censos y juros estaban, por lo general, también vinculadas a los mayorazgos al igual que los bienes rurales. En cuanto a los impuestos, se trataba mayormente de las alcabalas de determinados lugares cuya recaudación había vendido la Corona por falta de ingresos, o de diezmos que la Corona había enajenado en relación con la venta de los señoríos. Así, Luis de Medina Orozco, abuelo del caballero fundador Lorenzo Dávila y Medina, compró en 1635 las alcabalas de la villa de Salteras. La recaudación de este impuesto alcanzó, en el período de 1624-1630, 259.285 maravedís al año, por lo que el precio de compra fue de 8.815.690 maravedís, de lo que se calcula 34.000 maravedís por cada mil de la recaudación. A pesar de los gastos, el capital daba casi un 3 % de interés, quedándose por debajo del interés hipotecario del 5 % usual hasta 1705, probablemente por tratarse de una inversión a salvo de la inflación. La alcabala de la villa de Salteras formaba parte del mayorazgo heredado por Lorenzo Dávila y Medina.[51]

Los maestrantes fundadores Pedro Andrés y Agustín de Guzmán y Portocarrero, y también Francisco Marmolejo, percibieron rentas procedentes de alcabalas de varias localidades vinculadas a mayorazgos.[52] La parte principal del mayorazgo que dejó el mercader brabantino Miguel de Neve, suegro del maestrante fundador Juan de Saavedra Alvarado, se compuso de productivos juros y censos.[53] Juan de Esquivel Medina y Barba, otro miembro fundador de la Maestranza de Sevilla, poseyó igualmente censos y juros vinculados a sus mayorazgos.[54] En relación con el catastro del marqués de la Ensenada, se registraron a mediados del siglo XVIII los acreedores de censos. En las listas de 1762 aparecen dieciséis miembros de la Maestranza como acreedores de censos garantizados por la recaudación de impuestos pertenecientes al Consulado de Sevilla.[55]

El total de los ingresos de los diferentes miembros fundadores de la Maestranza solo puede apreciarse de manera aproximativa. Debieron de suponer miles y hasta varias decenas de miles de ducados. Los ingresos de Pedro Andrés y de su hermano menor y heredero Agustín de Guzmán y Portocarrero tuvieron que haber sido los más cuantiosos. Los tasadores de su patrimonio (que llegó a estar embargado por la Corona a causa de sus cuantiosas deudas) calcularon que las rentas anuales de sus mayorazgos del Condado de Teba, del Marquesado de Ardales y del Marquesado de la Algaba alcanzaron en los años 1577-1628 un total de 27.000-50.000 ducados.[56] Juan de Esquivel Medina y Barba percibió en 1681, según sus propias indicaciones, probablemente exageradas, una renta anual de 9.335 ducados (102.960 reales de vellón), procedente de sus mayorazgos.[57] Los ingresos de cada uno de los trece miembros fundadores que tuvieron títulos de Castilla sobrepasaban esta cifra. Mencionaremos que, en comparación, alrededor de 1640 un maestro albañil ganaba en Sevilla 300 maravedís (8,8 reales de vellón), y un jornalero unos 150-170 (4,5-5 reales) al día.[58] Se calculó que un grande como el duque de Medina-Sidonia, que residía en Madrid y que tenía considerables propiedades rurales en la Baja Andalucía, percibiría entre 160.000-300.000 ducados de renta.[59] El hecho de que Juan de Saavedra Alvarado tuviera que vender en 1680 propiedades rurales para poder comprar el título de marqués de Moscoso demuestra cuán altos fueron los gastos de consumo de los caballeros maestrantes de Sevilla, comparándolos con sus ingresos, y la poca liquidez económica que tuvieron.[60] Por dificultades económicas parecidas, el miembro fundador Juan de Esquivel Medina y Barba no pudo pagar el título de marqués de Campellar, ya que la Corona le denegó el permiso de vender propiedades rurales vinculadas a uno de sus mayorazgos.[61] No obstante, en su conjunto, los ingresos relativamente altos de los miembros fundadores de la Maestranza de Sevilla les aseguraron una independencia económica libre de cualquier trabajo. Los altos ingresos les brindaron, además, las condiciones económicas para ocupar las posiciones más ambicionadas en la sociedad urbana.

Parte del estilo de vida de la nobleza andaluza en general y de Sevilla en particular, residente preferentemente en la ciudad, era una casa representativa que en muchos casos habría que calificar de palacio urbano. La propiedad de la residencia urbana estaba vinculada por lo general a los mayorazgos de la familia. Formaban parte de estas casas principales un numeroso personal de servicio, caballos, mulas, carruajes y una lujosa carroza para las salidas a la calle, conforme al prestigio que debía mostrar en público su estamento. En algunos casos, el palacio, de varios pisos, comprendía una manzana entera con portón, amplio antepatio con las caballerizas, cocheras, guadarnés, otras dependencias destinadas a la administración y vivienda del personal de servicio, un patio central rodeado por una columnata y patios laterales con la vivienda del propietario, compuesta por dormitorios, estancias, cocina, recibidores y salas, escaleras, capilla, así como varios jardines en forma de patios rodeados de altos muros. Naturalmente, había también casas principales más sencillas y diferentes de este tipo ideal de palacio noble de la época alrededor de 1700. Los interiores y los patios de estos palacios estaban adornados con artísticas decoraciones de mármol, estucos, pinturas y gran variedad de muebles.[62] No consta que los palacios de los nobles se concentraran en una sola parroquia hasta ya avanzado el siglo XVII, cuando comenzaron a establecerse en torno a San Vicente y a San Miguel. Hasta entonces, las casas principales de los vecinos nobles de Sevilla se encontraban repartidas en casi todas las parroquias, de acuerdo con el carácter irregular y originariamente islámico del plano de la ciudad.[63] Además de la casa principal en la ciudad, muchos nobles sevillanos y cofundadores de la Maestranza poseyeron otras casas dadas en arrendamiento, quintas y huertas urbanas u otras viviendas en las villas de la provincia, cerca de sus fincas.

El examen biográfico y genealógico de los fundadores de la Maestranza sevillana ofrece el siguiente resultado: la mitad de los primeros caballeros maestrantes (dieciséis de treinta y dos) pertenecían a familias nobiliarias cuyos antepasados por línea paterna fueron vecinos de la ciudad ya en la época del descubrimiento de América. Entre estos dieciséis maestrantes había por lo menos cinco cuyos antepasados por parte del padre y de la madre participaron en la Reconquista de la ciudad.[64] Sin embargo, más de la cuarta parte de los miembros fundadores de la Maestranza (nueve de treinta y dos) descendieron, por parte del padre, de personas que se establecieron en Sevilla en el transcurso de los siglos XVI y XVII. En el caso de cinco de los nueve que acabamos de referir fue el padre o el abuelo quien emigró a la ciudad.[65] Por consiguiente, la Maestranza de Sevilla no fue una corporación exclusivamente formada por personas pertenecientes a rancias familias de la época de la Reconquista, opuestas a recién llegados, forasteros y extranjeros, como algunos historiógrafos y miembros de la corporación afirman una y otra vez complacidos.[66] Al contrario, en consonancia con la estructura social de la ciudad, fue una corporación nobiliaria relativamente abierta que aceptaba e integraba también a individuos de familias más recientes, llegadas a la ciudad hacía pocas generaciones y que se afanaban por conseguir prestigio y ascenso social. A este respecto resulta instructivo que más de un tercio de los miembros fundadores (doce de treinta y dos, pertenecientes a nueve familias) tuvieran relaciones de parentesco más o menos estrechas. No era este el caso de las rancias familias sevillanas, sino más bien el de los miembros pertenecientes a familias más recientes y económicamente muy activas, procedentes en parte del extranjero, que tuvieron relaciones directas o indirectas con el comercio ultramarino, como los Federigui, emigrados desde Florencia, o los Jacobs (Jácome), oriundos de Brujas.[67] Más adelante, en el transcurso de los siglos XVII y XVIII, la Maestranza de Sevilla tampoco se cerró a los miembros de familias emigradas, como lo demuestra el gran número de apellidos extranjeros al lado de los castellanos entre los maestrantes residentes en la ciudad, como los mencionados Federigui, las familias de los Bucareli y Cavaleri, procedentes igualmente de Italia, o los flamencos Jácome (Jacobs), Linden (van der Linden), Clarebout, Colarte (Colaert), Maestre (Meester), del Campo (van de Velde) y Sirman.[68]

Nueve de los treinta y dos miembros fundadores figuraron en 1670 y más tarde entre los cargos del Ayuntamiento de la ciudad.[69] Uno de estos caballeros maestrantes y tres de los miembros fundadores tuvieron cargos en los ayuntamientos de algunas villas de la provincia de Sevilla.[70] En 1738 nueve maestrantes ocuparon un cargo entre los treinta y un regidores, alcaldes mayores y escribanos mayores del Ayuntamiento de Sevilla. En el mismo año, ochenta y un nobles residentes en la ciudad pertenecieron a la Maestranza sevillana.[71] Según una lista detallada de los miembros de la corporación del año 1737, entre los ochenta y un maestrantes que vivieron en Sevilla, hubo veintidós personas que en el transcurso de su vida habían ocupado durante algún tiempo el cargo de alcalde mayor o de regidor.[72] A diferencia de otras administraciones municipales de Castilla, el Ayuntamiento de Sevilla era una institución de un marcado carácter aristocrático, ya que no solo los cargos de los capitulares con derecho a voto, sino que también los jurados de las parroquias que no tenían derecho a voto, tenían que ser ocupados por miembros de la nobleza desde 1515, tras una disposición de la reina Juana I. Los cargos de regidor y de escribano mayor que sin excepción fueron adquiridos mediante compra, estuvieron en posesión de familias nobles de Sevilla, muchas veces vinculados a mayorazgos y en parte dados en arrendamiento a quienes figuraban como sus tenientes.[73] Por ello no debe extrañar que fueran precisamente los miembros de la Maestranza quienes los ocupasen, siendo como eran notables en general acaudalados y económicamente independientes. El grupo de los maestrantes en el Ayuntamiento durante la primera mitad del siglo XVIII no compuso una mayoría, pero sí conformó un tercio de los influyentes cargos de regidores, alcaldes mayores y escribanos mayores. De esta manera, y con el apoyo de parientes y simpatizantes, estuvo en condiciones de influir de forma decisiva en la política local y regional de la ciudad.

Nueve de los treinta y dos miembros fundadores ostentaron en edad avanzada altos cargos y títulos militares. Cuatro de ellos fueron militares de carrera que llegaron al grado de capitán general, almirante, teniente general y capitán. Otros dos mandaron como coroneles las milicias municipales a comienzos de la Guerra de Sucesión.[74] En el transcurso del siglo XVIII aumentó ligeramente el número de oficiales activos y personas con títulos militares entre los miembros de la Maestranza. En 1737 hubo entre los 137 maestrantes que vivían en Sevilla o que habían nacido en la ciudad, treinta y seis nobles (26,3 %) que ostentaron grados o títulos honoríficos militares.[75] En 1763, veintitrés (23,5 %) de los noventa y ocho miembros nacidos en la ciudad o descendientes de familias sevillanas, tuvieron un rango o título militar, desde alférez a capitán general.[76] A pesar de todo, la utilidad militar de la Maestranza de Sevilla que había sido fundada y privilegiada para la educación militar de la juventud aristocrática, defraudaría las esperanzas y los propósitos de la Corona.

La carrera de funcionarios reales atrajo solamente a pocos miembros de la Maestranza. Entre los treinta y dos miembros fundadores se encontraban los mencionados cuatro oficiales, que en unión de sus funciones de mando militares ocuparon cargos de gobernadores en Hispanoamérica y el norte de África. Solo otros tres miembros fundadores sirvieron al rey, uno como cabo y gobernador de las naos del azogue, otro como alto funcionario de la Casa de Contratación y el tercero como gobernador de un distrito de la Orden de Calatrava en la provincia de Jaén.[77] Entre los 137 miembros de la Maestranza de Sevilla en 1737 que eran vecinos de la ciudad o habían nacido en ella, solo hubo tres funcionarios civiles.[78] De modo parecido, hubo en 1763 entre los noventa y ocho miembros naturales de Sevilla o procedentes de familias de la ciudad, solo cuatro individuos, de los cuales tres fueron corregidores y uno incluso intendente de provincia.[79] No hemos podido averiguar cuántos de los mencionados cargos de la administración real ocupados por miembros de la Maestranza fueron adquiridos mediante compra antes de 1759, debido a la difícil situación de la Real Hacienda.

Los miembros fundadores de la Maestranza sevillana formaban, en gran parte, una corporación de individuos socialmente ascendidos dentro de las tradicionales élites de prestigio de la ciudad. Solo unos pocos de ellos hacían justicia a su destacada posición social por su capacidad profesional o méritos funcionales, sin embargo un numeroso grupo hizo carrera como militares (si bien en algunos casos, como aquellos que ostentaron cargos de capitanes corazas, eran mercedes puramente representativas) o como funcionarios y administradores al servicio del rey. Diez de los treinta y dos miembros fundadores emplearon parte de su fortuna para adquirir de la Corona costosos títulos de Castilla.[80] Hubo, además, ocho miembros fundadores que, tras un costoso proceso de admisión, entraron en la Orden de Santiago, Calatrava o Alcántara, para ataviarse con el hábito de la Orden y poner de manifiesto así su intachable nobleza hereditaria.[81] Finalmente, tres de los miembros fundadores ostentaban el codiciado título honorífico de paje de su majestad o gentilhombre de la cámara del

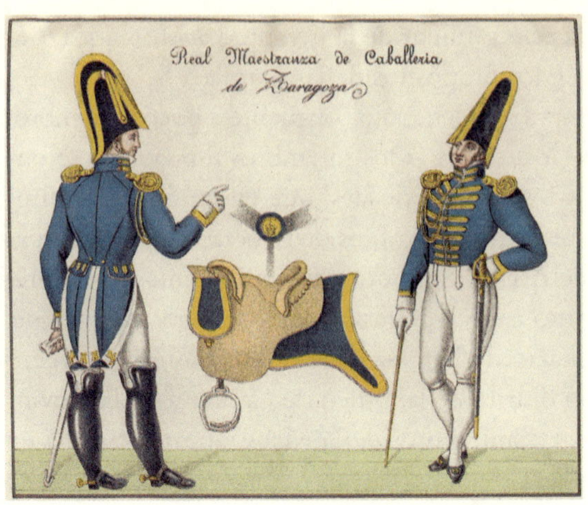

Uniformidad de la Real Maestranza de Caballería de Zaragoza (1831). Litografía, en *La nobleza de Aragón: historia de la Real Maestranza de Caballería de Zaragoza.* Zaragoza, 1916. Biblioteca Real Maestranza de Caballería de Ronda.

rey. Estos títulos los recibieron bien con motivo de una larga estancia en la Corte o bien como recompensa por sus servicios efectivos o pecuniarios a la Corona, pagados con una dignidad que a esta última no le suponía coste alguno.[82]

Los ámbitos de interacción y de la vida individual, familiar y de los grupos de la sociedad española jerárquicamente estructurada a comienzos de la Edad Moderna se caracterizaban en gran medida por elementos religiosos y eclesiásticos. En aquella época la Iglesia en la Península Ibérica no fue un sistema social limitado, ni tampoco "un estado dentro del estado", sino una parte estabilizadora y ampliamente integradora de la sociedad. El clero secular y regular no formaban ningún estamento homogéneo, pues, a diferencia de la nobleza, no se procreaba debido al celibato, sino que sus miembros procedían de casi todos los estratos y grupos de la población. Por ello la solidaridad con la propia familia era, sobre todo en el clero secular, mucho más fuerte que cualquier compromiso estamental.[83] No extraña, por esto, que los miembros fundadores de la Maestranza de Sevilla, como representantes de la élite conservadora de más valor de la ciudad, tuvieran estrechas relaciones personales y familiares con las más distinguidas corporaciones e instituciones de la Iglesia, lo cual acrecentaba aún más su prestigio social.

Los miembros fundadores poseían a menudo sus propias capillas en las cercanas iglesias parroquiales o en conventos, e incluso en la catedral, donde se encontraban las tumbas de sus familiares. En ciertas ocasiones se celebraban en estas capillas misas y cultos especiales en el marco de la familia. Patronatos y capellanías vinculados al mayorazgo, de cuyos derechos y obligaciones se encargaba el jefe de la familia, aseguraban la conservación digna de las capillas y el pago de las ceremonias religiosas. Además, en muchas ocasiones, los miembros fundadores eran patronos de obras pías, comunes o propias de la familia. En los numerosos conventos y monasterios de la ciudad, uno o varios de los hermanos segundones de los miembros fundadores, e incluso parientes lejanos, encontraban una vida digna y conforme a su estamento, así como la correspondiente seguridad material. Algunos clérigos entre los familiares de los primeros caballeros maestrantes que eran prebendados y canónigos de algunos cabildos catedralicios llegaron a ser, en casos aislados, obispos en el transcurso de su carrera eclesiástica. Otros parientes de los miembros fundadores ocupaban cargos honoríficos del Santo Oficio de la Inquisición siendo legos, y otros, por ser clérigos, tenían funciones jurisdiccionales en el propio Tribunal. Los miembros fundadores mismos pertenecían, por lo general, a varias cofradías dedicadas a la asistencia de los económicamente débiles, y mantuvieron incluso hospitales propios, como el de la Misericordia.[84]

Resumiendo, se puede decir que, con excepciones, los miembros fundadores influyeron principalmente en la política local y regional de la ciudad por medio del Ayuntamiento. En los comienzos de la corporación, los caballeros maestrantes sevillanos no pertenecieron por lo general al círculo de los grandes, a excepción de los dos primeros tenientes de Hermano Mayor. Salvo alguna contada excepción –caso de los dos primeros condes de Montemar y del primer marqués de la Mina, y sobre todo de los descendientes de estos últimos, o de los primeros marqueses de Gelo o del Moscoso[85]–, los restantes no pertenecieron a ninguna élite específica de poder que, de acuerdo con sus posibilidades económicas, tuviera responsabilidades políticas en toda Castilla o en toda España. Se limitaron más bien al papel de una élite de prestigio, a nivel regional-provincial, poco activa en el ámbito económico, orientada hacia el consumo y el prestigio social. Las condiciones sociales y económicas de buena parte de los caballeros maestrantes sevillanos no cambiaron esencialmente en el transcurso de los siglos XVII y XVIII, dada la estructura social y económica de la ciudad, que fue reduciéndose y estancándose con el tiempo, aunque en los primeros años de existencia de la Maestranza de Sevilla, tras su fundación en 1670, se recibieron como hermanos a prohombres como los duques de Arcos (1688) o de Medina Sidonia (1681). Por ahora, estudios parecidos sobre los miembros de las Maestranzas de Granada, Ronda y Valencia han de quedar reservados a futuras investigaciones. Es de suponer que los maestrantes residentes en las mencionadas ciudades fueran igualmente élites de prestigio agrarias, limitadas a sus regiones, cuyo papel dirigente respondía a las respectivas estructuras socioeconómicas de las diferentes ciudades y regiones.

A pesar de las crecientes admisiones de forasteros, la mayoría de los miembros de las corporaciones de Sevilla, Granada, Ronda y Valencia tuvieron en el siglo XVIII sus residencias fijas en las diferentes ciudades, sedes de las Maestranzas, en las provincias del sur de España o en las provincias españolas de la Corona de Aragón. Si tenemos en cuenta que buena parte de los ingresos de los maestrantes tuvieron, al parecer, su origen en la producción agraria y que esta se basó esencialmente en la producción de cereales (especialmente trigo, cebada y arroz),[86] no debe extrañarnos que el diagrama de las admisiones en las diferentes corporaciones acuse más o menos claramente un desarrollo paralelo a los precios de los cereales. Es en Sevilla donde de una forma más evidente se da este paralelismo aproximado entre el número de las nuevas admisiones al año y dichos precios. En el sur de España, los ingresos agrarios de los hacendados subieron de una forma rápida, en parte debido con probabilidad al sistema de arrendamientos a corto plazo en los cortijos que producían principalmente trigo. Está comprobado que los precios del trigo y de otros productos agrarios subían de forma más acusada

Gráfico 2: Precios de cereales en Andalucía y admisión de miembros por la Maestranza de Sevilla, 1666-1800.

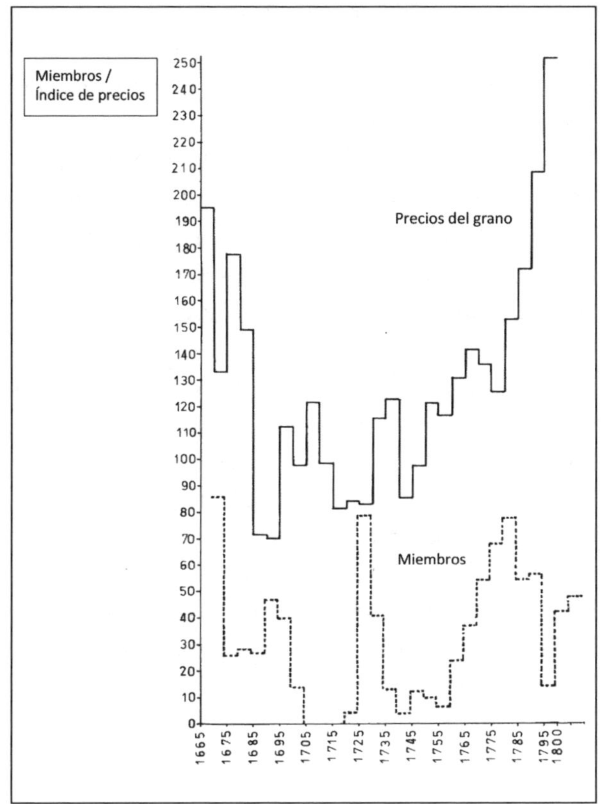

que los precios de los bienes no agrarios, lo cual significó precios más altos de cereales y por consiguiente mayores beneficios agrarios. Ingresos agrarios más elevados brindaron a los nobles la posibilidad de acceder a un mayor consumo ostentativo y, sobre esta base, la consecución de un ascenso social más asequible gracias a la pertenencia a corporaciones elitistas como las Maestranzas de Caballería.

La corporación de Sevilla fue fundada por nobles, principalmente terratenientes y residentes en la ciudad en 1670, tras un decenio de altos precios de cereales y otros productos agrarios que suponían, a su vez, considerables ingresos. Entre 1693 y 1705-1707 y entre 1725-1727 y 1735-1740 se produjeron otras fases de altos precios de cereales y de admisión creciente de miembros por la Maestranza de la ciudad. A partir de la guerra de Sucesión, cuando se interrumpieron las remesas de metales preciosos y bajaron considerablemente los precios agrarios, la corporación casi dejó de existir. En los años 1725-30, cuando nuevamente aumentaron los precios agrarios en Sevilla, la Maestranza recobró su actividad. A partir de los años cuarenta del siglo XVIII experimentó, de acuerdo con la interrumpida expansión agraria y sobre todo con los crecientes precios de cereales, una afluencia masiva de nuevos miembros, que disminuyó en los años de 1792 a 1802 a pesar de que los precios de cereales seguían en aumento. Como puede verse, las cifras relativas a los nuevos miembros recibidos cada año por la corporación sevillana no siempre experimentaron una evolución paralela a los precios de cereales. No fue así en especial en los años de 1790 en adelante, debido probablemente a la competencia de las corporaciones de Ronda y Granada, y no a factores económicos. No hay que olvidar que en la segunda mitad del siglo XVIII, la creciente participación de los forasteros contribuyó de un modo decisivo a que subiera la curva del diagrama que recoge a todos los miembros recibidos por la Maestranza de Sevilla.[87]

[1] Cfr. el contenido de las reales cédulas de Carlos II, del 30 de agosto de 1692 y del 18 de abril de 1695. En estas se disponía que compradores que habían obtenido un título de Castilla posterior al 1 de enero de 1680 por menos de 30.000 ducados de vellón debían pagar el resto del importe dentro de medio año para poder legar sus títulos de forma ilimitada. La segunda real cédula, de 1695, redujo el precio mínimo de un título de Castilla a 22.000 ducados. Cfr. *Catálogo alfabético de los documentos referentes a títulos del reino y grandezas de España conservados en la sección de Consejos Suprimidos*, 2.ª ed., 3 vols., vol. 1, Madrid, Archivo Histórico Nacional, 1951, pp. 780-782. Cfr. a este y a los siguientes párrafos del texto María del Mar Felices de la Fuente, *La nueva nobleza titulada de España y América en el siglo XVIII (1701-1746). Entre el mérito y la venalidad*, Almería, Universidad de Almería, 2012, pp. 65, 73 y sig., 76, 143 y 407, así como de la misma autora, *Condes, marqueses y duques. Biografías de nobles titulados durante el reinado de Felipe V*, Madrid, Ed. Doce Calles, 2013, sobre todo, p. 21.

[2] *Catálogo alfabético...*, vol. 1, pp. 779 y sig. Sobre los derechos de media anata y lanzas en los siglos XVII y XVIII, cfr. Antonio Domínguez Ortiz, *Política y Hacienda de Felipe IV*, Madrid, Editorial de Derecho Financiero, 1960, pp. 227-229 y NRE VI, 1, leyes 20 y 22-24. Cfr. también el expediente sobre la petición dirigida en nombre de Juan de Esquivel Medina y Barba a Carlos II, con el ruego de poder vender partes de su mayorazgo para poder pagar el título de marqués de Campallar (1681-1682), AHN, Consejos, leg. 9891, exp. 2.

[3] NRE, VI, 1, ley 25.

[4] NRE, VI, 1, ley 16 y VI, 12, ley 1, arts. 14, 16 y 17.

[5] Cfr. Julio Caro Baroja, "Honour and Shame. A Historical Account of Several Conflicts", en J. G. Peristiany, ed., *Honour and Shame. The Values of Mediterranean Society*, Chicago, University of Chicago Press, 1966, pp. 96-98 y 104-107.

[6] *Relación de Hermanos Mayores, Tenientes y Secretarios e Índice Alfabético de los Caballeros que han pertenecido a la Real Maestranza de Caballería de Sevilla desde 1670 hasta 1970*. Sevilla, Real Maestranza de Caballería de Sevilla, 1970, *passim*; Julio de Atienza, *Nobiliario español. Diccionario heráldico de apellidos españoles y de títulos nobiliarios*, Madrid, Aguilar, 1959, *passim*; Santiago Otero Enríquez, "Ascendencia del Capitán General Conde-Duque de Montemar", en *Revista de Historia y de Genealogía Española*, vol. 1, Madrid, 1912, pp. 400-416, así como Luis de Salazar y Castro, *Los comendadores de la Orden de Santiago*, 2 vols., vol. 1, Madrid, Patronato de la Biblioteca Nacional, 1949, pp. 188-190.

[7] Libro de todos los caballeros Maestrantes con Expresion de sus nombres q[u]e se han receuido en esta R[ea]l Hermandad de la Maestranza de Granada desde su restablecim[ien]to q[u]e Fue el dia 12 de Enero de 1686 hasta de presente. Anotados los dias, y años de su[s] receuim[ien]tos. Hecho en el de 1749, ARMCG.

[8] *Constituciones de la ilustre Maestranza de Valencia*, con licencia, Valencia, Imprenta de Iaime de Bordazar y Artazu, 1697, Introducción.

[9] Lista de los miembros de la Maestranza de Sevilla, del 15 de julio de 1737, basada en los libros de ingresos y compuesta por el secretario de la corporación, Rodrigo Antonio de Villavicencio y Vivero, AGS, Secretaría de Guerra, Guerra Moderna, leg. 4261.

[10] Lista de los miembros de la Maestranza de Sevilla, del 9 de mayo de 1789, basada en los datos contenidos en el libro oficial de ingresos, compuesta por el secretario de la corporación, marqués de Valdehoyos. En algunos casos se aprovecharon datos procedentes de otra lista parecida de 1799, ARMCS, Actas, L. 17.

[11] Lista de los miembros de la Maestranza de Granada, basada en los datos contenidos en el libro de ingresos, redactada por el secretario de la corporación, Luis de Mora Ybarburu, Granada, 18 de agosto de 1777, AGS, Secretaría de Guerra, Guerra Moderna, leg. 4265.

[12] Cfr. cap. II, nota 101.

[13] Cfr. cap. II, nota 107.

[14] Con ayuda de los datos ofrecidos por Julio de Atienza, *Nobiliario español…, passim.*

[15] Cfr. Jean Sentaurens, "Séville dans la seconde moitié du XVI siècle, population et structures sociales. Le recensement de 1561", en *Bulletin Hispanique*, vol. 77, ns. 3-4, Bordeaux, 1975, pp. 321-390; Antonio Miguel Bernal, Antonio Collantes de Terán y Antonio García-Barquero, "Sevilla, de los gremios a la industrialización", en *Estudios de Historia Social*, ns. 5-6, Madrid, 1978, pp. 10-14; Francisco Morales Padrón, *La ciudad del quinientos. Historia de Sevilla*, vol. 3, Sevilla, 1977, pp. 59-56; Antonio Domínguez Ortiz y Francisco Aguilar Piñal, *El Barroco y la Ilustración. Historia de Sevilla*, vol. 4, Sevilla, Secretariado de Publicaciones de la Universidad de Sevilla, 1976, pp. 22-24; Antonio Domínguez Ortiz, *Orto y ocaso de Sevilla*, 2.ª ed. aumentada, Sevilla, Secretariado de Publicaciones de la Universidad, 1974, pp. 71-80; id., "La población de Sevilla en la Baja Edad Media y en los tiempos modernos", en *Boletín de la Real Sociedad Geográfica*, vol. 77, ns. 7-9, Madrid, 1941, pp. 602-608; Francisco Aguilar Piñal, *La Sevilla de Olavide 1767-1778*, Sevilla, Ayuntamiento de Sevilla, 1966, pp. 53-57; León Carlos Álvarez Santaló, *La población de Sevilla en el primer tercio del siglo XIX. Un estudio de las series demográficas sobre fondos de los archivos parroquiales*, Sevilla, Publicaciones de la Diputación Provincial de Sevilla, 1974, pp. 61-84; y del mismo autor, "La población de Sevilla en las series parroquiales, siglos XVI-XIX", en *II Coloquio Historia de Andalucía, Córdoba, noviembre 1980, Andalucía Moderna*, Córdoba, 1983, vol. 1, pp. 1-19. Cfr. también *Censo de población de las provincias y partidos de la corona de Castilla en el siglo XVI,* Madrid, Imprenta Real, 1829, pp. 334-338. Las cifras más seguras de la población de Sevilla se encuentran en los censos realizados por el conde de Aranda (1768-1769) y el conde de Floridablanca (1787): Planos Y relacion de los Pueblos del Arzobispado de Sevilla: Sacada de la que con fecha de 14 de Henero de 1770, se dirigió al Exc[elentísi]mo S[eñ]or Conde de Aranda... 14 de Mayo de 1773 (Censo de Aranda), RAH, Ms. 9/6167, f. 157r., y Censo de Floridablanca, Sevilla, RAH, Ms. 9/6245, Ciudad de Sevilla. Sobre el desarrollo de la población de España en general, en la Época Moderna, cfr. Jordi Nadal, *La población española (siglos XVI a XX)* (Colección Ariel Quincenal, n. 56), Esplugues de Llobregat, Barcelona, Ediciones Ariel, 1966, pp. 16 y sig. (existe ahora una 3ª ed. corregida y aumentada, 1988), así como León Carlos Álvarez Santaló, "La incidencia demográfica", en José Luis Comellas García-Llera, *Del Antiguo al Nuevo Régimen. Hasta la muerte de Fernando VII. Historia General de España y América*, vol. 12, Madrid, 1981, pp. 1-13.

[16] Provincia de Sevilla. Estado de Relación del Numero de Vezinos que existen en esta Provincia con distincion de Pueblos, y Clases a que cada uno corresponde, con arreglo al exemplàr que àcompanò à la Orden para su abilitacion en fecha de 9. de Julio de este año, y segun resulta de los Memoriales, Libros Originales, y demàs Documentos formados en su comprobacion para el establecimiento de Vnica Contribucion. Sevilla, 20 de diciembre de 1759, firmado por Manuel Mendivil, AGS, Dirección General de Rentas, leg. 2046. Resulta muy interesante lo expuesto en: Ciudad de Sevilla, Respuestas Generales, Sevilla, 12 de diciembre de 1755, AGS, Dirección General de Rentas, Única Contribución, Respuestas Generales, leg. 560, ns. 21, 35, 36 y 38, f. 13r. y fs. 182r.-183v.

[17] Planos y relacion de los Pueblos del Arzobispado de Sevilla: Sacada de la que con fecha de 14 de Henero de 1770. se dirigiò al Exc[elentísi]mo S[eñ]or Conde de Aranda… 14 de Mayo de 1773 (Censo de Aranda), RAH, Ms. 9/6167, f. 157r.

[18] Razon del num[er]o de Vecinos Nobles, esentos por justas causas y Pecheros para el Serv[ici]o de reemp[la]zo del ex[érci]to q[u]e resultan en la ciudad de Sevilla segun el empadronam[ien]to presentado en la Cont[adurí]a Pr[incip]al de ex[érci]to en 28 de Enero de 1777, AMS, Colección Conde del Águila, vol. 28 (en folio), n. 60.

[19] Censo de Floridablanca, Sevilla, RAH, Ms. 9/6245, Ciudad de Sevilla. Las cifras que ofrece el marqués de las Torres sobre la población de Sevilla en 1791, publicadas por Francisco Aguilar Piñal, "Sevilla en 1791", en *Archivo Hispalense*, vol. 43, ns. 132-133, Sevilla, 1965, p. 98,

y analizadas por León Carlos Álvarez Santaló, *La población de Sevilla...*, pp. 77-81, se basan en el Censo de Floridablanca de 1787. Opino, no obstante, que contienen varios errores.

[20] Juan Cartaya Baños, *"Para ejercitar la maestría de los caballos". La nobleza sevillana y la fundación de la Real Maestranza de Caballería en 1670*, Sevilla, Diputación Provincial de Sevilla, 2012.

[21] Sobre los mayorazgos, sobre todo en la Época Moderna, cfr. Bartolomé Clavero, *Mayorazgo. Propiedad feudal en Castilla, 1369-1836*, 2.ª ed. corregida y aumentada, Madrid, Siglo XXI, 1989, *passim*; Marie-Claude Gerbet, *La noblesse dans le royaume de Castille. Étude sur ses structures sociales en Estrémadure (1454-1516)*. París, Université de Paris IV, Paris-Sorbonne, 1979, pp. 213-231 y pp. 293-300 (ed. española, Cáceres: Inst. Cultural "El Brocense" de la Diputación Provincial, 1989); Janine Fayard, *Les membres du Conseil de Castille à l'époque moderne (1621-1746)*, Genf, Droz, 1979, pp. 351-379 (ed. española, Madrid, Siglo XXI de España Editores, 1982). Cfr. también Leopold Pfaff y Franz Hofmann, *Excurse über österreichisches allgemeines bürgerliches Recht. Beilagen zum Commentar*, vol. 2, cuaderno 3, Viena, 1884, en especial, pp. 277-315; Rafael Gibert, "Esplendor y ruina del mayorazgo español", en *Atlántida*, n. 34, Madrid, 1968, pp. 332-351; Ángel Mesa Fernández, "Mayorazgo y vinculaciones en la España de los siglos XVI a XIX", en *Hidalguía*, vol. 13, Madrid, 1965, pp. 657-688, 801-816, y vol. 14, Madrid, 1966, pp. 81-112 y 199-208; marqués del Saltillo, *Historia nobiliaria española (contribución a su estudio)*, 2 vols., vol. 2, Madrid, Ed. Maestre, 1953, *passim*; León Carlos Álvarez Santaló y Antonio García-Baquero González, "La nobleza titulada en Sevilla, 1700-1834. (Aportación al estudio de sus niveles de vida y fortuna)", en *Historia. Instituciones. Documentos*, vol. 7, Sevilla, 1980, pp. 125-167; y, finalmente, NRE, X, 17, leyes 1-20. Sobre las inversiones de nobles españoles en acciones de compañías comerciales, así como en el capital de empresas industriales y de manufactura en los siglos XVII y XVIII, cfr. los estudios de William J. Callahan, *Honor, Commerce and Industry in Eighteenth-Century Spain*, Boston, Baker Library, Harvard Graduate School of Business Administration, 1992, pp. 17-26.

[22] Los treinta y dos miembros fundadores de la Maestranza de Sevilla, en 1670, por orden alfabético eran los siguientes: Francisco de Arauz, Francisco Bazán, Francisco Carrillo de Albornoz, Pedro Carrillo de Albornoz, Juan de Córdoba y Laso de la Vega, Lorenzo Dávila y Medina, Fernando de Esquivel y Guzmán, Juan de Esquivel Medina y Barba, Pablo de Esquivel Medina y Barba, Juan Federigui, Antonio Federigui y Solís, Agustín de Guzmán y Portocarrero, Pedro Andrés de Guzmán y Portocarrero, Pedro José de Guzmán Dávalos, Adrián Jácome de Linden, Francisco Marmolejo, Fernando de Medina y Cabañas, Juan de Mendoza Maté de Luna, Juan Alonso de Mújica Butrón, Francisco Gaspar de Monteser, Pedro de Pineda, Juan Ponce de León, García de Quirós, Juan de Saavedra Alvarado, Fernando de Solís y Barradas, Andrés Tello de Guzmán, Juan Bruno Tello de Guzmán, Pedro Tello de Guzmán, Bartolomé de Toledo y Ramírez de Arellano, Francisco de Vargas Sotomayor, Francisco de Vivero Galindo y Rodrigo de Vivero Galindo. La lista de nombres se deriva de la *Relación de Hermanos Mayores[,]...*, pp. V-VI. Véase también Juan Cartaya Baños, *"Para ejercitar...*, *passim*. El inventario de las propiedades de Juan de Esquivel Medina y Barba está tomado de una petición dirigida en su nombre a la Corona en 1681, AHN, Consejos, leg. 9891, exp. 2. También solicitó en esta licencia de vender parte de sus propiedades vinculadas para poder pagar el título de marqués de Campallar. Al parecer, la solicitud fue denegada. Las mencionadas 2000 fanegas de campo sembrado en los alrededores de Sevilla equivalían a 1292 hectáreas.

[23] Cfr. Juan Joseph de Padilla y Velazquez y Juan Manuel de Vargas y Alarcos, *Por D. Francisco Arias de Saavedra Alvarado Ramirez de Arellano y Neve, marqués de Moscoso, residente en Indias...* (Sevilla, 1745), *passim*. Hemos utilizado el ejemplar de este alegato impreso que se conserva en la Biblioteca General Universitaria de Sevilla, est. 109, n. 98, tratado 1. Cfr. también Joseph Pellicer de Tovar, Memorial en favor de Don Juan de Saavedra Alvarado Ramirez

de Arellano, Madrid, 1 de junio de 1651, BNE, Ms. Raros/23940-9. Rafael Nieto y Cortadellas, "La casa de Saavedra en Nueva Granada, Perú y Nueva España", en *Revista del Instituto Peruano de Investigaciones Genealógicas*, vol. 4, Lima, 1949, pp. 38 y sig. ofrece más noticias sobre este noble sevillano.

[24] Cfr. Juan Joseph de Padilla y Velazquez, *Por Soror María de San Jacinto, religiosa professa en el convento de Santa Maria de Gracia de esta ciudad, con Doña Ana Tello de Guzman y Medina, viuda del Conde de Valhermoso, Don Lorenzo Davila y Medina, tutora, y curadora de los menores sus hijos, y entre ellos de Don Joseph Davila, Conde Actual, sobre la succession del vinculo, que de el tercio, y quinto de sus bienes fundaron el veinticuatro Luis de Medina Orozco, y Doña Isabel de Sandier, su mujer, como vacante, por fin, y muerte de Doña Maria Rodriguez de Medina.* (Sevilla, s.a.), *passim*, Biblioteca General Universitaria de Sevilla, est. 109, n. 155, tratado 3.

[25] Marqués del Saltillo, *Historia nobiliaria española*..., vol. 1, Madrid, Ed. Maestre, 1951, pp. 203 y sig., y Paula Joly de Demerson, "La accesión de D. Eugenio Eulalio Guzmán Palafox Portocarrero al Condado de Teba (1778)", en *Hidalguía*, vol. 19, Madrid, 1971, pp. 315-320.

[26] Francisco Fernández de Béthencourt, *Historia genealógica y heráldica de la monarquía española. Casa real y grandes de España*, 10 vols., Madrid, Estab. Tip. de Enrique Teodoro, 1897-1920, vol. 8, Madrid, 1910, p. 105 y p. 114.

[27] *Relación de Hermanos Mayores[,]*..., p. 1.

[28] Miguel Lasso de la Vega y López de Tejada, "La nobleza andaluza de origen extranjero. Los Jácome", en *Revista de Historia y de Genealogía Española*, vol. 4, Madrid, 1915, pp. 18 y Antonio Herrera García, *El Aljarafe sevillano durante el Antiguo Régimen. Un estudio de su evolución socio-económica en los siglos xvi, xvii y xviii*, Sevilla, Diputación Provincial de Sevilla, 1980, p. 133 y p. 161.

[29] AHN, OM-Caballeros, Calatrava, exp. 1307, Adrián Jácome de Linden, año 1669.

[30] Alfonso de Figueroa y Melgar, *Estudio histórico sobre algunas familias españolas*, vol. 3, Madrid, Dawson & Fry, 1967, pp. 72-75, y Antonio Herrera García, *El Aljarafe*..., pp. 132 y sig. y 149 y sig.

[31] Santiago Otero Enríquez, "Ascendencia del Capitán...", pp. 400-416.

[32] Lorenzo Dávila y Medina era señor del lugar de La Posuela, en el Reino de Sevilla (AMS, Colección Conde del Águila, t. 61 (en folio), n. 1); Antonio Federigui y Solís era señor de la villa de Paterna del Campo en el Reino de Sevilla; su padre había adquirido este señorío en el siglo xvii (Alberto y Arturo García Carraffa, *Diccionario heráldico y genealógico de apellidos españoles y americanos*, 86 vols., Madrid, Litografía M. Casas y otras, 1952-1963, vol. 31, Madrid, 1955, pp. 114-116); Pedro Andrés y, después de él, Agustín. de Guzmán. y Portocarrero fueron señores de la villa de Teba y de otros lugares situados en la Provincia de Sevilla y, en parte, en el Reino de Granada (cfr. las fuentes indicadas en la nota 24 de este cap. y, además, Miguel Ángel Ladero Quesada, *Andalucía en el siglo xv. Estudios de historia política*, Madrid, 1973, pp. 10 y sig. y pp. 18 y sig., así como AMS, Colección Conde del Águila, vol. 61 (en folio), n. 1); Pedro José Guzmán. Dávalos era señor de la villa de Salteras en el Reino de Sevilla (Alberto y Arturo García Carraffa, *Diccionario*..., vol. 40, Madrid, 1954, p. 183); Juan. de Saavedra, señor de la villa de Poveda y de la villa de Moscoso (cfr. nota 22 de este cap.); Fernando de Solís y Barradas, señor de Rianzuela y de Juliana, en el término de Bollullos de la Mitación en el partido de Sevilla; su abuelo había adquirido el señorío de Rianzuela (Alberto y Arturo García Carraffa, *Diccionario*..., vol. 85, Madrid, 1961, pp. 96 y sig., y *Relación de los Hermanos Mayores[,]*..., p. 1); Bartolomé de Toledo y Ramírez de Arellano, señor de la villa de Gelo, en el Reino de Sevilla, y de Bolaños, en la Provincia de León (Alfonso de Figueroa y Melgar, *Estudio histórico*..., vol. 3, pp. 72-75, y Antonio Herrera García, *El Aljarafe*..., pp. 132 y sig. y pp. 149 y sig.).

[33] Cfr. la nota 6 de este cap. Sobre los señoríos de la España de la Época Moderna, en particular en Castilla, cfr. Gregorio Colas Latorre, "La historiografía sobre el señorío tardofeudal", en Esteban Sarasa Sánchez y Eliseo Serrano Martín, eds., *Señorío y feudalismo en la Península Ibérica (ss. XII-XIX)*, 4 vols., vol. 1, Zaragoza, Institución Fernando el Católico, 1993, pp. 51-105; Salvador Moxó, *La incorporación de señoríos en la España del Antiguo Régimen*, Valladolid, Universidad de Valladolid, Facultad de Filosofía y Letras, Escuela de Historia Moderna, 1959; id., *La disolución del régimen señorial en España*, Madrid, C.S.I.C., Escuela de Historia Moderna, 1965; id., "Los señoríos. En torno a una problemática para el estudio del régimen señorial", en *Hispania*, vol. 24, n. 94, Madrid, 1964, pp. 185-236; id., "El señorío, legado medieval", en *Cuadernos de Historia*, vol. 1, Madrid, 1967, pp. 105-118; id., *Los señoríos de Toledo*, Madrid, 1972; id., *Los antiguos señoríos de Toledo. Evolución de las estructuras jurisdiccionales en la comarca toledana desde la baja Edad Media hasta fines del Antiguo Régimen*, Toledo, Publicaciones del Instituto Provincial de Investigaciones y Estudios Toledanos, 1973; Antonio Domínguez Ortiz, *La sociedad española en el siglo XVIII*, Madrid, C.S.I.C., Instituto Balmes de Sociología, 1955, cap. II, parte 1; id., *El régimen señorial y el reformismo borbónico*, Madrid, 1974; id., "La fin du régime seigneurial en Espagne", en *L'abolition de la féodalité dans le monde occidental. Colloques Internationaux du Centre National de la Recherche Scientifique*, Sciences Humaines, Toulouse 12-16 novembre 1968, 2 vols., París, Editions du C.N.R.S., 1971, vol. 1, pp. 315-321, y vol. 2, pp. 729-743; cfr. los caps. correspondientes en: Miguel Artola, *La España del Antiguo Régimen*. Fascículos 0, Salamanca, 3, Castilla la Vieja, y 6, Castilla la Nueva y Extremadura, Salamanca, Universidad de Salamanca, 1966-1971; David E. Vassberg, *Tierra y sociedad en Castilla. Señores, poderosos y campesinos en la España del siglo XVI*, trad. de José Vicuña Gutiérrez y Marian Ortuño, Barcelona, Editorial Crítica, 1986, pp.125-148; Alfonso María Guilarte, *El régimen señorial en el siglo XVI*, Madrid, 1962. Sobre la economía y la sociedad de algunos señoríos, cfr. los trabajos de Hipólito Sancho de Sopranis, "Una villa de señorío en el siglo XVIII", en *Revista Internacional de Sociología*, vol. 10, n. 40, Madrid, 1952, pp. 381-419; *La economía del Antiguo Régimen. El señorío de Buitrago*, por el grupo '73, Madrid, Universidad Autónoma, 1973; y Jesús Estepa Giménez, *El Marquesado de Priego en la disolución del régimen señorial andaluz*, Córdoba, Diputación Provincial, 1987. Para la venta de señoríos por la Corona en la Época Moderna, cfr. Antonio Domínguez Ortiz, "Ventas y exenciones de lugares durante el reinado de Felipe IV", en *Anuario de Historia del Derecho Español*, vol. 34, Madrid, 1964, pp. 163-207; Salvador de Moxó, "Las desamortizaciones eclesiásticas del siglo XVI", en *Anuario de Historia del Derecho Español*, vol. 30, Madrid, 1961, pp. 327-361, y Pedro Fernández Martín, "Las ventas de las villas y lugares de behetría y su repercusión en la vida económico-social de los pueblos de Castilla", en *Anuario de Historia Económica y Social*, vol. 1, n. 1, Madrid, 1968, pp. 261-280. Para la historia de los señoríos andaluces en la Época Moderna, cfr. Antonio Miguel Bernal, *La lucha por la tierra en la crisis del Antiguo Régimen*, Madrid, Taurus, 1979, pp. 17-117; Antonio Collantes de Terán Sánchez, "Los señoríos andaluces, análisis de su evolución territorial en la Edad Media", en *Historia. Instituciones. Documentos*, vol. 6, Sevilla, Secretariado de Publicaciones de la Universidad de Sevilla, 1979, pp. 89-112; Antonio Herrera García, *El Aljarafe...*, pp. 55-115; Narciso Mesa Fernández, "El mayorazgo, señorío y marquesado de Valencina del Alcor. Una aportación al estudio de los señoríos del Aljarafe", en *II Coloquio Historia de Andalucía*, Córdoba, noviembre 1980, Andalucía Moderna, vol. 2, Córdoba, 1983, pp. 109-115; Manuel Garzón Pareja, "Señoríos del Reino de Granada", en *Boletín de la Real Academia de la Historia*, vol. 174, n. 3, Madrid, 1977, pp. 571-635; Juan Infante-Galán, "Los Céspedes y su señorío de Carrión", en *Archivo Hispalense*, vol. 50-51, n. 153-158, Sevilla, 1969, pp. 9-79. Sobre el señorío jurisdiccional de Carrión de los Céspedes, en la provincia de Sevilla, cuyos propietarios en el siglo XVIII fueron también miembros de la Real Maestranza sevillana, cfr. además: Villa de Carrión de Zespedes. Copia en extracto de sus Respu[es]tas Generales (1755), AGS, Dirección General de Rentas, Única Contribución,

Respuestas Generales, leg. 561, fs. 663r.-678r. Sobre los señoríos de la provincia de Sevilla, cfr. también: Razón general del vecindario de la ciudad de Sevilla y Pueblos de la Provincia, con los que son realengos, abadengos o de señoríos... (1756), AMS, Sección XI, Colección Conde del Águila, vol. 61 (en folio), n. 1.

[34] Cfr. Richard Kagan, "Universities in Castile 1500-1700", en *Past and Present*, n. 49, Oxford, 1970, pp. 44-71, e *id.*, *Students and Society in Early Modern Spain,* Baltimore, Md., Johns Hopkins University Press, 1974, pp. 181-183 y p. 199 (ed. española: *id.*, *Universidad y sociedad en la España moderna,* Madrid, Tecnos, 1981).

[35] Cfr. las fuentes indicadas en la nota 22 de este cap., así como Antonio Domínguez Ortiz, *Política y Hacienda*..., p. 289.

[36] AGI, Consulados, Actas del Consulado de Sevilla, Libros 6 (1655-1663), f. 68r. y f. 75r.; 7 (1664-1669), f. 242v., y 8 (1670-1672), f. 58v.

[37] Cfr. Ruth Pike, *Aristocrats and Traders. Sevillian Society in the Sixteenth Century*, Ithaca, N.Y., Cornell University Press, 1972, pp. 32 y sig. (ed. española: *id.*, *Aristócratas y comerciantes. La sociedad sevillana en el siglo XVI*, Barcelona, Ariel, 1978).

[38] Cfr. Celestino López Martínez, "La Hermandad de la Santa Caridad y el Venerable Mañara", en *Archivo Hispalense,* 2.ª época, vol. 1, n. 1, Sevilla, 1943, p. 41.

[39] AGI, Consulados, Actas del Consulado de Sevilla, Libros 5 (1648-1654)-9 (1673-1676) y 12 (1694-1695), *passim.*

[40] Eufemio Lorenzo Sanz, *Comercio de España con América en la época de Felipe II,* 2 vols., Valladolid, Diputación Provincial de Valladolid, 1979-1980, *passim* y, en especial, las páginas de los apellidos mencionados en el índice de los apellidos, vol. 2, pp. 617-651; Juana Gil-Bermejo García, "Mercaderes sevillanos. (Una nómina de 1637)", en *Archivo Hispalense*, vol. 59, n. 181, Sevilla, 1976, pp. 183-197; *id.* "Mercaderes sevillanos (II), una relación de 1640", en *Archivo Hispalense,* vol. 61, n. 188, Sevilla, 1978, pp. 25-52; Pedro Collado Villalta, "Un repartimiento por contrabando en la carrera de Indias en 1651. Los hombres del comercio de Sevilla", en *Archivo Hispalense*, vol. 66, n. 203, Sevilla, 1984, pp. 3-23; Huguette y Pierre Chaunu, *Séville et l'Atlantique (1504-1650). Première partie, partie statistique*, vols., 2-5, París, Librairie Armand Colin, 1955-1956, los nombres de los armadores de barcos, bajo el epígrafe "propriétaire", así como la lista de los mercaderes sevillanos, de 1640, en el tomo 5 (1956), p. 367 y, finalmente, Ruth Pike, *Aristocrats and Traders*..., pp. 95 y 206.

[41] Cfr. la nota 64 de este cap.

[42] Cfr. la nota 65 de este cap.

[43] No he podido encontrar ninguna genealogía adecuada de las familias de los fundadores de la Maestranza Vargas y Vivero.

[44] Cfr. Ruth Pike, *Enterprise and Adventure. The Genoese in Seville and the Opening of the New World,* Ithaca, N.Y., Cornell University Press, 1966, pp. 131 y sig.; Antonio Domínguez Ortiz, "Los extranjeros en la vida española durante el siglo XVII", en *Estudios de Historia Social de España*, vol. 4, parte 2, Madrid, 1960, p. 398, y Alberto y Arturo García Carraffa, *Diccionario*..., vol. 31, pp. 114 y sig.; Juan Cartaya Baños, *"Para ejercitar*..., pp. 191.

[45] AHN, OM-Caballeros, Calatrava, exp. 1307, Adrián Jácome de Linden, año 1669; AHPSE, Protocolos Notariales de Sevilla, Oficio 12, Año 1673, fs. 415r.-420r.; Miguel Lasso de la Vega y López de Tejada, "La nobleza andaluza...", vol. 4, pp. 18-23; Alberto y Arturo García Carraffa, *Diccionario*..., vol. 45, Madrid, 1953, pp. 10-16, y Miguel Ángel Ladero Quesada, *Andalucía en el siglo XV*..., p. 42.

[46] Antes de que Adrián Jácome de Linden ingresara en 1666 en la Orden de Calatrava, unos testigos deponen que los marqueses de Villanueva del Río y de Valencina del Alcor, e incluso el conde-duque de Olivares y don Luis de Haro habían participado en el comercio ultramarino, AHN, OM-Caballeros, Calatrava, exp. 1307, Adrián Jácome de Linden, año 1669. Otros

nombres de mercaderes nobles de los siglos XVII y XVIII se encuentran en: Miguel Lasso de la Vega y López de Tejada (marqués del Saltillo) *et al.*, *Discursos leídos ante la Real Academia Sevillana de Buenas Letras*, Sevilla, 1922, pp. 47-65; *id.*, "La nobleza andaluza de origen extranjero", en *Revista de Historia y de Genealogía Española*, vols. 4-6, Madrid, 1915-1917, pp. (4) 18-23, (5) 55-69 y (6) 1-7. Cfr. también el interesante estudio y la lista de nobles que comerciaron en el siglo XVIII con las Indias en: Antonio García-Baquero González, *Cádiz y el Atlántico (1717-1778). (El comercio colonial español bajo el monopolio gaditano)*, vol. 1, Sevilla, Escuela de Estudios Hispano-Americanos, 1976, pp. 469-478. Sin embargo, García-Baquero no está en lo justo, cuando, para simplificar, considera como nobles únicamente a los títulos de Castilla y no a los numerosos hidalgos.

[47] Cfr. Raymond de Roover, *Business, Banking, and Economic Thought in Late Medieval and Early Modern Europe. Selected Studies*, ed. por Julius Kirshner, Chicago, Ill., University of Chicago Press, 1974, cap. 10: "The Scholastic Attitude toward Trade and Entrepreneuership", pp. (336-345) 338 y sig. Una primera versión de este estudio está en: *Explorations in Entrepreneurial History*, 2.ª serie, vol. 1, Cambridge, Mass. 1963, pp. 76-87.

[48] Cfr. Lutgardo García Fuentes, "Sevilla y Cádiz en las exportaciones de productos agrarios a Indias en la segunda mitad del siglo XVII", en *I Congreso de Historia de Andalucía, diciembre de 1976, Andalucía Moderna (Siglos XVI-XVII)*, vol. 1, Córdoba, Monte de Piedad y Caja de Ahorros, 1978, pp. 401-410; *id.*, "Exportación y exportadores sevillanos a Indias, 1650-1700", en *Archivo Hispalense*, vol. 60, n. 184, Sevilla, 1977, pp. 1-39, y *Relación de Hermanos Mayores[,]...*, Relación de los Caballeros Fundadores de esta Real Corporación.

[49] Listas de los cargadores a Indias, Sevilla, 6 de febrero de 1762, AGS, Dirección General de Rentas, Única Contribución, Comprobaciones, leg. 1641. Estas listas fueron publicadas por Antonio-Miguel Bernal y Antonio García-Baquero, *Tres siglos del comercio sevillano (1598-1868). Cuestiones y problemas,* 2.ª ed. aumentada, Sevilla, Fundación Cámara de Sevilla y Secretariado de Publicaciones de la Universidad de Sevilla, 2011, pp. 233-238. Sin embargo, ambos autores se equivocan (pp. 77-91) cuando consideran como nobles solo a los cargadores que poseían un título de Castilla y no a los numerosos hidalgos. Los miembros de la Maestranza de Sevilla fueron averiguados con ayuda del catálogo impreso *Relación de Hermanos Mayores[,]..., passim.* La lista de los miembros locales, de 1763, se encuentra en ARMCS, Actas, L. 8 (1761-1763), f. 33r.-v. Hemos completado esta lista con otra anterior, Sevilla, 20 de octubre de 1760, ARMCS, Actas, L.7 (1753-1760), f. 115r.-123v., y con los datos contenidos en el Libro 1° entradas de los caballeros maestrantes, *passim*.

[50] Cfr. lo expuesto y las fuentes indicadas en el cap. VI, p. 336.

[51] Expediente "Salteras Don Felipe Ramírez de Arellano", en especial, Real Provisión de Felipe II a favor de Luis de Medina, Madrid, 24 de julio de 1635, AHN, Consejos, leg. 11553, exp. 41 (923), así como Juan Joseph Padilla y Velázquez, *Por Soror Maria de San Jacinto...*, Biblioteca de la Universidad de Sevilla (Fondo Antiguo), est. 109, n. 155, tratado 3, y NRE, X, títulos 14, 15 y 16.

[52] Cfr. marqués del Saltillo, *Historia nobiliaria española...*, vol. 1, p. 204, y vol. 2, p. 206.

[53] Cfr. las notas 23 y 35 de este cap.

[54] Petición en nombre de Juan de Esquivel Medina y Barba dirigida a la Corona, en 1681, AHN, Consejos, leg. 9891, n. 2.

[55] Listas de acreedores de censos redactadas por Antonio Clemente Román, Sevilla, 30 de marzo de 1762, AGS, Dirección General de Rentas, Única Contribución, Comprobaciones, leg. 1641. En lo que se refiere a los miembros de la Maestranza, cfr. las fuentes indicadas en la nota 49 de este cap.

[56] Cfr. Enrique Pacheco y de Leyva, "Relaciones vaticanas de Hacienda española del siglo XVI", en *Escuela Española de Arqueología e Historia en Roma. Cuadernos de Trabajos*, vol. 4, Madrid,

1918, p. 106; Pero Núñez de Salcedo, "Relación de los títulos que hay en España, sus rentas, solares, linajes, etc." en *Boletín de la Real Academia de la Historia*, vol. 73, n. 5, Madrid, 1918, pp. 477 y sig.; Johannes de Laet, *Hispania, sive de regis Hispaniae regnis et opibus Commentarius*, Lugduni Batavorum, ex officina Elzeviriana, 1629, p. 338, y Relación de las rentas que tienen los Duques, Marqueses, y Condes de España (principios del s. XVII), BNE, Ms. 1873/26.

[57] Petición en nombre de Juan de Esquivel Medina y Barba dirigida a la Corona, de 1681, AHN, Consejos, leg. 9891, n. 2.

[58] Cfr. Earl J. Hamilton, *American Treasure and the Price Revolution in Spain, 1501-1650*, ed. facsímil de la de 1934, Nueva York, Octagon Books, 1970, pp. 262 y sig. y p. 402. El ducado era, a partir de 1537, una unidad monetaria de cálculo equivalente a 375 maravedís.

[59] Cfr. Johannes de Laet, *Hispania...*, p. 338, así como Juan M. Valencia Rodríguez, *El poder señorial en la Edad Moderna. La casa de Feria (siglos XVI y XVII)*, 2 vols., Badajoz, Diputación de Badajoz, 2010, vol. 1, p. 540; Ignacio Atienza Hernández, *Aristocracia, poder y riqueza en la España moderna. La casa de Osuna, siglos XV-XIX*, Madrid, Siglo XXI de España Editores, 1987, pp. 350 y sig.

[60] Cfr. marqués del Saltillo, *Historia nobiliaria española...*, vol. 2, Madrid, 1953, p. 36.

[61] Cfr. las fuentes indicadas en la nota 54 de este cap.

[62] Cfr. Antonio Sancho Corbacho, *Arquitectura barroca sevillana del siglo XVIII*, Madrid, C.S.I.C., 1952, pp. 305-331; además, José Gestoso y Pérez, *Curiosidades antiguas sevillanas*, vol. 2, Sevilla, Oficina del periódico *El Correo de Andalucía*, 1910, pp. 149-179; Félix González de León, *Noticia histórica del origen de los nombres de las calles de esta m. n. m. l. y m. h. ciudad de Sevilla*, Sevilla, 1839, menciona las residencias urbanas de los siguientes miembros fundadores: Agustín y Pedro Andrés de Guzmán (p. 56), Francisco Marmolejo (pp. 35 y sig.), Fernando de Medina y Cabañas (pp. 190 y 353), Pedro de Pineda (pp. 252 y 266), García de Quirós (p. 70), y Fernando de Solís y Barradas (p. 52). Sobre las casas de Adrián Jácome de Linden y Juan de Esquivel Medina y Barba, cfr. las fuentes indicadas en las notas 46 y 54 de este cap.

[63] Razon del num[er]o de Vecinos Nobles, esentos por justas causas y Pecheros para el Serv[ici]o de reemp[laz]o del ex[ércit]o q[u]e resultan en la Ciudad de Sevilla segun el empadronam[ien]to presentado en la Con[taduría]a Pr[incip]al de Ex[érci]to en 28 de Enero de 1777, AMS, Sección XI, Colección Conde del Águila, vol. 28 (en folio), n. 60.

[64] Miembros fundadores cuyos antepasados por parte del padre vivieron en Sevilla antes de 1492: Juan de Córdoba y Lasso de la Vega; sobre los antepasados del mismo, cfr. los trabajos de Francisco Fernández de Béthencourt, *Historia genealógica...*, vol. 8, pp. 92-116; Luis Fernández Melgarejo, "Discurso genealógico de la nobilissima y antigua casa de los Tellos, de Sevilla", en *Archivo Hispalense*, 2ª época, vols. 4 (1945), 5 (1945) y 7 (1946), apéndices de los cuadernos, *passim*; Lorenzo Dávila y Medina, cfr. Miguel Ángel Ladero Quesada, *Andalucía en el siglo XV...*, p. 43; Fernando de Esquivel y Guzmán, así como Juan y Pablo de Esquivel Medina y Barba: *ibid.*, p. 42; Agustín y Pedro Andrés de Guzmán y Portocarrero: Alberto y Arturo García Carraffa, *Diccionario...*, vol. 40, Madrid, 1954, pp. 148-160; Pedro José de Guzmán Dávalos: *ibid.*, pp. 148-183; Francisco Marmolejo: Miguel Lasso de la Vega y López de Tejada, "Linajes sevillanos. Los Marmolejo", en *Revista de Morón*, año 3, Morón de la Frontera, 1916, pp. 346-347 y 365-373, así como Miguel Ángel Ladero Quesada, *Andalucía en el siglo XV...*, p. 39; Juan de Mendoza Maté de Luna: Alberto y Arturo García Carraffa, *Diccionario...*, vol. 54, Madrid, 1952, pp. 101-105; Pedro de Pineda: *ibid.*, vol. 72, Madrid, 1953, pp. 42-45; Juan Ponce de León: *ibid.*, vol. 71, Madrid, 1954, pp. 41-47, y Juan Moreno de Guerra, "Casas andaluzas. Los Ponce de León", en *Revista de Historia y de Genealogía Española*, vol. 1, Madrid, 1912, *passim*; Juan de Saavedra: Alberto y Arturo García Carraffa, *Diccionario...*, vol. 79, Madrid, 1958, pp. 6-15, y Rafael Nieto y Cortadellas, "La casa de Saavedra...", pp. 29-39; Andrés, Juan Bruno y Pedro Tello de Guzmán. Luis Fernández Melgarejo, "Discurso

genealógico de la... casa de los Tellos...", *passim*. Destacamos con letra espaciada los nombres de los miembros fundadores, cuyos antepasados se establecieron en Sevilla inmediatamente después de la Reconquista de la ciudad.

[65] Sobre los miembros fundadores cuyos antepasados inmigraron a la ciudad en los siglos XVI y XVI, cfr. los siguientes trabajos genealógicos y fuentes: Francisco de Arauz: Alberto y Arturo García Carraffa, *Diccionario...*, vol. 10, Madrid, 1953, pp. 132-137; Francisco Bazán: cfr. Francisco Fernández de Béthencourt, *Historia genealógica...*, vol. 8, pp. 355-357, y Alfonso de Figueroa y Melgar, *Estudio histórico...*, vol. 1, pp. 546 y sig., y vol. 3, pp. 636 y sig.; Francisco y Pedro Carrillo de Albornoz: cfr. Santiago Otero Enríquez, "Ascendencia del Capitán General...", pp. 400-409; Juan Federigui y Antonio Federigui y Solís: cfr. Alberto y Arturo García Carraffa, *Diccionario...*, vol. 31, Madrid, 1955, pp. 114-116; Adrián Jácome de Linden: AHN, OM-Caballeros, Calatrava, exp. 1307, Adrián Jácome de Linden, año 1669; Alberto y Arturo García Carraffa, *Diccionario...*, vol. 45, Madrid, 1953, pp. 10-16; Miguel Lasso de la Vega, "La nobleza andaluza...", vol. 4, pp. 18-23; Eddy Stols, *De spaanse Brabanders of de Handelsbetrekkingen der zuidelijke Nederlanden met de Iberische Wereld 1598-1648*, vol. 2, Bijlagen, Bruselas, 1971, p. 39, y tabla genealógica 12, así como Dalmiro de la Válgoma y Díaz Varela, "El linaje de Bécquer en España", en *Hidalguía*, vol. 18, n. 100, Madrid, 1970, pp. 465-480; Francisco Gaspar de Monteser: Alberto y Arturo García Carraffa, *Diccionario...*, vol. 53, Madrid, 1952, pp. 179 y sig.; Fernando de Solís y Barradas: *ibid.*, vol. 85, Madrid, 1961, pp. 91-97. En el caso de Francisco y Pedro Carrillo de Albornoz fue el padre el que inmigró a Sevilla, en el de Juan y Antonio Federigui, y de Adrián Jácome de Linden, los abuelos respectivos.

[66] Cfr. por ejemplo Pedro de León y Manjón, "Historial de Fiestas y Donativos de la Real Maestranza de Caballería de Sevilla" (Madrid, 1909), en *Noticias para la Historia de la Real Maestranza de Caballería de Sevilla,* Sevilla, Real Maestranza de Caballería, 1959, pp. 19-21.

[67] Hemos podido averiguar que existieron lazos de parentesco entre los miembros fundadores siguientes: Antonio y Juan Federigui, Fernando de Esquivel y Guzmán, Adrián Jácome de Linden, Fernando de Solís y Barradas, Francisco y Pedro Carrillo de Albornoz, Juan de Saavedra Alvarado, Lorenzo Dávila y Medina, Juan y Pablo Esquivel Medina y Barba, así como Francisco Bazán. Cfr. las fuentes indicadas en las notas 64 y 65 de este cap.

[68] Cfr. las fuentes indicadas en las notas 85 y 104 del cap. II.

[69] Estas nueve personas fueron: Francisco de Arauz, veinticuatro: cfr. José Abdón Díaz de Noriega y Pubul, *La blanca de la carne en Sevilla*, 4 vols., vol. 1, Madrid, Hidalguía, 1975, p. 198; Lorenzo Dávila y Medina, veinticuatro: cfr. real cédula de Felipe V al asistente de Sevilla, Madrid, 11 de junio de 1709, AMS, Sección V, Escribanías de Cabildo del siglo XVIII, vol. 299, n. 24; Antonio Federigui y Solís, veinticuatro y alcalde mayor: cfr. *Relación de Hermanos Mayores[,]...*, p. 2; Agustín y Pedro Andrés de Guzmán y Portocarrero, alférez mayor: cfr. Francisco Fernández de Béthencourt, *Historia genealógica...*, vol. 2, Madrid, 1900, p. 343, y Félix González de León, *Noticia histórica... de las calles de... Sevilla*, p. 308; Fernando de Medina y Cabañas, veinticuatro: cfr. Expediente de diligencias para ser veinticuatro D. Rodrigo de Medina y Cabañas (1714), AMS, Sección V, Escribanías de Cabildo del siglo XVIII, vol. 299, n. 31; Juan de Mendoza Maté de Luna, alguacil mayor: cfr. AGI, Contratación, leg. 626, n. 7; Pedro de Pineda, veinticuatro: cfr. Expediente de diligencias para ser veinticuatro D. Pedro de Pineda (1705), AMS, Sección V, Escribanías de Cabildo del siglo XVIII, vol. 299, n. 16 y, finalmente, Bartolomé de Toledo y Ramírez de Arellano, veinticuatro: cfr. Julio Atienza Navajas, "Títulos nobiliarios avecindados en Sevilla en el año 1770", en *Hidalguía*, vol. 19, n. 100, Madrid, 1970, p. 363.

[70] Francisco Carrillo de Albornoz fue durante algún tiempo alcalde de la Santa Hermandad de Umbrete, cfr. Santiago Otero Enríquez, "Ascendencia del Capitán General...", pp. 407 y sig.; Juan de Córdoba y Laso de la Vega y Francisco de Vivero Galindo tuvieron temporalmente el cargo de alcalde ordinario por el Estado Noble de la villa de Palomares, cfr. Francisco

Fernández de Béthencourt, *Historia genealógica...*, vol. 8, p. 114, y José Díaz de Noriega y Pubul, *La blanca...*, vol. 4, p. 131. Lorenzo Dávila y Medina tuvo en Salteras cinco cargos municipales vinculados a su mayorazgo, si bien los tuvo dados en arrendamiento, cfr. Real Provisión de Felipe V a favor de Felipe Ramírez de Arellano, Hostalrich, 6 de noviembre de 1701, AHN, Consejos, leg. 11553, n. 41 (923).

[71] Notas[,] Papeles y Quent[a]s de Propios de los dos terz[i]os fin de Diz[iemb]re de 1738, AMS, Sección II, Cuentas de Propios, Carpeta 141 (1737-1738), así como la lista de los caballeros maestrantes residentes en Sevilla armados en la debida forma, 15 de julio de 1738, AGS, Secretaría de Guerra, Guerra Moderna, leg. 4261.

[72] Lista de los miembros de la Maestranza de Sevilla, del 15 de julio de 1737, basada en los libros de ingresos y compuesta por el Secretario de la corporación, Rodrigo Antonio de Villavicencio y Vivero, AGS, Secretaría de Guerra, Guerra Moderna, leg. 4261.

[73] Cfr. Antonio Muro Orejón, "El Ayuntamiento de Sevilla, modelo de los municipios americanos", en *Anales de la Universidad Hispalense*, vol. 20, Sevilla, 1960, pp. 69-85; Francisco Aguilar Piñal, *La Sevilla de Olavide...*, p. 89-147; cfr. también los trabajos poco sistemáticos de José Díaz de Noriega y Pubul, *La blanca...*, vol. 1, pp. 45-145, y vol. 4, pp. 201-238, así como "Oficios del estado noble en Sevilla", en *Hidalguía*, vol. 23, n. 130, Madrid, 1975, pp. 421-428. Cfr. también la obra anticuada de Joaquín Guichot y Parody, *Historia del Excmo. Ayuntamiento de la Muy Noble, Muy Leal, Muy Heróica é Invicta Ciudad de Sevilla escrita en cumplimento de acuerdo capitular*, 3 vols., Sevilla, 1896-1898, *passim*, y la documentación que contiene.

[74] Francisco Bazán fue, como oficial de carrera, gobernador y capitán general de Yucatán: cfr. AGI, Contratación, leg. 113B; Francisco Carrillo de Albornoz llegó a ser capitán de Infantería graduado de maestre de campo; entre 1685 y 1690 fue gobernador de la provincia de Antioquía, en la actual Colombia. Su hermano Pedro fue almirante general de galeones: cfr. Santiago Otero Enríquez, "Ascendencia del Capitán General...", p. 407, y David P. Henige, *Colonial Governors from the Fifteenth Century to the Present. A Comprehensive List,* Madison, Wis., University of Wisconsin Press, 1970, p. 282; Juan Baltasar Federigui fue capitán general de la flota de Indias en el año 1689: cfr. AGI, Contratación, leg. 624, n. 6; Pedro Andrés de Guzmán y Portocarrero, capitán general y gobernador de Orán: cfr. Luis de Salazar y Castro, *Los comendadores...*, vol. 1, p. 188; Pedro José de Guzmán y Dávalos, general de artillería, y, entre 1690 y 1695, capitán general, gobernador y presidente de la Real Audiencia de Panamá: cfr. *Relación de Hermanos Mayores[,]...*, p. 2, y David P. Henige, *Colonial Governors...*, p. 322; Juan de Mendoza Mat de Luna, teniente general de artillería de la flota de Indias: cfr. AGI, Contratación, legs. 575, n. 9, 1 y 626, n. 7; Lorenzo Dávila y Medina y Antonio Federigui y Solís, coroneles de las milicias municipales de Sevilla: cfr. Joaquín Guichot y Parody, *Historia del Excmo. Ayuntamiento de... Sevilla*, vol. 3, Sevilla, 1898, pp. 23 y sig.; Lorenzo Dávila y Medina tuvo también el rango de maestre de campo: cfr. Alberto y Arturo García Carraffa, *Diccionario...*, vol. 26, Madrid, 1955, p. 151.

[75] Lista de los miembros de la Maestranza de Sevilla, del 15 de julio de 1737, basada en los libros de ingresos y compuesta por el Secretario de la corporación, Rodrigo Antonio de Villavicencio y Vivero, AGS; Secretaría de Guerra, Guerra Moderna, leg. 4261.

[76] Lista de los miembros de la Maestranza de Sevilla residentes en la ciudad, de 1763, ARMCS, Actas, L. 8 (1761-1763), f. 33r.-v., completada con una lista anterior, Sevilla, 20 de octubre de 1760, ARMCS, Actas, L. 7 (1753-1760), fs. 115r.-120v.

[77] Sobre los cargos de gobernador de Francisco Bazán, Francisco Carrillo de Albornoz, Pedro Andrés de Guzmán y Pedro José de Guzmán y Dávalos: cfr. la n. 75 de este cap. Andrés Tello de Guzmán fue en 1688 cabo y gobernador de las naos de azogues: cfr. AGI, Contratación, leg. 624; y Juan Bruno Tello de Guzmán, juez oficial real y teniente de contador mayor de la Casa de Contratación en Cádiz: cfr. *ibid.*, leg. 618; Adrián Jácome de Linden fue

nombrado gobernador del partido de Martos, en la Provincia de Jaén, perteneciente a la Orden Militar de Calatrava: cfr. Alberto y Arturo García Carraffa, *Diccionario*..., vol. 45, Madrid, 1953, p. 15.

[78] Cfr. las fuentes indicadas en la n. 76 de este cap.

[79] Cfr. las fuentes indicadas en la n. 77 de este cap.

[80] Cfr. la bibliografía citada en la n. 6 de este cap.

[81] AHN, OM-Caballeros, Calatrava, exp. 862 Bis, Fernando de Esquivel y Guzmán, año 1656; AHN, OM-Caballeros, Santiago, exp. 2837, Juan Baltasar Federigui de León, año 1664; AHN, OM-Caballeros, Alcántara, exp. 503, Antonio José Federigui y Solís Fantoni y Cerón de Hinestrosa, año 1656; AHN, OM-Caballeros, Calatrava, exp. 1307, Adrián Jácome de Linden, año 1669; AHN, OM-Caballeros, Santiago, exp. 6846, Bartolomé Ramírez de Arellano y Toledo, año 1668; Pedro Andrés de Guzmán y Portocarrero fue comendador de Montizón y Chiclana de la Orden de Santiago, cfr. Luis de Salazar y Castro, *Los comendadores*..., vol. 1, pp. 188-190; Juan Ponce de León, probablemente miembro de la Orden de Santiago, cfr. Celestino López Martínez, "La Hermandad de la Santa Caridad...", p. 41; y Juan de Saavedra Alvarado, miembro de la Orden de Santiago, cfr. Rafael Nieto y Cortadellas, "La casa de Saavedra...", p. 39.

[82] Juan Federigui fue paje de su majestad: cfr. Alberto y Arturo García Carraffa, *Diccionario*..., vol. 31, Madrid, 1955, p. 114; Pedro Andrés de Guzmán y Portocarrero, gentilhombre de la Cámara del rey: cfr. Luis de Salazar y Castro, *Los comendadores*..., vol. 1, p. 188; y Juan de Saavedra Alvarado, gentilhombre de boca del rey: cfr. *Relación de Hermanos Mayores[,]*..., p. 2.

[83] Cfr. Antonio Domínguez Ortiz, *La sociedad española en el siglo XVII*, vol. 2: *El estamento eclesiástico*, Madrid, C.S.I.C., Instituto Balmes de Sociología, 1970, en especial cap. IX, pp. 171-193; id., "Aspectos sociales de la vida eclesiástica en los siglos XVII y XVIII", en Antonio Mestre Sanchis, *Historia de la Iglesia en España*, vol. 4: *La Iglesia en la España de los siglos XVII y XVIII,* Madrid, Ed. Católica, 1979, pp. 5-72.

[84] La familia de los dos hermanos y miembros fundadores Francisco y Pedro Carrillo de Albornoz poseyó capilla y entierro propio en la iglesia parroquial de San Lorenzo: cfr. Santiago Otero Enríquez, "Ascendencia del Capitán General...", p. 408; Lorenzo Dávila y Medina fue hermano y tesorero de la cofradía que dirigía la Casa de la Misericordia; tenía derecho de varios patronatos vinculados a su mayorazgo, entre otros el patronato fundado por Alonso de Burgos y el de la Cofradía de la Santa Cruz con una capilla en la iglesia de San Francisco; dos hermanas suyas y dos sobrinas de su madre fueron monjas del convento dominico de Santa María de Gracia: cfr. AMS, Sección V, Escribanías de Cabildo del siglo XVIII, vol. 299, n. 24, y Juan Joseph de Padilla y Velázquez, *Por Soror Maria de San Jacinto*..., Biblioteca General Universitaria de Sevilla, est. 109, n. 155, tratado 3, *passim*; un tío del miembro fundador Juan Federigui fue inquisidor apostólico del Santo Oficio de Sevilla, canónigo y arcediano de Carmona de la Catedral sevillana, así como camarero secreto del papa Urbano VIII; después de su muerte, un hermano suyo fue igualmente canónigo de la Catedral y otro pariente arcediano de Carmona; además, otra pariente fue monja del convento de San Leandro, de las carmelitas calzadas: cfr. Diego Ortiz de Zúñiga, *Anales eclesiásticos*..., vol. 5, Madrid, Imprenta Real, 1796, pp. 332 y sigs. y pp. 445 y sig.; la familia de los dos hermanos y miembros fundadores Agustín y Pedro Andrés de Guzmán y Portocarrero tenían sus sepulturas en la capilla mayor de la iglesia de Omnium Sanctorum, con cargo al patronato vinculado a un mayorazgo; un hermano suyo, franciscano observante, llegó a ser obispo de Segovia; Pedro Andrés de Guzmán era miembro de la Hermandad de la Santa Caridad de Sevilla, cuyo hospital subvencionaba con medios económicos: cfr. Félix González de León, *Noticia histórica... de Sevilla*, Sevilla, 1839, p. 56, y Luis de Salazar y Castro, *Los comendadores*..., vol. 1, p. 189, así como Francisco Collantes de Terán, "La Santa Caridad", en *Archivo Hispalense*, vol. 2, Sevilla, 1886, p. 182; la familia de Adrián Jácome de

Linden tuvo capilla y entierro en la catedral, con el correspondiente patronato; entre sus parientes había tres canónigos, una monja y siete funcionarios oficiales o familiares del tribunal sevillano de la Inquisición: cfr. Miguel Lasso de la Vega, "La nobleza andaluza...", vol. 4, 1915, pp. 18-23, y Dalmiro de la Válgoma y Díaz Varela, "El linaje de Bécquer...", pp. 465-480; el miembro fundador Juan de Saavedra Alvarado poseía varios mayorazgos que comprendían diversos patronatos: cfr. Juan Joseph de Padilla y Velázquez y otros, *Por D. Francisco Arias de Saavedra...* (Sevilla, 1745), Biblioteca de la Universidad de Sevilla (Fondo Antiguo), est. 109, n. 98, tratado 1; un hijo de Fernando de Solís y Barradas entró en la Compañía de Jesús: cfr. Justino Matute y Gaviria, *Hijos de Sevilla señalados en santidad, letras, armas, artes ó dignidad, con notas y correcciones*, 2 vols., Sevilla, 1786-1787, vol. 2, p. 146.

[85] En el caso de los condes de Montemar y del marqués de la Mina, la siguiente generación, implicada en la guerra de Sucesión y en las campañas italianas de Felipe V, alcanzaría la grandeza de España. Los marqueses de Gelo o del Moscoso tuvieron importantes conexiones en la Corte.

[86] Cfr. Antonio Matilla Tascón, *Censo de la riqueza territorial é industrial de España en el año de 1799, formado de orden superior,* ed. facsímil, Madrid, 1960, *passim*, y Antonio Miguel Bernal y Michel Drain, *Les campagnes sévillanes aux XIXe-XXe-siècles. Renovation ou stagnation?,* París, Éditions E. de Boccard, 1975, pp. 23 y sigs.

[87] Cfr. Earl J. Hamilton, *War and Prices in Spain 1651-1800*, Cambridge, Mass., Harvard, University Press, 1947, *passim*. La confrontación gráfica de las dos curvas se basa en los números de los índices quinquenales de los precios de cereales en Andalucía entre 1651 y 1800 (base: 1726-1750 = 100), publicado por Hamilton (p. 183). Los precios se refieren a los que los hospitales sevillanos pagaron por cebada, garbanzos, arroz y trigo. Las cifras quinquenales referentes a los maestrantes de Sevilla se basan en el primer libro de entradas de los nuevos miembros, citado en el cap. II, nota 1022.

IV.
LA ORGANIZACIÓN DE LAS MAESTRANZAS DE CABALLERÍA

Página anterior: Omnis armatura fortium. Grabado calcográfico, en *Constituciones de la ilustre Maestranza de Valencia*. Valencia, 1697. Biblioteca Valenciana Digital.

GRANDES grupos voluntarios y duraderos como las Maestranzas de Caballería no podían prescindir de desarrollar una administración autónoma con unas esferas de acción determinadas. Esta era imprescindible para corporaciones que querían imponer sus normas específicas de grupo, realizar sus actividades integradoras comunes y defender sus intereses. En sus comienzos, las Maestranzas de Caballería tenían muchas características propias de la organización de las hermandades de socorro que, dentro de la tradición española de las cofradías, fueron cada vez más frecuentes a partir de finales del siglo XVI. Por ello, las denominaciones de los cargos más importantes y determinadas formas de la administración eran en las maestranzas las mismas que en las hermandades, cuyas estructuras básicas describimos en la introducción del presente libro.[1] Por lo demás, la organización administrativa de las diferentes maestranzas fue adquiriendo una uniformidad cada vez mayor, ya que las distintas ordenanzas se asimilaron progresivamente en el siglo XVIII y a principios del XIX, debido a que la Corona les otorgó los mismos privilegios.

1. Cargos y funciones

En páginas anteriores señalamos que las maestranzas las integraba un número no limitado de miembros que, en su conjunto, constituían la Junta General; esta elegía en mayo de cada año la Junta de Gobierno o Secreta por un período de doce meses. Entre los cargos de las Juntas Secretas de las Maestranzas de Sevilla y Granada figuraban, en los comienzos de su historia, el Hermano Mayor, el encargado de la caballería (llamado "fiscal" en Sevilla y "maestro fiscal" en Granada), dos diputados propietarios para los festejos, el secretario y el portero. En las elecciones solo dos miembros propuestos por el Hermano Mayor y por el titular que salía del cargo podían presentarse a cada uno de los cargos. El Hermano Mayor estaba obligado a someter su propuesta de candidatos primeramente a la deliberación de la Junta Secreta. En las elecciones a los cargos de la mesa todos los caballeros maestrantes presentes tenían derecho cada uno a un solo voto. En el escrutinio secreto anotaban el candidato de su elección en una papeleta previamente repartida. Solo el Hermano Mayor votaba abiertamente al final de cada turno, pues su voto tenía el peso de un tercio de los votos de todos los miembros presentes. Los cargos se eligieron siempre por mayoría simple.[2]

Los miembros de la mesa podían ser reelegidos por el mismo procedimiento, si se habían destacado por sus aptitudes; en los comienzos de la hermandad sevillana por una sola vez, y, en el caso del Hermano Mayor por dos veces. Una nueva reelección solo era posible después de transcurrir el mismo número de años que aquellos en los que habían desempeñado sus cargos. Si prescindimos del largo período de inactividad de la corporación durante la guerra de Sucesión, en una única ocasión, antes de 1731, se superó el máximo período de tres años de gestión del Hermano Mayor permitido por las ordenanzas. Ocurrió cuando don Álvaro Colón de Portugal y Castro presidió la Maestranza (26 de mayo de 1682-7 de julio de 1686). Los miembros de la mesa de las Maestranzas de Sevilla y Granada solo podían ser apartados de sus funciones a causa de graves negligencias o delitos perjudiciales para el prestigio de la hermandad. Si un miembro de la Junta de Gobierno se ausentaba por algún tiempo de la ciudad, debía informar antes a la Junta General o, por lo menos, al Hermano Mayor. Este nombraba a un sustituto u ordenaba que la Junta General eligiera a un sucesor si había transcurrido la mitad del tiempo de su gestión.[3]

En los comienzos de las Maestranzas de Sevilla y Granada el Hermano Mayor tenía a su cargo la dirección de la hermandad.

Convocaba los Cabildos Generales y las Juntas Secretas y los presidía. Solo él tenía la facultad de proponer a los candidatos en las elecciones a los cargos después de haber consultado a la Junta Secreta. Su voto tenía en todos los escrutinios el peso de un tercio de los votos de todos los miembros presentes, excepto en Granada, cuando se elegía a su sucesor. En todas las actividades públicas y privadas de la asociación ostentaba sus funciones directivas. El Hermano Mayor tenía, además, la facultad de nombrar a un miembro diputado de Timbales y Clarines, encargado del acompañamiento musical de los festejos, a otro miembro diputado de plaza para cuidar de la elección y preparación de los lugares donde se celebraban los festejos, así como a varios diputados para misiones especiales, pudiendo destituirlos si cometían negligencias graves. Si el Hermano Mayor se ausentaba de la ciudad por un tiempo no demasiado largo, debía ser sustituido por el fiscal o maestro. Para ocupar el cargo de Hermano Mayor solo podían proponerse a las elecciones miembros con experiencia, que ya habían desempeñado algún cargo de la Junta o que habían sido diputados nombrados. Además, el Hermano Mayor había de ser un noble distinguido y extraordinariamente acaudalado, porque todas las Juntas de la corporación se celebraban en su residencia particular, ya que hasta entrado el siglo XIX, las Maestranzas no tuvieron un edificio propio de la hermandad.[4]

Después del Hermano Mayor era el fiscal o maestro quien en Sevilla y Granada ocupaba el segundo puesto dentro de la jerarquía de las Maestranzas. Su tarea consistía en procurar que la asociación de caballería estuviera siempre equipada de acuerdo con lo prescrito en las ordenanzas, que realizara regularmente ejercicios hípicos y que los miembros más jóvenes tuvieran clases de equitación de manera continuada. Debía velar por el cumplimiento de las normas establecidas para la equitación entre los miembros activos y corregir las posibles faltas. El fiscal o maestro debía ser, por lo tanto, un excelente conocedor de la teoría y de la práctica de la equitación.[5]

Los siguientes cargos inferiores en el rango eran, en Sevilla y Granada, los dos diputados propietarios, cuya obligación era organizar de manera independiente todos los festejos regulares y extraordinarios dispuestos por la Junta General o por el Hermano Mayor. Sobre todas las fiestas organizadas bajo su dirección redactaban relaciones detalladas que entregaban al archivero o al secretario de la asociación para que las guardasen en el Archivo. En Sevilla y Granada, el diputado propietario más antiguo debía ocuparse de los maestros de equitación (picadores), y el más reciente, de los herradores; protegerlos y aun pagarles de su bolsillo en los comienzos de la andadura de la corporación, por falta de ingresos.[6]

Al Hermano Mayor, al fiscal y a los dos diputados propietarios siguieron en las Maestranzas de Sevilla y Granada el secretario y luego el portero, que desempeñaban los cargos más inferiores de la Junta Secreta. El secretario redactaba las actas de las Juntas Generales y de las Juntas de Gobierno, anotando expresamente los nombres de los miembros presentes y el resultado de las votaciones. A comienzos de cada sesión leía todas las cartas, peticiones y otros escritos concernientes a la Junta General o a la Junta Secreta. Además de los libros de las actas de las sesiones se ocupaba de los libros de fiestas de la hermandad y de los de los miembros recibidos. En Sevilla, Granada y Ronda se llevaron de una forma continuada estos tres grupos de libros que, en parte, se conservan hasta la actualidad. El secretario también participaba en los procesos de admisión de nuevos miembros; le correspondía tramitar todos los trabajos de secretaría. En esta función llevaba la correspondencia de la hermandad, extendiendo las copias requeridas, relaciones y certificaciones. Preparaba las invitaciones a sesiones y reuniones que el portero repartía. Al final del período de su gestión debía entregar a su sucesor todos los libros y documentos a su cargo en presencia del Fiscal o Maestro nuevo y del saliente.[7]

En Sevilla y Granada un noble no menos activo debía ser elegido portero, pues tenía que repartir a los miembros todas las invitaciones a las Juntas Generales y a las Juntas Secretas, así como las demás órdenes y comunicaciones del Hermano Mayor y de la Junta de Gobierno. Su tarea consistía en procurar que en todas las sesiones y reuniones se ocupasen los asientos según el orden fijado. Además, tenía que ayudar a los diputados propietarios en la preparación de los festejos.[8]

Siguiendo la tradición de las hermandades, también pertenecía a las maestranzas un clérigo como capellán de la misma. Su cargo honorífico no figuraba entre los cargos de la Junta de Gobierno. En Sevilla y Granada el capellán fue elegido por medio de un escrutinio secreto en la Junta General a petición suya por tiempo ilimitado, sin que tuviera que pasar por los habituales procedimientos de admisión. Su misión consistía en decir la misa al comienzo de cada Junta General a los miembros asistentes, y colaborar en las demás actividades religiosas de la asociación.[9]

La Maestranza de Sevilla proveía otro cargo honorífico, el del archivero, que tampoco figuraba entre los de la Junta de Gobierno. La Junta General debía elegir archivero siempre entre miembros de experiencia que pertenecieran a la corporación desde hacía más de cuatro años. En los comienzos de la corporación sevillana el archivero desempeñaba su cargo solo durante tres años, pudiendo ser reelegido una vez, sirviendo así por un máximo de seis. A partir de 1731 y en adelante, su gestión no estuvo sometida a una limitación en el tiempo. El archivero tenía la misión de administrar debidamente el archivo donde se guardaban todos los libros, la correspondencia y los documentos de la hermandad. El archivo se encontraba en la casa particular del archivero en funciones, ya que la Maestranza, como sabemos, no poseía un edificio propio. El archivero colaboraba estrechamente con el secretario, poniendo a su disposición los libros y los documentos requeridos. En su primera fase la Maestranza de Sevilla mantenía en ocasiones a un poeta para que redactase las relaciones de los festejos celebrados. A partir de 1731, le cabía al archivero el cometido de redactar estas descripciones en forma de verso y mandarlas a imprimir.[10]

Las disposiciones de los primeros estatutos de la Maestranza de Valencia se diferenciaban en algunos detalles de la forma de administración de las hermandades de Sevilla y Granada. La Junta de Gobierno (aquí Junta Particular) se componía del presidente (cuadrillero mayor) y, después de él, de los dos padrinos encargados de los festejos, el tesorero, el fiscal encargado de la equitación y los cuadrilleros, que encabezaban las cuadrillas en los juegos hípicos. Las elecciones de la

Junta General tenían lugar el 12 de diciembre. Para elegir al cuadrillero mayor había que presentar en Valencia a dos candidatos apoyados por dos grupos de los miembros. A continuación, el cuadrillero mayor debía ser elegido por ambos grupos. Si no coincidían con mayoría simple en un candidato común después de tres turnos, se debía formar por sorteo una comisión de ocho miembros que, juntamente con el cuadrillero mayor saliente, elegían como sucesor de este a uno de los dos candidatos por mayoría simple. En el mismo día, la Junta General elegía por escrutinio secreto a los demás miembros de la Junta de Gobierno por mayoría simple (en estos casos por la mitad más dos de los votos). En los turnos cada miembro tenía un solo voto. En los comienzos de la Maestranza de Valencia, el voto del cuadrillero mayor no tenía ningún peso especial en las elecciones y votaciones. Como en Sevilla y Granada, los miembros de la Junta de Gobierno desempeñaban sus cargos durante un año. Una reelección podía efectuarse tan solo después de haber transcurrido dos años en el caso del cuadrillero mayor, y un año tratándose de los demás cargos, excepto el tesorero, que podía ser confirmado en su cargo sin interrupción. La Junta General tenía que proveer a un sustituto si un cargo estaba vacante durante más de cuatro meses, pudiendo reelegirlo más tarde, sin que interrumpiera su gestión, por un año.

En Valencia solo podía ser elegido cuadrillero mayor quien antes había desempeñado con éxito los cargos de padrino o de cuadrillero. Como en Sevilla y Granada, presidía las sesiones de la Junta General y de la Junta Particular, que él mismo convocaba. Tenía el derecho exclusivo de proponer los temas que tratar y las juntas se celebraban en su casa particular. Si era necesario, el cuadrillero mayor podía ampliar el número de los cuadrilleros elegidos por otros miembros que encabezasen las cuadrillas. En su ausencia le sustituía el cuadrillero de la primera cuadrilla, que había sido su antecesor en el cargo. A diferencia de las Maestranzas de Sevilla y Granada, la Junta de Gobierno de la de Valencia contaba en su primera fase con un tesorero y con los cuadrilleros, sin embargo, no tenía ni un secretario ni un portero. Los cargos valencianos de los padrinos y el fiscal eran los equivalentes de los diputados propietarios y el fiscal en Sevilla y Granada.

En la primera fase de la Maestranza de Valencia, el tesorero se ocupaba también de los trabajos de secretaría. Algún tiempo después de reconstituirse la Maestranza, se creó en 1754 el cargo de secretario en relación con la reforma de los primeros estatutos siguiendo el modelo de Sevilla y Granada. Este secretario tenía que llevar un libro con los nombres de los miembros admitidos y con las actas de las juntas y elecciones, y un segundo libro con las relaciones de todas las fiestas públicas. Se ocupaba además de la correspondencia y de todos los asuntos relacionados con la secretaría y, no en último lugar, también del archivo.[11]

El que la Corona otorgara privilegios a las maestranzas tuvo como consecuencia una serie de cambios en la administración de estas corporaciones. Debido a que las maestranzas obtuvieron sucesivamente los mismos privilegios, estas reformas, que se recogieron en los respectivos estatutos, condujeron a la uniformidad de las estructuras administrativas. Las maestranzas, y en primer lugar la corporación sevillana, obtuvieron, según vimos, en el transcurso de los siglos XVIII y XIX, el privilegio de tener por Hermano Mayor a un infante de la familia real y, posteriormente, incluso al rey. El Hermano Mayor de sangre real residía normalmente en la corte. Por eso un teniente atendía sus funciones en la sede de cada una de las maestranzas. Solo con motivo de raras visitas el Hermano Mayor presidía en persona las juntas de su maestranza. Si fallecía, la maestranza afectada se dirigía oportunamente, después de un largo tiempo de luto, al rey para que este nombrara a un sucesor en la persona de otro miembro de la familia real.[12]

Después de las reformas, la Junta de Gobierno o Secreta de las maestranzas estaba compuesta por el teniente de Hermano Mayor y, siguiéndole por orden descendente en la jerarquía, el fiscal o maestro fiscal, los dos diputados propietarios o padrinos, el secretario, el portero y el archivero. El cargo de portero no existía en Valencia, Sevilla (a partir de 1794) y Zaragoza. La Maestranza de Valencia no tenía archivero, en tanto que la de Sevilla contó con este cargo solo a partir de 1794. Pertenecían también a la Junta de Gobierno todos los antiguos tenientes o, al menos, como en Zaragoza, el último en

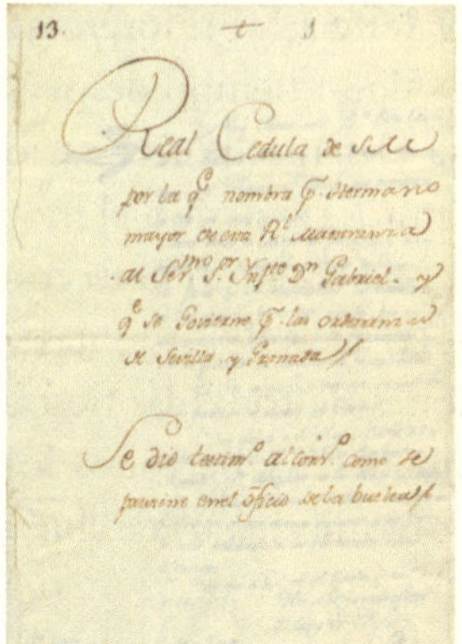
13.
Real Cédula de S.M.
por la q.e nombra p.r Hermano
mayor de esa R.l Maestranza
al Ser.mo S.r Inf.te D.n Gabriel. y
q.e se govierne p.r las ordenanzas
de Sevilla y Granada//
Se dio testim.o al cav.o como se
previene en el oficio de la buelta//

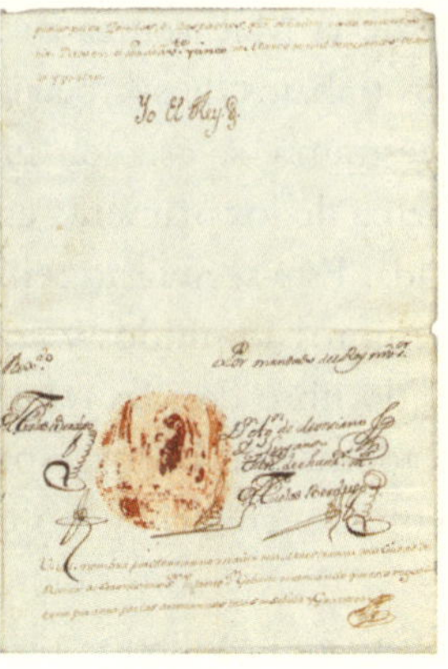
Yo el Rey

Real Cédula de Carlos III por la que nombra Hermano Mayor de la Real Maestranza de Caballería de Ronda al infante don Gabriel. El Pardo, marzo de 1764. Archivo Real Maestranza de Caballería de Ronda.

desempeñar el cargo. A diferencia de otras maestranzas, en la de Valencia no pertenecían a la Junta de Gobierno ni el portero ni el archivero; en cambio sí lo hacían el tesorero, todos los cuadrilleros y, además de los dos padrinos, dos diputados de la organización de festejos, así como dos comisarios de las corridas de toros. La Junta de Gobierno de la Maestranza de Zaragoza se componía de los cargos anteriormente referidos, sin el portero, pero sí de un tercer diputado de festejos y del comisario de música, de la plaza y de los sitios de ejercicios, todos estos cargos alternando entre los representantes propuestos por los tres grupos de los miembros, el Brazo de Nobles, el de los caballeros cruzados de las Órdenes Militares, así como el de los simples hidalgos presentes.

El cargo de teniente se cubría en las diferentes maestranzas de forma similar al del antiguo Hermano Mayor en Sevilla y Granada. La Junta General, a la que pertenecían todos los miembros, elegía todos los años a tres candidatos en el transcurso de una sesión especialmente convocada en la casa del teniente en funciones. Solo podían concurrir seis miembros propuestos por el teniente, previa consulta de la Junta de Gobierno, pudiendo presentarse él mismo si deseaba ser reelegido. La elección se realizaba de forma secreta con papeletas y urnas en tres escrutinios por separado con el fin de cubrir el primer, segundo y tercer lugar. En los turnos cada miembro tenía un solo voto para uno de los candidatos propuestos. Únicamente el voto del teniente en funciones, que este daba a conocer públicamente al término de cada turno, tenía el peso de un tercio de los votos de todos los miembros presentes. Por último, el secretario o el teniente, o los dos conjuntamente, comunicaban al Hermano Mayor en la corte el resultado de los tres escrutinios con los nombres de los candidatos y el número de votos que cada uno de los tres candidatos había conseguido. Por lo general el Hermano Mayor escogía al primero de la terna, nombrándole teniente de la corporación por un año. Antes de firmar el nombramiento recababa, por su secretario, el permiso del rey a través del secretario del Despacho Universal de Estado competente para los asuntos de las maestranzas. No hemos podido comprobar que el rey influyera en el nombramiento de los tenientes de las distintas Maestranzas a instigación de su primer ministro.

Una vez nombrado el teniente, la Junta General de cada maestranza se reunía en la sesión electoral de todos los años para darle posesión y para elegir a los demás miembros de la mesa según el modo practicado hasta entonces en Sevilla y Granada. La Junta General elegía los diferentes miembros de la mesa por un año en escrutinios secretos y por separado con papeletas y urnas. El derecho de optar a cada cargo correspondía solo a dos candidatos propuestos por el teniente, previa consulta de la Junta de Gobierno, pudiéndose presentar asimismo el titular saliente si cabía su reelección. En los turnos, cada miembro presente tenía un solo voto, con excepción del teniente en funciones, que emitía su voto de manera pública al término de cada turno y disponía con el mismo de un tercio de los votos de todos los miembros presentes. El miembro de la Junta que sustituía al teniente no tenía este derecho. La elección de los miembros de la mesa se decidía por mayoría simple.

Solo en las Maestranzas de Valencia y Zaragoza existían algunas excepciones del modo electoral referido. En Valencia, la Junta General elegía por mayoría de dos tercios a tres candidatos para el cargo de teniente entre seis miembros propuestos por el saliente y por medio de votaciones secretas y por separado. Si ningún candidato conseguía en un turno la mayoría de dos tercios, se sorteaba, como era habitual, una comisión de ocho miembros que juntamente con el teniente elegía al candidato con mayoría simple. Los demás miembros de la Junta de Gobierno se elegían, como en las demás Maestranzas, por mayoría simple, si bien se requería la mitad más dos de todos los votos. Las ordenanzas de la Maestranza de Zaragoza exigían que todas las propuestas, y por consiguiente todos los titulares de los cargos de teniente, fiscal, del primero, segundo y tercer diputado y del comisario procediesen, por turno anual, de los tres grupos de miembros, es decir de los nobles aragoneses, caballeros cruzados y de los simples hidalgos. Aparte del sistema rotativo en la elección de los candidatos, los tres diputados debían pertenecer cada uno a un grupo distinto. A diferencia de tlas demás maestranzas, el teniente de la de Zaragoza no tenía en las elecciones y votaciones ningún voto de mayor peso que el de los demás miembros.[13]

Después de las reformas, los titulares de todos los cargos de la mesa podían ser reelegidos generalmente, como hasta entonces, por otro año. Una reelección en Sevilla y Granada solo era posible si habían transcurrido dos años en Sevilla y un año en Granada. El período de gestión de los tenientes sevillanos de dos años como máximo fue rebasado repetidas veces después de 1731, constituyendo los casos más llamativos los de don José Bucareli y Ursúa (4 de diciembre de 1753-20 de octubre de 1760) y don Andrés de Madariaga y Bucareli (8 de febrero de 1763-11 de marzo de 1781), probablemente debido a la larga construcción de la nueva plaza de toros. También otros miembros de la Junta de Gobierno se hicieron reelegir en Sevilla en repetidas ocasiones, contrariamente a lo dispuesto en los estatutos. Así, don Francisco de Esquivel Medina y Barba, que de 1738 a 1746 desempeñaba ininterrumpidamente el cargo de fiscal. Con frecuencia, miembros experimentados que habían desempeñado algún cargo de la mesa se aprovecharon en Sevilla de la posibilidad permitida por los estatutos para hacerse elegir ininterrumpidamente en otro cargo de la Junta de Gobierno. Solo en el caso del archivero las disposiciones de los estatutos permitían una excepción de los cortos períodos de gestión, ya que este podía hacerse reelegir para ocupar su cargo por seis años en Sevilla y por tiempo ilimitado en Granada. Allí también el secretario podía hacerse reelegir dos veces por un tiempo máximo de tres años. De acuerdo con los nuevos estatutos, igualmente el archivero y el secretario de Ronda y Zaragoza tenían el derecho de hacerse reelegir una infinidad de veces, a causa de sus funciones centrales. En la Maestranza de Valencia, no solo el secretario podía hacer uso de la reelección ilimitada e ininterrumpida según los nuevos estatutos, sino también el tesorero, los dos diputados y los dos comisarios. Sin embargo, el teniente de Valencia no podía hacerse reelegir sin interrupción después de su gestión de un año, sino tan solo al cabo de tres años, con el fin de que este cargo de honor recayera en el mayor número de miembros posible.

Tras las reformas, en caso de faltas graves y delitos perjudiciales para la corporación afectada, los miembros de la mesa podían ser destituidos por la Junta General y sustituidos por personas más idóneas tal y como se venía practicando desde hacía tiempo en Sevilla y Granada.[14]

Entonces, le incumbían al teniente de Hermano Mayor los derechos y las obligaciones que antes ejercía el Hermano Mayor: en primer lugar, la dirección de las Juntas Generales, las Juntas Secretas y las Juntas de Recibimientos. Su voto, que daba a conocer de manera pública al término de todas las votaciones y elecciones, tenía el peso de un tercio de los votos de todos los miembros presentes, a excepción de la Maestranza de Zaragoza y de las Juntas de Recibimientos de las de Granada, Valencia y Ronda. Además, el teniente estaba facultado para dar instrucciones a todos los miembros de la corporación, sobre todo en lo que se refiere a la celebración y desarrollo de los festejos. En las corridas de toros no solo ostentaba la presidencia, sino que tenía poderes disciplinarios sobre cualquier persona en el ámbito de la plaza, especialmente en caso de disturbios. Su poder disciplinario alcanzaba a los dependientes de la maestranza incluso fuera de la plaza. Uno de los cometidos más importantes del teniente era controlar el trabajo de los demás miembros de la Junta de Gobierno y velar por el cumplimiento de los estatutos y de los acuerdos tomados. Tenía que informar al Hermano Mayor residente en la corte de las violaciones graves de los estatutos, de problemas difíciles que requerían una decisión y de otros eventos de importancia. En todas las actividades públicas y privadas de la corporación, en especial, en los juegos hípicos y en las corridas de toros, ostentaba su función presidencial y representativa. En su calidad de presidente y teniente de Hermano Mayor, los miembros de la corporación le obsequiaban con gestos de especial reverencia. A partir de 1790 el teniente de Sevilla, y más tarde también el de Zaragoza, estaban autorizados para usar el bastón de mando con el fin de subrayar su autoridad.

Cuando se ausentaba de la ciudad, el teniente tenía que delegar sus funciones en el fiscal, llamado en algunas maestranzas "maestro fiscal" o, en el caso de Valencia en el cuadrillero de la primera cuadrilla, tal como antes había sido costumbre en Sevilla y Granada. La Maestranza de Sevilla era presidida por personas extraordinariamente acaudaladas, principalmente por títulos de Castilla. De los treinta y nueve Hermanos Mayores y tenientes de Sevilla en la época comprendida entre el 21 de abril de 1671 y el 17 de enero de 1808, veintisiete poseían un título de conde o marqués, en algunos casos incluso varios.[15]

Hemos descrito los cargos del fiscal, del primer, segundo (y en Zaragoza tercer) diputado propietario, llamado "padrino" en Valencia, del secretario y del portero en los comienzos de las Maestranzas de Sevilla y Granada. Después de las reformas, estos conservaron en gran medida sus funciones en estas dos corporaciones y, siguiendo su modelo, también en las de Valencia, Ronda y Zaragoza. Sin embargo, algunos de los cargos mencionados tuvieron ciertas tareas adicionales: en adelante el fiscal de las maestranzas participaba de forma decisiva en el procedimiento de la admisión de nuevos miembros. El secretario redactaba las actas de las sesiones de la Junta de Recibimientos, a la que pertenecía en virtud de su cargo como miembro de pleno derecho. En Zaragoza, el tercer diputado tenía la función de auxiliar, y ascendía en ausencia del segundo o del primero, o en caso de fallecimiento de estos. En Valencia, Sevilla (a partir de 1794) y posteriormente en Zaragoza, la función del portero ya no se desempeñaba por un miembro de la Junta de Gobierno, sino por un empleado. El archivero ocupaba el rango del portero en la mesa de las Maestranzas de Sevilla (a partir de 1794) y de Zaragoza. En las de Granada y Ronda se agregó el cargo de archivero, que en el orden jerárquico ocupaba el rango inferior al del portero. Las funciones del diputado o comisario de plaza y del diputado o comisario de música cuyos cargos eran proveídos en Sevilla, Granada y Ronda por el teniente, eran atendidas en Zaragoza por un solo comisario de la música y de los sitios de ejercicios, siendo el cargo más ínfimo de los miembros de la Junta de Gobierno.

A diferencia de las otras corporaciones la Maestranza de Valencia conocía otros cargos de la mesa: el tesorero, todos los cuadrilleros de las cuadrillas, los dos diputados para la organización de los festejos además de los dos padrinos, y dos comisarios para las corridas de toros. En el orden de asiento y de votación, el tesorero seguía al teniente, al Fiscal, al secretario y a los dos padrinos. Administraba en colaboración con el teniente, fiscal y secretario la caja de la corporación y llevaba los libros: uno de los ingresos que debía cobrar regularmente y otro de los gastos. Todos los años, la Junta de Gobierno encargaba a especialistas el control de la gestión ordenada del Tesorero.

En Valencia pertenecían a la Junta de Gobierno, además del teniente saliente, que mandaba siempre la primera cuadrilla, cinco cuadrilleros por un año. No podían hacerse reelegir inmediatamente sino un año después de haber cesado. En el orden de asiento y de votación ocupaban sus puestos después del tesorero y de los antiguos tenientes por el orden de sus nombramientos. Les incumbía seleccionar entre los miembros a los jinetes de sus cuadrillas. Además, estaban obligados a preparar sus grupos para las representaciones públicas mediante ejercicios hípicos regulares. Al lado de los dos padrinos, los dos diputados tenían que atender en Valencia tareas concretas para preparar y organizar independientemente determinadas fiestas. Desempeñaban su cargo durante un año pudiendo ser reelegidos solo una vez de la manera acostumbrada. Los dos comisarios eran los responsables de la celebración de las corridas de toros organizadas por la corporación. Los diputados y, después de ellos, los comisarios figuraban en el orden de asiento y votación en último lugar detrás de los cuadrilleros y por orden de sus nombramientos.

En las Maestranzas de Granada y Ronda, la Junta General nombraba por tiempo ilimitado como maestro de ceremonias a un miembro mayor, que tenía la función de disponer de manera ordenada y digna las reuniones públicas y privadas de su corporación. El cargo de maestro de ceremonias no figuraba entre los cargos de la mesa.

A todas las maestranzas seguían perteneciendo, después de las reformas y debido a su tradición de hermandad, uno o más clérigos como miembros y capellanes. Como era habitual en Sevilla y Granada, las Juntas Generales admitían, tras votación secreta y por tiempo indefinido, a clérigos pertenecientes a destacadas familias nobles, dejando aparte el procedimiento usual. Solo en Zaragoza los capellanes debían ser, además, dignatarios de la catedral, en tanto que la Maestranza de Valencia no permitía excepciones de las disposiciones vigentes para el ingreso. Los capellanes podían participar como miembros de pleno derecho en todas las actividades de su corporación y votar en las Juntas Generales, en tanto que fuera compatible con su estado eclesiástico. El más antiguo de ellos tomaba los juramentos en las Juntas Generales. El cometido de los capellanes consistía, además, en decir misa y celebrar de manera digna todos los demás actos religiosos de la corporación.[16]

En el marco de la administración autónoma, las maestranzas no solo conferían los cargos de la mesa y otros de carácter honorífico, sino que emplearon también personas a sueldo. El número de los empleados fue creciendo en el transcurso del siglo XVIII, debido a los mayores ingresos y la mayor actividad de las maestranzas. Las causas del aumento de los trabajos que tuvieron que realizar los empleados fueron los proyectos de construcción, el creciente número de corridas de toros celebradas cada año y las fiestas cada vez más suntuosas. Aparte de un núcleo de cargos iguales o parecidos, había en las diferentes maestranzas, según sus actividades, una serie de empleados con cometidos distintos. Sin embargo, en los siguientes párrafos no nos ocuparemos de los cargos relacionados con el fuero privilegiado de las maestranzas, ya que a este tema se han dedicado algunas páginas en el capítulo primero.

Debido a la falta de ingresos, las Maestranzas de Sevilla y Granada emplearon, en sus comienzos, tan solo uno o dos maestros de equitación (picadores) para los ejercicios hípicos públicos y los festejos de equitación, además, un maestro herrador, y en Sevilla un maestro de armas, así como un poeta para la redacción de las relaciones de los festejos. En Sevilla y Granada los dos diputados propietarios pagaron de su bolsillo a los picadores y al herrador, y es de suponer que los miembros pagasen directamente al maestro de armas. La Maestranza de Valencia empleó al principio un solo picador, pagándole de las tasas de admisión y las cuotas regulares de los miembros.[17]

Después de que las maestranzas obtuvieran sus privilegios y, por consiguiente, se unificaran las formas de su administración, los empleados fueron elegidos por la Junta General por mayoría simple y normalmente por un tiempo indefinido. A los empleados les correspondía, además de un sueldo fijo o de una gratificación por su trabajo, un uniforme especial, aunque más sencillo que el de los maestrantes, así como cierto acceso al fuero privilegiado. De acuerdo con los estatutos, todas las Maestranzas tenían en el transcurso del siglo XVIII y en el primer tercio del XIX los siguientes empleados con funciones iguales o semejantes (las excepciones se anotarán oportunamente):

- El apoderado y cobrador, en Zaragoza llamado "receptor", que solo en Sevilla y Zaragoza administraba los ingresos y gastos generales. En las Maestranzas de Granada, Valencia y Ronda no existió este cargo.
- El contador, que existía únicamente en Sevilla y Granada.
- El escribano, nombrado por el juez conservador del Juzgado Especial de la Maestranza o por su subdelegado entre los escribanos de la Audiencia, Chancillería o Ayuntamiento de la ciudad. Atendía los trabajos del tribunal y, exceptuando el de Zaragoza, las actas y las tareas de secretaría de la Maestranza.
- Un segundo escribano (escribano receptor, en Zaragoza: oficial de secretaría) que en Valencia y Sevilla era escribano público, en Zaragoza simplemente era un escribano con experiencia de secretaría. Las demás maestranzas no tenían este cargo. Se ocupaba principalmente de llevar los protocolos y los trabajos de secretaría.
- Los herradores albéitares que cuidaban de los caballos durante los festejos hípicos y las corridas de toros.

- El armero, que existía en todas las maestranzas, a excepción de la de Valencia, dedicado a reparar las pistolas de arzón de los maestrantes.
- Los picadores y domadores, que prestaban sus servicios en los ejercicios hípicos regulares y en los festejos de equitación.
- El maestro de armas para la enseñanza de los miembros interesados, empleado únicamente por las corporaciones de Sevilla, Granada y Ronda.
- El cirujano, que asistía, a excepción de Zaragoza, a todos los festejos hípicos y corridas de toros para cuidar inmediatamente de las personas heridas.
- El alguacil mayor, nombrado entre los alguaciles de la Audiencia, Chancillería o Ayuntamiento de la ciudad para servicios policiales, particularmente en casos de disturbios en las corridas de toros.
- Los músicos de la banda (músicos, timbaleros, clarineros) para el acompañamiento solemne de las actividades públicas.
- El portero, que no existía en las Maestranzas de Sevilla (antes de 1794), de Granada y Ronda, donde su cometido era atendido por uno de los cargos de la Junta de Gobierno.
- Uno o varios abogados, que debían ser de los mejores de la ciudad para defender los intereses de la corporación en casos de litigios y procesos.
- El procurador, que solo fue contratado por las Maestranzas de Valencia, Ronda y Zaragoza.
- El maestro de matemáticas, que fue empleado únicamente por las Maestranzas de Granada y Ronda para dar clases de Matemáticas a los miembros interesados.
- La Maestranza de Valencia contaba, además, con un delineante que dibujaba las figuras de los juegos hípicos proyectados y las explicaba a los miembros participantes.[18]

La comparación de esta lista de empleados de las Maestranzas con los asalariados que la corporación de Sevilla tenía efectivamente a sueldo en los años 1736-1813, demuestra que la corporación pagaba además a otro contador, un guarda de la plaza, dos auxiliares para la conservación de los edificios (mariscales) y dos agentes en la corte de Madrid. En cambio, otros empleados, como el maestro de armas, figuran con menos frecuencia en las nóminas de la corporación.[19] La Maestranza de Granada tampoco cubría en realidad algunos de los cargos previstos por los estatutos, en tanto que no se privaba de mantener un agente en la corte, un alcaide de la plaza, un especialista para los caños de la misma (cañero) y varios auxiliares.[20] Es probable que también en las demás Maestranzas el número de los empleados y sus cometidos variase de las disposiciones de las ordenanzas.

2. Las sesiones de la Junta General y de la Junta de Gobierno

En sus comienzos las Maestranzas celebraban Juntas o Cabildos Generales, así como Juntas de Gobierno o Secretas. En Sevilla y Granada las Juntas Generales se convocaban por invitaciones por escrito del Hermano Mayor, redactadas por el secretario y repartidas a los miembros por el portero. En las invitaciones debía constar siempre el motivo, lugar y hora de la proyectada sesión. Todos los miembros residentes en la ciudad y de sus alrededores estaban obligados a asistir a las sesiones. Por lo general las reuniones tenían lugar en la residencia privada del Hermano Mayor en funciones. Formaban *quorum* de la Junta General diez miembros y la Junta de Gobierno. Se requería que estuviesen presentes al menos el presidente y otro miembro de la mesa; en caso de estar impedido el presidente debían estar presentes por lo menos tres miembros de la Junta de Gobierno. La Junta General se sentaba y votaba por un orden fijado. A la cabeza del orden de asiento y de votación figuraban titulares de los cargos de la mesa. Les seguían las personas con cargos honoríficos inferiores y a continuación los demás miembros por orden de los cargos que habían desempeñado y por orden de antigüedad en la corporación. El secretario se sentaba siempre en la cabeza de la mesa presidencial, teniendo a mano los escritos, actas, libros necesarios y los estatutos; redactaba, además el acta de la sesión.

El Hermano Mayor dirigía las sesiones de la Junta General. Al principio de cada sesión el secretario informaba a requerimiento del presidente sobre los acuerdos de la sesión anterior y sobre su realización. También refería las decisiones, actitudes y medidas adoptadas desde la última sesión por la Junta de Gobierno, sea por encargo de la Junta General, sea por iniciativa propia. Después había que despachar las nuevas solicitudes de admisión y tramitar peticiones antiguas que todavía no estaban concluidas. A continuación se trataba, a propuesta del presidente, del asunto por el cual se había convocado la reunión. El tema tenía que haberse esbozado previamente en las invitaciones. En caso de haberse convocado repentinamente la Junta General, el asunto podía aclararse brevemente antes de comenzar las deliberaciones. A continuación, se entraba en la discusión sobre el tema en cuestión, en la que cada miembro podía manifestar su opinión siguiendo el orden de asiento. Si el asunto no podía decidirse por unanimidad, porque más de dos miembros se mostraran disconformes con la opinión general, había que proceder a la votación. Esta se realizaba públicamente o, como en las elecciones, de forma secreta, siguiéndose el mismo orden que en la discusión. Cada miembro tenía un voto, salvo el presidente, que siempre votaba públicamente y en último lugar, haciendo uso de su voto de calidad. Antes de escrutarse los votos, cualquier miembro tenía la posibilidad de cambiarlo. Como en las elecciones, se decidía por mayoría simple. Si la Junta General no llegaba a ponerse de acuerdo en un problema discutido, entonces podía pasarlo a la deliberación y decisión de la Junta de Gobierno.[21]

Los primeros estatutos de la Maestranzas de Valencia contenían disposiciones semejantes respecto a las Juntas Generales, aunque menos detalladas. A diferencia de las corporaciones de Sevilla y Granada, los miembros de la de Valencia perdían su voto activo y su derecho a ser candidato si debían a la corporación sus cuotas, lo que el tesorero tenía que averiguar en cada sesión.[22]

Después de las reformas, las Juntas Generales de las diferentes maestranzas se desarrollaban de la misma manera o de una forma semejante a la que tuvo lugar en la primera fase de la existencia de las corporaciones de Sevilla y Granada. En adelante, el *quorum* de las

Juntas Generales de las maestranzas, a excepción de las de Sevilla antes de 1794 y la de Zaragoza, se diferenciaba –en oposición a lo anterior– tan solo por el hecho de que además de los diez miembros tenían que estar presentes el teniente de Hermano Mayor o su sustituto, y otros dos miembros de la Junta de Gobierno. En Zaragoza una Junta General convocada solo podía reunirse con la presencia de más de la mitad de los miembros residentes en la ciudad; únicamente después de una segunda convocatoria estaba permitido llevar a cabo la sesión con las personas presentes. En cambio, la corporación sevillana mantenía hasta 1794 la antigua norma válida para el *quorum* de las Juntas Generales. En todas las maestranzas el sitio más destacado de la mesa presidencial quedaba reservado para el ausente Hermano Mayor de sangre real. Encima de la silla vacía colgaba un retrato del mismo, cubierto por una cortina que solo se corría durante las sesiones como especial símbolo de integración. En lo que se refiere al orden de asiento, los miembros comunes de todas las maestranzas, a excepción de la de Sevilla antes de 1794, ya no se sentaban por el orden jerárquico de los cargos que habían desempeñado, sino por la antigüedad en la pertenencia a la corporación. A diferencia de antes de las reformas, cada uno de los numerosos empleados de las corporaciones, al ser requerido a informar a la Junta, tenía asignado su asiento fijo, pues de esta manera se evitaban posibles disputas sobre la preeminencia.

Antes de que el secretario informara a la Junta General sobre los acuerdos de la última sesión, el presidente de todas las corporaciones averiguaba si todos los miembros habían sido invitados en la forma debida, cuántos faltaban y cuáles eran las justificaciones de su ausencia. Después se efectuaba la solemne recepción de nuevos miembros. Antes de entrar en las deliberaciones el secretario refería los acuerdos de la última sesión y daba cuenta sobre las medidas adoptadas entretanto por la Junta de Gobierno. Además, comunicaba también las decisiones de la Junta de Recibimientos acerca de nuevos miembros. Los diferentes comisionados entre los maestrantes tenían también la oportunidad de informar sobre eventos especiales ocurridos en el ejercicio de sus trabajos. Solo entonces el teniente proponía el tema o sucesivamente los temas de la reunión que se trataban y se decidían, siguiendo el modo que se venía practicando en Sevilla y Granada. Una excepción constituía tan solo la Junta General de la Maestranza de Zaragoza, en la que el voto del presidente no tenía el peso de un tercio de los votos de todos los miembros presentes. Por lo general, el secretario tenía el cometido de facilitar a las personas interesadas las copias de las resoluciones tomadas en la Junta General.[23]

La Junta de Gobierno, con el presidente a la cabeza, era el gremio rector de todas las maestranzas. Hemos descrito su composición antes y después de las reformas. Las Juntas de la Mesa Presidencial tenían lugar bajo la dirección del presidente en la residencia particular de este. En los estatutos posteriores se determinaba que las Juntas de Gobierno debían desarrollarse de la misma manera que las Juntas Generales. También para las Juntas de Gobierno se requería un *quorum* determinado, aunque distinto de corporación a corporación. Solo en casos urgentes se podía quedar por debajo del *quorum*, después de haberse convocado la sesión por dos veces. La Junta de Gobierno solo tomaba decisiones propias si estas no afectaban a la competencia de otra junta o a la del presidente de la corporación. Así le incumbía a la mesa deliberar sobre los candidatos que el presidente sometía a votación en las elecciones de los cargos. El presidente consultaba a la Junta de Gobierno en todos los problemas graves que después debían ser discutidos y decididos por la Junta General. En caso de crear nuevos puestos de empleados o de gastos adicionales, así como del aumento o disminución de los sueldos, la mesa solo tenía una función asesora. La última decisión le cabía a la Junta General.[24]

Después de las reformas, la Maestranza de Valencia tenía además de la Junta de Gobierno, llamada Junta Particular, otra Junta más reducida llamada Junta Secreta. Esta se componía del teniente, del Fiscal, de los dos padrinos, del secretario y del tesorero. La Junta Secreta trabajaba de la misma manera que la Junta Particular, con un *quorum* de por lo menos cuatro de los cinco miembros. Asesoraba al teniente en problemas graves y confidenciales, decidía sobre interpretaciones controvertidas de los estatutos y se pronunciaba sobre las excusas insuficientes de los miembros negligentes.[25]

Después de las reformas de la administración de las Maestranzas, se crearon en todas las corporaciones, excepto en la de Zaragoza, Juntas especiales de Recibimientos que ya han sido descritas.[26]

Solo en las Maestranzas de Valencia y Zaragoza estaba prescrito el número mínimo de Juntas Generales y de Gobierno que se debían celebrar cada año. En los comienzos de la hermandad valenciana tenían que celebrarse anualmente, además de las Juntas Electorales, tres Juntas Generales y doce Juntas de Gobierno y, a partir de los nuevos estatutos de 1775, igualmente tres Juntas Generales y solo seis Juntas de Gobierno.[27] De manera parecida se debían convocar en Zaragoza por lo menos tres Juntas Generales por año.[28]

La frecuencia de las Juntas Generales y de Gobierno oscilaba de manera irregular en las Maestranzas de Sevilla, Granada y Ronda según la urgencia e importancia de los problemas que tratar. En Sevilla (véase Tabla 11) el número anual de sesiones de la Junta General y de la Junta Secreta entre 1729 y 1794 era de 0-12 por regla general, y solo excepcionalmente de 13-24 sesiones.[29] En la misma época, la corporación de Granada celebraba probablemente el mismo número de reuniones al año que la de Sevilla.[30] En cambio, la Maestranza de Ronda (véase Tabla 12) se reunió en los años 1707-1769 con menos frecuencia (0-12 sesiones anuales).[31] Corporaciones con mayor número de miembros residentes en la ciudad, como la de Sevilla, celebraban principalmente Juntas de Gobierno, en tanto que corporaciones más pequeñas, como la de Ronda, se reunían sobre todo en Juntas Generales. En la guerra de Sucesión y en los años que le siguieron, cesó la actividad de las maestranzas durante una larga temporada, como puede verse por la falta de reuniones: en Sevilla, de 1704-1725,[32] en Granada, de 1707-1725,[33] en Ronda, de 1714-1719 y de 1721-1739[34] y en Valencia, a partir de comienzos del siglo XVIII hasta 1747.[35] También posteriormente hubo algún año, incluso varios años, durante los cuales las corporaciones de Sevilla, Granada y Ronda no celebraron ni Juntas Generales ni Juntas de Gobierno.[36]

En los dos años siguientes a la fundación de la Maestranza de Granada, que por entonces tenía entre 20-30 miembros, fueron más de la mitad de los maestrantes residentes en la ciudad los que asistieron a las

Tabla 11: Juntas celebradas por la Maestranza de Sevilla en los años 1729-1794.

Años	Juntas Generales	Juntas de Gobierno	Total de Juntas	Fuente: Nota 29, cap. IV
1729	8	3	11	(a)
1730	7	4	11	(a)
1731	3	6	9	(b)
1732	5	7	12	(b)
1733	4	10	14	(b) + (c)
1734	4	7	11	(c)
1735	3	7	10	(c)
1736	2	9	11	(c) + (d)
1737	3	7	10	(d)
1738	6	6	12	(d)
1739	5	9	14	(d)
1740	2	7	9	(d)
1741	4	14	18	(d)
1742	1	5	6	(d)
1743	-	-	-	-
1744	3	3	6	(d)
1745	-	2	2	(e)
1746	4	7	11	(e)
1747	2	4	6	(e)
1748	1	1	2	(e)
1749	6	9	15	(e)
1750	1	6	7	(e)
1751	3	5	8	(e) + (f)
1752	3	8	11	(f)
1753	6	10	16	(f)
1754	1	5	6	(g)
1755	-	4	4	(g)
1756	-	2	2	(g)

Años	Juntas Generales	Juntas de Gobierno	Total de Juntas	Fuente: Nota 29, cap. IV
1757	1	2	3	(g)
1758	–	2	2	(g)
1759	1	1	2	(g)
1760	4	6	10	(g)
1761	1	7	8	(h)
1762	6	5	11	(h)
1763	4	3	7	(h) + (i)
1764	1	2	3	(i)
1765	7	12	19	(i)
1766	1	–	1	(i)
1767	1	1	2	(i)
1768	2	1	3	(i)
1769	1	1	2	(i)
1770	–	2	2	(i)
1771	–	–	–	–
1772	4	3	7	(i)
1773-1776	–	–	–	–
1777	1	1	2	(i)
1778	–	1	1	(i)
1779	1	1	2	(i)
1780	1	–	1	(i)
1781	4	3	7	(i) + (k)
...	...	...	...	...
1790	7	7	14	(l)
1791	3	3	6	(1)
1792	4	7	11	(l) + (m)
1793	5	9	14	(m)
1794	11	12	23	(m) + (n)
...	...	...	...	...

Tabla 12: Juntas celebradas por la Maestranza de Ronda en los años 1707-1769.

Años	Juntas Generales	Juntas de Gobierno	Total de Juntas
1707	4	-	4
1708	7	3	10
1709	6	1	7
1710	6	2	8
1711	7	5	12
1712	5	-	5
1713	4	2	6
1714-1719	-	-	-
1720	2	2	4
1721-1739	-	-	-
1740	2	2	4
1741	-	1	1
1742-1746	-	-	-
1747	4	-	4
1748-1749	-	-	-
1750	1	-	1
1751	4	1	5
1752	2	-	2
1753	-	-	-
1754	3	-	3
1755	1	-	1
1756	3	1	4
1757	1	-	1
1758	2	-	2
1759	3	-	3
1760	5	-	5
1761	2	-	2
1762	1	-	1
1763	3	-	3
1764	5	-	5

Años	Juntas Generales	Juntas de Gobierno	Total de Juntas
1765	3	-	3
1766	2	-	2
1767	6	-	6
1768	5	-	5
1769	6	-	6
...	...	...	...

Fuente: Véase nota 31, cap. IV.

Juntas Generales. En los años posteriores la asistencia fue menor. Algo parecido ocurrió en Sevilla. Durante la presencia de la corte en la ciudad, en los años 1729-1733, fueron 30-40 personas de los ochenta miembros locales las que participaron en las Juntas Generales, en tanto que en los años 1734-1735, 1742-1744, 1761-1763 y 1790-1792 solo fueron unos 20-30 individuos, por término medio, de un total de unos 80-100 miembros que residían en la ciudad.[37]

Comprobaciones hechas al azar en las actas de las Juntas de Gobierno y de las Juntas Generales de la Maestranza de Sevilla ponen de manifiesto que la realidad administrativa no se apartó, sino de forma insignificante, de lo dispuesto por los estatutos. Después de cada sesión el secretario pasaba el acta al Libro de Actas y los firmaba. Estos libros reflejan fielmente los votos y, tratándose de elecciones, el resultado de los escrutinios. Se recogen literalmente los escritos discutidos en las juntas como reales órdenes, cartas de personas de la corte y peticiones dirigidas a la Maestranza. Algunos Libros de Actas de Sevilla incluyen una lista de todos los miembros del período en cuestión, listas de los miembros de las diferentes juntas de la corporación, así como, conforme a lo dispuesto por los estatutos, las descripciones de los festejos celebrados. Los Libros de Actas de Sevilla contienen algunas veces también los inventarios que debían levantarse con motivo de la transferencia del archivo. Las corridas de toros, la celebración de fiestas civiles y religiosas, así como los problemas económicos ocupaban un lugar central entre los temas tratados en las sesiones.[38]

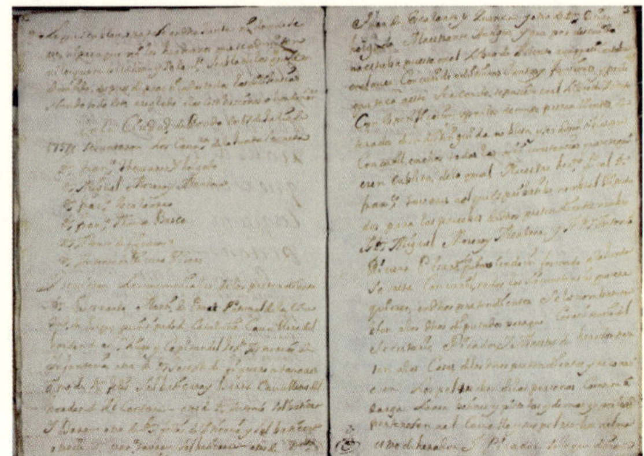

Libro de Acuerdos de la Ilustre y Real Maestranza de Ronda. 1782-1819. Manuscrito. Archivo Real Maestranza de Caballería de Ronda.

Antes de las reformas, los estatutos de las diferentes Maestranzas podían reformarse o añadirse por decisión de la Junta General: en Sevilla y Granada, con mayoría simple; en Valencia, al principio solo por unanimidad y mediante votación secreta; en el caso de quitar se requería un *quorum* de tres cuartas partes y, tratándose de añadir, el de dos tercios de todos los miembros presentes.[39] Los estatutos reformados en relación con los privilegios otorgados debían ser aprobados sin excepción por el primer ministro competente y por el rey. Las reformas y adiciones de las nuevas ordenanzas adoptadas por las Juntas Generales tenían que ser aprobadas, por consiguiente, por el primer ministro y el rey por mediación del Hermano Mayor. Las resoluciones pertinentes de las Juntas Generales debían tomarse por mayoría simple, en Valencia y también en Sevilla a partir de 1794, por una mayoría de tres cuartas partes de los votos.[40] No obstante algunos intentos infructuosos, en el siglo XVIII las maestranzas no hicieron uso de la posibilidad de reformar o añadir las ordenanzas de la manera establecida.

[1] Cfr. Introducción, p. 39 y sig.

[2] *Regla de la Ilustrissima Maestranza de la Muy Ilustre, y siempre Muy Noble, y Leal ciudad de Sevilla. Tomando por abogada a la siempre Virgen Maria Nuestra Señora de El Rosario. Dirigida al Señor D. Alvaro de Portugal y Castro, Hermano Mayor de dicha Maestranza* (1683), nueva ed. (la que cito), con licencia, Zaragoza, Juan de Ibar, 1698, pp. 9-11; *Reglas, y Estatutos de la Illma. Hermandad de la Maestrança de la ciudad de Granada. Consagrada al patrocinio de Maria Ssma. Sra. N. en el primer instante de su Purissima Concepcion, debaxo del titulo de El Triunfo* (1687), 2.ª ed. (la que cito), Granada, Imprenta de Andrés Sanchez, 1727, pp. 14 y sig., y acta de las elecciones celebradas por el Cabildo General de la Maestranza de Sevilla, del 12 de noviembre de 1725, AMS, Sección XI, Colección Conde del Águila, vol. 41 (en folio), n. 58, publicada en gran parte por Pedro de León y Manjón, "Historial de Fiestas y Donativos de la Real Maestranza de Caballería de Sevilla" (Madrid, 1909), en *Noticias para la Historia de la Real Maestranza de Caballería de Sevilla*, Sevilla, Real Maestranza de Caballería, 1959, pp. 75-83. En este cap., que se basa principalmente en los estatutos de las diferentes maestranzas, se pretende ofrecer una síntesis de la administración de estas corporaciones. Esta coincide en gran parte con la realidad, ya que las maestranzas cumplieron sus estatutos lo más fielmente posible, para conservar los privilegios otorgados por la Corona y debido al control ejercido por el Hermano Mayor. A causa de la ingente documentación prescindo de probar los casos en que se guardaron los estatutos, limitándome a señalar, en lo posible, el incumplimiento de los mismos. Sobre los cargos y funciones de la Junta Secreta de la Maestranza de Granada véase ahora también la descripción excelente de Inmaculada Arias de Saavedra, *La Real Maestranza de Caballería de Granada en el siglo XVIII*, Granada, Universidad de Granada, 1988, pp. 58-65.

[3] *Regla... de Sevilla...* (1683), Zaragoza, 1698, pp. 25 y sig. y pp. 42 y sig.; *Reglas... de Granada...* (1687), Granada, 1727, p. 26 y pp. 32 y sig., así como *Relación de Hermanos Mayores*[,] *Tenientes y Secretarios e Índice Alfabético de los Caballeros que han pertenecido a la Real Maestranza de Caballería de Sevilla desde 1670 hasta 1970*, Sevilla, Real Maestranza de Caballería, 1970, pp. 1-4.

[4] *Regla... de Sevilla...* (1683), Zaragoza, 1698, pp. 11-14 y pp. 27 y sig., así como *Reglas... de Granada...* (1687), Granada, 1727, pp. 16-18 y p. 22. Cfr. también Antonio Rumeu de Armas, "La ciudad de Ronda en las postrimerías del Viejo Régimen. La Maestranza de Caballería", en *Hispania*, vol. 42, n. 151, Madrid, 1982, p. 317, nota 156.

[5] *Regla... de Sevilla...* (1683), Zaragoza, 1698, pp. 15 y sig., así como *Reglas... de Granada...* (1687), Granada, 1727, pp. 18 y sig.

[6] *Regla... de Sevilla...* (1683), Zaragoza, 1698, pp. 16-18, y *Reglas... de Granada...* (1687), Granada, 1727, pp. 19 y sig.

[7] *Regla... de Sevilla...* (1683), Zaragoza, 1698, p. 9 y pp. 18 y sig., así como *Reglas... de Granada...* (1687), Granada, 1727, pp. 20 y sig. Cfr. también las notas 29, 30 y 31 de este cap. y las fuentes indicadas en las notas 78, 101, 102 y 107 del cap. II.

[8] *Regla... de Sevilla...* (1683), Zaragoza, 1698, p. 19, y *Reglas... de Granada...* (1687), Granada, 1727, p. 21.

[9] *Regla... de Sevilla...* (1683), Zaragoza, 1698, p. 27, y *Reglas... de Granada...* (1687), Granada, 1727, p. 22.

[10] *Regla... de Sevilla...* (1683), Zaragoza, 1698, pp. 24 y 29, así como *Regla de la Real Maestranza de la Mui Ilustre, y siempre Mui Noble, y Leal ciudad de Sevilla, tomando por patrona, y abogada a la siempre Virgen Maria Nuestra Señora del Rosario. Dedicada al Serenissimo Sr. Infante Don Phelipe, Hermano Mayor de dicha Real Maestranza*, Sevilla, Juan Francisco Blas de Quesada (1732), pp. 25-27.

[11] *Constituciones de la ilustre Maestranza de Valencia*, con licencia, Valencia, Imprenta de Iayme de Bordazar y Artazu, 1697, pp. 21-35. Sobre el cargo del Tesorero en Valencia, cfr. también el cap. VI, p. 321 de este trabajo. Las Constituciones Generales de la Maestranza de Valencia

reformadas, aprobadas por real orden del primer ministro D. José de Carvajal y Lancaster, Buen Retiro, 12 de enero de 1754, y remitidas al capitán general y gobernador de Valencia, duque de Caylus, se encuentran en AGS, Secretaría de Guerra, Guerra Moderna, leg. 6023. La misma versión fue aprobada por real provisión de Fernando VI, Buen Retiro, 2 de abril de 1754, ARV, Real Acuerdo, L. 49 (año 1754), f. 360r.-375r.

[12] *Regla... de Sevilla...* (1732), pp. 6 y sig.; *Estatutos y ordenanzas de la Real Maestranza de la ciudad de Granada tomando por patrona á María santísima en el misterio de su Purísima Concepción erigida bajo la real protección del rey nuestro señor (q. d. g.) y logrando el honor de tener por Hermano Mayor al serenísimo señor don Felipe infante de España, duque de Parma, Plasencia y Guastala, etc.* (1764), nueva ed. (la que cito), Granada, Tipografía de López Guevara, 1906, pp. 25-27; *Ordenanzas de la Real Maestranza de caballeros de la ciudad de Valencia año de MDCCLXXV* (1776), nueva ed. (la que cito), Valencia, Imprenta de Nicasio Rius, 1880., pp. 16 y sig.; *Ordenanzas de la Real Maestranza de Caballería de la ciudad de Sevilla* (1794), nueva ed. (la que cito), Sevilla, Mariano Caro, 1834., pp. 17 y sig.; *Ordenanzas de la Real Maestranza de la M.N. y L. ciudad de Ronda aprobadas por el rei nuestro señor, siendo Hermano Mayor de este real cuerpo el Serenísimo Señor Infante Don Cárlos María*, Madrid, Imprenta de D. Fermín Villalpando, 1817, ed. facsímil, Ronda, Real Maestranza de Caballería de Ronda, 2009., pp. 20 y sig.; y *Ordenanzas de la Real Maestranza de Caballería de la ciudad de Zaragoza*, con licencia, Zaragoza, Francisco Magallón, 1825., pp. 4 y sig.

[13] *Regla... de Sevilla...* (1732), pp. 30-39; *Estatutos... de Granada...* (1764), Granada, 1906, pp. 72-79, *Ordenanzas... de Valencia...* (1776), Valencia, 1880, pp. 59-63; *Ordenanzas... de Sevilla* (1794), Sevilla, 1834, pp. 81-90; *Ordenanzas... de Ronda...*, 1817, pp. 56-62; y *Ordenanzas... de Zaragoza*, 1825, pp. 13-25. Cfr. también la correspondencia ordinaria entre las maestranzas y los secretarios de los Hermanos Mayores referente a la elección y nombramiento de los tenientes en el siglo XVIII, AGS, Secretaría de Guerra, Guerra Moderna, legs. 4260, 4262, 4265, 4271, 6023, 6024 y 6026, así como AHN, Estado, leg. 7652, exp. Maestranza de Granada, año 1807.

[14] *Regla... de Sevilla...* (1732), pp. 49 y sig. y pp. 82-85; *Estatutos... de Granada...* (1764), Granada, 1906, pp. 29, 41, 43, 48-51 y 78; *Ordenanzas... de Valencia...* (1776), Valencia, 1880, pp. 28, 30 y 63; *Ordenanzas... de Sevilla* (1794), Sevilla, 1834, pp. 30-32 y pp. 89 y sig.; *Ordenanzas... de Ronda...*, 1817, p. 34 y pp. 61 y sig.; así como *Ordenanzas... de Zaragoza*, 1825, pp. 5 y sig. Cfr. también *Relación de Hermanos Mayores...*, pp. 4-8; además, *Nomina de los Fundadores de la Real Maestranza de Sevilla, que tubo origen en el Año de 1670; y a su continuacion la Serie de los Hermanos mayores, y Thenientes de S[u] A[lteza] el S[eñ]or Ynfante d[o]n Phelipe, h[as]ta el presente (1760)*, AMS, Sección XI, Colección Conde del Águila, vol. 41 (en folio), n. 57.

[15] *Regla... de Sevilla...* (1732), pp. 8-16; *Estatutos... de Granada...* (1764), Granada, 1906, pp. 27-32; *Ordenanzas... de Valencia...* (1776), Valencia, 1880, pp. 28-33; *Ordenanzas... de Sevilla* (1794), Sevilla, 1834, pp. 38-45; *Ordenanzas... de Ronda...*, 1817, pp. 22-26; *Ordenanzas... de Zaragoza*, 1825, pp. 26-31 y pp. 54 y sig., así como *Relación de Hermanos Mayores...*, pp. 1-8. Félix González de León, *Noticia historica del origen de los nombres de las calles de esta m. n. m. l. y m. h. ciudad de Sevilla*, Sevilla, 1839., p. 413, confirma que la Maestranza de Sevilla aún en el siglo XIX no poseía una casa propia de su corporación.

[16] *Regla... de Sevilla...* (1732), pp. 17-30; *Estatutos... de Granada...* (1764), Granada, 1906, pp. 33-48; *Ordenanzas... de Valencia...* (1776), Valencia, 1880, pp. 33-45; *Ordenanzas... de Sevilla* (1794), Sevilla, 1834, pp. 45-60; *Ordenanzas... de Ronda...*, 1817, pp. 26-37, y *Ordenanzas... de Zaragoza*, 1825, pp. 31-44.

[17] *Regla... de Sevilla...* (1683), Zaragoza, 1698, pp. 29-32; *Reglas... de Granada...* (1687), Granada, 1727, pp. 27 y sig., y *Constituciones de la ilustre Maestranza de Valencia* (1697), p. 14.

[18] *Regla... de Sevilla...* (1732), pp. 60-65; *Estatutos... de Granada...* (1764), Granada, 1906, pp. 84-109; *Ordenanzas... de Valencia...* (1776), Valencia, 1880, pp. 64-77; *Ordenanzas... de*

Sevilla (1794), Sevilla, 1834, pp. 92-110; *Ordenanzas... de Ronda...*, 1817, pp. 63-81; y *Ordenanzas... de Zaragoza*, 1825, pp. 61-79. Sobre los dibujos de los delineantes que la Maestranza de Valencia ha nombrado a partir de 1754, cfr. marqués de Cruilles, *Las funciones ecuestres de la Real Maestranza de Caballería de Valencia reseñadas por su ex-secretario El... por acuerdo de la misma Real Maestranza*, Valencia, Imprenta de N. Ruis Monfort, 1890, pp. 32 y sig. A pesar de que el ARMCV fue destruido en la Guerra Civil, se conservan en el mismo los libros siguientes: 0061-001-00, Libro de delineación De las Escaramuzas y manejos de el R[ea]l Cuerpo de Maestranza de Valencia. Empieza en 1784 [a 1790]; y otro, 0061-002-00, Escaramuzas. 5. 1800?-1807.

[19] Cfr. el cap. VI, pp. 350-353. Los músicos y el cirujano se contrataron en Sevilla para cada una de las fiestas.

[20] Libro de quenta, y razon de lo que annualmente se paga, sobre la Plaza de toros, por razon de zenso del agua; y tambien de los salarios de Juez, Picadores y demas dependientes, del Real Cuerpo de Maestranza desta Ciudad..., ARMCG, n. 1310, fs. 1r.-36v.

[21] *Regla... de Sevilla...* (1683), Zaragoza, 1698, pp. 20-22, y *Reglas... de Granada...* (1687), Granada, 1727, pp. 23-25. Sobre las sesiones de la Junta General y la Secreta de la Maestranza de Granada véase ahora también la descripción de Inmaculada Arias de Saavedra, *La Real Maestranza de... Granada en el siglo* XVIII, 1988, pp. 65-67.

[22] *Constituciones de la ilustre Maestranza de Valencia* (1697), pp. 14-17, 26 y 30.

[23] *Regla... de Sevilla...* (1732), pp. 40-46; *Estatutos... de Granada...* (1764), Granada, 1906, pp. 51-59; *Ordenanzas... de Valencia...* (1776), Valencia, 1880, pp. 45-50; *Ordenanzas... de Sevilla* (1794), Sevilla, 1834, pp. 60-67; *Ordenanzas... de Ronda...*, 1817, pp. 40-46, y *Ordenanzas... de Zaragoza*, 1825, pp. 6-10.

[24] *Regla... de Sevilla...* (1683), Zaragoza, 1698, p. 23; *Reglas... de Granada...* (1687), Granada, 1727, pp. 25 y sig., y *Constituciones de la ilustre Maestranza de Valencia* (1697), pp. 15 y sig. Cfr. también *Regla... de Sevilla...* (1732), pp. 47 y sig.; *Estatutos... de Granada...* (1764), Granada, 1906, pp. 59-61; *Ordenanzas... de Valencia...* (1776), Valencia, 1880, pp. 51 y sig.; *Ordenanzas... de Sevilla* (1794), Sevilla, 1834, pp. 67-69; *Ordenanzas... de Ronda...*, 1817, pp. 46 y sig., y *Ordenanzas... de Zaragoza*, 1825, pp. 11-13.

[25] *Ordenanzas... de Valencia...* (1776), Valencia, 1880, pp. 50 y sig.

[26] Cfr. cap. II, pp. 141-157.

[27] *Constituciones de la ilustre Maestranza de Valencia* (1697), p. 26; y *Ordenanzas... de Valencia...* (1776), Valencia, 1880, pp. 45 y 52.

[28] Ordenanzas... de Zaragoza, 1825, p. 6.

[29] ARMCS, Libro de Actas 1 (1729 y 1730) (a); (b) 2 (1731-1733); (c) 3 (1733-1736); (d) 4 (1736-1744); (e) 5 (1745-1751); (f) 6 (1751-1753); (g) 7 (1754-1760); (h) 8 (1761-1763); (i) 9 (1763-1781); (k) 10 (1781-1782); 11 (1782-1786); 12 (1786-1789); (l) 13 (1789-1792); (m) 14 (1792-1794); (n) 15 (1794-1796); 16 (1796-1798); 17 (1798-1799); 18 (1799-1802); 19 (1802-1804); 20 (1805-1807); 21 (1807-1808); y 22 (1808-1814).

[30] ARMCG, Actas, Libro 1 (1686-1707, 1725-1739); 2 (1739-1741); 3 (1741-1746); 4 (1746-1749); 5 (1749-1753); 6 (1753-1755); 7 (1755-1759); 8 (1759-1762); 9 (1762-1763); 10 (1763-1765); 11 (1765-1767); 12 (1767-1769); 13 (1769-1771); 14 (1771-1774); 15 (1774-1776); 16 (1776-1777) (2 vols.); 17 (1777-1778); 18 (1778-1779); 19 (1779-1781); 20 (1781-1784); 21 (1785-1786); 22 (1786-1788); 23 (1788-1790); 24 (1790-1792); 25 (1792-1793); 26 (1793-1796); 27 (1799-1800); 28 (1804-1807); y 29 (1824-1830).

[31] ARMCR (Fondo Propio), leg. 234, Libro Indice general de los Acuerdos tomados por el Ylustre y Real Cuerpo de Maestranza de Caballeria de esta Muy Noble y Muy Leal Ciudad de Ronda... (1707-1878).

[32] Cfr. las fuentes indicadas en el cap. I, nota 76.

[33] Cfr. la nota 30 de este cap.

[34] Cfr. la nota 31 de este cap.

[35] Expediente de la reconstitución de la Maestranza de Valencia en 1747, AGS, Secretaría de Guerra, Guerra Moderna, leg. 6023.

[36] Así en Sevilla, en los años 1771 y 1773-1776, en Granada, 1801-1803 y 1808-1823, y en Ronda, 1742-1746, 1748-1749 y 1753. Cfr. las fuentes indicadas en las notas 29, 30, y 31 de este cap.

[37] Cfr. las fuentes indicadas en las notas 29 y 30 de este cap. correspondientes a los años referidos.

[38] Cfr. la nota 29 de este cap.

[39] *Regla... de Sevilla...* (1683), Zaragoza, 1698, p. 44; *Reglas... de Granada...* (1687), Granada, 1727, p. 33, y *Constituciones de la ilustre Maestranza de Valencia* (1697), p. 16.

[40] *Regla... de Sevilla...* (1732), Introducción y pp. 85-87; *Estatutos... de Granada...* (1764), Granada, 1906, pp. 137-140; *Ordenanzas... de Valencia...* (1776), Valencia, 1880, pp. 5-10 y pp. 94-98; *Ordenanzas... de Sevilla* (1794), Sevilla, 1834, Introducción y pp. 139-142; *Ordenanzas... de Ronda...*, 1817, Introducción y pp. 103 y sig., así como *Ordenanzas... de Zaragoza*, 1825, Introducción y pp. 106-108.

V.
LAS ACTIVIDADES DE LAS MAESTRANZAS DE CABALLERÍA

Página anterior: Justa de las Reales Maestranzas, en las funciones reales, celebrada en la plaza de toros de Madrid en la tarde del día 24 de junio de 1833. Litografía de Pharamond Blanchard, en *Colección de cinco estampas que representan las principales funciones públicas celebradas en esta corte en el mes de junio de 1833 con el fausto motivo de la jura de la reina nuestra señora doña Isabel II como princesa heredera*. Madrid, 1834. Colección Real Maestranza de Caballería de Ronda.

EN los capítulos anteriores hemos señalado que las maestranzas eran corporaciones nobiliarias surgidas de las hermandades de caballería. Como tales celebraban, además de la fiesta de su patrono, otras fiestas eclesiásticas. Debido a su dependencia de la Corona y a los privilegios recibidos, en especial, el de tener por Hermano Mayor a un infante y posteriormente al propio rey, celebraban también numerosas fiestas reales y de Estado, sobre todo, con motivo de los eventos ocurridos en la casa real. La equitación y la educación hípica y deportiva, y en parte también la cría de caballos, ocupaban un primerísimo lugar dentro de las actividades de las maestranzas, tanto en relación con las celebraciones regias y las fiestas eclesiásticas como con los festejos de equitación de rango mayor. Gracias a las licencias ilimitadas para celebrar corridas de toros, estas y la construcción de las plazas de toros eran importantes cometidos de las maestranzas. Además de las mencionadas actividades de carácter cofrade (entendido como propio de una confraternidad), estamental y específico de grupo, que servían sobre todo a la autoexaltación de sus miembros, las maestranzas se dedicaban a tareas pedagógicas y en parte también asistenciales.

1. Las fiestas eclesiásticas y civiles de las maestranzas

Como en las hermandades y cofradías, la principal fiesta eclesiástica de las diferentes maestranzas era la fiesta anual de sus patronos. Siguiendo la tradición de la tardía Edad Media, la fiesta del patrono en las maestranzas andaluzas de Sevilla, Granada y Ronda no solo comprendía el día del santo, sino también la octava del mismo. Las ceremonias eclesiásticas tenían lugar por lo general en una capilla o en una iglesia dedicada al santo patrón. No se trataba de capillas en la catedral o en las parroquias, sino de otras más específicas del grupo, ubicadas en conventos, ya que se tenían por más distinguidas y adecuadas para las corporaciones nobiliarias. La mayoría de las maestranzas veneraba a la Virgen María, particularmente, en su misterio religioso de la Inmaculada Concepción. La Maestranza de Sevilla celebraba las fiestas en honor de su patrona Nuestra Señora del Rosario en la Capilla del Rosario del convento dominico de Regina Angelorum. En Granada, la Maestranza organizaba las fiestas de su patrona Nuestra Señora de la Inmaculada Concepción en la iglesia del convento de monjas de La Concepción. La corporación valenciana veneraba a su patrona Santa María de la Inmaculada Concepción en la iglesia de la Puridad. La de Ronda celebraba las fiestas en honor de su patrona Nuestra Señora de Gracia en cualquier iglesia de la ciudad. Las fiestas patronales de la Maestranza de Zaragoza estaban dedicadas a San Jorge, el patrono tradicional de las cofradías nobiliarias aragonesas, y las ceremonias religiosas tenían lugar en la iglesia de la Casa Real de Santa Isabel o en otra iglesia de la ciudad.

Como en las cofradías, en todas las maestranzas los miembros estaban obligados a asistir, el día del Santo Patrón, a misa y a comulgar colectivamente. Desde el punto de vista de la sociología de los grupos, el culto a un patrón común, la misa y la comunión comunes y el banquete colectivo representaban actos constitutivos tanto para la integración de la comunidad, en especial para el desarrollo de un sentir corporativo entre el grupo, como también para el prestigio del mismo hacia afuera. Después de las reformas de las primeras ordenanzas, cada nuevo miembro de las Maestranzas de Sevilla, Granada, Valencia y Ronda, tenía que jurar en el transcurso de la ceremonia de recepción, que creía, confesaba y defendía el misterio religioso de la Inmaculada Concepción de la Virgen, su patrona, a pesar de que todavía no formaba parte de los dogmas de la Iglesia.

Las fiestas eclesiásticas en honor del patrono o de la patrona estaban acompañadas por uno e incluso varios festejos hípicos públicos realizados por los miembros jóvenes de las maestranzas. En sus comienzos la corporación de Valencia organizaba, en la víspera de la fiesta de su patrona, una sesión de máscaras pública. A las fiestas y ceremonias eclesiásticas celebradas en honor de la patrona se invitaban en Valencia al capitán general y gobernador de la provincia, a las corporaciones más distinguidas de la ciudad y a los titulares de la propia Junta de Gobierno con sus esposas. En Granada se invitaba también a los demás nobles destacados de la ciudad que no pertenecían a la maestranza. La corporación de Zaragoza organizaba el día después de la fiesta de la patrona una misa en sufragio de las almas de los miembros fallecidos, a la que debía asistir la corporación en su conjunto. Los diputados propietarios o padrinos, los capellanes de la corporación y otros clérigos organizaban y realizaban los festejos en honor de la patrona o del patrono de las diferentes maestranzas por encargo de la Junta General y/o del presidente.[1]

Siguiendo la tradición de las cofradías, en la primera fase de la hermandad sevillana, los miembros estaban obligados a participar en los rezos comunes en honor de su patrona, que tenían lugar todos los sábados en la capilla de la misma en el convento dominico de Regina Angelorum. Esta obligación contenida en los estatutos de 1683 fue confirmada por las ordenanzas de 1794, pero no consta en los estatutos de 1731-1732. Los miembros de la corporación sevillana también debían tomar parte, en lo posible, en el rezo del Santo Rosario y en las procesiones en honor de su patrona que se celebraban los primeros domingos del mes.[2]

Los miembros de las diferentes Maestranzas no solo participaban en las fiestas eclesiásticas de su propia corporación, sino también en las de otros grupos sociales. Los caballeros maestrantes pertenecían también a otras cofradías religiosas sea colectivamente, sea como individuos. Así, a partir del 3 de diciembre de 1679, todos los maestrantes de Sevilla eran también hermanos de la Cofradía del Rosario, y por decisión de la Junta General de la misma, el presidente de la Maestranza ocupaba regularmente el puesto de uno de los alcaldes de esta cofradía. La Cofradía del Rosario, fundada en 1589, veneraba a la misma patrona y en la misma capilla del convento dominico de

Regina Angelorum que la Maestranza. Era una cofradía nobiliaria dedicada a fines religiosos y a otras tareas sociales y asistenciales, como bodas y entierros. Sus miembros nobles y acaudalados le habían legado numerosas donaciones en forma de rentas. Por ello la cofradía estuvo en condiciones de adquirir en enfiteusis, en 1591, el recinto de la futura Capilla del Rosario, además de una serie de sepulturas anexas, y levantar dentro del convento dominico la capilla que posteriormente fue ampliando y adornando. Con la admisión de los maestrantes en su conjunto en 1679, los miembros de la Cofradía del Rosario trataron probablemente de aumentar el prestigio social de su propia asociación.

Con el creciente número de maestrantes, que después de 1679 constituirían pronto la mayoría de los hermanos, la Cofradía del Rosario se fue convirtiendo, en gran medida, en una institución anexa a la Maestranza, aunque continuó siendo formalmente independiente. Al entrar en la Maestranza cada nuevo miembro debía entregar una limosna voluntaria para la patrona. Estos ingresos irregulares de donativos redundaban en provecho de la capilla que ambas corporaciones mantenían, para conservarla y adornarla. La Cofradía del Rosario celebraba una solemne misa los primeros domingos del mes en honor a Nuestra Señora del Rosario, empleándose para ello gran parte de los ingresos basados en las donaciones de rentas hechas por los miembros. Si faltaban medios para estas misas y para otras actividades de la cofradía, la Maestranza solía suplirlas con sus propios fondos.[3] No obstante, los ingresos de la Cofradía del Rosario, procedentes principalmente de las rentas donadas y en parte de las limosnas, eran muy altos. Entre 1659 y 1682 importaban 3.526 reales de vellón anuales por término medio; entre 1683 y 1713, 7.708 reales de vellón y en 1758, 12.188 reales de vellón. Frente a estos ingresos había gastos de un importe semejante, originados por las fiestas eclesiásticas. En comparación con estos incrementados ingresos de rentas propias de la Cofradía del Rosario, originados en última instancia por la creciente cantidad de miembros de la Cofradía y la Maestranza, los servicios financieros adicionales de la Maestranza permanecían reducidos.[4] Por otra parte, la Maestranza no dejó de emplear para sus propios fines el capital de la Cofradía procedente de donaciones y disponible para préstamos. A partir de 1760 lo tomó en préstamo para financiar la construcción de la plaza de toros, gravando en concepto de garantía todas sus propiedades y los ingresos procedentes de las corridas de toros.[5]

La Maestranza de Sevilla también participaba en las festividades de otra cofradía. Cada año en agosto sus miembros estaban presentes en la fiesta de la patrona de la Cofradía de Nuestra Señora de los Ángeles. Se trataba de una cofradía pobre de esclavos negros, negros liberados y de sus descendientes, que existía en la ciudad, según afirma la tradición de dicha asociación, desde finales del siglo XIV. Con seguridad algunos maestrantes tenían esclavos negros en su residencia privada en la ciudad. Durante los siglos XVII y XVIII la Maestranza subvencionaba económicamente a esta cofradía como acto de generosidad paternalista y testimonio de humildad cristiana, pagando los costos de su vistosa estación en las procesiones de Semana Santa. En el siglo XVIII mandó restaurar y adornar la capilla de la cofradía para celebrar en ella numerosas fiestas eclesiásticas. Los miembros de la Maestranza no solo asistían a la fiesta anual del patrono, sino que organizaban en la víspera, juntamente con los hermanos de la cofradía de los negros, unos juegos hípicos pintorescos delante de su capilla. En estos festejos hípicos anuales entre los caballeros maestrantes y los negros de la cofradía y en otros festejos semejantes, además de la fraternidad cristiana, indirectamente también se ponía de manifiesto la enorme diferencia social sancionada por la religión entre los grupos participantes.[6] La Maestranza sevillana no solo participaba como corporación en las fiestas eclesiásticas de determinadas cofradías religiosas, sino que muchos de sus miembros pertenecían individualmente a una serie de cofradías, sobre todo, a la de la Virgen de la Soledad, del Convento de Carmelitas Calzados.[7] Es seguro que también las maestranzas y sus miembros en otras ciudades, asistieron a las fiestas eclesiásticas de las cofradías, sea como corporaciones, sea a título personal.[8]

Las diferentes maestranzas no solo tomaban parte en las actividades de las cofradías de sus ciudades, también mantenían entre ellas relaciones de unión fraternal y hermandad. Esta hermandad se manifestaba en el hecho de que se invitara a las actividades públicas a los miembros de otras maestranzas que se encontraban de paso. Estos incluso, después de 1760, disfrutaban del fuero privilegiado, si bien sus causas se pasaban posteriormente a sus propios tribunales. La misma hermandad se manifestaba asimismo por el hecho de que miembros de otras maestranzas que habían fallecido en la ciudad se enterraban con la misma solemnidad que los propios hermanos. Además, las maestranzas fraternalmente unidas se comunicaron mutuamente los nombramientos de los cargos de la Junta de Gobierno, sus nuevas ordenanzas y otros asuntos específicos de sus corporaciones. No obstante, las relaciones de hermandad solo podían iniciarse por resolución de las Juntas Generales. Esta fraternidad existió entre las Maestranzas de Sevilla y Granada a partir de 1687; a partir de 1708, entre la de Granada y la de Ronda; a partir de 1728, entre las de Sevilla y Carmona, y entre Granada y Carmona; a partir de 1767, entre las de Granada y Valencia y, a partir de 1768, entre las de Sevilla y Valencia. Ya con anterioridad a 1785, hubo relaciones de hermandad entre las Maestranzas de Sevilla y Ronda y a partir de 1785 entre las de Ronda y Valencia y, por último, a partir de 1824 entre las de Sevilla, Granada, Ronda y Valencia y la de Zaragoza.[9] Estas relaciones de hermandad entre las Maestranzas del siglo XVIII se enfocaban más bien en formas de etiqueta, sin que contribuyeran a aminorar la competencia elitista entre ellas, lo que condujo a que las corporaciones hermanadas no reconocieran mutuamente sus pruebas de hidalguía. A partir de la tardía Edad Media las hermandades fueron originalmente uniones de instituciones o corporaciones como, por ejemplo, alianzas entre ciudades, cabildos catedralicios, monasterios, órdenes religiosas y también de cofradías con el fin de proteger y defender sus intereses comunes.[10]

Las maestranzas no solo organizaban fiestas con ocasión de acontecimientos eclesiásticos, sino también con motivo de efemérides civiles. Entre estas figuran, sobre todo, las fiestas reales, a las que tenían que asistir obligatoriamente todos los miembros residentes en la ciudad y alrededores. Además, debían asistir a la toma de posesión del cargo del Hermano Mayor y posteriormente del teniente, así como a los ejercicios hípicos regulares que se realizaban todos los meses y a los festejos de equitación que normalmente se realizaban con motivo de la fiesta de su patrona. Por último, los miembros de la corporación sevillana estaban obligados a participar en la fiesta hípica organizada conjuntamente con la cofradía de los negros de Nuestra Señora de los Ángeles.[11]

En las ciudades castellanas las fiestas reales se acordaban y se realizaban por los ayuntamientos por orden de las autoridades reales o con la aprobación de las mismas. En las ciudades de su sede, las maestranzas participaban en estas fiestas reales, sea dentro del marco de los actos organizados junto con el ayuntamiento, sea con festejos propios. Eran sobre todo las efemérides de la casa real las que motivaban la celebración de las fiestas reales en las que participaban las maestranzas, así los nacimientos y bautismos, enlaces matrimoniales y la fiesta onomástica o del cumpleaños del rey, del Hermano Mayor de sangre real o de otros miembros de la familia real. Un motivo menos frecuente eran las visitas o permanencias del rey en las ciudades sedes de las maestranzas. Otras veces se organizaban fiestas reales con motivo de algún acontecimiento de la política interior o exterior; como la mayoría de edad del rey, la coronación de un nuevo monarca, una batalla ganada o la feliz conclusión de paz. Se celebraban las fiestas reales con festejos hípicos públicos y con frecuencia con costosas corridas de toros a las que asistía gratuitamente la población. De la misma manera, las maestranzas disponían solemnes honras fúnebres cuando fallecía algún miembro de la familia real.[12]

Además de las fiestas reales y de los festejos de equitación que describiremos más adelante, las maestranzas, al igual que las cofradías, acostumbraban a asistir colectivamente a reuniones familiares con motivo de entierros y bodas de los miembros o de sus familiares próximos como esposas e hijos. Cuando algún miembro u otro noble distinguido de la ciudad estaba agonizando, debían suspenderse y aplazarse las actividades generales y no obligatorias de las corporaciones. Esto se practicó en los comienzos de las corporaciones y en Sevilla hasta 1794. Los nobles de las diferentes maestranzas celebraban, además, en el mes de noviembre de cada año, actos conmemorativos en honor de los miembros fallecidos. Al contraer matrimonio algún miembro de la familia de un caballero maestrante, las fiestas privadas solían realizarse con desfiles ecuestres engalanados que pasaban por delante de su residencia. En Ronda se organizaban incluso fiestas de la corporación cuando algún miembro había obtenido un título de Castilla para llamarse en adelante "señor marqués" o "señor conde". Estos compromisos de carácter familiar voluntario y no obligatorio de los maestrantes residentes en la ciudad y en sus alrededores se remontaban a la tradición cofrade de las maestranzas.[13]

Los estatutos de las diferentes corporaciones prohibían que tanto los festejos obligatorios como los que no lo eran pudiesen celebrarse durante la Semana Santa y en época de luto nacional. Sin embargo, no estaba permitido aplazar los festejos en honor de la patrona de la corporación. Las fiestas reales con motivo de las efemérides de la familia real o relativas a los acontecimientos políticos de la monarquía no se podían suspender sino excepcionalmente y por razones graves. La Junta General y, en muchos casos, el presidente de las diferentes maestranzas decidían la conveniencia de las fiestas, cuya organización y realización correspondía a los miembros comisionados de la Junta de Gobierno.[14]

¿Con qué frecuencia se reunían las maestranzas para celebrar sus fiestas? De acuerdo con un calendario impreso en 1749, la corporación de Granada celebraba, además de las fiestas reales irregulares con motivo de enlaces matrimoniales, nacimientos y fallecimientos acaecidos en la familia real, veinticuatro fiestas reales fijas al año con ocasión de las fiestas de cumpleaños y onomásticas de los miembros de la casa real. Como corporación celebraba, además, tres fiestas principales eclesiásticas (Viernes Santo, Corpus Christi y Navidad), dos fiestas en honor de su patrona, la toma de posesión del nuevo teniente, la elección de los cargos, así como unos doce festejos hípicos públicos. En estas cuarenta y tres fiestas, en parte fijas, todos los caballeros maestrantes residentes en Granada y sus alrededores debían participar llevando el uniforme grande. Esta serie de actividades no incluían las fiestas reales de carácter ocasional ni las fiestas celebradas con motivos privados, como bodas, entierros y otros eventos de las familias de los maestrantes granadinos. Además de las 50-70 fiestas anuales, que

Verdadero retrato de N.S. del Rosario, Patrona de la Real Maestranza que se venera en su capilla de Regina Angelorum. Grabado calcográfico de Juan de Valdés, en *Regla de la Real Maestranza de [...] Sevilla*. Sevilla, 1732. Biblioteca Real Maestranza de Caballería de Ronda.

suponen uno o dos actos a la semana, a las que había que asistir vistiendo el uniforme grande, tenían que concurrir a las numerosas fiestas eclesiásticas generales y especiales, a las Juntas Generales y a las de Gobierno, así como a otras actividades de la corporación. Esta participación activa debía ocupar gran parte del tiempo de un noble que vivía ociosamente de sus rentas, tanto en Granada como en las otras maestranzas.[15]

La mayoría de las relaciones que se refieren tanto a las fiestas reales como a las privadas, las eclesiásticas y los festejos hípicos públicos coinciden en que estas fiestas se celebraban con toda pompa y suntuosidad. Era casi imposible reducir los altos costos que originaban estas fiestas. En este sentido, resultó muy instructivo lo acaecido en 1773 en la Maestranza de Valencia. En los festejos hípicos públicos, que eran fiestas relativamente sencillas, la corporación valenciana brillaba, al igual que las otras maestranzas, sobre todo por los jóvenes maestrantes con sus vistosos uniformes, sus excelentes caballos y los numerosos criados con sus libreas. En aquella época los festejos de equitación de la Maestranza de Valencia solían culminar con un sarao fastuoso en la residencia del teniente. A esta fiesta asistían por lo general los miembros de la Maestranza con sus familiares y, en lo posible, todos los notables aristócratas de la ciudad con sus respectivas esposas, en total más de 700 personas. Por temor a los enormes gastos, no pocos de los maestrantes desechaban el cargo de teniente. Con el fin de frenar posibles excesos, el Hermano Mayor ordenó que se limitasen a invitar únicamente a los miembros de la Maestranza y a sus familiares. No obstante, el teniente elegido en 1773 consiguió el mismo año que el Hermano Mayor revocase esta decisión, alegando que semejante medida hubiese significado el menosprecio y la ofensa para otros destacados grupos nobles, como para los oficiales del regimiento de línea acuartelado en Valencia, para los miembros del Real Acuerdo y de la Real Audiencia, así como para el Ayuntamiento de la ciudad.[16]

Las relaciones de las fiestas públicas de las Maestranzas insisten una y otra vez en que estas atraían una numerosa asistencia. En el Antiguo Régimen, como lo había sido en la Baja Edad Media, las fiestas de la élite representaban una distracción y diversión para el público. A los organizadores y protagonistas, las fiestas, como espectáculos costosos, les brindaban, a su vez, la oportunidad de atraer la admiración y en parte también la envidia de los espectadores, y de mejorar de esta forma su propio prestigio, defendiendo de manera ostentosa su alto rango social dentro de una sociedad urbana relativamente cerrada. Por esta razón, las maestranzas mandaron redactar con cargo a sus fondos, las relaciones de sus fiestas en prosa e incluso en verso, y divulgarlas en forma de impresos privados. Las relaciones recogen con satisfacción la presencia e incluso la participación activa de aristócratas y dignatarios no pertenecientes a las maestranzas, como puede verse por los argumentos esgrimidos por el teniente de Valencia en 1773.[17] Por norma general las maestranzas solían invitar a sus actividades realizadas con motivo de las fiestas reales a los altos dignatarios reales y eclesiásticos de sus ciudades.[18] Las Maestranzas, que no tenían funciones políticas, trataban de subrayar de esta forma su igualdad con los dignatarios reales y eclesiásticos.

Las numerosas fiestas suntuosas celebradas por los nobles unidos en una maestranza, que vivían ociosamente de sus rentas, no pueden explicarse del todo desde el punto de vista de sus orígenes históricos como continuación de su propia tradición cofrade o como actos conmemorativos de hechos gloriosos ocurridos durante la Reconquista, o incluso desde el punto de vista religioso como culto personal a determinados santos locales o específicos de la Iglesia. La sociología, en cambio, puede ofrecernos puntos de partida teóricos capaces de dilucidar mejor el fenómeno. El afán de la noble *leisure class* por desarrollar un lujo ostentoso cumplía su función de marcar las diferencias sociales hacia las clases inferiores. La pompa de las ceremonias y la ostentación del lujo, precisamente en las fiestas, debían poner de manifiesto las diferencias sociales frente a los nobles más pobres y menos poderosos y frente a los burgueses enriquecidos. La rivalidad por desarrollar el máximo lujo posible estaba, por otra parte, en función de la competencia social interna que tenía por fin aventajar y superar en lo posible a otros grupos dirigentes de la élite urbana en lo que a prestigio y rango se refiere.

Un buen ejemplo de la enconada lucha social entre grupos del mismo rango eran los numerosos conflictos provocados entre corporaciones semejantes por la precedencia en los actos públicos, como en los habidos entre la Maestranza y la Universidad de Sevilla. La doble función social en la rivalidad por mostrar el máximo lujo posible por parte de los nobles acaudalados y ociosos se basaba en la estrechez espacial y la existencia simultánea de varios estratos y grupos sociales dentro de la ciudad y, no en último lugar, en la afición a los espectáculos de las gentes de la ciudad. La competencia ruinosa en el desarrollo de los costosos lujos, en función del prestigio, condujo, a menudo, al endeudamiento de las familias aristocráticas. Por ello, la forma de poner en práctica la doble función en la ostentación del lujo exagerado se realizaba más efectivamente en el marco del grupo organizado de una cofradía nobiliaria o de una maestranza. La referida función social de la nobleza de provincia dentro de este "sistema de potlatch"[19] adquiría una mayor importancia, por cuanto las antiguas funciones militares y políticas reservadas a la nobleza se iban perdiendo cada vez más en la época de la Monarquía Absoluta. La agonía de la aristocracia en lo que se refiere al consumo ostentoso no solo caracteriza a la nobleza media urbana de provincia y terrateniente en la

España de los siglos XVII y XVIII, sino también a la nobleza hacendada en Sicilia en el siglo XVIII y, con seguridad, también a otras capas y grupos de la nobleza europea en la Edad Moderna. Esta rivalidad vino a ser la despedida de estratos y grupos sociales que en el siglo XVIII fueron arrinconados en Andalucía y en Sicilia por las burguesías agrarias, advenedizas y más ágiles en el campo de la economía.[20]

2. Las actividades ecuestres y los comienzos de una cría de caballos propia

Como corporaciones nobiliarias, las Maestranzas se emplearon, sobre todo, en la educación y formación hípica y deportiva de sus miembros jóvenes y en realizar grandes festejos de equitación. Por ello las corporaciones mantenían con medios propios unos picaderos donde varios maestros de equitación o picadores a sueldo, y luego también domadores, daban clases de doma y de equitación a los jóvenes maestrantes. En esta práctica debía participar el mayor número de caballos posibles, tanto los que eran propiedad de la corporación como los pertenecientes a las caballerizas de los miembros. Dirigía las prácticas en los picaderos el primer maestro de equitación, ya que las Maestranzas empleaban a varios de ellos. El fiscal de las diferentes corporaciones, que era el encargado de la caballería, tenía por obligación vigilar y supervisar regularmente los ejercicios de equitación y de doma. En Zaragoza era el propio fiscal quien dirigía estos ejercicios ayudado por los maestros de equitación. En todas las corporaciones los ejercicios debían realizarse durante todo el año, especialmente en el verano, de una a tres veces a la semana. Los maestrantes jóvenes tenían que presentarse regular y puntualmente con todo el equipo prescrito y obedecer las órdenes del primer maestro de equitación. De forma excepcional podían asistir también activamente a los ejercicios personas no pertenecientes a las maestranzas. De cuando en cuando, se realizaban las prácticas hípicas con el uniforme pequeño y con todo el equipo, con el fin de que los jóvenes nobles se acostumbraran a los actos públicos. Los ejercicios de equitación y de doma suponían ciertas tasas a pagar por los maestrantes; no eran muy altas y se imponían más bien por razones educativas. El importe de estos ingresos se aplicaba a pagar a los maestros de equitación.

Además de los ejercicios de equitación y de doma, las diferentes maestranzas organizaban, por lo general todos los meses, grandes festejos ecuestres que formaban parte de las actividades obligatorias de todas las corporaciones: correr cañas, pruebas de manejos, alcancías, cabezas, carreras y otras. Antes de celebrarse estas fiestas públicas, la Junta General solía nombrar al efecto a un Diputado entre los miembros que debía ocuparse de los pormenores del festejo. El Diputado de Plaza de la corporación tenía por cometido escoger el lugar de la fiesta, prepararlo y adornarlo. Antes de correr cañas, el presidente elegía, después de consultar a la Junta de Gobierno, a los jefes de las cuadrillas, los cuales a su vez nombraban los otros tres componentes de su grupo. Por lo general, el presidente encabezaba la primera cuadrilla, el fiscal la segunda y el primer diputado la tercera. El orden de las demás cuadrillas se decidía por sorteo en la Junta General. Las demás decisiones y preparativos solían tomarse por la Junta de Cuadrilleros compuesta por la Junta de Gobierno y los jefes de las cuadrillas.

Todos los festejos hípicos de una maestranza comenzaban y terminaban, a modo de procesión, delante de la residencia del teniente. Después de que las maestranzas recibieron los mencionados privilegios, en las fiestas se encontraba colocado en un palco, destacado, un retrato del Hermano Mayor real oculto por una cortina y delante del cual unos soldados montaban guardia. El retrato se descubría durante la fiesta como símbolo integrador de la corporación. Al entrar en la plaza, los caballeros maestrantes participantes en la fiesta hacían su reverencia a este retrato. En el centro de la fiesta se encontraban los jóvenes nobles ataviados con sus vistosos uniformes de gala montados en sus magníficos caballos. Cada uno estaba acompañado por un gran número de criados con sus vistosas libreas a fin de aumentar el prestigio de la corporación y, en consecuencia, el suyo propio y el de sus familias. Los maestros de equitación y los domadores que participaban en los festejos lo hacían también uniformados llevando las pistolas de arzón, al igual que los maestrantes, para guardar la uniformidad del conjunto. Durante los ejercicios cada cuadrilla disponía de un palco especialmente bien situado. En los días de fiesta los maestrantes participantes en los festejos asistían, por lo general, a solemnes misas cantadas y a otras ceremonias en honor de la patrona de la corporación que tenían lugar en la capilla dedicada a la misma.[21]

Las maestranzas realizaban sus ejercicios hípicos y los festejos públicos de equitación en las plazas de toros de su propiedad, pero también en determinadas plazas públicas de sus ciudades. En muchas ocasiones se celebraban más festejos de los prescritos mensualmente; así en Sevilla, entre marzo de 1672 y febrero de 1673, entre mayo de 1693 y abril de 1694, y entre junio de 1701 y abril de 1702. En cambio, en otros años (de junio de 1681 a mayo de 1701 y de enero de 1731 a diciembre de 1739) hubo en Sevilla solo entre cinco y diez festejos ecuestres y desfiles por año.[22] De modo parecido la Maestranza de Granada celebró, entre octubre de 1785 y octubre de 1788, únicamente de cuatro a nueve fiestas hípicas públicas y desfiles cada año.[23] El secretario de una corporación redactaba de forma continuada acta de cada fiesta ecuestre con la fecha exacta, el motivo de la festividad y con los nombres de los miembros participantes, haciéndolo constar en uno libros especialmente dispuestos al efecto, o por separado en las actas de sesiones.[24] En la segunda mitad del siglo XVIII el secretario remitía con frecuencia las copias de las actas al infante y Hermano Mayor en Madrid, con el fin de resaltar las actividades de la maestranza.[25]

Para garantizar el desarrollo ordenado de los ejercicios y de los festejos de equitación públicos, tenían que revisarse, de tiempo en tiempo, el caballo con su equipo y el uniforme de los miembros residentes en la ciudad y alrededores. Las visitas a las diferentes maestranzas se debían realizar en unos casos una vez cada tres años, en otros dos o tres veces al año o de forma irregular en algunas maestranzas a discreción del Fiscal. Las visitas se llevaban a cabo o por el fiscal o por este acompañado de otros miembros de la Junta de Gobierno o, en parte, también por otros maestrantes comisionados conjuntamente con el primer maestro de equitación y el herrador de la corporación. La comisión visitaba una tras otra las casas de los maestrantes. Las visitas no debían durar más de un mes, en algunas corporaciones máximo dos meses. Los maestrantes que no tenían completo su equipo eran amonestados y debían completar el mismo. Si las amonestaciones no surtían el efecto esperado, había que informar al presidente, a la mesa o incluso a la Junta General requiriendo su dictamen.[26]

El secretario de la mayoría de las corporaciones solía levantar acta de las visitas. En estas actas se recogían por regla general la fecha de la visita, el nombre del maestrante visitado, su uniforme, sus caballos con indicación de los colores y los hierros de los mismos, así como las demás piezas del equipo. En las mismas actas se anotaban, si era el caso, las piezas del equipo que faltaban. Asimismo, se incluían, por último, los nombres de los miembros que, por razones de enfermedad, edad o ausencia, podían excusarse. Con el fin de evitar posibles situaciones molestas, se avisaban las visitas con antelación o se reiteraban posteriormente para darle al interesado la oportunidad de completar en el entretiempo las piezas que faltaban en su equipo. Se han conservado pocas de estas actas en los archivos. Es de suponer que en Sevilla y Granada los controles no se llevaban a cabo de forma regular.[27]

En el siglo XVIII se realizaban con mayor frecuencia en las Maestranzas de Sevilla y Granada (en Granada casi todos los años) encuestas de todos los caballos propiedad de los miembros residentes en la ciudad y, en el caso de Granada, también de los maestrantes forasteros que vivían fuera de la ciudad.[28] Debido a que las maestranzas tenían sus propios registros de caballos que se remitían a la administración real, los caballos de los miembros de ambas corporaciones no entraban, gracias a un privilegio, en el registro general que los corregidores llevaban a cabo todos los años en el sur de España.[29] Las estadísticas anuales por parte de la administración real debían servir, en el siglo XVIII, de base para el fomento de la cría de caballos en Andalucía, en el Reino de Murcia y en Extremadura. Sin embargo, el registro de los caballos de los maestrantes no se efectuaba por razones económicas o militares, ya que, en este caso, se hubiesen incluido en las encuestas generales de los corregidores. Por otra parte, el efectivo de caballos privados de una maestranza dependía más del número de miembros de la misma que de los logros o fracasos de la cría de caballos. Los registros de caballos de las maestranzas tenían más bien un carácter apologético, ya que representaban la razón de existir de estas corporaciones de caballería nobiliarias. Por ello las Maestranzas de Sevilla y Granada remitían a sus respectivos infantes Hermanos Mayores unos ejemplares magníficamente adornados de las copias de sus registros de caballos, así como las de las actas de las visitas realizadas.

La Corona otorgó privilegios a las Maestranzas, entre otras razones, como ya sabemos, con la intención de fomentar la cría de caballos sobre todo en Andalucía. A partir del siglo XVI el caballo como animal de tiro y de carga y, en parte también como caballo de silla, quedaba desplazado cada vez más por las mulas, más económicas de mantener. En el siglo XVIII el caballo se empleaba como montura tan solo en el uso privado y en las unidades de caballería del ejército real. Las mulas, en cambio, abundaban en la misma época, sobre todo, en el sur de España como animal de tiro de las carretas y carros de dos ruedas y de las galeras de cuatro ruedas; en el centro y en el norte se emplearon mayormente bueyes. En toda España predominaban en el siglo XVIII las mulas, especialmente como animales de carga y también de tiro de los carruajes elegantes, así como fuerza motriz de diversas máquinas. De forma creciente fue sustituyendo como cabalgadura al caballo.[30]

A partir del siglo XVI se desarrolló en España un creciente mercado de mulas, por lo que los ganaderos consiguieron precios más altos por ellas que por los obtenidos de la venta de caballos. La cría de caballos se concentraba en Andalucía, en el Reino de Murcia y en la provincia de Extremadura, en tanto que en Castilla-La Mancha y en la vecina Portugal se criaban, sobre todo, mulas. En favor de una cría lucrativa de mulas en Castilla-La Mancha y en Portugal se exportaban continuamente y a precios muy altos yeguas desde Andalucía. Los ganaderos andaluces, en cambio, apenas estaban en condiciones de invertir medios económicos adicionales en una mejor cría de caballos y en mejores pastos. Por ello, la creciente demanda de mulas fue, además de otras razones secundarias, la causa de que en la Edad Moderna decayera la calidad de la cría de caballos en el sur de España.[31]

Sin embargo, la Corona necesitaba de tiempo en tiempo un mayor número de buenos caballos de silla, sobre todo para proveer las unidades de caballería del ejército regular. Las crecientes dificultades en el suministro de caballos obligaron a la administración a mantener, a partir de finales del siglo XVI, unas Caballerizas Reales propias. El cometido de la Junta (Suprema) de Caballería, instituida en 1659 y renovada en 1725 y 1796, era el de mejorar, mediante una legislación oportuna, la cría de caballos poco provechosa en los reinos de Andalucía, en el Reino de Murcia y en la provincia de Extremadura, y de reducir, al mismo tiempo, el empleo de mulas en favor de los caballos. Sin embargo, el torrente de leyes y órdenes no condujo a ninguna reanimación de la cría de caballos, antes bien creó dificultades como se mostró a finales del siglo XVIII. Muchos ganaderos abandonaron la cría de caballos para dedicarse a otras actividades más lucrativas en el ámbito de la ganadería.[32]

La Corona esperaba encontrar en las maestranzas de caballería nuevos exponentes y promotores de la cría de caballos. Las ordenanzas de las maestranzas, elaboradas después de otorgárseles los privilegios, comenzando con las de la corporación sevillana de 1731-1732, preveían la fundación de caballerizas en propiedad de las corporaciones en tanto que lo permitieran los ingresos procedentes de la organización de corridas de toros. Por ello cada maestranza debía adquirir un mayor número de las mejores yeguas y algunos caballos sementales, tomar en arriendo suficientes dehesas, construir caballerizas propias y emplear el personal necesario para la cría de los caballos. Los estatutos de las maestranzas disponían que los caballos propiedad de las corporaciones tenían que participar en los ejercicios hípicos regulares bajo la dirección de los maestros de equitación competentes. Las caballerizas de las maestranzas debían de servir de modelo para los ganaderos, en general, y, en particular, para los ganaderos maestrantes, y contribuir así a mejorar y asegurar el suministro de las unidades de caballería del ejército real.[33]

Después de 1731, hubo intentos de levantar caballerizas propias solo en las Maestranzas de Sevilla y Ronda. La de Sevilla comenzó, en noviembre de 1734, a establecer una cría de caballos propia de la corporación. Dos diputados fueron encargados de comprar algunas potrancas selectas en Andalucía. Arrendaron caballerizas cuyas instalaciones reformaron, equipándolas con útiles como sillas y proveyéndolas de necesario forraje. Por último, la Maestranza sevillana empleó varios mozos de cuadra vestidos de librea. Sin embargo, al poco tiempo murieron dos de las doce potrancas adquiridas. Otras dos fueron regaladas por la corporación a los diputados en recompensa por su labor. Los restantes ocho caballos se vendieron hasta 1738, porque los miembros de la Junta de Gobierno no les vieron ninguna utilidad y los costes de las caballerizas les parecieron demasiado altos. Las obligaciones ordinarias de organizar festejos eclesiásticos y civiles no les dejaron los medios económicos para mantener una ganadería de caballos permanente. Los gastos para asegurar el lujo de las fiestas les convenían más que los producidos con el fin de impulsar una política económica de la Corona que no quisieron comprender.[34]

Fue la Maestranza de Ronda que levantó una importante ganadería de caballos. A partir de 1804 se encargó a unos diputados especiales que compraran unos caballos andaluces selectos y que arrendasen la Hacienda de Buena Vista situada en la cercanía con sus dehesas y caballerizas. El número de los caballos, en su mayoría yeguas, se elevó en 1805 a 108, en 1806 a 102, en 1807 a 105 y en 1809 a 93 caballos. En el transcurso de la guerra contra las tropas napoleónicas la caballeriza de la corporación de Ronda fue disuelta.[35] No hemos encontrado indicios de que las demás maestranzas tuviesen caballerizas propias.

3. Las corridas de toros y la construcción de plazas de toros

En la Edad Moderna, las corridas de toros eran, en la mayoría de las regiones de España y en las ciudades españolas de Hispanoamérica, fiestas extraordinariamente populares. En las provincias predominantemente rurales de Galicia, Asturias, León y Cataluña no se celebraban con mucha frecuencia corridas de toros. Estas se organizaban sobre todo en las ciudades populosas, particularmente en Madrid, y en las capitales de provincia; así como en numerosas ciudades y villas menos importantes. En los pueblos y lugares apenas había corridas de toros. A finales de la época referida debía de haber, por lo general, más corridas en el sur donde predominaban los cortijos y las haciendas, que en el norte, de carácter campesino y rural.

En la época de la Reconquista se conocían corridas de toros tanto en los reinos moros como en los cristianos. A partir de entonces, las formas de las corridas se desarrollaron de manera diferente en las épocas sucesivas, debido a la diversidad y el contraste existente entre las regiones y a la dimensión, la importancia política y la estructura social de las ciudades y lugares donde se celebraban corridas de toros. A partir de la tardía Edad Media, las corridas de toros celebradas en las ciudades importantes formaban parte de las actividades organizadas a modo de torneo, en las cuales la juventud caballeresca y noble podía demostrar su deportividad y valor. En el siglo XVII predominaba en las grandes ciudades la forma del rejoneo, sobre todo, en el marco de las suntuosas fiestas reales. Los caballeros nobles montados en un veloz caballo, llevando los estribos altos a la gineta, luchaban con una lanza corta (el rejón) contra el toro. Una vez agotado el animal, el caballero dejaba que unos auxiliares a pie, no nobles y a sueldo, lo mataran con sables o con puñales. Los contemporáneos entendían que el *toreador* (o "torero" a caballo noble) se presentaba en la plaza simbólicamente como el protector de sus auxiliares a pie, que eran plebeyos. En la sociedad moderna de España, la habilidad y destreza de practicar el rejoneo solo podían adquirirse en el marco de la vida noble y señorial.

En la primera mitad del siglo XVIII el carácter de las corridas de toros se modificaba cada vez más, dejando de ser un ejercicio deportivo y de valor de los jóvenes caballeros para convertirse en un festejo popular organizado comercialmente. Al mismo tiempo sucedía que había cada vez menos nobles que torearan en las plazas, de modo que su función fue asumida por mozos pagados que no eran nobles. En lugar de los *toreadores* nobles aparecieron pronto jinetes profesionales y a sueldo que se enfrentaron con el toro montando caballos pesados con estribos largos y armados de picas muy largas (picadores de vara larga o varilargueros). En la misma época los picadores dejaron de constituir la parte central de las corridas en favor de toreros a pie que mataban los toros con el estoque (estoqueadores, espadas o matadores), en Sevilla entre 1730-1740. Por lo general, estos matadores y

Bull fighter, a scene in the Arena. Litografía iluminada de John Frederick Lewis, en *Lewis's Sketches of Spain and Spanish Character, made during his Tour in that Country in the years 1833-4*. Londres, 1836. Colección Real Maestranza de Caballería de Ronda.

picadores profesionales no eran de procedencia noble. En las corridas de finales del siglo XVIII había siempre un matador que encabezaba un grupo al que pertenecían, además de los mencionados picadores, varios banderilleros a sueldo y capeadores no pagados cuya función era provocar al toro con banderillas y capas. La forma de lidia que acabamos de esbozar se impuso generalmente hacia finales del siglo XVIII. Sus normas establecidas en el transcurso del XIX se mantienen, a excepción de ligeras modificaciones, hasta la actualidad. En los pueblos y villas menos importantes las corridas de la Edad Moderna adquirieron más tempranamente que en Madrid y Sevilla el carácter de corridas populares realizadas por toreros a pie, desplazando la antigua lidia a caballo de los nobles.

En la Edad Moderna el público de las corridas procedía de casi todas las capas y grupos de la población urbana y del *hinterland* de las ciudades. Por ello, la realización de corridas de toros producía, por lo general, considerables beneficios cuya cuantía dependía, sobre todo, del número de habitantes de las ciudades y de sus alrededores y también de la frecuencia con la que se celebraban las fiestas. Por esta razón no se podían organizar corridas con una frecuencia ilimitada, sino

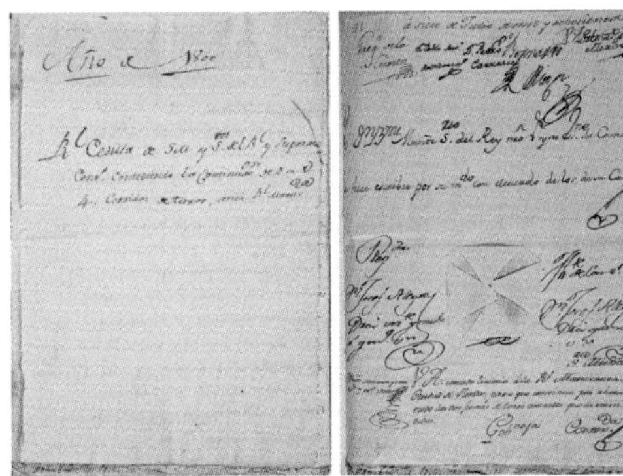

Auto de Carlos IV dando licencia a la Real Maestranza de Caballería de Ronda para que continúe celebrando las dos corridas de toros anuales que tiene concedidas. Madrid, julio de 1800. Archivo Real Maestranza de Caballería de Ronda.

solo durante unos pocos días al año. Tampoco se dejaba su organización a la discreción de cualquier persona, sino que en el siglo XVIII, la Corona otorgaba los oportunos permisos a autoridades como reales audiencias, intendentes y ayuntamientos, así como a instituciones eclesiásticas como parroquias, monasterios y cofradías, con el fin de financiar concretos cometidos públicos, sociales o religiosos.[36]

Las diferentes maestranzas de caballería obtuvieron licencias de duración no limitada para celebrar dos fiestas de toros al año, la de Sevilla en 1730,[37] la de Granada en 1739,[38] la de Ronda en 1753,[39] la de Valencia en 1767[40] y la de Zaragoza en 1824.[41] Las corridas debían realizarse a caballo y con picas largas en las plazas acostumbradas fuera de las ciudades. Las maestranzas podían celebrar "sus" dos fiestas cada año o cada dos años, según las posibilidades locales en los días que ellas mismas determinaban. Las fiestas de toros de las maestranzas debían realizarse, en lo posible, en primavera y en otoño. En Sevilla la primera fiesta de toros tenía lugar, por lo general, en la primavera y la segunda, en el otoño. Una fiesta de toros de Sevilla consistía en cuatro corridas que duraban, cada una, medio día, por lo que se prolongaba por dos días, interrumpidos únicamente por un día de descanso. Los ingresos de la organización de las corridas debían destinarse, por voluntad de la Corona, a sufragar los costos para conservar y fomentar las maestranzas. A partir de 1730 las corridas se convirtieron en la fuente más importante de ingresos de las diferentes maestranzas.

En la segunda mitad del siglo xviii las corporaciones de Granada y Sevilla obtuvieron unos privilegios más amplios para organizar corridas. En 1763 a la Maestranza de Granada se le autorizó (real orden de 4 de octubre) a celebrar dos fiestas más, con las que el número permitido se elevó a cuatro; en 1778 este aumento fue anulado y volvieron a las dos fiestas primitivas; en 1783 obtuvieron por nueva real orden (de 10 de julio) el aumento de una fiesta más; privilegio, sin embargo, que solo duró dos años. El motivo de estos aumentos temporales era que pudiesen pagar con estos ingresos adicionales los gastos de construcción de una plaza de toros propia.[42] Por fin, en 1789, la Maestranza granadina obtuvo el privilegio ilimitado para celebrar, en lugar de dos fiestas de toros al año, treinta novilladas que duraban, cada una, medio día para cubrir los gastos de la corporación. El privilegio incluía, sin embargo, la condición de que los beneficios netos de ocho de las treinta novilladas anuales debían entregarse a la Junta General de Caridad local.[43]

También la Maestranza de Sevilla por su parte obtuvo, en 1791, el privilegio, de duración ilimitada, de celebrar, en lugar de las dos fiestas de toros al año, veinticuatro corridas de novillos para sufragar los gastos corrientes de la corporación. El asistente de Sevilla protestó enérgicamente contra esta licencia ampliada, aunque sin éxito. A partir de 1793 la Maestranza de Sevilla pudo celebrar durante diez años veinticuatro corridas de toros que durasen, cada una, medio día. De modo similar al caso de Granada, el privilegio contenía la condición de que un tercio de los beneficios netos al año debía emplearse para la manutención de las cárceles reales de la ciudad.[44] Tras un largo litigio la Corona prorrogó en 1803 el privilegio de la Maestranza por otros diez años, pero con unas condiciones distintas: en adelante se podían organizar en Sevilla veinticuatro corridas de toros en doce días del año; los ingresos de ocho corridas se destinaban a la Maestranza, los de otras ocho a las cárceles reales y los beneficios de las restantes ocho a los proyectos de construcción del Ayuntamiento. Todas las corridas debían tener lugar en la plaza labrada de piedra de la Maestranza, corriendo la administración de las cárceles y el Ayuntamiento con los gastos de posibles daños por la utilización de la plaza.[45] De esta manera la Maestranza, que se quedaba a partir de 1793 con dos tercios de los beneficios, los vio reducidos a uno solo a partir de 1803, a pesar de sus protestas y de las de la Real Audiencia.

Con la mencionada licencia a favor de la Maestranza de Sevilla de poder celebrar, a partir de 1793, durante diez años veinticuatro corridas de toros al año, la Corona reconoció el privilegio de validez ilimitada otorgado a esta corporación en 1730. La mayor parte de los ingresos se reservaba por lo pronto a la financiación y el fomento de la corporación sevillana. Además, el número de corridas se elevó considerablemente en 1793, porque ciudades populosas como Sevilla necesitaban de suficientes fiestas populares, según un dictamen del Consejo de Castilla emitido el 8 de noviembre de 1792. Por otra parte, en la mentalidad reformista de los ministros, privilegios semejantes solo podían justificarse si, de alguna manera, el ingreso de las corridas de toros se dirigía a fines públicos, sustituyendo casi a algún tipo de contribución indirecta; en este caso, se hacía para costear la manutención de las cárceles reales. Precisamente por eso el Consejo de Castilla consideraría políticamente inoportuna la censura del asistente de Sevilla y la pasó por alto. Este había manifestado en su crítica, que las demostraciones inútiles de consumo y de lujo de la Maestranza, en forma de "refrescos esplendidos" durante los festejos o en la forma de los propios ejercicios ecuestres, no eran sino "una vanidad ridícula en un Cuerpo compuesto de individuos por la mayor parte tan pobres que las mas veces tienen que presentarse con Cavallos, y aun con uniformes prestados".[46]

En esta línea de utilizar beneficios del privilegio de las maestranzas para cubrir necesidades públicas, la real orden de 1803, como hemos visto, ampliaba la parte destinada a gastos públicos al exigir que otro tercio de los beneficios de las corridas se dedicara a subvencionar proyectos de obras públicas municipales. Con todo, en las alegaciones de la real orden se dice que era voluntad expresa del monarca "conservar a ese R[ea]l Cuerpo el privilegio que con fecha de 8 de octubre del año de 1730 le concedio el S[eñ]or D. Felipe 5°".[47]

A partir de 1793, la Maestranza de Sevilla trataba de reducir en lo posible el pago destinado a las cárceles de la ciudad, manteniendo conscientemente bajos los beneficios de las corridas de toros mediante gastos altos. Por ello la Real Audiencia, en su función de administradora de las cárceles, y como tribunal competente, se vio obligada a embargar los arrendamientos de la Maestranza en favor de las obligaciones sociales establecidas por la ley de esta corporación nobiliaria.[48]

A finales del siglo XVIII, la Corona no les concedió a las Maestranzas de Valencia y de Ronda más corridas de toros que las ya otorgadas: dos fiestas de toros al año.

Por razones religiosas y sobre todo por el peligro que corrían los toreros, los papas habían prohibido dos veces las corridas de toros en la segunda mitad del siglo XVI. Las prohibiciones duraron pocos años y no tuvieron gran éxito en España.[49] A partir de mediados del siglo XVIII, la Corona prohibió por razones económicas las corridas de toros en casi todas las ciudades y lugares españoles. Las prohibiciones se promulgaron en 1754,[50] 1785[51] y 1805.[52] Debido a la extraordinaria popularidad de las corridas en la población y a las posibles ganancias de los organizadores, las prohibiciones no podían mantenerse sino por pocos años en las grandes ciudades de España.[53] Las prohibiciones de corridas a partir de 1754 se justificaban por el hecho de que, al matarse toros y herirse caballos, disminuía la cabaña ganadera. Con estas medidas la política reformista de la Corona absolutista pretendía remediar la escasez de bueyes de tiro en la agricultura y en el transporte, lo mismo que la escasez en el suministro de carne en las grandes ciudades. Además, los ingresos de las corridas debían servir, a partir de 1785, exclusivamente a fines públicos sociales y religiosos reconocidos. Las licencias otorgadas a las maestranzas, en parte por la intervención personal del rey, podrían interpretarse como medidas en favor de grupos sociales que en la época de la Revolución francesa sostenían la monarquía siendo por lo tanto de interés político y público.

El responsable de organizar las corridas de toros en las diferentes maestranzas fue, en primer lugar, el teniente. Sin embargo, solía delegar sus tareas en uno o varios diputados o comisarios. Estos quedaban encargados de organizar las fiestas de toros por la Junta de Gobierno, después de que este gremio fijara la fecha del festejo proyectado. La tarea de los diputados o comisarios era comprar el número necesario de toros y caballos, contratar picadores y estoqueadores y tener preparado el equipo de estos. Una parte de sus obligaciones consistía, además, en

Interior de la Plaza de Toros. Litografía de Miguel Mollá, en *Historia de L.M.N.Y.M.L. ciudad de Ronda.* Ronda, 1867. Biblioteca Real Maestranza de Caballería de Ronda.

hacer construir e instalar una plaza de toros apropiada, por lo general de madera, fuera de los muros de la ciudad y alquilar los palcos y asientos disponibles. Sin embargo, la organización de corridas de toros por cuenta propia producía, a menudo, unos beneficios netos inferiores e incluso pérdidas. Por ello se subastaba, por lo general, la organización de las fiestas de toros a arrendatarios hábiles a unas condiciones negociadas y fijadas en sus detalles.

En lo que se refiere a la construcción e instalación de las plazas, todas las maestranzas tenían un particular interés en los palcos especiales. En el centro, frente a los espectadores, había un palco especialmente destacado que era el del Hermano Mayor de sangre real. En su ausencia colgaba de este palco un retrato cubierto del infante, custodiado por una guardia de honor. Como en los festejos hípicos, solo se descubría durante la fiesta como un símbolo integrador –especialmente eficiente– de la corporación. Mirando a la plaza, se encontraba, a la derecha del palco del infante, el palco especial de la Maestranza adornado con más modestia. En él se sentaban el teniente y los demás miembros y los invitados, siguiendo un determinado orden de acuerdo con su antigüedad en la corporación y de las funciones desempeñadas. El

EL ARBOL
DE LAS LISES.
POEMA
QUE DESCRIBE LOS FESTEJOS, CON que el Real Cuerpo de la MAESTRANZA DE GRANADA celebró la Paz con la gran Bretaña
Y EL NACIMIENTO DE LOS DOS SERENISIMOS INFANTES GEMELOS
D. CARLOS, Y D. FELIPE
En los dias 25. y 26. de Septiembre de 1784.
LO DA A LUZ EL MISMO REAL CUERPO.
LO ESCRIBIA D. JOSEF ANTONIO PORCEL, de la Academia Española, y la de la Historia, Canonigo de la Sta. Iglesia Metropolitana de Granada, &c.
EN MALAGA: En la Oficina de D. Felix de Casas y Martinez.

El árbol de las lises: poema que describe los festejos, con que el Real Cuerpo de la Maestranza de Granada celebró la paz con la Gran Bretaña y el nacimiento de los [...] infantes [...] D. Carlos, y D. Felipe [...]. Málaga, ca. 1784. Biblioteca Nacional de España.

teniente solía invitar a este palco a los miembros del Ayuntamiento, de la Real Audiencia y del Cabildo de la Catedral, con el fin de poner de manifiesto la igualdad de los miembros de la propia corporación con los dignatarios civiles y eclesiásticos de la ciudad. A la izquierda del palco del infante se encontraba el del corregidor, que asistía siempre a las fiestas de toros de todas las maestranzas para practicar, en colaboración con el teniente y con ayuda de los soldados disponibles, las detenciones necesarias en caso de disturbios. Había otro palco a disposición del alto funcionario de la Corona que en los tribunales especiales de las maestranzas desempeñaba el cargo de juez conservador y a cierta distancia se encontraba el palco de la banda de música de la corporación.

Durante la corrida solo el teniente tenía la autoridad suprema en el ámbito de la plaza. La celebración de una corrida se daba a conocer a la población mediante unos bandos que se pregonaban de forma solemne en determinadas plazas de la ciudad. En el ámbito de la plaza se trataba de un bando que el teniente publicaba en nombre del Hermano Mayor real, en tanto que en la ciudad el bando se publicaba por el corregidor en nombre del rey[54]. A partir de la segunda mitad del siglo XVIII los anuncios de las fiestas de toros se publicaban además en forma de carteles impresos. En el marco de las fiestas reales, determinadas corridas se realizaban gratuitamente para la población, acompañadas, a menudo, de ejercicios públicos de equitación y desfiles de los maestrantes jóvenes.

Hasta el siglo XVIII las corridas en las grandes ciudades se realizaban en plazas centrales rodeadas de casas. Los esfuerzos urbanísticos de los ayuntamientos condujeron a que en el Siglo de las Luces las corridas se celebrasen en plazas especialmente dispuestas en las afueras, primero de las grandes urbes y, más tarde también, de las pequeñas ciudades y villas. En un principio las plazas se constituían de madera, un material perecedero, y a partir de mediados del siglo XVIII de piedra. Las maestranzas que habían obtenido por tiempo ilimitado licencias para organizar corridas de toros figuraron entre las primeras en levantar plazas de toros construidas en piedra.

A partir de mediados del siglo XVIII, la Maestranza de Sevilla fue la primera en edificar su propia plaza de toros, seguida de las corporaciones de Granada y Ronda. La sevillana plaza de toros fue la mayor de las construidas por las maestranzas. El gigantesco edificio de forma circular y de piedra, cuya construcción se comenzó a realizar fuera de la ciudad en 1761, no se terminó hasta 1880-1881, interrumpiéndose varias veces las obras. En agosto de 1767 la Maestranza sevillana había gastado cerca de 1.050.000 reales de vellón en la construcción de la plaza. En esta fecha el arquitecto mayor del Ayuntamiento calculaba que para concluir las obras harían falta otros 1.200.000 reales de vellón, de forma que los costos de la construcción, según el primer proyecto, hubiesen importado 2.250.000 reales de vellón. En 1771 se había terminado un tercio y a finales del siglo XVIII casi la mitad de esta plaza.[55]

La Maestranza de Granada emprendió en 1768, después de muchas dificultades y una interrupción, la construcción de una plaza de toros permanente, pero de madera y más sencilla, cuyos costos se elevaron, según un cálculo de septiembre de 1781, a 437.288 reales de vellón y 4 maravedís.[56] Ya en el mismo año de 1768 se concluyeron las obras de esta arena, igualmente de forma circular y situada a las afueras de la ciudad.[57] Sin embargo, la plaza de toros de la Maestranza de Granada se quemó en 1876 de modo que en la actualidad no podemos admirar este edificio histórico como sí puede hacerse con las plazas de Sevilla y de Ronda.[58]

En 1770 la corporación de Ronda se esforzó en vano por conseguir la licencia por parte de la Corona para construir su propia plaza de toros. El Ayuntamiento de la ciudad ya le había cedido un terreno apropiado, fuera del centro de la ciudad. La Corona rechazó la concesión de la licencia para levantar una plaza construida de piedra, sobre todo, porque estaba tramitando una nueva ley, la de 1785, por la que se prohibirían las corridas de toros.[59] No obstante, la Maestranza de Ronda decidió, en una Junta General en enero de 1780, continuar la construcción de la plaza circular edificada en piedra, comenzada ya en 1779, sin la aprobación y sin contar con una subvención económica de la Corona. La corporación tuvo que financiar los gastos de la construcción por medio de contribuciones impopulares impuestas a todos sus miembros.[60] En 1785 se terminó el coso, con capacidad para unos seis mil espectadores, que todavía en la actualidad sirve de plaza de toros.[61]

Las Maestranzas de Valencia y Zaragoza no tuvieron sus propias plazas de toros construidas de piedra. La Corona rechazó una solicitud de la corporación valenciana de 1769 de poder edificarla en las afueras de la ciudad. En su dictamen decisivo del mismo año el presidente del Consejo de Castilla, conde de Aranda, significó que el Consejo estaba preparando la prohibición general de las corridas de toros. Como se recordará, esta ley no entró en vigor hasta 1785. El conde de Aranda, que simpatizaba con las ideas del absolutismo reformista, criticaba generalmente los privilegios otorgados a las maestranzas. De ello trataremos más adelante.[62] Por eso en el siglo XVIII la corporación de Valencia, en general, se vio obligada a levantar plazas de toros de madera en la periferia de la ciudad, para poder realizar las fiestas de toros que le habían sido concedidas. Por razones de crítica parecidas el Consejo de Castilla suspendió en 1826 por tiempo indefinido las licencias de corridas de toros que poseía la Maestranza de Zaragoza.[63]

4. El fomento de la educación noble

A partir de la segunda mitad del siglo XVII los viajeros que pasaban por España, así como arbitristas y críticos de la situación social del país, se lamentaban una y otra vez de la insuficiente educación e ignorancia de los hijos de familias nobles acaudaladas. En las grandes

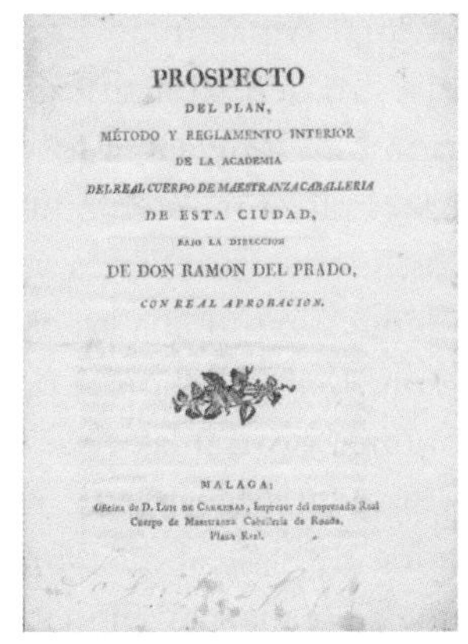
PROSPECTO
DEL PLAN,
MÉTODO Y REGLAMENTO INTERIOR
DE LA ACADEMIA
DEL REAL CUERPO DE MAESTRANZA CABALLERIA
DE ESTA CIUDAD,
BAJO LA DIRECCION
DE DON RAMON DEL PRADO,
CON REAL APROBACION.

MALAGA:

Prospecto del plan, método y reglamento interior de la Academia del Real Cuerpo de Maestranza de Caballería de esta ciudad, bajo la dirección de don Ramón del Prado, con real aprobación. Málaga, 1825. Archivo Real Maetranza de Caballería de Ronda.

familias la educación estaba habitualmente en manos de los ayos y preceptores cuya eficacia no debía ser demasiado afortunada, según se nos refiere. De acuerdo con las observaciones del oficial del ejército real, Juan Gutiérrez Tello, del año 1650, los nobles sevillanos parecían escoger con sumo cuidado un buen maestro de equitación o picador para sus caballos, en tanto que no prestaban mucha o ninguna atención al empleo de un buen preceptor para sus hijos.[64] En la Edad Moderna la mayoría de los estudiantes de las universidades castellanas procedía de familias de hidalgos, en su mayoría pobres y avecindados, sobre todo, en las regiones septentrionales. Los menos eran oriundos de la parte sur del país. Los primogénitos y los segundones de grandes y títulos de Castilla representaban en esta época una ínfima minoría en las universidades castellanas.[65] Tampoco entre los miembros de las Maestranzas que vivían ociosamente de las rentas de sus mayorazgos hubo nobles que hubiesen terminado sus estudios universitarios y alcanzaran algún grado académico, a excepción de los capellanes.[66]

Muchos miembros de las maestranzas de caballería debían haber sido conscientes de la insuficiente educación y formación de los jóvenes nobles, particularmente en Andalucía. Por ello la corporación de Granada se afanaba en contrarrestar la situación de la deficiente educación de sus miembros jóvenes con la creación de una escuela propia. A partir de 1763 la Maestranza de Granada empleaba a un maestro de matemáticas que daba clases a todos los miembros interesados, en especial, a los jóvenes de entre ellos.[67] Al mismo tiempo la Maestranza mantenía un aula equipada con los muebles, instrumentos, medios auxiliares y libros necesarios. Según los estatutos, el teniente supervisaba las clases conforme a un reglamento votado por la Junta General. Con el permiso del teniente y de la Junta de Gobierno podían asistir a las clases también jóvenes nobles que no eran miembros de la Maestranza. El maestro debía impartir regularmente varias horas de clase al día de forma disciplinada. No había clases los días en que se realizaban ejercicios ecuestres, fiestas u otras reuniones de los maestrantes. Si un alumno alteraba el orden y la disciplina de la escuela, el maestro podía amonestarle, castigarle o incluso denunciar sus faltas al teniente como persona responsable de la escuela. En caso de que la Maestranza no tuviera medios económicos para mantener la escuela, había que cobrar a cada alumno una cuota mensual. Por lo demás, cada alumno tenía que correr con los gastos de sus utensilios personales.

Las enseñanzas de la escuela granadina debían comprender los siguientes campos de las matemáticas puras y aplicadas: aritmética, álgebra, geometría, trigonometría, astronomía, así como arquitectura civil y militar. De tarde en tarde se debían impartir también clases de política, historia y geografía. De acuerdo con lo prescrito, los cursos concluían todos los años con un examen delante de la Junta General, y se premiaban a los tres mejores alumnos de cada promoción.[68]

La escuela granadina, que existía desde 1763, tuvo que cerrar por falta de medios en 1786, después de que muriera el primer maestro de matemáticas Julián Truxillo. Gracias a los mayores ingresos de las corridas de toros, la Maestranza pudo abrirla de nuevo en 1790 con dos clases, una para principiantes y otra para adelantados. El nuevo maestro fue el matemático catalán Francisco Dalmau.[69] De esta forma subsistió la escuela hasta 1809 bajo la dirección del mismo maestro. En 1771 la Maestranza intentó, probablemente sin éxito, emplear a un francés como profesor de este idioma.[70] Los exámenes finales no se realizaban, al parecer, con regularidad. Sin embargo, de ellos queda constancia en los años 1770 y 1806. Como puede verse por los certificados impresos, se daba gran importancia, dentro de las asignaturas referidas, particularmente en la aritmética al dominio de las diferentes medidas y pesos, y a la comprensión de problemas estadísticos de la política económica práctica. Además de las asignaturas mencionadas, las clases comprendían la enseñanza de los instrumentos físicos y astronómicos y de la dinámica, en especial la hidrodinámica y óptica. Al examen final de 1770 se presentaron seis alumnos, cinco de ellos miembros de la Maestranza, y en el de 1806 se examinaron siete personas. El cometido de la escuela era preparar a los miembros de la Maestranza de Granada y a sus hijos para la carrera militar, a los cargos de la burocracia de la Corona y, no en último lugar, para la administración de los bienes y mayorazgos de sus familias.[71]

Las demás Maestranzas no mantenían en la segunda mitad del siglo XVIII ninguna escuela privada. En la corporación de Ronda hubo, a partir de 1784, proyectos de fundar una escuela similar para los miembros y sus hijos. Sin embargo, estos planes no llegaron a realizarse hasta 1818.[72]

Las Maestranzas no se ocuparon solamente de los intereses propios de su estamento, sino que se debían igualmente a su tradición cofrade y asistencial. Así, la corporación de Ronda se mostró abierta y paternalista frente a los grupos socialmente débiles de la población. En 1785 dotó a doce muchachas pobres de las clases bajas para que pudiesen casarse con agricultores y artesanos. Los tres párrocos de la ciudad debían repartir de la manera más justa posible el dinero destinado a estas dotes.[73] En el otoño de 1804, después de una cosecha especialmente mala, la Maestranza de Ronda mandó repartir en calidad de préstamo en nombre del rey 2.000 fanegas de trigo para sembrar a los pequeños agricultores afectados.[74] No obstante, estas acciones asistenciales de las maestranzas solo se efectuaron aisladamente y de manera calculada por el efecto que pudieran tener frente a la corte y a los funcionarios reales competentes, a los cuales informaban las corporaciones, y por supuesto también frente a la población beneficiada por ellas.

[1] *Regla de la Ilustrissima Maestranza de la Muy Ilustre, y siempre Muy Noble, y Leal ciudad de Sevilla. Tomando por abogada a la siempre Virgen Maria Nuestra Señora de El Rosario. Dirigida al Señor D. Alvaro de Portugal y Castro, Hermano Mayor de dicha Maestranza* (1683), nueva ed. (la que cito), Zaragoza, Herederos de Juan de Ibar, 1698, pp. 2-5; *Regla de la Real Maestranza de la Mui Ilustre, y siempre Mui Noble, y Leal Ciudad de Sevilla, tomando por patrona, y abogada a la siempre Virgen Maria Nuestra Señora del Rosario. Dedicada al Serenissimo Sr. Infante Don Phelipe, Hermano Mayor de dicha Real Maestranza*, Sevilla, Juan Francisco Blas de Quesada (1732), pp. 4-6; *Ordenanzas de la Real Maestranza de Caballería de la ciudad de Sevilla* (1794), nueva ed. (la que cito), Sevilla, Mariano Caro, 1834, pp. 14-16; *Reglas, y Estatutos de la Illma. Hermandad de la Maestrança de la ciudad de Granada. Consagrada al patrocinio de Maria Ssma. Sra. N. en el primer instante de su Purissima Concepcion, debaxo del titulo de El Triunfo* (1687), 2ª ed. (la que cito), Granada, Imprenta de Andrés Sanchez, 1727, p. 11; *Estatutos y ordenanzas de la Real Maestranza de la ciudad de Granada tomando por patrona á María santísima en el misterio de su Purísima Concepción erigida bajo la real protección del rey nuestro señor (q. d. g.) y logrando el honor de tener por Hermano Mayor al serenísimo señor don Felipe infante de España, duque de Parma, Plasencia y Guastala, etc.* (1764), nueva ed. (la que cito), Granada, Tipografía de López Guevara, 1906, pp. 10 y sig. y 109-111; *Constituciones de la ilustre Maestranza de Valencia*, con licencia, Valencia, Imprenta de Iayme de Bordazar y Artazu, 1697, pp. 9 y 35 y sig.; *Ordenánzas de la Real Maestranza de caballeros de la ciudad de Valencia año de MDCCLXXV* (1776), nueva ed. (la que cito), Valencia, Imprenta de Nicasio Rius, 1880, pp. 14-16 y 78 y sig.; *Ordenanzas de la Real Maestranza de la M. N. y L. ciudad de Ronda aprobadas por el rei nuestro señor, siendo Hermano Mayor de este real cuerpo el Serenísimo Señor Infante Don Cárlos María*, Madrid, Imprenta de D. Fermín Villalpando, 1817, pp. 6 y sig. y p. 82, así como *Ordenanzas de la Real Maestranza de Caballería de la ciudad de Zaragoza*, con licencia, Zaragoza, Francisco Magallón, 1825, pp. 56-58.

[2] *Regla... de Sevilla...* (1683), Zaragoza, 1698, pp. 4 y sig., y *Ordenanzas... de Sevilla* (1794), Sevilla, 1834, p. 16.

[3] Cfr. Pedro de León y Manjón, "Historial de Fiestas y Donativos de la Real Maestranza de Caballería de Sevilla" (Madrid, 1909), en *Noticias para la Historia de la Real Maestranza de Caballería de Sevilla*, Sevilla, Real Maestranza de Caballería, 1959, pp. 40-43, y Jesús Sagredo, *La Hermandad del Rosario del Convento de Regina Angelorum del Orden de Predicadores y la Real Maestranza de Caballería de Sevilla*, Sevilla, 1923, *passim*. Cfr. también dos cartas del teniente de la Maestranza sevillana, marqués de Villafranca, dirigidas al secretario del Hermano Mayor, Miguel Herrero de Ezpeleta, Sevilla, 16 de septiembre de 1739 y 12 de agosto de 1738, así como el elenco de las fiestas de la Cofradía del Rosario y la forma de costear las mismas redactado por Francisco Zebrían y Rinconada, Sevilla, 7 de agosto de 1738, AGS, Secretaría de Guerra, Guerra Moderna, leg. 4260. Cfr. también un tomo de actas de esta cofradía: ARMCS, 1679 Años. Libro De Acuerdos, de la Herm[anda]d de N[uest]ra S[eño]ra del Ross[ari]o Deste Convento de Regina Angelor[u]n de Seui[ll]a, Año de 1679.

[4] ARMCS, Quentas de la ill[ust]re Herm[anda]d de N[ues]tra S[eño]ra del Rosario Patrona de la R[ea]l Maes[tran]za. Con los Recados de data de el Año de 1659 hasta Fin de 1741, y ARMCS, Cuenta de la Yll[ust]re Herm[anda]d de N[uest]ra S[eño]ra del Rosario Patrona de la R[ea]l Maestr[an]za desde el Año de 1741 hasta 1794. Cfr. también cap. VI, pp. 319 y sig.

[5] ARMCS, Libro Protocolo Principal de la M. Y. y V. H[ermanda]d de N[uest]ra Señora del Rosario del Colegio de Regina Angelorum, de esta Ciudad, Orden de Predicadores. Donde se escriben, y asientan, todas las Dotaciones, que tiene en Administracion; y los cargos con que las han dejado, diferentes Personas, con la razon de sus ultimas voluntades. Año de 1753, fs. 9r. y 51r.

[6] *Regla... de Sevilla...* (1683), Zaragoza, 1698, p. 34; *Regla... de Sevilla...* (1732), pp. 67 y sig., y *Ordenanzas... de Sevilla* (1794), Sevilla, 1834, pp. 122 y sig. Cfr. también Pedro de León y

Manjón, "Historial de Fiestas...", en *Noticias para la Historia...*, p. 70; Félix González de León, *Historia crítica y descriptiva de las cofradías fundadas en la ciudad de Sevilla*, Sevilla, 1852, pp. 142-146 (nueva ed. Sevilla, Ediciones Espuela de Plata, 2005); José Bermejo y Carballo, *Glorias religiosas de Sevilla, ó noticia histórico-descriptiva de todas las cofradías de penitencia, sangre y luz, fundadas en esta ciudad*, Sevilla, 1882, ed. facsímil (la que cito), Mairena del Aljarafe, Extramuros, 2008, pp. 381-399; Santiago Montoto, *Cofradías Sevillanas*, 1ª reimpresión, ed. por Enrique Esquivias Franco, Sevilla, Secretariado de Publicaciones de la Universidad de Sevilla, 1976, pp. 104-108, e Isidoro Moreno Navarro, *Las hermandades andaluzas. Una aproximación desde la Antropología*, Sevilla, Universidad de Sevilla, 1974, pp. 34-40 (existe una 2ª ed. aumentada, Sevilla, Universidad de Sevilla, 1999).

[7] Ramón Cañizares Japón, *La Hermandad de la Soledad: devoción, nobleza e identidad en Sevilla (1549-2006)*. Sevilla, Editorial Almuzara y Hermandad Sacramental de la Soledad de Sevilla, 2007.

[8] Máximo Pascual de Quinto, *La Nobleza de Aragón. Historia de la Real Maestranza de Caballería de Zaragoza*, Zaragoza, 1916, pp. 550-552, describe la participación de la Maestranza de Zaragoza en la fiesta en honor de la patrona de la Cofradía del Rosario de aquella ciudad. Muchos miembros de la Maestranza de Valencia asistieron, en 1747, a las reuniones de la Cofradía de Santo Domingo, una cofradía nobiliaria, según indica el marqués de Cruilles, *Las funciones ecuestres de la Real Maestranza de Caballería de Valencia reseñadas por su ex-secretario El Marqués de Cruilles por acuerdo de la misma Real Maestranza*, Valencia, Imprenta de N. Ruis Monfort, 1890, p. 27.

[9] Cfr. también *Ordenanzas... de Valencia...* (1776), Valencia, 1880, p. 19 y p. 22; *Ordenanzas... de Sevilla* (1794), Sevilla, 1834, p. 22 y p. 27; *Ordenanzas... de Ronda...*, 1817, p. 15 y p. 18, y *Ordenanzas... de Zaragoza*, 1825, pp. 53, 60 y 72. Cfr. también *Estatutos, i ordenanzas de la mui ilustre hermandad de la Maestranza de la mui noble, i leal ciudad de Carmona, dedicados a la siempre virgen Maria nuestra señora de Gracia, su patrona*, Sevilla, Joseph Antonio de Hermosilla, 1728, pp. 14-19; ARMCG, Actas, L. 1 (1686-1707, 1725-1739), f. 8v.; ARMCR, Índice general de los Acuerdos tomados por el Ylustre y Real Cuerpo de Maestranza de Caballeria de esta Muy Noble y Muy Leal Ciudad de Ronda... (1707-1878); ARMCV, 0002-005-01 y -02, Hermandades de la R.M. de Valencia con las de Granada, Sevilla y Ronda, 1767 y 1768, así como 1785 y 1786; AGS, Secretaría de Guerra, Guerra Moderna, leg. 6024, exp. Real Maestranza de Ronda. 1785. Licencia, y beneplacito para contraher Hermandad con la de Valencia.

[10] Cfr. la nota 21 de la Introducción.

[11] *Regla... de Sevilla...* (1683), Zaragoza, 1698, p. 34 y sig.; *Regla... de Sevilla...* (1732), pp. 65-68; *Ordenanzas... de Sevilla* (1794), Sevilla, 1834, pp. 111 y sig., y 122 y sig.; *Reglas... de Granada...* (1687), Granada, 1727, p. 28; *Estatutos... de Granada...* (1764), Granada, 1906, pp. 111-114; *Constituciones de... Valencia* (1697), pp. 35 y sig.; *Ordenanzas... de Valencia...* (1776), Valencia, 1880, pp. 79 y sig.; *Ordenanzas... de Ronda...*, 1817, pp. 82-84, y *Ordenanzas... de Zaragoza*, 1825, p. 83.

[12] *Regla... de Sevilla...* (1683), Zaragoza, 1698, p. 33; *Ordenanzas... de Sevilla* (1794), Sevilla, 1834, pp. 111-113; *Reglas... de Granada...* (1687), Granada, 1727, p. 28; *Estatutos... de Granada...* (1764), Granada, 1906, pp. 26 y 112 y sig.; *Ordenanzas... de Valencia...* (1776), Valencia, 1880, p. 79 y sig.; *Ordenanzas... de Ronda...*, 1817, p. 21 y pp. 82-84, y *Ordenanzas... de Zaragoza*, 1825, p. 83. Cfr. asimismo el acta de la Junta General de la Maestranza de Sevilla, Sevilla, 23 de enero de 1729, ARMCS, Libro de Actas, 1 (1729 y 1730); cfr. también los informes de las Maestranzas de Sevilla, Granada y Valencia sobre las fiestas celebradas en la segunda mitad del siglo XVIII, remitidos a los Hermanos Mayores, AGS, Secretaría de Guerra, Guerra Moderna, legs. 4260, 4265 y 6023, así como ARMCR, leg. 234, Libro Indice general de los Acuerdos tomados por el Ylustre y Real Cuerpo de Maestranza de Caballeria de esta Muy Noble y Muy

Leal Ciudad de Ronda... (1707-1878); Antonio Rumeu de Armas, "La ciudad de Ronda en las postrimerías del Viejo Régimen. La Maestranza de Caballería", en *Hispania*, vol. 42, n. 151, Madrid, 1982, pp. 318-327. Cfr. así mismo las descripciones de fiestas reales en Diego Ortiz de Zúñiga, *Anales eclesiásticos y seculares de la muy noble y muy leal ciudad de Sevilla, metrópoli de la Andalucia, que contienen sus mas principales memorias desde el año de 1246... Formados por Don... ilustrados y corregidos por D. Antonio Maria Espinosa y Carzel*, vol. 5, Madrid, 1796, pp. 304 y sig.; también en Pedro de León y Manjón, "Historial de Fiestas...", en *Noticias para la Historia...*, pp. 49-53, 61, 84-96, 112-119, 121-125 y 130-137; de Manuel de Solís y Desmaisières (marqués de Valencina), "*Noticias de la Real Maestranza de Sevilla. Relación de noticias curiosas y datos de interés para la historia de la Real Maestranza de Caballería de Sevilla reunidos por el caballero archivero de la misma D.... (después Marqués de Valencina)*, Sevilla, 1907, en *Noticias para la Historia...*", pp. 226-228; de Santiago Montoto, *Impresos sevillanos*, Madrid, 1948, pp. 102 y sig.; de Adelaida González Vargas, *El Ceremonial del Cabildo Municipal Sevillano*, Sevilla, Ayuntamiento de Sevilla,1967, pp. 11-15, 40-50 y pp. 72-74; de marqués de Cruilles, *Las funciones ecuestres...*, pp. 28-31 y pp. 33-43; de Máximo Pascual de Quinto, *La Nobleza de Aragón*, pp. 277-368, y en las bibliografías comentadas de Jenaro Alenda y Mira, *Relaciones de solemnidades y fiestas públicas de España*, 2 vols., Madrid, Sucesores de Rivadeneyra, 1903, vol. 1, ns. 1477, 1478, 1480, 1518, 1621, 1622, 1628; vol. 2, ns. 1814, 1821, 1825, 1827, 1865, 1866, 1952, 1994, 2032, 2185, 2296, 2309, 2313, 2337-2339, 2344, 2345, 2356, 2359, 2365-2368, 2371-2373, 2398, 2409, 2416, 2421, 2428, 2429, 2460, 2463, 2510, 2512 y 2565; cfr. asimismo Luis Toro Buiza, *Sevilla en la historia del toreo y la exposición de 1945*, Sevilla, Publicaciones del Ayuntamiento de Sevilla, 1947, pp. 189-203 (ahora existe una 2ª ed., Sevilla, Secretariado de Publicaciones de la Universidad de Sevilla y Fundación de Estudios Taurinos, 2002).

[13] *Regla... de Sevilla...* (1683), Zaragoza, 1698, pp. 35 y sig.; *Regla... de Sevilla...* (1732), pp. 70 y sig.; *Ordenanzas... de Sevilla* (1794), Sevilla, 1834, p. 27; *Estatutos... de Granada...* (1764), Granada, 1906, pp. 112 y sig. y p. 122; *Constituciones de... Valencia* (1697), p. 36; *Ordenanzas...de Valencia...* (1776), Valencia, 1880, pp. 22 y 79 y sig.; *Ordenanzas... de Ronda...*, 1817, pp. 15 y 90; y *Ordenanzas... de Zaragoza*, 1825, p. 53 y sig. y p. 83. Cfr. también Pedro de León y Manjón, "Historial de Fiestas...", en *Noticias para la Historia...*, pp. 49, 53-61, y 68; y ARMCR, leg. 234, Libro Indice general de los Acuerdos tomados por el Ylustre y Real Cuerpo de Maestranza de Caballería de esta Muy Noble y Muy Leal Ciudad de Ronda... (1707-1878).

[14] Cfr. lo dispuesto en los estatutos citados en la nota 12 de este cap.

[15] Tabla de los dias en que deben vestir el Vniforme todos los Cavalleros Maestrantes de la Real Hermandad de la Maestranza de esta ciudad... Granada, 1749, ARMCG, Actas, libro 4 (1746-1749), f. 173r.

[16] Cfr. marqués de Cruilles, *Las funciones ecuestres...*, pp. 41 y sig.

[17] Cfr. las relaciones de las fiestas mencionadas en las notas 12 y 13 de este cap., en especial los impresos privados recogidos, en gran parte, en la bibliografía de Jenaro Alenda y Mira, *Relaciones de solemnidades y fiestas públicas de España*, 2 vols., Madrid, Sucesores de Rivadeneyra, 1903.

[18] *Ordenanzas... de Valencia...* (1776), Valencia, 1880, p. 84, y *Ordenanzas... de Zaragoza*, 1825, p. 88.

[19] El potlatch, vigente hasta el siglo XX entre indígenas norteamericanos, toma la forma de un festín ceremonial para el que se utiliza carne de foca o salmón. En este festín se observan las relaciones jerárquicas entre los grupos, que se refuerzan mediante el intercambio de regalos (mantas) y otras ceremonias. El anfitrión muestra su riqueza e importancia regalando sus posesiones, queriendo dar a entender que tiene tantas que puede permitirse hacer todos esos regalos. Por tanto, se puede decir que el potlatch consistía en cambiar regalos por prestigio, que se incrementaba con el valor de los bienes distribuidos.

[20] Cfr. René König, *Kleider und Leute. Zur Soziologie der Mode*, Fischer Bücherei, n. 822, Francfort del Meno, 1967, pp. 29-33 y 60-67 (ed. española, *id.*, *Sociología de la moda*, Barcelona, A. Redondo, 1972); Johan Huizinga, *Homo Ludens. Vom Ursprung der Kultur im Spiel*, Basilea, 1939, nueva ed. Hamburgo, Rowohlt, 1956, pp. 62-69; Wilhelm E. Mühlmann y Roberto J. Llaryora, *Strummula Siciliana. Ehre, Rang und soziale Schichtung in einer sizilianischen Agro-Stadt*, Meisenheim am Glan, Anton Hain, 1973, pp. 68-74; Gaspar Melchor de Jovellanos, "Memoria para el arreglo de la policía de los espectáculos y diversiones públicas, y sobre su origen en España (1790)", en *Obras publicadas e inéditas de Don...*, ed. de Cándido Nocedal, vol.1 (Biblioteca de Autores Españoles, vol. 46), Madrid, Ediciones Atlas, 1963, p. 493. Bartolomé Bennassar, *L'homme espagnol. Attitudes et mentalités du XVI*[e] *au XIX*[e] *siècle*, París, Hachette, 1975, pp. 117-140 (ed. española, Barcelona, Ed. Argos, Vergara, 1976), y Marcelin Defourneaux, *Daily Life in Spain in the Golden Age*, Translated by Newton Branch, Londres, George Allen and Unwin, 1970, pp. 128-135 (ed. española, *id.*, *La vida cotidiana en la España del Siglo de Oro*, Barcelona, Ed. Argos Vergara, 1983) describen muchas de las fiestas celebradas en la España de la Época Moderna; sin embargo, no explican de manera convincente la función social de las mismas. Acerca de las disputas suscitadas por las preferencias a observar en los actos públicos celebrados en Sevilla cfr. Adelaida González Vargas, *El Ceremonial del Cabildo Municipal Sevillano*, Sevilla, Ayuntamiento de Sevilla, pp. 77-81, y Francisco Aguilar Piñal, *La Universidad de Sevilla en el siglo XVIII. Estudio sobre la primera reforma universitaria moderna*, Sevilla, Universidad de Sevilla, 1969, p. 339.

[21] *Regla... de Sevilla...* (1683), Zaragoza, 1698, pp. 31-34, y 36-40; *Regla... de Sevilla...* (1732), pp. 65-69 y 72-76; *Ordenanzas... de Sevilla* (1794), Sevilla, 1834, pp. 97-105 y 113-122; *Reglas... de Granada...* (1687), Granada, 1727, pp. 27-31; *Estatutos... de Granada...* (1764), Granada, 1906, pp. 96-104 y 113-121; *Constituciones de... Valencia* (1697), pp. 11-14, 33-35 y 37-40; *Ordenanzas... de Valencia...* (1776), Valencia, 1880, pp. 68-74 y 80-87; *Ordenanzas... de Ronda...*, 1817, pp. 73-78 y 84-89, y *Ordenanzas... de Zaragoza*, 1825, pp. 68 y sig. y pp. 80-94. Algunas actas de la Junta de Cuadrilleros de la Maestranza de Sevilla se habían traspapelado encontrándose entre las actas de la corporación, así los del 19 de septiembre, 23 de octubre, y del 2 de diciembre 1739, ARMCS, Libro de Actas, 4 (1736-1744). La última de las actas citadas fue publicada por Pedro de León y Manjón, "Historial de Fiestas...", en *Noticias para la Historia...*, pp. 119-121. Sobre los ejercicios y juegos ecuestres de la Maestranza de Granada en el siglo XVIII cfr. Inmaculada Arias de Saavedra, *La Real Maestranza de Caballería de Granada en el siglo XVIII*, Granada, Universidad de Granada, 1988, pp. 74-85.

[22] ARMCS, Copia del Libro de Fundación de la Il[ustrísi]ma Maestranza, *passim*, y Actas, L. 3 (1733-1736) y L. 4 (1736-1744). Cfr. Pedro de León y Manjón. "Historial de Fiestas...", en: *Noticias para la Historia...*, pp. 70 y sig.

[23] ARMCG, Libro 2° de Asientos de las Funciones Que celebra el R[ea]l Cuerpo de Maest[ran]za de esta Ciu[da]d de Gran[a]da Que principia en 30 de Octubre de 1785 (n. 1320).

[24] Cfr. el manuscrito citado en la nota 23 de este cap., así como ARMCS, Libros de Actas 4 (1736-1744); 5 (1745-1751); 7 (1754-1760); 9-11 (1763-1786) y 13-18 (1789-1802).

[25] Cfr. por ejemplo la descripción del festejo ecuestre celebrado en Sevilla, el 30 de mayo de 1754, con motivo de la onomástica del rey, AGS, Secretaría de Guerra, Guerra Moderna, leg. 4260, Funcion de Cañas y Manejo à Cavallo...

[26] *Regla... de Sevilla...* (1683), Zaragoza, 1698, pp. 40 y sig.; *Reglas... de Granada...* (1687), Granada, 1727, p. 31; *Constituciones de... Valencia* (1697), pp. 31 y sig.; *Regla... de Sevilla...* (1732), pp. 77 y sig.; *Estatutos... de Granada...* (1764), Granada, 1906, pp. 136 y sig.; *Ordenanzas... de Valencia...* (1776), Valencia, 1880, pp. 34 y sig.; *Ordenanzas de Sevilla* (1794), Sevilla, 1834, pp. 47-49; *Ordenanzas... de Ronda...*, 1817, p. 102, y *Ordenanzas... de Zaragoza*, 1825, pp. 100 y sig.

[27] Los resúmenes o las actas de las visitas realizadas por la Maestranza de Sevilla en 1738 y 1793 se conservan en AGS, Secretaría de Guerra, Guerra Moderna, leg. 4260, y ARMCS,

Archivo Histórico, vol. V (1792-1793) respectivamente. Solo hemos podido encontrar el acta de la visita girada de 1784 de la Maestranza de Granada, AGS, Secretaría de Guerra, Guerra Moderna, leg. 4271. Cfr. también el acta de la Junta de Gobierno de la corporación sevillana, del 19 de agosto de 1739, ARMCS, Libro de Actas 14 (1792-1794), f. 31r.

[28] ARMCG, Registros de Caballos de los Años 1739-1769 (leg. 37) y ARMCG, Registros de Caballos de los Años 1800, 1801, 1806 (leg. 44). Además, hemos podido encontrar los siguientes originales o los resúmenes de los registros de caballos de la corporación granadina de los años siguientes: 1770 (AGS, Secretaría de Guerra, Guerra Moderna, leg. 4270); 1782 (*ibid.*, leg. 4269); 1785 (*ibid.*, leg. 4271); 1788 y 1789 (*ibid.*, leg. 4265); 1791 (AHN, Estado, leg. 7657) y 1792 (AGS, Secretaría de Guerra, Guerra Moderna, leg. 6026). Cfr. también Inmaculada Arias de Saavedra, *La Real Maestranza de Caballería de Granada en el siglo XVIII*, pp. 86-87 y 199-200. De los registros de caballos de la Maestranza de Sevilla se conservan únicamente los de los años 1739 y 1745 (ARMCS, Reg[is]tro de los Cavallos...) y 1749 (AGS, Secretaría de Guerra, Guerra Moderna, leg. 4260).

[29] *Estatutos... de Granada...* (1764), Granada, 1906, pp. 24 y sig. y pp. 134 y sig., así como la real orden del substituto del secretario de la Real Junta de Caballería, Manuel Ignacio Montero, al Hermano Mayor de la Maestranza de Granada, Francisco de Cañaveral y Córdova, Madrid, 14 de diciembre de 1728, en *Reales Cedulas, y Privilegios de la Real Hermandad de la Maestranza de Granada*. Granada, 1749, p. 13a. Un ejemplar de este impreso privado se encuentra en AMS, Sección V, 1ª Escribanía, Siglo XVIII, vol. 227, n. 3. Un buen ejemplo de las estadísticas que se realizaban cada año en los corregimientos del sur de España es el siguiente impreso: *Estado general del ganado yeguar, y caballar de raza, registrado en este año de 1777 en los quatro Reynos de Andalucia, el de Murcia, y Provincia de Extremadura, con el aumento, ò diminucion de Cabezas, y su valor, regulada cada una à 1500 reales de vellon*. Formado de orden del Supremo Consejo de Guerra. Pedro Ignacio de Aguirre. Una copia del mismo se encuentra en ARMCG, leg. 54.

[30] Cfr. David R. Ringrose, *Transportation and economic stagnation in Spain, 1750-1850*, Durham, N.C., Duke University Press, 1970, pp. 43-48 (ed. española, *id.*, *Los transportes y el estancamiento económico de España (1750-1850)*, trad. por Víctor Morales Lezcano, Madrid, Editorial Tecnos, 1972, y NRE, VI, 14, leyes 10-15 y VI, 15, ley 3.

[31] Alonso García, *Adiciones a la Doctrina del Cavallo y Arte de Enfrenar de don Gregorio de Zúñiga*, Cabra, 1731, ed. por Juan Cartaya Baños, Sevilla, Real Maestranza de Caballería de Sevilla y Consejería de Turismo, Cultura y Deporte, 2022.

[32] Joaquín de Sotto y Montes, *Síntesis histórica de la caballería española. (Desde los primeros tiempos históricos hasta el siglo XX)*, Madrid, Escelicer, 1968, p. 307, menciona una caballeriza real en Córdoba a finales del siglo XVI. Sobre la Junta (Suprema) de Caballería, cfr. cap. I, p. 93 de este trabajo. Las leyes importantes referentes a la cría de caballos del siglo XVIII se encuentran en NRE, VII, 29, leyes 1-14; Autos Acordados, VI, 17, autos 2-3; Santos Sánchez, *Colección de todas las pragmáticas, cédulas, provisiones, circulares, autos acordados, vandos y otras providencias publicadas en el actual reynado del señor don Carlos IV. Con varias notas instructivas y curiosas*, vol. 1, Madrid, Viuda e hijo de Marín, 1794, pp. 42-71, y vol. 2, Madrid, Viuda e hijo de Marín, 1797, pp. 255 y sig.; Joseph Antonio Portugués, *Colección general de las ordenanzas militares, sus innovaciones, y aditamientos*, 10 vols., Madrid, 1764-1765, vol. 4, Madrid, 1764, pp. 229-247, 286-302 y 476-509; *Adicion a la ordenanza de 9 de noviembre de 1754 expedida para la mejor casta, cria, conservacion, y aumento de la caballeria del reyno. De orden de S. M.*, Madrid, 1762; una copia impresa se encuentra en ARV, Real Acuerdo, L. 57 (año 1762). Cfr. también Joaquín Escriche, *Diccionario razonado de legislación y jurisprudencia*, 2ª ed. corregida y aumentada, vol. 1, Madrid, Imp. Colegio Nacional de Sordo-Mudos, 1838, voz "Caballos", pp. 608-610.

[33] *Regla... de Sevilla...* (1732), pp. 112-114; *Estatutos... de Granada...* (1764), Granada, 1906, pp. 132-134; *Ordenanzas... de Valencia...* (1776), Valencia, 1880, p. 94; *Ordenanzas... de Sevilla*

(1794), Sevilla, 1834, p. 138; *Ordenanzas... de Ronda...*, 1817, pp. 99-101, y *Ordenanzas... de Zaragoza*, 1825, pp. 103-106.

[34] Informe del Teniente de la Maestranza de Sevilla, marqués de Villafranca, remitido al Secretario del Hermano Mayor, Miguel Herrero de Ezpeleta, Sevilla, 21 de octubre de 1738, AGS, Secretaría de Guerra, Guerra Moderna, leg. 4260; informe del ex Teniente de la corporación sevillana, conde del Águila, remitido al antiguo Secretario del Hermano Mayor, Francisco Ocampo, Sevilla, 2 de agosto de 1735, AGS, Secretaría de Guerra, Guerra Moderna, leg. 4262; Zertificacion á la letra de las Cuentas de la R[ea]l Maestranza de Cavalleria de esta ciudad de Seuilla Desde 6 de Noviembre de 1730, hasta 17 de Junio de 1737, AGS, Secretaría de Guerra, Guerra Moderna, leg. 4261, fs. 157r.-169r. En el mismo leg. 4261 se encuentra una relación muy instructiva de los costos de la cría de caballos, escrita por Bruno de Almoriña Caro, Sevilla, 22 de noviembre de 1738. Cfr. también Pedro de León y Manjón, "Historial de Fiestas...", en *Noticias para la Historia...* p. 121.

[35] Cfr. ARMCR (Fondo Propio), leg. 235, Libro Registro general del ganado yeguar, correspondiente a los años 1804-1809: Reyn[an]do Carl[o]s IV y M[arí]a L[uis]a de Borb[ó]n[,] Herm[a]no May[o]r El Ynf[ant]e D. Ped[r]o de Borb[ó]n Año de 1804. Registro G[ene]ral de Ganado Yeguar q[u]e ha extablec[i]do la R[ea]l Maestr[an]za de Ronda, *passim*. Una fotografía de la portada de este registro se encuentra en *La Real Maestranza de Caballería de Ronda. Plaza de Toros*, Madrid, Aldeasa, 2009, p. 31. Cfr. también Joaquín Atienza Peñalver, *Real Maestranza de Caballería de Ronda. Datos históricos,* Ronda, Real Maestranza de Caballería de Ronda, 1971, p. 11-13. Que la Maestranza de Granada en el siglo XVIII no llegó a tener una caballeriza propia describe también Inmaculada Arias de Saavedra, *La Real Maestranza de Caballería de Granada en el siglo XVIII*, pp. 87-88.

[36] Cfr. José María de Cossío, *Los toros. Tratado técnico e histórico*, 4 vols., Madrid, Espasa Calpe, 1961, vol.1, pp. 244-250, y vol. 4, pp. 811-847 y 857-874; Nestor Luján, *Historia del toreo*, Barcelona, Ed. Destino, 1954, pp. 10-88 (2ª ed., Ed. Destino, 1967); Bartolomé Bennassar, *L'homme espagnol,* pp. 126-130 (ed. española, Barcelona, Ed. Argos Vergara, 1976); Marcelin Defourneaux, *Daily Life...*, pp. 133-135 (ed. española, *id.*, *La vida cotidiana...*, Barcelona, Editorial Argos Vergara, 1983); Antonio García-Baquero González y otros, *Sevilla y la fiesta de toros*, Sevilla, Ayuntamiento de Sevilla, 1980, pp. 42-110 (2ª ed. de la 1ª de 1980, 1994). Ricardo de Rojas y Solís (marqués de Tablantes, conde del Sacro Imperio), *Anales de la plaza de toros de Sevilla 1730-1835*, Sevilla, ed. privada, 1917, pp. 17-19, 58-188 y 223 y sig.; Josef Daza, *Precisos manejos y progresos del arte del toreo*, Sevilla, Universidad de Sevilla y Real Maestranza de Caballería de Sevilla, 1999; Gaspar Melchor de Jovellanos, *Obras...*, vol. 1, 1963, pp. 486 y sig. y vol. 2, 1952, pp. 264 y sig.; así como Josef Delgado (vulgo Illo), *Tauromaquia o arte de torear á caballo y á pie*, Madrid, Imprenta de Vega y Compañía, 1804, 2ª ed. facsímil, Mairena del Aljarafe, Extramuros Edición, 2008, *passim*. Sobre la forma de celebrar las corridas de toros de la Maestranza de Granada cfr. Inmaculada Arias de Saavedra, *La Real Maestranza de Caballería de Granada en el siglo XVIII*, pp. 126-129.

[37] Real cédula de Felipe V remitida al asistente de Sevilla, conde de Ripalda, El Soto de Roma, 2 de junio de 1730, ARMCS, Libro de actas 7, f. 86v.-90v.; la misma real cédula de Felipe V al mismo destinatario, Cazalla, 18 de junio de 1730; reales órdenes del marqués de Surco al Teniente de la Maestranza de Sevilla, conde del Águila, Sevilla, 10 de septiembre de 1730, y Puerto de Santa María, 29 de septiembre de 1730, así como real orden del secretario de Estado, marqués de la Paz, al marqués de Surco, Puerto de Santa María, 8 de Octubre de 1730, todas en un legajo de copias en AGS, Secretaría de Guerra, Guerra Moderna, leg. 4260. Cfr. también *Ordenanzas... de Sevilla* (1794), Sevilla, 1834, pp. 124 y sig.

[38] Real cédula de Felipe V al corregidor y demás funcionarios reales de Granada, El Pardo, 19 de febrero de 1739, AMS, Sección V, 1ª Escribanía, Siglo XVIII, vol. 227, n. 3, fs. 5v.-6v.

Además, cfr. sobre todo Inmaculada Arias de Saavedra, *La Real Maestranza de Caballería de Granada en el siglo XVIII*, pp. 95-102.

[39] Real cédula de Fernando VI a favor de la Maestranza de Ronda, San Lorenzo El Real, 24 de noviembre de 1753, reproducida en el folleto *Por la Real Maestranza de Caballería de Ronda. Impugnación documentada al memorial que al Excelentísimo Ministro de Estado dirige la Real Maestranza de Caballería de Sevilla, y a las comunicaciones, de real orden dirigidas por la subsecretaría del ministerio de su cargo al Teniente de Hermano Mayor de la Real Maestranza de Caballería de Ronda*, Madrid, Establecimiento Tipográfico de Fortanet, 1920, pp. 52 y sig., y real provisión de Carlos III, El Pardo, 25 de marzo de 1764, AHN, Consejos, leg. 11413, exp. 3, así como real provisión del Consejo de Castilla a favor de la Maestranza de Ronda, Madrid, 4 de abril de 1786, ARCG, cabina 321, leg. 4368, pieza 19.

[40] Copia de real orden del secretario de Estado marqués de Grimaldi al Secretario del Hermano Mayor de la Maestranza de Valencia, duque de Béjar, El Pardo, 16 de febrero de 1767, ARMCV, 0002-001-01-0003r.

[41] *Ordenanzas... de Zaragoza*, 1825, pp. 73 y 95.

[42] Real orden del secretario de Estado Ricardo Wall remitida a Manuel Diego de Escovedo, San Ildefonso, 4 de octubre de 1763, AGS, Secretaría de Guerra, Guerra Moderna, leg. 4268, y real orden del Consejo Real de Castilla al presidente de la Real Chancillería de Granada, del 23 de marzo de 1778, mencionada en la real orden del ministro de Guerra, Miguel de Múzquiz, a Miguel Cuber, Secretario del infante Don Gabriel, Madrid, 12 de julio de 1781, AGS, Secretaría de Guerra, Guerra Moderna, leg. 4265. Cfr. también real orden del ministro de Guerra, conde de Gausa, al intendente de Granada, Antonio Carrillo de Mendoza, Madrid, 10 de julio de 1783, AGS, Secretaría de Guerra, Guerra Moderna, leg. 4269. Cfr. también Inmaculada Arias de Saavedra, *La Real Maestranza de Caballería de Granada en el siglo XVIII*, pp. 115-119.

[43] Real cédula del 29 de junio de 1789, referida en real cédula de Carlos IV a favor de la Real Maestranza de Granada, Aranjuez, 31 de mayo de 1794, ARCG, cabina 321, leg. 4369, pieza 39. La prohibición general, de 1805, de celebrar corridas de toros no afectaba este privilegio. Cfr. real provisión del Consejo Real de Castilla a favor de la Maestranza de Granada, Madrid, 14 de mayo de 1806, ARCG, cabina 321, leg. 4369, pieza 13. Cfr. también Inmaculada Arias de Saavedra, *La Real Maestranza de Caballería de Granada en el siglo XVIII*, pp. 120-124.

[44] Real provisión del Consejo Real de Castilla a favor de la Maestranza de Sevilla, Madrid, 8 de enero de 1793, ARMCS, Archivo Histórico, vol. V (1792-1793), y el dictamen del mismo Consejo, del 8 de noviembre de 1792, AHN, Consejos, leg. 11414, exp. 10.

[45] Real orden del gobernador del Consejo Real de Castilla, Josef Antonio Caballero, al Teniente de Hermano Mayor de la Maestranza de Sevilla, San Ildefonso, 23 de septiembre de 1803, ARMCS, Archivo Histórico, vol. XI (1802-1804).

[46] Las citas provienen del dictamen del Consejo Real de Castilla del 8 de noviembre de 1792, AHN, Consejos, leg. 11414, exp. 10, dictamen que fue decisivo para la real provisión del mismo Consejo a favor de la Maestranza de Sevilla, Madrid, 8 de enero de 1793, ARMCS, Archivo Histórico, vol. V (1792-1793).

[47] Cfr. la real orden citada en la nota 45 de este cap.

[48] La deuda de la dotac[ió]n de Carceles à este R[ea]l Cuerpo de Maestranza en el dia consiste en las Partidas, y p[o]r las razones q[u]e siguen, documento redactado por el Secretario de la corporación, Joaquín Cavaleri, Sevilla, 30 de marzo de 1807, ARMCS, Archivo Histórico, vol. XII (1804-1808).

[49] Cfr. José María de Cossío, *Los toros*, vol. 4, pp. 828-831, y petición del cardenal Portocarrero dirigida a Carlos II, Madrid, 25 de septiembre de 1680, AHN, Consejos, leg. 11406, exp. 67.

[50] Real orden del gobernador del Consejo Real de Castilla remitida al gobernador y capitán general de Valencia, y comunicada por éste al regente de la Audiencia de Valencia, Real de Valencia, 16 de mayo de 1754, ARV, Real Acuerdo, L. 49 (año 1754), fs. 156r.-157r. El hecho

de que se trataba de una prohibición general que afectaba a todo el país, lo demuestra la petición de la Maestranza de Granada dirigida a Fernando VI, con el ruego de levantarla, Granada, 24 de enero de 1758, ARCG, cabina 321, leg. 4395, pieza 17, así como la suspensión de todas las corridas de la Maestranza de Sevilla, en los años 1755-1758, cfr. el cap.VI, p. 319. Cossío, *Los toros*, vol. 4, p. 875, se equivoca cuando supone que en el caso de esta ley se trataba de una medida de carácter local. Cfr. también Inmaculada Arias de Saavedra, *La Real Maestranza de Caballería de Granada en el siglo XVIII*, pp. 101 y 114-124.

[51] Pragmática sanción de Carlos III, del 9 de noviembre de 1785, publicada por Santos Sánchez, *Extracto puntual de todas las Pragmáticas, Cédulas, Provisiones, Circulares, y Autos acordados, publicados y expedidos por regla general en el reynado del señor D. Carlos III. Cuya observancia corresponde á los Tribunales y Justicias ordinarias del Reyno*, vol. 2, Madrid, Marín, 1792, pp. 270-272. La parte de la ley referente a las corridas de toros fue resumida en NRE, VII, 33, ley 6.

[52] Real provisión de Carlos IV, Aranjuez, 10 de febrero de 1805, AGS, Secretaría de Guerra, Guerra Moderna, leg. 6028, resumida en NRE, VII, 33, ley 7.

[53] Cfr. el expediente siguiente: 1788 y 1789. Consejo. S[ob]re inobserv[anci]a de la Pragm[áti]ca de funciones de toros de muerte en los Pueblos del Reyno, AHN, Consejos, leg. 11414, exp. 8.

[54] *Regla... de Sevilla...* (1732), pp. 90-106; *Ordenanzas... de Sevilla* (1794), Sevilla, 1834, pp. 125-134; *Estatutos... de Granada...* (1764), Granada, 1906, pp. 82 y 123-128; *Ordenanzas... de Valencia...* (1776), Valencia, 1880, pp. 88-92, *Ordenanzas... de Ronda...*, 1817, pp. 63 y 91-95, así como *Ordenanzas... de Zaragoza*, 1825, pp. 95-99.

[55] Informe del Teniente de la Maestranza de Sevilla, marqués de las Torres, dirigido al secretario de Guerra, Juan Gregorio Muniain, Sevilla, 30 de agosto de 1767, y del mismo marqués de las Torres a Carlos III, Sevilla, 19 de mayo de 1771, AGS, Secretaría de Guerra, Guerra Moderna, leg. 4264. Cfr. también Francisco Núñez Roldán, *La Real Maestranza de Caballería de Sevilla (1670-1990). De los juegos ecuestres a la fiesta de los toros*, Sevilla, Secretariado de Publicaciones de la Universidad de Sevilla, 2007, pp.149-151; José María de Cossío, *Los toros*, vol. 1, pp. 550-553; Antonio Sancho Corbacho, *Arquitectura barroca sevillana del siglo XVIII*, Madrid, C.S.I.C, 1952, pp. 335-337 (existe una 2ª ed., Madrid, C.S.I.C., 1983); Félix González de León, *Noticia histórica del origen de los nombres de las calles de esta m. n. m. l. y m. h. ciudad de Sevilla*, Sevilla, 1839, p. 548. Véase también lo expuesto en el cap. VI, p. 353 de este trabajo.

[56] Estado Del Costo de la Plaza estable de toros de la R[ea]l Maestranza de Granada. Producto, Gasstos, y Liquido de las Corridas Celebradas para su reinteg[r]o, y resto q[u]e falta Para Cubrir, Granada, 4 de septiembre de 1781 (firmado por los maestrantes marqués de Lugros, Joaquín Ponce de León, Ignacio Santisteban, Antonio Herrasti y Fernando Robles, así como por el empleado de la corporación Castillejo), AGS, Secretaría de Guerra, Guerra Moderna, leg. 4269. Cfr. también real orden del secretario de Guerra, Gregorio Muniain, a Fernando Joseph de Velasco, Aranjuez, 30 de mayo de 1768, ARCG, cabina 321, leg. 4369, pieza 39. Además, cfr. sobre todo Inmaculada Arias de Saavedra, *La Real Maestranza de Caballería de Granada en el siglo XVIII*, pp. 102-114.

[57] Real cédula del 29 de junio de 1789, referida en real cédula de Carlos IV a favor de la Real Maestranza de Granada, Aranjuez, 31 de mayo de 1794, ARCG, cabina 321, leg. 4369, pieza 39.

[58] Cfr. Lorenzo Ruiz de Peralta y Anguita, *Toros de Granada*, vol. 1, Granada, Obra Cultural de la Caja de Ahorros de Granada, 1971, n. 4, pp. 10-14.

[59] Solicitud no fechada de la corporación de Ronda dirigida a Carlos III, Ronda (de enero de 1770), y real orden del secretario de Estado, marqués de Grimaldi, al Teniente de la Maestranza de Ronda, Madrid, 17 de abril de 1770, AGS, Secretaría de Guerra, Guerra Moderna, leg. 6024. Véase también Francisco Garrido y Antonio Garrido, *II centenario de la plaza de toros de la Real Maestranza de Caballería de Ronda, 1785-1985*, Sevilla, Gráficas Aries, 1988, pp. 147-149 y 236-239.

[60] Cfr. Joaquín Atienza Peñalver, *Real Maestranza ... Datos históricos*, pp. 7-9; Garrido y Garrido, *II centenario de la plaza...*, pp. 149-151 y 161.

[61] Carta del Teniente de la Maestranza de Ronda, Diego de Cañas y Silba, al Secretario de Hermano Mayor, Miguel Cuber, Ronda, 19 de abril de 1785, AGS, Secretaría de Guerra, Guerra Moderna, leg. 6024. Cfr. también Antonio Rumeu de Armas, "La ciudad de Ronda...", pp. 304-307, y Garrido y Garrido, *II centenario de la plaza...*, pp. 161 y 249-251.

[62] Dictamen del capitán general de Valencia, conde de Sayve, remitido al secretario de Estado, marqués de Grimaldi, Valencia, 23 de septiembre de 1769, y dictamen del conde de Aranda dirigido al marqués de Grimaldi, Madrid, 6 de octubre de 1769, AGS, Secretaría de Guerra, Guerra Moderna, leg. 6023. Cfr. también cap. VII, p. 363.

[63] Cfr. Máximo Pascual de Quinto, *La Nobleza de Aragón*, pp. 593-626.

[64] Cfr. Richard L. Kagan, *Students and Society in Early Modern Spain*, Baltimore, Md., Johns Hopkins University Press, p. 10 (ed. española *id.*, *Universidad...*).

[65] Cfr. Richard L. Kagan, *Students...*, pp. 181-186 y 204-210 (ed. española *id.*, *Universidad...*).

[66] Las listas de los miembros de las Maestranzas de Caballería analizadas en el cap. II de este trabajo no incluyen a ningún maestrante de estado secular que tuviera título de licenciado o de doctor.

[67] Certificación del escribano Josef Molina Sopeña sobre las clases de matemáticas costeadas por la Maestranza de Granada, Granada, 6 de marzo de 1789, AGS, Secretaría de Guerra, Guerra Moderna, leg. 4265.

[68] *Estatutos... de Granada...* (1764), Granada, 1906, pp. 88-96.

[69] Reglamento, que por acuerdo de la Real Maestranza de Granada, se deberá observar en la clase de Matematicas de dicho Real Cuerpo, que dará principio el día 14 de Octubre de 1790; acompañado por el informe de la Junta de Gobierno de la Maestranza de Granada remitido al secretario de Estado, conde de Floridablanca, Granada, 24 de noviembre de 1790, AGS, Secretaría de Guerra, Guerra Moderna, leg. 6026. Cfr. también la nota 67 de este cap. y Inmaculada Arias de Saavedra, *La Real Maestranza de Caballería de Granada en el siglo XVIII*, pp. 146-152.

[70] Solicitud de la Maestranza de Granada dirigida a Carlos III, Granada, 28 de mayo de 1771, así como las cartas adjuntas de los miembros de la Junta de Gobierno enviadas al secretario de Guerra, Juan Gregorio Muniain, Granada, 28 de mayo y 21 de junio de 1771, AGS, Secretaría de Guerra, Guerra Moderna, leg. 4270. La petición no obtuvo, probablemente, la aprobación de la Corona. Cfr. también las relaciones citadas de los exámenes citadas en la nota 71 de este cap.

[71] Cfr. los dos impresos siguientes: *Descripcion del certamen academico, matematico, y de varia instruccion, celebrado el día seis de setiembre de mil setecientos setenta, en la Escuela de Matematicas de la Real Maestranza de la Ciudad de Granada, establecida para la instruccion de sus Jovenes Individuos*, Granada, Nicolás Moreno, 1771, AGS, Secretaría de Guerra, Guerra Moderna, leg. 4265; así como *Exámenes de Matemáticas que sufrieron los alumnos de la clase de la Real Maestranza de Caballeria de Granada el dia 25 de agosto de 1806, amenizados Con una Oracion inaugural, y varias piezas de Eloquencia y Poesía*, Granada, Imprenta de D. Manuel Moreno, 1806, ARMCG.

[72] Solicitud de la Maestranza de Ronda dirigida a Carlos III, Ronda, 27 de mayo de 1784, AGS, Secretaría de Guerra, Guerra Moderna, leg. 6024; *Ordenanzas... de Ronda...*, 1817, pp. 67-73, y Joaquín Atienza Peñalver, *Real Maestranza ... Datos históricos,*, pp. 8-15.

[73] Informe del Teniente de la Maestranza de Ronda, Diego de Cañas y Silba, remitido al Secretario del Hermano Mayor, Miguel Cuber, Ronda, 13 de mayo de 1785, AGS, Secretaría de Guerra, Guerra Moderna, leg. 6024.

[74] Informe del Secretario de la Maestranza de Ronda, Francisco Josef Vasco, remitido al secretario de Estado, Pedro Cevallos, Ronda, 6 de noviembre de 1804, AGS, Secretaría de Guerra, Guerra Moderna, leg. 6028. Véase también Antonio Rumeu de Armas, "La ciudad de Ronda...", p. 317, nota 156.

VI.
LAS FINANZAS DE LAS MAESTRANZAS DE CABALLERÍA

Página anterior: The bull-ring at Seville. Grabado calcográfico iluminado de James B. Allen a partir de dibujo de David Roberts, en *The tourist in Spain: Andalusia*. Londres, 1836. Biblioteca Real Maestranza de Caballería de Ronda.

EN la Edad Moderna el status social de las corporaciones se ponía de relieve en función de sus recursos económicos y, por consiguiente, de sus posibilidades para mantener una digna representación. En esta línea era preciso realizar los gastos de ostentación necesarios para garantizar la competitividad y para ello debían asegurarse a largo plazo ingresos suficientes, sobre todo cuando se trataba de corporaciones elitistas. El valor de estos ingresos, su composición, continuidad y administración tenían, por tanto, una importancia capital para las corporaciones nobiliarias.

Los primeros estatutos de las Maestranzas de Sevilla y Granada no contenían disposiciones especiales respecto a la administración de su patrimonio, ya que ambas corporaciones en sus comienzos no disponían de ingresos fijos. En cambio, la Maestranza de Valencia, evidentemente más abierta en cuestiones económicas, preveía en su primera regla tasas fijas para la admisión y cuotas de los miembros, así como contribuciones de algunos componentes de la mesa. También introdujo el cargo de tesorero. Este debía ser elegido por la Junta General por un año, pudiéndosele confirmar en su cargo por el mismo espacio de tiempo si resultaba apto. Administraba la caja y tenía la obligación de llevar un *libro de cuenta* con todos los ingresos y gastos corrientes, así como un *libro de memoria* para asuntos importantes de finanzas y propiedades. Solo podía efectuar pagos por orden del Cuadrillero Mayor. Como miembro de la Junta de Gobierno, debía elevar informes cada cuatro meses a la Junta, así como al propio presidente, sobre la situación económica de la corporación. En las Juntas Generales tenía que dar lectura de los nombres de aquellos miembros que debían sus cuotas, con el fin de retirarles el derecho a ser candidatos y el voto activo por causa de su negligencia.[1]

Para mayor seguridad de sus medios en efectivo, la Maestranza de Sevilla poseyó a partir de 1730, como caja, un arca de tres llaves (muy frecuente en instituciones y corporaciones del ámbito cultural español) que debía guardarse en casa del teniente de Hermano Mayor en funciones, dado que la Maestranza no poseía entonces un edificio propio. Sin embargo, más adelante se custodió, por razones prácticas, en el hoy desaparecido Hospital de la Misericordia. Las tres llaves las tenían el teniente y el fiscal, por razones de sus cargos, y un tercer miembro, nominado por tiempo indeterminado por el Cabildo General. El contador llevaba el libro de caja correspondiente, en el cual anotaba por separado los ingresos y los gastos corrientes, y, por orden cronológico, indicando la procedencia o el destino de las cantidades. Los ingresos o los pagos solo podían efectuarse en presencia de los tres poseedores de las llaves y del contador. Este último estaba obligado a dar buena cuenta del estado de la caja a requerimiento de la mesa y del Cabildo General.

En la Maestranza sevillana los pagos se efectuaban únicamente de acuerdo con una decisión vigente o por indicación expresa de la Junta de Gobierno. En caso de resoluciones económicas de carácter extraordinario como, por ejemplo, cambios en el número de los empleados o en el caso de donativos, la mesa estaba obligada a recabar antes o después la aprobación del Cabildo General. Cuando se trataba de ingresos o de gastos mayores, los diputados o encargados debían presentar a la Junta de Gobierno la cuenta (o el balance) parcial de su actuación, con los comprobantes correspondientes firmados. Esto se refiere a los beneficios de las corridas de toros y de los arrendamientos, los gastos de salarios, construcciones, fiestas, obsequios y otros. De acuerdo con los estatutos, la mesa debía presentar cada balance parcial con un informe del contador y, después de haberlo revisado, enviarlo al Cabildo General para su aprobación definitiva, lo que en la práctica no ocurrió en Sevilla con frecuencia. Solo después de la aprobación por la mesa o por el Cabildo General, los balances podían compensarse mediante pagos en efectivo. En el caso de inversiones o gastos mayores, la Junta de Gobierno ponía a disposición de los diputados adelantos en dinero efectivo.[2]

Con ligeros cambios respecto a la estructura financiera, las Maestranzas de Granada, Valencia, Ronda y Zaragoza desarrollaron en la segunda mitad del siglo XVIII y en el transcurso del XIX procedimientos y formas semejantes a los de la corporación sevillana. Fue así porque, en gran medida, adoptaron en sus estatutos las disposiciones acerca de las finanzas contenidas en las ordenanzas sevillanas de 1731-1732: la de Granada lo hizo en 1764,[3] la de Valencia en 1775-1776,[4] la de Ronda en 1817[5] y la de Zaragoza en 1824-1825.[6]

Con todo había algunas diferencias: en Granada, Ronda y Zaragoza, por ejemplo, era el secretario –en virtud de su cargo– quien disponía de la tercera llave y no un maestrante elegido por tiempo indefinido como en Sevilla; en Granada y Ronda todos los pagos a efectuar requerían la resolución previa de la Junta General y no de la Junta de Gobierno; en la Maestranza de Valencia se mantenía el cargo del tesorero, quien poseía una cuarta llave, además de los tres llaveros habituales, y era el tesorero mismo, y no un contador a sueldo quien se ocupaba de los libros de caja; los cuales, al término de cada año, debían controlarse por especialistas encargados por la Junta de Gobierno. Los balances parciales de los diputados debían someterse en Valencia a dictamen de contadores expertos, como en Sevilla.

1. Los ingresos

Los ingresos de las maestranzas de caballería se nutrían de desembolsos particulares, tanto de miembros de la Junta de Gobierno como de otros cargos; de las tasas de admisión y contribuciones proporcionales de todos los miembros; de los ingresos de las corridas de toros y, por último, de los arrendamientos de inmuebles.

Existía en las diferentes maestranzas la norma de que cada miembro de la Junta de Gobierno respondiese con su fortuna particular a los gastos que originase su cargo y los producidos por descubiertos ocasionales, como podrían ser las fiestas; al fin y al cabo, cada caballero maestrante tenía que sufragar el coste que originaba su pertenencia a las maestranzas. En los comienzos de las de Sevilla y Granada, y antes de que se pudiera disponer de los ingresos por corridas de toros, los diputados propietarios estaban obligados, en su calidad de miembros de la mesa, a pagar regularmente de su bolsillo los sueldos de los dos picadores y del herrador. La remuneración de otros empleados, como el maestro de armas, se abonaba probablemente de manera directa.[7] También la de Valencia, en su primera fase, recibía regularmente mensualidades del cuadrillero mayor, que era el presidente de la corporación; y de los cuadrilleros que encabezaban las cuadrillas en los juegos ecuestres públicos, puestos considerados de mayor prestigio. La corporación de Valencia era por cierto la única de las maestranzas fundadas en el siglo XVII que cobraba desde 1697 tasas de admisión (6 reales por cada una) y cuotas mensuales a sus miembros, con el fin de poder pagar con estos ingresos el sueldo del picador y los gastos de los ejercicios y festejos de equitación públicos.[8]

Las tasas de admisión y las cuotas regulares de los miembros, así como las contribuciones proporcionales extraordinarias representaban para las maestranzas unos ingresos imprescindibles en épocas en las que no se podía disponer de los beneficios de las corridas de toros o cuando estos no resultaban suficientes. Su importe quedaba fijado o variaba en las maestranzas por decisión de la Junta General. Como puede advertirse en la Tabla 13, las cantidades recaudadas por tasas de admisión serían mínimas, pero ofrecen un indicio de la mentalidad económica de la corporación valenciana en fecha tan temprana y en comparación con las demás maestranzas, que no exigían en la segunda mitad del siglo XVIII estas cuotas. Entre 1785 y 1790, en Valencia la tasa de admisión se fijó en 2.000 reales de vellón para candidatos nacidos en el Reino de Valencia y que tenían sus propiedades allí, y 10.000 reales de vellón para forasteros.[9] La Maestranza de Granada cobraba, a partir de 1749, 150 reales de vellón de tasa única para la admisión de nuevos miembros. En 1755 se aumentó esta tasa en Granada a 750 reales de vellón para los candidatos naturales de la ciudad y 1.500 reales para los forasteros, y en 1777 a 1.500 y 6.000 reales de vellón respectivamente. Los hijos o nietos de antiguos miembros pagaban, a partir de 1755, 150 reales de vellón, si eran naturales de Granada; los de los forasteros 750 reales y, a partir de 1777, 3.000 reales de vellón.[10] La Maestranza de Ronda cobraba, a partir de 1781, de cada nuevo miembro una tasa única de 1.500 y, a partir de 1788, de 3.000 reales.[11] También la Maestranza de Sevilla exigía a partir de 1790, no habiendo recibido por varios años beneficios por corridas de toros, 3.000 reales de vellón como tasa única de cada nuevo miembro.[12] Por último, en la Maestranza de Zaragoza los nuevos miembros que residían o tenían propiedades en el Reino de Aragón pagaban, a partir de 1825, 1.500 reales de vellón y los forasteros 4.500 reales de vellón.[13]

Es de suponer que solo la Maestranza de Valencia cobraba de forma bastante continua las cuotas regulares de sus miembros. Desde la fundación de la hermandad en 1697, estas se elevaban a 2 reales al año por cada miembro, incluidos los maestrantes jóvenes hasta los dieciséis años. Hemos podido comprobar que entre 1785 y 1789 cada miembro pagaba de forma más o menos regular una cuota de 400 reales de vellón al año.[14] La Maestranza de Granada cobraba de 1749 a 1766 y de manera irregular unas cuotas que alcanzaban, por lo general, 60 reales en el caso de maestrantes locales, y el doble en el de los forasteros.[15] En tanto que la Maestranza de Ronda estipuló a partir de 1770 y durante algún tiempo una cuota anual de 100 reales de vellón,[16] la corporación sevillana no conocía cuotas regulares. Contribuciones proporcionales extraordinarias, cargadas a todos los miembros, se votaban por las Juntas Generales correspondientes para cubrir determinados gastos.[17] Tales contribuciones extraordinarias fueron necesarias en los comienzos de la Maestranza de Sevilla y en la de Granada de manera general para correr con los gastos elevados, aunque irregulares, de las fiestas anuales en honor de su patrona.[18] Al parecer, las altas tasas de admisión y el creciente número de forasteros, en la segunda mitad del siglo XVIII, proporcionaron mayores beneficios para las maestranzas (a excepción de la de Valencia) que aseguraron ingresos suficientes frente al cobro de cuotas regulares y contribuciones proporcionales. Además, las altas tasas de admisión apartaban de las maestranzas a los nobles pobres y aumentaban así el elitismo de las corporaciones.

Tabla 13: Tasas de admisión de las Maestranzas de Caballería.

Maestranzas Años	**Nuevos miembros de la ciudad con Maestranza (del Reino de Valencia o del Reino de Aragón)**	**Forasteros**	**Hijos o nietos de maestrantes**
Valencia 1697-?	6 reales	-	Ninguna reducción
Valencia 1785-1790	100 pesos (=2.000 reales de vellón)	500 pesos (=10.000 rs. de vellón)	Ninguna reducción
Granada 1749-1755	150 reales de vellón	150 reales de vellón	Ninguna reducción
Granada 1755-1777	750 reales de vellón	1.500 reales de vellón	150 reales de vellón los de Granada 750 los forasteros
Granada a partir de 1777	25 doblones (=1.500 reales de vellón)	100 doblones (=6.000 reales de vellón)	150 reales de vellón los de Granada 3.000 los forasteros
Ronda antes de 1781	Ninguna	Ninguna	-
Ronda 1781-1788	1.500 reales de vellón	1.500 reales de vellón	Ninguna reducción
Ronda a partir de 1788	3.000 reales de vellón	1.500 reales de vellón	Ninguna reducción
Sevilla antes de 1790	Ninguna	Ninguna	-
Sevilla a partir de 1790	3.000 reales de vellón	3.000 reales de vellón	Ninguna reducción
Zaragoza a partir de 1825	1.500 reales de vellón	4.500 reales de vellón	Ninguna reducción

Fuentes: Véase lo expuesto en las notas 8-13, cap. VI.

En la Maestranza de Granada, el monto global de las tasas de admisión subió desde el quinquenio de diciembre de 1769 a noviembre de 1774 de 49.500 reales a 88.350 reales de vellón durante el de enero de 1785 a diciembre de 1789. En esta época representaban los ingresos más importantes de la corporación después de los obtenidos por la celebración de corridas de toros.[19] En el mismo quinquenio, entre enero de 1785 y diciembre de 1789, el volumen recaudado por tasas de admisión alcanzó, en Valencia, la cifra de 66.000 reales de vellón, y representaba en esta época (en que estuvieron prohibidas las corridas) la única fuente de ingresos de la hermandad, después de las cuotas anuales de los miembros cuyo total suponía 182.500 reales de vellón.[20] En la corporación nobiliaria de Sevilla, la recaudación total por tasas de admisión se elevó a 27.300 reales de vellón entre noviembre de 1804 y octubre de 1805. De esta manera figuraban después de los arrendamientos y antes de los ingresos por corridas, ya que estas fueron prohibidas en 1805.[21] A diferencia de la Maestranza de Valencia, en Sevilla y Granada las cuotas regulares y contribuciones proporcionales no eran, por lo general, de especial importancia hasta principios del siglo XIX. Antes de recurrir a contribuciones proporcionales las corporaciones preferían exigir altas tasas de admisión de sus nuevos miembros y dirigir peticiones a la Corona para pedir ventajas económicas. Las cartas petitorias dirigidas a la Corona por las maestranzas para conseguir dinero del erario público por lo general no tuvieron éxito. Solo la Maestranza de Valencia consiguió de los presupuestos públicos de la Provincia y de la Ciudad en 1754, por algún tiempo, 200 libras valencianas para poder pagar al picador de la corporación. Esto ocurrió antes de que obtuviera, en 1767, el privilegio de celebrar corridas de toros.[22]

Con todo, los ingresos más importantes de las maestranzas procedían, a partir de 1730, de los beneficios de las corridas. Como ya mencionamos, las diferentes maestranzas obtuvieron licencias de duración ilimitada para organizar cada año dos fiestas de toros; así en 1730 la de Sevilla, en 1739 la de Granada, en 1753 la de Ronda, en 1767 la de Valencia y en 1824 la de Zaragoza.[23] En Sevilla, cada fiesta de toros constaba de cuatro corridas que duraban medio día cada una y se realizaban seguidas, en dos días interrumpidos por un día de descanso.

Ya se mencionó que las Maestranzas de Granada y Sevilla lograron ampliar considerablemente las primitivas licencias en la segunda mitad del siglo XVIII. Insistimos en que la corporación sevillana podía realizar, a partir de 1793, veinticuatro corridas de medio día al año. Sin embargo, tenía que entregar una importante parte de los beneficios netos para fines sociales y, a partir de 1803, también para fines comunales. Por las razones económicas ya referidas se prohibieron en España las corridas de toros en 1754, 1785 y 1805, prohibiciones que duraron varios años.[24]

En las diferentes maestranzas les incumbía al teniente y a los diputados organizar las corridas. Sin embargo, el alquiler de las localidades y la realización de las corridas se cedían, en lo posible, a un arrendatario general solvente en condiciones convenidas. Los arrendamientos de la plaza para un determinado número de corridas se efectuaban en una subasta públicamente anunciada. Esta tenía lugar bajo la presidencia del teniente, en la casa particular de este y en presencia del juez subdelegado, de los dos diputados, de otros cargos, del escribano de la corporación que levantaba el acta, del pregonero público, así como de los postores interesados. El licitador que obtuviera la adjudicación tenía que presentar fianzas suficientes antes de hacerse cargo del arrendamiento. Si no se presentaba ningún arrendatario aceptable, el teniente y los diputados tenían que arrendar las localidades y organizar la fiesta por su cuenta y riesgo, lo que no pocas veces conducía a beneficios inferiores.[25]

El siguiente análisis de los beneficios netos de las maestranzas, procedentes de corridas de toros (véase Tabla 14) se concentra a modo de ejemplo en Sevilla, ya que la documentación de su corporación es la que mejor se ha conservado.[26] Sin embargo, no se pretende investigar a fondo la economía de las corridas sevillanas incluyendo el desarrollo de todos los precios y salarios. En Sevilla, los ingresos brutos de las corridas de toros procedían del arrendamiento general de la plaza o del alquiler de los palcos y tribunas por cuenta propia. Habría que añadir los beneficios resultantes de la venta de las pieles y de la carne de los toros matados y de la de los caballos empleados (en gran parte heridos después de las corridas), así como la venta de material de construcción, sobre todo de madera, que no se precisaba para la reparación de la plaza.

Los gastos, que mermaban los beneficios obtenidos de las corridas, se componían en Sevilla, sobre todo, de los costos de la plaza, de la compra de toros y caballos, del pago de los sueldos y remuneraciones y, no en último lugar, de los costos de los fuegos artificiales, intermedios burlescos y refrigerios para los maestrantes e invitados de la corporación. Para las corridas que se celebraban todos los años, la Maestranza necesitaba una plaza que al principio se construía de madera. Sin embargo, era preciso de vez en cuando restaurarla y/o ampliarla en años sucesivos e incluso reconstruirla totalmente. Además, había que preparar y adornar la plaza en cada uno de los festejos. Entre 1730 y la primavera de 1733, la Maestranza de Sevilla celebraba sus corridas en una plaza de madera llamada El Arenal, que existía entre las murallas de la ciudad y las orillas del Guadalquivir. En los años de 1731-1733 se levantó con la misma ubicación general una plaza de madera más amplia en el terreno del Monte del Baratillo, un muladar que el Ayuntamiento de Sevilla cedió gratuitamente a la Maestranza. Esta plaza tuvo que renovarse casi por completo en 1739-1740 y en 1759. En 1761 comenzó la Maestranza a levantar en el mismo lugar una plaza de toros propia, de piedra, que resultaba gigantesca para la época: en el siglo XIX tenía cabida para 13.000 personas. En varias ocasiones fue ampliada y en esta forma existe en la actualidad. Las partes no terminadas de la plaza se sustituían por construcciones de madera. Los escasos beneficios netos, e incluso las frecuentes pérdidas que la Maestranza de Sevilla sufrió en las corridas de toros celebradas en 1731, 1733, 1753, 1759, 1760, 1784, 1785 y 1793, se debieron, sobre todo, a los elevados gastos que la nueva construcción y posterior ampliación de la plaza comportaba.

La realización de corridas de toros en Sevilla producía altos costos regulares por la compra de toros y caballos. En el siglo XVIII se presentaban y mataban en la ciudad de diez a trece toros en el transcurso de una corrida de medio día. Por ello la Maestranza sevillana

Tabla 14: Ingresos de la Maestranza de Sevilla por corridas de toros (1730-1804).

Años	Número de días de corridas	Ingresos totales (en reales de vellón, maravedís de vellón)	Ingresos por arrendamiento general (AG) o por administración propia de la plaza (AP)	
1730	2	108.206,00	96.401,00	AG
1731	4	207.750,10	169.500,00	AG
1732	4	219.962,08	182.100,00	AG
1733	4	174.322,25	164.380,00	AG + AP
1734	4	?	93.905,30	AG
1735	4	?	65.835,10	AG
1736	4	113.414,26	?	AP
1737	2	35.946,33	27.778,30	AG
1738	2	?	?	
1739	4	?	?	
1740	4	103.968,25	?	
1741	4	51.954,30	?	
1742	4	104.410,01	86.127,13	AP
1743	6	145.269,33	114.366,00	AP
1744	4	107.994,17	93.768,00	AP
1745	4	99.426,33	80.380,28	AG + AP
1746	4	118.050,02	92.114,16	AP
1747	4	144.228,12	104.704,17	AP
1748	4	130.444,33	96.122,00	AP
1749	4	139.498,12	100.541,00	AP
Ø 1740-1749	4		96.015,18	AP
1750	4	119.390,25	95.628,00	AP
1751	4	140.232,12	?	AP
1752	4	165.448,02	?	AP
1753	4	142.760,09	?	AP

Total de gastos	Beneficios netos o pérdidas		Fuente: Nota 26, cap. VI
155.908,05	-	47.702,05	(a)
205.547,05	+	2.203,05	(a), (k)
164.505,09	+	55.456,33	(a), (k)
189.089,21	-	14.766,12	(a), (i), (k)
?		?	(a), (i), (k)
?		?	(i)
92.707,17	+	20.707,09	(b), (k)
25.255,14	+	10.691,19	(b), (k)
?		?	(b)
?	+	26.669,09	(c)
76.373,06	+	27.595,19	(c)
52.710,32	-	756,02	(c)
72.289,15	+	32.120,20	(c)
98.846,04	+	46.423,29	(c)
68.561,04	+	39.433,13	(c)
80.829,23	+	18.597,10	(d)
89.526,12	+	28.523,24	(d)
121.960,17	+	22.267,29	(d)
99.583,18	+	30.861,15	(d)
120.345,13	+	19.152,33	(d)
	+	26.422,02	
86.934,13	+	32.456,12	(d)
107.514,14	+	32.717,32	(e)
123.594,05	+	41.853,31	(e)
129.261,13	+	13.498,30	(e)

Años	Número de días de corridas	Ingresos totales (en reales de vellón, maravedís de vellón)	Ingresos por arrendamiento general (AG) o por administración propia de la plaza (AP)	
1754	4	171.740,04	110.000,00	AG
1755-1758	Se prohibieron las corridas de toros.			
1759	3	140.235,14	117.700,00	AG
1760	4	215.692,30	168.000,00	AG
1761	4	241.826,32	184.500,00	AG
1762	4	255.442,28	190.500,00	AG
1763	4	267.018,20	211.500,00	AG
1764	4	186.512,00	139.985,00	AP
1765	4	236.870,19	187.500,00	AG + AP
1766	4	229.075,32	170.169,00	AP
1767	4	219.220,25	159.000,00	AG
1768	4	229.470,13	169.500,00	AG
1769	4	215.402,25	159.000,00	AG
Ø 1760-1769	4		173.965,14	AG
1770	5	224.579,04	172.500,00	AG
1771	4	251.459,04	195.000,00	AG
1772	4	230.191,00	185.250,00	AG
1773	4	246.449,32	201.000,00	AG
1774	4	252.076,01	192.000,00	AG
1775	4	252.547,20	202.875,00	AG
1776	5	277.513,32	222.000,00	AG
1777	4	280.060,00	224.700,00	AG
1778	4	273.251,23	223.500,00	AG
1779	4	236.977,21	189.900,00	AG
Ø 1770-1779	4		200.872,17	AG
1780	4	168.000,10	127.500,00	AG
1781	4	267.497,12	210.000,00	AG

Total de gastos	Beneficios netos o pérdidas	Fuente: Nota 26, cap. VI
127.017,10	+ 44.722,28	(e)
213.316,32	- 73.081,18	(f)
196.778,23	+ 18.914,07	(f)
129.542,30	+ 112.284,02	(f)
154.029,01	+ 101.413,27	(f)
169.635,32	+ 97.382,22	(f)
164.593,12	+ 21.918,22	(f)
161.458,16	+ 75.412,03	(f)
153.752,10	+ 75.323,22	(f)
175.331,06	+ 43.889,19	(f)
176.412,23	+ 53.057,24	(f)
168.740,00	+ 46.662,25	(f)
	+ 64.625,31	
165.726,06	+ 58.852,32	(f)
162.271,00	+ 89.188,04	(f)
138.549,21	+ 91.641,13	(f)
144.279,12	+ 102.170,20	(f)
138.082,29	+ 113.993,06	(f)
147.167,01	+ 105.380,19	(f)
151.398,05	+ 126.115,27	(f)
170.223,11	+ 109.836,23	(f)
168.820,22	+ 104.431,01	(f)
149.514,30	+ 87.462,25	(f)
	+ 98.907,10	
161.917,31	+ 6.082,13	(f)
192.870,29	+ 74.626,17	(f)

Años	Número de días de corridas	Ingresos totales (en reales de vellón, maravedís de vellón)	Ingresos por arrendamiento general (AG) o por administración propia de la plaza (AP)	
1782	4	317.117,00	241.725,00	AG
1783	4	359.997,06	285.375,00	AG
1784	4	331.157,28	265.027,32	AP
1785	2	112.044,30	90.759,00	AG
1785-1792	Se prohibieron las corridas de toros.			
1793	12	992.931,24	864.750,00	AG
1794	12	?	?	
1795	12	968.162,25	789.373,26	AP + AG
1796	10	397.831,00	330.366,00	AP + AG
1797	16	208.582,00	180.000,00	AG
1798	?	?	?	
1799	12	949.399,05	682.463,22	AG
1800	8	613.935,17	438.964,00	AG
1800-1802	Se suspendieron las corridas de toros.			
1803	16	?	175.000,00	AG
1804	8	?	100.000,00	AG
1804-1805	Se suspendieron las corridas de toros.			
1805-1814	Se prohibieron las corridas de toros.			

Total de gastos	Beneficios netos o pérdidas		Fuente: Nota 26, cap. VI
214.356,31	+	102.760,03	(f)
292.420,24	+	67.576,16	(f)
304.833,09	+	26.324,19	(f)
170.881,28	-	58.836,32	(f)
1.187.671,07	-	194.739,17	(g)
?		?	-
920.755,33	+	47.406,26	(g)
359.902,24	+	37.928,10	(g)
134.147,03	+	74.434,31	(g)
?		?	-
926.469,26	+	22.929,13	(h)
591.323,17	+	22.611,00	(h)
?		?	(h)
?		?	(h)

necesitaba entre 1730 y 1785 cada año de ochenta a cien toros para dos fiestas de toros en ocho corridas. A partir de 1793 hacían falta unos 210-230 toros para veinticuatro corridas en más o menos doce días. Tratándose sobre todo de corridas de rejoneo se empleaba un número de caballos aproximadamente igual a la mitad de la cifra de reses. Los diputados encargados de organizar las corridas tenían, entre otras cosas, la tarea de comprar con tiempo, a cargo de la Maestranza, buenos toros y caballos, llevarlos a Sevilla y mantenerlos hasta el comienzo de los festejos en los toriles y las cuadras de la plaza.

Debido a los precios relativamente altos de los toros y los caballos, la venta de los animales a la Maestranza representaba un negocio lucrativo, sobre todo para los ganaderos andaluces. Por ello no debe extrañar que en este negocio participaran precisamente miembros de la corporación. Se trataba de un pequeño grupo de maestrantes que vendían sus caballos y, casi regularmente, la mayor parte de los toros durante muchos años (lo hicieron, por ejemplo, en 1730, 1731, 1740, 1744, 1748 y 1759). En la primera mitad del siglo XVIII (1730-1754), veinticuatro de los ochenta y un miembros, residentes en 1737 en Sevilla y alrededores, aprovecharon la oportunidad de vender sus toros a la Maestranza.[27] La especialidad de la cría de toros en el marco de la ganadería vacuna se practicaba de manera especialmente extensiva con respecto a los pastos. Se cultivaba en el *hinterland* sevillano, sobre todo en las anchas y llanas marismas de la desembocadura del Guadalquivir. La ganadería de toros pertenecía funcionalmente al tipo de latifundio explotado de forma extensiva y dirigido por un administrador. Su propietario noble residía en la ciudad, pudiendo asegurarse el mercado de sus productos agrarios, entre otras formas, por ser miembro de una maestranza. El extraordinario interés por la ganadería de los caballeros maestrantes de Sevilla, en el siglo XVIII, se aunaba a su interés en la exportación a Ultramar de sus productos, preferentemente el vino y el aceite.

En la realización de las corridas de toros en Sevilla se producían también altos costes por los salarios de las personas empleadas. Además de las remuneraciones en efectivo de los toreros, muy bien pagados, de los picadores, ayudantes y auxiliares, de los músicos, cómicos y pirotécnicos o del personal de vigilancia, se producían otros gastos consistentes en los vistosos uniformes y equipos de estas personas, así como, en ocasiones, en la manutención y alojamiento de las mismas. Con el fin de aumentar el atractivo y con ello los beneficios, la Maestranza se afanaba en contratar toreros famosos que llenaban la plaza. Por lo general, las corridas se amenizaban con una banda de música. Escenas burlescas a cargo de cómicos en los intermedios, así como saraos con iluminaciones y fuegos artificiales aumentaban el incentivo de las diversiones, pero también su coste. El orden y la seguridad en el ámbito de la plaza se garantizaban por soldados de la guarnición del ejército real acantonada en Sevilla, llamados para esta tarea extraordinaria y remunerados especialmente por la Maestranza. En las corridas, cada miembro de la corporación disponía, de forma gratuita, de un asiento en el gran palco especial de la Maestranza, dignamente engalanado. También era costumbre, como ya se dijo, que el teniente invitara a este palco a los miembros del Cabildo de la Catedral, de la Real Audiencia y del Ayuntamiento. Durante los festejos a los miembros de la corporación y sus invitados solía obsequiárseles con bebidas refrescantes y pasteles, así como con solemnes banquetes al término de las corridas. En la fiesta de toros de dos días celebrada en mayo de 1731, estos gastos de convites ascendieron a 10.644 reales de vellón, casi el mismo importe de la compra de veintiséis caballos para esta fiesta. En las fiestas de toros posteriores se redujeron estos gastos de agasajos, aunque siguieron importando varios miles de reales de vellón al año. En efecto, en las corridas de 1759 ascendieron a 8.105 reales de vellón, una vez más casi el importe de la adquisición de los diecinueve caballos requeridos. Los escasos beneficios o las deudas que la Maestranza tuvo de las corridas de toros en 1731 y 1759 deben de atribuirse en parte a estos gastos exagerados para poner de relieve su preeminencia social.[28]

Ya señalamos también la importancia de los fuertes costes coyunturales de la construcción o reparación de la plaza para enjuiciar las oscilaciones en el importe de los gastos totales de las corridas de toros. Asimismo, destacamos la tendencia de la Maestranza de Sevilla a aumentar los gastos totales de las corridas, debido a los considerables, aunque irregulares, dispendios en ostentación a favor de los maestrantes y sus invitados. Tampoco hay que ignorar que el número mayor o menor de espectadores del que se desprenden los ingresos tenía por consecuencia un total de gastos mayores o menores en las corridas. Por último, debe tenerse en cuenta que antes de 1736, los gastos totales de las corridas incluían todos los gastos generales de la corporación, tales como los salarios de los empleados, los costes de los ejercicios ecuestres, los de los festejos religiosos y civiles o los costes de los obsequios ofrecidos a personalidades influyentes en la corte.

El importe total de los ingresos de las corridas dependía evidentemente del número de los festejos concedidos y del número mayor o menor de espectadores. En Andalucía las corridas de toros no solo tenían gran popularidad entre las élites urbanas, sino también entre las capas bajas de la población. Cabe suponer que los estratos bajos de la ciudad dispondrían de mayor acceso a los precios de las corridas cuando el coste de la vida, señalado por los precios del trigo, fuese bajo, y viceversa. Sobre esta base formulamos la hipótesis de que el volumen de los ingresos de la plaza sevillana estuviera en una relación proporcional inversa con respecto a las oscilaciones en los precios del trigo en la ciudad (véase Diagrama 3). Sin embargo, esta relación no puede establecerse de manera rígida, ya que el importe de los ingresos de la plaza dependía de otros factores de riesgos: 1) la asistencia a los toros era voluntaria y se decidía frente a otras diversiones, tal vez menos atractivas; 2) los arrendamientos de la plaza solo podían realizarse sobre la base del número de espectadores habidos en fiestas anteriores; 3) en comparación con los arrendamientos, la administración de la plaza por cuenta propia de la corporación resultaba generalmente menos provechosa; 4) los ingresos de la plaza subieron desproporcionadamente, a pesar de los precios relativamente altos del trigo, debido a la presencia de la corte en la ciudad de 1729 a 1733 y a la construcción de una plaza de piedra de mayor capacidad a partir de 1761.

Comparando, no obstante, el volumen de los ingresos de la plaza sevillana con la evolución de los precios del trigo en la ciudad, se puede observar en el período de 1730 a 1778 una relación proporcional inversa de ambos movimientos. Para el espacio de tiempo indicado, hemos podido reconstruir los datos necesarios, aunque con interrupciones.[29] Dentro de la tendencia general de la subida de los precios del trigo en Andalucía y en el resto de España, a partir de los años cuarenta y durante la segunda mitad del siglo XVIII, se pagaban precios altísimos para el trigo y los ingresos de la plaza eran muy bajos o relativamente bajos. Esto ocurrió en los años 1734-1735, 1740-1741, 1745-1746, y 1764. A estas alzas respectivamente siguieron en los años de 1736, 1742-1744, 1747-1749, 1751-1754, 1759-1763 y 1765-1766 precios bajos o muy bajos del trigo e ingresos altos y hasta muy altos de la plaza. Siguieron entre 1767-1770 precios muy altos del trigo e ingresos moderados de la plaza. A continuación, entre 1771 y 1772 y entre 1775 y 1778, los precios del trigo fueron bajísimos y los ingresos máximos. A diferencia de lo anteriormente referido, la relación proporcional inversa entre ambos movimientos no se reflejó para nada en los años de 1773-1774. (Grafico 3 a y b)

A pesar de todo, los beneficios netos de la Maestranza de Sevilla procedentes de las corridas de toros subieron fuertemente en la segunda mitad del siglo XVIII, debido principalmente a la construcción de la nueva plaza a partir de 1761 y al aprovechamiento creciente de la misma por medio de arrendamientos generales. En los años de 1740 a 1749, alcanzaban un promedio de 26.422 reales de vellón al año, en la década de 1760 a 1769 de 64.625 reales y en la de 1770 a 1779 incluso de 98.907 reales al año. El promedio de los beneficios netos anuales procedentes de las corridas aproximadamente se cuadruplicó en la segunda mitad del siglo XVIII. En cambio, el aumento de las corridas de medio día (de ocho a doce), concedidas por privilegio a partir de 1793, supuso un promedio anual menos elevado de los beneficios netos.

Es probable que los ingresos por corridas de las otras maestranzas hayan tenido la misma importancia central que para la corporación sevillana, elevándose a cifras parecidas de acuerdo con las circunstancias locales y regionales. En Granada, Ronda y Valencia, la forma de las fiestas de toros, su organización y la composición de los ingresos y gastos debían de haber sido similares a los de Sevilla. En Granada la realización de las corridas de toros, incluidos los refrescos servidos,

Gráfico 3: Ingresos procedentes de la Plaza de Toros (en 1.000 reales de vellón) y el precio del trigo (en reales de vellón por fanega) de 1730-1778.

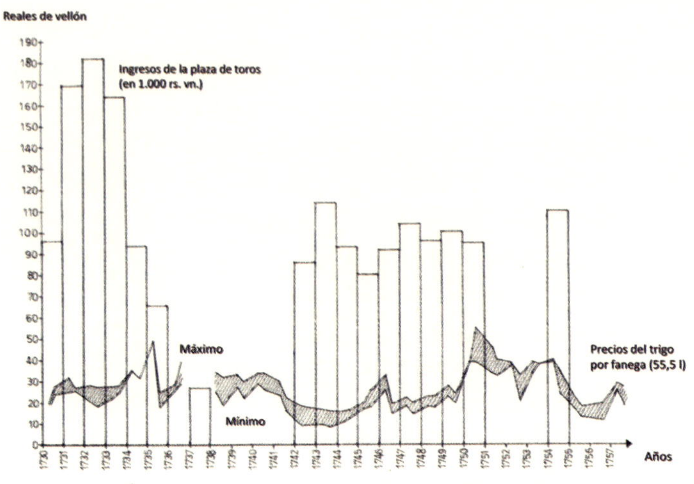

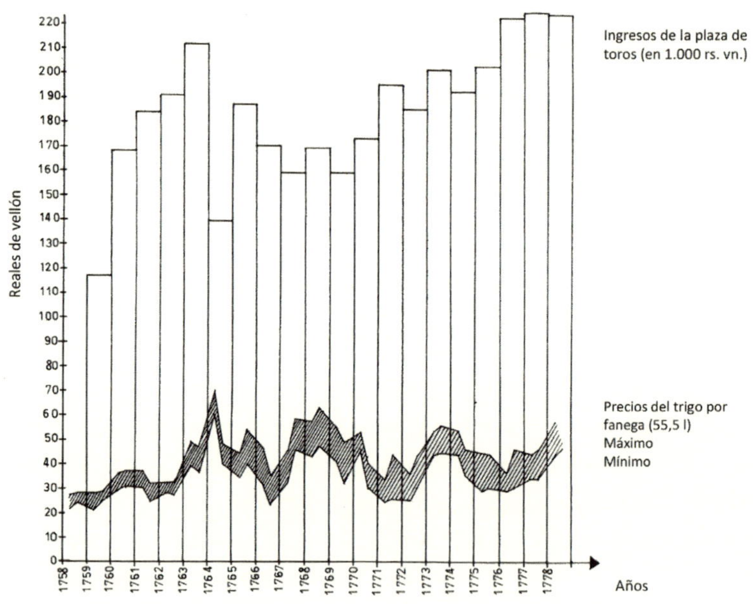

era, entre 1766 y 1785, casi la misma que en Sevilla. Solo que las dos fiestas de toros garantizadas por privilegio constaban de cuatro y no de ocho corridas como en Sevilla.[30]

En los años en los que se permitía celebrar corridas de toros, los beneficios netos de las diferentes maestranzas procedentes de estas configuraban las partidas principales de todos los ingresos. Como ya indicamos, les seguían los ingresos procedentes de las cuotas y, en ocasiones, los de las contribuciones proporcionales. Fue la Maestranza de Sevilla probablemente la única que dispuso de ingresos regulares procedentes del arrendamiento de casas (véase Tabla 15). A partir de 1749 mandó construir casas y tiendas adosadas a los muros y a las fachadas de la plaza, que pudieron alquilarse ventajosamente. Los medios financieros para estas inversiones se sacaban sobre todo de los beneficios netos de las corridas. Los ingresos por los alquileres subían poco a poco conforme a la progresiva terminación de las edificaciones alrededor de la plaza. A partir de 1751 alcanzaron unos pocos miles (10.000-20.000 desde 1766) y a partir de 1790 supusieron alrededor de 40.000 reales de vellón al año.[31]

Si, como parece lógico, el volumen total de ingresos dependía en general del número de aficionados a las corridas, el orden de las maestranzas estaría también en relación con la población total y sería: Valencia, Sevilla, Granada y Ronda.[32]

2. Los gastos

La dinámica en la evolución de las finanzas de corporaciones nobiliarias como las maestranzas se manifestaba sobre todo en los gastos. El prestigio social de las corporaciones nobiliarias y, en consecuencia, el de sus miembros no se fundamentaba, como el burgués, por el ahorro, la inversión de los ingresos y la búsqueda de máximos beneficios; sino, al contrario, por el empleo inmediato de los beneficios obtenidos en el consumo ostentoso. El siguiente análisis de los gastos de las maestranzas se centra en la situación de la corporación sevillana, ya que la documentación de la misma es la más abundante y mejor conservada.[33]

Tabla 15: Ingresos de la Maestranza de Sevilla por arrendamientos inmobiliarios (1751-1809).

Años	Meses	Ingresos en reales de vellón, maravedís de vellón	Fuente: Nota 33, cap. VI
1751	1.1.-31.12.	686,00	(c)
1752	1.1.-31.12.	1.657,00	(c)
1753	1.1.-31.12.	2.285,00	(c)
1754	1.1.-31.12.	3.603,26	(c)
1755	1.1.-31.12.	2.390,00	(c)
1756	1.1.-31.12.	2.731,00	(c)
1757	1.1.-31.12.	3.908,24	(c)
1758	1.1.-31.12.	6.606,00	(c)
1759	1.1.-31.12.	6.038,00	(c)
1760	1.1.-31.12.	6.098,00	(c)
Ø 1751-1760	1.1.-31.12.	3.600,12	
1761	1.1.-31.12.	6.081,16	(c)
1762-1763	1.1.-31.12.	10.830,00	(c)
1764	1.1.-31.12.	5.843,00	(c)
1765	1.1.-31.12.	5.483,00	(c)
1766-1767	1.1.-31.12.	28.895,25	(c)
1768	1.1.-31.12.	14.455,17	(c)
1769	1.1.-31.12.	14.596,17	(c)
1770	1.1.-31.12.	14.948,17	(c)
Ø 1761-1770	1.1.-31.12.	10.113,13	
1771	1.1.-31.12.	12.573,16	(c)
1772	1.1.-31.12.	17.030,16	(c)
1773	1.1.-31.12.	14.488,04	(c)
1774	1.1.-31.12.	19.391,00	(c)
1775	1.1.-31.12.	20.125,00	(c)
1776	1.1.-31.12.	18.600,00	(c)
1777	1.1.-31.12.	13.572,00	(c)
1778	1.1.-31.12.	18.903,17	(c)

Años	Meses	Ingresos en reales de vellón, maravedís de vellón	Fuente: Nota 33, cap. VI
1779-1780	?	?	(c)
Ø 1771-1778	1.1.-31.12.	16.835,15	
1781	1.1.-31.12.	18.700,26	(c)
1782	1.1.-31.12.	22.463,22	(c)
1783	1.1.-31.12.	19.306,22	(c)
1784	1.1.-31.12.	26.773,05	(c)
1785-1786	?	?	(c)
1787	1.1.-31.12.	32.768,00	(c)
1788	?	?	(c)
1789	1.1.-31.12.	21.727,00	(c)
Ø 1781-1789	1.1.-31.12.	23.623,07	
1790-1791	1.1.-31.12.	78.301,30	(c), (d)
1792	1.1.-31.12.	40.095,00	(d)
1793	1.1.-31.12.	31.464,16	(d)
1794	1.1.-31.10.	34.836,12	(d)
1794-1795	1.11.-31.10.	33.806,33	(d)
1795-1796	1.11.-31.10.	42.930,17	(d)
1796-1797	1.11.-31.10.	37.447,02	(d)
1797-1798	1.11.-31.10.	31.118,10	(d)
1798-1799	1.11.-31.10.	40.628,26	(e)
Ø 1790-1799	1.1.-31.10.	37.062,32	
1799-1800	1.11.-31.12.	41.579,29	(e)
1801	1.1.-31.10.	40.968,15	(e)
1801-1802	1.11.-31.10.	28.927,30	(e)
1802-1803	1.11.-31.10.	13.367,03	(e)
1803-1804	1.11.-31.10.	42.039,18	(e)
1804-1805	1.11.-31.10.	41.672,28	(e)
1805-1806	1.11.-31.10.	48.863,12	(e)
1806-1807	1.11.-31.10.	39.382,18	(e)
1807-1809	1.11.-31.10.	85.387,32	(f)
Ø 1799-1809	1.11.-31.10.	38.218,32	

Tabla 16: Total de gastos de la Maestranza de Sevilla (1736-1809).

Espacio de tiempo		Total de gastos en reales de vellón, maravedís de vellón	Fuente: Nota 33, cap.VI
Años	Meses		
1736	1.1.-31.12.	29.915,13	(a)
1737	1.1.-31.12.	28.622,06	(a)
1738	1.1.-31.12.	12.659,04	(a)
1739	1.1.-31.12.	12.025,11	(b)
1748	1.1.-31.12.	9.517,11	(c)
1749	1.1.-31.12.	11.104,14	(c)
Ø 1736-1749	1.1.-31.12.	17.307,10	
1750	1.1.-31.12.	12.535,33	(c)
1751	1.1.-31.12.	65.144,07	(c)
1752	1.1.-31.12.	12.771,13	(c)
1753	1.1.-31.12.	25.583,24	(c)
1754	1.1.-31.12.	23.587,06	(c)
1755	1.1.-31.12.	16.066,22	(c)
1756	1.1.-31.12.	30.768,25	(c)
1757	1.1.-31.12.	35.927,22	(c)
1758	1.1.-31.12.	11.775,08	(c)
1759	1.1.-31.12.	9.299,00	(c)
Ø 1750-1759	1.1.-31.12.	19.855,14	
1760	1.1.-31.12.	17.473,13	(c)
1761	1.1.-31.12.	20.103,29	(c)
1762-1763	1.1.-31.12.	46.913,13	(c)
1764	1.1.-31.12.	37.707,32	(c)
1765	1.1.-31.12.	68.377,22	(c)
1766-1767	1.1.-31.12.	85.467,33	(c)
1768	1.1.-31.12.	81.817,21	(c)
1769	1.1.-31.12.	93.544,19	(c)
Ø 1760-1769	1.1.-31.12.	45.140,22	
1770	1.1.-31.12.	105.155,21	(c)

Espacio de tiempo		Total de gastos en reales de vellón, maravedís de vellón	Fuente: Nota 33, cap.VI
Años	Meses		
1771	1.1.-31.12.	150.862,11	(c)
1772	1.1.-31.12.	30.599,18	(c)
1773	1.1.-31.12.	30.406,14	(c)
1774	1.1.-31.12.	71.917,01	(c)
1775	1.1.-31.12.	51.785,28	(c)
1776	1.1.-31.12.	25.870,23	(c)
1777	1.1.-31.12.	61.644,13	(c)
1778	1.1.-31.12.	27.694,15	(c)
Ø 1770-1778	1.1.-31.12.	61.770,24	
1781	1.1.-31.12.	20.278,21	(c)
1782	1.1.-31.12.	31.850,04	(c)
1783	1.1.-31.12.	22.464,20	(c)
1784	1.1.-31.12.	20.647,04	(c)
1787	1.1.-31.12.	37.018,27	(c)
1789	1.1.-31.12.	33.871,06	(c)
Ø 1781-1789	1.1.-31.12.	27.688,14	
1790-1791	1.1.-31.12.	90.659,14	(c), (d)
1792	1.1.-31.12.	46.763,11	(d)
1793	1.1.-31.12.	49.191,07	(d)
1794	1.1.-31.10.	53.359,10	(d)
1794-1795	1.11.-31.10.	87.715,29	(d)
1795-1796	1.11.-31.10.	182.947,15	(d)
1796-1797	1.11.-31.10.	123.040,06	(d)
1797-1798	1.11.-31.10.	89.304,22	(d)
1798-1799	1.11.-31.10.	79.851,33	(e)
Ø 1790-1799	1.1.-31.10.	80.283,11	
1799-1800	1.11.-31.12.	103.555,22	(e)
1801	1.1.-31.10.	69.866,08	(e)
1801-1802	1.11.-31.10.	48.791,05	(e)
1802-1803	1.11.-31.10.	93.098,16	(e)

Espacio de tiempo		Total de gastos en reales de vellón, maravedís de vellón	Fuente: Nota 33, cap. VI
Años	Meses		
1803-1804	1.11.-31.10.	76.144,21	(e)
1804-1805	1.11.-31.10.	78.777,04	(e)
1805-1806	1.11.-31.10.	103.468,12	(e)
1806-1807	1.11.-31.10.	71.647,10	(e)
1807-1809	1.11.-31.10.	124.616,26	(f)
Ø 1799-1809	1.11.-31.10.	76.996,19	

En la relación con las corridas de toros, se ha señalado la tendencia de la Maestranza sevillana y de sus miembros a efectuar los gastos más altos posibles para el consumo ostentoso. También los demás gastos de la corporación servían en su totalidad, directa o indirectamente, para celebrar festejos con el fin de aumentar el prestigio de la corporación y, en consecuencia, el de sus miembros.

El total de los gastos anuales de la Maestranza de Sevilla (véase Tabla 16), sin contar los gastos especiales, importó de 1730 a 1760 unos 10.000-12.000 reales de vellón. A partir de finales de la década de los años setenta y en la de los años ochenta alcanzaron, salvo excepciones, una suma de 20.000 a 30.000 reales de vellón anuales. En la década de los noventa y, con posterioridad a 1800, subieron a un mínimo de 70.000 a 90.000 reales de vellón. Este incremento de los gastos de la corporación en el siglo XVIII fue posible gracias a los crecientes beneficios procedentes de las corridas y de los arrendamientos.

El total de gastos se componía (véase Tabla 17), por un lado, de los que eran relativamente regulares, como el pago de los sueldos y remuneraciones, así como de los costes de las fiestas eclesiásticas y civiles y, por el otro, de gastos bastante irregulares, como los desembolsos para la construcción y reparación, los pagos de los intereses de los créditos para las edificaciones, los obsequios para personalidades influyentes y otros. Los dispendios para las fiestas civiles y eclesiásticas figuraban entre los gastos relativamente regulares, aunque variasen de año en año. Comprendían los costes de los festejos públicos de equitación, de los ejercicios ecuestres regulares, sobre todo de la preparación y el adorno del picadero o del lugar de las fiestas y el acompañamiento musical de la presentación. Conjuntamente con el Ayuntamiento, la Maestranza de Sevilla realizaba, además, aparatosas fiestas reales con o sin corridas de toros y festejos de equitación con motivo de las efemérides de la casa real y los sucesos destacados de la política interior y exterior. Estas fiestas suntuosas, que en gran parte resultaban gratuitas para la población, originaban cuantiosos gastos. Así, las cañas reales del 24 de octubre de 1738 en honor del enlace matrimonial del rey de las Dos Sicilias, el posterior monarca Carlos III, costaron 27.083 reales y 24 maravedís. Las fiestas reales con festejos de equitación y corridas del 2 y del 4 de mayo de 1740 en honor de las bodas del infante y Hermano Mayor de la corporación, don Felipe, originaron un déficit de 80.420 reales y 5 maravedís de vellón.[34] Las fiestas reales del 26 de febrero de 1796, en honor de la corte, costaron 97.260 reales y 14 maravedís de vellón.[35] En tanto que los costes de la fiestas de 1738 y 1740 no se incluyen en las estadísticas referidas, las fiestas reales de 1796 contribuyeron con mucho al total de los gastos extraordinariamente altos de aquel año. Los gastos para festejos eclesiásticos consistían, sobre todo, en dispendios para la fiesta suntuosa en favor de la patrona, para la celebración de bodas o bien para funerales de miembros o de sus familiares. Entre los gastos para las fiestas eclesiásticas figuraban también las limosnas para la conservación de la capilla de la patrona y los subsidios para otras instituciones eclesiásticas. Sin embargo, los gastos para las fiestas eclesiásticas disminuían, ya que la Maestranza disponía también de las rentas de la Cofradía del Rosario, de la que prácticamente se había hecho cargo. Además, hay que tener en cuenta que en los gastos de la corporación para las fiestas eclesiásticas y civiles no se comprendían los desembolsos efectuados por los maestrantes que participaban en ellas. No obstante, los dispendios para estas fiestas fueron subiendo considerablemente en el transcurso del siglo XVIII. Entre los años 1730 y 1760 importaban unos 1.000-3.000 reales de vellón, entre los de 1770 y 1780 unos 3.500-9.000 y a partir de 1789 aproximadamente alcanzaron unos 10.000-20.000 reales de vellón.

Tabla 17: Total de gastos de la Maestranza de Sevilla por partidas (1736-1807).

Años	Total de gastos	Sueldos	Fiestas eclesiásticasy civiles
1736	29.915,13	8.457,13	3.587,19
1738	12.659,04	7.190,08	1.760,14
1739	12.025,11	7.049,30	850,32
1749	11.104,14	6.760,00	1.403,16
1750	12.535,33	9.695,00	1.220,09
1751	65.144,07	11.675,00	844,33
1752	12.771,13	6.886,30	3.551,07
1753	25.583,24	12.498,14	2.468,08
1754	23.587,06	14.119,12	1.933,04
1755	16.066,22	13.135,00	1.855,02
1756	30.768,25	8.961,06	2.793,02
1757	35.927,22	8.818,24	685,02
1758	11.775,08	8.615,00	1.992,06
1759	9.299,00	8.064,30	?
1760	17.473,13	10.383,05	?
1761	20.103,29	11.364,30	?
1762-1763	46.913,13	21.681,29	5.366,03
1768	81.817,21	4.839,31	2.007,09
1769	93.544,19	12.926,07	2.724,08
1770	105.155,21	8.652,10	4.687,03
1771	150.862,11	10.374,29	3.566,08
1772	30.599,18	11.301,08	5.339,08
1773	30.406,14	13.324,22	3.616,10
1774	71.917,01	13.052,28	3.464,26
1775	51.785,28	17.134,28	5.520,02
1776	25.870,23	13.080,00	3.540,22
1777	61.644,13	12.083,02	7.915,17

Gastos de construcción y reparaciones	Intereses de créditos para la construcción	Obsequios para personas influyentes	Gastos varios
550,00	-	-	17.320,15
-	-	-	3.708,16
-	-	200,00	3.924,17
-	-	1.555,26	1.385,06
921,24	-	699,00	-
51.899,00	-	725,08	-
-	-	1.175,16	1.157,28
258,12	-	8.581,22	1.777,02
-	-	6.281,24	1.253,00
-	-	-	1.076,20
19.014,17	-	-	-
26.423,30	-	-	-
1.168,02	-	-	-
?	-	-	-
?	-	?	?
?	-	?	?
11.732,01	-	2.898,26	5.234,22
?	-	-	?
?	-	-	?
?	-	-	?
?	77.732,21	-	?
3.700,14	9.840,30	-	417,26
?	12.684,16	-	?
?	9.511,30	-	?
962,26	17.134,28	-	6.287,26
922,05	2.238,12	-	6.089,18
32.700,29	-	-	8.944,33

Años	Total de gastos	Sueldos	Fiestas eclesiásticasy civiles
1778	27.694,15	11.545,26	9.374,10
1784	20.647,04	12.426,18	6.694,10
1787	37.018,27	24.831,30	7.981,30
1789	33.871,06	12.018,13	13.426,14
1793	49.191,07	23.586,29	13.728,20
1794-1795	87.715,29	19.032,17	22.607,18
1795-1796	182.947,15	22.278,00	115.019,22
1796-1797	123.040,06	24.653,00	13.879,33
1797-1798	89.304,22	26.793,17	16.951,33
1803-1804	76.144,21	22.102,00	7.966,31
1804-1805	78.777,04	24.423,00	18.046,10
1805-1806	103.468,12	27.026,16	13.127,26
1806-1807	71.647,10	26.886,00	12.371,02

Fuente: Nota 33, cap. VI.

Entre los gastos relativamente regulares de la Maestranza de Sevilla figuraban, además de los destinados a las fiestas, los de los salarios. Los empleados de la corporación con salarios y remuneraciones fijas tenían la obligación directa o indirecta de colaborar en las fiestas civiles y eclesiásticas, en las corridas y en la construcción. En el siglo XVIII figuraban, entre otros, los siguientes empleados:[36]

- El apoderado, con un sueldo anual que fue subiendo de 1.100 reales de vellón (en los años 1753-1761) a 1.650 reales (1762-1779), a 2.750 reales (1780-1788) y a 3.300 reales (en 1804).
- El contador, con un salario anual de 660 reales (1738-1779), 1.100 reales (1780-1790) y 2.200 reales (1790-1812).
- El tesorero o contador, con un sueldo de 275 reales (1736) y 550 reales (1738-1749).
- El escribano, con un sueldo fijo de 1.100 reales (1738-1804).
- El maestro herrador, con un sueldo anual de 330 reales (1736-1812).

Gastos de construcción y reparaciones	Intereses de créditos para la construcción	Obsequios para personas influyentes	Gastos varios
1.531,08	694,26	-	4.548,13
-	1.526,10	-	-
632,04	3.548,35	-	24,06
-	4.456,06	-	3.970,07
3.994,30	4.456,10	-	3.428,20
7.844,26	10.961,23	-	27.269,13
13.301,26	10.961,23	-	13.692,12
3.910,14	14.017,23	-	66.579,04
174,00	10.961,22	-	34.423,18
6.465,28	9.862,24	-	29.747,06
7.467,10	9.862,24	-	18.977,28
5.043,02	12.384,06	-	45.886,30
6.304,20	11.374,06	418,00	14.293,16

- El maestro armero, con una remuneración anual de 29 reales (1753-1754 y 1762-1763).
- El maestro de armas, con un sueldo de 440 reales (1753-1765), 300 reales (1766), 500 reales (1767-1768), 400 reales (1769-1770), 500 reales (1771), 550 reales (1771-1773), y nuevamente 440 reales (1774-1790).
- El maestro picador de los caballos y el domador de los caballos y sus ayudantes, que recibieron unas remuneraciones relativamente altas, cuyo importe oscilaba de acuerdo con sus prestaciones, el volumen de su actividad y sus contratos.
- El guarda de la plaza, con un salario de 1.100 reales (1738), 750 reales (1749-1755), 360 reales (1769-1780) y 720 reales (1781-1813).
- El ministro, posteriormente llamado también alguacil de la Real Maestranza, con un salario de 330 reales (1738), 165 reales (1749-1787) y 900 reales (1804).

- El juez subdelegado de la Real Maestranza, con una remuneración fija de 1.650 reales al año (1738-1804).
- El abogado, con una gratificación regular de 232 reales (1753-1779).
- El agente en la corte de Madrid, con un sueldo anual de 407 reales (1738-1790).
- El agente general de pleitos y negocios en la corte de Madrid, con un sueldo de 1.100 reales al año (1777-1790).
- El portero, con un salario anual de 1.650 reales de vellón (1804 y 1813).
- En 1804 se amplió el número de los empleados con dos mariscales para la conservación de los edificios (con 330 y 220 reales de sueldo) y, además, con un escribano receptor, con un sueldo de 330 reales.

En el transcurso del siglo XVIII, los salarios y remuneraciones de la Maestranza de Sevilla fueron, por lo general, constantes y solo subieron, como en el caso del apoderado y del contador, debido al aumento de sus trabajos. Los trabajos adicionales, que tenían que realizar cada vez más empleados, se debían a las actividades de construcción de la Maestranza, al aumento de las corridas de toros a partir de 1793 y, también, a la mayor suntuosidad de las fiestas civiles y eclesiásticas. Además, el hecho de tener una servidumbre numerosa era en la España de la Edad Moderna un signo evidente de alto rango social. Muchos miembros de la Maestranza, en especial los de la nobleza media, no podían mantener una servidumbre numerosa. Pero se puede suponer que al menos la corporación a la que pertenecían debía de conservar este distintivo de prestigio social. El importe de los gastos causados por el pago de los salarios sufría oscilaciones, debido a que su pago se hacía de manera irregular y con atraso. Se pagaba en efectivo solo parte de los salarios y remuneraciones; los demás gastos de salarios de la corporación, como los destinados a uniformes especiales de los empleados, equipos específicos y gratificaciones extraordinarias, se recogen en la Tabla 17 bajo el epígrafe de "Gastos varios". Los gastos por salarios en efectivo de la Maestranza de Sevilla sumaban en los años 1730 y 1740 unos 7.000-8.000 reales de vellón; en los de 1750 y 1760 un promedio de 10.000; en los de 1770 y 1780 unos 13.000, y a partir de 1793 unos 24.000 reales de vellón.

La Maestranza de Sevilla empleaba sumas considerables, aunque irregulares, en obsequios para personalidades influyentes. En los años 1730, 1753 y 1754 hubo dispendios muy altos para estos regalos, que gravaron el total de los gastos de la corporación. Los presentes podían consistir en buenos caballos, cajas de tabaco selecto o chocolate. Los destinatarios eran el infante y Hermano Mayor de la corporación, su secretario, el agente de la corporación en Madrid, otros miembros de la familia real, altos funcionarios de la Corona y personalidades influyentes en la corte, pero también importantes magistrados de Sevilla. Los obsequios se hacían probablemente con el fin de conseguir privilegios y otras ventajas o en testimonio de gratitud una vez conseguidos estos. Después de haber obtenido sus más importantes privilegios, la Maestranza de Sevilla regaló en 1730 a su Hermano Mayor, el infante don Felipe, dos preciosos caballos con suntuosas sillas por valor de 25.295 reales de vellón.[37]

Al regidor, que por encargo del Ayuntamiento intervino en la medición topográfica de la plaza, la Maestranza le mandó en 1763 cajas de chocolate y tabaco por valor de 1.140 reales de vellón.[38] El escribano de la Intendencia de Sevilla recibió en 1807, probablemente por ciertas informaciones, un regalo en forma de una caja de chocolate que valió 418 reales de vellón.[39]

Los mayores gastos irregulares de la Maestranza de Sevilla se efectuaron para las construcciones y el pago de los intereses de los créditos obtenidos para las mismas. En 1749 se comenzaron a construir, por etapas, las viviendas y las tiendas y en 1761 se acometió la edificación de la plaza de toros, lo que dio lugar a unos costes desorbitados. Estos gastos oscilaban debido no solo al ritmo irregular de las obras, sino también porque en los gastos de las cuentas generales anuales aparecen bajo el epígrafe de ciertos pagos atrasados y declarados ocasionalmente como desembolsos particulares del apoderado, sin especificación. Los gastos para la construcción de la nueva plaza se saldaron, ya en parte, directamente con los ingresos procedentes de las corridas. A su vez, las reparaciones de las nuevas viviendas y tiendas causaron desembolsos mucho menores y más bien regulares. Tanto los costes de estas obras como los de la plaza, que se cubrían sobre todo con los ingresos de las corridas, pueden interpretarse como inversiones necesarias para asegurar a largo plazo estos ingresos.

Otros gastos irregulares de consideración se recogen también en las cuentas generales anuales de la corporación sevillana (véase Tabla 17) bajo el epígrafe de "Gastos varios". Entre ellos figuran los generales de oficina, como los de papel, de imprenta, trabajos extraordinarios de secretaría, expedición y correo, y otros desembolsos en efectivo relacionados con la administración. Asimismo, aparecen los costes de los uniformes, vestimentas especiales, utensilios y equipos de los empleados, las gratificaciones extraordinarias y la asistencia social de los mismos, los pagos de impuestos,[40] así como los honorarios de abogados y los costes judiciales. Entre 1730 y 1760 los gastos de secretaría ascendían a 3.000 reales de vellón al año. A partir de 1790 y después de 1800 se acrecentaron, montando sumas irregulares de a veces varias decenas de miles de reales de vellón. Los importes irregulares de los gastos varios se deben al hecho de que después de 1790 se incluyeron altas costas judiciales (como en los años 1797-1798 y 1803-1804), considerables desembolsos para las corridas de toros (como en los años 1797-1798, 1803-1804, 1804-1805 y 1805-1806) y elevadas sumas para pagar deudas (como en 1775-1778, 1789 y sobre todo en 1796-1797). Por último, los altos "gastos varios" de los años 1736-1739 incluían los costes de la ganadería propia de caballos que la corporación inició en 1736 y que abandonó en 1739.

El apoderado de la corporación administraba todos los gastos de la Maestranza de Sevilla, juntamente con los ingresos de los alquileres de viviendas y tiendas, los beneficios netos de las corridas y las tasas de admisión. Todos los años presentaba las cuentas generales que debían examinarse por el contador de la corporación y aprobarse por la Junta de Gobierno. Lo mismo sucedía con los balances parciales de las corridas celebradas regularmente, de las fiestas y de las construcciones de importancia que debían presentarse con los correspondientes recibos. El examen y la aprobación de las cuentas generales y de los balances se efectuaban en Sevilla en el siglo XVIII con bastante regularidad.[41] Este control interno no admitía ninguna crítica en la actuación financiera de la corporación. Tampoco hubo control alguno desde fuera como, por ejemplo, por el infante y Hermano Mayor en la corte, o por las instituciones de la Corona. Por ello no debe extrañarnos que en las cuentas generales se incluyesen, en parte, sumas muy elevadas sin especificar ni justificar por ser órdenes de pago del teniente o desembolsos efectuados por el apoderado. Además, hay que considerar que las cuentas generales, que en realidad no eran sino amplios balances parciales, no encajaban con los balances parciales independientes como, por ejemplo, los de las corridas. Solo había una relación de epígrafes idénticos entre las cuentas generales y los balances parciales de un lado y el libro de caja por otro. En tanto que las cuentas generales, los balances parciales de las corridas y otros balances similares se llevaron con asombrosa regularidad: el libro de caja paralelo muestra, tanto en los ingresos como en los gastos, lagunas que comprenden varios años.[42] Por ello debía de resultar difícil en ocasiones formarse una idea de la situación económica de la corporación. La administración financiera de la Maestranza de Sevilla respondía en el siglo XVIII menos al modelo de contabilidad de la Real Hacienda o de las casas comerciales particulares que a los intereses de los miembros nobles de disponer rápidamente y de manera no burocrática de los medios necesarios para emplearlos en un consumo ostentoso.

En las otras maestranzas el reparto de los gastos tendría formas similares a los de la corporación sevillana. También la actuación financiera de las otras corporaciones debía de haber servido de forma incontrolada a los intereses colectivos y privados de los miembros como en la hermandad sevillana. Para ello hay al menos indicios numerosos en los libros de contabilidad de las Maestranzas de Granada y Valencia.[43] Falta mencionar que este estudio no abarca la participación costosa de las corporaciones y sus miembros en la defensa militar de la patria en las guerras napoleónicas.

El análisis de la situación financiera de la Maestranza de Sevilla ha puesto de manifiesto que los gastos para festejos civiles y eclesiásticos, así como la manutención de un personal con sus salarios y costes de administración sirvieron principalmente a múltiples formas de consumo de prestigio. Se ha mostrado que los gastos para construcciones y los intereses de los créditos para las mismas, así como los obsequios para personalidades influyentes se emplearon probablemente con el fin de tener a disposición medios económicos para el consumo ostentoso y ampliar y asegurar los mismos. Estos gastos directos e indirectos para garantizar el consumo ostentoso con el fin de realzar a las élites nobiliarias de prestigio de la ciudad, se financiaban sobre todo con los ingresos de las corridas. Estas eran en Andalucía una diversión muy popular y como tales no representaban sino una contribución a cargo de los estratos inferiores de las ciudades. De esta manera las corridas de la Maestranza de Sevilla y probablemente las de las otras maestranzas andaluzas no tenían otra función que la de servir de correa de transmisión para la conservación del modelo de sociedad estamental del sur de la España del Antiguo Régimen.

[1] *Constituciones de la ilustre Maestranza de Valencia*, con licencia, Valencia, Imprenta de Iayme de Bordazar y Artazu, 1697, p. 11, n. 9; pp. 14 y sig., ns. 21-25; p. 20, ns. 43-44; pp. 29 y sig., ns. 1-8; y pp. 35 y sig., n. 1.

[2] Cfr. las partes casi idénticas de ambos estatutos sevillanos del siglo XVIII: *Regla de la Real Maestranza de la Mui Ilustre, y siempre Mui Noble, y Leal Ciudad de Sevilla, tomando por patrona, y abogada a la siempre Virgen Maria Nuestra Señora del Rosario. Dedicada al Serenissimo Sr. Infante Don Phelipe, Hermano Mayor de dicha Real Maestranza*, Sevilla, Juan Francisco Blas de Quesada (1732), pp. 107-111, y *Ordenanzas de la Real Maestranza de Caballería de la ciudad de Sevilla* (1794), nueva ed. (la que cito), Sevilla, Mariano Caro, 1834, pp. 95 y 134-137. Cfr. también ARMCS, Cuentas Generales y de Toros Años 1763 a 1780 y Libro de Caja de 1732 a 1777 (L. XXV), Libro de Entradas y Salidas En las Arcas de la R[ea]l Maestra[n]za de Cav[alle]ria de esta Ciu[da]d Que empieza desde 7 de Octubre de 1730, *passim*, así como las fuentes indicadas en las notas 33 y 40 de este cap.

[3] *Estatutos y ordenanzas de la Real Maestranza de la ciudad de Granada tomando por patrona á María santísima en el misterio de su Purísima Concepción erigida bajo la real protección del rey nuestro señor (q. d. g.) y logrando el honor de tener por Hermano Mayor al serenísimo señor don Felipe infante de España, duque de Parma, Plasencia y Guastala, etc.* (1764), nueva ed. (la que cito), Granada, Tipografía de López Guevara, 1906, 1906, pp. 61 y 128-131. Cfr. también los libros de caja de la Maestranza de Granada que comprenden los años de 1766 hasta el siglo XIX: Libro donde se sentaran los Cavdales q[u]e entraron en las Arcas de la R[ea]l Maestranza de Granada; Libro donde se sentarân los Caudales q[ue] salieren de las arcas de la R[ea]l Maestranza de Granada, ARMCG, n. 1311, de los años 1766-1784, así como Libro donde sè sientan los caudales que entran en las Arcas del R[ea]l Cuerpo de Maestranza de esta Ciudad de Granada; y salida dè ellos desde 16 de Enero de 1784 en adelante, ARMCG, n. 1314.

[4] *Ordenanzas de la Real Maestranza de caballeros de la ciudad de Valencia año de MDCCLXXV* (1776), nueva ed. (la que cito), Valencia, Imprenta de Nicasio Rius, 1880, pp. 40 y sig., 51 y sig., y 92-94. Cfr. también ARMCV, Cataleg-Arxiu-RMCV.pdf (revisado en mitad de noviembre de 2014), Cuentas Generales de 1747-1809, 0015-001 hasta 0018-003.

[5] *Ordenanzas de la Real Maestranza de la M. N. y L. ciudad de Ronda aprobadas por el rei nuestro señor, siendo Hermano Mayor de este real cuerpo el Serenísimo Señor Infante Don Cárlos María*, Madrid, Imprenta de D. Fermín Villalpando, 1817, pp. 47 y 94-97.

[6] *Ordenanzas de la Real Maestranza de Caballería de la ciudad de Zaragoza*, con licencia, Zaragoza, Francisco Magallón, 1825, pp. 98-100.

[7] *Regla de la Ilustrissima Maestranza de la Muy Ilustre, y siempre Muy Noble, y Leal ciudad de Sevilla. Tomando por abogada a la siempre Virgen Maria Nuestra Señora de El Rosario. Dirigida al Señor D. Alvaro de Portugal y Castro, Hermano Mayor de dicha Maestranza* (1683), nueva ed. (la que cito), Zaragoza, Herederos de Juan de Ibar, 1698, pp. 17 y sig. y pp. 30-32, así como *Reglas, y Estatutos de la Illma. Hermandad de la Maestrança de la ciudad de Granada. Consagrada al patrocinio de Maria Ssma. Sra. N. en el primer instante de su Purissima Concepcion, debaxo del titulo de El Triunfo* (1687), 2ª ed. (la que cito), Granada, Imprenta de Andrés Sanchez, 1727, pp. 27 y sig. En la *Regla... de Sevilla...* (1732), pp. 60-64, se mantiene la obligación de que los referidos salarios fueran pagados particularmente. Sin embargo, a partir de los años 1730, cuando la corporación de Sevilla disponía de ingresos procedentes de las corridas de toros, los salarios, como los de los picadores, se abonaban con cargo a la corporación: ARMCS, Quentas General[e]s y De Toros de la Real Maestranza De los Años De 1735-y-1736. 1737-y-1738. Con los Recados de Data (L. II), *passim*.

[8] *Constituciones de la ilustre Maestranza de Valencia* (1697), p. 14, ns. 21-24. No hemos podido averiguar si, en el caso de la tasa de admisión de seis reales exigida por la corporación valenciana, se trataba de seis reales de a ocho de plata (= ocho reales de vellón) o de reales de vellón. De todas maneras, tratándose de un importe poco elevado, este pormenor carece de importancia.

[9] *Constituciones de la ilustre Maestranza de Valencia* (1697), p. 14, n. 21, y *Ordenanzas... de Valencia...* (1776), Valencia, 1880, p. 22. Cfr. también carta del Teniente de Hermano Mayor de la Maestranza de Valencia, marqués de Arneba, al conde de Floridablanca, Valencia, 27 de febrero de 1790, AGS, Secretaría de Guerra, Guerra Moderna, leg. 6027.

[10] ARMCG, Libro de quenta, y Razon, de los pagos ejecutados en cada vn año, por los Cau[alle]ros Maestrantes por la cantidad en que cada vno sea obligado por acuerdo zelebrado en 22 de Avril deste de la fecha â Razon de 60 R[eale]s de V[ell]on en cada vn a[ñ]o y 150 R[eale]s V[ell]on todos los que hubieren de Receuirse en esta R[ea]l Hermandad... Y se empezo... En 19 de Junio de 1749. Años, f. 110v.-114v.; ARMCG, Libro donde se sentaran los Cavdales. q[u]e entraren en las Arcas de la R[ea]l Maestranza de Granada (n. 1311, libro de caja de 1766-1784, ingresos), fs. 26v.-30r., así como carta del Teniente de Hermano Mayor de la Maestranza de Granada, conde de la Puebla de Portugal, al conde de Floridablanca, Granada, 3 de marzo de 1790, AGS, Secretaría de Guerra, Guerra Moderna, leg. 6027.

[11] Carta del Teniente de Hermano Mayor de la Maestranza de Ronda, Antonio de Ayala, al conde de Floridablanca, Ronda, 16 de marzo de 1790, AGS, Secretaría de Guerra, Guerra Moderna, leg. 6027, y *Ordenanzas... de Ronda...*, 1817, pp. 14 y sig.

[12] Solicitud de la Maestranza de Sevilla dirigida a Carlos IV, Sevilla, 27 de enero de 1790, y real orden del conde de Floridablanca al Teniente de Hermano Mayor de la misma, (Madrid?), 2 de abril de 1790, AGS, Secretaría de Guerra, Guerra Moderna, leg. 6027.

[13] Cfr. Máximo Pascual de Quinto, *La Nobleza de Aragón. Historia de la Real Maestranza de Caballería de Zaragoza*, Zaragoza, 1916, pp. 413 y 428.

[14] *Constituciones de la ilustre Maestranza de Valencia* (1697), p. 14, n. 21, y p. 20, ns. 43-44, y *Ordenanzas... de Valencia...* (1776), Valencia, 1880, p. 22, así como la carta del Teniente de Hermano Mayor de la Maestranza de Valencia, marqués de Arneba, al conde de Floridablanca, Valencia, 27 de febrero de 1790, y la relación de ingresos y gastos de los años 1785-1789, presentada por el Secretario de esta corporación, Valencia, 1 de marzo de 1790, AGS, Secretaría de Guerra, Guerra Moderna, leg. 6027.

[15] ARMCG, Libro de quenta, y Razon, de los pagos ejecutados en cada vn año, por los Cau[alle]ros Maestrantes por la cantidad en que cada vno sea obligado por acuerdo zelebrado en 22 de Avril deste de la fecha â Razon de 60 R[eale]s de V[ell]on en cada un a[ñ]o... (1749), fs. 1r.-10r.

[16] ARMCR (Fondo Propio), leg. 96, Año 1770 y 1771. Cuenta de D. Antonio de Ribera y del Reparto de 100 re[ale]s. Además, carta del Teniente de Hermano Mayor de la Maestranza de Ronda, Antonio de Ayala, al conde de Floridablanca, Ronda, 16 de marzo de 1790, AGS, Secretaría de Guerra, Guerra Moderna, leg. 6027.

[17] Cfr. *Estatutos... de Granada...* (1764), Granada, 1906, p. 19; *Ordenanzas... de Valencia...* (1776), Valencia, 1880, pp. 22 y 93; *Ordenanzas... de Sevilla* (1794), Sevilla, 1834, pp. 26 y 136, y *Ordenanzas... de Ronda...*, 1817, pp. 14 y sig.

[18] *Regla... de Sevilla...* (1683), Zaragoza, 1698, p. 3; *Reglas... de Granada...* (1787), Granada, 1727, p. 11, y *Estatutos... de Granada...* (1764), Granada, 1906, p. 110.

[19] ARMCG, Libro donde se sentaran. los Caudales. q[u]e entraren en las Arcas de la R[ea]l Maestranza de Granada (n. 1311), fs. 2r.-20r., además: Relación de los Caballeros que han sido admitidos por Yndividuos del R[ea]l Cuerpo de Maestranza de Granada desde primero de enero del año de 1785 hasta fin del proximo pasado de 1789, con expresion de la cantidad con que cada uno hà contribuido al tiempo de su incorporacion, Granada, 3 de marzo de 1790, AGS, Secretaría de Guerra, Guerra Moderna, leg. 6027.

[20] Relación de ingresos y gastos de los años 1785-1789 presentada por el Secretario de la Maestranza de Valencia, Valencia, 1° de marzo de 1790, AGS, Secretaría de Guerra, Guerra Moderna leg. 6027.

[21] ARMCS, Cuentas Generales y de Toros Años 1799 a 1807 (L. XXX), Cuenta General del contador de la Maestranza de Sevilla correspondiente al tiempo transcurrido entre el 1 de noviembre de 1804 y el 31 de octubre de 1805, Sevilla, 30 de noviembre de 1805.

[22] Real orden del secretario de Estado, José de Carvajal y Lancaster, al gobernador y capitán general de Valencia, duque de Caylus, Buen Retiro, 12 de enero de 1754, AGS, Secretaría de Guerra, Guerra Moderna, leg. 6023. Una libra valenciana era en aquella época una unidad monetaria ficticia en el reino de Valencia que equivalía a 20 reales de vellón. Cfr. Octavio Gil Farrés, *Historia de la moneda española*, 2ª ed. aumentada, Madrid, ed. privada, 1976, p. 458.

[23] Cfr. cap. V, pp. 299 y sig.

[24] Cfr. cap. V, pp. 300-302.

[25] Cfr. *Regla... de Sevilla...* (1732), pp. 90-97; *Ordenanzas... de Sevilla* (1794), Sevilla, 1834, pp. 126-129; *Estatutos... de Granada...* (1764), Granada, 1906, pp. 124 y sig.; *Ordenanzas...de Valencia...* (1776), Valencia, 1880, p. 89; *Ordenanzas... de Ronda...*, 1817, p. 92, y *Ordenanzas... de Zaragoza*, 1825, pp. 98 y sig. A diferencia de las demás Maestranzas, en Zaragoza la Junta de Gobierno, llamada Junta Particular, a la que pertenecía también el Teniente, nombraba a un maestrante encargado de la organización de las corridas de toros. Cfr. también el acta de la subasta de la plaza de toros de Sevilla en 1803, Sevilla, 9 de marzo de 1803, AHN, Consejos, leg. 11414, exp. 10. Sobre los arrendamientos, cfr. las fuentes indicadas en la nota 26 de este cap.

[26] La Tabla 14 sobre los ingresos procedentes de las corridas de toros y las explicaciones siguientes se basan en: (a) Quentas Genera[le]s De Toros, de la Re[a]l Maestranza De los Años De 1731-1732. 1733-1734. Con los Recados de Data (L. I); (b) Quentas General[e]s y De Toros de la Real Maestanza De los Años De 1735-y-1736. 1737-y-1738. Con los Recados de Data (L. II); (c) Quentas Genera[le]s de Toros de la Real Maestranza de los Años De 1739-1740. 1741-1742. 1743-1744. Con los Recados de Data (L. III); (d) Quentas. Gener[ale]s De Toros de la Real Maestranza De los Años De 1745-1746-1747-1748-1749-1750. Con los Recados de Data (L. IV); (e) Quentas Genera[le]s y De Toros de la Real Maestranza, De los Años De 1751-1752-1753-1754. Con los Recados de Data (L. V); (f) Quentas Ge[nerales] De Toros, de la R[ea]l Maestranza De los Años De 1759-1785 (L. VI); (g) Cuentas Generales de Toros años de 1791 a 1798 (L. XXIX); (h) Cuentas Generales y de Toros Años 1799 a 1807 (L. XXX); (i) Cuentas Generales y de Toros Años 1763 a 1780 y Libro de Caja de 1732 a 1777 (L. XXV); los volúmenes (a) - (i) se encuentran en el ARMCS. Además se utilizó (k) Zertificacion â la letra de las Cuentas de la R[ea]l Maestranza de Cavalleria de esta ciudad de Seuilla Desde 6. de Noviembre de 1730. hasta 17. de Junio de 1737, AGS, Secretaría de Guerra, Guerra Moderna, leg. 4261. En ocasiones se aprovecharon también algunos datos contenidos en la obra de Ricardo de Rojas y Solís (marqués de Tablantes, conde del Sacro Imperio), *Anales de la Plaza de Toros de Sevilla 1730-1835*, Sevilla, ed. privada, 1917, pp. 57-198.

[27] Cfr. la lista de los miembros de la Maestranza de Sevilla del 15 de julio de 1737, basada en los libros de los miembros y redactada por el secretario de la corporación, Rodrigo Antonio de Villavicencio y Vivero, AGS, Secretaría de Guerra, Guerra Moderna, leg. 4261. Los veinticuatro maestrantes fueron: Juan de Briones y Saavedra; Luis Bucareli y Hinestrosa (marqués de Vallehermoso); José Bucareli y Ursúa (conde de Gerena); Juan de Castilla y Córdoba (marqués de la Granja); Gerónimo Manuel de Céspedes y Federigui (conde de Villanueva); Joaquín Manuel de Céspedes (marqués de Villafranca); Joseph Manuel de Céspedes; Ignacio Chacón; (?) Clarebout; Fernando de Espinosa Maldonado (conde del Aguila); Francisco de Esquivel Medina y Barba; Juan Fernández de Hinestrosa; Lorenzo Ignacio Ibarburu y Galdona; Joaquín de Ibarburu y Osorio; Pedro Jácome y Colarte (marqués de Tablantes); Miguel Lasso de la Vega; Gerónimo Ortiz de Sandoval y Rojas (conde de Mejorada); Pedro de Pedrosa (marqués de Dos Hermanas); Pedro de Pineda; Tomás Ponce de León (marqués de Castilleja); Antonio de Quintanilla y Andrade; Alonso Tous de Monsalve y Mendoza; Ignacio Varcárcel y Monsalve

(marqués de Medina); José de Zúñiga y Santillán (marqués de Montefuerte). Estos nombres se encuentran en los apartados relativos a la compra de toros de las fuentes (a), (b), (c), (d), (e) y (k) citadas en la nota 26 de este cap. y, en gran parte, también en Ricardo de Rojas y Solís, *Anales...*, pp. 57-93. Cfr. también Antonio García-Baquero González y otros, *Sevilla y la fiesta de toros*, Sevilla, Ayuntamiento de Sevilla, 2.ª ed. de la 1.ª de 1980, 1994, pp. 121-126; Francisco Núñez Roldán, *La Real Maestranza de Caballería de Sevilla (1670-1990). De los juegos ecuestres a la fiesta de los toros*, Sevilla, Secretariado de Publicaciones de la Universidad de Sevilla, 2007, pp.152-154, así como Antonio Luis López Martínez, *Ganaderías de lidia y ganaderos. Historia y economía de los toros de lidia en España*, Sevilla, Universidad de Sevilla, Fundación de Estudios Taurinos, 2002, y del mismo autor, *El mercado taurino en los inicios de la tauromaquia moderna*, Sevilla, Universidad de Sevilla, Fundación de Estudios Taurinos, 2013.

[28] Cfr. las fuentes (a), (k) y (f) citadas en la nota 26 de este cap.

[29] En las *Memorias de la Real Sociedad Patriotica de Sevilla*, vol. 1, Sevilla, 1779, pp. 128-134, se encuentran los precios de trigo que se cotizaban en la Real Alhóndiga de Sevilla en la época de 1649-1778, con la indicación de los mismos por fanega (55,5 litros) en los meses de abril y julio de cada año. Pablo Tornero Tinajero, *La población de Triana en 1794*, Sevilla, Real Academia Sevillana de Buenas Letras, 1975, pp. 84-85 ofrece una primera descripción gráfica de estos precios de los años 1700-1778. Una nueva curva de los precios de trigo de Sevilla fue publicada por Pierre Ponsot, "Problèmes de la conjoncture urbaine. Le cas de Seville, milieu XVIᵉ-milieu XIXᵉ", en *Mélanges Richard Gascon, Lyon et l'Europe, Hommes et sociétés. Mélanges d'histoire offerts à Richard Gascon*, vol.1, Lyon, 1980, pp. 211-221, así como con cifras y de manera corregida y aumentada por *id.*, *Atlas de historia económica de la Baja Andalucía. (Siglos XVI-XIX)*, Sevilla, Editoriales Andaluzas Unidas, 1986, p. 522.

[30] Cfr. los libros de caja de la corporación granadina citados en la nota 3 de este cap. y real orden del marqués de la Ensenada remitida a Francisco de Cascaxares, San Lorenzo, 16 de octubre de 1751, ARCG, cabina 321, leg. 4369, pieza 4.

[31] Las cifras se basan en los documentos (c), (d), (e) y (f) citados en la nota 33 de este cap. Se utilizaron, además, ARMCS, Cuentas de la Obra de Caballerizas[,] Carnicerias [y] Casas de vivienda hecha desde 22. de Octubre de 1749 hasta 13. de Febrero de 1751 (L. XI).

[32] Richard Herr, *The Eighteenth-Century Revolution in Spain*, 4.ª ed. de la 1.ª de 1958, Princeton, N. J., Princeton University Press, 1969, p. 87, ofrece una estimación de la población de estas ciudades a finales del siglo XVIII (ed. española, *id.*, *España y la revolución del siglo XVIII,* trad. de Elena Fernández Mel, Madrid, Aguilar, 1964).

[33] El análisis del total de los gastos de la Maestranza de Sevilla en los años referidos se basa en los siguientes documentos: 1736-38: (a) Quentas General[e]s y De Toros de la Real Maestranza De los Años De 1735-y-1736. 1737-y-1738. Con los Recados de Data (L. II); 1739: (b) Quentas Genera[le]s y De Toros de la Real Maestranza De los Años De 1739-1740. 1741-1742. 1743-1744. Con los Recados de Data (L. III); 1748-90: (c) Cuentas Generales de la Real Maestranza de 43 años o sea desde 1748 al 1790; 1790-98: (d) Cuentas Generales de Toros años de 1791 a 1798 (L. XXIX); 1798-1807: (e) Cuentas Generales y de Toros Años 1799 a 1807 (L. XXX); y 1807-09: (f) Cuentas Generales y de Toros Años 1808 a 1822 (L. XXXI). Los citados libros se encuentran en el ARMCS.

[34] Balance parcial de los ingresos y gastos de las cañas reales de la Maestranza de Sevilla del 24 de octubre de 1738, ARMCS, Quentas General[e]s y De Toros de la Real Maestranza De los Años De 1735-y-1736. 1737-y- 1738. Con los Recados de Data (L. II), así como Balance parcial de las fiestas reales del 2 y del 4 de mayo de 1740, ARMCS, Quentas Genera[le]s y De Toros de la Real Maestranza De los Años De 1739-1740. 1741-1742. 1743-1744. Con los Recados de Data (L. III).

[35] Cuenta general de 1.11.1795-31.10.1796, ARMCS, Cuentas Generales de Toros años de 1791 a 1798 (L. XXIX).

[36] La lista de los empleados de la Maestranza de Sevilla se basa en las fuentes citadas en la nota 33 de este cap. y en el documento siguiente: ARMCS, Libro en q[u]e se toma razon de la regalia, y salarios que se pagan por la Real Maestranza de Cavalleria de Sevilla. Año de 1754, fs. 1r.-48r.; así como en la: Relacion de los salarios q[u]e âctualm[en]te paga la R[ea]l Maestranza de Caualleria desta Ciu[da]d con expression de Nombres, destinos, y cantidades de sueldos q[u]e gozan ânnualm[en]te y las obligaciones de sus encargos q[ue] con distinzion son â sauer (1738), AGS, Secretaría de Guerra, Guerra Moderna, leg. 4260. Indicaremos que en los años 1765-1766 un maestro albañil ganaba en Sevilla 10 reales de vellón al día, unos 1.900 reales de vellón al año, estimándose 190 días laborales; un oficial albañil y también un oficial carpintero ganaban 6 reales de vellón al día, unos 1.140 reales de vellón al año, ARMCS, Datas de las Obras Ejecutadas de Canteria[,] Carpinteria y Albañileria en la Plaza de Toros en los años de 1763, 1764 y 1765 (L. XVII). Bartolomé Bennassar, *L'homme espagnole. Attitudes et mentalités du XVI*[e] *au XIX*[e] *siècle*, París, Hachette, 1975, p. 98 (ed. española, Barcelona, Ed. Argos Vergara, 1976), ofrece una estimación de los días laborables al año en el siglo XVIII.

[37] Balance parcial de las corridas del año 1730: Zertificacion â la letra de las Cuentas de la R[ea]l Maestranza de Cavalleria de esta ciudad de Seuilla Desde 6. de Noviembre de 1730. hasta 17. de Junio de 1737, AGS, Secretaría de Guerra, Guerra Moderna, leg. 4261, fs. 10v. y 11v.

[38] Cuenta general que comprende la época de 1.1.1762-31.12.1763, ARMCS, Cuentas Generales de la Real Maestranza de cuarenta y tres años o sea desde 1748 al 1790.

[39] Cuenta general de la época comprendida entre el 1.11.1796 y el 31.10.1797, ARMCS, Cuentas Generales de Toros años de 1791 a 1798 (L. XXIX).

[40] Entre los impuestos figuraban, a partir de 1793, las contribuciones sociales y comunales vinculadas a las licencias de corridas de toros, que la Maestranza de Sevilla solía satisfacer de manera muy irregular, cfr. por ejemplo la cuenta general de 1.11.1794-31.10.1795, ARMCS, Cuentas Generales de Toros años de 1791 a 1798 (L. XXIX).

[41] Cfr. las fuentes indicadas en las notas 26 y 33 de este cap.

[42] El libro de caja de la Maestranza de Sevilla del siglo XVIII, llamado: Libro de Entradas y Salidas..., comprende, en lo que se refiere a ingresos, la época del 7 de octubre de 1732-4 de agosto de 1783, con interrupciones entre el 21 de septiembre de 1739 y el 3 de julio de 1747 y del 1° de julio de 1754 y el 6 de mayo de 1773. La parte de los gastos comprende la época entre el 7 de octubre de 1732 y el 1° de mayo de 1793, habiendo lagunas entre el 30 de mayo de 1741 y el 6 de enero de 1748, entre el 10 de marzo de 1757 y el 11 de octubre de 1773, entre el 3 de junio de 1777 y el 26 de septiembre de 1783 y entre el 26 de septiembre de 1783 y el 1° de mayo de 1793, ARMCS, Cuentas Generales y de Toros Años 1763 a 1780 y Libro de Caja de 1732 a 1777 (L. XXV).

[43] Cfr. los libros de caja de la Maestranza de Granada y los libros de cuentas generales de la de Valencia citados en las notas 3 y 4 de este cap.

VII.
EL ABSOLUTISMO REFORMISTA
Y LAS MAESTRANZAS DE CABALLERÍA

Página anterior: Retrato de Fernando VI, Rey de España e Indias, IX Administrador Perpetuo de la Orden de Santiago. Grabado calcográfico de Tomás Francisco Prieto, en *Regla, y establecimientos nuevos de la orden, y caballería del glorioso apóstol Santiago.* Madrid, 1752. Biblioteca Real Maestranza de Caballería de Ronda.

CON el término "absolutismo reformista", se denomina una época de la historia europea que comprende principalmente la segunda mitad del siglo XVIII. Caracteriza los movimientos de reforma y modernización "desde arriba" emprendidos por la mayoría de las monarquías menos desarrolladas con el fin de alcanzar el grado de desarrollo de las naciones adelantadas, particularmente, el de Inglaterra, Francia y los Países Bajos. En España, lo mismo que en otras monarquías atrasadas, los portadores de las reformas fueron altos funcionarios de la Corona de una mentalidad liberal y reformista o "ilustrada". El movimiento de modernización "desde arriba" pretendía una mayor racionalización de las estructuras del Estado, de la sociedad y de la economía, desmontando barreras tradicionales que obstaculizaban el desarrollo y que ya carecían de fundamento racional. Los criterios del movimiento de modernización se apoyaron con frecuencia en los escritos de carácter liberal y reformista de la filosofía de la época. El vínculo entre las ideas liberales de las reformas y la Monarquía Absoluta entrañaba una serie de conflictos insalvables a largo plazo.[1]

En el presente trabajo no pueden estudiarse todas las reformas e iniciativas del absolutismo reformista español. Nos limitaremos a analizar la política de la Corona y de sus altos funcionarios frente a la nobleza y especialmente frente a las maestranzas de caballería.

Altos funcionarios que eran al mismo tiempo representantes destacados del absolutismo reformista, especialmente, los condes de Floridablanca y Campomanes y, en cierta medida, también Gaspar Melchor de Jovellanos, no solo no atacaron en sus dictámenes y escritos la sociedad jerárquicamente estructurada del Antiguo Régimen, sino que más bien intentaron reformarla y orientarla hacia un sistema funcional. Las diferentes escalas de rango entre nobles, clérigos y personas que trabajaban manualmente y se diferenciaban claramente de los ociosos deberían de seguir existiendo; lo que pretendían era restringir los abusos de los privilegios estamentales, perniciosos para una política desarrollista. Los tres autores consideraban necesarios en gran parte, para la existencia de la Monarquía Absoluta, tanto la nobleza de sangre como la institución jurídica del mayorazgo con el fin de asegurar las grandes fortunas de la nobleza. Sin embargo, según sus ideas, la nobleza debería tener una función ejemplar, dirigente y útil para la sociedad. Criticaban la ociosidad y la falta de funciones de los nobles acaudalados, oponiéndose igualmente a la injusticia social de que los nobles heredasen grandes fortunas, privilegios y prestigio social, y se sustrajeran al mismo tiempo de realizar todas aquellas prestaciones personales que fueran en beneficio del bien común. Sobre todo, denunciaron la inactividad de amplios grupos de nobles pobres y empobrecidos que vivían con sus familias de rentas miserablemente bajas, por considerarlo perjudicial para el desarrollo económico del país.[2]

El conde de Floridablanca fue, entre 1766 y 1772, fiscal de lo criminal del Consejo de Castilla, entre 1772 y 1777 embajador en Roma y entre 1777 y 1792 primer ministro. Campomanes sirvió al rey como asesor general del Juzgado de la Renta de Correos y Postas a partir de 1755, como fiscal de lo civil a partir de 1762 y como gobernador del Consejo de Castilla entre 1783 y 1791. Jovellanos, por último, fue entre 1767 y 1778 alcalde del crimen y oidor de la Audiencia de Sevilla, alcalde de Casa y Corte y miembro del Consejo de las Órdenes Militares entre 1778 y 1790, y ministro de Gracia y Justicia en 1797 y 1798.[3] Al igual que otros funcionarios dirigentes reformistas de la Corona, los tres enjuiciaron a la nobleza, sobre todo desde el punto de vista de la política del Estado y del desarrollo.

Frente a ellos, reformistas más radicales de la segunda mitad del siglo XVIII no reconocieron en sus escritos ninguna situación privilegiada a los nobles de sangre. Según sus ideas, el rango y el prestigio dentro de la sociedad se basaban sobre todo en la posesión efectiva de grandes fortunas, pero también en una excelente educación y formación, en la virtud y en el talento, así como en el desempeño de cargos influyentes. Rechazaron los privilegios especiales de la nobleza de sangre basados en su supuesta primacía natural en favor de la igualdad liberal de todos los ciudadanos ante la ley. Estos críticos radicales de la nobleza, como José Cadalso, Valentín de Foronda, León de Arroyal, Francisco Romá y Rosell, Antonio Capmany, Miguel Antonio de la Gándara, Jacinto María Delgado, Luis García del Cañuelo y otros, no desempeñaron ningún cargo o, solamente, cargos de menor importancia en la administración de la Corona. Otros, como Francisco (conde de) Cabarrús, tuvieron cargos públicos solo por poco tiempo debido a razones políticas. Un caso excepcional es el del criollo novohispano Miguel de Lardizábal y Uribe, que defendió públicamente la igualdad de todos los estamentos y clases. Luego fue director del Real Seminario Patriótico Bascongado de Vergara, miembro de la Junta Suprema Central y Gubernativa, así como del Supremo Consejo de Regencia entre 1809-1811 y, además, de 1814 a 1815, incluso ministro universal de Indias. La crítica radical que se hizo de la nobleza no partía tanto de los no nobles como, en gran parte, de los nobles mismos. La mayoría de las personas mencionadas procedían de familias hidalgas pudientes.[4]

En la segunda mitad del siglo XVIII aumentó de manera considerable la crítica de los privilegios de la nobleza públicamente manifestada entre los autores de obras de carácter político, económico, satírico y erudito. Ello condujo a que fuera cada vez más grande la separación entre los movimientos políticos reformistas y la realidad socioeconómica del país, entre los que censuraron a los nobles, de un lado, y los que defendían dejar intactas las posiciones de poder y el prestigio social de la nobleza, del otro. Antes de analizar a este respecto la crítica de los principales representantes del absolutismo reformista frente a las maestranzas de caballería y sus miembros, examinaremos las relaciones de estas corporaciones nobiliarias con la corte, la posición socioeconómica de los maestrantes en sus respectivas ciudades y su participación en el movimiento reformista de los Amigos del País.

Se nos plantea la cuestión de las relaciones que las maestranzas mantuvieron con la corte. En los siglos XVIII y XIX las maestranzas, y la primera entre ellas la de Sevilla en 1729, obtuvieron el privilegio de que sus Hermanos Mayores fueran siempre infantes de la familia real, e incluso, en época posterior, el propio rey. El Hermano Mayor de las maestranzas nombrado por el monarca residía, por lo general, en la corte. Solo en raras ocasiones participaba en las reuniones de su maestranza. Por ello, su teniente debía informarle de todos los eventos de cierta importancia y de los problemas graves que requerían una decisión. En la práctica se realizaba esto de la manera siguiente:[5] cada año el teniente remitía al Hermano Mayor la terna de los candidatos al cargo de teniente y, posteriormente, la relación sobre las elecciones de los demás cargos. De vez en cuando y de forma irregular, le enviaba asimismo las listas con los nombres de los nuevos miembros forasteros, cuya admisión debía ser aprobada por el Hermano Mayor. Le remitía igualmente extensas relaciones de las actividades festivas, especialmente de los grandes festejos hípicos, las actas de las visitas realizadas con el fin de comprobar los equipos de los maestrantes locales y las estadísticas de los caballos mantenidos por los miembros de la corporación. Por último, el teniente enviaba al Hermano Mayor informes sobre otras actividades y logros extraordinarios dignos de mención, así como consultas de carácter jurídico en cuestiones de la administración de la maestranza. Las participaciones sobre la organización de fiestas en honor del rey, del Hermano Mayor de sangre real y de otros miembros de la familia del monarca no tenían otra finalidad que la de evocar permanentemente a la corporación nobiliaria en los círculos de la corte.

Aparte de los mencionados informes de rutina, el teniente remitía a la Corona solicitudes más concretas sobre cuestiones que requerían una solución. Estas peticiones se enviaban igualmente al Hermano Mayor para que este las aprobara y las remitiera a las autoridades competentes. El Hermano Mayor entendía también en asuntos de quejas contra su corporación y contra los cargos y miembros de la misma. Sin embargo, ninguno de los Hermanos Mayores se ocupaba personalmente de su correspondencia. Su secretario se ocupaba, por su encargo, de todas las cartas, informes y solicitudes dirigidas a él o al rey, remitiéndolos a las autoridades competentes si procedía. Por ello los tenientes dirigían con frecuencia sus cartas directamente al secretario del Hermano Mayor.

El Hermano Mayor no tenía ninguna posibilidad de controlar de manera eficiente su corporación. Si mostraba interés por determinados asuntos de ella, podía pedir informes a través de su secretario, que, en la mayoría de los casos, le serían remitidos por el teniente de la maestranza en cuestión. Sin embargo, no podía ejercer ninguna presión sobre su maestranza. Si su corporación se mostraba contraria a determinados deseos de su parte, dejaba correr el asunto. Así, la impotencia del Hermano Mayor frente a su maestranza, se puso de manifiesto con motivo del proyecto del infante don Gabriel que, siendo presidente de la Maestranza de Granada, intentó reformar esta corporación. La proyectada reforma tenía por objeto mejorar el procedimiento de admisión de nuevos miembros, así como reducir y fijar el número total de estos, especialmente el de los forasteros. El Hermano Mayor requirió a la Maestranza granadina en varias cartas y por medio de un emisario especial que manifestara su opinión al respecto y prescindiera de momento de nuevas admisiones. En una detallada contestación de febrero de 1778, la Junta de Gobierno de la corporación se pronunció en contra de un cambio del procedimiento de admisión vigente y contra una reducción del número de miembros, aunque se avino, con ciertas reservas, a fijar el mismo al número de maestrantes que la corporación tuvo a la sazón. A pesar de todos los esfuerzos del emisario, no se consiguió mayoría en favor de reducir el número de miembros con el fin de aumentar y consolidar el carácter elitista de la corporación. Por ello, el Hermano Mayor tuvo que desistir de sus intentos de reformar la Maestranza de Granada. Sus planes fracasaron debido a los intereses de los nobles locales de la Maestranza de Granada por hacer partícipes de las actividades y del prestigio social de su corporación al mayor número posible de caballeros hidalgos pudientes y distinguidos de la ciudad.[6]

Las solicitudes que las maestranzas dirigían a la Corona podían ser enviadas por el teniente directamente al Hermano Mayor en la corte.

En tal caso, el secretario de este las remitía por la "vía reservada" al ministro competente, evitando así el trámite oficial administrativo. En los asuntos de las maestranzas se ocupaban, a partir de 1729, por lo general el secretario de Estado y, desde mediados del siglo XVIII hasta la década de los años ochenta, sobre todo en cuestiones relacionadas con el fuero privilegiado, las corridas de toros y la cría de caballos, el secretario de Guerra. Cuando el Hermano Mayor nombraba a un nuevo teniente, su secretario solía asegurar el éxito de la decisión, recabando previamente la aprobación del primer ministro. Se pedían dictámenes no solo de los ministros competentes, sino por lo general también del Consejo de Castilla, cuando se trataba de preparar leyes que tocaran puntos esenciales de las maestranzas, en especial, los privilegios.[7]

Las diferentes maestranzas no solo tenían acceso directo a las Secretarías competentes y a los Consejos a través del secretario del Hermano Mayor, sino que también disponían de una serie de posibilidades informales de influir sobre las personas de la corte decisivas en asuntos políticos. De un lado podían rogar al secretario de su Hermano Mayor que intercediera en favor de sus solicitudes, lo que hicieron con bastante frecuencia, o que les aconsejase en la preparación de nuevas peticiones[8]. De otro lado, mantenían en la corte unos agentes permanentes a sueldo con el fin de salvaguardar de forma regular sus intereses judiciales y administrativos. Así consta que en la segunda mitad del siglo XVIII, la Maestranza de Granada tuvo un agente en la corte y la de Sevilla hasta dos.[9] Si era necesario, el teniente se desplazaba a Madrid, como hiciera en 1792 el de Sevilla, para tratar personalmente los asuntos pendientes con el ministro competente.[10] Con el fin de cultivar contactos informales, las diferentes corporaciones trataron también de admitir personalidades influyentes de la corte, como hiciera la Maestranza de Sevilla en los años de 1729 a 1730, cuando la corte residió en la ciudad, en 1740, cuando recibió al duque de Medina Sidonia y, en 1796, cuando ingresó el primer ministro Manuel Godoy, príncipe de la Paz.[11] Las corporaciones tampoco perdieron ocasión para hacerse recordar mediante los obsequios ofrecidos a personas influyentes, en particular a altos funcionarios de la Corona y a miembros de la familia real.[12] También gustaban enviar, como hicieran las corporaciones de Sevilla y Granada en 1765, grupos de jinetes a Madrid para participar en suntuosas fiestas de la corte con la esperanza de verse favorecidos por el monarca.[13] Por último, muchos maestrantes tenían relaciones familiares con personas allegadas al rey. Por medio de estas vías informales, las maestranzas estaban en condiciones de sacar ventaja por sobre autoridades y funcionarios locales, provinciales y de la Corona, ganando y defendiendo un gran número de privilegios.

De la misma manera, las maestranzas trataron de aprovechar sus relaciones con la corte para obtener ventajas a favor de sus miembros, sobre todo en lo que se refiere a cargos y ascensos al servicio del rey. Así, en 1740, la Maestranza de Sevilla se empeñó en que dos de sus miembros jóvenes que se habían destacado como rejoneadores en las fiestas reales fueran ascendidos, el uno a coronel y el otro a capitán de fragata.[14]

En las guerras de la monarquía en el siglo XVIII, las maestranzas y sus miembros trataron de destacarse entregando a la Real Hacienda considerables aportaciones económicas de carácter voluntario y, en parte también, sirviendo personalmente en las filas del ejército real. Durante la guerra de Sucesión y concretamente en 1702, muchos maestrantes de la corporación sevillana habrían participado en acciones militares en defensa de la costa del Atlántico. Pocos años más tarde algunos maestrantes experimentados fueron nombrados por el Ayuntamiento oficiales de las milicias urbanas.[15] En los años de guerra, sobre todo en la segunda mitad del siglo XVIII, las diferentes maestranzas reiteraron la disposición de sus miembros a servir formando unidades propias, en tanto que no fuesen ya oficiales del ejército regular. Sin embargo, la Corona renunció a ello por razones militares y políticas.[16]

Debido a las dificultades económicas durante la guerra contra la Francia revolucionaria (1793-1795), la Corona se mostró dispuesta a aceptar donativos en efectivo, en lugar de las unidades militares ofrecidas por las maestranzas. El importe de los donativos se repartió, en gran parte, entre los miembros de las corporaciones. En esta época la de Sevilla desembolsó 120.000 reales de vellón,[17] la de Granada probablemente una suma parecida, la de Ronda 150.000[18] y la de Valencia llegó a pagar incluso 513.411 reales de vellón.[19] También más tarde, en concreto a partir de 1808 en la guerra contra las tropas invasoras de Napoleón, las maestranzas y sus miembros aportaron grandes donativos. Después de 1808 las corporaciones de Valencia y Ronda reclutaron y mantuvieron, con el consentimiento de las Juntas Provinciales, unidades propias dentro del ejército. No obstante, los caballeros maestrantes que sirvieron en estas unidades como oficiales constituyeron tan solo una minoría dentro de sus respectivas corporaciones.[20] Las maestranzas apoyaron, además, a las autoridades locales y regionales de la Corona para sofocar disturbios urbanos, en la lucha contra el bandolerismo de las zonas rurales y en otras ocasiones semejantes para conservar la seguridad y el orden.[21] En sus solicitudes las maestranzas destacaron una y otra vez sus aportaciones económicas y los méritos personales de sus miembros en favor de la Corona con la idea de insistir en sus demandas, especialmente de nuevos privilegios.

El ejemplo de la Maestranza de Sevilla en particular pone de manifiesto que los miembros residentes en esta ciudad, como probablemente también los de las otras sedes de maestranza, constituían una élite local de prestigio de nobles acaudalados que vivían en gran parte de rentas procedentes de sus mayorazgos, dedicándose al consumo ostentoso y al prestigio social. Las rentas de los caballeros maestrantes tuvieron una base agraria, ya que la mayoría de ellos poseían latifundios y en parte también señoríos. A través de parientes y correligionarios ejercían gran influencia en los ayuntamientos de sus ciudades, influencia que en pequeñas ciudades como Ronda acaso fuera decisiva. Asimismo, tuvieron múltiples relaciones personales y familiares con numerosas corporaciones e instituciones eclesiásticas de sus ciudades.[22]

Se nos plantea la pregunta respecto al papel que las maestranzas ocupaban en los proyectos de los principales representantes del absolutismo reformista. De acuerdo con las ideas del conde de Campomanes, fiscal del Consejo de Castilla, la modernización económica de la monarquía debía impulsarse a nivel provincial y local, como en otros países europeos, sobre todo por medio de las sociedades económicas de amigos del país. Según su opinión, estas sociedades privadas serían el mejor medio para llevar a cabo en las grandes ciudades y sus provincias encuestas estadísticas y estudios económicos, tanto teóricos como prácticos, para ponerlos al alcance de las personas interesadas. Al mismo tiempo podrían proponer, juzgar y, en parte, realizar medidas apropiadas para mejorar la educación y fomentar la agricultura, el comercio, la artesanía y las manufacturas. En esta labor deberían apoyar las autoridades centrales, provinciales y locales, proporcionándoles el necesario refrendo. Según las ideas de Campomanes, los portavoces de estas sociedades deberían ser notables nobles acaudalados y de mentalidad abierta, burgueses adinerados y, no en último lugar, clérigos.[23]

La más antigua de las sociedades económicas[24] fue la Sociedad Vascongada de Amigos del País, fundada entre 1763 y 1765 a iniciativa del joven conde de Peñaranda, educado por jesuitas en Toulouse, que siguió los modelos de las sociedades y academias francesas. La Sociedad Vascongada, aprobada con entusiasmo por el rey y sus altos funcionarios, fue seguida unos años más tarde por las de Baeza y Tudela. Sin embargo, la mayoría de las demás sociedades económicas se debieron a la iniciativa del Consejo de Castilla y de su fiscal, el conde de Campomanes. En una real orden circular del gobernador del Consejo del 18 de noviembre de 1774 se sugirió a los corregidores y a los ayuntamientos de las ciudades grandes que fundaran sociedades económicas en sus respectivos municipios. Conjuntamente se remitieron numerosos ejemplares del libro publicado poco antes por el conde de Campomanes, *Discurso sobre el fomento de la industria popular*, con una serie de recomendaciones respecto a la fundación y el funcionamiento de las sociedades. De acuerdo con las investigaciones de Gonzalo Anes, en España se fundaron hasta 1808, inclusive, setenta y seis sociedades económicas cuyos estatutos fueron aprobados por el Consejo de Castilla en nombre del rey.[25]

Anes y otros historiadores han demostrado que la predominante participación de nobles y clérigos en las sociedades económicas no se planteó únicamente por altos funcionarios de la Corona de mentalidad reformista, como el conde de Campomanes. En efecto, miembros de ambos estamentos privilegiados y no pocos funcionarios constituyeron la mayoría de los fundadores y propulsores de las sociedades y de su movimiento reformista. La mentalidad ilustrada de los grupos dirigentes de las sociedades económicas coincidió con el aumento de la población, la creciente demanda, la subida de los precios agrarios y de sus correspondientes beneficios, la expansión de la producción manufacturera y del comercio de la época. Los crecientes beneficios agrarios favorecieron en primer lugar a los nobles y a los clérigos. Hubo, efectivamente, una correlación entre los ingresos agrarios de los clérigos y nobles y el creciente interés y entusiasmo de estos grupos por el desarrollo de la agricultura.[26]

¿En qué medida participaron las maestranzas en las sociedades económicas de sus ciudades?

En Sevilla la Sociedad Económica fue fundada por el Ayuntamiento en colaboración con el Asistente Pablo de Olavide. Después de recibir la real orden circular del 18 de noviembre de 1774, el Ayuntamiento nombró una diputación de tres personas, entre ellas dos regidores, uno de los cuales era caballero maestrante, para que estas propusieran medidas apropiadas para poner en práctica la real orden. La diputación presentó un detallado informe y fue encargada por el Ayuntamiento de preparar la fundación de la Sociedad, escogiendo, en conformidad con el asistente de la ciudad, un círculo de cuarenta miembros fundadores. Estos se reunieron el 15 de abril de 1775 en la residencia oficial del Asistente para celebrar la sesión constituyente de la Sociedad. El Consejo de Castilla en nombre del rey aprobó los estatutos de la Real Sociedad Patriótica en diciembre de 1777. Entre los cuarenta miembros fundadores hubo once caballeros maestrantes, otros siete nobles que no pertenecían a la Maestranza, nueve altos funcionarios civiles y oficiales del ejército (de los cuales tres eran nobles), cinco clérigos, en su mayoría canónigos de la Catedral, y cuatro comerciantes. Además, estuvieron entre los fundadores el vicepresidente de la Sociedad Médica, un doctor en Derecho, que era al mismo tiempo secretario de la Academia de Buenas Letras de la ciudad, y dos personas que no se caracterizaron con más detalles.[27] En los años siguientes fueron nobles, clérigos y funcionarios reales y municipales los que constituyeron la mayoría de los miembros de la Sociedad.[28] De los nueve directores que presidieron la Real Sociedad Patriótica de 1775 a 1808, tres eran al mismo tiempo miembros de la Maestranza de Sevilla.[29] Los caballeros maestrantes miembros de la Sociedad Patriótica pagaron sus cuotas como tales. En repetidas ocasiones la propia Maestranza, como corporación, hizo donativos a la Real Sociedad Patriótica de su ciudad; así, le donó el 7 de marzo de 1778 la cantidad de 12.000 reales de vellón y el 3 de febrero de 1781 otros 3.000 reales de vellón.[30]

En las Sociedades Económicas de Granada y Valencia también participaron varios caballeros maestrantes residentes en las respectivas ciudades.[31] Sin embargo, la Maestranza de Granada probablemente no hizo ningún donativo a la Sociedad Económica de su ciudad.[32] En la pequeña ciudad de Ronda no llegó a constituirse ninguna sociedad económica.

Las reformas de las sociedades económicas en su conjunto no tuvieron gran alcance ni duración. En el marco del presente estudio no podemos ocuparnos de logros específicos de las sociedades, particularmente en lo que se refiere a la enseñanza y la formación profesional. A partir de finales del reinado de Carlos III y al estallar la Revolución francesa, la euforia del movimiento reformista de las sociedades fue decayendo, estancándose en debates teóricos de salones y casinos. Al fin y al cabo, sus socios eran en su mayoría representantes de las élites urbanas conservadoras, orientados por sus intereses agrarios y preocupados por mantener el *status quo* de la jerarquía social. Con notables excepciones, estos grupos elitistas no fueron capaces, ni se decidieron a convertirse en promotores de un movimiento eficiente de reformas económicas, como habían pensado los altos funcionarios de la Corona de ideas liberales y reformistas como el conde de Campomanes.[33]

Las maestranzas y sus miembros, empeñados en un consumo ostentoso y en el prestigio social, apenas representaban el ideal de una élite noble funcional que hubiese podido impulsar el proceso de modernización de la monarquía absoluta. Por ello no debe extrañar que estas corporaciones nobiliarias fueran criticadas duramente por los reformistas liberales e "ilustrados" que ocupaban los cargos directivos de la administración de la Corona. La crítica de los altos funcionarios denunciaba, una y otra vez y de las más diversas formas, la falta de funcionalidad de las maestranzas y de sus miembros con respecto a la política de desarrollo de la Monarquía necesitada de reformas. Su crítica iba también en contra del hecho de que el rendimiento de las maestranzas y de sus miembros no estuviese en consonancia con los privilegios de los que gozaban.

En un dictamen de 1769 sobre una solicitud de la corporación de Valencia el presidente del Consejo de Castilla, conde de Aranda, insistió en que las maestranzas no tenían otro propósito que proporcionar a sus miembros privilegios para ser independientes, llevar uniformes y gozar de una vida de holgazanes. Estas corporaciones, que se esperaba reformar pronto, no podían contribuir al fomento del arte ecuestre dado el estado en que en ese momento se encontraban. Era habitual que raras veces se hallase algún noble bien situado del Reino de Valencia en las filas del ejército real, dejando aparte los oficiales y grados inferiores en activo. En cambio, siendo maestrantes y vistiendo sus uniformes se consideraban iguales a los oficiales. Criticaba Aranda que en las Maestranzas andaluzas de Sevilla y Granada llamaba la atención la vida desordenada y dudosa de muchos de sus miembros que vestidos elegantemente frecuentaban, de manera vulgar, la amistad de toreros y matarifes en los mataderos, a sabiendas de que no pocas de estas gentes eran propensas a cometer asesinatos, robos, contrabando y otros delitos.[34]

El estilo de vida poco militar, elegante pero inculto, únicamente orientado hacia la ostentación de muchos jóvenes caballeros, particularmente en las pequeñas ciudades andaluzas, provocó en 1791 la dura crítica del presidente de la Chancillería de Granada, Benito Puente, quien demandó la fundación de una escuela secundaria para nobles que, a excepción de algunas iniciativas privadas, no existía en toda Andalucía.[35] En la España del siglo XVIII, tales escuelas secundarias reservadas para la nobleza existieron con el nombre de Real Seminario de Nobles, probablemente solo en Madrid, Barcelona, Valencia, Calatayud y Vergara.[36] La demanda de Benito Puente de crear una escuela secundaria para nobles en Andalucía no prosperó.

El presidente y altos funcionarios de la Chancillería de Granada dirigieron en 1768 una enérgica protesta a Carlos III arremetiendo, entre otras cosas, contra el pernicioso fuero privilegiado y contra las repetidas insubordinaciones de la Maestranza y sus miembros. Su claro rechazo del fuero privilegiado coincidía con las posturas parecidas de la Audiencia sevillana y de los intendentes de Granada y Sevilla. Con ironía señalaron los funcionarios de la Chancillería la impresión extraña que debía causar el hecho de que unos señores con residencia fija y con ninguna otra ocupación que la de dedicarse al ocio y a montar a caballo, gozasen de los mismos privilegios que los soldados del ejército real, permanentemente sometidos a toda clase de fatigas. Después de referir una serie de casos en los que miembros de la Maestranza habían despreciado la autoridad de la Chancillería granadina, exigieron que se tomasen medidas disciplinarias contra la corporación nobiliaria, a la que ellos llamaron "un Cuerpo q[ue] nunca puede ser util a el Estado".[37]

En un dictamen de 1769, el conde de Campomanes, fiscal del Consejo de Castilla, calificó de perjudicial el fuero privilegiado de las maestranzas, en su forma ilimitada conforme a la real cédula de 1748. El hecho de que la nobleza se dedicase al arte ecuestre no justificaba el que se le otorgase un fuero especial. Hasta el momento, la Corona había otorgado y aprobado los privilegios y estatutos de las maestranzas sin la colaboración necesaria del Consejo de Castilla y más bien en consonancia con la fantasía de las corporaciones. Campomanes también preveía riesgos políticos internos en el caso de que estas corporaciones privilegiadas, compuestas por nobles destacados de las capitales de provincia, cual "enfermedad contagiosa", pasasen a la capital y a la corte con la fundación de una Maestranza de Caballería en Madrid.[38]

Es de suponer que de forma creciente el rey y sus consejeros personales, en especial los ministros, fueran políticamente aislados por los altos funcionarios de la Corona de mentalidad reformista, sobre todo en el Consejo de Castilla, en las Audiencias y Chancillerías y en las intendencias de provincia. Las tradicionales legitimaciones de la Monarquía Absoluta y de la nobleza de sangre como estamento privilegiado estaban estrechamente unidas. La crítica racional de la falta de funcionalidad respecto a la política de desarrollo de muchos privilegios de la nobleza, no compensados por unos rendimientos correspondientes, amenazaba sacudir también los tradicionales fundamentos de la Monarquía Absoluta. Por ello, no debe sorprender que los monarcas defendieran con frecuencia a las maestranzas y a sus privilegios frente a los dictámenes críticos de sus altos funcionarios. En contestación a la mencionada protesta de la Chancillería de Granada de 1768 contra la Maestranza, el rey, a través del ministro de Guerra, significó al presidente y a los altos funcionarios que provocarían el desagrado del rey si no tratasen a aquella corporación distinguida con el debido respeto, ya que el Hermano Mayor de la misma era un infante y el rey le había otorgado otros privilegios. Por lo tanto, todas las quejas presentadas contra la Maestranza deberían considerarse nulas.[39] Cuando Carlos III aprobó en 1775 los estatutos de la Maestranza de Valencia, mantuvo expresamente el fuero privilegiado de la corporación en su forma existente. Refiriéndose a su "poder Real absoluto", se opuso duramente contra las recomendaciones de la Cámara de Castilla de abolir el fuero privilegiado de la Maestranza en favor de la justicia ordinaria.[40] De forma parecida, su antecesor Fernando VI había ordenado en 1748 en relación con el alojamiento de soldados en Granada, que a la Maestranza "se le [...] guarden todas sus essempciones y Privilegios".[41] Con motivo de la prórroga de las controvertidas licencias de corridas de toros, en favor de la Maestranza de Sevilla en 1803, se señala expresamente, que era la voluntad de Carlos IV "conservar a ese R[ea]l Cuerpo el privilegio que [...] le concedio el S[eñ]or D. Felipe 5º".[42]

De esta manera, los monarcas distinguieron a las maestranzas como sostenes conservadores del trono precisamente en la época del absolutismo reformista, otorgándoles privilegios y defendiéndolas de la crítica liberal y modernizadora. Esta función conservadora y cada vez más reaccionaria de las maestranzas, de ser el sostén del trono, se intensificó en el reinado de Carlos IV en vista de los sucesos ocurridos en la Francia revolucionaria y, en el reinado de Fernando VII, tras las experiencias habidas en las Cortes de Cádiz y con la revolución

Veraci, forti, prudenti, animoque fideli promeritum decoris, limen adire licet. Grabado calcográfico, en *Constituciones de la ilustre Maestranza de Valencia*. Valencia, 1697. Biblioteca Valenciana Digital.

liberal de 1820-1823. En diciembre de 1766, pocos meses después del motín de Esquilache, el conde de Aranda dio por bueno el privilegio de las maestranzas de que el Hermano Mayor de las corporaciones debía ser siempre un infante.[43] En 1817 la Audiencia de Zaragoza manifestó en relación con la proyectada fundación de una maestranza en la ciudad, que tales corporaciones nobiliarias eran útiles a la monarquía para asegurar los derechos de la Corona.[44] El privilegio de que un infante, y posteriormente el rey, fuese Hermano Mayor de las corporaciones, por lo general, no suponía gran gasto para la Corona. En cambio, servía para fomentar un lazo personal de los nobles pudientes de las capitales de provincia con la familia real, particularmente con el rey, al mismo tiempo que favorecía el sentir monárquico en general. Las élites nobiliarias de prestigio, organizadas en las maestranzas, aceptaron con entusiasmo esta unión con la familia real, ya que les reportaba un mayor prestigio social y la posibilidad de influir en la corte para la consecución de sus intereses corporativos y personales. Para la Corona, las maestranzas no solo significaban un fuerte apoyo del trono, sino que en el plano de la política del poder, esta trató de controlar los grupos nobiliarios elitistas en las provincias a través de estas corporaciones, dirigiéndolos por derroteros patrióticos seguros y neutralizándolos de esta manera. La competencia de las élites organizadas en las maestranzas por desarrollar el mayor consumo ostentoso posible cumplía además una útil función regulativa. Por otra parte, las maestranzas atendieron, según destacara Jovellanos, una tarea propia de la política desarrollista, ya que aumentaron el atractivo de las capitales de provincia para los nobles acaudalados, frenando el afán de estas personas por establecerse en la corte e impidiendo, por lo general, que las provincias se despoblaran.[45]

[1] Cfr. Christian Windler, *Élites locales, señores, reformistas, redes clientelares y monarquía hacia fines del Antiguo Régimen*, trad. de Antonio Sáez Arance, Sevilla, Universidad de Sevilla, 1997, pp. 26-31, y Karl Otmar Freiherr von Aretin, ed., *Der Aufgeklärte Absolutismus*, Colonia, Böhlau, 1974, en especial la introducción del editor, pp. 11-51.

[2] Cfr. conde de Floridablanca, *Obras originales del Conde de Floridablanca, y escritos referentes a su persona*, ed. por Antonio Ferrer del Río, Biblioteca de Autores Españoles, vol. 59, Madrid, Atlas, 1952, pp. 221 y sig. y 329, y conde de Campomanes, *Tratado de la regalía de amortización*, ed. facsímil con introducción de Francisco Tomás y Valiente, Madrid, ediciones de la Revista de Trabajo, 1975, pp. 279-281. Cfr. también Antonio Elorza, *La ideología liberal en la ilustración española*, Madrid, Tecnos, 1970, pp. 37-39, y 109-112; Vicente Palacio Atard, *Los españoles de la ilustración*, Madrid, Ed. Guadarrama 1964, pp. 280-283; Juan Hernández Franco, *La gestión política y el pensamiento reformista del Conde de Floridablanca*, Murcia, Universidad de Murcia, 1984, pp. 359-369; Ricardo Krebs Wilckens, *El pensamiento histórico, político y económico del Conde de Campomanes*, Santiago de Chile, Ediciones de la Universidad de Chile, 1960, pp. 203-207; R. Millar, "El concepto de nobleza en Jovellanos", en *Anuario de Estudios Americanos*, vol. 35, Sevilla, 1978, pp. 69-124, y Robert Ricard, "Jovellanos y la nobleza", en *Atlántida*, vol. 3, n. 17, Madrid, 1965, pp. 456-472.

[3] Cfr. los artículos "Campomanes", "Jovellanos y Ramírez" y "Moñino", en Germán Bleiberg, *Diccionario de historia de España*, 2.ª ed. corregida y aumentada, Madrid, Revista de Occidente, 1968, vol. 1, pp. 653 y sig., y vol. 2, pp. 562 y 1121 y sig. Véase ahora, sobre todo, *Diccionario Biográfico Español*, 50 vols., Madrid, Real Academia de la Historia, 2009-2013, así como la ed. electrónica: https://dbe.rah.es/biografias/. Además, Cayetano Alcázar Molina, *Los hombres del despotismo ilustrado en España. El conde de Floridablanca, su vida y su obra*, vol. 1, Murcia, León Sánchez Cuesta, 1934, pp. 25 y 30-34.

[4] Entre los mencionados críticos que alcanzaron cargos menos importantes, fuera de la corte, encontramos a José Cadalso, comandante del ejército; Valentín de Foronda, cónsul general y encargado de negocios en los Estados Unidos; Francisco Romá y Rosell, regente de la Real Audiencia de México; Antonio Capmany, que desempeñó diversas misiones especiales, y Miguel Antonio de la Gándara, que fue diplomático. Cadalso, Foronda, Capmany, Cabarrús, así como Lardizábal eran de descendencia noble y, probablemente también, Gándara y, además, Delgado. Cfr. sus biografías en Germán Bleiberg, *Diccionario de historia de España*, vols. 1-3, *passim*; *Enciclopedia universal ilustrada europeo-americana*, 70 vols., Madrid, Espasa Calpe, s. a., *passim*; y Alberto y Arturo García Carraffa, *Diccionario heráldico y genealógico de apellidos españoles y americanos*, 86 vols., *passim*. Sobre Foronda, cfr. Robert S. Smith, "Valentín de Foronda, diplomático y economista", en *Revista de Economía Política*, vol. 10, n. 2, Madrid, 1959, pp. 425-435. Cfr. también Antonio Elorza, *La ideología*..., pp. 60-68, 124 y sig., 214-216, 242 y 277; Luis Sánchez Agesta, *El pensamiento político del despotismo ilustrado*, 2.ª ed. aumentada, Sevilla, Secretariado de Publicaciones de la Universidad de Sevilla, 1979, pp. 22-26; Jean Sarrailh, *L'Espagne éclairée de la seconde moitié du* XVIIIe *siècle*, 2.ª ed., París, C. Klincksieck, 1964, pp. 518-526 (ed. española, *id.*, *La España ilustrada de la segunda mitad del siglo* XVIII, 4.ª ed., México, D. F., Fondo de Cultura Económica, 1992); Antonio Domínguez Ortiz, *Sociedad y estado en el siglo* XVIII español, Barcelona, Ariel, 1976, pp. 354-358; Werner Krauss, *Die Aufklärung in Spanien, Portugal und Lateinamerika*, Múnich, Fink, 1973, pp. 86-98; Manuel García Pelayo, "El estamento de la nobleza en el despotismo ilustrado español", en *Moneda y Crédito. Revista de Economía*, n. 17, Madrid, 1946, pp. 50-59, y William J. Callahan, *Honor, Commerce and Industry in Eighteenth Century Spain*, Boston, Mass., Baker Library, Harvard Graduate School of Business Administration, 1992, pp. 10 y sig. Hay que consultar hoy en primer lugar el *Diccionario Biográfico Español*, disponible en línea en: https://dbe.rah.es/biografias/.

[5] La siguiente exposición se basa en el análisis de la documentación conservada en AGS, Secretaría de Guerra, Guerra Moderna, legs. 4260, 4262-4265, 4267-4271 y 6023-6028.

[6] Expediente: Maestranza de Gran[ad]a (1777-1778), en especial carta de la Junta de Gobierno de la corporación granadina dirigida a su Hermano Mayor, don Gabriel, Granada, 25 de febrero de 1778, AGS, Secretaría de Guerra, Guerra Moderna, leg. 4265.

[7] Cfr. las fuentes indicadas en la nota 5 de este cap. y *Ordenanzas de la Real Maestranza de Caballería de la ciudad de Zaragoza*, con licencia, Zaragoza, Francisco Magallón, 1825, p. 55.

[8] Cfr. las dos solicitudes del teniente de la corporación sevillana al Secretario del Hermano Mayor, conde de Benajiar, al marqués de Surco, Sevilla, 30 de marzo de 1734, y marqués de Villafranca a Miguel Herrero de Ezpeleta, Sevilla, 7 de mayo de 1737, AGS, Secretaría de Guerra, Guerra Moderna, leg. 4260.

[9] Cfr. cap. IV, pp. 261 y sig.

[10] Carta del Teniente de la Maestranza sevillana, marqués de Ribas, al Fiscal de la corporación, marqués de Tablantes, Madrid, 28 de diciembre de 1792, sobre el resultado de sus conversaciones con el secretario de Gracia y Justicia, Pedro de Acuña, acerca de la licencia de corridas de toros, ARMCS, Archivo Histórico, vol. V (1792-1793).

[11] Cfr. *Relación de Hermanos Mayores*[,] *Tenientes y Secretarios e Índice Alfabético de los Caballeros que han pertenecido a la Real Maestranza de Caballería de Sevilla desde 1670 hasta 1970*, Sevilla, Real Maestranza de Caballería, 1970, *passim*.

[12] Cfr. sobre la Maestranza de Sevilla, cap. VI, pp. 353 y sig.

[13] Real orden del ministro de la Guerra, marqués de Esquilache, al Teniente de la Maestranza de Granada, Diego de Bohorques, Madrid, 8 de enero de 1765, ARMCG, leg. 34, y Pedro de León y Manjón, "Historial de Fiestas y Donativos de la Real Maestranza de Caballería de Sevilla" (Madrid, 1909), en *Noticias para la Historia de la Real Maestranza de Caballería de Sevilla*, Sevilla, Real Maestranza de Caballería, 1959, pp. 123 y sig.

[14] Solicitud de la Maestranza de Sevilla dirigida al Secretario del Hermano Mayor, Miguel Herrero de Ezpeleta, Sevilla, 10 de mayo de 1740, AGS, Secretaría de Guerra, Guerra Moderna, leg. 4263. No hemos podido averiguar si prosperó la mencionada petición.

[15] Cfr. Pedro de León y Manjón, "Historial de Fiestas...", en *Noticias para la Historia...*, pp. 72 y sig.

[16] Expediente: Sev[ill]a. 30. de Oct[ub]re de 1762. Marq[ué]s [de] Carrion ent[endi]do de que la Maestranza no deve salir en cuerpo à servir, AGS, Secretaría de Guerra, Guerra Moderna, leg. 4264, así como solicitud de la Maestranza de Granada dirigida a su Hermano Mayor, Granada, 25 de febrero de 1778, *ibid.*, leg. 4265. Cfr. también Pedro de León y Manjón, "Historial de Fiestas...," en *Noticias para la Historia...*, pp. 125 y sig., y Joaquín Atienza Peñalver, *Real Maestranza ... Datos históricos*, Ronda, Real Maestranza de Caballería de Ronda, 1971, p. 7.

[17] Carta de José Osorno y Osorno dirigida a Benito del Campo y Salamanca, Sevilla, diciembre de 1794, ARMCS, Archivo Histórico, vol. VII (1794-1796), así como Pedro de León y Manjón, "Historial de Fiestas...", en *Noticias para la Historia...*, p. 126.

[18] Expediente relativo a la propuesta del teniente de la corporación de Ronda de formar una unidad militar compuesta por miembros de las cuatro Maestranzas (1793), AGS, Secretaría de Guerra, Guerra Moderna, leg. 6025. Cfr. también *Real Maestranza ... Datos históricos*, p. 10, y *Manifiesto de los servicios hechos por la Real Maestranza de Ronda en defensa de la nacion española, y fiestas practicadas en celebridad de la feliz restauracion de nuestro Rey y Señor D. Fernando VII. al Trono de sus mayores*, Madrid, Imp. de Fermín Villalpando, 1814, p. 7. En el ARMCR se encuentran varias copias de este impreso. Existe también una ed. facsímil por Marion Reder Gadow y Pedro L. Pérez Frías, Málaga, Asociación Cultural Isla de Arriarán, 2009 (Colección de facsímiles "Manuel Burgos Madroñero", vol. 2). Cfr. también Inmaculada Arias de Saavedra, *La Real Maestranza de Caballería de Granada en el siglo* XVIII, Granada, Universidad de Granada, 1988, pp.140-145.

[19] Cfr. Francisco Piferrer, *Archivo heráldico. Armas, timbres y blasones de nuestra ilustre nobleza española. Apéndice á todos los nobiliarios españoles, antiguos y modernos*, vol. 1, Madrid, En casa del autor, 1863, reseña histórica sobre la Maestranza de Caballería de Valencia, p. 7.

[20] Cfr. Pedro de León y Manjón, "Historial de Fiestas...", en *Noticias para la Historia...*, pp. 138 y sig.; *Datos históricos,* pp. 12 y sig.; *Manifiesto...*, 1814, ARMCR, pp. 6-11, y Francisco Piferrer, *Archivo heráldico*, vol. 1, pp. 8 y sig.

[21] Solicitud de la Maestranza de Granada dirigida a su Hermano Mayor, Granada, 25 de febrero de 1778, AGS, Secretaría de Guerra, Guerra Moderna, leg. 4265. Colección de cartas de las Maestranzas de Granada y Sevilla relativas a la contribución de las mismas para la persecución de bandoleros en Andalucía (1772), AMS, Sección XI, Colección Conde del Águila, vol. 41 (en folio), n. 93, así como Francisco Piferrer, *Archivo heráldico*, vol. 1, pp. 7-9. Cfr. también Inmaculada Arias de Saavedra, *La Real Maestranza... de Granada en el siglo XVIII*, pp. 133-140.

[22] Cfr. el cap. III, pp. 211-230.

[23] Pedro Rodríguez (conde de Campomanes), *Discurso sobre el fomento de la industria popular (1774). Discurso sobre la educación popular de los artesanos y su fomento (1775)*, ed. de John Reeder, Madrid, 1975, primer Discurso, Introducción, pp. 59-61 y 140-174 de la paginación primitiva. Cfr. también Ricardo Krebs Wilckens, *El pensamiento...*, pp. 211-216.

[24] Sobre las Sociedades Económicas en España, cfr. Gonzalo Anes Álvarez, *Economía e "ilustración" en la España del siglo XVIII*, Colección Ariel Quincenal, n. 19, Esplugues de Llobregat, Barcelona, Ediciones Ariel, 1969, pp. 7 y sig. y 11-41, así como Luis Miguel Enciso Recio, *Las sociedades económicas en el Siglo de las Luces*, Madrid, Real Academia de la Historia, 2010, *passim*; además, Richard Herr, *The Eighteenth-Century Revolution in Spain*, 4.ª ed., Princeton, N. J., Princeton University Press, 1969, pp. 154-163 (ed. española, *id.*, *España y la revolución del siglo XVIII*, trad. del inglés de Elena Fernández Mel, Madrid, Aguilar, 1964; Jean Sarrailh, *L'Espagne éclairée...*, pp. 223-285; y Jorge y Paula de Demerson, "La decadencia de las Reales Sociedades de Amigos del País", en *Boletín del Centro de Estudios del Siglo XVIII*, ns. 4-5, Oviedo 1977, pp. 87-190.

[25] Gonzalo Anes Álvarez, *Economía e 'ilustración'...*, pp. 26-30.

[26] Cfr. la bibliografía citada en la nota 24 de este cap. y en la obra de Paula de Demerson, Jorge Demerson y Francisco Aguilar Piñal, *Las Sociedades Económicas de Amigos del País en el siglo XVIII. Guía del investigador,* San Sebastián, Gráf. Izana, 1974, *passim,* así como las partes bibliográficas de los apéndices del *Boletín del Centro de Estudios del Siglo XVIII,* Oviedo, ns. 1, 1973 y sigs.

[27] Francisco Aguilar Piñal, "Fundación de la Sociedad Patriótica de Sevilla", en *Archivo Hispalense*, vol. 35, n. 109, Sevilla, 1961, pp. 187-193; *id.*, "Más sobre la fundación de la Sociedad Patriótica de Sevilla. (Fuentes documentales)", en *Archivo Hispalense*, vol. 36, n. 113, Sevilla, 1962, pp. 261-268; *id.*, "La Sociedad Económica de Sevilla en el siglo XVIII ante el problema docente", en *Las Reales Sociedades Económicas de Amigos del País y su obra. Comunicaciones presentadas en el Pleno de la Asamblea celebrado en San Sebastián, los días 9 al 11 de diciembre de 1971*, San Sebastián, 1972, pp. 317-336, así como *Relación de Hermanos Mayores...*, 1970, *passim.*

[28] *Memorias de la Real Sociedad Patriótica de Sevilla*, vol. 2, Sevilla 1779, lista de los miembros, pp. 577-606, así como *Relación de Hermanos Mayores...*, 1970, *passim.*

[29] Paula de Demerson y otros, *Las Sociedades Económicas...*, pp. 283 y sig., y *Relación de Hermanos Mayores...*, 1970, *passim.* Cfr. también Manuel Ruiz Lagos, *Ilustrados y reformadores en la Baja Andalucía*, Madrid, Editora Nacional, 1974, pp. 308-316.

[30] ARMCS, Cuentas Generales y de Toros Años 1763 a 1780 y Libro de Caja de 1732 a 1777 (vol. XXV), Libro de Entradas y Salidas En las Arcas de la R[ea]l Maestra[n]za de Cav[alle]ria de esta Ciu[da]d que empieza desde 7 de Octubre de 1730, Entradas, s. f.

[31] Lista de los documentos testimoniados, que la R[ea]l Maestranza de Granada presenta en la Secret[arí]a de Estado, en que constan algunos servicios de d[ic]ho Cuerpo, y su actual estado N[úmero] 4: Sociedad economica, testimonio de lo que la Maestranza contribuyò á su establecim[ien]to, AGS, Secretaría de Guerra, Guerra Moderna, leg. 4265. Cfr. también Juan Manuel Giral de Arquer, "La 'ilustración' valenciana en el siglo XVIII. La creación de la sociedad económica de amigos del país", en *Anales de Economía*, 3.ª época, n. 15, Madrid, 1972, pp. 72-86, y *Catálogo General de los Caballeros de la Real Maestranza de Valencia, MDCXC-MCMXII,* Valencia, Real Maestranza de Caballería de Valencia, 1912, pp. 5-20.

[32] Hasta 1808 no hemos podido encontrar los asientos correspondientes en los libros de caja de la corporación granadina que se conservan en el ARMCG. Inmaculada Arias de Saavedra, *La Real Maestranza... de Granada en el siglo XVIII*, tampoco toca este tema.

[33] Cfr. Gonzalo Anes Álvarez, *Economía e "ilustración"*..., pp. 37-41; *id.*, *El Antiguo Régimen. Los Borbones, Historia de España Alfaguara*, vol. 4, Madrid, Alianza Editorial, Alfaguara, 1975, p. 53; Jorge y Paula de Demerson, "La decadencia...", *passim,* y Richard Herr, *The Eighteenth-Century Revolution*..., pp. 162 y sig.

[34] Dictamen del conde de Aranda remitido al secretario de Estado, marqués de Grimaldi, Madrid, 6 de octubre de 1769, AGS, Secretaría de Guerra, Guerra Moderna, leg. 6023.

[35] Dictamen de Benito Puente remitido al secretario de Estado, conde de Floridablanca, Granada, 19 de febrero de 1791, AGS, Secretaría de Guerra, Guerra Moderna, leg. 6026. Cfr. frente a esta crítica también las actividades educativas de la Maestranza de Granada entre 1763 y 1817 que describe Inmaculada Arias de Saavedra, *La Real Maestranza... de Granada en el siglo XVIII,* pp. 145-155.

[36] Cfr. Francisco Aguilar Piñal, "Los reales seminarios de nobles en la política ilustrada española", en *Cuadernos Hispanoamericanos*, vol. 119, n. 356, Madrid, 1980, pp. 329-349; Richard L. Kagan, *Students and Society in Early Modern Spain*, Baltimore, Md., Johns Hopkins University Press, 1974, pp. 40 y 58 (ed. española, *id.*, *Universidad y sociedad en la España moderna*, Madrid, Tecnos, 1981); así como Jean Sarrailh, *L'Espagne éclairée*..., pp. 186-188, 194 y 204-206.

[37] Solicitud del Real Acuerdo de la Chancillería de Granada dirigida a Carlos III, Granada, 11 de octubre de 1768, AGS, Secretaría de Guerra, Guerra Moderna, leg. 4268.

[38] Carta del conde de Campomanes remitida a Bernardo del Campo, Madrid, 8 de septiembre de 1769, AGS, Secretaría de Guerra, Guerra Moderna, leg. 6023. Cfr. también el Resumen de este volumen, p. 385.

[39] Real orden del secretario de Guerra, Juan Gregorio Muniain, a la Real Maestranza de Granada, El Pardo, 7 de marzo de 1769, en *Reales cedulas, y privilegios de el real cuerpo de la Maestranza de Granada,* Granada, impreso privado, 1771, pp. 54 y sig. Un ejemplar de este impreso se encuentra en el ARMCG. La protesta de la Chancillería de Granada se cita en la nota 37 de este cap.

[40] Consulta de la Cámara de Castilla, Madrid, 22 de octubre de 1774, AGS, Secretaría de Guerra, Guerra Moderna, leg. 4271, y real provisión de Carlos III a favor de la Maestranza de Valencia, Madrid, 27 de diciembre de 1775, publicada en: *Ordenanzas de la Real Maestranza de caballeros de la ciudad de Valencia año de MDCCLXXV* (1776), nueva ed. (la que cito), Valencia, Imprenta de Nicasio Rius, 1880, pp. 5-96.

[41] Escrito del Teniente General, Juan de Villalva y Angulo, al Teniente de la Maestranza de Granada, marqués de Villa-Alegre, Granada, diciembre de 1748, en: *Reales cedulas*... (cfr. la nota 39 de este cap.), p.38.

[42] Real orden del gobernador del Consejo Real de Castilla, Josef Antonio Caballero, al Teniente de la Maestranza de Sevilla, San Ildefonso, 23 de septiembre de 1803, ARMCS, Archivo Histórico, vol. XI (1802-1804).

[43] Dictamen del presidente del Consejo de Castilla, conde de Aranda, remitido al secretario de Hacienda, Miguel de Múzquiz, Madrid, 11 de diciembre de 1766, AGS, Secretaría de Guerra, Guerra Moderna, leg. 6023.

[44] Dictamen de la Audiencia de Zaragoza, remitido al Consejo de Castilla, 5 de abril de 1817, publicado en Pascual de Quinto, Máximo, *La Nobleza de Aragón. Historia de la Real Maestranza de Caballería de Zaragoza*, Zaragoza, 1916, pp. 79-82.

[45] Cfr. Gaspar Melchor de Jovellanos, "Memoria para el arreglo de la policía de los espectáculos y diversiones públicas, y sobre su origen en España (1790)", en *id.*, *Obras publicadas e inéditas*, ed. de Cándido Nocedal, vol. 1 (Biblioteca de Autores Españoles, vols. 46), Madrid, Ediciones Atlas, 1963, pp. 493 y sig.

RESUMEN

LAS maestranzas de caballería, algunas de ellas procedentes de cofradías similares, tomaron este nombre nuevo a partir de 1670 como hermandades nobiliarias de caballería de carácter local: así la de Sevilla en 1670, la de Granada en 1686, la de Ronda en 1707 y, además, las de algunas otras ciudades andaluzas, aunque estas no perduraron. Se fundaron también maestranzas de caballería en dos capitales de provincia de la Corona de Aragón: en 1690 en Valencia y 1824 en Zaragoza. Tenemos poca documentación sobre las primigenias cofradías de caballería nobiliarias (fundadas en el siglo XVI o antes) que precedieron a las maestranzas de caballería y que, a imitación de Sevilla, asumieron este nombre nuevo en los siglos XVIII y XIX. Las fundaciones se realizaron generalmente por iniciativa de grupos nobiliarios locales y con el consentimiento de la Corona. Los estatutos de las maestranzas pertenecían al tipo de las ordenanzas detalladas de las hermandades asistenciales de los siglos XVII y XVIII.

A partir de 1725, las maestranzas obtuvieron unos privilegios que favorecieron su prestigio, siendo la primera de ellas la de Sevilla, seguida de las otras cuatro corporaciones estables de Granada, Valencia, Ronda y Zaragoza. Los privilegios consistieron en:

- la posibilidad de que sus miembros pudieran llevar uniformes especiales que, a finales del siglo XVIII, se parecían a los de los oficiales del ejército real y de miembros de la corte;
- los Hermanos Mayores eran siempre infantes de la familia real y, en el siglo XIX, el propio rey, lo que facilitaba la influencia sobre los políticos de la corte;

- los miembros locales de las maestranzas y la misma corporación gozaban del fuero militar, es decir, de un acceso especial a juzgados propios;
- cada maestranza podía organizar un determinado número de corridas de toros al año, con el fin de poder costear los gastos de la corporación.

La nobleza de la Castilla absolutista en la Edad Moderna era una nobleza de privilegios. Los privilegios, como los de los hidalgos o de las corporaciones, de los estratos y grupos de la nobleza, estructuraban la sociedad jerárquica de la Castilla del Antiguo Régimen. En la Edad Moderna la nobleza castellana, que aún participaba en las Cortes, ya no poseía una organización propia de carácter corporativo a nivel del Reino salvo en sus cofradías, en sus corporaciones o en los ayuntamientos.

La cualificación nobiliaria para el ingreso en las maestranzas era terminantemente más sencilla e inferior que en las órdenes militares españolas con las cuales competían. Dado que las maestranzas admitieron también forasteros, además de los miembros locales, lograron superar y arrinconar, a partir de los dos últimos decenios del siglo XVIII, a las órdenes militares en lo que respecta al número de nuevas admisiones cada año. Una condición importante para esta transformación de las maestranzas en corporaciones nacionales fueron los mayores ingresos agrarios de la nobleza terrateniente a partir de la década de 1740.

El análisis de los miembros locales de la Maestranza de Sevilla arroja el siguiente resultado: la mayoría de los caballeros maestrantes de la ciudad vivía de rentas de cortijos, haciendas o dehesas de la Baja Andalucía. Numerosos miembros debían su fortuna, de cuyas rentas vivían, a las actividades comerciales de antepasados o parientes. Procedían solo en algunos casos de antiguos linajes de la época de la Reconquista e integraban también advenedizos sociales, cuyas familias habían inmigrado hacía pocas generaciones. Por lo general, los miembros de la Maestranza sevillana no pertenecían al grupo de los grandes de España. En el Ayuntamiento ejercían una considerable influencia sobre la política local y regional de la ciudad. En suma, constituían una élite de prestigio de carácter regional, pero en absoluto no podían ser considerados una élite de poder a nivel nacional.

Las maestranzas no correspondían a las esperanzas de la Corona de fomentar la cría de caballos, de extraordinaria importancia militar, por medio de caballerizas propias. Sin embargo, como escuelas de equitación mejoraron el arte ecuestre de sus miembros jóvenes. Las maestranzas de Granada y Ronda mantuvieron incluso sendas escuelas para la ampliación de los estudios de sus jóvenes caballeros maestrantes. La actividad principal de las maestranzas consistía, no obstante, en la celebración de festejos eclesiásticos y pomposas fiestas reales. Los gastos ostentosos de las maestranzas cumplían la función de destacar la distancia social de los nobles pobres frente a los nuevos ricos burgueses. También tenían la función de superar en ostentación a otros grupos de la élite urbana. Los gastos ostentosos de las maestranzas podían financiarse sobre todo gracias a los ingresos obtenidos de la organización de corridas de toros. Las populares corridas de toros tenían en los centros de las maestranzas el efecto de impuestos indirectos que cargaban a los estratos sociales más bajos en favor de la élite de prestigio de la ciudad.

En el siglo XVIII y a principios del siglo XIX, la Corona favorecía a las maestranzas, sobre todo, para que sirvieran como un fuerte apoyo de la monarquía absoluta. En la época de Carlos IV, en vista de los acontecimientos de la Revolución francesa, bajo Fernando VII y las experiencias adquiridas con las Cortes de Cádiz, así como durante el Trienio Liberal (1820-1823), la función conservadora de las maestranzas se manifestaba cada vez más en su papel de apoyo al trono. La legitimación tradicional de la nobleza hereditaria y la del regalismo absoluto eran parecidas y había que defenderlas con argumentos similares contra una crítica liberal cada vez más fuerte. La política de la Corona se esforzaba con éxito por impedir una maestranza de caballería en la corte. En cambio, favorecía a las maestranzas de caballería en las capitales de provincia, con el fin de poder neutralizar de manera segura a las élites de prestigio de estas ciudades. Por ello, las maestranzas tenían la función de ser válvulas sociales y políticas de la monarquía absoluta del Antiguo Régimen.

APÉNDICES

Apéndice I

Admisión de miembros por la Maestranza de Sevilla (1670-1809).

Año	Miembros*	Año	Miembros*	Año	Miembros*
1670	32	1695	2	1720	-
1671	24	1696	8	1721	-
1672	14	1697	4	1722	-
1673	13	1698	14	1723	-
1674	3 (86)	1699	12 (40)	1724	4 (?) (4?)
1675	11	1700	3	1725	42
1676	1	1701	-	1726	-
1677	4	1702	-	1727	23
1678	10	1703	1	1728	-
1679	- (26)	1704	10 (14)	1729	14 (79)
1680	5	1705	-	1730	6
1681	12	1706	-	1731	11
1682	6	1707	-	1732	11
1683	3	1708	-	1733	9
1684	2 (28)	1709	- (-)	1734	4 (41)
1685	5	1710	-	1735	-
1686	4	1711	-	1736	-
1687	9	1712	-	1737	-
1688	6	1713	-	1738	11
1689	3 (27)	1714	- (-)	1739	2 (13)
1690	-	1715	-	1740	2
1691	-	1716	-	1741	-
1692	-	1717	-	1742	-
1693	19	1718	-	1743	-
1694	28 (47)	1719	- (-)	1744	2 (4)

Año	Miembros*	Año	Miembros*	Año	Miembros*
1745	-	1770	-	1795	1
1746	7	1771	-	1796	4
1747	3	1772	10	1797	5
1748	2	1773	25	1798	4
1749	- (12)	1774	19 (54)	1799	- (14)
1750	2	1775	13	1800	2
1751	4	1776	-	1801	4
1752	2	1777	53	1802	5
1753	-	1778	1	1803	11
1754	2 (10)	1779	1 (68)	1804	20 (42)
1755	-	1780	-	1805	12
1756	-	1781	-	1806	14
1757	6	1782	1	1807	13
1758	-	1783	77	1808	9
1759	- (6)	1784	- (78)	1809	- (48)
1760	12	1785	-		
1761	3	1786	-		
1762	9	1787	22		
1763	-	1788	28		
1764	- (24)	1789	4 (54)		
1765	21	1790	19		
1766	-	1791	18		
1767	3	1792	7		
1768	7	1793	6		
1769	6 (37)	1794	6 (56)		

Año	Miembros*
1670-1809	912 6,51 miembros por término medio al año
1670-1759	437 4,86 miembros por término medio al año
1760-1794	371 10,60 miembros por término medio al año

* Entre paréntesis suma quinquenal
Fuente: Cap. II, nota 102.

Apéndice II

Admisión de miembros por la Maestranza de Granada (1686-1804).

Año	Miembros*	Año	Miembros*	Año	Miembros*
1686	42	1711	-	1736	3
1687	4	1712	-	1737	10
1688	3	1713	5	1738	8
1689	8	1714	-	1739	-
1690	2 (59)	1715	- (5)	1740	- (21)
1691	-	1716	-	1741	1
1692	2	1717	-	1742	20
1693	6	1718	-	1743	2
1694	4	1719	-	1744	1
1695	11 (23)	1720	- (-)	1745	- (24)
1696	2	1721	-	1746	3
1697	3	1722	-	1747	-
1698	4	1723	-	1748	4
1699	3	1724	-	1749	14
1700	- (12)	1725	19 (19)	1750	4 (25)
1701	-	1726	11	1751	-
1702	1	1727	4	1752	6
1703	-	1728	11	1753	4
1704	4	1729	5	1754	2
1705	- (5)	1730	3 (34)	1755	15 (27)
1706	6	1731	1	1756	2
1707	1	1732	1	1757	3
1708	1	1733	-	1758	4
1709	8	1734	9	1759	-
1710	1 (17)	1735	4 (15)	1760	4 (13)

Año	Miembros*	Año	Miembros*	Año	Miembros*
1761	6	1776	4	1791	5
1762	2	1777	5	1792	9
1763	-	1778	6	1793	2
1764	5	1779	10	1794	11
1765	2 (15)	1780	8 (33)	1795	1 (28)
1766	-	1781	14	1796	4
1767	7	1782	2	1797	10
1768	8	1783	8	1798	7
1769	9	1784	3	1799	2
1770	18 (42)	1785	1 (28)	1800	12 (35)
1771	14	1786	4	1801	6
1772	12	1787	4	1802	17
1773	12	1788	6	1803	20
1774	4	1789	9	1804	7
1775	8 (50)	1790	9 (32)	1805	? (50)

Año	Miembros*
1686-1804	612 5,14 miembros por término medio al año
1686-1766	314 3,87 miembros por término medio al año
1767-1804	298 7,84 miembros por término medio al año

* Entre paréntesis suma quinquenal
Fuente: Cap. II, nota 78.

Apéndice III

Admisión de miembros por la Maestranza de Valencia (1690-1808)

Año	Miembros*	Año	Miembros*	Año	Miembros*
1690-1697	62	1768	4	1790	3 (23)
1747	65	1769	-	1791	1
1748	2	1770	4 (12)	1792	5
1749	-	1771	6	1793	5
1750	- (67)	1772	5	1794	1
1751	-	1773	3	1795	3 (15)
1752	-	1774	3	1796	5
1753	-	1775	- (17)	1797	5
1754	22	1776	7	1798	2
1755	2 (24)	1777	10	1799	5
1756	9	1778	6	1800	3 (20)
1757	14	1779	4	1801	5
1758	6	1780	4 (31)	1802	9
1759	6	1781	3	1803	7
1760	8 (43)	1782	1	1804	-
1761	-	1783	3	1805	9 (30)
1762	2	1784	5	1806	8
1763	5	1785	4 (16)	1807	7
1764	4	1786	4	1808	7
1765	2 (13)	1787	3	1809	?
1766	2	1788	8	1810	? (22?)
1767	2	1789	5		

Año	Miembros*
1747-1808	333 5,37 miembros por término medio al año
1754-1808	266 4,83 miembros por término medio al año

* Entre paréntesis suma quinquenal

Fuente: Cap. II, nota 107.

Apéndice IV

Admisión de miembros por la Maestranza de Ronda (1707-1808).

Año	Miembros*	Año	Miembros*	Año	Miembros*
-	-	1731	-	1756	2
1707	29	1732	-	1757	7
1708	2	1733	-	1758	2
1709	2	1734	-	1759	-
1710	1 (34)	1735	- (-)	1760	- (11)
1711	3	1736	-	1761	-
1712	-	1737	-	1762	-
1713	-	1738	-	1763	-
1714	-	1739	-	1764	1
1715	- (3)	1740	35 (35)	1765	7 (8)
1716	-	1741	-	1766	3
1717	-	1742	-	1767	9
1718	-	1743	-	1768	4
1719	-	1744	-	1769	2
1720	11 (11)	1745	- (-)	1770	1 (19)
1721	-	1746	-	1771	9
1722	-	1747	7	1772	-
1723	-	1748	2	1773	4
1724	-	1749	-	1774	1
1725	- (-)	1750	- (9)	1775	3 (17)
1726	-	1751	1	1776	3
1727	-	1752	1	1777	10
1728	-	1753	-	1778	17
1729	-	1754	1	1779	13
1730	1 (1)	1755	- (3)	1780	17 (60)

Año	Miembros*	Año	Miembros*	Año	Miembros*
1781	21	1791	18	1801	37
1782	68	1792	9	1802	64
1783	38	1793	69	1803	23
1784	39	1794	24	1804	44
1785	47 (213)	1795	10 (130)	1805	21 (189)
1786	22	1796	55	1806	19
1787	37	1797	49	1807	19
1788	31	1798	22	1808	12
1789	2	1799	53	1809	?
1790	32 (124)	1800	68 (247)	1810	? (50?)

Año	Miembros*
1707-1808	1.164 11,4 miembros por término medio al año
1707-1765	115 2,0 miembros por término medio al año
1766-1808	1.049 24,4 miembros por término medio al año

* Entre paréntesis suma quinquenal
Fuente: Cap. II, nota 98.

Apéndice V

Admisión de miembros por la Orden de Santiago (1670-1809).

Año	Miembros *	Año	Miembros *	Año	Miembros *
1670	66	1695	81	1720	11
1671	83	1696	57	1721	12
1672	73	1697	50	1722	5
1673	37	1698	66	1723	5
1674	50 (309)	1699	109 (363)	1724	6 (39)
1675	25	1700	86	1725	9
1676	45	1701	56	1726	12
1677	37	1702	56	1727	7
1678	37	1703	54	1728	33
1679	45 (189)	1704	40 (292)	1729	23 (84)
1680	54	1705	56	1730	28
1681	64	1706	36	1731	9
1682	42	1707	38	1732	12
1683	55	1708	35	1733	14
1684	44 (259)	1709	28 (193)	1734	11 (74)
1685	47	1710	27	1735	15
1686	61	1711	35	1736	27
1687	99	1712	22	1737	20
1688	101	1713	31	1738	39
1689	97 (405)	1714	11 (126)	1739	32 (133)
1690	74	1715	13	1740	16
1691	61	1716	15	1741	23
1692	61	1717	24	1742	39
1693	41	1718	15	1743	32
1694	104 (341)	1719	11 (78)	1744	52 (162)

Año	Miembros *
1745	44
1746	15
1747	31
1748	29
1749	17 (136)
1750	26
1751	36
1752	26
1753	17
1754	21 (126)
1755	47
1756	44
1757	39
1758	37
1759	13 (180)
1760	14
1761	13
1762	17
1763	29
1764	15 (88)
1765	27
1766	25
1767	41
1768	39
1769	45 (177)
1770	20
1771	16
1772	26
1773	24
1774	15 (101)
1775	16
1776	16
1777	21
1778	18
1779	31 (102)
1780	13
1781	12
1782	19
1783	17
1784	38 (99)
1785	22
1786	34
1787	26
1788	23
1789	34 (139)
1790	13
1791	25
1792	24
1793	32
1794	22 (116)
1795	19
1796	29
1797	21
1798	11
1799	14 (94)
1800	9
1801	2
1802	19
1803	20
1804	15 (65)
1805	12
1806	8
1807	9
1808	3
1809	- (32)

Año	Miembros*
1670-1809	4.502 32,16 miembros por término medio al año
1670-1699	1.866 62,20 miembros por término medio al año
1760-1794	822 23,49 miembros por término medio al año
1795-1809	191 12,73 miembros por término medio al año

* Entre paréntesis suma quinquenal
Fuente: Cap. II, nota 122.

BIBLIOGRAFÍA

FUENTES NO PUBLICADAS

Archivo de la Real Maestranza de Caballería de Sevilla, Sevilla (ARMCS):

Libro de Actas, 1 (1729 y 1730), 2 (1731-1733)-22 (1808-1814).

Archivo Histórico, vols. I (1720-1741)-XII (1804-1808).

Cuentas, Libros I-XXXI (1731-1822).

Cuentas, Libro de cuentas generales de la Real Maestranza de 43 años (1748 al 1790).

Libro en q[u]e se toma razon de la regalia, y salarios que se pagan por la Real Maestranza de Cavallería de Sevilla, Año 1754.

Jesus MA[ría] Joseph. Libro Protocolo donde tienen su asiento las fincas de la Real Maestranza de Cavalleria de esta Ciudad de Sevilla Año de 1754.

Libro 1° entradas de los caballeros maestrantes. Libro donde se asientan las entradas de los Caualleros que entran Por Hermanos En la Mui Ylustrissima Hermandad De la Maestranza De esta Mui Noble Y mui Leal Ziudad de Seuilla sacadas del Libro biejo que se trasuntó bien i fielmente de Acuerdo de dicha Ylustrisima Hermandad siendo su Hermano Maior el S[eño]r D. Antonio Henriquez de Esquiuel, Y Archivista el S[eño]r D. Pedro Jacome de Linden Alcalde M[ay]or del Ca[bil]do Y Rejimiento De esta Mui Noble Y Mui L[e]al Ziu[da]d de Seuilla. Año De MDCXCIX.

Expedientes de Ingreso de Caballeros Maestrantes, Caja 1 (1730-1798), Caja 2 (1800-1866).

Copia del Libro de Fundación de la Il[ustrísi]ma Maestranza.

Año de 1793. Recopilacion de las Representaciones, oficios, y demas ocurrencias desde la concecion de las 24 corridas de Novillos à la Real Maestranza de Caballería de Sevilla.

Reg[is]tro de los Cavallos... (1739), (1745).

1679 Años. Libro De Acuerdos, de la Herm[anda]d de N[uest]ra Señora del Ross[ari]o Deste Convento de Regina Angelor[u]n de Seui[ll]a, Año de 1679.

Protocolo de las Rentas y Dotaciones de la Hermandad de N[uest]ra Señora del Rosario de Regina. Libro Protocolo Principal, de la M. Y. y V. H[ermanda]d de N[ues]tra Señora del Rosario del Colegio de Regina Angelorum, de esta Ciudad, Orden de Predicadores. Donde se escriben, y asientan, todas las Dotaciones, que tienen en Administracion; y los cargos con que las han dejado, diferentes Personas, con la Razon de sus ultimas voluntades. Año de 1753.

Quentas de la ill[ust]re Herm[anda]d de N[ues]tra S[eño]ra del Rosario Patrona de la R[ea]l Maes[tran]za. Con los Recados de data de el Año de 1659 hasta Fin de 1741.

Cuenta de la Yll[ust]re Herm[anda]d de N[uest]ra S[eño]ra del Rosario Patrona de la R[ea]l Meastr[an]za desde el Año de 1741 hasta 1794.

Archivo Municipal de Sevilla, Sevilla (AMS):
Sección XI, Colección Conde del Águila, vols. 2, 10, 11, 28, 39, 40, 41, 61 (en folio).
Sección X, 1ª Escribanía, Actas Capitulares, L. 71 (1670-1671).
Sección X, 2ª Escribanía, Actas Capitulares, L. 143 (1670).
Sección X, 1ª Escribanía, Actas Capitulares, L. 39 (1738).
Sección V, 1ª Escribanía, Siglo XVIII, vol. 227.
Sección V, 2ª Escribanía, Siglo XVIII, vol. 236.
Sección V, Escribanías de Cabildo del siglo XVIII, vol. 299.
Sección II, Cuentas de Propios, Carpeta 141 (1737-1738).
Sección II, Blancas de Carne, Carpetas 75-78 (1641-1818).

Biblioteca de la Universidad de Sevilla (Fondo Antiguo):
Est. 109, nos. 79, 80, 98, 101, 105, 112, 123, 143, 150, 155.
Est. 110, no. 134.
Est. 111, no. 85.

Archivo Histórico Provincial de Sevilla, Sevilla (AHPSE):
Protocolos Notariales de Sevilla, Oficio 12, Año 1670, Año 1673.

Archivo General de Indias, Sevilla (AGI):
Consulados, Actas del Consulado de Sevilla, Libros 5 (1648-1654), 6 (1655-1663), 7 (1664-1669), 8 (1670-1672), 9 (1673-1676), 12 (1694-1695).
Contratación, legs. 50A, 50B, 113B, 575, 596A, 596B, 618, 624, 626.
Audiencia de México, leg. 1135.

Archivo Histórico Provincial de Sevilla, Sevilla (AHPSE):
Protocolos Notariales de Sevilla, Oficio 12, Año 1670, Año 1673.

Archivo de la Real Maestranza de Caballería de Granada, Granada (ARMCG):
Actas, libro 1 (1686-1707, 1725-1739)-libro 29 (1824-1830).
Libros ns. 1310, 1311, 1314, 1320.
Legs. 30, 34, 37, 42, 44, 45, 54-56, 59, 61, 92, 127, 130, 142.
Libro de todos los caballeros Maestrantes con Expresion de sus nombres q[u]e se han receuido en esta R[ea]l Hermandad de la Maestranza de Granada desde su restablecim[ien]to q[u]e Fue el dia 12 de Enero de 1686 hasta de presente. Anotados los dias, y años de su[s] receuim[ien]tos. Hecho en el de 1749.

Reales cedulas, y privilegios de el real cuerpo de la Maestranza de Granada (Granada, impreso privado, 1771).
Libro de quenta, y Razon, de los pagos ejecutados en cada vn año, por los Cau[alle]ros Maestrantes por la cantidad en que cada vno sea obligado por acuerdo zelebrado en 22 de Avril deste de la fecha â Razon de 60 R[eale]s de V[ell]on en cada vn a[ñ]o y 150 R[eale]s V[ell]on todos los que hubieren de Receuirse en esta R[ea]l Hermandad... Y se empezó... En 19 de Junio de 1749 Años.
Exámenes de Matemáticas que sufrieron los alumnos de la clase de la Real Maestranza de Caballeria de Granada el dia 25 de agosto de 1806, amenizados Con una Oracion inaugural, y varias piezas de Eloquencia y Poesía, Granada, Imprenta de D. Manuel Moreno, 1806.

Archivo de la Real Chancillería de Granada, Granada (ARCG):

Cabina 5, legs. 1, 4, 14.
Cabina 321, legs. 4356, 4368, 4369, 4395.

Archivo de la Real Maestranza de Caballería de Ronda (Fondo Propio), Ronda (ARMCR):

Archivo Catalogo Fondo Propio.xls (revisado en abril de 2013).
Leg. 17-C7, R[eal] C[édula] concediendo a la Maestranza de Granada los mismos privilegios que a las de Sevilla y Valencia, 1784.
Leg. 93, Manifiesto de los servicios hechos por la Real Maestranza de Ronda en defensa de la nación española, y fiestas practicadas en celebridad de la feliz restauracion de nuestro Rey y Señor D. Fernando VII al Trono de sus mayores. Madrid: Imprenta de D. Fermín Villalpando, 1814.
Leg. 96, Año 1770 y 1771. Cuenta de D. Antonio de Ribera y del Reparto de 100 r[eale]s.
Leg. 96, Ronda Año de 1786. Cuentas... Dadas Por el s[eñ]or D[o]n Juan de Escalante y Cuenca Theniente de S. A. R.
Expedientes de Ingreso, Leg. 159-C12, Saturnino Alaiza y Zuazo de Lara 1790; Leg. 159-C22, José María Castañeda 1793; Leg. 159-C28, Pedro Celestino de Arce y de la Riva 1792; Leg. 161-C22, Pablo María de Aguilera y Aguilera 1795; Leg. 161-C27, Ignacio Simón de Castilla y Portugal 1796; Leg. 162-C55, Gerónimo de Clavijo y Gamvoa 1798; Leg. 164-C35, Francisco Armenteros y Zendoya 1797-1800; Leg. 164-C37 Juan Manuel Pérez de Alderete 1795-1800; Leg. 229-C19, Josèf Sainz de la Hoz 1791-92; Leg. 229-C22, Antonio de Escobar y de la Cerda 1798; Leg. 229-C33, José María y Miguel María de Cervantes y Velasco 1803-1807; Leg. 229-C36, Joaquín José de Orta y Oseguera 1799-1803.

Leg. 234, Libro Indice general de los Acuerdos tomados por el Ylustre y Real Cuerpo de Maestranza de Caballeria de esta Muy Noble y Muy Leal Ciudad de Ronda... (1707-1878).

Leg. 234, Libro Maestro 1.

Leg. 235, Real Maestranza Cavalleria de Ronda, Año de 1819. Libro de Juntas Secretas de Resevimientos.

Leg. 235, Libro Registro general del ganado yeguar. Reyn[an]do Carl[o]s IV y M[arí]a L[uis]a de Borb[ó]n[,] Herm[a]no May[o]r El Ynf[ant]e D. Ped[r]o de Borb[ó]n Año de 1804. Registro G[ene]ral de Ganado Yeguar q[u]e ha extablec[i]do la R[ea]l Maestr[an]za de Ronda.

Leg. 245, Libro de actas..., 1782-1819. Libro de Acuerdos desde 1782 a 1819. Libro de Acuerdos de la Yl[ustre] V[enerabl]e Real Maestranza de Ronda.

Leg. 252-C4, Secretaría, Listado de Caballeros 1970. Joaquín Atienza Peñalver, Listas por Orden Alfabético de Apellidos Sacadas de los dos Libros Maestros de este Cuerpo desde 1.707 hasta nuestros días confeccionadas por el Caballero Secretario... Maestranza de Caballería de Ronda, Año 1.970.

Leg. 262-C6, Manual que contiene... Privilegios, y Cedulas Reales conzedidas à las Maestranzas, Pensamientos del Consejo de Guerra y sus Fiscales... En Madrid año de 1795.

Archivo de la Real Maestranza de Caballería de Valencia, Valencia (ARMCV):

Cataleg-Arxiu-RMCV.pdf (revisado en mitad de noviembre de 2014).

0001-001, -002, -003, así como -004, Expedientes sobre el restablecimiento de la Real Maestranza de Caballería de Valencia, 1747.

0001-013, Real cédula de Carlos III a favor de la Real Maestranza de Caballería de Valencia, Buen Retiro, 9 de mayo de 1760.

0001-015-02, Expediente sobre la exención en los casos de quintas y sorteos para los maestrantes y subalternos rigurosamente empleados en la Real Maestranza, 1795.

0001-016, Fuero privilegiado, 1765-1823.

0002-001-01, Concesiones de corridas de toros, 1767, 1819.

0002-005-01, así como -02, Hermandad de la Real Maestranza de Valencia con la de Granada, Sevilla y Ronda, 1767 y 1768, así como 1785 y 1786.

0060-001, Constituciones de la Maestranca de Valencia. Manuscrito encuadernado en piel.

0060-003, Real provisión de Fernando VI a favor de la Real Maestranza de Valencia, Buen Retiro, 2 de abril de 1754.

0060-005, Real cédula de Carlos III, El Pardo, 19 de febrero de 1767, por la que nombra Hermano Mayor de la Real Maestranza de Valencia al infante don Antonio.

0060-008, Ordenanzas de la Real Maestranza de Cavalleros de la ciudad de Valencia. Año de MDCCLXXV.

0060-037, Yndice de los Papeles..., 1816-1834. Además: Lista de miembros..., 1747-1857.

0061-001-00, Libro de delineacion De las Escaramuzas y manejos de el R[ea]l Cuerpo de Maestranza de Valencia. 1784-1790.

0061-002-00, [Libro] Escaramuzas. 5. 1800?-1807.

Archivo del Reino de Valencia, Valencia (ARV):

Real Acuerdo, L. 49 (año 1754) y L. 57 (año 1762).

Archivo General de Simancas, Simancas/Valladolid (AGS):

Cámara de Castilla, Diversos de Castilla, leg. 25.

Secretaría de Guerra, Guerra Moderna, legs. 4260-4265, 4267-4271, 6023-6028.

Dirección General de Rentas, Única Contribución, Respuestas Generales, legs. 560, 561.

Dirección General de Rentas, Única Contribución, Comprobaciones, leg. 1641.

Dirección General de Rentas, Rentas Provinciales, leg. 2046.

Archivo Histórico Nacional, Madrid (AHN):

Estado, legs. 7652, 7653, 7655-7657.

Consejos, legs. 9891, 11.406, 11.413, 11.414, 11.553.

OM-Caballeros, Santiago, exp. 2837, Juan Baltasar Federigui de León, año 1664; Santiago, exp. 6846, Bartolomé Ramírez de Arellano y Toledo, año 1668; Santiago, exp. 7675, José Sarmiento de Valladares, año 1673.

OM-Caballeros, Calatrava, exp. 862 Bis, Fernando de Esquibel y Guzmán, año 1656; Calatrava, exp. 1307, Adrián Jácome de Linden, año 1669.

OM-Caballeros, Alcántara, exp. 503, Antonio José Federigui y Solís Fantoni y Cerón de Hinestrosa, año 1656.

Biblioteca Nacional de España, Madrid (BNE):

Ms. 1873/26; Ms. Raros/23888-6 y Ms. Raros/23940-9.

Real Academia de la Historia, Madrid (RAH):

Ms. 9/6167 (Censo de Aranda); Ms. 9/6245 (Censo de Floridablanca).

Archivo General de la Nación, México, D.F. (AGNM):

Reales Cédulas (originales), vol. 147.

Archivo Histórico de la Oficina del Historiador de La Habana (AHOHH):

Actas Capitulares del Ayuntamiento de La Habana, trasuntadas (ACAH), vols. 19-20 (años 1709-1714), 45 (1782-1783) y 48-53 (1789-1794); ACAH, vols. 19-20, originales.

Archivo Nacional de Cuba, La Habana (ANC):

Correspondencia de los Capitanes Generales (CCG), legs. 40-48 (1789-1795).

Reales Órdenes y Cédulas (ROC), años 1709-1714 y 1789-1794.

FUENTES PUBLICADAS Y ESTUDIOS

Abbad, Farid, "La confrérie condamnée ou une spontanéité festive confisquée, un autre aspect de l'Espagne à la fin de l'Ancien Régime", en *Mélanges de la Casa de Velásquez*, vol. 13, París, 1977, pp. 361-384.

Actas del III Coloquio de Historia de Andalucía. Historia contemporánea, Córdoba, marzo 1983, (1985), 3 vols.

Actas del I Congreso de Historia de Andalucía, diciembre de 1976, Córdoba, 10 vols., Córdoba, Monte de Piedad y Caja de Ahorros, Andalucía Medieval (2 vols., vols. 1-2), Andalucía Moderna (4 vols. vols. 4-7), Andalucía Contemporánea (2 vols., vols. 8-9), 1978-1979.

Actas del II Congreso de Historia de Andalucía, Córdoba, 1991, 13 vols., Córdoba, Obra Social y Cultural Caja Sur, Historia Medieval, 2 vols., vols. 4-5 (1994), vol. 6, Andalucía y América (1994), vols. 7-9, Andalucía Moderna, 3 vols. (1995), vols. 10-12, Andalucía Contemporánea, 3 vols. (1996), 1994-1996.

Actas del III Congreso de Historia de Andalucía, Córdoba, 2001, Andalucía Moderna, vols. 1-4, Córdoba, Obra Social y Cultural Caja Sur, 2002, 2003.

Aguado de los Reyes, Jesús, *Riqueza y Sociedad en la Sevilla del Siglo XVII*, Sevilla, Universidad de Sevilla, Focus, 1994.

——, *Fortuna y miseria en la Sevilla del siglo XVII*, Sevilla, Ayuntamiento de Sevilla, 1996, 237 pp. (Biblioteca de temas sevillanos, vol. 53).

Aguilar Piñal, Francisco, "Fundación de la Sociedad Patriótica de Sevilla", en *Archivo Hispalense*, vol. 35, n. 109, Sevilla, 1961, pp. 187-193.

——, "Más sobre la fundación de la Sociedad Patriótica de Sevilla. (Fuentes documentales)", en *Archivo Hispalense*, vol. 36, n. 113, Sevilla, 1962, pp. 261-268.

—, "Sevilla en 1791", en *Archivo Hispalense*, vol. 43, ns. 132-133, Sevilla, 1965, pp. 95-106.
—, *La Sevilla de Olavide 1767-1778*, Sevilla, Ayuntamiento de Sevilla, 1966. 2ª ed. facsímil del mismo Ayuntamiento, 1995.
—, *La Universidad de Sevilla en el siglo XVIII. Estudio sobre la primera reforma universitaria moderna,* Sevilla, Universidad de Sevilla, 1969.
—, "La Sociedad Económica de Sevilla en el siglo XVIII ante el problema docente", en *Las Reales Sociedades Económicas de Amigos del País y su obra. Comunicaciones presentadas en el Pleno de la Asamblea celebrado en San Sebastián, los días 9 al 11 de diciembre de 1971*, San Sebastián, 1972, pp. 317-336.
—, *Impresos sevillanos del siglo XVIII. Adiciones a la tipografía hispalense*, Madrid, C.S.I.C., 1974.
—, "Los reales seminarios de nobles en la política ilustrada española", en *Cuadernos Hispanoamericanos*, vol. 119, n. 356, Madrid, 1980, pp. 329-349.
—, *Siglo XVIII. Historia de Sevilla*, vol. 4, 2, Sevilla, 2ª ed. corregida y aumentada, 1982. 3ª ed. revisada y poco aumentada, 1989.
—, *Temas sevillanos*, Segunda serie, Sevilla, Secretariado de Publicaciones de la Universidad de Sevilla, 1988, 288 pp.
—, *Introducción al Siglo XVIII*, Madrid, Júcar, 1991, 240 pp.
Agulhon, Maurice, *Pénitents et Francs-Maçons de l'ancienne Provence*, París, Fayard, 1968.
Albendea Pabón, Juan Manuel, "La contribución de la Real Maestranza de Caballería de Sevilla a la fiesta de los toros", en *La Plaza de Toros de la Real Maestranza. Símbolo de la afición sevillana,* Sevilla, Ayuntamiento de Sevilla, Delegación de Fiestas Mayores, 1995, pp. 19-48.
Alcalá-Zamora, José N., ed., *La vida cotidiana en la España de Velázquez. El retrato vivo y contradictorio de un imperio que inicia su decadencia*, Madrid, Ediciones Temas de Hoy, 1995, 2ª ed., 391 pp.
Alcázar Molina, Cayetano, *Los hombres del despotismo ilustrado en España. El conde de Floridablanca, su vida y su obra,* vol. 1, Murcia, León Sánchez Cuesta, 1934.
Alenda y Mira, Jenaro, *Relaciones de solemnidades y fiestas públicas de España*, Madrid, Sucesores de Rivadeneyra, 1903, vols. 1-2.
Alonso de Cadenas y López, Ampelio, *Títulos nobiliarios con Grandeza de España concedidos en Indias. (Su heráldica y genealogía)*, Madrid, Hidalguía, 1984, 128 pp.
—, "Genealogía de títulos nobiliarios con Grandeza de España concedidos en Indias", en *Hidalguía*, vol. 32, n. 183, Madrid, 1984, pp. 241-288.
Alvar Ezquerra, Alfredo, *Demografía y sociedad en la España de los Austrias,* Madrid, Arco Libros, 1996, 65 pp.

Álvarez de Araujo y Cuéllar, Ángel, *Recopilación histórica de las cuatro órdenes militares de Santiago, Calatrava, Alcántara y Montesa*, Madrid, R. Vicente, 1866.

—, *Las órdenes militares de Santiago, Calatrava, Alcántara y Montesa, su origen, organización y estado actual,* Madrid, Fernando Cao y Domingo de Val, 1891.

Álvarez-Coca González, María Jesús, "La concesión de hábitos de caballeros de las Órdenes Militares. Procedimiento y reflejo documental (s. XVI-XIX)", en *Cuadernos de Historia Moderna,* Madrid, Universidad Complutense de Madrid, 1993, n. 14, pp. 277-297.

—, "El Consejo de las Órdenes Militares", en *Cuadernos de Historia Moderna,* Madrid, Universidad Complutense de Madrid, 1994, n. 15, pp. 297-323.

—, "El Consejo de las Órdenes y el Archivo Histórico Nacional. Historia de una excepción al sistema archivístico de la Administración", en *Las Órdenes Militares en la Península Ibérica*, vol. 2, Edad Moderna, ed. de Jerónimo López-Salazar Pérez, Cuenca, Ediciones de la Universidad de Castilla-La Mancha, 2000, pp. 1235-1270.

—, "Los fondos de las Órdenes Militares del Archivo Histórico Nacional. Aportaciones a la Historia de los Archivos", en *Boletín de la ANABAD*, 46, n. 1, 1996, pp. 95-118.

Álvarez de Morales, Antonio, *Las hermandades. Expresión del movimiento comunitario en España*, Valladolid, Universidad, Departamento de Historia Medieval, 1974.

Álvarez Pantoja, María José, *Aspectos económicos de la Sevilla fernandina (1800-1833),* Sevilla, 2 vols., Diputación Provincial y Facultad de Filosofía y Letras, 1970-1971.

Álvarez Santaló, León Carlos, *La población de Sevilla en el primer tercio del siglo XIX. Un estudio de las series demográficas sobre fondos de los archivos parroquiales*, Sevilla, Publicaciones de la Diputación Provincial de Sevilla, 1974.

—, "La incidencia demográfica", en José Luis Comellas García-Llera, *Del Antiguo al Nuevo Régimen. Hasta la muerte de Fernando VII. Historia General de España y América*, vol. 12, Madrid, 1981, pp. 1-13.

—, "La población de Sevilla en las series parroquiales, siglos XVI-XIX", en *Actas, II Coloquio Historia de Andalucía, Córdoba, noviembre 1980, Andalucía Moderna*, Córdoba, 1983, vol. 1, pp. 1-19.

—, ed., *Estudios de Historia Moderna en homenaje al profesor Antonio García-Baquero,* Sevilla, Secretariado de Publicaciones de la Universidad de Sevilla, 2009.

—, y Antonio García-Baquero González, "La nobleza titulada en Sevilla, 1700-1834. (Aportación al estudio de sus niveles de vida y fortuna)", en *Historia. Instituciones. Documentos*, vol. 7, Sevilla, 1980, pp. 125-127.

—, *et al.*, *Las Cofradías de Sevilla en el Siglo de las crisis,* Sevilla, Secretariado de Publicaciones de la Universidad de Sevilla, 1991, 238 pp. 2ª ed. 1999, 268 pp.

—, *et al.*, eds., *La religiosidad popular,* Barcelona, Editorial Anthropos, 1983, 3 vols. 2ª ed., Barcelona, Editorial Anthropos, 2003.

Amalric, Jean Pierre, y Ponsot, Pierre, eds, *L'exploitation des grands domaines dans L'Espagne d'ancien régime,* París, Ed. CNRS, 1985, 322 pp.

Amelang, James Stephen, *Historias paralelas. Judeoconversos y moriscos en la España moderna,* Madrid, Ediciones Akal, 2011, 366 pp.

—, *Honoured Citizens and Shameful Poor. Social and Cultural Change in Barcelona, 1510-1714,* tesis doctoral, Universidad de Princeton, Princeton, N. J., 1982.

Amigo Vázquez, Lourdes, *¡A la plaza! Regocijos taurinos en el Valladolid de los siglos XVII y XVIII,* Sevilla, Secretariado de Publicaciones de la Universidad de Sevilla, Fundación Real Maestranza de Caballería de Sevilla, 2010.

Andalucía I. Introducción Geográfica, J. Bosque Maurel (Tierras de España), 1980, 381 pp.

Andalucía y América. Actas de las I Jornadas, 2 vols., La Rábida, 1981.

Andalucía y América en el siglo XVI. Actas de las II Jornadas de Andalucía y América, 2 vols., La Rábida, marzo, 1982, 1983.

Andalucía y América en el siglo XVII. Actas de las III Jornadas de Andalucía y América, Sevilla, 2 vols., EEHA, 1985, X, 411; VIII, 319 pp.

Andalucía y América en el siglo XVIII. Actas de las IV Jornadas de Andalucía y América, 2 vols., La Rábida, marzo, 1984, Sevilla, EEHA, 1985.

Andalucía y América en el siglo XIX. Actas de las V Jornadas de Andalucía y América, 2 vols., La Rábida, 1986.

Andalucía moderna (siglos XVI-XVII). Actas del I Congreso de Historia de Andalucía, Diciembre de 1976, 2 vols., Córdoba, Publicaciones del Monte de Piedad y Caja de Ahorros de Córdoba, 1978, 417 pp.

Andalucía moderna I-II, Actas II Coloquios de Historia de Andalucía, 2 vols, Córdoba, Noviembre 1980, Córdoba, Publicaciones del Monte de Piedad y Caja de Ahorros de Córdoba, 1983.

Andalucía moderna. Actas del II Congreso de Historia de Andalucía, 3 vols., Córdoba 1991, Córdoba, Consejería de Cultura de la Junta de Andalucía, 1995.

Anes Álvarez, Gonzalo, *Economía e 'ilustración' en la España del siglo XVIII,* Colección Ariel Quincenal, n. 19, Esplugues de Llobregat, Barcelona, Ediciones Ariel, 1969.

—, *El Antiguo Régimen. Los Borbones. Historia de España Alfaguara,* vol. 4, Madrid, Alianza Editorial, Alfaguara, 1975.

—, "Ascensión social en el estamento nobiliario. De la hidalguía al título", en *Nobleza y sociedad en la España Moderna*, Oviedo, Ediciones Nobel, 1996, vol. 1, pp. 187-215.

—, *El siglo de las luces, Historia de España*, vol. 4, dirigida por Miguel Artola, Madrid, Alianza Editorial, 1994, 431 pp.

—, ed., *La economía española al final del Antiguo Régimen*, vol. 1, *Agricultura*, Madrid, Alianza Editorial, 1982, 348 pp.

Anuario de la Historia de la Iglesia, 6 vols, Pamplona, Universidad de Navarra, Facultad de Teología, Instituto de Historia de la Iglesia, 1997.

Arana de Varflora, Fermín, *Compendio historico descriptivo de la muy noble y muy leal ciudad de Sevilla, metropoli de Andalucia*, 2ª ed. aumentada, Sevilla, Vázquez, Hidalgo y Compañía, facsímil de la ed. de 1789, Valladolid, Maxtor, 2008.

Arana de Varflora, Fermín, *Hijos de Sevilla. Ilustres en santidad, letras, armas, artes o dignidad*, facsímil de la ed. de 1791 con una nueva introducción, Sevilla, Ayuntamiento de Sevilla, Área de Cultura, 2008.

Archivo digital de manuscritos y textos españoles, CD-ROM, Madrid, Micronet, 1992.

Aretin, Karl Otmar Freiherr von, ed., *Der Aufgeklärte Absolutismus*, Colonia, Böhlau, 1974.

Arias de Saavedra, Inmaculada, *La Real Maestranza de Caballería de Granada en el siglo XVIII*, Granada, Universidad de Granada, 1988. 204 pp.

—, *Las sociedades económicas de Amigos del País del Reino de Jaén*, XVII, 1984, 326 pp.

—, "La Real Maestranza de Caballería de Granada y las fiestas de toros en el siglo XVIII", en *Chronica Nova*, vol. 15, Granada, 1986-1987, pp. 17-26.

—, "Las Reales Maestranzas de Caballería y su influencia en el mundo americano", en *La influencia andaluza en los núcleos urbanos americanos. Actas VII Jornadas de Andalucía y América*, Sevilla, 1990, pp. 11-25.

—, "Las Maestranzas de Caballería en el siglo XVIII. Balance historiográfico", en *Chronica Nova*, vol. 19, Granada, 1991, pp. 57-70.

—, "Órdenes militares y maestranzas de caballería. Dos corporaciones nobiliarias a finales del Antiguo Régimen", en *Nobleza hispana, nobleza cristiana. La Orden de San Juan*, Madrid, Polifemo, 2009, La corte en Europa, Temas, 2, vol. 2, p. 1045-1085.

—, "La Real Maestranza de Caballería de Sevilla y las maestranzas indianas (Cuba y México)", en R. Serrera Contreras, ed., *Aspectos históricos y artísticos de la Real Maestranza de Caballería de Sevilla: ciclo de conferencias, Sevilla,* 2014, Sevilla, Real Maestranza de Caballería de Sevilla, 2014, pp. 81-121.

—, "Nuevas corporaciones nobiliarias en la Monarquía española del siglo XVIII. Las Reales Maestranzas de Caballería", en *Magallánica. Revista de*

Historia Moderna, vol. 5, n. 10, Mar del Plata, Universidad Nacional, 2019, pp. 12-41.

—, "Toros y cañas. Las fiestas de las maestranzas en el siglo XVIII", en *Identidades y redes culturales. V Congreso Internacional de Barroco Iberoamericano*, Granada, Ministerio de Cultura, Universidad de Granada, 2021, pp. 33-42.

Artola, Miguel, *La España del Antiguo Régimen*, Fascículos 0, *Salamanca*, 3, *Castilla la Vieja* y 6, *Castilla la Nueva y Extremadura*, Salamanca, Universidad de Salamanca, 1966-1971.

—, *La España de Fernando VII*, Madrid, Editorial Espasa Calpe, 1999.

Artola, Miguel, Bernal, Antonio Miguel, y Contreras, Jaime, *El latifundio. Propiedad y explotación, ss. XVIII-XX*, Madrid, Ministerio de Agricultura, 1978.

Ascanio y Montemayor, Ramón de, "Antiguas cofradías nobiliarias", en *Revista de Historia*, vol. 8, n. 57, La Laguna de Tenerife, 1942, pp. 14-29.

Atienza Hernández, Ignacio, *Aristocracia, poder y riqueza en la España moderna. La casa de Osuna, siglos XV-XIX*, Madrid, Siglo XXI de España Editores, 1987, 447 pp.

Atienza Navajas, Julio, *Nobiliario español. Diccionario heráldico de apellidos españoles y de títulos nobiliarios*, 3ª ed. corregida, Madrid, Aguilar, 1959.

—, "Títulos nobiliarios avecindados en Sevilla en el año 1770", en *Hidalguía*, Madrid, vol. 19, n. 100, Madrid, 1970, pp. 353-388.

Atienza Peñalver, Joaquín, *Real Maestranza de Caballería de Ronda. Datos históricos*, Ronda, Real Maestranza de Caballería de Ronda, 1971, 26 pp.

Atlas de Andalucía. Geográfico-económico-histórico, Barcelona, Diáfora, 1981, 96 pp.

Atlas Nacional de España, Madrid, Presidencia del Gobierno, Instituto Geográfico Catastral, 1965.

Ayala Martínez, Carlos de, *Las Órdenes Militares en la Edad Media*, Madrid, Arco Libros, 1998, 80 pp.

Azcárraga Servert, Joaquín de, *La insigne orden del Toisón de Oro*, Madrid, Universidad Nacional de Educación a Distancia, 2001, 178 pp.

Badorrey Martín, Beatriz, "La falsificación de pruebas para el acceso a las corporaciones nobiliarias. Un intento de apropiación del marquesado de Saltillo", en Feliciano Barrios y Javier Alvarado, eds., *Aires de grandeza. Hidalgos presuntos y nobles de fantasía*, Madrid, Editorial Dykinson, 2019, pp. 111-141.

—, "Actos y funciones públicas de las primeras maestranzas de caballería", en Feliciano Barrios y Javier Alvarado, eds., *Rito, ceremonia y protocolo. Espacios de sociabilidad, legitimación y trascendencia*, Madrid, Editorial Dykinson, 2020, pp. 333-357.

—, “Las reales maestranzas de caballería americanas”, en Manuel Torres Aguilar, Miguel Pino Abad y Carmen Losa Contreras, coords., *Poder, sociedad y administración de justicia en la América hispánica (siglos XVI-XIX)*, Madrid, Editorial Dykinson, 2021, vol. 2, pp. 961-984.

Balandier, Georges, “La Situation Coloniale. Approche Théorique”, en *Cahiers Internationaux de Sociologie*, vol. 11, París, Presses Universitaires de France, 1951, pp. 44-79.

—, “Die koloniale Situation, ein theoretischer Ansatz”, en Rudolf von Albertini, ed., *Moderne Kolonialgeschichte*, Colonia, Böhlau, 1971, pp. 105-124.

Barredo de Valenzuela, Adolfo, “Títulos nobiliarios españoles vinculados con Hispanoamérica y su heráldica”, en *Hidalguía*, vol. 41, Madrid, 1993; además en vols. 42 (1994), 43 (1995), 44 (1996), 45 (1997) y 46 (1998).

Baudot, Georges, *La vida cotidiana en la América española en tiempos de Felipe II, Siglo XVI*, México, D.F., Fondo de Cultura Económica, 1983, 343 pp.

Bayamo, marqués de, *Cartilla de Uniformación de la Real Maestranza de Caballería de Ronda, aprobada por S.M. el Rey D. Alfonso XIII (q.D.g.) y siendo Teniente de Hermano Mayor el Sr. D. Rafael de Atienza, Marqués de Salvatierra, año de 1905*. Madrid, 1906.

Bennassar, Bartolomé, *L'homme espagnol. Attitudes et mentalités du XVIe au XIXe siècle.* París, Hachette, 1975.

—, *Los españoles. Actitudes y mentalidad,* Barcelona, Ed. Argos, Vergara, 1976, 286 pp. Nueva ed., con subtítulo ampliado: *desde el s. XVI al s. XIX,* Madrid, Editorial Swan, 1985, 258 pp.

— (ed.), *L'Espagne. De l'immobilisme a l'essor,* París, Presses du CNRS, 1989.

— *Histoire de la Tauromachie, une société du spectacle,* París, Ed. Desjonquères, 1993, 212 pp.

— *Historia de la tauromaquia, una sociedad del espectáculo,* Valencia, Pre-Textos, Real Maestranza de Caballería de Ronda, 2000, 187 pp.

Bennassar, Bartolomé, *et al.*, *Orígenes del atraso económico español,* Barcelona, Editorial Ariel, 1985.

Bermejo y Carballo, José, *Glorias religiosas de Sevilla, ó noticia histórico-descriptiva de todas las cofradías de penitencia, sangre y luz, fundadas en esta ciudad,* Sevilla, 1882. Ed. facsímil, Mairena del Aljarafe, Extramuros, 2008, VII, 2008, 559 pp.

Bernal, Antonio-Miguel, *La propiedad de la tierra y las luchas agrarias andaluzas,* Barcelona, Esplugues de Llobregat, Editorial Ariel, 1974. (Colección Ariel Quincenal, n. 96).

—, *El latifundio. Propiedad y explotación, ss. 18-20*, Madrid, Ministerio de Agricultura, 1978.

—, *La lucha por la tierra en la crisis del Antiguo Régimen*, Madrid, Taurus, 1979.

—, *Economía e historia de los latifundios*, Madrid, Instituto de España, 1988, 235 pp.

—, *La financiación de la carrera de Indias (1491-1824). Dinero y crédito en el comercio colonial español con América*, Sevilla, Fundación El Monte, 1992.

—, *España, proyecto inacabado. Los costes/beneficios del Imperio*, Madrid, Marcial Pons Historia y Fundación Carolina, 2005.

Bernal, Antonio Miguel, ed., *Textos clásicos para la Historia de Andalucía,* Madrid, Fundación Histórica Tavera, 2000.

Bernal, Antonio Miguel, y Drain, Michel, *Les campagnes sévillanes aux XIXe-XXe siècles. Renovation ou stagnation?,* París, Éditions E. de Boccard, 1975.

Bernal, Antonio-Miguel, y García-Baquero, Antonio, *Tres siglos del comercio sevillano (1598-1868). Cuestiones y problemas*, 2ª ed. aumentada de la 1ª de 1976, Sevilla, Fundación Cámara de Sevilla y Secretariado de Publicaciones de la Universidad de Sevilla, 2011.

Bernal, Antonio Miguel, *et al.*, eds., *Antiguo R*égimen y liberalismo. *Homenaje a Miguel Artola*, vol. 1, Visiones generales, Madrid, Alianza Editorial, 1974.

Bernal, Antonio Miguel, Collantes de Terán, Antonio, y García-Baquero, Antonio, en "Sevilla, de los gremios a la industrialización", en *Estudios de Historia Social,* 5-6, 7-309, Madrid, 1978.

—, *Sevilla, de los gremios a la industrialización,* Sevilla, Ayuntamiento de Sevilla, 2008.

Bernal, Antonio Miguel, y Fontana, José, *El "comercio libre" entre España y América*, Madrid, Editorial Swan, 1987, 258 pp.

Bernard, Gildas, "La Casa de la Contratación de Sevilla, luego de Cádiz, en el siglo XVIII", en *Anuario de Estudios Americanos*, vol. 12, 1955, Sevilla, pp. 253-286.

Bernsdorf, Wilhelm, ed., *Wörterbuch der Soziologie*, 2ª ed. corregida y aumentada, 3 vols., Francfort del Meno, Fischer Taschenbuch Verlag, 1972.

Bleiberg, Germán, ed., *Diccionario de historia de España*, 3 vols., 2ª ed. corregida y aumentada, Madrid, Revista de Occidente, 1968-1969.

Borrero-Fernández, Mercedes, *El mundo rural sevillano en el siglo XV. Aljarafe y Ribera*, Sevilla, Diputación Provincial de Sevilla, 1983.

Borrego Plá, María del Carmen, "Los hermanos de la cofradía de mareantes en el siglo XVI", en *II Jornadas de Andalucía y América*, vol. 1, pp. 361-387, Sevilla, 1983.

Boto Arnau, Guillermo, *Cádiz, origen del toreo a pie (1661-1858)*, Madrid, Unión de Bibliófilos Taurinos, 2001, 407 pp.

Bourdieu, Pierre, *La distinción. Criterio y bases sociales del gusto,* Madrid, Taurus, 1988, 597 pp. Nueva ed., 2012. Ed. original francesa, 1979, Dt. Ausgabe, 1987, 910 pp.

Braojos Garrido, Alfonso, ed., *La Plaza de Toros de la Real Maestranza. Símbolo de la afición sevillana,* Sevilla, Ayuntamiento de Sevilla, Delegación de Fiestas Mayores, 1995, 158 pp.

Brentano, Lujo, "Die Arbeitergilden der Gegenwart", vol. 1, Zur Geschichte der englischen Gewerkvereine, Leipzig, Duncker & Humblot, 1871, pp. 1-16.

Brunner, Otto, *Adeliges Landleben und europäischer Geist. Leben und Werk Wolf Helmhards von Hohberg 1612-1688*, Salzburgo, Otto Müller, 1949.

Burgos Esteban, Francisco Marcos, *Los lazos del poder. Obligaciones y parentesco en una élite local castellana en los siglos XVI y XVII,* Valladolid, Universidad de Valladolid, Secretariado de Publicaciones, 1994, 268 pp.

Cabrera Muñoz, Emilio, *El Condado de Belalcázar (1444-1518). Aportación al estudio del régimen señorial en la Baja Edad Media,* Córdoba, Monte de Piedad y Caja de Ahorros, 1977.

Cadenas y Vicent, Vicente de, *Caballeros de la Orden de Santiago. Siglo XVIII*, 9 vols., Madrid, Hidalguía, 1977-1996.

—, "De la posesión y propiedad de la hidalguía", en *Hidalguía,* vol. 14, n. 75, Madrid, 1966, pp. 147-150.

—, *Extracto de los expedientes de la Orden de Carlos 3°, 1771-1847*, vols., 1 (letra A)-13 (letras U-Z). Madrid, Hidalguía, 1979-88. La versión anterior apareció como Índice de *apellidos probados en la Orden de Carlos 3°. Antecedentes de otros que se conservan en sus expedientes.* 2ª ed. idéntica de la 1ª de 1965, Madrid, Hidalguía, 1997.

—, *Caballeros de la Orden de Calatrava que efectuaron pruebas de ingreso durante el siglo XVIII*, 4 vols, Madrid, Hidalguía, 1986-1987.

—, *Diccionario heráldico, términos, piezas y figuras usadas en la ciencia del blasón*, 4ª ed. aumentada, Madrid, Hidalguía, 1988, 338 pp.

—, *Caballeros de la Orden de Alcántara que efectuaron sus pruebas de ingreso durante el siglo XVIII*, 2 vols., Madrid, Hidalguía, 1991-1992.

—, *Elenco de grandezas y títulos nobiliarios españoles 1991*, Reed. por Ampelio Alonso de Cadenas y López, 24ª ed., Madrid, Ediciones de la Revista Hidalguía, 1992.

Cadenas y Vicent, Vicente de, *et al.*, eds., *Pleitos de hidalguía que se conservan en el Archivo de la Real Chancillería de Valladolid. Extracto de sus expedientes. Siglo XVIII*, 7 vols., Madrid, Hidalguía, 1981.

Calderón España, María Consolación, *La Real Sociedad Sevillana de Amigos del País. Su proyección educativa (1775-1900)*, Sevilla, Publicaciones de la Universidad de Sevilla, 1993, 246 pp.

Callahan, William J., "La estimación del trabajo manual en la España del siglo XVIII", en *Revista Chilena de Historia y Geografía,* vol. 132, Santiago de Chile, 1964, pp. 59-72.

—, "Crown, Nobility and Industry in Eighteenth-Century Spain", en *International Review of Social History*, vol. 11, n. 3, Ámsterdam, 1966, pp. 444-464.

—, *La Santa y Real Hermandad del Refugio y Piedad de Madrid 1618-1832*, Madrid, Instituto de Estudios Madrileños, 1980.

—, *Church, politics, and society in Spain, 1750-1874,* Cambridge, Mass, 1984.

—, *Honor, Commerce and Industry in Eighteenth-Century Spain*, Boston, Mass, Baker Library, Harvard Graduate School of Business Administration, 1992.

Camorra, conde de la, *Real Maestranza que existio en Antequera*, Antequera, 1863. (Ms. que se encuentra sin publicar en el ARMCS).

Campomanes, conde de, *Tratado de la regalía de amortización*, ed. facsímil con introducción de Francisco Tomás y Valiente, Madrid, Ediciones de la Revista de Trabajo, 1975, 298 pp. 4ª ed. aumentada, Madrid, Ed. Hidalguía, 338 pp.

Campos Cañizares, José, *El toreo caballeresco en la época de Felipe IV. Técnicas y significado sociocultural,* Sevilla, Universidad de Sevilla, 2007.

Canga Argüelles, José de, *Diccionario de Hacienda*, ed. de Ángel de Huarte y Jauregui, vol. 1, Madrid, Atlas, 1968.

Cañada Sauras, Javier, "Real Maestranza de Caballería de Zaragoza", en *Hidalguía*, vol. 28, ns. 160-161, Madrid, 1980, pp. 465-485.

—, "Títulos nobiliarios en la Real Maestranza de Caballería de Zaragoza", en *Hidalguía*, vol. 28, ns. 166-167, Madrid, 1981, pp. 561-575.

Carande, Ramón, "Informe de Olavide sobre la Ley Agraria", en *Boletín de la Real Academia de la Historia*, vol. 139, n. 2, Madrid, 1956, pp. 357-462.

—, "El despotismo ilustrado de los 'amigos del país' (1955/56)", reimp. en Ramón Carande, *Siete estudios de historia de España*, Barcelona, Esplugues de Llobregat, Ediciones Ariel, 1969, pp. 143-199. Colección Ariel Quincenal, vol. 24.

Cárdenas Piera, Emilio de, *Caballeros de la Orden de Santiago. Siglo XVIII*, vol. 9, Índice onomástico (2ª parte, M-Z), Madrid, Instituto Salazar y Castro, 1996.

Caro Baroja, Julio, *Los pueblos de España. Ensayo de etnología*, Barcelona, Barna, 1946.

—, "En la campiña de Córdoba (Observaciones de 1949)", en *Revista de Dialectología y Tradiciones Populares*, vol. 12, Madrid, 1956, pp. 270-299.

—, "Remarques sur la vie agraire en Andalousie", en *Études Rurales*, vol. 10, París, Den Haag, 1963, pp. 81-101.

—, "Honour and Shame. A Historical Account of Several Conflicts", en J. G. Peristiany, ed., *Honour and Shame. The Values of Mediterranean Society*, Chicago, Ill., University of Chicago Press, 1966, pp. 79-137 (ed. española, J. G. Peristiany, ed., *El concepto del honor en la sociedad mediterránea*, Barcelona, Labor, 1968, 242 pp).

—, *Del viejo folklore castellano,* páginas sueltas, Valladolid, Ámbito, 1984, 274 pp. 2ª ed., 1988.

—, "Religión, visiones del mundo, clases sociales y honor durante los Siglos XVI y XVII en España", en *Honor y Gracia*, ed. por Julian Pitt-Rivers y J. G. Peristiany, Madrid, Alianza Editorial, 1993, pp. 124-138.

Cartaya Baños, Juan, *Los caballeros fundadores de la Real Maestranza de Sevilla en 1670. Contextualización, prosopografía y estudio crítico*, 2 vols., tesis doctoral, Sevilla, Universidad de Sevilla, Departamento de Historia Moderna, 2011.

—, *"Para ejercitar la maestría de los caballos". La nobleza sevillana y la fundación de la Real Maestranza de Caballería en 1670*, Sevilla, Diputación de Sevilla, 2012, 373 pp.

—, "No se expresare en sus títulos el precio al que compraron. Los fundadores de la Maestranza de Caballería de Sevilla y la venta de títulos nobiliarios durante el reinado de Carlos II", en *Historia y Genealogía*, vol. 2, Córdoba, 2012, pp. 5-35.

—, "Noble es bien aderezado. Los inventarios de bienes de los fundadores de la Real Maestranza de Caballería de Sevilla", en *Laboratorio de Arte. Revista del Departamento de Historia del Arte*, Sevilla, Universidad de Sevilla, 2012, n. 24, t. 1, pp. 315-333.

—, "Los pleitos del marqués de Gelo en el fondo de la Real Audiencia del Archivo Histórico Provincial de Sevilla. Nuevas fuentes documentales para el estudio de los fundadores de la Real Maestranza de Caballería de Sevilla", en *Archivo Hispalense. Revista histórica, literaria y artística*, Sevilla, Diputación Provincial de Sevilla, 2013, vol. 96, ns. 291-293, pp. 169-196.

—, *La Pasión de don Fernando de Añasco. Limpieza de sangre y conflicto social en la Sevilla de los Siglos de Oro*, Sevilla, Universidad de Sevilla, 2014.

—, "Una nueva visión histórica acerca de un modelo de asociacionismo nobiliario en la Edad Moderna. La fundación de la Real Maestranza de Caballería de Sevilla en 1670", en *I Coloquio Internacional sobre la Nobleza. Madrid, 21-14 de octubre de 2015. Actas*, Madrid, Hidalguía, 2017, pp. 19-38.

Casado Alonso, Hilario, ed., *Comercio y mercaderes en los siglos XIV, XV y XVI*, Burgos, 1995, 283 pp.

Casamayor Gómez, María Paz, *La Real Maestranza de Caballeria de Granada (1686-1931)*, tesis doctoral, Toledo, Universidad de Castilla-La Mancha, 1997.

Casey, John, *Early Modern Spain. A Social History*, Londres y Nueva York, Routledge, 1999, 305 pp.
Castán Alegre, Miguel Ángel, "Real Maestranza de Caballería de Zaragoza, antiguo capítulo de nobles caballeros e hijosdalgo de San Jorge de la dicha ciudad. Cargos del último cuarto del siglo XIX", en *Hidalguía*, Madrid, vol. 40, n. 235, 1992, pp. 833-849.
Castro, Américo, *Spanien, Vision und Wirklichkeit*, Colonia, Kiepenheuer & Witsch, 1957.
Catálogo alfabético de los documentos referentes a títulos del reino y grandezas de España conservados en la sección de Consejos Suprimidos, 2ª ed., 3 vols., Madrid, Archivo Histórico Nacional, 1951-1954.
Catálogo General de los Caballeros de la Real Maestranza de Valencia, MDCXC-MCMXII, Valencia, Real Maestranza de Caballería de Valencia, 1912.
Ceballos-Escalera Gila, Alfonso de, "Algo más sobre la Maestranza de Caballería de La Habana (1709-1716)", en *Cuadernos de Ayala*, n. 30, Madrid, 2007, pp. 9-10.
—, "Nuevas noticias de la Maestranza de Caballería de Antequera establecida en 1728", en *Cuadernos de Ayala*, n. 32, Madrid, 2007, pp. 8-10.
Cejudo López, Jorge, "Rodríguez Campomanes y su plan de creación de la Real Maestranza y Academia de San Carlos", en *Cuadernos de Investigación Histórica*, vol. 14, Madrid, 1991, pp. 155-186.
Censo de Ensenada 1756, Introducción por Pedro Carasa Soto, Madrid, Tabapress, Grupo Tabacalera, 455 pp.
Censo español executado de órden del rey comunicada por el Excelentísimo Señor Conde de Floridablanca, primer Secretario de Estado y del Despacho, en el año de 1787. Madrid, Imprenta Real, s. a.
Censo de población de las provincias y partidos de la corona de Castilla en el siglo XVI, Madrid, Imprenta Real, 1829.
Chauchadis, Claude, *Honneur, morale et société dans l'Espagne de Philippe II*, París, Editions du C.N.R.S., 1984.
Chaunu, Huguette y Pierre, *Séville et l'Atlantique (1504-1650). Première partie, partie statistique*, 7 vols., París, Libr. Armand Colin, 1955-1957.
Chaunu, Pierre, *Séville et l'Atlantique (1504-1650). Deuxième partie, partie interprétative. Structures et Conjoncture de l'Atlantique espagnol et hispano-américain (1504-1650). Les structures. Structures géographiques*, vol. 8, París, Libr. Armand Colin, 1959.
Clavero, Bartolomé, *Mayorazgo. Propiedad feudal en Castilla (1369-1836),* Madrid, Siglo Veintiuno, 1974, 434 pp. 2ª ed. corregida y aumentada, Madrid, Siglo XXI de España Editores, 1989. Apéndice a la 2ª ed.: La institución del mayorazgo entre Castilla y Europa.

—, "Favor maioratus, usus Hispaniae, moralidad de linaje entre Castilla y Europa", en Bonfield, Lloyd, ed., *Marriage, Property and Succession*, Berlín, Duncker & Humblot, 1992, pp. 215-254.

Clavero, Bartolomé, y José Martínez Gijón, *Historia institucional del mayorazgo castellano*, 1972, 26 pp.

Clonard, conde de, *Historia orgánica de las armas de infantería y caballería españolas desde la creación del ejército permanente hasta el día,* vol. 3, Madrid, Imprenta de Francisco del Castillo, 1853.

Código de las Siete Partidas, en *Los códigos españoles concordados y anotados*, vols. 2-5, Madrid, 2ª ed., Antonio de San Martín, 1872.

Colás Latorre, Gregorio, "La historiografía sobre el señorío tardofeudal", en *Señorío y feudalismo en la Península Ibérica (ss.* XII-XIX*)*, vol. 1, Zaragoza, Institución Fernando el Católico, 1993, pp. 51-105.

Colón y Larriátegui Ximénez de Embún, Félix, *Juzgados militares de España y sus Indias*, 4 vols., Madrid, Viuda de Ibarra, Hijos y Cía., 1788-1789.

Collado Villalta, Pedro, "Un repartimiento por contrabando en la carrera de Indias en 1651. Los hombres del comercio de Sevilla", en *Archivo Hispalense*, vol. 66, n. 203, Sevilla, 1984, pp. 3-23.

Collantes de Terán, Francisco, "La Santa Caridad", en *Archivo Hispalense*, vol. 2, Sevilla, 1886, pp. 73-86, 107-120, 124-128, 177-191 y 244-248.

Collantes de Terán Sánchez, Antonio, "Los señoríos andaluces, análisis de su evolución territorial en la Edad Media", en *Historia. Instituciones. Documentos*, vol. 6, Sevilla, Secretariado de Publicaciones de la Universidad de Sevilla, 1979, pp. 89-112.

— *Sevilla en la Baja Edad Media. La ciudad y sus hombres*, Sevilla, Publicaciones del Ayuntamiento, 2ª ed., XV, 1984, 447 pp. (1ª ed., 1977).

— *Una gran ciudad bajomedieval. Sevilla*, Sevilla, Secretariado de Publicaciones de la Universidad de Sevilla, 2008, 273 pp.

Collantes de Terán Sánchez, Antonio, *et al.*, *Diccionario histórico de las calles de Sevilla*, 3 vols., Sevilla, Consejería de Obras Públicas y Transportes, 1993.

Collantes de Terán Sánchez, Antonio, y García-Baquero González, Antonio, eds., *Andalucía 1492, razones de un protagonismo*, Sevilla, Sociedad Estatal para la Exposición Universal Sevilla 92, Algaida, 1992, 263 pp.

Comunicaciones al XV Congreso International de las ciencias genealógica y heráldica, Madrid, 19-26 septiembre 1982, 1983, 486 pp.

Conde y Cervantes, José Ignacio (marqués de Salvatierra de Peralta), *Los caballeros de las Reales Maestranzas de Caballería en la Nueva España*, prólogo de Concepción Algaba González, Valencia, Pre-Textos y Real Maestranza de Caballería de Ronda, 2007, 281 pp.

Constituciones de la ilustre Maestranza de Valencia, Valencia, Imprenta de Iayme de Bordazar y Artazu, 1697.

Constituciones de la Real y Distinguida Orden Española de Carlos Tercero, instituida por el augusto padre del rey nuestro señor á 19 de septiembre de 1771, en celebridad del felicisimo nacimiento del infante, Madrid, Imprenta Real, 1804.

Corbí y del Portillo, Juan Vicente, y Corbí y Caro, Juan, *La Real Maestranza de Caballería de Valencia según sus archivos, 1690-2006*, Madrid, Ed. Dykinson, 2009.

Corominas, Pedro de, *El sentimiento de la riqueza en Castilla*, Madrid, Fortanet, 1917.

Cossío, José María de, *Los toros. Tratado técnico e histórico*, 4 vols., Madrid, Espasa Calpe, 1961. Las ediciones posteriores, hasta la 10ª ed. del t. 1 son reimpresiones; el t. 4 por José María de Cossío (1961) y los ts. 5-9 por José María de Cossío *et al.*, Madrid, Espasa-Calpe (1960-1987) y los ts. 10-12 de apéndices, Madrid 1988-1997.

Coy Cotonat, Agustín, *Historia de la ínclita y soberana Orden Militar de San Juan de Jerusalén o de Malta*, Madrid, Establecimiento Tip. Juan Pérez Torres, 1913.

Cruilles, marqués de, *Las funciones ecuestres de la Real Maestranza de Caballería de Valencia reseñadas por su ex-secretario el Marqués de Cruilles por acuerdo de la misma Real Maestranza*, Valencia, Imprenta de N. Ruis Monfort, 1890.

Cruz Villalón, Josefina, *Propiedad y uso de la tierra en la Baja Andalucía. Carmona, siglos XVIII-XX*, Madrid, 1980.

Cruz Villalón, Josefina, *et al.*, *La Población de Sevilla,* Sevilla, Secretariado de Publicaciones del Ayuntamiento de Sevilla, 1986.

Cuenca Toribio, José Manuel, *Del antiguo al nuevo régimen*, Historia de Sevilla, vol. 5, Sevilla, Universidad de Sevilla, 1976, 146 pp. 2ª ed., 1984. 4ª ed. aumentada, 1991.

—, *Estudios sobre la Iglesia andaluza moderna y contemporánea*, Córdoba, Publicaciones del Instituto de Historia de Andalucía, 1980, 180 pp.

—, *Visión de Andalucía*, Granada, Universidad de Granada, 1983, 153 pp.

—, *Andalucía. Historia de un pueblo*, 2ª ed., Madrid, Espasa Calpe, 1984, 750 pp.

—, *Gentes y momentos de Sevilla*, Sevilla, Ayuntamiento de Sevilla, Biblioteca de Temas Sevillanos, vol. 39, 1987, 93 pp.

Dávila Jalón, Valentín, *Nobiliario de la ciudad de Burgos*, vol. 2. *Los caballeros de las órdenes militares de Calatrava, Alcántara, Montesa y de San Juan de Jerusalén (Malta)*, Madrid, Talleres Prensa Española, 1955.

Daza, Josef, *Precisos manejos y progresos del arte del toreo*, Sevilla, Universidad de Sevilla y Real Maestranza de Caballería de Sevilla, 1999, 546 pp.

Defourneaux, Marcelin, "Le problème de la terre en Andalousie au XVIIIe siècle et les projets de réforme agraire", en *Revue Historique*, vol. 157, París, 1957, pp. 42-57.

—, *Daily Life in Spain in the Golden Age*, translated by Newton Branch, Londres, George Allen and Unwin, 1970.

—, *La vida cotidiana en la España del Siglo de Oro*, Barcelona, Editorial Argos Vergara, 1983, 239 pp.

Delgado, Josef (vulgo) Hillo, *Tauromaquia o arte de torear á caballo y á pie*, Madrid, Imprenta de Vega y Compañía. 2ª ed. facsímil, Mairena del Aljarafe, Extramuros, 2008 [1804].

Delgado, Manuel, *De la muerte de un dios. La fiesta de toros en el universo simbólico de la cultura popular*, 2ª ed. de la de 1986, Barcelona, Ediciones Bellaterra, 2014.

Delgado y Orellana, José Antonio, "Los caballeros veinticuatro de la ilustre archicofradía del Santísimo Sacramento del Puerto de Santa María (Cádiz)", en *Hidalguía*, vol. 23, n.130, Madrid, 1975, pp. 401-419.

—, *Catálogo de pruebas de nobleza del Real Colegio de San Telmo de Sevilla*, Madrid, Hidalguía, 1985, 100 pp.

Demerson, Jorge y Paula de, "La decadencia de las Reales Sociedades de Amigos del País", en *Boletín del Centro de Estudios del Siglo XVIII*, ns. 4-5, Oviedo, 1977, pp. 87-190.

Demerson, Paula de, Demerson, Jorge, y Aguilar Piñal, Francisco, *Las Sociedades Económicas de Amigos del País en el siglo XVIII. Guía del investigador*, San Sebastián, Gráf. Izana, 1974.

Desdevises du Dezert, G., *L'Espagne de l'ancien régime. La société*, París, Soc. Française d'Impr. et de Libr. Lecène et Cie., 1897.

Dewald, Jonathan, *La nobleza europea, 1400-1800*, Valencia, Pre-Textos, Real Maestranza de Caballería de Ronda, 2004.

Díaz Milián, Luis, *Reseña histórica del extinguido Cabildo de Caballeros de Molina de Aragón continuada con la de la ilustre cofradía Orden Militar del Monte Carmelo instituida en la misma ciudad*, Guadalajara, Imprenta y Encuadernación Provincial, 1886.

Díaz de Noriega y Pubul, José Abdón, "Oficios del estado noble en Sevilla", en *Hidalguía*, vol. 23, n. 30, Madrid, 1975, pp. 421-428.

—, *La blanca de la carne en Sevilla*, 4 vols., Madrid, Hidalguía, 1975-1977.

Díaz-Trechuelo Spínola, María Lourdes, Pajarón Parody, Concepción y Rubio Gil, Adolfo, "Juan Vicente de Güemes Pacheco, segundo conde de Revillagigedo (1789-1794)", en Calderón Quijano, José Antonio, dir., *Los Virreyes de Nueva España en el Reinado de Carlos IV*, Sevilla, Escuela de Estudios Hispano-Americanos, 1972, vol. 1, pp. 85-366.

Diccionario Biográfico Español, 50 vols., Madrid, Real Academia de la Historia, 2009-2013.

Díez Espinosa, José Ramón, *Revolución liberal en Castilla. Tierra, nobleza y burguesía*, Valladolid, Universidad de Valladolid, Secretariado de Publicaciones, 1987.

Díez Rodríguez, Fernando, *Viles y mecánicos. Trabajo y sociedad en la Valencia preindustrial,* Valencia, Editions Alfons el Magnànim, Institució Valenciana d'Estudis i Investigació, 1990, XV, 197 pp.

Difiniciones y establecimientos de la orden y cavalleria de Alcántara, Madrid, Luis Sánchez, 1609.

Difiniciones de la orden, y cavalleria de Calatrava, conforme al capitulo general celebrado en Madrid Año 1652, Madrid, Imprenta del Mercurio, 1661.

Domergue, Lucienne, *Censure et lumiéres dans l'Espagne de Charles III*, París, Éd. du CNRS, 1982, X, 216 pp.

Domínguez Ortiz, Antonio, "La población de Sevilla en la baja Edad Media y en los tiempos modernos", en *Boletín de la Real Sociedad Geográfica*, vol. 77, ns. 7-9, Madrid, 1941, pp. 595-608.

—, "Notas sobre la consideración social del trabajo manual y el comercio en el Antiguo Régimen", en *Revista de Trabajo*, año 1945, Madrid, 1945, pp. 673-681.

—, *La sociedad española en el siglo XVIII*, Madrid, C.S.I.C., Instituto Balmes de Sociología, 1955.

—, "La movilización de la nobleza castellana en 1640", en *Anuario de Historia del Derecho Español*, vol. 25, Madrid, 1955, pp, 799-823.

—, *La clase social de los conversos en Castilla en la Edad Moderna*, Madrid, C.S.I.C., Instituto Balmes de Sociología, 1955, ed. facsímil, Granada, Universidad de Granada, 1991.

—, "Aspectos sociales de las cofradías sevillanas. Un Memorial de la Cofradía de las Tres Caídas, de San Isidoro, en defensa de los cocheros", en *Archivo Hispalense*, vol. 30, Sevilla, 1959, pp. 93-94 y 167-170.

—, *Política y Hacienda de Felipe IV*, Madrid, Editorial de Derecho Financiero, 1960. 2ª ed., Madrid, Ediciones Pegaso, 1983.

—, "Los extranjeros en la vida española durante el siglo XVII", en *Estudios de Historia Social de España*, vol. 4, parte 2, Madrid, 1960, pp. 291-426.

—, *La sociedad española en el siglo XVII*, 2 vols., Madrid, C.S.I.C., Instituto Balmes de Sociología, 1963-1970. 2ª ed. facsímil con unas palabras preliminares, Granada, Universidad de Granada, 1992.

—, "Ventas y exenciones de lugares durante el reinado de Felipe IV", en *Anuario de Historia del Derecho Español*, vol. 34, Madrid, 1964, pp. 163-207.

—, *Los Judeoconversos en España y América*, Madrid, Ediciones ISTMO, 1971.

—, "La fin du régime seigneurial en Espagne", en *L'abolition de la féodalité dans le monde occidental. Colloques Internationaux du Centre National de la Recherche Scientifique, Sciences Humaines, Toulouse 12-16 novembre 1968*, París, Editions du C.N.R.S., vol. 1, 1971, pp 315-321, así como vol. 2, 1971, pp. 729-743.

—, *El Antiguo Régimen. Los Reyes Católicos y los Austrías* (*Historia de España Alfaguara*, vol. 3), Madrid, Alianza, Alfaguara, 1973.
—, *El régimen señorial y el reformismo borbónico*, Madrid, 1974, [s.n.].
—, *Orto y ocaso de Sevilla*, 2ª ed. aumentada, Sevilla, Secretariado de Publicaciones de la Universidad, 1974. (4ª ed., 1991).
—, *Sociedad y Estado en el siglo XVIII español*, Barcelona, Ariel, 1976.
—, *Sociedad y mentalidad en la Sevilla del Antiguo régimen,* Sevilla, Ayuntamiento de Sevilla, 1979, 118 pp. 3ª ed., 2003.
—, "Aspectos sociales de la vida eclesiástica en los siglos XVII y XVIII", en Antonio Mestre Sanchis, ed., *Historia de la Iglesia en España*, vol. 6, *La iglesia en la España de los siglos XVII y XVIII*, Madrid, Ed. Católica, 1979, pp. 5-72.
—, *Autos de la Inquisición de Sevilla (siglo XVII),* Sevilla, Publicaciones del Ayuntamiento, 1981, 126 pp. 2ª ed., 1994.
—, *Historia de Sevilla. La Sevilla del siglo XVII,* Sevilla, Secretariado de Publicaciones de la Universidad de Sevilla, 1984, 3ª ed., 1986, 329 pp.
—, *Crisis y decadencia de la España de los Austrias*, Barcelona, Ariel Quincenal, 1984, 217 pp. 1ª ed., 1969.
—, *Política fiscal y cambio social en la España del siglo XVII*, Madrid, Instituto de Estudios Fiscales, 1984, 250 pp.
—, *Instituciones y sociedad en la España de los Austrias*, Barcelona, Ariel, 1985.
—, *Estudios de Historia Económica y Social de España*, Granada, Universidad de Granada, 1987.
—, *Carlos III y la España de la Ilustración*, Madrid, Alianza Editorial, 1988.
—, "La población de Sevilla a mediados del siglo XVII", en *Archivo Hispalense*, vol. 221, Sevilla, 1989, pp. 3-15.
—, "La crisis del siglo XVII", en *Historia de España*, ed. por Ramón Menéndez Pidal, vol. 23, ed. por José María Jover Zamora, 1990.
—, *Las claves del despotismo ilustrado, 1715-1789,* Barcelona, Planeta, 1990, 118 pp.
—, *Los judeoconversos en la España moderna*, Madrid, MAPFRE, 1991, 292 pp. (2ª ed., 1993).
—, *Los extranjeros en la vida española durante el siglo XVII y otros artículos,* Sevilla, Diputación de Sevilla, 1996.
—, "Valoración social de los hábitos de las órdenes militares", en Jerónimo López-Salazar Pérez, ed., *Las órdenes militares en la Península Ibérica*, vol. 2, Edad Moderna, Cuenca, Universidad de Castilla-La Mancha, 2000, pp. 1157-1176.
—, *Andalucía ayer y hoy*. 2ª ed. de la 1ª de 1983, Málaga, Sarriá, 2002.
—, y Aguilar Piñal, Francisco, *El Barroco y la Ilustración. Historia de Sevilla*, vol. 4, Sevilla, Secretariado de Publicaciones de la Universidad de Sevilla, 1976.

—, y Vincent, Bernard, *Historia de los moriscos. Vida y tragedia de una minoría*, Madrid, Revista de Occidente, 1978, 313 pp. (Nueva ed., Madrid, Alianza Editorial, 1993).
—, *et al.*, *Historia de Andalucía*, vol. 3, *Andalucía del Medievo a la Modernidad (1350-1504)*, Madrid, Cupsa, 1980; vol. 4, *La Andalucía del Renacimiento*, Madrid, Cupsa, 1980; vol. 6, *Los inicios del capitalismo (1621-1778)*, Madrid, Cupsa, 1981 y vol. 7, *La Andalucía liberal (1778-1868)*, Madrid, Cupsa, 1981.
Drain, Michel, *Les campagnes de la province de Séville. Espace agricole et société rurale*, 2 vols., París, Champion, 1977.
Drain, Michel, Lhénaff, René, y Vanney, Jean-René, *Le bas Guadalquivir. Introduction géographique, le milieu physique*, París, Éditions E. de Boccard, 1971.
Duby, Georges, *El siglo de los caballeros*, traducción de Mauro Armiño, Madrid, Alianza, 1995, 166 pp.
Duque, Aquilino, *El toreo y las luces*, Sevilla, Real Maestranza de Caballería de Sevilla, Valencia, Artes Gráficas Soler. 2ª ed, Sevilla, Real Maestranza de Caballería de Sevilla, 1997, 67 pp.
Duran i Sanpere, Agustí, *Els cavallers de Sant Jordi*, Barcelona, 1964.
Durand, H., "Confrérie", *Dictionnaire de Droit Canonique*, vol. 4, París, Letouzey et Ané, 1949, pp. 128-176.
—, *Economía española al final del Antiguo Régimen,* I, *Agricultura.* ed. por Gonzalo Anes, II, Manufacturas, ed. por Pedro Tedde, III, Comercio y colonias, ed. de Josep Fontana, IV, Instituciones, ed. por Miguel Artola, Madrid, Alianza Universidad. (Textos 47-50).
La economía del Antiguo Régimen. El señorío de Buitrago, por el grupo'73, Madrid, Universidad Autónoma, 1973.
Echegaray Eizaguirre, Lázaro, ed., *Sociotauromaquia. Teoría Social de Toreo*, Colección Burladero, Madrid, Egartore, 2003, 166 pp.
Elliot, John H., *Imperial Spain 1469-1716*, Londres, Edward Arnold, 1963.
—, "Una Europa de monarquías compuestas", en *España, Europa y el mundo de ultramar (1500-1800)*, Madrid, Taurus, 2009.
Elorza, Antonio, *La ideología liberal en la ilustración española*, Madrid, Tecnos, 1970.
Elorza, Antonio, ed., "El expediente de reforma agraria en el siglo XVIII", en *Revista de Trabajo*, vol. 17, Madrid, 1967, pp. 135-409.
—, "La polémica sobre los oficios viles en la España del siglo XVIII", en *Revista de Trabajo,* vol. 22, Madrid, 1968, pp. 69-283.
Enciclopedia universal ilustrada europeo-americana, 70 vols., Madrid, Espasa Calpe, s. a.
Enciso Recio, Miguel Luis, *Las sociedades económicas en el Siglo de las Luces*, Madrid, Real Academia de la Historia, 2010.

Época de los primeros Borbones. *La nueva monarquía y su posición en Europa (1700-1759)*, por F. Cánovas Sánchez, J. A. Escudero, J. M.ª García Marín y ... 1985. LXXII, 706 pp. Historia de España, fundada por Ramón Menéndez Pidal, vol. 29.

Escalante Jiménez, José, "La Real Maestranza de Caballería de Antequera", en id., *Miscelánea histórica de Antequera,* Antequera, Fundación Municipal de Cultura, 2004, pp. 69-74.

Escriche, Joaquín, *Diccionario razonado de legislación y jurisprudencia,* 2ª ed. corregida y aumentada, 3 vols., Madrid, Imp. Colegio Nacional de Sordo-Mudos, 1838-1845.

Escudero Marchante, José María, *Estudio histórico-artístico de la Real Hermandad Sacramental de la Sagrada Lanzada,* Sevilla, Real Hermandad de la Sagrada Lanzada, 1996, 222 pp.

Escudero y Perosso, Francisco, *Tipografía hispalense. Anales bibliográficos de la ciudad de Sevilla desde el establecimiento de la imprenta hasta fines del siglo XVIII*, Madrid, Tip. Sucesores de Rivadeneyra, 1894.

La estampa taurina en la colección de la Real Maestranza de Caballería de Sevilla, Sevilla, Real Maestranza de Caballería de Sevilla, 2011, 381 pp.

Estatutos, i ordenanzas de la mui ilustre hermandad de la Maestranza de la mui noble, i leal ciudad de Carmona, dedicados a la siempre virgen Maria nuestra señora de Gracia, su patrona, Sevilla, Joseph Antonio de Hermosilla, 1728.

Estatutos, y ordenanzas de la Real Maestranza de la ciudad de Granada tomando por patrona a Maria Santissima en el mysterio de su Purissima Concepción erigida bajo la real proteccion del rey n[ues]tro s[eñ]or (que dios guarde) y logrando el honor de tener por Hermano Mayor al serenissimo señor don Phelipe, infante de España, duque de Parma, Plasencia, y Guastala, etc. Madrid, Joachin Ibarra, 1764. Existe ed. facsímil con estudio preliminar de Inmaculada Arias de Saavedra Alías, Granada, Universidad de Granada, 2005.

Estatutos y ordenanzas de la Real Maestranza de la ciudad de Granada tomando por patrona á María santísima en el misterio de su Purísima Concepción erigida bajo la real protección del rey nuestro señor (q. d. g.) y logrando el honor de tener por Hermano Mayor al serenísimo señor don Felipe infante de España, duque de Parma, Plasencia y Guastala, etc. (1764), nueva ed. (la que cito), Granada, Tipografía de López Guevara, 1906.

Estepa Giménez, Jesús, *Aportación al estudio de la disolución del régimen señorial. Puente-Genil, 1750-1850*, Colección Anzur, vol. 10, Puente-Genil, Córdoba, Gráficas Consolación, 1980.

—— "El régimen señorial en la provincia de Córdoba durante la Edad Moderna. El Marquesado de Priego", en *Actas, II Coloquios de Historia de Andalucía, Córdoba, noviembre 1980, Andalucía Moderna*, vol. 2, Córdoba, Publicaciones del Monte de Piedad y Caja de Ahorros de Córdoba, 1983, pp. 57-66.

—, *El Marquesado de Priego en la disolución del régimen señorial andaluz,* Córdoba, Diputación Provincial, 1987, 479 pp.

Falk, Walter, *Vom Strukturalismus zum Potentialismus. Ein Versuch zur Geschichts- und Literaturtheorie,* Freiburg, Alber, 1976.

Fantoni y Benedí, Rafael de, "Los Fantoni, regidores perpetuos de Cádiz", en *XXV años de la Escuela de Genealogía, Heráldica y Nobiliaria*, Madrid, Hidalguía, 1985, pp. 231-249.

Fayard, Janine, *Les membres du Conseil de Castille à l'époque moderne (1621-1746),* Genf, Droz, 1979.

—, *Los miembros del Consejo de Castilla (1621-1746),* Madrid, Siglo Veintiuno de España Editores, 1982, 565 pp.

—, *Los Ministros del Consejo Real de Castilla (1621-1788),* Madrid, Hidalguía, 1982. 244 pp.

Felices de la Fuente, María del Mar, *La nueva nobleza titulada de España y América en el siglo XVIII (1701-1746). Entre el mérito y la venalidad*, Almería, Universidad de Almería, 2012.

—, *Condes, marqueses y duques. Biografías de nobles titulados durante el reinado de Felipe V*, Madrid, Ed. Doce Calles, 2013.

Fernández, Tomás-Ramón, *Reglamentación de las corridas de toros. Estudio histórico y crítico,* Madrid, Espasa-Calpe, 1987, Colección La Tauromaquia, vol. 10.

Fernández de Béthencourt, Francisco, *Historia genealógica y heráldica de la monarquía española. Casa real y grandes de España*, 10 vols., Madrid, Estab. Tip. de Enrique Teodoro, 1897-1920.

—, "Las corporaciones nobles en la actualidad", en *Revista de Historia y de Genealogía Española*, vol. 2, Madrid, 1913, pp. 3-7.

Fernández Martín, Pedro, "Las ventas de las villas y lugares de behetría y su repercusión en la vida económico-social de los pueblos de Castilla", en *Anuario de Historia Económica y Social*, vol. 1, n. 1, Madrid, 1968, pp. 261-280.

Fernández Melgarejo, Luis, "Discurso genealógico de la nobilissima y antigua casa de los Tellos de Sevilla", en *Archivo Hispalense*, 2ª época, vols. 4 (Sevilla, 1945), 5 (1945) y 7 (1946).

Fernández-Prieto Domínguez y Losada, Enrique, *Nobleza de Zamora*, Madrid, C.S.I.C., Instituto Jerónimo Zurita, 1953.

—, ed., *Actas de visitas reales y otras realizadas por acontecimientos extraordinarios a los cuerpos santos de San Ildefonso y San Atilano*, Zamora, Cofradía de Caballeros Cubicularios, 1973.

Ferrer del Río, Antonio, "Orden de Carlos Tercero", en José Gil Dorregaray, ed., *Historia de las órdenes de caballería y de las condecoraciones españolas*, vol. 2, parte 1. Madrid, Imp. de Tomás Rey, 1864, pp. 49-129.

Figueroa y Melgar, Alfonso de, *Estudio histórico sobre algunas familias españolas*, 5 vols., Madrid, Dawson & Fry, 1965-1974.

—, "La orden de caballería de Santiago", en *Hidalguía*, vol. 15, n. 85, Madrid, 1967, pp. 785-808.

—, "Los prejuicios nobiliarios contra el trabajo y el comercio en la España del Antiguo Régimen", en *Cuadernos de Investigación Histórica*, vol. 3, Madrid, 1979, pp. 415-436.

Fleckenstein, Josef, *et al.*, *La caballería y el mundo caballeresco*, Madrid, Siglo XXI de España, Real Maestranza de Caballería de Ronda, 2006.

Flores Hernández, Benjamín, "La Real Maestranza de Caballería de México, una institución frustrada", en *Caleidoscopio*, vol. 8, n. 15, Aguascalientes, 2004, pp. 29-53.

Floridablanca, conde de, *Censo español executado de* órden del rey comunicada por el *Excelentísimo Señor Conde de Floridablanca, primer Secretario de Estado y del Despacho, en el año de 1787*, Madrid, Imprenta Real, s. a.

—, *Obras originales del Conde de Floridablanca, y escritos referentes a su persona*, ed. por Antonio Ferrer del Río, Biblioteca de Autores Españoles, vol. 59, Madrid, Atlas, 1952.

Flynn, Maureen, *Sacred Charity. Confraternities and Social Welfare in Spain, 1400-1700,* Ithaca, N.Y, Cornell Univ. Press, 1989, 10, 240 pp.

Fontana, Josep, *La economía española al final del Antiguo Régimen,* vol. 3, *Comercio y Colonias,* Madrid, Alianza Editorial, 1983, 348 pp.

Foster, George M, "Cofradía and Compadrazgo in Spain and Spanish America", en *Southwestern Journal of Anthropology*, vol. 9, n. 1, Albuquerque, Nuevo México, 1953, pp.1-28.

Fourneau, Francis, "Le Condado de Huelva: Bollullos, capitale du vignoble", en *Mélanges de la Casa de Velázquez*, vol. 9, París, 1973, pp. 7-80.

Gabriel y Ruiz de Apodaca, Fernando de, "Real Maestranza de Sevilla", en José Gil Dorregaray, ed., *Historia de las órdenes de caballería y de las condecoraciones españolas*, vol. 2, apéndice, Madrid, Imp. de Tomás Rey, 1865, 2ª parte, pp. 141-157.

Gacto, Enrique, "El marco jurídico de la familia castellana. Edad Moderna", en *Historia. Instituciones. Documentos*, vol. 11, Sevilla, 1985, pp. 37-66.

Gallino, Luciano, *Diccionario de sociología*, 3ª ed. en español, México, D.F, Siglo XXI Editores, 2005.

Gamero Rojas, Mercedes, "Explotación agraria y comercialización en el campo sevillano. 1778-1841. (Estudio de un latifundio de la casa de Alba)", en *Archivo Hispalense*, vol 63, n. 193-194, Sevilla, 1981, pp. 287-351.

—, *El mercado de la tierra en Sevilla en el siglo XVIII*, Sevilla, Universidad de Sevilla, 1993, 406 pp.

García-Baquero González, Antonio, Cádiz y el Atlántico (1717-1778). *(El comercio colonial español bajo el monopolio gaditano)*, 2 vols., Sevilla, Escuela de Estudios Hispano-Americanos, 1976.
—, "Andalucía y los problemas de la carrera de Indias en la crisis del siglo XVII", en *Actas, II Coloquios Historia de Andalucía, Córdoba, noviembre 1980, Andalucía Moderna*, vol. 1, pp. 533-552, Córdoba, Publicaciones del Monte de Piedad y Caja de Ahorros de Córdoba, 1980.
—, "Andalucía en el siglo XVIII. El perfil de un crecimiento ambiguo", en *España en el siglo XVIII. Homenaje a Pierre Vilar*. Barcelona, Ed. Crítica, 1985.
—, *Andalucía y la carrera de Indias (1492-1824)*, Sevilla, Editoriales Andaluzas Unidas, 1986, 221 pp.
—, *Comercio y burguesía mercantil en el Cádiz de la Carrera de Indias,* Huelva, Diputación Provincial de Cádiz, 1991, 188 pp.
—, *La Carrera de Indias. Suma de la Contratación y Océano de Negocios*, Sevilla, Sociedad Estatal para la Exposición Universal de Sevilla 92, Algaida, 1992, 348 pp.
—, "Felipe V, Sevilla y la Real Maestranza de Caballería", en *III Centenario del reinado de Felipe V. Ciclo de conferencias*, Sevilla, Real Maestranza de Caballería de Sevilla, 2001, pp. 57-98.
—, ed., *La burguesía de negocios en la Andalucía de la ilustración,* 2 vols., Cádiz, Diputación Provincial de Cádiz, 1991.
—, Romero de Solís, Pedro, y Vázquez Parladé, Ignacio, *Sevilla y la fiesta de Toros,* Sevilla, Ayuntamiento de Sevilla, 1980.
—, *et al.*, *Sevilla y la fiesta de toros*, Sevilla, Ayuntamiento de Sevilla. 2ª ed. de la 1ª de 1980, 1994, 158 pp.
—, *Razón de la tauromaquia. Obra taurina completa*, Ed. por Pedro Romero de Solís, Sevilla, Secretariado de Publicaciones de la Universidad de Sevilla, Fundación de Estudios Taurinos, 2008.
—, y Romero de Solis, Pedro, eds., *Fiestas de toros y sociedad. Actas del Congreso Internacional de Sevilla*, Sevilla, Universidad, Fundación de Estudios Taurinos, 2003.
García Carcel, Ricardo, *Felipe V y los españoles. Una visión periférica del problema de España*, Barcelona, Plaza & Janés, 2002.
García Carraffa, Alberto y Arturo, *Diccionario heráldico y genealógico de apellidos españoles y americanos*, 86 vols., Madrid, Litografía M. Casas y otras, 1952-1963.
García Fuentes, Lutgardo, "Exportación y exportadores sevillanos a Indias, 1650-1700", en *Archivo Hispalense*, vol. 60, n. 184, Sevilla, 1977, pp. 1-39.
—, "Sevilla y Cádiz en las exportaciones de productos agrarios a Indias en la segunda mitad del siglo XVII", en *Actas del I Congreso de Historia de*

Andalucía, diciembre de 1976, Andalucía Moderna (Siglos XVI-XVII), vol.1, Córdoba, Monte de Piedad y Caja de Ahorros, 1978, pp. 401-410.

—, *El comercio español con América, 1650-1700*, Sevilla, Diputación Provincial, 1980.

—, "Licencias para la introducción de esclavos en Indias y los envíos desde Sevilla en el siglo XVI", en *Jahrbuch für Geschichte von Staat, Wirtschaft und Gesellschaft Lateinamerikas*, vol. 19, Colonia, Alemania, 1982, pp. 1-46.

—, "Las exportaciones de productos agrarios de Sevilla en las flotas de Nueva España, en el siglo XVIII", *Andalucía y América en el siglo XVIII, Actas de las IV Jornadas de Andalucía y América, La Rábida, marzo 1984*, 2 vols. Sevilla, EEHA, 1985, vol. 1, pp. 181-234.

—, *Sevilla, los vascos y América. Las exportaciones de hierro y manufacturas metálicas en los siglos XVI, XVII y XVIII*, Madrid, Fundación BBV, 1991, 331 pp.

—, *Los peruleros y el comercio de Sevilla con las Indias, 1580-1630*, Sevilla, Secretariado de Publicaciones de la Universidad de Sevilla, 1997, 312 pp.

García Gómez, José J., *Las cofradías de Sevilla en la historia*, Sevilla, Desculturas, 2008.

García-Mercadal y García-Loygorri, Fernando, y Fuentes de Gilbert y Rojo, Manuel, *Caballeros del siglo XXI. Vindicación jurídica y sentimental de las corporaciones nobiliarias españolas*, Madrid, Editorial Dykinson, 2004, 259 pp.

García Pelayo, Manuel, "El estamento de la nobleza en el despotismo ilustrado español", en *Moneda y Crédito, Revista de Economía*, n. 17, Madrid, 1946, pp. 37-59.

García Rámila, Ismael, "Evocación histórica e interpretación paleográfica de las tres sucesivas 'Reglas' por las que regió su vida corporativa la famosa cofradía titulada Del Santísimo y Santiago Apóstol, de la ciudad de Burgos", en *Boletín de la Institución Fernán González*, vol. 48, n. 174, Burgos, 1970, pp. 1-41.

García Gómez, José J., *Las cofradías de Sevilla en la historia*, Sevilla, Desculturas, 2008.

García Valdecasas, Alfonso, "El hidalgo y el honor", en *Revista de Occidente*, año 1948, Madrid, 1948, pp. 183-229.

Garrido Domínguez, Antonio, "La Real Maestranza de Caballería: historia apresurada de una institución rondeña (I)", en *Puente nuevo, revista de cultura andaluza*, n. 1, Ronda, 1992, pp. 63-67.

—, "La Real Maestranza de Caballería: historia apresurada de una institución rondeña (II)", en *Puente nuevo: revista de cultura andaluza*, n. 2, Ronda, 1992, pp. 75-77.

—, "La Real Maestranza de Caballería: historia apresurada de una institución rondeña (III)", en *Puente Nuevo: Revista de Cultura Andaluza*, n. 3, Ronda, 1992, pp. 69-72.

Garrido Domínguez, Francisco, *La Plaza de Toros de la Real Maestranza de Ronda. Las Dinastías Toreras Rondeñas,* Ronda, ed. del autor, 1985, 125 pp.
Garrido Domínguez, Francisco y Antonio, *II centenario de la plaza de toros de la Real Maestranza de Caballería de Ronda, 1785-1985,* Ronda, Real Maestranza de Caballería de Ronda, 1988, 270 p.
Garzón Pareja, Manuel, "Señoríos del reino de Granada", en *Boletín de la Real Academia de la Historia,* vol. 174, n. 3, Madrid, 1977, pp. 571-635.
Gerbet, Marie-Claude, "Les confréries religieuses à Cáceres de 1467 à 1523", en *Mélanges de la Casa de Velázquez,* vol. 7, París, 1971, pp. 75-113.
—, *La noblesse dans le royaume de Castille. Étude sur ses structures sociales en Estrémadure (1454-1516),* París, Université de Paris IV, Paris-Sorbonne, 1979.
—, *La nobleza en la Corona de Castilla. Sus estructuras sociales en Extremadura (1454-1516),* traducción de María Concepción Quintanilla Raso, Cáceres, Instituto Cultural "El Brocense", Diputación Provincial de Cáceres, 1989, 222 pp.
Gestoso y Pérez, José, *Curiosidades antiguas sevillanas,* vol. 2, Sevilla, Oficina del Periódico *El Correo de Andalucía,* 1910.
Gibert, Rafael, "Esplendor y ruina del mayorazgo español", en *Atlántida,* vol. 34, Madrid, 1968, pp. 332-351.
Gijón Granados, Juan de A., *La casa de Borbón y las órdenes militares españolas durante el siglo XVIII (1700-1809),* tesis de doctorado, Madrid, Universidad Complutense, Facultad de Geografía e Historia, 2009.
Gil, Juan, *Los conversos y la inquisición sevillana,* 8 vols., Sevilla, Universidad de Sevilla y Fundación El Monte, 2000-2003.
Gil-Bermejo García, Juana, "Mercaderes sevillanos. (Una nómina de 1637)", en *Archivo Hispalense,* vol. 59, n. 181, Sevilla, 1976, pp. 183-197.
—, "Mercaderes sevillanos (II). Una relación de 1640", en *Archivo Hispalense,* vol. 61, n. 188, Sevilla, 1978, pp. 25-52.
Gil Farrés, Octavio, *Historia de la moneda española,* 2ª ed. aumentada, Madrid, ed. privada, 1976.
Gil Fernández, Juan, *Los conversos y la Inquisición sevillana,* 8 vols, Sevilla, Universidad de Sevilla y Fundación El Monte, 2000-2003.
Gil Dorregaray, José, ed., "Las Maestranzas de Caballería", en *Historia de las órdenes de caballería y de las condecoraciones españolas,* vol. 2, parte 1, Madrid, Imp. de Tomás Rey, 1864.
Gil Novales, Alberto, ed., *Diccionario Biográfico de España (1808-1833). De los orígenes del liberalismo a la reacción absolutista,* 3 vols., Madrid, Fundación Mapfre, 2010.
Giner, Salvador, *et al.*, eds., *Diccionario de Sociología,* 2ª ed., Madrid, Alianza Editorial, 2013. 1030 pp.

Giral de Arquer, Juan Manuel, "La 'ilustración' valenciana en el siglo XVIII. La creación de la sociedad económica de amigos del país", en *Anales de Economía*, 3ª época, vol. 15, Madrid, 1972, pp. 53-88.

Girard, Albert, *La rivalité commerciale et maritime entre Séville et Cadix jusqu'à la fin du XVIIIe siècle,* París, 1932.

Gómez Centurión, José, *Jovellanos y las órdenes militares. Colección de documentos interesantes, en su casi totalidad inéditos, con notas y comentarios, precedida de un informe aprobado en sesión de la Real Academia de la Historia,* Madrid, Establecimiento Tip. de Fortanet, 1912.

Gómez de Terreros Guardiola, María del Valle, *La plaza de toros de Sevilla. Historia de su ininterrumpida construcción,* Huelva, Universidad de Huelva, 1999, 230 pp.

—, "La Plaza de Toros de la Real Maestranza de Caballería de Sevilla. Reseña histórica y crítica del proceso constructivo de un edificio vivo", en J.A. Carbajal Navarro, coord., *Plaza de Toros de la Real Maestranza de Caballería de Sevilla. Obras 2005-2011,* Sevilla, Real Maestranza de Caballería de Sevilla, 2011, pp. 17-58.

Gómez de Valenzuela, Manuel, "Las primeras Ordinaciones de la Cofradía de Caballeros e Infanzones de Zaragoza (1505-1512)", en *Emblemata. Revista aragonesa de emblemática,* Zaragoza, Institución Fernando el Católico, 2010, n. 16, pp. 397-414.

González Alonso, Benjamín, *El corregidor castellano (1348-1808),* Madrid, Instituto de Estudios Administrativos, 1970.

González Gómez, Antonio, *Moguer en la Baja Edad Media (1248-1538),* Huelva, Diputación Provincial, Instituto de Estudios Onubenses, 1970.

González Moreno, Joaquín, *Las Reales Almonas de Sevilla (1397-1855),* Sevilla, C.S.I.C., Instituto de la Grasa y sus Derivados, 1975.

—, *Aportación a la historia de Sevilla*, Sevilla, Rodríguez Castillejo, 1991, 355 pp.

González de León, Félix, *Noticia historica del origen de los nombres de las calles de esta m. n. m. l. y m. h. ciudad de Sevilla*, Sevilla, 1839.

—, *Historia crítica y descriptiva de las cofradías fundadas en la ciudad de Sevilla*, Sevilla, 1852. (Nueva ed., Sevilla, Ediciones Espuela de Plata, 2005).

González Vargas, Adelaida, *El Ceremonial del Cabildo Municipal Sevillano*, Sevilla, Ayuntamiento de Sevilla, 1967.

Gran Enciclopedia Rialp, 24 vols., Madrid, 1971-1976.

Granada, 1752, Según las Respuestas Generales del Catastro de Ensenada, Madrid, Tabapress, 1970, pp. 9-30, Antonio Domínguez Ortíz, "La ciudad de Granada según las Respuestas Generales del Catastro de Ensenada".

Guggisberg, Hans R., y Windler, Christian, eds., *Instituciones y relaciones sociales en un municipio de señorío. Estudios sobre la cuestión del poder en Osuma (1750-1808),* Sevilla, Universidad de Sevilla, 1995.

Guichot y Parody, Joaquín, *Historia general de Andalucía desde los tiempos mas remotos hasta 1870*. 8 vols., Sevilla, Madrid, E. Perié, F. Perié, 1869-1870.

—, *Historia de la ciudad de Sevilla*, 2ª parte, Siglo XVIII, Sevilla, 1892.

—, *Historia del Excmo. Ayuntamiento de la Muy Noble, Muy Leal, Muy Heróica é Invicta Ciudad de Sevilla escrita en cumplimento de acuerdo capitular*, 4 vols., Sevilla, 1896-1903.

Guilarte, Alfonso María, *El régimen señorial en el siglo XVI*, Madrid, 1962.

Guillamón Álvarez, Francisco Javier, "El concepto de la honra legal durante el reinado de Carlos III", en *Cuadernos de Historia*, vol. 9, Madrid, 1978, pp. 457-491.

—, *Honor y honra en la España del siglo XVIII*, Madrid, Departamento de Historia Moderna, Facultad de Geografía e Historia, Universidad Complutense, 1981, 184 pp.

Gutiérrez de los Ríos, Carlos (conde de Fernán-Núñez), *Vida de Carlos III*, 2 vols., Madrid, 1898.

Gutton, Francis, *La Chevalerie Militaire en Espagne. L'Ordre de Calatrava*, París, 1955.

—, *La Chevalerie Militaire en Espagne. L'Ordre d'Alcántara*, París, Lethielleux, 1975.

Halcón Álvarez-Ossorio, Fátima, *La Real Maestranza de Caballería de Sevilla. Escultura y pintura,* Sevilla, Al-Kandara Editorial, 1983, 169 pp.

—, *La Plaza de Toros de la Real Maestranza de Caballería de Sevilla*, Madrid, Ediciones El Viso, 1990, 227 pp.

—, "La imagen del Príncipe. El Infante D. Felipe de Borbón, Duque de Parma, y la Real Maestranza de Caballería de Sevilla", en *Laboratorio de Arte. Revista del Departamento de Historia del Arte*, Sevilla, Universidad de Sevilla, 2000, n. 13, pp. 371-385.

—, "La Hermandad del Rosario del convento de Regina Angelorum de Sevilla", en *IV Simposio de Hermandades de Sevilla y su provincia*, Sevilla, Fundación Cruzcampo, 2004, pp. 183-215.

—, "Documentos relativos a la Maestranza de Caballería de La Habana", en *Revista de Estudios Taurinos*, Sevilla, Fundación de Estudios Taurinos, 2012, n. 31, p. 183-191.

—, "Fiesta y espíritu caballeresco en la plaza de toros de la Real Maestranza de Caballería de Sevilla", en *Aspectos históricos y artísticos de la Real Maestranza de Caballería de Sevilla. Ciclo de conferencias*, Sevilla, Real Maestranza de Caballería de Sevilla, 2014, pp. 165-217.

Hamilton, Earl J., *War and Prices in Spain 1651-1800*, Cambridge, Mass., Harvard University Press, 1947.

—, *American Treasure and the Price Revolution in Spain, 1501-1650*, ed. facsímil de la de 1934, Nueva York, Octagon Books, 1970.

—, "American Treasure and Andalusian Prices, 1503-1660. A Study in the Spanish Price Revolution", reimp. en Peter H. Ramsey, ed., *The Price Revolution in Sixteenth-Century England*, Londres, Methuen, 1971, pp. 147-181.

Haring, Clarence H., *El comercio y la navegación entre España y las Indias en época de los Habsburgos,* París, 1939.

Harrison, Joseph, *An economic history of modern Spain,* Manchester, Manchester University Press, 1980.

Hazañas, Joaquín, *La Casa Sevillana (conferencia de 1928),* Sevilla, Padilla Libros, 1989.

Hellwege, Johann, *Die spanischen Provinzialmilizen im 18. Jahrhundert.* (*Militärgeschichtliche Studien*, vol. 9), Boppard am Rhein, Harald Boldt, 1969.

—, *Zur Geschichte der spanischen Reitermilizen. Die Caballería de Cuantía unter Philipp II. und Philipp III.*, Wiesbaden, Franz Steiner, 1972.

Henige, David P., *Colonial Governors from the Fifteenth Century to the Present. A Comprehensive List,* Madison, Wisc., 1970.

Heras y Borrero, Francisco Manuel de las, *Apuntes sobre instituciones nobiliarias en España,* Colección Persevante Borgoña, Madrid, Prensa y Ediciones Iberoamericanas, 1994, 133 pp.

Hermosilla, marqués de, "Las Reales Maestranzas de Caballería", en *Revista de Historia y de Genealogía Española*, vol. 6, Madrid, 1917, pp. 123-126.

Hernández Franco, Juan, *La gestión política y el pensamiento reformista del Conde de Floridablanca*, Murcia, Universidad de Murcia, 1984.

Herr, Richard, *España y la revolución del siglo XVIII,* traducción del inglés de Elena Fernández Mel. Madrid, Aguilar, 1964. 417 pp.

—, *The Eighteenth-Century Revolution in Spain,* 4ª ed. de la 1ª de 1958, Princeton, N. J, Princeton University Press, 1969.

—, *Rural Change and Royal Finances in Spain of the End of the Old Regime,* Berkeley, Calif., University of California Press, 1989. 879 pp.

—, *Agricultura y sociedad en el Jaén del siglo XVIII*, Jaén, Universidad de Jaén, 1996, 21 pp.

Herrera García, Antonio, *El Aljarafe sevillano durante el Antiguo Régimen. Un estudio de su evolución socioeconómica en los siglos XVI, XVII y XVIII*, Sevilla, Diputación de Sevilla, 1980.

—, "Procesos integrados y desintegrados en los latifundios aljarafeños. Algunos documentos sobre los heredamientos y despoblados de la 'mitación' de Bollullos (siglos XIV-XVI)", en *Archivo Hispalense*, segunda época, vol. 63, ns. 193-194, Sevilla, 1981, pp. 159-188.

—, *Torre Arcas. Biografía de un latifundio sevillano*, Córdoba, Monte de Piedad y Caja de Ahorros, 1989, 251 pp.

—, *El Estado de Olivares. Origen, formación y desarrollo con los primeros condes (1535-1645),* Sevilla, Diputación Provincial, 1990, 351 pp.

—, *Gines. Historia de la Villa bajo el régimen señorial,* Sevilla, Ayuntamiento de Gines, 1990, 303 pp.

Hevia Bolaños, Juan de, *Curia Filipica*, París, Librería de Rosa y Bouret, 1853.

Higueras Arnal, Antonio, *El alto Guadalquivir. Estudio geográfico*, Zaragoza, 1961.

Hintze, Otto, *Historia de las formas políticas*, Madrid, Revista de Occidente, 1968.

Historia de España, dirigida por Manuel Tuñón de Lara, vol. 7, Emiliano Fernández de Pinedo, Alberto Gil Novales, y Albert Dérozier, *Centralismo, ilustración y agonía del Antiguo Régimen (1715-1833)*, Barcelona, Labor, 1980, 488 pp.

Historia de España, vol. 8, 1834-1923, Barcelona, Labor, 1981.

Historia de España, dirigida por Manuel Tuñón de Lara, vol. 5, Jean Paul Le Flem, *et al.*, *La frustración de un imperio (1476-1714)*, Barcelona, Labor, 1981, 508 pp.

Historia Gráfica de la Plaza de Toros de Sevilla, Sevilla, Real Maestranza de Caballería de Sevilla, 1983, 301 pp.

Historia. Instituciones. Documentos, vols. 7-25, Sevilla, Universidad de Sevilla, 1998.

Hofmann, Christina, *Das spanische Hofzeremoniell von 1500-1700*, Erlanger Historische Studien, 8, Berne, Peter Lang, 1985, 315 pp.

Huizinga, Johan, *Homo Ludens. Vom Ursprung der Kultur im Spiel*, Basilea, 1939, Hamburgo, ed. Rowohlt, 1956.

Humboldt, Alejandro de, *Ensayo político sobre el Reino de la Nueva España,* introducción y ed. por Juan A. Ortega y Medina, México, D.F., Porrúa, 1966.

Iglesias, María del Carmen, "La nobleza ilustrada del siglo XVIII español. El conde de Aranda", en *Nobleza y sociedad en la España Moderna,* Oviedo, Ediciones Nobel, 1996, vol. 1, pp. 245-288.

Iglesias, María del Carmen, ed., *Nobleza y sociedad en la España Moderna*, 2 vols, Oviedo, Ediciones Nobel, 1996-97, Colección de conferencias, 366/230 pp.; vol. 3, *Nobleza y sociedad. Las noblezas españolas, reinos y señoríos en la Edad Moderna*, Oviedo, Ediciones Nobel, 1999.

Infante-Galán, Juan, "Los Céspedes y su señorío de Carrión", en *Archivo Hispalense*, vol. 50-51, n. 153-158, Sevilla, 1969, pp. 9-97.

Iñiguez, Benito, *El traje del jinete andaluz y la guarnición de su caballo*, Sevilla, Ayuntamiento de Sevilla, 1987.

Instrucción à que han de arreglarse las pruebas de los sugetos que han de ser admitidos por caballeros de la Real Orden de Carlos Tercero, aprobada y mandada observar por el rey nuestro señor, Madrid, Imprenta Real, 1804.

Jacob, William, *Travels in the South of Spain in Letters Written a. d. 1809 and 1801*, Londres, 1811.

Javierre Mur, Aurea L., ed., *Pruebas de ingreso en la Orden de San Juan de Jerusalén, catálogo de las series de caballeros, religiosos y sirvientes de armas existentes en el Archivo Histórico Nacional*, Madrid, 1948.

Javierre Mur, Aurea, y Arroyo, Consuelo G. del, *Guía de la sección de órdenes militares*, Madrid, Archivo Histórico Nacional, Patronato Nacional de Archivos Históricos, ca. 1949.

Jiménez Benítez, Manuel, *El caballo en Andalucía. Orígenes e historia, cría y doma*, Madrid, 2ª ed., Ed. Agrotécnicas, 1994, 296 pp.

Jiménez Salas, María, *Historia de la asistencia social en España en la Edad Moderna*, Madrid, C.S.I.C., Instituto Balmes de Sociología, 1958.

—, "Beneficiencia eclesiástica", en Quintín Aldea Vaquero, *et al.*, eds., *Diccionario de historia eclesiástica de España* (5 vols.), Madrid, vol. 1, 1972, pp. 213-238.

Joly de Demerson, Paula, "La accesión de D. Eugenio Eulalio Guzmán Palafox Portocarrero al Condado de Teba (1778)", en *Hidalguía,* vol. 19, Madrid, 1971, pp. 315-320.

Jornadas Andalucía y América. Actas de las I Jornadas, 2 vols, La Rábida, 1981.

Jornadas Andalucía y América en el Siglo XVI. Actas de las II Jornadas de Andalucía y América, 2 vols., La Rábida, marzo 1982.

Jornadas Andalucía y América en el siglo XVII. Actas de las III Jornadas de Andalucía y Americа, 2 vols., Sevilla, E.E.H.A., 1985, X, 411, VIII, 319 pp.

Jornadas Andalucía y América en el siglo XVIII. Actas de las IV Jornadas de Andalucía y América, 2 vols., La Rábida, marzo 1984, Sevilla, E.E.H.A., 1985.

Jornadas Andalucía y América en el siglo XIX. Actas de las V Jornadas de Andalucía y *América,* 2 vols, Sevilla, E.E.H.A., 1986.

Jovellanos, Gaspar Melchor de, *Obras publicadas e inéditas de Don Gaspar Melchor de Jovellanos*, Ed. de Cándido Nocedal, vol. 1 (1963) y vol. 2 (1952), Biblioteca de Autores Españoles, vols. 46 y 50, Madrid, Ediciones Atlas, 1952-1963.

Jover Zamora, José María, *et al.*, eds., *La época de los primeros Borbones,* Historia de España Menendez Pidal, vol. 29, 4ª ed., Madrid, Espasa Calpe, 1996, LXXII, 706 pp.

Kagan, Richard L., "Universities in Castile 1500-1700", en *Past and Present*, vol. 49, Oxford, 1970, pp. 44-71.

—, *Students and Society in Early Modern Spain*, Baltimore, Md., Johns Hopkins University Press, 1974.

—, *Universidad y sociedad en la España moderna*, Madrid, Tecnos, 1981, 326 pp.

Kagan, Richard L., y Parker, Geoffrey, eds., *Spain, Europe and the Atlantic World. Essays in Honour of John H. Elliott*, Cambridge, Cambridge University Press, 1995, XV, 359 pp.

—, *España, Europa y el mundo atlántico. Homenaje a John H. Elliot,* Madrid, Marcial Pons, 2002, 478 pp.

Kalff, Friedrich Johannes, *Funktion und Bedeutung des Ordens vom Goldenen Vlies in Spanien vom XVI. bis zum XX. Jahrhundert. Ein Beitrag zur allgemeinen Ordensgeschichte*, Bonn, tesis de doctorado, Facultad de Filosofía, 1963.

Kamen, Henry, *Spain in the Later Seventeenth Century, 1665-1700*, Londres, Longman, 1980. Ed. española, Barcelona, Editorial Crítica, 1981.

—, *La España de Carlos II*, traducción de Josep M. Banadas, Barcelona, Editorial Crítica, 1981, 662 pp.

—, *Una sociedad conflictiva. España, 1469-1714*, traducción de Fernando Santos Fontenla, Madrid, Alianza Editorial, 1984, 462 pp.

—, "Una crisis de conciencia en la edad de oro en España. Inquisición contra limpieza de sangre", en *Bulletin Hispanique*, vol. 88, n. 3/4, 1986, p. 321-356.

—, *Vocabulario básico de la historia moderna. España y América 1450-1750*, traducción de Montserrat Iniesta, Barcelona, Crítica, 1986, 190 pp.

—, *Golden Age Spain*, Basingstoke, Inglaterra, Macmillan, 1988.

—, *Spain 1469-1714. A society of conflict*, London, Longman, 1991.

—, *La Inquisición española*, 4ª ed. totalmente reescrita, Barcelona, Editorial Crítica, 1992, 398 pp.

—, *Crisis and change in early modern Spain*, Aldershot, Inglaterra, Variorum, 1993, 290 pp.

—, *Felipe de España*, Madrid, Siglo XXI, 1997, 364 pp.

—, *The Spanish Inquisition. An historical revision*, Londres, Weidenfeld & Nicolson, 1997, 369 pp.

—, *Cambio cultural en la sociedad del Siglo de Oro. Cataluña y Castilla, siglos XVI-XVII*, traducción del inglés de Carlo A. Caranci, Paloma Sáchez del Moral, Madrid, Siglo XXI de España, 1998, 450 pp.

—, *Philip V of Spain. The King who reigned twice*, New Haven, Conn., Yale University Press, 2001, VIII, 277 pp.

—, *Imagining Spain. Historical Myth and Nacional Identity*, New Haven., Conn, Yale University Press, 2008.

Kany, Charles E., *Life and Manners in Madrid 1750-1800,* Berkeley, ca. 1932, reimp. Nueva York, AMS Press, 1970.

Kellenbenz, Hermann, *Die Fuggersche Maestrazgopacht (1525-1542). Zur Geschichte der spanischen Ritterorden im 16. Jahrhundert*, Tubinga, 1967.

Kolde, Theodor, "Bruderschaften kirchliche", en Albert Hauck, ed., *Realencyklopädie für protestantische Theologie und Kirche*, vol. 3, Leipzig, 1897, pp. 434-441.

Konetzke, Richard, "La formación de la nobleza en Indias", en *Estudios Americanos*, vol. 3, n. 10, Sevilla, 1951, pp. 329-357.

—, "Die Entstehung des Adels in Hispanoamerika während der Kolonialzeit", en *Vierteljahrschrift für Sozial-und Wirtschaftsgeschichte*, vol. 39, n. 3, Wiesbaden, 1952, pp. 215-250.

—, "Zur Geschichte des spanischen Hidalgos", en *Spanische Forschungen der Görresgesellschaft*, 1ª serie, *Gesammelte Aufsätze zur Kulturgeschichte Spaniens*, vol. 19, Münster, 1962, pp.147-160.

— "Die spanischen Verhaltensweisen zum Handel als Voraussetzungen für das Vordringen der ausländischen Kaufleute in Spanien", en Hermann Kellenbenz, ed., *Fremde Kaufleute auf der Iberischen Halbinsel*, Colonia, Böhlau, 1970, pp. 4-14.

Konetzke, Richard, ed., *Colección de Documentos para la Historia de la Formación Social de Hispanoamérica 1493-1810*, vol. 3, 2ª parte, Madrid, C.S.I.C, 1962.

König, René, *Kleider und Leute. Zur Soziologie der Mode*, Fischer Bücherei, n. 822, Francfort del Meno, 1967. Ed. española, *Sociología de la moda*, Barcelona, A. Redondo, 1972.

Köstlin, Konrad, *Gilden in Schleswig-Holstein. Die Bestimmung des Standes durch die "Kultur"*, Göttingen, 1976.

Krauss, Werner, *Die Aufklärung in Spanien, Portugal und Lateinamerika*, Múnich, Fink, 1973.

Krebs Wilckens, Ricardo, *El pensamiento histórico, político y económico del conde de Campomanes*, Santiago de Chile, Ediciones de la Universidad de Chile, 1960.

Ladd, Doris M., *The Mexican Nobility at Independence 1780-1826*, Austin, Texas, Texas University Press, 1976.

Ladd, Doris M., *La nobleza mexicana en la época de la Independencia 1780-1826*, traducción de Marita Martínez del Río de Redo, México, D.F., Fondo de Cultura Económica, 1984, 353 pp.

Ladero Quesada, Miguel Ángel, *Andalucía en el siglo XV. Estudios de historia política*, Madrid, 1973.

—, "Los señoríos medievales onubenses", en *Huelva en la Andalucía del siglo XV, II Jornadas de estudios medievales en Andalucía*, 65-97, Huelva, 1976.

—, *Andalucía en torno a 1492. Estructuras, valores, sucesos*, Madrid, Editorial MAPFRE, 1992, 343 pp, Colecciones MAPFRE 1492.

—, *Niebla, de reino a condado. Noticias sobre el Algarbe andaluz en la Baja Edad Media*, 2ª ed., Huelva, Diputación Provincial de Huelva, 1992, 142 pp.

—, *Granada después de la conquista. Repobladores y mudéjares*, 2ª ed., Granada, Diputación Provincial de Granada, 1993, 649 pp.

—, *Los señores de Andalucía. Investigaciones sobre nobles y señoríos en los siglos XIII a XV*, Cádiz, Universidad de Cádiz, 1998, 619 pp.

Laet, Johannes de, *Hispania sive de regis hispaniae regnis et opibus Commentarius*, Lugduni Batavorum, ex officina Elzeviriana, 1629.

Lambert-George, Martine, y Postigo, Elena, "Santiago et la porte fermée. Les candidatures malhereuses a l'habit", en *Les Societes fermées dans le Monde Iberique*, París, C.N.R.S. Éditions, 1986, pp. 139-169.

Lara, José Manuel, ed., *La Andalucía Liberal (1778-1868)*, Historia de Andalucía, vol. 7 de los 10 vols., Madrid, Cupsa, 1983, 546 pp.

—, *La cultura andaluza*, Historia de Andalucía, vol. 5 de los 10 vols., Madrid, Cupsa, 1983, 417 pp.

—, *Los inicios del capitalismo (1621-1778)*, Historia de Andalucía, vol. 6 de los 10 vols., Madrid, Cupsa, 1984, 437 pp.

Lasso de la Vega y López de Tejada, Miguel, "La nobleza andaluza de origen extranjero", en *Revista de Historia y de Genealogía Española*, vol. 4, Madrid, 1915-1917, pp. 18-23, vol. 5, pp. 55-69 y vol. 6, pp. 1-7.

—, "Linajes sevillanos. Los Marmolejo", en *Revista de Morón*, año 3, Morón de la Frontera, 1916, pp. 346-347 y 365-373.

Lasso de la Vega y López de Tejada, Miguel (marqués del Saltillo), *et al.*, *Discursos leídos ante la Real Academia Sevillana de Buenas Letras*, Sevilla, 1922.

Laurencín, marqués de, "Libro de la cofradía de caballeros de Santiago de la Fuente fundada por los burgaleses en tiempo de D. Alfonso XI", en *Revista de Archivos, Bibliotecas y Museos*, vol. 12, Madrid, 1905, pp. 1-23, 134-138.

Lautensach, Hermann, *Geografía de España y Portugal*, Barcelona, Vicens, 1967, 814 pp.

—, *Iberische Halbinsel*, 2ª ed., Múnich, 1969.

Lazo Díaz, Alfonso, *La desamortización de las tierras de la iglesia en la provincia de Sevilla (1835-1845)*, Sevilla, Publicaciones de la Diputación de Sevilla, 1970.

Le Bras, Gabriel, "Les confréries chrétiennes, problèmes et propositions", en *Revue Historique de Droit Français et Etranger*, 4ª serie, años 19-20, París, 1940-1941, pp. 310-363.

León y Manjón, Pedro de, "Historial de Fiestas y Donativos de la Real Maestranza de Caballería de Sevilla", Madrid, 1909, en *Noticias para la Historia de la Real Maestranza de Caballería de Sevilla*, Sevilla, Real Maestranza de Caballería, 1959, pp. 11-196.

—, *Historial de Fiestas y Donativos de la Real Maestranza de Caballería de Sevilla*, Madrid, José Blas y Cía., 1909, ed. facsímil, Sevilla, Real Maestranza de Caballería de Sevilla, 1989, 304 pp.

"Leyes de la nueva recopilación que no han sido comprehendidas en la novísima", en *Los códigos españoles concordados y anotados*, vol. 11, 2ª ed., Madrid, 1873.

Leonhard, Rudolf, *Agrarpolitik und Agrarreform in Spanien unter Carl III*, Múnich, y Berlín, 1909.

Lida de Malkiel, María Rosa, *La Idea de la Fama en la Edad Media Castellana,* México, D.F., Fondo de Cultura Económica, 1952, reimp., 1983.

Liehr, Reinhard, *Sozialgeschichte Spanischer Adelskorporationen. Die Maestranzas de Caballería (1670-1808),* Wiesbaden, Franz Steiner, 1981, 380 pp.

Lleo Cañal, Vicente, *Fiesta Grande. El Corpus Christi en la historia de Sevilla,* Sevilla, Ayuntamiento de Sevilla, 1980, 86 pp.

Lohmann Villena, Guillermo, *Los americanos en las órdenes nobiliarias (1529-1900),* vol. 1, Madrid, C.S.I.C., Instituto Gonzalo Fernández de Oviedo, 1947. 2ª ed. facsímil, Madrid, C.S.I.C., 1993.

—, *Los americanos en las órdenes nobiliarias*, 3 vols., 1, Santiago, 2, Calatrava, 3. Malta, Madrid, C.S.I.C., 1993.

Lomax, Derek W., *La Orden de Santiago (1170-1275),* Madrid, C.S.I.C., Escuela de Estudios Medievales, 1965.

—, "La historiografía de las órdenes militares en la península ibérica, 1100-1550", en *Hidalguía,* Madrid, vol. 23, n. 132, 1975, pp. 711-724.

—, *Las Órdenes Militares en la Península Ibérica durante la Edad Media,* Salamanca, Departamento de Publicaciones de la Universidad Salamanca, 1976.

Lomax, Derek W., *et al.*, "Órdenes Militares", en Quintín Aldea Vaquero, *et al.*, ed., *Diccionario de historia eclesiástica de España,* 1811-1830, vol. 3, Madrid, 1973.

López Alonso, Carmen, y Elorza, Antonio, *El hierro y el oro. Pensamiento político en España, siglos XVI-XVIII,* Madrid, Historia 16, 1989, 245 pp.

López Martínez, Celestino, "La Hermandad de la Santa Caridad y el Venerable Mañara", en *Archivo Hispalense,* 2ª época, vol 1, n. 1, Sevilla, 1943, pp. 25-48.

López Martínez, Antonio Luis, *Ganaderías* de lidia y ganaderos. *Historia de los toros de lidia en España,* Sevilla, Universidad de Sevilla, Fundación de Estudios Taurinos, 2002.

—, *El mercado taurino en los inicios de la tauromaquia moderna*, Sevilla, Universidad de Sevilla, Fundación de Estudios Taurinos, 2013.

López Pérez, Manuel, "La frustrada Real Maestranza de Caballería de Jaén", en id., *El cambio dinástico y sus repercusiones en la España del siglo XVIII,* Jaén, Universidad y Diputación Provincial, 2001, pp. 343-354.

Lorenzo Sanz, Eufemio, *Comercio de España con América en la época de Felipe II,* vol. 1, *Los mercaderes y el tráfico indiano,* y 2, *La navegación. Los tesoros y las perlas,* 2ª ed., Valladolid, Publicaciones de la Diputación Provincial de Valladolid, 1986.

Lourie, Elena, "A Society Organized for War. Medieval Spain", en *Past and Present,* n. 35, Oxford, 1966, pp. 54-76.

Lozano Gutiérrez, Federico, *Historia de Ronda*, Ronda, Imp. El Liberal Rondeño, 1905. Ed. facsímil con una introducción por Pedro Sierra de Cózar y Francisco Ruiz Cañestro, Ronda, Editorial La Serranía y Real Maestranza de Caballería de Ronda, 2005.

—, *Historia de Ronda*, Ronda, Imp. El Liberal Rondeño, 1905.

Luján, Nestor, *Historia del toreo,* Barcelona, Ed. Destino, 1954. 2ª ed., Ed. Destino, 1967.

Lynch, John, *Spain under the Habsburgs,* vol. 1, *Empire and Absolutism 1516-1598*, vol. 2, *Spain and America 1598-1700*. Oxford, Basil Blackwell, 1965.

—, *España bajo los Austrias*, 2 vols., 4ª ed. aumentada y revisada, Barcelona, Península, 1982.

—, *El siglo XVIII*, traducción de Juan Faci, Barcelona, Editorial Crítica, 1991, 408 pp.

—, *Bourbon Spain 1700-1808*, Oxford, Basil Blackwell, 1993, 450 pp.

—, *Spain 1516-1598. From nation state to world empire*, Cambridge, Mass., Blackwell, 1994, 514 pp.

—, *The Hispanic World in crisis and change, 1598-1700*, Oxford, Blackwell, 1994b, 448 pp.

—, *Crisis y recuperación, 1598-1808*, Historia de España, vol. 5, Barcelona, Crítica, 2005, 810 pp.

Madoz, Pascual, *Diccionario geográfico-estadístico-histórico de España y sus posesiones de Ultramar*, vol. 14, Madrid, 1849.

Madramany y Calatayud, Mariano, *Tratado de la nobleza de la corona de Aragón, especialmente del reyno de Valencia comparada con la de Castilla, para ilustración de la real cedula del señor Don Luis I de 14 de agosto de 1724*, Valencia, Josef y Tomas de Orga, 1788.

Maneval, Ulrich, *Die Majorate des spanischen Adels. Eine Fallstudie über die Majorate und ihre Desvinkulation im Raum Córdoba (1750-1870)*, 2 vols., Francfort del Meno, Peter Lang, 1997, 891 pp.

Manifiesto de los servicios hechos por la Real Maestranza de Ronda, Madrid, Imp. de Fermín Villalpando, 1814, 35 pp. Ed. facsímil por Marion Reder Gadow y Pedro L. Pérez Frías, Málaga, Asociación Cultural Isla de Arriarán, 2009, Colección de facsímiles "Manuel Burgos Madroñero", vol. 2, 85 pp.

Maravall, José Antonio, *Poder, honor y élites en el siglo XVIII*, Madrid, Siglo XXI de España Editores, 1979.

—, *Utopía y reformismo en la España de los Austrias*, Madrid, Siglo XXI, 1982, 398 pp.

Márquez de la Plata, José María, "Maestranzas de Caballería suprimidas. Maestranza de Lora", en *Revista de Historia y de Genealogía Española*, vol. 2, Madrid, 1913, pp. 369-371.

Márquez Redondo, Ana Gloria, *Sevilla "Ciudad y Corte" (1729-1733)*, Sevilla, Ayuntamiento de Sevilla, 1994. (Biblioteca de Temas Sevillanos, vol. 48).

—, *Los alcaides del Alcázar de Sevilla*, Sevilla, Patronato del Real Alcázar de Sevilla y Ayuntamiento de Sevilla, 2010.

—, *El Ayuntamiento de Sevilla en el siglo XVIII*, 2 vols., Sevilla, Ayuntamiento de Sevilla, Instituto de la Cultura y las Artes de Sevilla, 2010, 1176 pp.

—, *Sevilla, ciudad y corte 1729-1733*, Sevilla, Ayuntamiento de Sevilla, 2012, 290 pp.

Martínez Cuesta, Juan, *Don Gabriel de Borbón y Sajonia. Mecenas ilustrado en la España de Carlos III,* Valencia, Pre-Textos, 2003.

Martínez Ruiz, José Ignacio, *Finanzas municipales* y crédito público en la España *moderna. La hacienda de la ciudad de Sevilla 1528-1768*, Sevilla, Ayuntamiento de Sevilla, 1992.

Martínez Parras, José María, y Serrano Falcón, Miguel, *Apuntes sobre principios básicos de la fiesta de los toros,* Sevilla, Real Maestranza de Caballería de Sevilla y El Adalid Seráfico, 1966, 144 pp.

Martínez Shaw, Carlos, ed., *Sevilla, siglo XVI. El corazón de las riquezas del mundo*, Madrid, Alianza Editorial, 1992.

Mas y Gil, Luis, "La orden militar de San Jorge de Alfama, sus maestres y la cofradía de Mossén Sant Jordi", en *Hidalguía*, vol. 11, n. 57, Madrid, 1963, pp. 247-256.

Matilla Tascón, Antonio, *Las rentas vitalicias en el siglo XVIII. Inventario*, Madrid, Ministerio de Cultura, 1980, 214 pp.

—, ed., *Censo de la riqueza territorial é industrial de España en el año de 1799, formado de orden superior,* ed. facsímil, Madrid, 1960.

Matute y Gaviria, Justino, *Anales eclesiásticos y seculares de la muy noble y muy leal ciudad de Sevilla metrópoli de la Andalucía (1701-1800),* 3 vols., Sevilla, Imp. de E. Rasco, 1887. Reimpresión, Sevilla, Ediciones Guadalquivir, 1997.

—, *Hijos de Sevilla señalados en santidad, letras, armas, artes ó dignidad, con notas y correcciones*, 2 vols., Sevilla, 1786-1787, ed. facsímil, Sevilla, Extramuros, 2007.

McAlister, Lyle N., *The "Fuero Militar" in New Spain 1764-1800*, Gainesville, Fla., University of Florida Press, 1957.

Medina Molera, Antonio, dir., *Diccionario andaluz, biográfico y terminológico*, Sevilla, Biblioteca de Ediciones Andaluzas, 1981, 527 pp.

Memorias de la Real Sociedad Patriotica de Sevilla, 2 vols., Sevilla, 1779.

Menéndez Pidal de Navascués, Faustino, *Caballería medieval burgalesa. El libro de la cofradía de Santiago*, Cádiz, Universidad de Cádiz, 1996, 222 pp.

—, *La nobleza en España. Ideas, estructuras, historia*, Madrid, Fundación Cultural de la Nobleza Española, 2008.

Merino, Eulogio, "Descendencia del infante don Carlos María Isidro de Borbón (1788/1855)", en *Hidalguía*, vol. 33, Madrid, 1985, pp. 193-223, y vol. 34, Madrid, 1986, pp. 165-186.

Mesa Fernández, Ángel, "Mayorazgos y vinculaciones en la España de los siglos XVI a XIX", en *Hidalguía*, vol. 13, Madrid, 1965, pp. 657-688, 801-816, vol. 14, Madrid 1966, pp. 81-112 y 199-208.

Mesa Fernández, Narciso, "El mayorazgo, señorío y marquesado de Valencina del Alcor. Una aportación al estudio de los señoríos del Aljarafe", en *Actas. II Coloquios Historia de Andalucía, Córdoba, noviembre 1980, Andalucía Moderna*, 2, Córdoba, 1983, pp. 109-115.

Michaud-Quantin, Pierre, "Universitas. Expressions du mouvement communautaire dans le Moyen Age latin", en *L'Église et l'État au Moyen Age*, vol. 13, París, 1970, pp. 179-198.

Millar, R., "El concepto de nobleza en Jovellanos", en *Anuario de Estudios Americanos*, vol. 35, Sevilla, 1978, pp. 69-124.

Mogrobejo, Endika de, *Diccionario hispanoamericano de heráldica, onomástica y genealogía. Adición al "Diccionario heráldico y genealógico de apellidos españoles y americanos por Alberto y Arturo García Carraffa"*, vols., 1-15, Bilbao, Ed. Mogrobejo-Zabala, 1995-1999.

Mogrobejo, Endika de, *et al.*, *Diccionario hispanoamericano de heráldica, onomástica y genealogía*, vols., 16 (1)-99 (84) y siguiendo con 3 vols. anuales, Bilbao, Ed. Mogrobejo-Zabala, 1999-2024.

Molas, Pere, *La burguesía mercantil en la España del Antiguo Régimen*, Madrid, Ed. Cátedra, 1985. 260 pp.

Moliníé-Bertrand, Annie, *et al.*, eds., *Des taureaux et des hommes. Tauromachie et société dans le monde ibérique et ibéro-américaine*, París, Presses de l'Université de Paris-Sorbonne, 1999, 401 pp.

Monteagudo Robledo, María Pilar, "La emblemática en los ejercicios de la Real Maestranza valenciana. Funciones para una reina", en *Actas de I Simposio Internacional de Emblemática. Teruel, 1 y 2 de octubre de 1992*. Teruel, Instituto de Estudios Turolenses, 1994, pp. 493-508.

Montells y Galán, José María de, *Diccionario de órdenes de caballería y corporaciones nobiliarias*, Madrid, Academia de Genealogía, Nobleza y Armas, 1994, 173 pp.

Montesquieu, Charles de Secondat, baron de la Brède et de, *De ésprit des loix*, ed. de Jean Brethe de la Gressaye, vol. 1 (libros 1-9), París, 1950.

Montoto, Santiago, *Sevilla en el Imperio. (Siglo XVI)*, Sevilla, Vda. de Carlos García, 1938. 2ª ed. facsímil, Sevilla, Ayuntamiento de Sevilla, 1997.

—, *Impresos sevillanos*, Madrid, C.S.I.C., Instituto Miguel de Cervantes, 1948, 224 p.

—, *Cofradías Sevillanas*, 1ª ed. facsímil de la 1ª ed. de 1976, ed. por Enrique Esquivias Franco, Sevilla, Secretariado de Publicaciones de la Universidad de Sevilla, 1976.

—, *Biografía de Sevilla*, 2ª ed., Sevilla, J. Rodríguez Castillejo, 1990, 377 pp.

Montoto y Valero, Manuel de, "La cofradía de San Jorge de la ciudad de Gerona", en *Hidalguía*, vol. 11, n. 60, Madrid, 1963, 1990, pp. 593-598.

Morales Padrón, Francisco, "The Commercial World of Seville in Early Modern Times", en *The Journal of European Economic History*, vol. 2, n. 2, Roma, 1973, pp. 294-319.

—, *La ciudad del quinientos, Historia de Sevilla*, vol. 3, Sevilla, Secretario de Publicaciones de la Universidad de Sevilla, 1977, 360 pp.

—, *Varias Sevilla*, Sevilla, Publicaciones del Ayuntameinto de Sevilla, 1986, 162 pp.

—, *Andalucía y América*, Madrid, Ed. Mapfre, 1992, 317 pp.

—, ed., *Memorias de Sevilla (1600-1678)*, Córdoba, Publicaciones del Monte de Piedad, 1981. 241 pp.

—, ed., *Historia de Sevilla*, Sevilla, Secretariado de Publicaciones de la Universidad de Sevilla, 1992, 582 pp.

Moreno de Guerra, Juan, "Casas andaluzas. Los Ponce de León", en *Revista de Historia y de Genealogía Española*, vol. 1, Madrid, 1912, pp. 472-481, 511-520, 543-560.

—, "Maestranzas de Caballería suprimidas", en *Revista de Historia y de Genealogía Española*, vol. 1, Madrid, 1912, pp. 104-111, 159-167.

Moreno Navarro, Isidoro, *Las hermandades andaluzas. Una aproximación desde la Antropología*, Sevilla, Universidad de Sevilla, 1974, 2ª ed. aumentada, Sevilla, Universidad de Sevilla, 1999. 195 pp.

—, *La Semana Santa de Sevilla. Conformación, mistificación y significaciones*, Sevilla, Ayuntamiento de Sevilla, 1982, 235 pp.

—, *Cofradías y hermandades andaluzas. Estructura, simbolismo e identidad*, Sevilla, Editoriales Andaluzas Unidas, 1985, 215 pp.

—, *Andalucía. Identidad y cultura*, Málaga, Librería Ágora, 1993, 150 pp.

—, *La antigua hermandad de los negros de Sevilla. Etnicidad, poder y sociedad en 600 años de historia*, 1ª ed., 1ª reimpresión, Sevilla, Universidad de Sevilla, 1997, 562 pp.

Moret, Michèle, *Aspects de la société marchande de Séville au début du XVIIe siècle*, París, Marcel Rivière, 1967.

Moreta i Munujos, Jordi, "Los caballeros de Carlos III. Aproximación social", en *Hispania*, vol. 41, Madrid, 1981, pp. 409-420.

Moreti, Juan José, *Historia de l. m. n. y m. l. ciudad de Ronda*, Ronda, Establecimiento Tipográfico del autor, 1867, 858 pp. Ed. facsímil, Valladolid, Maxtor, 2009.

Moxó y Ortiz de Villajos, Salvador de, *La incorporación de señoríos en la España del Antiguo Régimen*, Valladolid, Universidad de Valladolid, Facultad de Filosofía y Letras, Escuela de Historia Moderna, 1959, 172 pp.

—, "Las desamortizaciones eclesiásticas del siglo XVI", en *Anuario de Historia del Derecho español*, vol. 30, Madrid, 1961, pp. 327-361.

—, "Los señoríos. En torno a una problemática para el estudio del régimen señorial", en *Hispania*, vol. 24, n. 94, Madrid, 1964, pp. 185-236.

—, *La disolución del régimen señorial en España,* Madrid, C.S.I.C., Escuela de Historia Moderna, 1965.

—, "El señorío, legado medieval", en *Cuadernos de Historia*, vol. 1, Madrid, 1967, pp. 105-118.

— *Los señoríos de Toledo*, Madrid, Publicaciones de Centro Universitario de Toledo, 1972, 81 pp.

—, *Los antiguos señoríos de Toledo. Evolución de las estructuras jurisdiccionales en la comarca toledana desde la baja Edad Media hasta fines del Antiguo Régimen.* Toledo, Publicaciones del Instituto Provincial de Investigaciones y Estudios Toledanos, 1973.

Mühlmann, Wilhelm E. y Llaryora, Roberto J., *Strummula Siciliana. Ehre, Rang und soziale Schichtung in einer sizilianischen Agro-Stadt,* Meisenheim am Glan, Anton Hain, 1973.

Muro Orejón, Antonio, "El Ayuntamiento de Sevilla, modelo de los municipios americanos", en *Anales de la Universidad Hispalense*, vol. 20, Sevilla, 1960, pp. 69-85.

Mut Calafell, Antonio, *Archivo del Infante Don Gabriel de Borbón*, Madrid, Ministerio de Cultura, 1985.

Nadal, Jordi. *La población española (siglos XVI a XX),* 2ª ed. de la 1ª de 1966, Colección Ariel Quincenal, n. 56, Esplugues de Llobregat, Barcelona, Ediciones Ariel, 1971, 239 pp.

—, *La población española, siglos XVI a XX*, 3ª ed. corregida y aumentada, Barcelona, Ariel, 1988, 264 pp.

Nader, Helen, *Liberty in absolutist Spain. The Habsburg sale of towns, 1516-1700,* Baltimore, Johns Hopkins University Press, 1990.

Narbona, Francisco y Vega, Enrique de la, *La Maestranza y... Sevilla*, Madrid, Espasa-Calpe, 1992, 541 pp.

Negre Pastell, Pelayo, "La cofradía de San Jorge y la nobleza gerundense", en *Anales del Instituto de Estudios Gerundenses*, vol. 6, Gerona, 1951, pp. 270-322.

Nieto y Cortadellas, Rafael, "La casa de Saavedra en Nueva Granada, Perú y Nueva España", en *Revista del Instituto Peruano de Investigaciones Genealógicas*, vol. 4, Lima, 1949, pp. 29-57.

—, *Dignidades nobiliarias en Cuba*, Madrid, Ediciones Cultura Hispánica, 1954.

—, *Genealogías habaneras*, 2 vols., Madrid, Hidalguía, 1979-1980.

Nomenclator ó diccionario de las ciudades, villas, lugares, aldeas, granjas, cotos redondos, cortijos y despoblados de España, y sus islas adyacentes, con expresión de la provincia, partido y termino á que pertenecen, y la clase de justicias que hay en ellas, formado por las relaciones originales de los intendentes de las provincias del reyno, á quienes se pidieron de orden de su magestad por el Excelentisimo Señor Conde de Floridablanca, y su ministerio de Estado, en 22 de marzo de 1785, Madrid, Imprenta Real, 1789.

Noticias para la historia de la Real Maestranza de Caballería de Sevilla, publicadas a expensas de esta Real Corporación, por acuerdo de su Junta General, Sevilla, Real Maestranza de Caballería de Sevilla, 1959, 383 pp.

Novísima recopilación de las leyes de España, 4 vols., Madrid, 1805.

"Nueva recopilación, autos acordados, ordenanzas de Bilbao", en *Los códigos españoles concordados y anotados*, vol. 12, 2ª ed., Madrid, 1873.

Núñez Alonso, Pilar, *Archivo de la Real Chancillería de Granada. Sección de Hidalguía. Inventario*, 2 vols. (1, A-LL, y 2, M-Z), Granada, Real Maestranza de Caballería de Granada, 1985.

Núñez Roldán, Francisco, *La Real Maestranza de Caballería de Sevilla (1670-1990). De los juegos ecuestres a la fiesta de los toros*, Sevilla, Secretariado de Publicaciones de la Universidad de Sevilla, 2007.

Núñez de Salcedo, Pedro, "Relación de los títulos que hay en España, sus rentas, solares, linajes, etc.", en *Boletín de la Real Academia de la Historia*, vol. 73, n, 5, Madrid, 1918, pp. 468-491.

O'Callaghan, Joseph F., *The Spanish Military Order of Calatrava and its Affiliates. Collected Studies*, Londres, 1975.

Ocerín, Enrique de, "La nobleza leonesa en la Cofradía de Campo Sagrado", en *Hidalguía*, vol. 1. n. 2, Madrid, 1953, pp. 257-268.

—, *Apuntes para la Historia de la Fábrica de Artillería de Sevilla*, 2ª ed., Madrid, 1972.

Oexle, Otto Gerhard, "Die mittelalterlichen Gilden. Ihre Selbstdeutung und ihr Beitrag zur Formung sozialer Strukturen", en *Miscellanea Mediaevalia*, vol. 12/1, Berlín, 1979, pp. 203-226.

Olea y Sanz, Pilar de, "Maestranzas de Caballería suprimidas", en *Hidalguía*, vol. 27, n. 157, Madrid, 1979, pp. 841-855.

Ollero Pina, José, *La Universidad de Sevilla en los siglos XVI y XVII*, Sevilla, Universidad de Sevilla, 1993, 620 pp.

Ordenanzas de la Real Maestranza de Caballería de la ciudad de Sevilla (1794), nueva ed. (la que cito), Sevilla, Mariano Caro, 1834.

Ordenanzas de la Real Maestranza de Caballería de la ciudad de Sevilla, Sevilla, Real Maestranza de Caballería, 1978.

Ordenanzas de la Real Maestranza de Caballería de la ciudad de Zaragoza, con licencia, Zaragoza, Francisco Magallón, 1825.

Ordenanzas de la Real Maestranza de caballeros de la ciudad de Valencia año de MDCCLXXV, nueva ed. (la que cito), Valencia, Imprenta de Nicasio Rius, 1880.

Ordenanzas de la Real Maestranza de caballeros de la ciudad de Valencia año de MDCCLXXV, Valencia, Oficina de Benito Montfort, 1776, ed. facsímil por la Maestranza, 1978.

Ordenanzas de la Real Maestranza de la M.N. y L. ciudad de Ronda aprobadas por el rei nuestro señor, siendo hermano mayor de este real cuerpo el Serenísimo Señor Infant Don Cárlos María, Madrid, Imprenta de D. Fermín Villalpando, 1817, 112 pp. Ed. facsímil, Ronda, Real Maestranza de Caballería de Ronda, 2009.

Ordenanzas Reformadas de la Real Maestranza de Caballería de la ciudad de Zaragoza..., Zaragoza, 1922.

Órdenes Militares en la Península durante la Edad Media, Actas del Congreso Internacional Hispano-Portugués (1971), 896 pp. *Anuario de Estudios Medievales,* vol. 11, Madrid y Barcelona, 1988.

Las Órdenes Militares en el Mediterráneo Occidental, siglos XII-XVIII, Madrid, Casa de Velázquez, 1989, 432 pp.

Las Órdenes Militares en la Península Ibérica, 2 vols, Cuenca, Ediciones de la Universidad de Castilla-La Mancha, 2000.

Ordinaciones de la Cofradía de Infanzones de San Jorge y de la Real Maestranza de Caballería de Zaragoza (1505-1922), ed. facsímil, Zaragoza, El Justicia de Aragón, 2009.

Les Ordres militaires. La vie rurale et le peuplement en Europe occidentale, XIIe-XVIIIe siècles, 6. Journées Internationales d'Histoire, 21-23 sept. 1984, Valence-sur-Baise, Abbaye de Flaran, 1986.

Ortiz de Zúñiga, Diego, *Anales eclesiásticos y seculares de la muy noble y muy leal ciudad de Sevilla, metropoli de la Andaluzia, que contienen sus mas principales memorias, Desde el año de 1246... Formados por Don...* Madrid, Imprenta Real, 1667, por Juan Garcia Infancon.

Ortiz de Zúñiga, Diego, *Anales eclesiásticos y seculares de la muy noble y muy leal ciudad de Sevilla, metrópoli de la Andalucia, que contienen sus mas principales memorias desde el año de 1246... Formados por Don... ilustrados y corregidos por D. Antonio Maria Espinosa y Carzel,* vols. 4-5, Madrid, 1796.

Otero Enríquez, Santiago, "Ascendencia del Capitán General Conde-Duque de Montemar", en *Revista de Historia y de Genealogía Española*, vol. 1, Madrid, 1912, pp. 400-416.

Pacheco de Leyva, Enrique, "Relaciones vaticanas de Hacienda española del siglo XVI", en *Escuela Española de Arqueología e Historia en Roma, Cuadernos de Trabajos*, vol. 4, Madrid, 1918, pp. 45-119.

Padilla González, Jesús, "La Hacienda San Llorente. Un modelo de expansión olivarera en el siglo XVIII", en *Actas, II Coloquios Historia de Andalucía, Córdoba, Noviembre 1980, Andalucía Moderna*, vol.1, Madrid, 1983, pp. 321-351.

Palacio Atard, Vicente, *Los españoles de la ilustración*, Madrid, Ed. Guadarrama, 1964.

Palacio y de Palacio, José María de (marqués de Villarreal de Álava), "Contribución al estudio de los burgueses y ciudadanos honrados de Cataluña", en *Hidalguía*, vol. 5, Madrid, 1957, pp. 305-320, 661-700.

Palacios Bañuelos, Luis, y Ruiz Rodríguez, José Ignacio, eds., *La nobleza en España. Historia, presente y perspectivas de futuro, Actas del VI Curso de Verano Ciudad de Tarazona*. Madrid, Dykinson, 2009, 333 pp.

Palomero Páramo, Jesús Miguel, *La imaginería procesional sevillana. Misterios, nazarenos y cristos*, Sevilla, Ayuntamiento de Sevilla, 1981, 201 pp. 2ª ed. aumentada, 1987, 192 pp.

—, "El primer patrimonio artístico de la Real Maestranza de Caballería de Sevilla y el convento de Regina Angelorum", en R. Serrera Contreras, ed., *Aspectos históricos y artísticos de la Real Maestranza de Caballería de Sevilla, ciclo de conferencias, Sevilla, 2014*, Sevilla, Real Maestranza de Caballería de Sevilla, 2014, pp. 33-79.

Parejo Parejo, Manuel, *La Maestranza. Cosas toreras de Sevilla*, Sevilla, Imprenta Sevillana, 1981, 80 pp.

Parias Sainz de Rozas, María, "Estudio de economía sevillana en la época de expansión (1826-1857). Análisis de la contabilidad agraria de la casa marquesal de la Motilla", en *Archivo Hispalense*, segunda época, vol. 63, Sevilla, 1981, pp.193-194, 353-420.

—, *El mercado de la tierra sevillana en el siglo XIX*, Sevilla, Universidad de Sevilla, 1989, 351 pp.

Pascual de Quinto, Máximo, *La Nobleza de Aragón. Historia de la Real Maestranza de Caballería de Zaragoza*, Zaragoza, 1916.

Pasqual de Quinto y de los Ríos, José, *La Real Maestranza de Caballería de Zaragoza*, Zaragoza, IberCaja, 1989, 93 pp.

Pau Arriaga, Antonio, *La Soberana Orden de Malta, un Milenio de Fidelidad,* Madrid, Prensa y Ediciones Iberoamericanas, 1996, 239 pp.

Pérez Balsera, José, *Los caballeros de Santiago*, 7 vols., Madrid, 1932-1936.

Pérez Delgado, Rafael, "Sobre las corridas de toros (notas sociológicas)", en Antonio Carreira, *et al.*, *Homenaje a Julio Caro Baroja*, Madrid, Centro de Investigaciones Sociológicas, 1978, pp. 843-875.

Pérez Llamazares, Julio, "La muy ilustre, imperial y real cofradía del milagroso pendón de San Isidoro", en *Hidalguía*, vol. 1, n. 1, Madrid, 1953, pp. 61-68.

Pérez y López, Antonio Xavier, "Discurso sobre la honra y deshonra legal (Madrid, 1781)", publicado de Antonio Elorza, ed., "La polémica sobre los oficios viles en la España del siglo XVIII", en *Revista de Trabajo*, vol. 22, Madrid, 1968, pp. 93-136.

Pérez Valera, Isabel, ed., *Ciudad Real en el siglo XVIII*, Ciudad Real, Instituto de Estudios Manchegos, 1955.

Pérez Villanueva, Joaquín, ed., *La inquisición española. Nueva visión, nuevos horizontes*, Madrid, Siglo XXI de España, 1980, 1027 pp.

Perry, Mary Elizabeth, *Crime and Society in Early Modern Seville,* Hanover, University Press of New England, 1980, 298 pp.

Pfaff, Leopold y Franz Hofmann, *Excurse über österreichisches allgemeines bürgerliches Recht. Beilagen zum Commentar*, vol. 2, cuaderno 3, Vienna, 1884.

Pfandl, Ludwig, *Spanische Kultur und Sitte des 16. und 17. Jahrhunderts. Eine Einführung in die Blütezeit der spanischen Literatur und Kunst,* Múnich, Michael Beckstein, 1924.

Piferrer, Francisco, *Nobiliario de los reinos y señoríos de España*, 6 vols., Madrid, en la Redacción, 1856-1860, (reseñas históricas sobre las Maestranzas de Caballería, así Sevilla, vol. 2, 1856, pp. 5-7; Ronda, vol. 3, 1857, pp. 3-10; Granada, vol. 4, 1858, pp. 3-7; Zaragoza, vol. 5, 1859, pp. 3-10; y Valencia, vol. 6, 1860, pp. 3-10).

—, *Archivo heráldico. Armas, timbres y blasones de nuestra ilustre nobleza española. Apéndice á todos los nobiliarios españoles, antiguos y modernos*, vol. 1, Madrid, en casa del Autor, 1863 (reseña histórica sobre la Maestranza de Caballería de Valencia, pp. 3-12).

Pike, Ruth, *Enterprise and Adventure. The Genoese in Seville and the Opening of the New World*, Ithaca, N.Y, Cornell University Press, 1966.

—, *Aristocrats and Traders. Sevillian Society in the Sixteenth Century*, Ithaca, NY, Cornell University Press, 1972.

—, *Aristócratas y comerciantes. La sociedad sevillana en el siglo XVI*, Barcelona, Ariel, 1978, 267 pp.

—, *Linajudos and Conversos in Seville. Greed and Prejudice in Sixteenth and Seventeenth Century Spain*, Nueva York, Lang, 2000.

Pitt-Rivers, J, *Antropología de la Tauromaquia. Obra Taurina Completa*, ed. por Pedro Romero de Solís, *Revista de Estudios Taurinos*, ns. 14-15, Sevilla, Fundación de Estudios Taurinos, 2000.

Plaza de Toros de Ronda. 225 años. Ronda, Real Maestranza de Caballería de Ronda, 2010, 91 pp.

Pleitos de hidalguía que se conservan en el Archivo de la Real Chancillería de Valladolid. Extracto de sus expedientes. Siglo XVIII. 44 vols., Madrid, Hidalguía, 1981-2003.

Pohl, Hans, "Zur Geschichte des adligen Unternehmers im spanischen Amerika (17./18. Jahrhundert)", en *Jahrbuch für Geschichte von Staat, Wirtschaft und Gesellschaft Lateinamerikas*, vol. 2, Colonia, 1965, pp. 218-244.

Pomar, Pedro Pablo de, *Causas de la escasez y deterioro de los caballos de España, y medios de mejorarlos*, Madrid, 1793.

Ponsot, Pierre, "Esquisse de l'évolution du grand domaine en Andalousie occidentale", en *Bulletin du Centre d'Histoire Économique et Sociale de la Région Lyonnaise*, vol. 3, 1975, pp. 1-23.

—, "Problèmes de la conjuncture urbaine. Le cas de Seville, milieu XVIe-milieu XIXe", en *Mélanges Richard Gascon, Lyon et l'Europe, Hommes et société. Mélanges d'histoire offerts à Richard Gascon*, vol. 1, Lyon, 1980, pp. 211-221.

—, *Études sur le dix-neuvième siècle espagnole*, Córdoba, Instituto de Historia de Andalucía, 1981.

—, *Atlas de historia económica de la Baja Andalucía. (Siglos XVI-XIX)*, Sevilla, Editoriales Andaluzas Unidas, 1986. XXXI, 730 pp.

Pontón, Gonzalo, *La lucha por la desigualdad. Una historia del mundo occidental en el siglo XVIII*, prólogo de Josep Fontana, Barcelona, Pasado y Presente, 2016, 781 pp.

Por la Real Maestranza de Caballería de Ronda. Impugnación documentada al memorial que al Excelentísimo Ministro de Estado dirige la Real Maestranza de Caballería de Sevilla, y a las comunicaciones, de real orden dirigidas por la subsecretaría del ministerio de su cargo al Teniente de Hermano Mayor de la Real Maestranza de Caballería de Ronda, Madrid, Establecimiento Tipográfico de Fortanet, 1920.

Portugués, Joseph Antonio, *Colección general de las ordenanzas militares, sus innovaciones, y aditamientos*, vols., 1-10, Madrid, 1764-1765.

Postigo Castellanos, Elena, "Las órdenes militares castellanas en la historiografía de los siglos XVI al XX", en *Hidalguía*, vol. 35, n. 201, 1987, pp. 353-371.

—, *Honor y privilegio en la Corona de Castilla. El Consejo de las Órdenes y los caballeros de hábito en el siglo XVII*, Valladolid, Junta de Castilla y León, Consejería de Cultura y Bienestar Social, 1988, 288 pp.

—, *El Consejo de las Órdenes Militares, un tribunal de honor y privilegio en la Castilla del siglo XVII*, Madrid, Universidad Autónoma, 1994.

—, "El honor de concepción caballeresca. Consideraciones sobre el concepto de honor en los tratadistas de las órdenes de caballería de Europa (siglos XVI y XVII)", en *Anuario IEHS*, vol. 14, Tandil, Argentina, Instituto de Estudios Histórico Sociales, 1999, pp. 247-272.

Powis, Jonathan, *La aristocracia*, Madrid, Siglo XXI de España, Real Maestranza de Caballería de Ronda, 2007, 150 pp.

Presencia italiana en Andalucía, siglos XIV-XVII, Actas del I Coloquio Hispano-Italiano, Sevilla, Escuela de Estudios Hispano-Americanos, X, 1985, 277 pp.

Presencia italiana en Andalucía, siglos XIV-XVII, Actas del III Coloquio Hispano-Italiano, Sevilla, E.E.H.A., 1989, 533 pp.

Pulido Bueno, Ildefonso, "Un aspecto de la historia rural. Los arrendamientos de la tierra de sembradura, el caso de la comarca onubense en el siglo XVII", en *Archivo Hispalense*, vol. 65, n. 200, Sevilla, 1982, pp. 5-34.

—, *Consumo y fiscalidad en el reino de Sevilla. El servicio de millones en el siglo XVII*, Sevilla, Diputación Provincial de Sevilla, 1984, 206 pp.

—, *La tierra de Huelva en el Antiguo Régimen, 1600-1750. Un análisis socioeconómico comarcal*, Huelva, Diputación Provincial de Huelva, 1988. 244 pp.

—, *Almojarifazgos y comercio exterior en Andalucía durante la época mercantilista, 1526-1740. Contribución al estudio de la economía en la España moderna*, Huelva, ed. por el autor, 1993, 244 pp.

—, *La corte, las Cortes y los mercaderes. Política imperial y desempeño de la Real Hacienda en la España de los Austrias*, Huelva, ed. por el autor, 2002.

Quatrefages, René, *Los tercios españoles*, Madrid, Fundación Universitaria Española, 1979, 427 pp.

Quintanilla Raso, María Concepción, "Aportación al estudio de la nobleza en la Edad Media. La casa señorial de Benavides", en *Historia. Instituciones. Documentos*, vol. 1, Sevilla, Secretariado de Publicaciones de la Universidad de Sevilla, 1974, pp. 165-220.

—, "La casa señorial de Benavides en Andalucía", en *Historia, Instituciones, Documentos*, vol. 3, Sevilla, Secretariado de Publicaciones de la Universidad de Sevilla, 1976, pp. 341-484.

—, *Nobleza y señoríos en el reino de Córdoba. La Casa de Aguilar (siglos XIV y XV)*, Córdoba, Publicaciones del Monte de Piedad y Caja de Ahorros de Córdoba, 1979.

—, *Nobleza y señoríos en la Edad Media*, Madrid, Arco/Libros, 1996, 75 pp.

—, *Nobleza y caballería en la Edad Media*, Madrid, Arco/Libros, 1996, 75 pp.

Ramírez González, Sergio, "Ciudad y reales maestranzas de caballería. Desarrollo urbano de Ronda bajo el auspicio de las élites nobiliarias", en *Arte, ciudad y culturas nobiliarias en España (siglos XV-XIX)*, Madrid, Consejo Superior de Investigaciones Científicas, 2019, Biblioteca de Historia del Arte, vol. 31, pp. 266-279.

Rassow, Peter, "La cofradía de Belchite", en *Anuario de Historia del Derecho Español*, n. 3, Madrid, 1926, pp. 200-226.

Real Maestranza de Caballería de Sevilla. Monarquía y nobleza andaluza, ciclo de conferencias, Sevilla, RMCS, 1996.

—, *Sevilla en la edad moderna. Nobleza y cultura, ciclo de conferencias*, Sevilla, Real Maestranza de Caballería de Ronda, 1997.

La Real Maestranza de Caballería de Ronda. Plaza de Toros, Madrid, Ediciones Aldeasa, 2009, 103 pp.

Reder Gadow, Marion, "La Real Maestranza de Caballería de Ronda", en *Andalucía en la Historia*, Sevilla, Fundación Centro de Estudios Andaluces, 2004, n. 5, pp. 82-87.

—, "Creando espectáculo, fomentando el ocio. La Real Maestranza de Caballería promotora de los torneos ecuestres en Ronda", en *Ocio y vida cotidiana en el mundo hispánico en la Edad Moderna*, Sevilla, Universidad de Sevilla, 2007, pp. 541-556.

—, "La Real Maestranza de Ronda y su participación en la guerra de la Independencia", en *Las guerras en el primer tercio del siglo XIX en España y América. Actas XII Jornadas Nacionales de Historia Militar, Sevilla, 8-12 de noviembre de 2004*, Madrid, Deimos, 2005, vol. 1, pp. 305-319.

Regla, y establecimientos nuevos de la Orden, y Cavalleria del glorioso apostol Santiago, conforme lo acordado por el Capitulo General, que se celebrò en esta Corte el año de mil y seiscientos y cinquenta y dos, y se feneciò en el de seiscientos y cinquenta y tres. Confirmados por la Magestad del Catolico Rey Don Felipe Quarto, el Grande, nuestro Señor. Compuestos, y ordenados de su real mandado, por el licenciado Don Francisco Ruiz de Vergara Alava, Cavallero de el Orden de Santiago, y Consejero en el Real, y Supremo Consejo de las Ordenes Militares, nueva ed. Madrid, Imprenta Real, 1702.

Regla de la Ilustrissima Maestranza de la Muy Ilustre, y siempre Muy Noble, y Leal ciudad de Sevilla. Tomando por abogada a la siempre Virgen Maria Nuestra Señora del Rosario. Dirigida al Señor D. Alvaro de Portugal y Castro, Hermano Mayor de dicha Maestranza, con licencia, Zaragoza, Herederos de Juan de Ibar, 1683.

Regla de la Ilustrissima Maestranza de la Muy Ilustre, y siempre Muy Noble, y Leal ciudad de Sevilla. Tomando por abogada a la siempre Virgen Maria Nuestra Señora de El Rosario. Dirigida al Señor D. Alvaro de Portugal y Castro, Hermano Mayor de dicha Maestranza (1683), nueva ed. (la que cito), Granada, Francisco de Ochoa, 1698.

Regla de la Real Maestranza de la Mui Ilustre, y siempre Mui Noble, y Leal Ciudad de Sevilla, tomando por patrona, y abogada a la siempre Virgen Maria Nuestra Señora del Rosario dedicada al Serenissimo Sr. Infante Don Phelipe, Hermano Mayor de dicha Real Maestranza, Sevilla, Juan Francisco Blas de Quesada, 1732.

Reglas, y Estatutos de la Illma. Hermandad de la Maestrãça de la ciudad de Granada. Consagrada al patrocinio de N. Señora de la Concepción, debaxo del Titulo de El Triunfo, Granada, Imprenta Real, 1687.

Reglas, y Estatutos de la Illma. Hermandad de la Maestrança de la ciudad de Granada. Consagrada al patrocinio de Maria Ssma. Sra. N. en el primer instante de su Purissima Concepcion, debaxo del titulo de El Triunfo, 2ª ed. (la que cito), Granada, Imprenta de Andrés Sanchez, 1727.

Reichert, Daniela von, *Plaza Mayor und Plaza de Toros. Architektonische Rahmen der Stierkämpfe im 17. und 18. Jahrhundert*, tesis de doctorado, Facultad de Filosofía, Múnich, Ludwig-Maximilians-Universität, 1979.

Reininghaus, Wilfried, *Die Entstehung der Gesellengilden im Spätmittelalter*, Vierteljahrschrift für Sozial- und Wirtschaftsgeschichte, Suplementos, 71, Wiesbaden, Franz Steiner, 1981.

Relación de Hermanos Mayores[,] *Tenientes y Secretarios e Índice Alfabético de los Caballeros que han pertenecido a la Real Maestranza de Caballería de Sevilla desde 1670 hasta 1970*, Sevilla, Real Maestranza de Caballería, 1970 (la que cito).

Relación de Hermanos Mayores, Tenientes [...] que han pertenecido a la Real Maestranza de Caballería de Sevilla 1670-2004, Sevilla, Real Maestranza de Caballería de Sevilla, 2004.

Relación de Hermanos Mayores, Tenientes [...] que han pertenecido a la Real Maestranza de Caballería de Sevilla 1670-2006, Sevilla, Real Maestranza de Caballería de Sevilla, 2007, 177 pp.

Reseña histórica de la Real Maestranza de Caballería de Valencia, redactada por acuerdo de la misma corporación en el año 1859, Valencia, Tip. Moderna, 1859.

Revista de Estudios Taurinos, Sevilla, Fundación de Estudios Taurinos, ns. 1 (1994); 2 (1995); 3,4 (1996); 5,6 (1997); 7,8 (1998); 9,10 (1999).

Rey Velasco, Fermín, *Historia económica y social de Extremadura a finales del antiguo régimen*, Badajoz, Universidad de Badajoz, 1983, 131 pp.

Ricard, Robert, "Jovellanos y la nobleza", en *Atlántida*, vol. 3, n. 17, Madrid, 1965, pp. 456-472.

Ringrose, David R., *Transportation and economic stagnation in Spain, 1750-1850*. Durham, N. C., Duke University Press, 1970.

—, *Los transportes y el estancamiento económico de España (1750-1850)*, traducción de Víctor Morales Lezcano, Madrid, Editorial Tecnos, 1972, 222 pp.

—, *Imperio y península. Ensayos sobre historia económica de España (siglos XVI-XIX)*, México, D.F., Siglo XXI Editores, 1987, 182 pp.

—, *España, 1700-1900, el mito del fracaso*, traducción de César Vidal Manzanares, Madrid, Alianza Universidad, 1996, 561 pp.

—, *Spain, Europe, and the "Spanish miracle", 1700-1900*, Cambridge, Cambridge University Press, 1996, 439 pp.

Ritter, Manfred, *Gaspar Melchor de Jovellanos (1744-1811). Seine Persönlichkeit und sein Werk in der Geschichte der spanischen Aufklärung*, tesis de doctorado, Mannheim, Facultad de Economía, 1965.

Rivas Álvarez, José Antonio, *Miedo y piedad. Testamentos sevillanos del siglo XVIII*, Sevilla, Diputación Provincial de Sevilla, 1986.

Rivera Valenzuela, Juan María de, *Diálogos de memorias eruditas para la historia de la nobilísima ciudad de Ronda*, vol. 2 (de los 3), Ronda, Viuda de Gutiérrez, 1873, 2ª ed. coord. por Rafael Gutiérrez Giménez de la 1ª de 1766. Ed. facsímil, Valladolid, Maxtor, 2009.

Rodríguez, Pedro (conde de Campomanes), *Discurso sobre el fomento de la industria popular (1774). Discurso sobre la educación popular de los artesanos y su fomento (1775)*, ed. de John Reeder, Madrid, 1975.

Rodríguez Becerra, Salvador, ed., *Religión y cultura*, 2 vols, Sevilla, Junta de Andalucía, Consejería de Cultura y Fundación Machado, 1999.

Rodríguez Gordillo, José Manuel, "Primeros proyectos de las nuevas fábricas de tabacos de Sevilla en el siglo XVIII", en *Archivo Hispalense*, vol. 58, Sevilla, 1975, pp. 1-35.

—, "Sobre la industria sevillana del tabaco a fines del siglo XVII", en *Cuadernos de Historia*, vol. 7, Madrid, 1977, pp. 533-552.

—, "El consumo de tabacos en Andalucía en la primera mitad del siglo XVIII", *Actas, II Coloquios Historia de Andalucía, Córdoba, noviembre 1980, Andalucía Moderna*, vol. 1, Córdoba, 1983, pp. 499-516.

Rodríguez Mateos, Joaquín, *Las cofradías y las luces. Ilustración y reforma en la crisis del Barroco*, Sevilla, Ayuntamiento de Sevilla, 2006.

Rodríguez Vázquez, Antonio L., *Ricos y pobres. Propiedad y vida privada en la Sevilla del siglo XVI*, Sevilla, Servicio de Publicaciones del Ayuntamiento de Sevilla, 1995, 181 pp.

Rojas y Solís, Ricardo de (marqués de Tablantes, conde del Sacro Imperio), *Anales de la Plaza de Toros de Sevilla 1730-1835*, Sevilla, ed. privada, 1917, 298 pp. Nueva ed. facsímil, Sevilla, Real Maestranza de Caballería de Sevilla, 1988.

—, *Memorial que al Excmo. Señor Ministro de Estado, dirige la Real Maestranza de Caballería de Sevilla*, Sevilla, 1919, reimpreso en *Noticias para la Historia...*, pp. 249-263.

—, *Memorial y Documentos presentados al Excmo. Señor Ministro de Estado por la Real Maestranza de Caballería de Sevilla*, Sevilla, 1921, reimpreso en *Noticias para la Historia...*, pp. 265-366.

Romero de Solís, Pedro, "La tauromaquia considerada como un sacrificio. Algunos aspectos sobre el origen, posición y calidad de su público", en *Sacrificio y Tauromaquia en España y América*, Sevilla, Secretariado de Publicaciones de la Universidad de Sevilla, 1995, pp. 27-101.

—, *La Real Escuela de Tauromaquia de Sevilla (1830-1834)*, Sevilla, Fundación de Estudios Taurinos, 2005.

—, *et al.*, *Plaza de Toros de Ronda. 225 años. (Catálogo de la Exposición)*, Ronda, Real Maestranza de Caballería de Ronda, 2010.

—, ed., *Sacrificio y Tauromaquia en España y América*, Sevilla, Secretariado de Publicaciones de la Universidad de Sevilla, 1995, 292 pp.

——, ed. "Las fiestas populares de toros", en *Demófilo, Revista de cultura tradicional de Andalucía*, vol. 25, Sevilla, 1998, 332 pp.

——, ed. *La estampa taurina en la colección de la Real Maestranza de Caballería de Sevilla*, Sevilla, Real Maestranza de Caballería de Sevilla, 2011.

——, y Aguilar García, María de la Cruz, eds., *Carmona. Historia, cultura y espiritualidad,* Sevilla, Secretariado de la Universidad de Sevilla, 1992, 271 pp.

(Romero de Terreros y Vinent, Manuel) marqués de San Francisco, "Los Maestrantes de Ronda en Méjico", en *Revista de Historia y de Genealogía Española*, vol. 6, Madrid, 1917, pp. 60-61.

Romero de Terreros y Vinent, Manuel, "La Real Maestranza de la Nueva España", en *Anales del Museo Nacional de Arqueología, Historia, y Etnografía*, 4ª época, vol. 5, n. 2, México, D.F., 1928, pp. 516-521. Reimp. en el volumen del mismo autor, *Silhuetas de antaño. Menudencias de nuestra historia*, México, D.F., Ed. Botas, 1937.

Roover, Raymond de, *Business, Banking, and Economic Thought in Late Medieval and Early Modern Europe. Selected Studies of Raymond de Roover*, ed. por Julius Kirshner, Chicago, University of Chicago Press, 1974.

Ros, Carlos, *Historia de la Iglesia de Sevilla*, Sevilla, Editorial Castillejo, 1992.

Ruiz Lagos, Manuel, *Ilustrados y reformadores en la Baja Andalucía*, Madrid, Editora Nacional, 1974.

Ruiz de Peralta y Anguita, Lorenzo, *Toros de Granada*, Granada, Obra Cultural de la Caja de Ahorros, 1971.

Rumeu de Armas, Antonio, *Historia de la previsión social en España. Cofradías – Gremios – Hermandades – Montepíos*, Madrid, Ed. Revista de Derecho Privado, 1944.

——, "La ciudad de Ronda en las postrimerías del Viejo Régimen. La Maestranza de Caballería", en *Hispania*, vol. 42, n. 151, Madrid, 1982, pp. 261-327.

Sagredo, Jesús, *La Hermandad del Rosario del Convento de Regina-Angelorum del Orden de Predicadores y la Real Maestranza de Caballería de Sevilla*, Sevilla, 1923.

Salazar y Castro, Luis de, *Los comendadores de la Orden de Santiago*, 2 vols., Madrid, Patronato de la Biblioteca Nacional, 1949.

Salazar Mir, Adolfo de, *Los expedientes de limpieza de sangre de la Catedral de Sevilla (Genealogías)*, Madrid, Hidalguía, 3 vols, 1995-98.

Salcines de Blanco Losada, Dagmar, "La Real Maestranza de Caballería de La Habana", en *XXV años de la Escuela de Genealogía, Heráldica y Nobiliaria,* Madrid, Hidalguía, 1985, pp. 551-566.

Sales de Bohigas, Nuria, "La desaparición del soldado gentilhombre", en *Saitabi, Revista de la Facultad de Filosofía y Letras de la Universidad de*

Valencia, vol. 21, Valencia, 1971, pp. 41-69. Reimp. en Nuria Sales de Bohigas, *Sobre esclavos, reclutas y mercaderes de quintos*, Colección Ariel Quincenal, n. 106, Esplugues de Llobregat, Barcelona, 1974, pp. 7-56.

Saltillo, marqués del, *Historia nobiliaria española (contribución a su estudio)*, 2 vols., Madrid, Ed. Maestre, 1951-1953.

San Juan de Jaruco, conde de, *Historia de familias cubanas*, 10 vols., La Habana, Ed. Hércules, y Miami, Ed. Universal, 1940-1988.

San José, marqués de, *Escalafón general de la Real Maestranza de Caballería de Valencia (1690/97-1982)*, Valencia, Real Maestranza de Caballería de Valencia, 1983.

Sánchez, Santos, *Extracto puntual de todas las pragmáticas, cédulas, provisiones, circulares, y autos acordados, publicados y expedidos por regla general en el reynado del señor D. Carlos III. Cuya observancia corresponde á los Tribunales y justicias ordinarias del Reyno*, 3 vols., Madrid, Marín, 1792-1793.

—, *Coleccion de pragmáticas, cédulas, provisiones circulares, autos acordados, vandos y otras providencias publicadas en el actual reynado del señor don Carlos IV. Con varias notas instructivas y curiosas*, 2 vols., Madrid, Viuda e hijo de Marín, 1794-1797.

Sánchez Agesta, Luis, *El pensamiento político del despotismo ilustrado,* 2ª ed. aumentada, Sevilla, Secretariado de Publicaciones de la Universidad de Sevilla, 1979.

Sánchez-Albornoz, Claudio, *España, un enigma histórico*, vols. 1-2, Buenos Aires, Editorial Sudamericana, 1971.

Sánchez Herrero, José, *et al.*, *Las cofradías de Sevilla. Historia, Antropología, Arte,* Sevilla, Universidad de Sevilla, 1985, 199 pp. 3ª ed., Sevilla, Secretariado de Publicaciones de la Universidad de Sevilla, 1999.

Sánchez Lora, José Luis, *Capital y conflictividad social en el campo andaluz, Morón de la Frontera (1670-1800)*, Sevilla, Universidad de Sevilla, 1997.

Sánchez Mantero, Rafael, *et al.*, *Las Cofradías de Sevilla en la Modernidad*, Sevilla, Secretariado de Publicaciones de la Universidad de Sevilla, 1988, 284 pp. 3ª ed., Sevilla, Universidad de Sevilla, 1999.

Sánchez Saus, Rafael, *Caballería y linaje en la Sevilla medieval. Estudio genealógico y social,* Sevilla, Diputación Provincial de Sevilla, 1989, 531 pp.

—, *Linajes sevillanos medievales con el patrocinio de la Real Maestranza de Caballería de Sevilla,* 2 vols., Sevilla, Ediciones Guadalquivir, 1991.

—, *Las élites políticas bajo los Trastámara. Poder y sociedad en la Sevilla del siglo XIV*, Sevilla, Secretariado de Publicaciones de la Universidad de Sevilla, Real Maestranza de Caballería de Ronda, 2009, 258 pp.

Sancho Corbacho, Antonio, *Arquitectura barroca sevillana del siglo XVIII*, Madrid, C.S.I.C., 1952, 393 pp. 2ª ed., Madrid, 1984.

Sancho de Sopranis, Hipólito, "Una villa de señorío en el siglo XVIII", en *Revista Internacional de Sociología*, vol. 10, n. 40, Madrid, 1952, pp. 381-419.

—, *Juegos de toros y cañas en Jerez de la Frontera*. Publicaciones del Centro de Estudios Históricos Jerezanos, 2ª serie, n. 11, Jerez de la Frontera, 1960.

Sancho de Sopranis, Hipólito, y José Antonio de Jaques, "Las blancas de carne de Andalucía (Puerto de Santa María. Años 1596-1696)", en *Hidalguía*, vol. 4, n. 16, Madrid, 1956, pp. 385-388.

Santovenia, Emeterio S., y Shelton, Raúl M., *Cuba y su historia*, vol. 1, 2ª ed., Miami, Fla., Cuba Corporation, 1966.

Sanz Sampelayo, Juan F., "Andalucía en el Censo de Floridablanca de 1787. Algunas consideraciones sobre su población", en *Segundo Centenario del Censo de Floridablanca, Congreso Histórico Nacional. Ponencias invitadas,* Madrid, Instituto Nacional de Estadística, 1992, pp. 375-395.

Sanz Serrano, María Jesús, *Una hermandad gremial. San Eloy de los plateros 1341-1914,* Sevilla, Secretariado de Publicaciones de la Universidad de Sevilla, 1996, 331 pp.

Sarasa Sánchez, Esteban, y Serrano Martín, Eliseo, eds., *Señorío y feudalismo en la Península Ibérica (ss. XII-XIX)*, 4 vols., Zaragoza, Institución Fernando el Católico, 1993.

Sarrailh, Jean, *L'Espagne éclairée de la seconde moité du XVIIIe siècle,* 2ª ed., París, C. Klincksieck, 1964.

—, *La España ilustrada de la segunda mitad del siglo XVIII*, 4ª ed., México, D.F., Fondo de Cultura Económica, 1992, 784 pp.

Saumade, Frédéric, *Las tauromaquias europeas, la forma y la historia. Un enfoque antropológico,* Sevilla, Universidad de Sevilla, 2006.

Schmidt, Peer, *Die privatisierung des besitzes der toten hand in spanien. Die säkularisation unter köning Karl IV in Andalusien (1798-1808)*, Stuttgart, Franz Steiner, 1990, 356 pp.

Segura Márquez, Francisco Javier, "El rey Felipe V y la Real Maestranza de Caballería en la primitiva y Real Hermandad de la Divina Pastora y Santa Marina de Sevilla (1703-1734). Tres instituciones unidas por una advocación mariana", en *Nobleza y monarquía. Los linajes nobiliarios en el reino de Granada, siglos XV-XIX. El linaje Granada Venegas, marqueses de Campotéjar. Actas del simposio celebrado en Huéscar del 16 al 18 de septiembre de 2010*, Huéscar (Granada), Asociación Cultural Raigadas, pp. 389-410.

Selva Nevada, marqués de, "La tramitación de expedientes en las órdenes militares", en *Hidalguía*, vol. 12, n. 64, Madrid, 1964, pp. 303-310.

Sentaurens, Jean, "Séville dans la seconde moitié du XVIe siècle. Population et structures sociales, le recensement de 1561", en *Bulletin Hispanique*, vol. 77, ns. 3-4, Burdeos, 1975, pp. 321-390.

La Sevilla de las Luces, con las Respuestas y Estados Generales del Catastro de Ensenada, Sevilla, Ayuntamiento de Sevilla, 1992.

Seward, Desmond, *The Monks of War. The Military Religious Orders*, Londres, Archon Books, 1972.

Sicroff, Albert A., *Los estatutos de limpieza de sangre. Controversias entre los siglos XV y XVII*, traducción de Mauro Armiño, Madrid, Taurus, 1985, 377 pp.

Sierra de Cózar, Pedro, *Ronda en el Siglo XVIII, Según las Respuestas Generales del Catastro de Ensenanda,* Ronda, Editorial La Serranía, 2009.

Siete Iglesias, marqués de, "Títulos y grandezas del reino. Segunda parte. Títulos de la corona de Aragón hasta la muerte de Fernando el Católico", en *Hidalguía*, vols., 6-7, Madrid, 1958-1959, vol. 6, pp. 321-336, 601-616, 953-968, y vol. 7, p. 17.

Shubert, Adrian, *Death and Money in the Afternoon. A History of the Spanish Bullfight,* Nueva York, Oxford University Press, 1999, 224 pp.

—, *A las cinco de la tarde. Una historia social del toreo*, Madrid, Turner, Real Maestranza de Caballería de Ronda, 2002, 300 pp.

Sicroff, *Albert A., Les Controverses de Statuts de "Pureté de Sang" en Espagne du XVe au XVII*[e] *Siécle*, París, Didier, 1960.

Smith, Robert S., "Valentín de Foronda, diplomático y economista", en *Revista de Economía Política*, vol. 10, n. 2, Madrid, 1959, pp. 425-464.

Smith, Toulmin, ed., *English Gilds. The Original Ordinances of more than one hundred Early English Gilds*, con una introducción de Lucy Toulmin Smith y una investigación de Lujo Brentano, Londres, 1870. 3[a] ed., 1924.

Les Sociétés Fermées dans le monde iberique (XVI-XVIII siècles). Actes de la table ronde (à Bordeaux) février 1985, París, CNRS, 1986, 260 pp.

Solís y Desmaisières, Manuel de (marqués de Valencina), *Noticias de la Real Maestranza de Sevilla. Relación de noticias curiosas y datos de interés para la historia de la Real Maestranza de Caballería de Sevilla reunidos por el caballero archivero de la misma D... (después Marqués de Valencina)*, Sevilla, 1907, reimp. en *Noticias para la Historia...*, pp. 217-232.

Solís Sánchez Arjona, Antonio de, *Anales de la Plaza de Toros de Sevilla, 1836-1934,* Sevilla, Real Maestranza de Caballería de Sevilla, 1992, 245 pp.

Soria Mesa, Enrique, *La nobleza en la España moderna. Cambio y continuidad*, Madrid, Marcial Pons Historia, 2007.

—, "Ascenso social y legitimación en la Granada moderna. La Real Maestranza de Caballería", en Inés Gómez González y Miguel Luis López-Guadalupe Muñoz, eds., *La movilidad social en la España del Antiguo Régimen,* Granada, Comares, 2007, pp. 173-192.

Sotto y Montes, Joaquín de, *Síntesis histórica de la caballería española* (*Desde los primeros tiempos históricos hasta el siglo XX*), Madrid, Escelicer, 1968.

Steinmetz, S. R., "Die Mode, psycho- und soziologisch", en *Gesammelte kleinere Schriften zur Ethnologie und Soziologie*, vol. 3, Groningen, 1935, pp. 146-237.

Stols, Eddy, *De spaanse Brabanders of de Handelsbetrekkingen der zuidelijke Nederlanden met de Iberische Wereld 1598-1648*, vols., 1-2, Bruselas, 1971.

Stradling, R. A., *Europe and the Decline of Spain. A Study of the Spanish System, 1580-1720*, 1981, 222 pp.

—, *Europa y el declive de la estructura imperial española, 1580-1720*, Madrid, Cátedra, 1992, 276 pp.

Suárez Fernández, Luis, "Evolución histórica de las hermandades castellanas", en *Cuadernos de Historia de España*, vol. 16, Buenos Aires, 1951, pp. 4-45.

Thompson, I. A. A., "The purchase of nobility in Castile (1522-1700)", en *Journal of European Economic History*, vol. 8, n. 2, 1979, pp. 313-360.

—, *Guerra y decadencia. Gobierno y administración en la España de los Austrias, 1560-1620*, Barcelona, Crítica, 1981.

—, "Neo-noble Nobility. Concepts of *Hidalguía* in Early Modern Castile", en *European History Quaterly*, vol. 15, 1985, Londres, pp. 379-406.

—, "*Hidalgo* and *pechero*, the language of 'estates' and 'classes in early-modern Castile", en P. J. Corfield, ed., *Language, History and Class*, Oxford, Basil Blackwell, 1991, pp. 53-78.

Tierno Galván, Enrique, *Los toros. Acontecimiento nacional*, Madrid, Turner, 1988.

Titos Martínez, Manuel, *Bancos y banqueros en la historiografía andaluza. Notas críticas, metodológicas y documentales*. Granada, Universidad de Granada, 1980, 141 pp.

Tornero Tinajero, Pablo, *La población de Triana en 1794*, Sevilla, Real Academia Sevillana de Buenas Letras, 1975.

Toro Buiza, Luis, *Sevilla en la historia del toreo y la exposición de 1945*, Sevilla, Publicaciones del Ayuntamiento de Sevilla, 1947. 2ª ed. con una introducción de Pedro Romero de Solís, Sevilla, Universidad de Sevilla y Fundación de Estudios Taurinos, 2002.

Torrecilla, marqués de la, *Índice de bibliografía hípica española y portuguesa*, Madrid, 1921.

Torres Fontes, Juan, "La conquista del Marquesado de Villena en el reinado de los Reyes Católicos", en *Hispania*, vol. 13, n. 50, Madrid, 1953, pp. 37-155.

Torres López, Manuel, "El origen del señorío solariego de Benamejí y su carta puebla de 1549", en *Boletín de la Universidad de Granada*, Granada, 1932, pp. 545-576.

Torres Martínez, Marta: "Apuntes sobre el léxico de un inventario decimonónico de la Real Maestranza de Caballería de Ronda"en *Nueva Revista de Filología Hispánica*, México, D.F., El Colegio de México, 2019, vol. 67, n. 2, pp. 447-472.

Tuñón de Lara, Manuel, *et al.*, *Historia de España*, vol. 5, *La frustración de un imperio (1476-1714)*, Madrid, 1982, y vol. 7, *Centralismo, Ilustración y agonía del Antiguo Régimen (1715-1833)*, Madrid, 1980.

Ubieto Artera, Antonio, "La creación de la cofradía militar de Belchite", en *Estudios de la Edad Media de la Corona de Aragón*, vol. 5, Barcelona, 1952, pp. 427-434.

Valdeavellano, Luis G. de, "Las instituciones feudales en España", apéndice a F.L. Ganshof, *El feudalismo*, Barcelona, Ediciones Ariel, 1963, pp. 227-305.

—, *Curso de historia de las instituciones españolas. De los orígenes al final de la Edad Media*, 2ª ed. corregida y aumentada, Madrid, Revista de Occidente, 1970, 762 pp. Nueva ed., Madrid, Alianza Universidad, 1982, 762 pp. Ed. posterior, Madrid, Alianza Universidad, 1986.

—, *El feudalismo hispánico y otros estudios de historia medieval*, Barcelona, Ed. Ariel, 1981, Ariel Quincenal, vol. 2, 228 pp.

Valencia Rodríguez, Juan M., *Señores de la tierra. Patrimonio y rentas de la casa de Feria (siglos XVI y XVII)*, Mérida, Junta de Extremadura, Consejería de Cultura, 1984, 318 pp.

—, *El poder señorial en la Edad Moderna. La casa de Feria (siglos XVI y XVII)*, 2 vols., Badajoz, Diputación de Badajoz, 2010, 1046 pp.

Valenzuela y Van Moock-Chávez, Alfonso de, "Las Reales Maestranzas de Caballería y el caballo", en *Jornadas Ecuestres. 2000 años de nuestro caballo. Conferencias y ponencias*, Sevilla, Foro de Opinión El Caballo Español, 2000, pp. 9-25.

Válgoma y Díaz-Varela, Dalmiro de la, *La nobleza de León en la Orden de Carlos III*, Madrid, C.S.I.C., Instituto Jerónimo Zurita, 1946.

—, "Las viejas cofradías nobiliarias", en *Hidalguía*, vol. 10, n. 50, Madrid, 1962, pp. 41-48.

—, "El linaje de Bécquer en España", en *Hidalguía*, vol.18, n.100, Madrid, 1970, pp. 465-480.

Valverde Fraikin, Jorge, *Títulos nobiliarios andaluces. Genealogía y toponimia*, Granada, Ed. Andalucía, 1991, 615 pp.

—, *Catálogo general de Caballeros y Damas de la Real Maestranza de Caballería de Granada (1686-1995)*, Granada, Ed. Comares, 1995, 619 pp.

Vallterra Fernández, Luis, *Derecho nobiliario español*, Granada, Comares, 1995, 818 pp.

Vassberg, David E., *Land and Society in Golden Age Castile*, Cambridge, 1984, 263 pp.

—, *Tierra y sociedad en Castilla. Señores, poderosos y campesinos en la España del siglo XVI*, traducción de José Vicuña Gutiérrez y Marian Ortuño, Barcelona, Editorial Crítica, 1986, 331 pp.

Vecindario de Ensenada, 1759, 4 vols., Introducción de Antonio Domínguez Ortiz, Concepción Camarero y Jesús Campos, Madrid, Centro de Gestión Catastral y Cooperación Tributaria, 1991.

Vela de Almazán, Pedro, *Relación de Caballeros Maestrantes de Ronda, Sevilla, Granada, Valencia y Zaragoza desde la creación de estos cuerpos hasta la fecha.* Úbeda, Estudio Tipográfico de la Loma, 1905.

Velázquez y Sánchez, José, *Anales de Sevilla de 1800 a 1850*, presentación de la 2ª ed. por Antonio Miguel Bernal, Sevilla, Ayuntamiento de Sevilla, Servicio de Publicaciones, 1994.

Vicens y Gil de Tejada, Benito, "Reales Maestranzas de Caballería", en José Gil Dorregaray, ed., *Historia de las órdenes de caballería y de las condecoraciones españolas*, vol. 2, 2ª parte, Madrid, 1864, pp. 613-666.

Vicens Vives, Jaime, *Manual de historia económica de España*, 7ª ed., Barcelona, Ed. Vicens Vives, 1969. 8ª ed., Barcelona, Ed. Vicens Vives, 1971, 782 pp.

—, *Atlas de Historia de España*, 11ª ed., Barcelona, Ed. Teide, 1980, 40 pp., 74 mapas.

Vignau, Vicente, y Francisco R. de Uhagón, *Índice de pruebas de los caballeros que han vestido el hábito de Santiago desde el año 1501 hasta la fecha*, Madrid, Viuda e Hijos de M. Tello, 1901.

Vila Vilar, Enriqueta, *Los Corzo y los Mañara. Tipos y arquetipos del mercader con Indias*, Sevilla, Escuela de Estudios Hispano-Americanos de Sevilla, 1991, 321 pp. Nueva ed., Sevilla, Servicio de Publicaciones de la Universidad de Sevilla, 2011.

—, y Sarabia Viejo, María Justina, *Cartas de Cabildos Hispanoamericanos, Audiencia de México (siglos XVIII y XIX)*, Sevilla, Escuela de Estudios Hispanoamericanos, C.S.I.C., Diputación Provincial de Sevilla, 1990.

Villas Tinoco, Siro, "La historia de un libro de actas. Discurso de ingreso. Salón de Cajamar, 28 de octubre de 2011", en *Anuario de la Real Academia de Bellas Artes de San Telmo*, Málaga, Real Academia de Bellas Artes de San Telmo, 2011, pp. 96-106.

Viñaza, conde de la, *et al.*, "Prioridad de la Real Maestranza de Ronda en su antigüedad sobre la de Sevilla", en *Boletín de la Real Academia de la Historia*, vol. 80, n. 2, Madrid, 1922, pp. 97-106.

Walser, Fritz y Wohlfeil, Rainer, *Die spanischen Zentralbehörden und der Staatsrat Karls V*, Gotinga, Vandenhoeck & Ruprecht, 1959.

Wilda, Wilhelm Eduard, *Das Gildenwesen im Mittelalter*, Halle, 1831. Reimp., Aalen, 1964.

Windler, Christian, *Lokale Eliten, seigneurialer Adel und Reformabsolutismus in Spanien (1760-1808). Das Beispiel Niederandalusien*, Stuttgart, Franz Steiner, 1992.

—, *Élites locales, señores, reformistas. Redes clientelares y Monarquía hacia fines del Antiguo Régimen*, traducción de Antonio Sáez Arance, Sevilla, Universidad de Sevilla, 1997, 524 pp.

Wright, L. P., "The Military Orders in Sixteenth and Seventeenth Century Spanish Society. The Institutional Embodiment of a Historical Tradition", en *Past and Present*, vol. 43, Oxford, 1969, pp. 34-70.

—, "Las órdenes militares en la sociedad española de los siglos XVI y XVII. La encarnación institucional de una tradición histórica", en J. H. Elliot, ed., *Poder y sociedad en la España de los Austrias*, Barcelona, Ed. Crítica, 1982, pp. 15-55.

Ximeno, José Manuel de, "Los Caballeros Maestrantes de la Habana", en *Revista de la Biblioteca Nacional*, 2ª serie, vol. 4, La Habana, 1953, pp. 111-127; publicado nuevamente con algunas correcciones de errores en *Correo del Instituto Cubano de Genealogía y Heráldica*, La Habana, año 2, n. 2, 1958, pp. 1-5.

Zárate Toscano, Verónica, *Los nobles ante la muerte en México. Actitudes, ceremonias y memoria, 1750-1850*, México, D.F., El Colegio de México, 2000.

Zmyslony, Monika, *Die Bruderschaften in Lübeck bis zur Reformation*. Beiträge zur Sozial-und Wirtschaftsgeschichte, ed. por Wilhelm Koppe, vol. 6, Kiel, Walter G. Mühlau, 1977.

NUEVAS INVESTIGACIONES SOBRE LAS REALES MAESTRANZAS DE CABALLERÍA (1981-2021)

DESDE la publicación (Wiesbaden, 1981) de la obra de Reinhard Liehr *Sozialgeschichte Spanischer Adelskorporationen. Die Maestranzas de Caballeria (1670-1808)*,[1] que hoy felizmente se edita en castellano de la mano de la Real Maestranza de Caballería de Ronda y la Editorial Pre-Textos, la historiografía no ha permanecido quieta o inmóvil ante los múltiples perfiles que aún podían ser investigados, estudiados e interpretados en relación con dichas instituciones nobiliarias; y por tanto los historiadores, dado el interés existente en conocer de la mejor y más completa manera posible las maestranzas españolas, hemos continuado preguntándonos diversas cuestiones –sociales, económicas, ceremoniales, incluso políticas– acerca de estas notables y singulares corporaciones caballerescas.

Es bien conocida la importancia de las maestranzas de caballería en el contexto del fenómeno del asociacionismo nobiliario en la Edad Moderna. Quiere la tradición histórica que recibieran su bautismo de la mano de una real cédula signada por Felipe II en 1572, que fue acogida con desigual interés por los cabildos municipales, en la que se instaba a estos y a la nobleza urbana a erigir hermandades caballerescas con fines militares y defensivos: en Ronda se crearía una hermandad del Espíritu Santo decaída con posterioridad; y Sevilla renunciaría a recuperar en el siglo XVI su antigua hermandad de San Hermenegildo, coetánea a la conquista de la ciudad hispalense y desaparecida ya en los años finales del siglo XV. Una segunda cédula, esta de Felipe III y emitida en 1614, tampoco correría mejor suerte.[2] Sin embargo, los años finales del siglo XVII (1670 para Sevilla, 1686 para Granada y 1690 para Valencia) y la centuria siguiente conocerían la consolidación del modelo, aunque también serían testigos de diversos intentos infructuosos a la hora de crear nuevas maestranzas en diversas ciudades y municipios españoles y americanos.

Estas evidencias, podríamos decir que primarias o genéricas, se recogen en no pocos trabajos de investigación que, versando sobre estas corporaciones caballerescas y aristocráticas, han venido sucediéndose en las décadas transcurridas desde la publicación de la obra del profesor Liehr hasta hoy; trabajos muchos de los cuales han conseguido aportar a los curiosos, interesados o investigadores novedosas perspectivas acerca de estas corporaciones asociativas: sobre sus estatutos, acerca de sus fundadores, sobre su funcionamiento interno o relativas a su devenir histórico hasta la actualidad.[3]

De hecho fue solo un año después, ya en 1982, cuando Antonio Rumeu de Armas dio a las prensas, en la prestigiosa revista *Hispania* del Consejo Superior de Investigaciones Científicas, un trabajo de cierta amplitud, de carácter eminentemente institucional y aportando una visión histórica de corte más bien tradicional, acerca de la Real Maestranza de Caballería de Ronda como institución ubicada enraizadamente en su contexto local.[4] Un artículo que ofrece varia información de interés acerca del desarrollo de la corporación durante la segunda mitad del siglo XVIII, centrándose sobre todo en los aspectos relacionados con el toreo y con los ejercicios ecuestres, así como en las respectivas personalidades de sus tenientes; una obra que no ha tenido una mayor continuidad, aunque en 1988 Antonio y Francisco Garrido realizaran un estudio sobre el centenario de su plaza de toros, en el que trataron someramente acerca de la historia de la institución.[5] En 1992 el mismo Antonio Garrido daría a las prensas locales una breve serie histórica sobre la corporación, una "historia apresurada", muy reducida, y que sin duda hubiera debido tener mayor formato, volumen y calado.[6] En 2010 se editaba el detallado catálogo de la exposición sobre la historia, los usos y la configuración del ruedo rondeño, y su explotación y construcción por dicha corporación, comisariada por Pedro Romero de Solís,[7] y, en ese mismo año, la propia Maestranza y, por su parte, también la vallisoletana editorial Maxtor editaron un facsímil de sus ordenanzas de 1817.[8] La investigadora Marion Reder Gadow redactó, en 2004, en breve artículo divulgativo sobre la institución,[9] seguido de un estudio más profundo sobre las destrezas ecuestres en la plaza arundense[10] y abundando también, en otro trabajo, en la participación de la corporación en la guerra de la Independencia mediante la creación de un batallón reclutado por dicha Maestranza, que fue diezmado en la batalla de Ocaña,[11] cruento sacrificio este último que, entre otros servicios, figuraría en un memorial impreso inmediatamente tras la guerra (1814) por la institución rondeña, y que ha sido editado recientemente por la misma autora.[12] Siro Villas Tinoco desarrolló su discurso de ingreso en la Real Academia de Bellas Artes de San Telmo de Málaga sobre el libro de actas de la corporación correspondiente a los cabildos celebrados entre los años de 1782 y 1808, extrayendo de él interesantes conclusiones, aunque limitadas en su espacio, dado el formato obligadamente reducido del propio trabajo.[13] Por último, en 2019 se dio a la luz un artículo acerca de un inventario decimonónico del archivo maestrante, cuyo interés está muy focalizado en el ámbito filológico,[14] y otro más acerca de la promoción del desarrollo urbano de la ciudad de Ronda, gracias a las actividades edilicias llevadas a cabo por la Maestranza en el espacio físico del antiguo Mercadillo rondeño, y la posterior edificación de una plaza de toros permanente ya en la segunda mitad del siglo xviii; destacando en esta actividad la labor del teniente don Diego de Cañas y Silva.[15] Sería necesario, y así lo deseamos hacer notar en estas páginas, realizar en el futuro el gran estudio histórico y prosopográfico que dicha corporación arundense merece sin duda alguna: una investigación que se vería facilitada gracias a las excelentes y cuidadas condiciones actuales del sobresaliente archivo de la institución, y de las posibilidades que ofrecen otras fuentes archivísticas locales, tales como las municipales o notariales.

Pasando a Granada, será en el año de 1988 cuando la hoy catedrática de su Universidad Inmaculada Arias de Saavedra Alías realizara un pionero trabajo acerca del funcionamiento de la Real Maestranza de Caballería granadina en el siglo xviii,[16] pionero por su método y por su moderno y ambicioso enfoque, en el que tenían cabida tanto el análisis institucional como el social o el económico de la entidad. Un año antes, publicaba un breve artículo en la revista universitaria

Chronica Nova acerca de las fiestas de toros en la Granada de la misma centuria.[17] A este le seguiría, años después (2005), la edición, de la mano de la misma autora, actualmente indudable referencia acerca de la historia de la corporación nobiliaria granadina, de los estatutos de dicha institución caballeresca,[18] obra en la que realizó inicialmente un recorrido genérico a través de la historia de las reales maestranzas en general, para centrarse seguidamente en el funcionamiento de la corporación nobiliaria de la ciudad del Darro, que concluyó con la edición de sus ordenanzas de 1764. De hecho, es de la mano de esta autora el último estudio que, cronológicamente, podemos citar aquí acerca de las maestranzas de caballería en general, en concreto, sobre el estado de dichas instituciones en el siglo XVIII, publicado en este mismo año de 2019,[19] con el que amplía y profundiza en otras investigaciones de su mano, fechadas respectivamente en 1990 y 1991, la primera de ellas sobre la influencia de las reales maestranzas en América y componiendo en la segunda un balance historiográfico acerca del devenir de dichas corporaciones en la misma centuria, época en la que es una consumada experta.[20] Otro trabajo sobre la maestranza granadina, en realidad, un catálogo de sus integrantes, es el realizado por Jaime Valverde Fraikin en 1995.[21] En 1997 M.ª Paz Casamayor Gómez, actual marquesa de Casa Pardiñas, presentó en la Universidad de Castilla-La Mancha su tesis doctoral, dirigida por Feliciano Barrios Pintado, sobre la historia de dicha Maestranza (en la que estudiaba el período comprendido entre su fundación en 1686 y su puntual disolución en 1931), que desgraciadamente continúa inédita.[22] También relativo a esta corporación, elaborado desde un punto de vista muy afecto a la historia social, debemos citar un artículo, realizado por el catedrático de la Universidad de Córdoba Enrique Soria Mesa en el año 2007,[23] en el que su autor demuestra cómo la Maestranza granadina sirvió (como asimismo lo hicieron al cabo las otras corporaciones caballerescas de idéntico cuño, como la de Sevilla) como catalizadora del ascenso social y la consolidación de las nuevas élites de la antigua capital y reino nazarí, incluyendo entre ellas a notorios descendientes de linajes judeoconversos: un trabajo que, aunque breve en su extensión, resulta realmente esclarecedor.

Dentro de la península, son sin duda las Reales Maestranzas de Granada y de Sevilla las que han recibido en los últimos años una mayor atención por parte de los investigadores: vista Granada, en lo tocante a Sevilla, la propia Real Maestranza, que mantiene una constante y encomiable actividad editorial, reeditó cuidadosamente hace algunos años dos trabajos clásicos sobre la institución: el *Historial* de Pedro de León y Manjón y los *Anales* del marqués de Tablantes, ambos impresos en su origen a principios del pasado siglo, en 1909 y 1917, respectivamente.[24] Fruto en su origen de un encargo realizado por la institución a su autor, que finalmente no se llegó a publicar al no tomar forma el volumen coral al que iba destinado, es el realizado por el profesor de la Universidad de Sevilla Francisco Núñez Roldán, que dio a las prensas universitarias en 2007, un excelente trabajo que abarcaba una amplia biografía institucional de la corporación nobiliaria sevillana desde su fundación en 1670 hasta 1990, en el que se cumplían trescientos veinte años de su creación.[25] Esta obra, que sin duda merece una detenida mirada y que podemos considerar como un importante paso adelante en el estudio de estas instituciones, gracias al escrupuloso método utilizado por el autor para desarrollar su investigación, consiguió sin duda el empeño de hacer comprensible para el lector no solo el devenir histórico de la institución, sino el de caracterizar con solvencia a sus componentes, su forma de gobierno, su administración, su economía o su ideario, entre otros aspectos característicos de la corporación nobiliaria sevillana: obra y autor a quien el redactor de estas escuetas páginas tiene mucho que agradecer, ya que fue por las mismas fechas de la publicación de este estudio cuando el profesor Núñez Roldán me propuso dirigir la que fue mi propia tesis doctoral, leída en 2011 en el Departamento de Historia Moderna de la Universidad de Sevilla, y que habría de versar sobre la fundación de la Maestranza sevillana,[26] una tesis que, tras recibir el Premio Archivo Hispalense en 2012, fue editada por la Diputación de Sevilla en forma de monografía reducida.[27]

Siendo la institución estudiada de un evidente interés para el historiador, traté de mostrar en dicha investigación cómo sus miembros han formado parte de la clase privilegiada sevillana desde 1670, formalizando una red social con un protagonismo económico y un prestigio social de primer orden en la vida de la ciudad; la creación de dicha corporación serviría en el futuro –quizás involuntariamente– de elemento catalizador, unificador y legitimador de la nobleza local. La obra realiza un recorrido sobre los rasgos y la historia de la nobleza hispalense desde 1248 hasta el siglo XVII, se adentra en los sucesos que propiciaron la fundación de la Maestranza y realiza, finalmente, una completa prosopografía de los caballeros que en 1670 fundaron la corporación. Otros trabajos menores relacionados con los primeros maestrantes sevillanos complementaron, en su momento, esta obra de formato mayor.[28]

También se ha estudiado recientemente la Maestranza sevillana como ejemplo a seguir por parte de aquellas que se promovieron, a lo largo del siglo XVIII, en América,[29] y Antonio García-Baquero glosó en su día los privilegios concedidos por Felipe V a la institución.[30] Recientemente se ha estudiado asimismo la relación entre el primer monarca Borbón, la Maestranza y una cofradía de gloria sevillana: la hermandad de la Pastora de Santa Marina.[31] La profesora Fátima Halcón Álvarez-Ossorio ha realizado también varios trabajos de interés acerca de la corporación hispalense: uno, sobre su estrecha relación con la hermandad del Rosario del convento de Regina Angelorum,[32] un asunto sobre el que también ha trabajado el profesor Palomero Páramo.[33] [34] Un segundo versó sobre las fiestas caballerescas celebradas en la plaza sevillana,[35] y un tercero trató la iconografía pictórica del infante don Felipe de Parma, primer Hermano Mayor de sangre real de la institución hispalense, existente en la casa de dicha corporación.[36] Otros recientes trabajos, como los de Valle Gómez de Terreros, han estudiado la lógica relación histórica existente entre la plaza de toros sevillana y la institución que la edificó.[37] No dejaría de tener interés para la historiografía de esta entidad un estudio futuro, que proponemos desde aquí a los investigadores, acerca de qué ocurrió durante su virtual refundación en 1725, tras un período de decadencia no demasiado conocido tras la guerra de Sucesión, y sobre quiénes fueron estos caballeros refundadores.

Otras maestranzas españolas, tales como las de Valencia o Zaragoza, no han recibido desgraciadamente en fechas recientes la suficiente atención que merecen por parte de los historiadores: ya estando en prensas la obra de Liehr, Javier Cañada Sauras publicaba en la revista *Hidalguía* una breve semblanza sobre la Real Maestranza de Zaragoza,[38] que ampliaría posteriormente (1981) con una relación de títulos nobiliarios encuadrados en aquella desde su fundación en 1819,[39] y con un índice de sus caballeros y damas también desde su creación, relacionados con sus respectivos números de expediente –un trabajo obviamente en buena parte deudor, para un amplio período, de la clásica *Relación* de Vela de Almazán–,[40] publicados igualmente ambos en la revista *Hidalguía.*[41] En 1989 se reeditaba resumida la clásica historia de esta corporación escrita en 1916 por Máximo Pascual de Quinto;[42] en 1992 se nos ofreció una relación de los cargos de la institución maestrante que fungían como tales en el último cuarto del siglo XIX,[43] y en 2010 Manuel Gómez de Valenzuela estudiaba, en un interesante artículo, las *Ordinaciones* o estatutos del capítulo de caballeros e infanzones de Zaragoza y de su cofradía de justadores de San Jorge, que se entienden como precedentes de su decimonónica Maestranza,[44] estatutos que han sido editados recientemente en formato facsimilar.[45]

Acerca de la Maestranza valenciana poco hay que decir –el principal empeño editorial sobre la misma se llevó a cabo mucho antes de la edición de la obra del profesor Liehr, en los últimos años del siglo XIX y los primeros del XX–, aunque en 2009 salió a las prensas, en una prestigiosa colección de estudios sobre colectivos nobiliarios, una extensa investigación acerca de sus constituciones, sus ordenanzas, su historia militar, su devoción religiosa a la Inmaculada Concepción y su papel civil y social, de la mano de José Vicente y Juan Corbí.[46]

Otra cuestión sería la tocante a las maestranzas de caballería suprimidas o nonatas, que comenzaron a documentarse ya en el primer cuarto del siglo XX, gracias a algunos estudios de carácter institucional: poco antes de que viera la luz la monografía del profesor Liehr, en 1979, la revista *Hidalguía* publicó un breve artículo sobre las mismas,[47] deudor innegable de otro, de idéntico título y de la mano incansable de Moreno de Guerra, que había sido publicado en la *Revista de Historia y Genealogía Española*, en 1912.[48] Desgraciadamente –y pese a tratarse de un tema apenas estudiado por la historiografía actual– hasta ahora ningún investigador ha decidido afrontar casos de estudio tan interesantes como los de las suprimidas Maestranzas de Lora del Río (1691), Carmona (1726), o Antequera (1728: existen tres breves trabajos sobre la misma, pero ubicados dentro de otros textos de carácter más generalista, todos obra de un investigador local; además de otro somero artículo sobre aquella publicado en la revista *Cuadernos de Ayala*).[49] Tampoco hay mucho más acerca de otras maestranzas peninsulares que nunca llegaron a cuajar, como Utrera (ambas en 1731) o Palma de Mallorca (1738), aunque sí se publicó hace una decena de años una breve investigación acerca de la Maestranza nonata de Jaén.[50] También existe un interesante trabajo, este de 1991, acerca de la frustrada fundación de la Maestranza de San Carlos madrileña (1765).[51]

Acerca de las maestranzas americanas, cabe recordar que fueron solo dos las que trataron de tomar –por breve tiempo– cuerpo: la de La Habana (1709) y la de México (1789), estudiadas ambas por Arias de Saavedra en algunos trabajos de los que ya he dado noticias,[52] al igual que –para el caso de la Maestranza de La Habana– lo hacen un artículo de Dagmar Salcines publicado en *Hidalguía* en 1985,[53] otras breves notas de Ceballos-Escalera para *Cuadernos de Ayala*[54] y un interesante trabajo de Fátima Halcón Álvarez-Ossorio.[55] Un reciente artículo de Badorrey Martín estudia asimismo las maestranzas del otro lado del Atlántico, analizando sus inicios y las causas de sus respectivos fracasos, ya que estas finalmente nunca pudieron llegar a buen puerto.[56] Estudia también la Maestranza mexicana Flores Hernández,[57] en una completa investigación en la que presenta y analiza en su contexto histórico la pretensión de establecer una maestranza de caballería el 3 de febrero de 1790, fecha en la que presentó su solicitud al rey Carlos IV el autodenominado "cuerpo de hijosdalgo americanos y europeos" de la ciudad de México, con el apoyo del virrey conde de Revillagigedo, estudiando el autor los antecedentes de dicha solicitud y siguiendo el proceso desde sus inicios hasta su conclusión, con la negativa regia para acceder a ella; una investigación que el autor consuma con otra, extensa y muy documentada, acerca de los cosos en la Nueva España del XVIII que completa la anterior.[58] Otro estudio, este sobre los caballeros americanos que formaron parte de las maestranzas españolas, es el desarrollado por José Ignacio Conde y Cervantes, marqués de Salvatierra de Peralta, editado en 2007 por la Real Maestranza de Caballería de Ronda y la Editorial Pre-Textos.[59] Conformado a modo de cómodo catálogo, e incorporando y describiendo la heráldica de un buen número de caballeros, realiza una prosopografía general de esta nobleza indiana o criolla seguida de varios apéndices, diversas imágenes de interés y algunos árboles genealógicos, aunque se echa –y mucho– de menos el imprescindible y necesario aparato crítico que referencie las fuentes utilizadas por el autor en su investigación, pese a que se advierta fácilmente el uso por parte de aquel de los clásicos trabajos de Romero de Terreros sobre el mismo tema.[60]

Por último, solo me quedaría mencionar algunos estudios más generalistas[61] que, o bien relacionan las maestranzas con otros colectivos aristocráticos concretos (Arias de Saavedra, 2009),[62] las incluyen dentro de un amplio catálogo en el que figuran otras corporaciones tales como órdenes caballerescas, asociaciones o cofradías nobiliarias (García Mercadal y Fuertes de Gilbert, 2004),[63] o bien relacionan dichas instituciones en general con su contexto social respectivo, sea en lo tocante a la celebración de sus fiestas de regla (Badorrey Martín, 2020),[64] o en cuanto a su propia relevancia como elementos institucionales de promoción y legitimación, que justificaban incluso la realización de pruebas falsas con el fin de conseguir el ingreso en aquellas (Badorrey Martín, 2019).[65]

Este es, en suma, el panorama actual acerca de las investigaciones sobre las maestranzas españolas y americanas, todavía existentes o ya desaparecidas; podemos apreciar, creo, con claridad cómo el núcleo de los estudios desarrollados en este ámbito se ha centrado en desarrollar potentes investigaciones acerca de las corporaciones nobiliarias sevillana y granadina, ya que sobre el resto de dichas instituciones la historiografía contemporánea no se ha ocupado en exceso; hecho que desde aquí lamentamos, ya que entidades como, por ejemplo, la propia Maestranza de Ronda están aún esperando a quien las biografíe con las deseables extensión y competencia. No podemos negar que parte de este vacío se llena hoy, afortunadamente, con la edición en nuestro idioma de esta obra de la cual estas breves páginas no desean otra cosa que ser modesto apéndice; una obra –la del profesor

Liehr– cuya publicación era necesaria hace décadas, y que finalmente, en una loable decisión, la Real Maestranza de Caballería de Ronda ha decidido afrontar. Vaya para ella –y como conclusión de estas cortas líneas– nuestro mayor agradecimiento por tal iniciativa.

JUAN CARTAYA BAÑOS

[1] Reinhard Liehr, *Sozialgeschichte Spanischer Adelskorporationen. Die Maestranzas de Caballeria (1670-1808)*. Franz Steiner Verlag Gmbh, Wiesbaden, 1981.

[2] Real Academia de la Historia, "Prioridad de la Real Maestranza de Ronda en su antigüedad sobre la de Sevilla. Informe oficial", *Boletín de la Real Academia de la Historia*, tomo LXXX, cuaderno II, febrero de 1922, pp. 99-106.

[3] No he considerado necesario incluir en esta relación y en la bibliografía referenciada a pie de página trabajos que no tuvieran relación directa con el estudio institucional, social o propiamente nobiliario de las maestranzas de caballería: por ello, salvo excepciones que oportuna y justificadamente se indican, no figurarán en estas páginas estudios acerca de las plazas de toros, las ganaderías o el arte del toreo.

[4] Antonio Rumeu de Armas, "La ciudad de Ronda en las postrimerías del Viejo Régimen: la Real Maestranza de Caballería". *Hispania. Revista Española de Historia*, vol. 42, n. 151 (1982), pp. 261-328.

[5] Francisco Garrido Domínguez y Antonio Garrido Domínguez, *II Centenario de la Plaza de Toros de la Real Maestranza de Caballería de Ronda: 1785-1985,* Ronda, Real Maestranza de Caballería, 1988.

[6] Antonio Garrido Domínguez, "La Real Maestranza de Caballería: historia apresurada de una institución rondeña (I)". *Puente Nuevo: Revista de Cultura Andaluza*, n. 1, mayo 1992, pp. 63-67. Continúan dos entregas más (II y III) en los ns. 2 (pp. 75-77) y 3 (pp. 69-72) de dicha revista local.

[7] Pedro Romero de Solís *et alii*, *Plaza de Toros de Ronda. 225 años. Catálogo de la Exposición*, Ronda, Real Maestranza de Caballería de Ronda, 2010.

[8] Real Maestranza de Caballería de Ronda, *Ordenanzas de la Real Maestranza de la M. N. y L. Ciudad de Ronda aprobadas por el Rei Nuestro Señor...*, Madrid, 1817 (Edición facsímil), Ronda, Real Maestranza de Caballería, 2009. Otra edición similar en Valladolid: Editorial Maxtor, 2009.

[9] Marion Reder Gadow, "La Real Maestranza de Caballería de Ronda", *Andalucía en la Historia*, n. 5 (2004), pp. 82-87.

[10] Marion Reder Gadow, "Creando espectáculo, fomentando el ocio: la Real Maestranza de Caballería promotora de los torneos ecuestres en Ronda", *Ocio y vida cotidiana en el mundo hispánico en la Edad Moderna*. Sevilla, Universidad de Sevilla, 2007.

[11] Marion Reder Gadow, "La Real Maestranza de Ronda y su participación en la Guerra de la Independencia", *Las guerras en el primer tercio del siglo XIX en España y América. Actas de las Jornadas Nacionales de Historia Militar*, Paulino Castañeda Delgado (coord.), vol. 1, 2005, pp. 305-320.

[12] Marion Reder Gadow y Pedro Luis Pérez Frías, *Manifiesto de los servicios hechos por la Real Maestranza de Ronda* (reproducción facsímil de la edición de Fermín Villalpando, Madrid, 1814), Málaga, Asociación Cultural Isla de Arriarán, 2009.

[13] Siro Villas Tinoco, "La historia en un libro de actas: discurso de ingreso", *Anuario de la Real Academia de Bellas Artes de San Telmo*, Málaga, 2011, pp. 96-106.

[14] Marta Torres Martínez, "Apuntes sobre el léxico de un inventario decimonónico de la Real Maestranza de Caballería de Ronda", *Nueva Revista de Filología Hispánica*, tomo 67, n. 2 (2019), pp. 447-472.

[15] Sergio Ramírez González, "Ciudad y reales maestranzas de caballería: desarrollo urbano de Ronda bajo el auspicio de las élites nobiliarias", *Arte, ciudad y culturas nobiliarias en España (siglos XV-XIX)*, Madrid, Consejo Superior de Investigaciones Científicas, 2019, pp. 266-279.

[16] Inmaculada Arias de Saavedra Alías, *La Real Maestranza de Caballería de Granada en el siglo XVIII*, Granada, Servicio de Publicaciones, Universidad de Granada, 1988.

[17] Inmaculada Arias de Saavedra Alías, "La Real Maestranza de Granada y la fiesta de toros en el siglo XVIII", *Chronica Nova*, 15 (1986-1987), pp. 17-26.

[18] Inmaculada Arias de Saavedra Alías, *Estatutos y Ordenanzas de la Real Maestranza de la ciudad de Granada (edición facsímil)*. Granada: Servicio de Publicaciones, Universidad, 2005.

[19] Inmaculada Arias de Saavedra Alías, "Nuevas corporaciones nobiliarias en la Monarquía española del siglo XVIII: las Reales Maestranzas de Caballería". En *Magallanica, Revista de Historia Moderna,* 5/10 (Varia). Enero-junio de 2019, pp. 12-41.

[20] Inmaculada Arias de Saavedra Alías, "Las Reales Maestranzas de Caballería y su influencia en el mundo americano", en Torres Ramírez, B. (coord.): *La influencia andaluza en los núcleos urbanos americanos. Actas de las VII Jornadas de Andalucía y América* (pp. 11-26). Sevilla: Diputación de Huelva, 1990. De la misma autora, "Las Maestranzas de Caballería en el siglo XVIII. Balance historiográfico". *Chronica Nova,* 19 (1991), pp. 57-70.

[21] Jaime Valverde Fraikin, *Catálogo general de caballeros y damas de la Real Maestranza de Caballería de Granada (1686-1995)*. Granada: Editorial Comares, 1995.

[22] M.ª Paz Casamayor Gómez, *La Real Maestranza de Caballeria de Granada (1686-1931)*. Tesis Doctoral inédita, Universidad de Castilla la Mancha, 1997.

[23] Enrique Soria Mesa, "Ascenso social y legitimación en la Granada moderna: la Real Maestranza de Caballería", en I. Gómez González y M. L. López-Guadalupe Muñoz (eds.), *La movilidad social en la España del Antiguo Régimen*, Granada, Editorial Comares, 2007, pp. 173-192.

[24] Pedro de León y Majón, *Historial de fiestas y donativos: índice de caballeros y reglamento de uniformidad de la Real Maestranza de Caballería de Sevilla*, Sevilla, Ed. Real Maestranza de Caballería de Sevilla, 1989. Ricardo de Rojas y Solís, marqués de Tablantes: *Anales de la Plaza de Toros de Sevilla. 1730-1835*, Sevilla, Ed. Real Maestranza de Caballería de Sevilla, 1988.

[25] Francisco Núñez Roldán, *La Real Maestranza de Caballería de Sevilla (1670-1990). De los juegos ecuestres a la fiesta de los toros*, Sevilla, Universidad de Sevilla, 2007.

[26] Juan Cartaya Baños, *Los caballeros fundadores de la Real Maestranza de Sevilla en 1670: contextualización, prosopografía y estudio crítico* (dos volúmenes), tesis doctoral, leída en el Departamento de Historia Moderna de la Universidad de Sevilla el 29 de marzo de 2011.

[27] Juan Cartaya Baños, *"Para ejercitar la maestría de los caballos". La nobleza sevillana y la fundación de la Real Maestranza de Caballería en 1670*, Sevilla, Diputación de Sevilla, 2012.

[28] Juan Cartaya Baños, "Noble es bien aderezado: los inventarios de bienes de los fundadores de la Real Maestranza de Caballería de Sevilla". *Laboratorio de Arte*, 24 (1), 2012, pp. 315-333. Del mismo autor, "No se expresare en los títulos el precio en que compraron: los fundadores de la Maestranza de Caballería de Sevilla y la venta de títulos nobiliarios durante el reinado de Carlos II". *Historia y Genealogía*, n. 2 (2012), pp. 5-35. Igualmente, "Los pleitos del marqués de Gelo en el fondo de la Real Audiencia del Archivo Histórico Provincial de Sevilla: nuevas fuentes documentales para el estudio de los fundadores de la Real Maestranza de Caballería de Sevilla", *Archivo Hispalense: Revista Histórica, Literaria y Artística*, tomo 96, n. 291-293 (2013), pp. 169-196. Por último, "Una nueva visión histórica acerca de un modelo de asociacionismo nobiliario en la Edad Moderna: la fundación de la Real Maestranza de Caballería de Sevilla en 1670", *Actas del I Coloquio Internacional sobre la Nobleza*, Madrid, 21-14 de octubre de 2015. Madrid, Real Asociación de Hidalgos de España y otros, 2017.

[29] Inmaculada Arias de Saavedra Alías, "La Real Maestranza de Caballería de Sevilla y las maestranzas indianas", en R. Serrera Contreras (coord.), *Aspectos históricos y artísticos de la Real Maestranza de Caballería de Sevilla,* Sevilla, Real Maestranza de Caballería de Sevilla, 2014, pp. 81-121.

[30] Antonio García Baquero: "Felipe V, Sevilla y la Real Maestranza de Caballería", en *Real Maestranza de Caballería. III Centenario del reinado de Felipe V. Ciclo de conferencias*, Sevilla, Real Maestranza, 2001, pp. 57-98.

[31] Francisco Javier Segura Márquez, "El rey Felipe V y la Real Maestranza de Caballería en la primitiva y Real Hermandad de la Divina Pastora y Santa Marina de Sevilla (1703-1734): tres

instituciones unidas por una advocación mariana", en *Nobleza y monarquía: los linajes nobiliarios en el reino de Granada, siglos XV-XIX: el linaje Granada Venegas, marqueses de Campotéjar,* actas del simposio celebrado en Huéscar del 16 al 18 de septiembre de 2010, Huéscar (Granada), Asociación Cultural Raigadas, pp. 389-410.

[32] Fátima Halcón Álvarez-Ossorio, "La Hermandad del Rosario del convento de Regina Angelorum de Sevilla", *IV Simposio de Hermandades de Sevilla y su provincia*, Fundación Cruzcampo, Sevilla, 2004, pp. 183-215.

[33] Fátima Halcón Álvarez-Ossorio, "La imagen del Príncipe: el infante D. Felipe de Borbón, duque de Parma, y la Real Maestranza de Caballería de Sevilla", *Laboratorio de Arte* 13 (2000), pp. 371-385.

[34] Jesús Miguel Palomero Páramo, "El primer patrimonio artístico de la Real Maestranza de Caballería de Sevilla y el convento de "Regina Angelorum", en *Aspectos históricos y artísticos de la Real Maestranza de Caballería de Sevilla: ciclo de conferencias*, Sevilla, Real Maestranza de Caballería, 2014, pp. 33-79.

[35] Fátima Halcón Álvarez-Ossorio, "Fiesta y espíritu caballeresco en la plaza de toros de la Real Maestranza de Caballería de Sevilla", *Aspectos históricos y artísticos de la Real Maestranza de Caballería de Sevilla, ciclo de conferencias*, Sevilla, Real Maestranza de Caballería de Sevilla, 2014, pp. 165-217.

[36] Fátima Halcón Álvarez-Ossorio, "La imagen del Príncipe: el Infante D. Felipe de Borbón, Duque de Parma, y la Real Maestranza de Caballería de Sevilla", *Laboratorio de Arte* 13 (2000), pp. 371-385.

[37] M.ª del Valle Gómez de Terreros Guardiola, "La Plaza de Toros de la Real Maestranza de Caballería de Sevilla: Reseña histórica y crítica del proceso constructivo de un edificio vivo", en Carbajal Navarro, J. A. (coord.), *Plaza de Toros de la Real Maestranza de Caballería de Sevilla. Obras 2005-2011*, Sevilla, Fundación Real Maestranza de Caballería de Sevilla, 2011, pp. 17-58. De la misma autora, *La plaza de Toros de Sevilla. Historia de su ininterrumpida construcción*, Sevilla, Fundación El Monte y Servicio de Publicaciones de la Universidad de Huelva, 1999.

[38] Javier Cañada Sauras, "Real Maestranza de Caballería de Zaragoza", *Hidalguía*, 160-161 (1980), pp. 465-485.

[39] Javier Cañada Sauras, "Títulos nobiliarios en la Real Maestranza de Caballería de Zaragoza", *Hidalguía*, 166-167 (1981), pp. 561-575.

[40] Pedro Vela de Almazán, *Relación de los caballeros maestrantes de Ronda, Sevilla, Granada, Valencia y Zaragoza desde la creación de estos cuerpos hasta la fecha [...]. Con una carta-prólogo de Francisco Fernández de Béthencourt,* Establecimiento tipográfico de la Loma, Úbeda, 1905.

[41] Javier Cañada Sauras, "Real Maestranza de Caballería de Zaragoza. Índice onomástico de caballeros y damas maestrantes desde 1819 hasta 1995". *Hidalguía*, 256-257 (1996), pp. 353-400.

[42] Máximo Pascual de Quinto, *La Real Maestranza de Caballería de Zaragoza*, Zaragoza, Ibercaja, 1989.

[43] Miguel Ángel Castán Alegre, "Real Maestranza de Caballería de Zaragoza, antiguo capítulo de nobles caballeros e hijosdalgo de San Jorge de la dicha ciudad. Cargos del último cuarto del siglo XIX", *Hidalguía*, vol. 40, n. 235 (1992), pp. 833-849.

[44] Manuel Gómez de Valenzuela, "Las primeras *Ordinaciones* de la Cofradía de Caballeros e Infanzones de Zaragoza (1505-1512)", *Emblemata*, 16 (2010), pp. 397-414.

[45] Fernando García Vicente *et alii*: *Ordinaciones de la cofradía de Infanzones de San Jorge y de la Real Maestranza de Caballería de Zaragoza, 1505-1922)*, Zaragoza, El Justicia de Aragón, 2009.

[46] José Vicente Corbí y Del Portillo; Juan Corbí y Caro, *La Real Maestranza de Caballería de Valencia según sus archivos, 1690-2006* (Colección Nobleza Colegiada), Madrid, Editorial Dykinson, 2009.

[47] P. Olea y Sanz, "Maestranzas de Caballería suprimidas", *Hidalguía*, 157 (1979), pp. 841-855.

[48] J. Moreno de Guerra: "Maestranzas de Caballería suprimidas", *Revista de Historia y Genealogía Española*, I (1912), pp. 104-167.

[49] José Escalante Jiménez, *El puzle de la Historia (Antequera como paradigma)*, Antequera, Ex Libric, 2014, s/p. Un breve artículo divulgativo sobre dicha Maestranza, sin firma de autor, podemos hallarlo en la revista *Caballo Andaluz*, n. 1 (2009), pp. 3-8. También, del mismo autor "La Real Maestranza de Caballería de Antequera", en *Miscelánea histórica de Antequera*. Antequera, Fundación Municipal de Cultura, 2004, pp. 69-74. Alfonso de Ceballos-Escalera y Gila, "Nuevas noticias de la Maestranza de Caballería de Antequera establecida en 1728", *Cuadernos de Ayala*, 32 (2007), pp. 8-10.

[50] Manuel López Pérez, "La frustrada Real Maestranza de Caballería de Jaén". En *El cambio dinástico y sus repercusiones en la España del siglo XVIII*, Jaén, Universidad y Diputación Provincial, 2001, pp. 343-354.

[51] J. Cejudo López, "Rodríguez Campomanes y su plan de creación de la Real Maestranza y Academia de San Carlos", *Cuadernos de Investigación Histórica*, 14 (1991), pp. 155-186.

[52] Inmaculada Arias de Saavedra Alías, "Las Reales Maestranzas de Caballería y su influencia en el mundo americano", *op. cit.* De la misma autora, "Las Maestranzas de Caballería en el siglo xviii. Balance historiográfico", *op. cit.* También "Nuevas corporaciones nobiliarias en la Monarquía española del siglo xviii: las Reales Maestranzas de Caballería", *op. cit.* Por último, "La Real Maestranza de Caballería de Sevilla y las maestranzas indianas", igualmente citado en anteriores notas al pie.

[53] Dagmar Salcines de Blanco Losada: "La Real Maestranza de Caballería de La Habana", *XXV Años de la Escuela de Genealogía, Heráldica y Nobiliaria*, Madrid, Hidalguía, 1985, pp. 551-566.

[54] Alfonso de Ceballos-Escalera y Gila, "Algo más sobre la Maestranza de Caballería de la Habana (1709-1716)". *Cuadernos de Ayala*, 30 (2007), pp. 9-10.

[55] Fátima Halcón, "Documentos relativos a la Maestranza de Caballería de La Habana". *Revista de Estudios Taurinos*, n.º 31, Sevilla, 2012, pp. 183-192.

[56] Beatriz Badorrey Martín, "Las reales maestranzas de caballería americanas", en *Poder, sociedad y administración de justicia en la América Hispánica: (siglos xvi-xix)*. Miguel Pino Abad, Manuel Torres Aguilar, Carmen Losa Contreras (coords.), vol. 2, Dykinson, 2021, pp. 961-984.

[57] Benjamín Flores Hernández, "La Real Maestranza de Caballería de México: una institución frustrada (1790)", *Caleidoscopio*, 15 (2004), pp. 29-53.

[58] Benjamín Flores Hernández, "Sobre las plazas de toros en la Nueva España del siglo xviii", *Estudios de Historia Novohispana*, vol. 7, n. 7 (1981), pp. 99-165.

[59] José Ignacio Conde y Cervantes, *Los caballeros de las Reales Maestranzas de Caballería en la Nueva España*, Valencia, Pre-Textos y Real Maestranza de Caballería de Ronda, 2007.

[60] Manuel Romero de Terreros y Vinent, "Los Maestrantes de Ronda y Sevilla en México". *Revista de Revistas* (1915), pp. 27-45. Del mismo autor, "Los maestrantes de Ronda en México". *Revista de Historia y Genealogía Española*, VI (1917), pp. 60-61.

[61] Alfonso de Valenzuela y Van Moock-Chaves, "Las Reales Maestranzas de Caballería y el caballo", *Jornadas Ecuestres: 2000 años de nuestro caballo*, Foro de Opinión El Caballo Español, 2000, pp. 11-25.

[62] Inmaculada Arias de Saavedra Alías, "Órdenes Militares y Maestranzas de Caballería: Dos corporaciones nobiliarias a finales del Antiguo Régimen", en M. Rivero Rodríguez (coord.), *Nobleza hispana, nobleza cristiana. La Orden de San Juan*, Madrid, Ed. Polifemo, 2009, vol. II, pp. 1045-1085.

[63] García-Mercadal y García-Loygorri y Manuel Fuertes de Gilbert. y Rojo, *Caballeros del siglo XXI. Vindicación jurídica y sentimental de las corporaciones nobiliarias españolas*, Madrid, Editorial Dykinson, 2004.

[64] Beatriz Badorrey Martín, "Actos y funciones públicas de las primeras maestranzas de caballeria", en *Rito, ceremonia y protocolo: espacios de sociabilidad, legitimación y transcendencia.* Feliciano Barrios Pintado y Javier Alvarado Planas. Eds., Dykinson, 2020, pp. 333-358.

[65] Beatriz Badorrey Martín, "La falsificación de pruebas para el acceso a las Corporaciones Nobiliarias. Un intento de apropiación del Marquesado de Saltillo", en *Aires de grandeza: Hidalgos presuntos y Nobles de fantasía.* Feliciano Barrios Pintado (dir.), Javier Alvarado Planas (dir.), Dykinson, 2019, pp. 111-141.

Acabose de imprimir

el 17 de junio de 2024